Carsten Höh

Geheimsache Windows 7

Fast alle Hard- und Software-Bezeichnungen, die in diesem Buch erwähnt werden, sind gleichzeitig auch eingetragene Warenzeichen und sollten als solche betrachtet werden. Der Verlag folgt bei den Produktbezeichnungen im wesentlichen den Schreibweisen der Hersteller.

Der Verlag hat alle Sorgfalt walten lassen, um vollständige und akkurate Informationen in diesem Buch bzw. Programm und anderen evtl. beiliegenden Informationsträgern zu publizieren. SYBEX-Verlags- und Vertriebs-GmbH, Köln, übernimmt weder die Garantie noch die juristische Verantwortung oder irgendeine Haftung für die Nutzung dieser Informationen, für deren Wirtschaftlichkeit oder fehlerfreie Funktion für einen bestimmten Zweck. Ferner kann der Verlag für Schäden, die auf eine Fehlfunktion von Programmen, Schaltplänen o.ä. zurückzuführen sind, nicht haftbar gemacht werden, auch nicht für die Verletzung von Patent- und anderen Rechten Dritter, die daraus resultiert.

ISBN: 978-3-8155-0586-1

Fachlektor: Sven-Ole Grossklaus
Sprachlektorin: Brigitte Hamerski
Umschlaggestaltung: Guido Krüsselsberg
Satz: Renate Felmet-Starke
Projektmanagerin: Simone Fischer

Gedruckt in Europa

Dieses Buch ist keine Original-Dokumentation zur Software der Firma Microsoft. Sollte Ihnen dieses Buch dennoch anstelle der Original-Dokumentation zusammen mit Datenträgern verkauft worden sein, welche die entsprechende Microsoft-Software enthalten, so handelt es sich wahrscheinlich um Raubkopien der Software. Benachrichtigen Sie in diesem Fall umgehend Microsoft GmbH, Konrad-Zuse-Str. 1, 85716 Unterschleißheim – auch die Benutzung einer Raubkopie kann strafbar sein. Der Verlag und Microsoft GmbH.

Alle Rechte vorbehalten. Kein Teil des Werks darf in irgendeiner Form (Druck, Fotokopie, Mikrofilm oder in einem anderen Verfahren) ohne schriftliche Genehmigung des Verlags reproduziert oder unter Verwendung elektronischer Systeme verarbeitet, vervielfältigt oder verbreitet werden.

Copyright © 2010 SYBEX-Verlags- und Vertriebs-GmbH, Köln

Die SYBEX-Verlags- und Vertriebs-GmbH ist ein Unternehmen der VEMAG Verlags- und Medien AG, Köln. Sybex ist ein eingetragenes Markenzeichen der John Wiley and Sons Inc., USA

Inhaltsübersicht

Kapitel 1: Windows 7 installieren 23

Kapitel 2: Hardware und Treiber 49

Kapitel 3: Software und Spiele 103

Kapitel 4: Benutzerkonten & Jugendschutz 145

Kapitel 5: Ordner, Dateien und Suchoptionen 185

Kapitel 6: Multimedia-Tools & Optionen 243

Kapitel 7: Drucken 319

Kapitel 8: Mein individueller Desktop 341

Kapitel 9: Windows-Tools & Funktionen 367

Kapitel 10: Internet & Mail 393

Kapitel 11: Netzwerk 453

Kapitel 12: Sicherheit 483

Kapitel 13: Systemeinstellungen & Tuning 509

Kapitel 14: System- und Datenrettung 553

Stichwortverzeichnis 577

Inhaltsverzeichnis

Vorwort	19
Hinweise zu diesem Buch	22

Kapitel 1: Windows 7 installieren ... 23

Allgemeine Tipps zur Installation	24
Windows 7-Tauglichkeit der PC-Komponenten prüfen	25
Windows 7 als Frischinstallation installieren	26
Festplatte während der Installation partitionieren und einrichten	28
Während der Installation fehlende Treiber für nicht unterstützte Systemkomponenten nachladen	30
Windows.old – Sicherungskopie des alten Systems nach erfolgreichem Upgrade löschen	31
Windows-EasyTransfer – Benutzerdaten vom alten System auf das neue übertragen	32
Windows 7 als Upgrade installieren	34
Multibootsystem – Mehrere Betriebssysteme auf einem PC	36
Windows 7 parallel zu einer vorhandenen Windows-Version installieren	37
Das Bootmenü – Zu startendes Betriebssystem auswählen	38
Standardbetriebssystem für den Windows-Start festlegen	39
Zeit bis zum Start des automatischen Bootvorgangs anpassen	40
BCDedit – Bootkonfiguration mit Bordmitteln anpassen	41
Microsoft Virtual PC 2007 – Zusätzliche Betriebssysteme als virtuelle Maschinen einrichten	42
Windows Virtual PC und Windows XP Mode – Virtuelles Windows XP für die Profiversionen von Windows 7	44
Bootkonfiguration mit Zusatztool anpassen	46
Windows XP nachträglich vom System entfernen	48

Kapitel 2: Hardware und Treiber ... 49

Treiber installieren und konfigurieren	50
Treiberinstallation im Geräte-Manager überprüfen	51
Windows-Treiber aktualisieren – Auf Wunsch auch automatisch	52
Aktuelle Herstellertreiber aus dem Internet laden	53
Manuell einen kompatiblen Treiber aus der Windows-Treiberdatenbank auswählen	54

Inhaltsverzeichnis

Windows XP-Treiber unter Windows 7 installieren 56
Treiber manuell installieren 57
Unsignierte Treiber unter Windows 7 (64-Bit) installieren 58
Treibersignaturprüfung dauerhaft abschalten 59
Geräte im Geräte-Manager manuell deaktivieren 60
Treiberdetails und Informationen abrufen 61
Erweiterte Treibereinstellungen anpassen 62
Energieverwaltungsoptionen anpassen 63
Bei Problemen vorherigen Treiber wiederherstellen 64
Treiber deinstallieren 65
Grafikkartentreiber auf dem aktuellsten Stand halten 66
Standard-SVGA Treiber ersetzen 67
Aktuelle Treiber für Notebookgrafikkarten – Offizielle ATI-Grafikkartentreiber modden 68
Aktuelle Treiber für Notebooks mit NVIDIA-Grafikchip – Offizielle NVIDIA-Treiber modden 70
Datenträger einrichten und verwalten 71
Erweiterte Laufwerksoptionen anzeigen 72
Namen eines Laufwerks anpassen 73
Laufwerke, Ordner und Dateien komprimieren 74
Festplatte von nicht mehr benötigten Dateien bereinigen 76
Laufwerke defragmentieren 78
Laufwerke auf Fehler überprüfen 79
Datenträger formatieren 80
Erweiterte Datenträgerverwaltung aufrufen 82
Speicherplatzkontingente für Benutzer festlegen 83
Festplatte partitionieren 84
Erweiterte Partition für mobile Festplatten anlegen 86
Partitionen vergrößern oder verkleinern 87
FAT32-Laufwerke ins NTFS-Format umwandeln 88
Laufwerksbuchstaben neu zuweisen 89
Externe Datenträger und Flash-Medien 90
USB-Datenträger anschließen und nutzen 91
USB-Datenträger sicher vom System trennen 92
USB-Datenträger und Flash-Medien formatieren 93
Laufwerksbuchstaben für USB-Datenträger selbst festlegen 94
Systembeschleunigung mit ReadyBoost und ReadyDrive 96
Mindestanforderungen für ReadyBoost 97
ReadyBoost aktivieren 98

Inhaltsverzeichnis

Optimale Größe des für ReadyBoost reservierten Speichers 100
Systembeschleunigung mit ReadyDrive 101
Geschwindigkeit von Flash-Medien ermitteln 102

Kapitel 3: Software und Spiele 103

Software und Spiele installieren 104
  Programme oder Program Files – Nicht eindeutige Namen
  bei Standardordnern 105
  Startmenüeinträge von Programmen nachträglich anpassen 106
  Ältere Software im Kompatibilitätsmodus installieren und
  ausführen 108
  Startmenüeintrag während der Installation anpassen 110
  Programme mit Administratorrechten ausführen 111
  Erweiterte Einstellungen des Kompatibilitätsmodus 112
  Programme im Windows XP Mode installieren 113
  Probleme mit Windows Aero-Effekten nach der
  Softwareinstallation 114
  Software richtig deinstallieren 115
Autostart-Programme 116
  Autostart-Programme hinzufügen oder entfernen 117
  Geblockte Autostart-Programme zulassen oder mithilfe der
  Aufgabenplanung aufrufen 118
  Autostart-Programme mithilfe von MSConfig konfigurieren 120
Standardprogramme zum Öffnen von Dateien 121
  Standardprogramme festlegen und konfigurieren 122
  Einzelne Dateitypen gezielt einem Programm zuweisen 123
  Dateien per Rechtsklick mit einem beliebigen Programm
  öffnen 124
Der Spieleexplorer 125
  Übersicht installierter Spiele im Spieleexplorer 126
  Ältere Spiele zum Spieleexplorer hinzufügen 127
  Optionen des Spieleexplorers anpassen 128
  Ansicht des Spieleexplorers anpassen 129
  Spiele im Spieleexplorer sortieren 130
  Spiele aus dem Spieleexplorer ausblenden 131
  Ausgeblendete Spiele wieder sichtbar machen 132
  Gespeicherte Spielstände schnell ausfindig machen 133
  Spiele an die Taskleiste oder das Startmenü anheften 134
  Leistungsbewertung für Spiele 135

Jugendschutzregeln für Spiele aktivieren 136
Spielfreigabesystem auswählen 137
Spielehardware 138
Gamepads, Joysticks und andere Steuergeräte einrichten 139
Funktion von Gamecontrollern überprüfen 140
Eingabegeräte kalibrieren 141
DirectX Diagnoseprogramm starten 142
Hardwarebeschleunigung für Anzeigegeräte aktivieren 143
Surround Sound für Spiele aktivieren 144

Kapitel 4: Benutzerkonten & Jugendschutz 145

Benutzerkonten einrichten und verwalten 146
Die Benutzerkontentypen von Windows 7 147
Ihr persönliches Administratorkonto 148
Das versteckte Administratorkonto – Der Retter in der Not 149
Kennwort für das versteckte Administratorkonto vergeben 150
Verstecktes Administratorkonto aktivieren 151
Eigenen Benutzerkontentyp ändern 152
Neue Benutzerkonten einrichten 153
Symbolbild für Benutzerkonten ändern 154
Vorgefertigtes Gastkonto aktivieren 155
Benutzerkonto nachträglich der Gruppe Gäste zuordnen
und Berechtigungen definieren 156
Kennwörter für andere Benutzerkonten erstellen oder ändern ... 158
Andere Benutzer dazu bringen, ihr Kennwort zu ändern 159
Verfallsdatum für Kennwörter festlegen 160
Benutzern verbieten, ihr Kennwort zu ändern 161
Kontensperrung nach fehlerhaften Anmeldeversuchen
aktivieren 162
Gesperrtes Benutzerkonto wieder freischalten 164
Kennworthinweis für Benutzerkonten angeben 165
Kennwortrücksetzdiskette für Benutzerkonten erstellen 166
Art der Benutzeranmeldung ändern 168
Benutzerkonten vorübergehend deaktivieren 170
Benutzern bei der Anmeldung eine Nachricht zukommen
lassen 171
Benutzerkonten löschen 172
Jugendschutz 173
Jugendschutz für ein Benutzerkonto aktivieren 174

Zeitlimits – Benutzerzeiten einstellen ... 175
Festlegen, welche Spiele gespielt werden dürfen ... 176
Bestimmen, welche Programme genutzt werden dürfen ... 178
Jugendschutz für den Windows Media Player aktivieren ... 180
Erweiterter Jugendschutz mit Windows Live Family Safety ... 182
Jugendschutz im Windows Media Center ... 184

Kapitel 5: Ordner, Dateien und Suchoptionen ... 185
Benutzerordner und eigene Dateien ... 186
   Jeder Benutzer bekommt seine eigenen Dateien ... 187
   Eigene Musik- und Videoarchive auslagern ... 188
   Eigene Benutzerordner verlegen ... 190
   Zugriffsberechtigungen für eigene Ordner definieren ... 192
   Default-Benutzerordner – Vorlagen für neue Benutzer ... 194
   Vordefinierte Ordner für Eigene Dateien ... 195
   Öffentliche Ordner – Dateien für alle Benutzer ... 196
Der Papierkorb ... 197
   Funktionen des Papierkorbs ... 198
   Jedes Laufwerk besitzt einen eigenen Papierkorb ... 199
   Größe des Papierkorbs anpassen ... 200
   Dateien ohne Umweg über den Papierkorb löschen ... 202
Schattenkopien – Die unsichtbare Sicherung ... 203
   Schattenkopien erstellen ... 204
   Vorgängerversion einer Datei wiederherstellen ... 206
Dateieigenschaften und Details anpassen ... 208
   Dateieigenschaften und Details abrufen ... 209
   Dateibeschreibungen von Office-Dokumenten anpassen ... 210
   Bewertungen und Detailbeschreibungen für Fotos ... 211
   Bewertungen und Detailbeschreibungen für Videodateien ... 212
   Bewertungen und Detailbeschreibungen für Musikdateien ... 213
Ordnereigenschaften und Details anpassen ... 214
   Ansicht des Ordnerinhalts anpassen ... 215
   Ordnertyp anpassen und Inhalt einem Thema zuordnen ... 216
   Erweiterte Ordner- und Dateiansicht konfigurieren ... 218
   Ordnerbilder und Symbole anpassen ... 220
Linkfavoriten, Bibliotheken und Symbolleisten ... 221
   Linkfavoriten – Bequemer Zugriff auf Ihre Lieblingsordner ... 222
   Virtuelle Bibliotheken um zusätzliche Ordner erweitern ... 224

Eigene Bibliotheken erstellen und einrichten 226
Eigene Symbolleisten in der Taskleiste erstellen 227
Suchfunktionen und Optionen 228
   Die Suchleiste des Windows Explorers 229
   Die Suchleiste des Startmenüs 230
   Eingabe von Suchbegriffen präzisieren 232
   Suche speichern 234
   Gespeicherte Suche öffnen 235
   Erweiterte Suchoptionen anpassen 236
   Ordner zum Suchindex hinzufügen 238
   Indexeinstellungen & Indizierung von Dateitypen anpassen 240
   Elemente gezielt von der Indizierung ausschließen 242

Kapitel 6: Multimedia-Tools & Optionen 243

Windows-Fotoanzeige und Windows Live Fotogalerie 244
   Windows Live Fotogalerie installieren 245
   Bilder mit der Windows-Fotoanzeige betrachten 246
   Bilder der Fotogalerie betrachten 248
   Zusätzliche Bilder-Ordner zur Fotogalerie hinzufügen 249
   Ordner aus der Fotogalerie entfernen 250
   Bilder bewerten und mit Detailbeschreibungen und
   Beschriftungen ausstatten 251
   Bilder mit Personenbeschriftungen ausstatten 252
   Bilder in der Galerie anhand bestimmter Kriterien filtern 253
   Bilder als Diashow betrachten 254
   Bilder von externen Medien importieren 256
   Erweiterte Optionen der Fotogalerie anpassen 257
   Bilder nachbearbeiten und Rote-Augen-Effekt eliminieren 258
   Bilder und Fotos drucken 260
   Bilder an ein Fotolabor versenden 261
   Bilder per E-Mail versenden 262
Windows Media Player 263
   Medienbibliothek des Windows Media Players 264
   Neue Ordner zur Medienbibliothek hinzufügen 266
   Einzelne Elemente aus der Medienbibliothek entfernen 267
   Audiodateien von einer Audio-CD kopieren 268
   Einstellungen für das Kopieren von Audiodaten anpassen 269
   Bilder, Musik und Videos bewerten und Details erweitern 270
   Musikdateien erweiterte Detailinformationen hinzufügen 271

Inhaltsverzeichnis

Eigene Wiedergabelisten erstellen und bearbeiten 272
Eigene Musikzusammenstellungen auf CD brennen 273
Brennoptionen des Media Players anpassen 274
Wiedergabeliste während der Wiedergabe ein- oder ausblenden 275
Visualisierungen bei der Wiedergabe von Musik anpassen 276
Soundeinstellungen über den Grafikequalizer anpassen 278
Bässe und Stereoeffekte mit SRS WOW-Effekten anheben 279
Medienwiedergabegeschwindigkeit anpassen 280
Musik überblenden & automatischer Lautstärkeausgleich 281
Einstellungen für die Wiedergabe von Videos anpassen 282
Dolby Digital-Einstellungen für die Wiedergabe von Filmen optimieren 283
DVD-Menü bei der Wiedergabe von DVD-Filmen aufrufen 284
Zusatzinformationen für DVD-Videos suchen 285
Soundeinstellungen für ungetrübten Filmgenuss 286
Erweiterte Optionen für die Wiedergabe von DVD-Filmen anpassen 288

Windows Media Center 289
TV-Hardware im Media Center einrichten 290
TV-Signal einrichten und Programmsuchlauf starten 291
TV-Kanallisten sortieren 292
Live-TV und zeitversetztes Fernsehen via Timeshift-Funktion 293
TV-Aufzeichnungen timen 294
Haltbarkeit aufgenommener Sendungen anpassen 296
Standardeinstellungen für Aufnahmen anpassen 297
More Radio – Radiosender per Internet empfangen 298
Speicherplatz für TV-Aufnahmen anpassen 300
Bildschirm oder Fernsehgerät optimal konfigurieren 301
Zusätzliche Musik-, Bild- und Videoarchive zum Media Center hinzufügen 302

Windows Live Movie Maker 304
Windows Live Movie Maker herunterladen und installieren 305
Videos schneiden und TV-Aufnahmen von Werbung befreien ... 306
Videos ins WMV-Format konvertieren 308
Videoclips mit Übergängen dezent ineinander überblenden 309
Videoclips mit Spezialeffekten belegen 310
Videoclips mit zusätzlicher Tonspur belegen 311
Filme mit eigenem Titel, Texten und Nachspann ausstatten 312

Inhaltsverzeichnis

Windows DVD Maker 313
   Video- und Bildmaterial für die DVD zusammenstellen 314
   Erweiterte Brennoptionen des DVD Makers anpassen 315
   Eigenes DVD-Menü erstellen 316

Kapitel 7: Drucken 319
Druckoptionen und Einstellungen 320
   Ausdrucke in der Druckvorschau überprüfen 321
   Aus Programmen heraus drucken und Druckoptionen
   anpassen 322
   Mit dem Internet Explorer Internetseiten drucken 324
   Die idealen Druckoptionen 326
   Dokumente als Entwurf drucken und Tinte sparen 327
   Erweiterte Druckoptionen & Spezialeffekte für Ihre
   Ausdrucke 328
   Größe der Ausdrucke anpassen und Poster drucken 329
   Druckoptionen dauerhaft anpassen 330
   Standarddrucker festlegen 331
   Druckaufträge in der Druckwarteschlange verwalten 332
   Drucker verwalten und erweiterte Eigenschaften anpassen 334
XPS-Dokumente erstellen, lesen und drucken 336
   XPS-Dokumente erstellen 337
   Druckeinstellungen des XPS-Document Writers anpassen 338
   XPS-Dokumente lesen, drucken und sichern 339

Kapitel 8: Mein individueller Desktop 341
Desktop anpassen 342
   Desktopdesign auswählen 343
   Desktophintergrund ändern 344
   Farbgebung und Transparenzeffekte des Aero-Designs
   anpassen 346
   Eigene Desktopdesigns speichern 347
   Desktopsymbole ein- oder ausblenden 348
   Schriftgrad des Desktops anpassen 349
   Windows 7-Sprachpakete – Arbeitsplatz in anderen
   Sprachen erscheinen lassen 350
Startmenü anpassen 352
   Programme ans Startmenü anheften 353
   Startmenü konfigurieren 354

Funktion der Herunterfahren-Schaltfläche im Startmenü
anpassen 356
Taskleiste und Infobereich anpassen 357
   Taskleiste an eine andere Position verschieben 358
   Größe der Taskleiste anpassen 359
   Programme an die Taskleiste anheften 360
   Zusätzliche Symbolleisten ein- bzw. ausblenden 361
   Eigenschaften der Taskleistendarstellung anpassen 362
   Schnellstartleiste zur Taskleiste hinzufügen 364
   Systemsymbole im Infobereich ein- bzw. ausblenden 365
   Zusätzliche Uhren im Infobereich einrichten 366

Kapitel 9: Windows-Tools & Funktionen 367

Nützliche Windows-Tools 368
   Snipping Tool – Screenshots erstellen 369
   Paint – Bilder erstellen, bearbeiten und konvertieren 370
   Windows-Fax und -Scan 372
   Windows-Spracherkennung – Windows per Sprache
   bedienen und Texte diktieren 374
   Sprachausgabe – Bildschirmtexte vom PC vorlesen lassen 376
   Kurznotizen – Merkzettel zum Schutz vor Vergesslichkeit 378
Desktop-Minianwendungen & Gadgets 379
   Minianwendungen auf dem Desktop platzieren 380
   Zusätzliche Minianwendungen herunterladen und
   installieren 381
   Minianwendungen konfigurieren 382
   Mehrere Instanzen einer Minianwendung einrichten 383
   Minianwendungen kurzfristig ausblenden und
   Anzeigeoptionen anpassen 384
Praktische Windows 7 Aero-Features 386
   Desktopvorschau mit Aero Peek anzeigen 387
   Aero Peek – Fensterverwaltung mit Vorschaubildern 388
   Fenster mit Aero Snap am Bildschirmrand andocken 390
   Aktives Fenster und Desktop mit Aero Shake freischütteln 392

Kapitel 10: Internet & Mail 393

Internet Explorer 395
   Internetseiten über die Adress- oder Suchleiste aufrufen 396
   Schnellregisterkarten – Übersicht aller Registerkarten 397

Inhaltsverzeichnis

- Tabbed-Browsing – Surfen mit Registerkarten ... 398
- Startseiten festlegen ... 400
- Internetfavoriten erstellen und verwalten ... 401
- Schnellzugriff auf Ihre Lieblingsfavoriten ... 402
- Favoriten-, Menü- und Symbolleisten ein- und ausblenden ... 403
- RSS-Newsfeeds – Feedschlagzeilen abonnieren ... 404
- Suchfunktionen des Internet Explorers anpassen ... 405
- InPrivate-Browsen – Sicher und spurenlos surfen ... 406
- Sicherheitseinstellungen des Internet Explorers anpassen ... 408
- Datenschutzeinstellungen für Cookies und Popups ... 410
- Internetseiten im Kompatibilitätsmodus anzeigen ... 412
- Smartscreenfilter konfigurieren ... 413
- Add-Ons verwalten ... 414
- Browserverlauf löschen ... 416
- Windows Live Mail ... 417
  - Windows Live Mail und Konto einrichten ... 418
  - Windows Live E-Mail-Konto in Windows Live Mail einrichten ... 419
  - E-Mail-Konten nachträglich konfigurieren ... 420
  - Vorschaufenster deaktivieren und Layout anpassen ... 422
  - Zusätzliche E-Mail-Konten einrichten ... 424
  - Automatisches Senden und Empfangen von E-Mails konfigurieren ... 425
  - E-Mails an mehrere Empfänger gleichzeitig versenden ... 426
  - Rechtschreibprüfung nutzen und konfigurieren ... 428
  - Windows Live-Kontakte mit Windows Kontakten abgleichen ... 429
  - Signaturen erstellen und zu E-Mails hinzufügen ... 430
  - Junk-E-Mail-Filter konfigurieren ... 432
  - Lesebestätigung vom Empfänger anfordern ... 434
  - Sicherheitseinstellungen & Geblockte Dateianhänge ... 435
  - Erweiterte Optionen von Windows Live Mail anpassen ... 436
  - Termine stets im Griff ... 437
- Windows Live Messenger ... 438
  - Windows Live Messenger herunterladen und installieren ... 439
  - Persönliche Einstellungen und Optionen anpassen ... 440
  - Messenger-Kontakte einrichten und einladen ... 442
  - Kontakte bearbeiten und kategorisieren ... 444
  - Gruppen erstellen, verwalten und nutzen ... 445
  - Chats und Videounterhaltungen mit Ihren Kontakten ... 446
  - Fotos und Dateien mit Kontakten austauschen ... 448

Inhaltsverzeichnis

Unliebsame Kontakte blockieren 450
Verbindungsprobleme beheben 451

Kapitel 11: Netzwerk 453

Netzwerkeinstellungen kontrollieren und anpassen 454
  Das Netzwerk-Symbol im Infobereich der Taskleiste 455
  Topologische Gesamtübersicht des Netzwerks anzeigen 456
  Verbindungsübersicht im Netzwerk- und Freigabecenter 458
  Detaillierten Status der Netzwerkverbindung anzeigen 459
  Feste IP-Adressen für Netzwerkverbindungen einrichten 460
  Netzwerkverbindung komplett deaktivieren 462
  Netzwerkerkennung ein- oder ausschalten 463
  Computer in Arbeitsgruppen zusammenfassen 464

Heimnetzgruppen & Netzwerkfreigaben erstellen und konfigurieren 465
  Heimnetzgruppe und Freigaben für Windows 7-Netzwerkteilnehmer einrichten 466
  Windows 7-Heimnetzgruppe beitreten 468
  Weitere Elemente für die Heimnetzgruppe freigeben und einzelne ausschließen 469
  Erweiterte Freigabeneinstellungen für sonstige Netzwerkteilnehmer konfigurieren 470
  Kennwortgeschütztes Freigeben 472
  Netzwerkkennwörter speichern und verwalten 473
  Allgemeine Freigaben und Zugriffsberechtigungen für Ordner und Dateien erstellen 474
  Komplettes Laufwerk im Netzwerk freigeben 476
  Erweiterte Freigaben einrichten 477
  Mediendateien für andere Computer oder die Xbox 360 freigeben 478
  Datensynchronisation und Offlinedateien 480
  Drucker im Netzwerk freigeben 482

Kapitel 12: Sicherheit 483

Wartungscenter & Benutzerkontensteuerung 484
  Optionen des Wartungscenters 485
  Benutzerkontensteuerung konfigurieren oder ausschalten 486
Windows Update – Mit Sicherheit auf dem neuesten Stand 488
  Windows Update konfigurieren 489

Microsoft Update einrichten 490
Detailinformationen für neue Updates anzeigen 491
Unerwünschte Updates ausblenden 492
Updates nachträglich deinstallieren 493
Windows-Firewall 494
Netzwerkstandort für die Firewall anpassen 495
Windows-Firewall ein- oder ausschalten 496
Firewallregeln für eingehende Verbindungen anpassen 497
Windows-Firewall mit erweiterter Sicherheit 498
Schutz vor Viren und Spyware 500
Virenscanner installieren 501
Mit dem Windows-Defender schädliche Software suchen 502
Durch Windows-Defender geblockte Software und Autostart-
Programme freischalten 503
BitLocker – Sicherheitsrelevante Laufwerke verschlüsseln 504
BitLocker – Interne Laufwerke verschlüsseln 505
BitLocker To Go – Externe Datenträger verschlüsseln 507

Kapitel 13: Systemeinstellungen & Tuning 509

Systemeinstellungen & Tools 510
Anzeigeeinstellungen anpassen 511
Anzeigeeinstellungen für mehrere Monitore anpassen 512
Systemsounds anpassen 514
Mauszeiger und Mausfunktionen anpassen 515
Bildschirmschoner einrichten und konfigurieren 516
Systemzeit automatisch abgleichen 517
Grundsätzliche Systemeigenschaften anpassen 518
Virtuellen Arbeitsspeicher verwalten 520
Erweiterte Systemkonfiguration mit MSCONFIG 522
Task-Manager – Kontrolle über Programme, Dienste und
Prozesse 524
Systeminformationen abrufen 526
Diagnosetools zur Überwachung der Zuverlässigkeit und
Leistung Ihres Systems 527
Systemereignisse und Protokolle anzeigen 528
Aufgabenplanung konfigurieren 529
Registrierdatenbank bearbeiten 530
xp-AntiSpy – Systemeinstellungen anpassen und
Spionageoptionen abschalten 532

Windows-Features aktivieren und deaktivieren 534
System- und Grafikkartentuning 536
   Bootlogo abschalten und Systemstart beschleunigen 537
   Detaillierten Leistungsindex aufrufen und aktualisieren 538
   Visuelle Effekte anpassen 539
   Indizierungsoptionen anpassen 540
   Schattenkopien für unwichtige Laufwerke deaktivieren 541
   Energieeinstellungen auf Höchstleistung trimmen 542
   Akkulaufzeit von Notebooks verlängern 543
   Windows-Mobilitätscenter – Notebookfeatures auf einen Klick 544
   Registrierdatenbank mit Zusatztools aufräumen 546
   Rightmark CPU Clock Utility – Prozessorleistung manuell anpassen 548
   PowerStrip – Grafikkarten tunen und übertakten 550
   CPU-Auslastung auf dem Desktop anzeigen 552

Kapitel 14: System- und Datenrettung 553
   Wiederherstellungspunkte & Systemwiederherstellung 554
   Wiederherstellungspunkte erstellen 555
   Maximale Anzahl von Wiederherstellungspunkten 556
   Systemwiederherstellung aus dem laufenden System 558
   Systemwiederherstellung mithilfe der Computerreparaturoptionen 560
   Eigene Systemreparaturdatenträger erstellen 562
System- und Datensicherung 563
   Komplettes Systemabbild erstellen 564
   Systemabbild mithilfe der Computerreparaturoptionen wiederherstellen 566
   Windows-Sicherung – Backups wichtiger Laufwerke, Ordner und Daten anfertigen und wiederherstellen 568
   Systemabbild aus dem laufenden System wiederherstellen 570
Sonstige Diagnose- und Notfall-Tools 571
   Windows im abgesicherten Modus starten 572
   Startprobleme mithilfe der Systemstartreparatur beheben 573
   Arbeitsspeicher mit Speicherdiagnosetool überprüfen 574
   MS-DOS-Startdiskette erstellen 576

Stichwortverzeichnis 577

Vorwort

Windows 7 hat im Vergleich zu vorangegangenen Windows-Versionen eine ganze Reihe wirklich sinnvoller und nützlicher Neuerungen zu bieten. Angefangen bei der komplett überarbeiteten und mit massig neuen Funktionen versehenen Taskleiste, über den neuen Windows-Explorer und dessen virtuelle Bibliotheken, die neuen Aero-Features, mit denen sich die Arbeit mit Fenstern so komfortabel gestaltet wie nie zuvor, die verbesserten Such- und Sicherheitsfunktionen bis hin zu neuen Versionen altbekannter Programme wie z. B. dem Windows Media Player oder dem Windows Media Center bietet Windows 7 alles, was das Computer- und Multimediaherz begehrt.

Während neue Features wie das Wartungscenter und die Taskleiste sofort ins Auge fallen, eröffnen sich andere erst auf den zweiten, dritten oder gar vierten Blick und sorgen dann aber nicht selten für ein zufriedenes Lächeln im Gesicht – denn genau genommen, sind es insbesondere die vielen Detailverbesserungen, die dafür sorgen, dass sich die Arbeit mit dem neuen Betriebssystem so komfortabel und angenehm gestaltet, wie nie zuvor.

Da sich im Vergleich zu Windows XP mittlerweile einiges geändert hat und die neuen Funktionen, Einstellungen und Optionen selbst bei Windows Vista-Umsteigern nicht selten für ein großes Fragezeichen über dem Kopf sorgen werden, soll Ihnen dieses kleine Buch dabei helfen, sich schnell mit Windows 7 und seinen unzähligen Features zurechtzufinden und das System bis ins kleinste Detail optimal an Ihre Bedürfnisse anzupassen.

Ganz egal, ob Sie Windows 7 als alleiniges Betriebssystem nutzen, oder das System lieber parallel mit anderen Windows-Versionen auf Ihrem Rechner einrichten möchten – in diesem Buch erfahren Sie, welche Tücken, Möglichkeiten und Geheimnisse sich im Installationsvorgang verbergen und wie sich bei Bedarf sogar beliebig viele Betriebssysteme in Form virtueller PCs auf Ihrem Computer betreiben lassen. Sie finden zahlreiche Tipps und Hinweise zur Einrichtung und perfekten Konfiguration Ihrer Hardware und Treiber. Sie erfahren, was Sie bei der Installation neuer Software und Spiele beachten sollten und wie Sie mithilfe des neuen Windows XP-Modes oder den Windows-Kompatibilitätseinstellungen auch ältere und eigentlich nicht wirklich Windows 7 kompatible Programme reibungslos zum Laufen bekommen. Sie lernen, wie Sie die Suchfunktionen von Windows 7 optimal nutzen und an Ihre Bedürfnisse anpassen, wie Sie die virtuellen Bibliotheken effektiv nutzen und bei

Bedarf sogar eigene erstellen, was Sie beim Umgang mit Ordnern und Dateien beachten sollten und wie Sie deren Eigenschaften für spätere Suchaktionen optimieren, wie Sie Schattenkopien von wichtigen Dateien erstellen und diese damit wiederherstellen können, wie Sie den Desktop, die Taskleiste und den Infobereich samt der darauf befindlichen Uhr auf Ihre Vorlieben zuschneiden, wie Sie dafür sorgen, dass Ihre Lieblingsprogramme und wichtige Dokumente stets mit einem Klick erreichbar sind.

Den Multimedia-Features von Windows 7 haben wir in diesem Buch ein besonders großes Kapitel spendiert. Hier finden Sie nicht nur Tipps und Hinweise zur Fotoanzeige, dem Windows Media Player, dem Windows Media Center, dem DVD-Maker und optional nachinstallierbaren Programmen wie der Windows Live Fotogalerie und dem Windows Live Movie Maker, sondern erfahren auch alles, was Sie zum Umgang mit Ihren Fotos, Musikdateien und Videos wissen müssen. Besitzen Sie eine TV-Karte oder eine Xbox 360, verraten wir Ihnen zusätzlich, wie Sie diese Komponenten ins System einbinden und den PC so zur perfekten Multimediazentrale avancieren lassen.

Davon abgesehen, finden Sie natürlich auch noch zahlreiche Tipps zur Einrichtung und erweiterten Verwaltung von Benutzerkonten und den Jugendschutzfeatures von Windows 7 und erfahren, wie Sie diese mithilfe von Zusatzprogrammen erweitern, um so nicht nur die totale Kontrolle über das Geschehen auf dem PC, sondern auch noch über die Internetaktivitäten Ihrer Kinder und sonstigen Benutzer zu erhalten. Verwenden Sie den Internet Explorer, erfahren Sie zusätzlich, welche neuen Funktionen der Browser zu bieten hat, wie Sie diese sinnvoll nutzen und versteckte Sicherheitsoptionen konfigurieren. Wir erklären Ihnen, wie Sie den Windows Live Messenger und Windows Live Mail nachträglich ins System einbinden, optimal konfigurieren und mit diesem neben dem E-Mail-Verkehr auch noch Ihre Kontakte und Termine verwalten.

Wollen Sie zuhause ein kleines Netzwerk aus mehreren Computern aufbauen, lässt sich dies am einfachsten mithilfe der neuen Heimnetzgruppen-Funktion von Windows 7 realisieren. Da aber auch dieses System seine Tücken hat, erklären wir Ihnen natürlich auch, was Sie beim Einrichten Ihres Netzwerks beachten sollten, wie Sie Drucker, Ordner und auch ganze Festplatten mit detaillierten Berechtigungen für bestimmte Nutzer im Netzwerk verfügbar machen und einzelne Elemente sperren, wie Sie auch nicht Windows 7-Rechnern Zugriff auf Ihre Freigaben gewähren, wie Sie die Medienstreamingoptionen konfigurieren, um so z. B. auch über eine Xbox 360 auf die Medienbibliothek Ihres Systems zugreifen zu

Vorwort

können und welche Möglichkeiten Ihnen die im Netzwerk und Freigabecenter verborgenen Optionen zu bieten haben.

Und als wenn das alles noch nicht genug wäre, erklären wir Ihnen natürlich auch noch, wie Sie die Windows eigenen Sicherheitsfeatures wie z. B. die Windows-Firewall, den Windows-Defender, die Benutzerkontensteuerung und das Windows Update perfekt konfigurieren und nutzen, wie Sie die Systemsprache ändern, Systemeinstellungen bis ins kleinste Detail an Ihre Bedürfnisse anpassen, wie Sie Windows je nach Bedarf auf Geschwindigkeit trimmen oder in den Stromsparmodus versetzen, wie Sie Ihre Hardware mithilfe von Zusatztools tunen und überwachen, welche Möglichkeiten Ihnen Windows oder diverse Zusatztools bieten, wenn es darum geht, das System zu analysieren, die Leistung zu optimieren oder es im Notfall zu retten, wie Sie vorbeugend Backups des kompletten Systems und ausgewählter Elemente anfertigen, wie Sie den PC mithilfe selbst erstellter Notfalldatenträger oder den Computerreparatur-Werkzeugen der erweiterten Startoptionen wiederherstellen, und Sie erfahren natürlich auch, was Sie bei all diesen Dingen beachten sollten.

Vorwort

Hinweise zu diesem Buch

In diesem Buch haben wir die unzähligen Tipps und Hinweise strukturiert und nach Themen gegliedert in den einzelnen Kapiteln für Sie zusammengefasst, sodass es sich nicht nur zum Durchlesen, sondern auch hervorragend als Nachschlagewerk eignet. Unter jedem Tipp finden Sie eine kleine Hinweisbox, anhand der Sie auf einen Blick erkennen können, unter welchen Windows 7-Versionen sich dieser auch tatsächlich umsetzen lässt. Hier eine kleine Aufschlüsselung:

- ○ Tipp ist für diese Version nicht gültig.
- ◉ Tipp ist nur zum Teil gültig.
- ● Tipp besitzt für diese Version volle Gültigkeit.

Ansonsten finden Sie in diesem Buch auch immer wieder Anweisungen, die Ihnen Schritt für Schritt zeigen, wie Sie die dort beschriebenen Programme und Funktionen auf dem Weg über das Startmenü von Windows 7 erreichen. Der Weg zur allgemeinen Systemübersicht würde hier z. B. wie folgt lauten:

Start > Systemsteuerung > System und Sicherheit > System

Jetzt aber genug der langen Vorrede ... in der Hoffnung, dass Ihnen dieses Buch alle Fragen beantwortet, die Sie in Bezug auf Windows 7 und dessen unzählige Features, Tools und Funktionen haben, wünsche ich Ihnen viel Spaß beim Durchstöbern der folgenden Tipps, Tricks und Geheimnisse!

Mit freundlichen Grüßen,
Carsten Höh
win7-buch@live.de

Kapitel 1
Windows 7 installieren

Egal, für welche Windows 7-Version Sie sich auch entschieden haben – die Installation läuft nahezu wie von selbst ab und sollte selbst für Anfänger kaum einer Erklärung bedürfen. Nichtsdestotrotz gibt es während des Installationsvorgangs ein paar Optionen, die auf den ersten Blick nicht sofort zu erkennen sind und die wir Ihnen hier etwas genauer vorstellen wollen.

Der Startbildschirm der *Windows 7-Installationsroutine*

Wird z. B. Ihre Festplatte, auf der Sie Windows 7 eigentlich installieren wollten, aufgrund fehlender Treiberunterstützung für den dazugehörigen Controller nicht automatisch erkannt, lässt sich dieses Problem z. B. durch das nachträgliche Laden des passenden Treibers schnell aus der Welt schaffen. Wollen Sie eine Festplatte vor der Installation in mehrere Laufwerke aufteilen, um so später einfacher für Ordnung sorgen zu können, lässt sich dies ebenfalls mit ein paar Mausklicks erledigen. Egal, ob Sie Windows 7 komplett neu, als Update oder als Multibootsystem parallel zu Ihrer bisherigen Windows-Version installieren wollen – die passenden Tipps und Hinweise, was es dabei zu beachten gilt, finden Sie in diesem Kapitel.

Kapitel 1: Windows 7 installieren

Allgemeine Tipps zur Installation

In diesem Teil des Buches finden Sie allgemeine Tipps zur Installation von Windows 7, die Ihnen dabei helfen sollen, Problemen schon im Vorfeld aus dem Weg zu gehen. Sie erfahren hier, wie Sie bereits vor dem Start der Installation testen können, ob Ihr System den Anforderungen von Windows 7 genügt, was Sie bei einem Upgrade auf Windows 7 beachten sollten, was zu tun ist, wenn die Installationsroutine Ihre Festplatte nicht erkennt und wie Sie diese bei Bedarf bereits zum Start des Installationsvorgangs einrichten und partitionieren können. Wie all dies und mehr funktioniert, erfahren Sie in den folgenden Abschnitten.

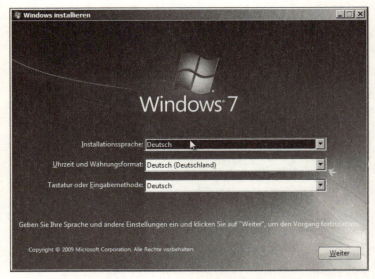

In den folgenden Abschnitten finden Sie Tipps und Hinweise zur Installation.

Windows 7-Tauglichkeit der PC-Komponenten prüfen

DAS PROBLEM

Wenn Sie Windows 7 auf einem PC installieren wollen, auf dem bereits eine ältere Windows-Version eingerichtet ist, sollten Sie zuvor überprüfen, ob der Rechner den Ansprüchen für Windows 7 auch wirklich genügt, oder ob es aufgrund zu schwacher Komponenten, mangelnder Treiberunterstützung für diverse Komponenten oder inkompatibler Software zu Problemen kommen könnte.

DER TIPP

Laden Sie sich unter der Adresse *http://www.microsoft.com/windows/windows-7/get/upgrade-advisor.aspx* den *Windows 7 Upgrade Advisor* herunter und installieren Sie das Programm. Nachdem Sie den *Windows 7 Upgrade Advisor* gestartet haben, überprüft dieser Ihr System und zeigt Ihnen anhand detaillierter Listen ganz genau an, ob Ihr Rechner voll Windows 7-tauglich ist, ob Sie ein Upgrade auf Windows 7 durchführen können oder das System komplett neu aufsetzen müssen und bei welchen der auf dem System installierten Komponenten (Hardware und Software) es zu Problemen kommen könnte. Ist alles OK, können Sie mit der Installation von Windows 7 beginnen – falls nicht, sollten Sie den Anweisungen des Programms folgen, um die Probleme zu beheben.

WEITERE HINWEISE

Der *Windows 7 Upgrade Advisor* setzt als Mindestvoraussetzung einen PC mit installiertem Windows XP (inkl. Service Pack 2), Windows Vista oder Windows 7 voraus. Verwenden Sie eine ältere Windows-Version, lässt sich das Tool leider nicht nutzen.

Geeignet für folgende Windows-7-Versionen

| ● Home Basic | ● Home Premium | ● Professional | ● Enterprise | ● Ultimate |

Windows 7 als Frischinstallation installieren

DAS PROBLEM

Der sicherste und schnellste Weg Windows 7 zu installieren, ist eine komplette Frischinstallation des Systems. Auf diese Weise können Sie von vorneherein ausschließen, dass falsche Einstellungen, inkompatible Software, Schädlinge oder sonstiger Ballast Ihres alten Systems auf das neue übertragen werden.

DER TIPP

Um eine Frischinstallation durchzuführen, booten Sie den Rechner von der Windows 7 Installations-DVD (sollte dies nicht auf Anhieb klappen, überprüfen Sie im BIOS Ihres PCs, ob dort das CD/DVD-Laufwerk als erste Bootoption eingestellt ist). Nachdem das System von der DVD gestartet wurde, folgen Sie den Anweisungen auf dem Bildschirm. Für eine Frischinstallation wählen Sie nach Angabe der Ländereinstellungen die Option *Benutzerdefiniert (erweitert)*.

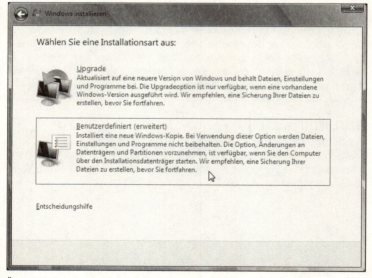

Über die Option *Benutzerdefiniert (erweitert)* starten Sie eine Frischinstallation.

Allgemeine Tipps zur Installation

Bei Bedarf können Sie im folgenden Schritt Ihre Festplatte partitionieren und diese Ihren Wünschen entsprechend aufteilen (siehe auch *Festplatte während der Installation partitionieren und einrichten*). Das Ziellaufwerk für Windows 7 sollte mindestens 16 GB groß sein (obwohl auf lange Sicht 40 GB oder mehr ratsam sind). Bedenken Sie dabei, dass alle auf dem Ziellaufwerk vorhandenen Daten bei der Installation gelöscht werden. Installieren Sie Windows 7 auf eine Partition, auf der sich bereits ein Betriebssystem befindet, kann dieses also später nicht mehr verwendet werden. Wollen Sie Daten und Einstellungen aus einer älteren Windows-Version retten, sollten Sie diese zunächst mit dem Tool *Windows-EasyTransfer* auf einen anderen Datenträger sichern (siehe Tipp *Windows-EasyTransfer* im weiteren Verlauf dieses Kapitels). Nachdem Sie das gewünschte Ziel angegeben haben, läuft die eigentliche Installation völlig automatisch ab. Nachdem der Installationsvorgang beendet ist, können Sie neben Ihrem eigenen Benutzerkonto auch noch weitere Konten einrichten. Danach folgen nur noch ein paar Angaben zur Grundkonfiguration des Systems und des eventuell vorhandenen Netzwerkstandortes und gegebenenfalls auch die Einrichtung einer Heimnetzgruppe, bevor Sie abschließend zur Eingabe Ihres Produktschlüssels aufgefordert werden. Anhand des Produktschlüssels entscheidet sich, welche Windows 7-Version im Folgenden freigeschaltet und dann auch umgehend gestartet wird. Bereits kurze Zeit später bekommen Sie dann endlich den Desktop Ihres neuen Betriebssystems zu Gesicht.

Weitere Hinweise

Besitzen Sie einen DSL-Internetzugang, ist es ratsam, den Computer vor dem Start der Installation mithilfe eines passenden Netzwerkkabels mit Ihrem DSL-Router zu verbinden. Auf diese Weise kann sich Windows bereits während der Installationsphase im Internet auf die Suche nach Treibern und Systemaktualisierungen begeben, sodass Ihr System dann bereits beim ersten Windows-Start auf dem aktuellsten Stand ist.

Geeignet für folgende Windows-7-Versionen

| ● Home Basic | ● Home Premium | ● Professional | ● Enterprise | ● Ultimate |

Festplatte während der Installation partitionieren und einrichten

DAS PROBLEM

Windows 7 verlangt mindestens 16 GB Festplattenspeicher, um nach der Installation reibungslos seinen Dienst verrichten zu können. Ist der Speicherplatz Ihrer Festplatte bisher noch überhaupt nicht oder nur einer einzigen Partition zugewiesen, oder wollen Sie eine bereits vorhandene Partition entsprechend vergrößern, lässt sich dies zu Beginn der benutzerdefinierten Installation recht einfach bewerkstelligen.

DER TIPP

Wenn Sie im Installationsfenster *Wo wollen Sie Windows installieren* die erweiterten Laufwerksoptionen öffnen, bekommen Sie die Möglichkeit, Partitionen zu löschen, neue zu erstellen, vorhandene zu erweitern oder bereits angelegte Laufwerke zu formatieren. Genau wie Windows Vista ist auch Windows 7 in Bezug auf den benötigten Festplattenplatz deutlich anspruchsvoller als Windows XP oder noch ältere Vorgänger des Betriebssystems. Anstatt den gesamten Datenspeicher einer leeren Festplatte einer einzigen Partition zuzuweisen, sollten Sie diese besser in mindestens zwei Teile aufteilen. Die Systempartition, auf der Sie Windows 7 installieren wollen, sollte dabei mindestens 20 GB oder (je nachdem, welche Software später noch installiert werden soll) besser gleich 40 GB oder mehr groß sein, um so späterem Speicherplatzmangel bereits im Vorfeld vorzugreifen. Den restlichen Speicherplatz weisen Sie dann wahlweise einer oder gleich mehreren Partitionen zu, die Sie dann als Lager für Ihre persönlichen Dateien, Downloads, Musik- oder Filmbibliotheken usw. nutzen. Sollte einmal etwas schief gehen, bleiben diese Daten somit auch bei einer kompletten Neuinstallation des Betriebssystems erhalten.

Allgemeine Tipps zur Installation

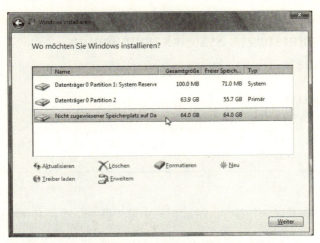

Während der Installation können Sie Ihre Festplatten neu partitionieren.

WEITERE HINWEISE

Ist Ihre Festplatte bereits partitioniert, wobei das Laufwerk, auf dem Windows 7 installiert werden soll, zu wenig Speicherplatz aufweist, können Sie der Partition bei Bedarf über die Option *Erweitern* bisher noch nicht zugewiesenen Speicherplatz hinzufügen. Ist kein Speicher zum Erweitern des Laufwerks verfügbar, lässt sich das Problem vielleicht durch das *Löschen* einer nicht benötigten Partition lösen. Der dabei frei gewordene Speicher kann danach der gewünschten Systempartition hinzugefügt werden. Bedenken Sie dabei aber, dass beim Löschen einer Partition alle darauf enthaltenen Daten verloren gehen! Die für die Installation von Windows 7 ausgewählte Festplatte wird während des Installationsvorgangs automatisch mit dem NTFS-Dateisystem formatiert. Wollen Sie weitere Laufwerke formatieren, lässt sich dies über die entsprechende Option schnell bewerkstelligen. Ansonsten können Sie diese Schritte aber auch später noch bequem aus Windows heraus ausführen (weitere Informationen zur Datenträgerverwaltung finden Sie in *Kapitel 2: Hardware und Treiber*).

Geeignet für folgende Windows-7-Versionen				
● Home Basic	● Home Premium	● Professional	● Enterprise	● Ultimate

Kapitel 1: Windows 7 installieren

Während der Installation fehlende Treiber für nicht unterstützte Systemkomponenten nachladen

DAS PROBLEM

Sollte Windows 7 Ihren Festplattencontroller oder sonstige für die Installation wichtige Systemkomponenten nicht von Haus aus unterstützen, müssen Sie den dazugehörigen Treiber vor dem Start manuell hinzufügen.

DER TIPP

Wenn Windows 7 beim Start der Installation feststellt, dass Treiber für wichtige Komponenten fehlen, werden Sie mit einem entsprechenden Warnhinweis darauf aufmerksam gemacht und bekommen die Möglichkeit, die Treiber für die aufgelisteten Geräte manuell nachzureichen. Dazu brauchen Sie nichts weiter zu tun, als Windows zu erklären, wo der Treiber zu finden ist und gegebenenfalls die passende Treiber-CD einzulegen. Sollten Sie keinen passenden Treiber besitzen, schauen Sie auf der Homepage des Geräteherstellers nach, ob dort entsprechende Treiber zum Download bereitstehen.

WEITERE HINWEISE

Bekommen Sie keine Warnmeldung angezeigt und stellen trotzdem fest, dass während der Installation die Festplatte, auf der Sie Windows 7 installieren wollen, nicht angezeigt wird, liegt dies in der Regel daran, dass Windows den dazugehörigen Festplattencontroller nicht erkannt hat. In diesem Fall finden Sie auf der Übersicht der vorhandenen Partitionen im unteren linken Bereich des Fensters die Option *Treiber laden*, über die Sie den Treiber für das Gerät nachträglich einbinden können.

Geeignet für folgende Windows-7-Versionen

● Home Basic   ● Home Premium   ● Professional   ● Enterprise   ● Ultimate

Windows.old – Sicherungskopie des alten Systems nach erfolgreichem Upgrade löschen

DAS PROBLEM
Wenn Sie ein Upgrade von Windows Vista auf Windows 7 durchführen, oder Windows 7 auf eine Partition installieren, auf der zuvor bereits ein Windows-System installiert war, legt Windows 7 während der Installation automatisch eine Sicherheitskopie Ihrer ursprünglichen Systemordner an. Wenn alles glatt verlaufen ist, können Sie die Ordner später getrost löschen und so wieder neuen Platz auf der Festplatte freigeben.

DER TIPP
Sollten Sie feststellen, dass beim Upgrade nicht alle Daten korrekt übernommen wurden, finden Sie auf Ihrer Systempartition den Ordner *Windows.old*, in dem Sie neben dem ehemaligen Windows-Ordner auch eine Sicherung der installierten Programme, Dateien und Einstellungen Ihrer Benutzerkonten wiederfinden. Bedenken Sie dabei, dass sich aus der Sicherungskopie lediglich einzelne Dateien wiederherstellen lassen. Aus dem Ordner wieder ein voll funktionstüchtiges Windows-System herzustellen, ist nicht ohne Weiteres möglich. Wenn Sie sich sicher sind, dass Sie die Dateien nicht mehr benötigen, können Sie den Ordner jederzeit vom System entfernen und so wertvollen Festplattenplatz zurückgewinnen. Sollte sich der Ordner nach einem Rechtsklick nicht mit der normalen *Löschen*-Option entfernen lassen, können Sie das Problem mithilfe der *Datenträgerbereinigung* von Windows 7 trotzdem schnell aus der Welt schaffen.

WEITERE HINWEISE
Rufen Sie über *Start > Alle Programme > Zubehör > Systemprogramme* die *Datenträgerbereinigung* auf und wählen Sie das *Win7*-Laufwerk aus, auf dem sich auch der *Windows.old*-Ordner befindet. Nachdem das Programm Ihren Rechner untersucht hat, finden Sie dort die Option zum endgültigen Entfernen der vorangegangenen Windows-Version, mit der sich die Sicherheitskopien bequem löschen lassen.

Geeignet für folgende Windows-7-Versionen				
● Home Basic	● Home Premium	● Professional	● Enterprise	● Ultimate

Windows-EasyTransfer – Benutzerdaten vom alten System auf das neue übertragen

DAS PROBLEM

Planen Sie einen Umstieg auf Windows 7, bei dem eine komplette Frischinstallation ins Haus steht oder wollen Sie das System von Grund auf neu aufsetzen, heißt dies nicht, dass Sie nicht auch in diesen Fällen Ihre alten Benutzerdaten wie z. B. Ihre persönlichen Daten und Einstellungen gezielt retten und auf das neue System übertragen könnten.

DER TIPP

Wenn Sie die Windows 7-Installations-DVD unter Ihrem alten Windows 2000-, Windows XP- oder Vista-System ins Laufwerk legen, finden Sie dort im Ordner *support\migwiz* eine Datei namens *migwiz.exe,* über die sich das *Windows-EasyTransfer*-Programm aufrufen und auf Ihrem Rechner einrichten lässt. Das Tool bietet Ihnen die Möglichkeit, Ihre persönlichen Dateien, Benutzerkonten, Programmeinstellungen, Internetfavoriten, E-Mails, Kontakte usw. auf einem Datenträger oder Netzlaufwerk Ihrer Wahl zu sichern.

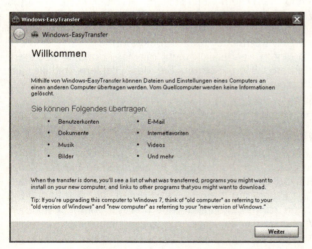

Mit *Windows-EasyTransfer* lassen sich Dateien und Einstellungen auf das neue System übertragen.

Allgemeine Tipps zur Installation

Nachdem Sie Windows 7 installiert haben, lassen sich die Daten dann mit dem gleichen Tool bequem importieren. Unter Windows 2000 können leider keine Einstellungen, sondern ausschließlich persönliche Dateien gesichert werden. Mit noch älteren Windows-Versionen lässt sich *Windows-EasyTransfer* erst gar nicht starten (hier müssen Sie die gewünschten Daten dann manuell sichern und später auch manuell auf das neue System transferieren).

Weitere Hinweise

Nachdem Sie *Windows-EasyTransfer* auf dem alten System von der Installations-DVD gestartet haben, legen Sie fest, dass es sich hierbei um den Quellrechner handelt und geben dann an, auf welchem Medium die von Ihnen ausgewählten Daten und Einstellungen gesichert werden sollen. Wollen Sie die Daten auf einem so genannten Netzlaufwerk hinterlegen, sollten Sie dabei bedenken, dass damit keine normale Netzwerkfreigabe gemeint ist, sondern nur Laufwerke ausgewählt werden können, die tatsächlich als Netzlaufwerk mit Ihrem System verbunden wurden, was sich unter Windows XP über *Netzwerkumgebung > Extras > Netzlaufwerk verbinden* verwirklichen lässt. Unter Windows Vista öffnen Sie hingegen über *Start > Netzwerk* die Netzwerkumgebung, klicken die gewünschte Netzwerkfreigabe an und wählen die Option *Netzlaufwerk zuordnen*. Damit kein anderer auf Ihre Daten zugreifen kann, werden diese durch einen einzigartigen Schlüssel bzw. ein Kennwort geschützt. Nachdem Sie die Sicherung abgeschlossen haben, können Sie das Tool nach der Installation von Windows 7 über *Start > Alle Programme > Zubehör > Systemprogramme > Windows-EasyTransfer* auf Ihrem neuen System aufrufen. Geben Sie an, dass es sich hier um den Zielrechner handelt und von wo Sie die Daten transferieren wollen. Nachdem Sie den dazugehörigen Schlüssel bzw. das Kennwort eingegeben haben, können Sie gezielt auswählen, welche der gespeicherten Benutzerkonten, Einstellungen und Dateien auf Windows 7 übertragen bzw. in welches der auf diesem System vorhandenen Benutzerkonten diese transferiert werden sollen. Sind die gewünschten Konten noch nicht vorhanden, lassen sich diese auch aus dem Programm heraus einrichten.

Geeignet für folgende Windows-7-Versionen

| ● Home Basic | ● Home Premium | ● Professional | ● Enterprise | ● Ultimate |

Windows 7 als Upgrade installieren

DAS PROBLEM
Auch wenn eine Frischinstallation vorzuziehen ist, ist es natürlich möglich, Windows 7 als Upgrade einer vorhandenen Windows Vista-Version zu installieren und so dafür zu sorgen, dass automatisch alle vorhandenen Benutzerkonten, Programme und Einstellungen umgehend auf dem neuen System verfügbar sind, ohne alles neu installieren und einrichten zu müssen.

DER TIPP
Sie sind zwar auch als Windows XP-Besitzer zu einem Upgrade auf Windows 7 berechtigt, tatsächlich funktioniert die Übernahme der Dateien aber nur auf Systemen, auf denen Windows Vista installiert ist, wobei auch hier einige Einschränkungen gelten. Besitzen Sie Windows Vista Home Basic oder Premium, können Sie lediglich ein Upgrade auf Windows 7 Home Premium oder Ultimate durchführen – beim Umstieg auf Windows 7 Professional steht hingegen eine Neuinstallation an. Windows Vista Business-Nutzer können allerdings nur auf Windows 7 Professional oder Ultimate upgraden, während beim Wechsel auf Windows 7 Home Premium eine Neuinstallation ins Haus steht. Bei Windows Vista Ultimate ist hingegen nur ein Upgrade auf Windows 7 Ultimate möglich – wollen Sie auf eine kleinere Windows 7-Version umsteigen, können keine Daten übernommen werden, da auch hier eine komplette Neuinstallation nötig ist. Ein Upgrade von Windows 2000 oder noch älteren Windows-Versionen auf Windows 7 ist aber nicht vorgesehen. In diesen Fällen benötigen Sie auf jeden Fall eine Vollversion, die dann anhand einer Frischinstallation auf dem Rechner eingerichtet wird. Gleiches gilt bei einem Wechsel von einer 32- auf eine 64-Bit-Version und umgekehrt.

Bevor Sie mit der Installation beginnen, sollten Sie bei einem Upgrade auf jeden Fall mit dem *Windows 7 Upgrade Advisor* (siehe erster Tipp dieses Kapitels) überprüfen, ob die auf Ihrem System installierte Software, Treiber und sonstige Komponenten auch wirklich reibungslos mit Windows 7 zusammenarbeiten. Falls nicht, müssen Sie die Problemkomponenten vor der Installation entsprechend der Anweisungen des Programms aktualisieren bzw. vom System entfernen. Da sich das Upgrade auf Windows 7 später nicht mehr rückgängig machen lässt, sollten Sie vor dem Start der Instal-

Allgemeine Tipps zur Installation

lation zu Ihrer eigenen Sicherheit noch eine Sicherungskopie aller wichtigen Daten oder besser noch der gesamten Systempartition anlegen.

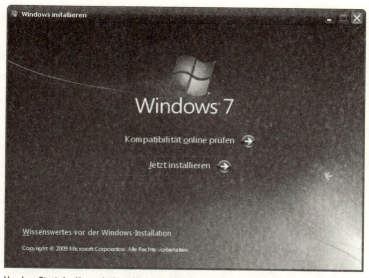

Vor dem Start der Upgrade-Installation sollten Sie einen Kompatibilitätstest durchführen!

WEITERE HINWEISE

Um ein Upgrade auf Windows 7 durchzuführen, rufen Sie die Windows 7-Installations-DVD aus dem laufenden Windows-Betriebssystem heraus auf und starten die darauf befindliche Setup-Datei. Danach folgen Sie den Anweisungen auf dem Bildschirm. Sofern Sie einen Internetzugang besitzen, sollten Sie der Frage, ob Updates heruntergeladen werden sollen auf jeden Fall zustimmen, da sich so diverse Probleme schon im Vorfeld ausschließen lassen. Danach warten Sie bis die Installation abgeschlossen ist und geben den Produktschlüssel Ihrer Windows 7-Lizenz ein. Bedenken Sie dabei, dass ein Upgrade aus dem laufenden Betriebssystem deutlich mehr Zeit benötigt als eine normale Frischinstallation.

Geeignet für folgende Windows-7-Versionen				
● Home Basic	● Home Premium	● Professional	● Enterprise	● Ultimate

Kapitel 1: Windows 7 installieren

Multibootsystem – Mehrere Betriebssysteme auf einem PC

Wollen Sie Ihr vorangegangenes Betriebssystem behalten, um so z. B. sicherzustellen, dass Sie auch weiterhin alle bisher installierten Programme und Geräte nutzen können, ist es natürlich auch möglich, zwei Betriebssysteme parallel auf Ihrem Rechner zu installieren. Wie Sie ein solches Multibootsystem mit Windows XP bzw. Vista und Windows 7 oder zwei Windows 7 Installationen auf einem Rechner einrichten und auf Ihre Bedürfnisse anpassen, erfahren Sie in den folgenden Abschnitten.

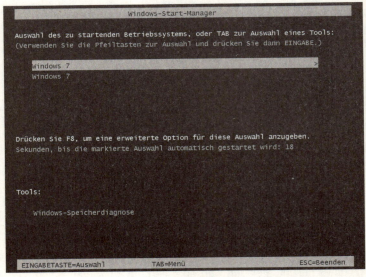

Sie können auch mehrere Betriebssysteme parallel auf einem Rechner betreiben.

Windows 7 parallel zu einer vorhandenen Windows-Version installieren

Das Problem
Wenn Sie Ihr altes Betriebssystem behalten und trotzdem mit Windows 7 arbeiten wollen, können Sie Windows 7 bei Bedarf natürlich auch parallel zu Windows XP, Vista oder einer älteren Windows-Version installieren. Ansonsten ist es natürlich auch möglich, zwei Windows 7-Versionen auf einem Rechner zu betreiben.

Der Tipp
Um Windows 7 als Multibootsystem einzurichten, müssen Sie während des Installationsvorgangs bei der Auswahl des Ziellaufwerks darauf achten, dass Sie für Windows 7 eine andere Partition angeben als die, auf der Ihre aktuelle Windows-Version gespeichert wurde. Der Rest des Installationsvorgangs verhält sich dann genau so, wie bei einer Frischinstallation. Nachdem die Installation abgeschlossen ist, können Sie dann bei jedem Rechnerstart selbst entscheiden, welches der installierten Betriebssysteme geladen werden soll (siehe auch den Tipp *Das Bootmenü – Zu startendes Betriebssystem auswählen*).

Weitere Hinweise
Wenn Sie Windows 7 als Multibootsystem installiert haben, wird das Betriebssystem seine eigene Systempartition im Dateimanager stets als Laufwerk *C:* bezeichnen – ganz unabhängig davon, auf welcher Partition Sie es tatsächlich eingerichtet haben. Haben Sie Windows 7 z. B. nachträglich parallel zu Windows XP eingerichtet, erscheint die Windows XP-Partition dann unter Windows 7 also als Laufwerk *D:*, während der Dateimanager von Windows XP weiterhin die tatsächlichen verwendeten Laufwerksbuchstaben anzeigt. Installieren Sie Windows 7 nachträglich zu Windows Vista, verhält sich das Ganze auf die gleiche Weise.

Geeignet für folgende Windows-7-Versionen				
● Home Basic	● Home Premium	● Professional	● Enterprise	● Ultimate

Das Bootmenü – Zu startendes Betriebssystem auswählen

DAS PROBLEM
Wenn Sie Windows 7 als Multibootsystem eingerichtet haben, erscheint beim Systemstart ein Bootmenü auf dem Bildschirm, anhand dessen Sie auswählen können, welches Betriebssystem geladen werden soll.

DER TIPP
Im *Windows-Start-Manager* können Sie mithilfe der Pfeiltasten Ihrer Tastatur frei bestimmen, welches der installierten Betriebssysteme Sie starten möchten. Ältere Windows-Systeme werden dabei schlicht als "Frühere Windows Version" bezeichnet, während Vista als "Microsoft Windows Vista" gelistet wird. Haben Sie zweimal Windows 7 installiert, werden beide unabhängig von der Version schlicht als "Windows 7" tituliert. Nachdem Sie die Auswahl getroffen haben, bestätigen Sie Ihre Eingabe mit der Eingabetaste und warten dann, bis das gewünschte System hochgefahren wurde.

WEITERE HINWEISE
Sollten Sie keine Auswahl treffen, wird in der Grundkonfiguration nach einer kurzen Wartezeit von 30 Sekunden automatisch Windows 7 geladen. Wie sich das Standardbetriebssystem und die Wartezeit bei Bedarf mithilfe von Windows-Bordmitteln jederzeit bequem anpassen lässt, erfahren Sie in den nächsten beiden Abschnitten.

Geeignet für folgende Windows-7-Versionen

● Home Basic   ● Home Premium   ● Professional   ● Enterprise   ● Ultimate

Standardbetriebssystem für den Windows-Start festlegen

DAS PROBLEM
Wenn Sie im Windows-Start-Manager keine Auswahl treffen, wird beim Systemstart Ihres Multibootsystems nach kurzer Zeit automatisch Windows 7 geladen. Bei Bedarf lässt sich dies aber jederzeit ändern.

DER TIPP
Nutzen Sie derzeit noch Windows XP oder Vista als Hauptsystem, während Windows 7 nur zweitrangige Dienste verrichtet, können Sie das Bootmenü entsprechend anpassen und so dafür sorgen, dass nach Ablauf der Zeit nicht automatisch Windows 7, sondern Ihr altes Betriebssystem gestartet wird. Öffnen Sie über *Start > Systemsteuerung > System* das Fenster *Basisinformationen über diesen Computer* und klicken Sie auf der linken Seite auf den Eintrag *Erweiterte Systemeinstellungen*. Im Fenster *Systemeigenschaften* öffnen Sie auf dem Register *Erweitert* die *Einstellungen* für das *Starten und Wiederherstellen*, in denen Sie die gewünschten Optionen anpassen können.

Legen Sie das Standardbetriebssystem für diesen Computer fest.

WEITERE HINWEISE
Unter dem Punkt *Standardbetriebssystem* werden alle vom Bootmanager erkannten Betriebssysteme aufgelistet. Wählen Sie das gewünschte System aus und bestätigen Sie Ihre Eingabe. Danach wird beim Systemstart nach Ablauf der Wartezeit stets das hier gewählte Betriebssystem gestartet.

Geeignet für folgende Windows-7-Versionen				
● Home Basic	● Home Premium	● Professional	● Enterprise	● Ultimate

Zeit bis zum Start des automatischen Bootvorgangs anpassen

Das Problem

Wenn Sie im Windows-Start-Manager keine manuelle Auswahl treffen, wird in den Grundeinstellungen nach 30 Sekunden Wartezeit automatisch das in der Bootumgebung eingetragene Standardbetriebssystem gestartet. Wenn Sie wollen, können Sie die Wartezeit bequem an Ihre Bedürfnisse anpassen.

Der Tipp

Wenn Ihnen die Wartezeit bis zum automatischen Systemstart zu lang oder zu kurz erscheint, können Sie den Wert jederzeit ändern. Die entsprechende Option befindet sich im gleichen Fenster wie die Angabe des Standardbetriebssystems (siehe Tipp *Standardbetriebssystem für den Windows-Start festlegen*). Öffnen Sie also über *Start > Systemsteuerung > System > Erweiterte Systemeinstellungen > Erweitert* die erweiterten Einstellungen für das *Starten und Wiederherstellen* und geben Sie dort unter dem Punkt *Anzeigedauer der Betriebssystemliste* an, wie viele Sekunden das Bootmenü auf eine Eingabe warten soll, bis es automatisch das Standardbetriebssystem lädt.

Weitere Hinweise

Theoretisch können Sie eine Wartezeit zwischen 0 und 999 Sekunden angeben. Doch Vorsicht! Bei Null Sekunden Wartezeit (bzw. dem Entfernen des Häkchens vor der Option) bekommen Sie das Bootmenü faktisch nicht mehr zu Gesicht, da beim Start umgehend das Standardbetriebssystem geladen wird. Sollten Sie statt Windows 7 ein anderes System als Standard eingestellt haben, lässt sich Windows 7 danach also vorerst nicht mehr starten, da Sie keine Gelegenheit mehr dazu bekommen, Windows 7 in der Liste auszuwählen. Dementsprechend lässt sich die Einstellung dann natürlich auch nicht mehr ohne Weiteres rückgängig machen. Achten Sie also darauf, die Wartezeit nicht zu kurz einzustellen!

Geeignet für folgende Windows-7-Versionen

● Home Basic ● Home Premium ● Professional ● Enterprise ● Ultimate

BCDedit – Bootkonfiguration mit Bordmitteln anpassen

Das Problem
Windows 7 (und Vista) besitzt im Vergleich zu Windows XP eine völlig neue Startumgebung, sodass Sie hier vergebens nach einer Datei namens *Boot.ini* suchen werden, über die sich die Bootkonfiguration anpassen lässt. Wollen Sie unter Windows 7 die Bootkonfiguration ändern, geschieht dies über das mitgelieferte Kommandozeilentool BCDedit.

Der Tipp
Um die Bootkonfiguration (BCD – Boot Configuration Data) von Windows 7 mit Bordmitteln anzupassen, rufen Sie über *Start > Alle Programme > Zubehör* die *Eingabeaufforderung* von Windows 7 auf. Dort können Sie nun mit dem Befehl *BCDedit /?* eine Übersicht aller für die Konsole verfügbaren Parameter aufrufen.

Über die *Eingabeaufforderung* können Sie die aktuelle Bootkonfiguration einsehen.

Weitere Hinweise
Änderungen und ein Auslesen der Bootkonfiguration sind nur möglich, wenn Sie die *Eingabeaufforderung* (*C:\Windows\System32\cmd.exe*) per Rechtsklick mit der Option *Als Administrator ausführen* öffnen. Die aktuellen Einstellungen Ihrer Bootkonfiguration lassen sich über die Eingabe von *BCDedit* bzw. in erweiterter Form über *BCDedit /enum all* abrufen. Wollen Sie die Wartezeit bis zum automatischen Systemstart ändern, lässt sich diese z. B. über den Befehl *BCDedit /timeout 20* auf 20 Sekunden festsetzen.

Geeignet für folgende Windows-7-Versionen				
● Home Basic	● Home Premium	● Professional	● Enterprise	● Ultimate

Microsoft Virtual PC 2007 – Zusätzliche Betriebssysteme als virtuelle Maschinen einrichten

DAS PROBLEM

Anstatt ein Multibootsystem einzurichten, können Sie sich auch eines Tools wie Microsofts Virtual PC 2007 bedienen, mit dem sich von Windows 98 bis Windows 7 alle Windows-Versionen wie ein ganz normales Programmfenster als virtuelles System unter Windows 7, Vista oder Windows XP betreiben lassen. Wenn Sie das virtuelle Betriebssystem dann nicht mehr benötigen, lässt es sich mit ein paar Klicks bequem löschen, ohne dass dazu tiefe Eingriffe in Ihr reelles System nötig wären. Es eignet sich also hervorragend dazu, Betriebssysteme zu testen oder Programme, die unter Windows 7 nicht laufen, dennoch nutzen zu können.

DER TIPP

Das Programm *Microsoft Virtual PC 2007* können Sie sich unter der Adresse *http://www.microsoft.com/windows/virtual-pc/support/virtual-pc-2007.aspx* kostenlos herunterladen. Nachdem Sie es installiert haben, können Sie damit beginnen, Ihren ersten virtuellen PC auf Ihrem System einzurichten. Bedenken Sie dabei aber, dass der virtuelle Rechner auf die tatsächlichen Ressourcen Ihres PCs zurückgreift. Damit das Ganze funktioniert, sollten Sie also über einen leistungsstarken Prozessor, mindestens 1 GB RAM und ausreichend viel Festplattenplatz verfügen.

Mit *Virtual PC 2007* lassen sich virtuelle Rechner auf dem System einrichten.

Multibootsystem – Mehrere Betriebssysteme auf einem PC

Nachdem Sie *Virtual PC 2007* installiert und aufgerufen haben, öffnet sich zunächst dessen Konsole, in der Sie über den Schalter *Neu* einen neuen *Virtuellen Computer erstellen* können. Nachdem Sie einen Namen für den Computer vergeben haben, wählen Sie aus dem Dropdownmenü aus, für welches Betriebssystem Sie den virtuellen Computer nutzen wollen. Die optimalen Einstellungen wählt das Programm dann automatisch und Sie müssen im nächsten Schritt lediglich noch eine virtuelle Festplatte für das System erstellen, die sich als ganz normale Datei auf einem beliebigen Laufwerk Ihres echten PCs speichern lässt. Nachdem das soeben angelegte virtuelle System fertig gestellt wurde, wählen Sie es in der Konsole aus und klicken auf *Starten*, um das System zu booten. Legen Sie das Installationsmedium des zu installierenden Betriebssystems in Ihr reales Laufwerk ein und aktivieren Sie im oberen Teil des Fensters unter dem Punkt *CD* die Option *Physikalisches Laufwerk X: verwenden*, um so dafür zu sorgen, dass der virtuelle Rechner auf das echte Laufwerk zugreifen und davon booten kann. Danach folgt die übliche Installationsroutine des Betriebssystems. Nachdem diese abgeschlossen ist, können Sie Ihr virtuelles System ganz normal betreiben, damit im Internet surfen, Programme installieren, mit Programmen arbeiten usw.

Weitere Hinweise

Über *Aktion > Virtual Machine Additions installieren/aktualisieren* können Sie den virtuellen Rechner um weitere Funktionen (z. B. die Soundunterstützung für Windows 7) erweitern. Computerspiele und aufwändige 3D-Anwendungen lassen sich aufgrund der fehlenden 3D-Unterstützung der virtuellen Grafikkarte leider nur bedingt nutzen. Des Weiteren fehlt dem virtuellen System die Unterstützung für USB-Geräte. Wollen Sie ein virtuelles System später löschen, wählen Sie es in der Konsole einfach an und klicken auf *Entfernen*. Danach löschen Sie dann die dazugehörigen Dateien aus dem Verzeichnis, in dem diese zuvor abgelegt wurden.

Geeignet für folgende Windows-7-Versionen				
● Home Basic	● Home Premium	● Professional	● Enterprise	● Ultimate

Windows Virtual PC und Windows XP Mode – Virtuelles Windows XP für die Profiversionen von Windows 7

DAS PROBLEM

Besitzen Sie Windows 7 Ultimate oder Professional, steht Ihnen eine noch etwas komfortablere Lösung als das Tool *Microsoft Virtual PC 2007* zur Verfügung. Nutzer der Profiversionen können ihr System bei Bedarf um das Programm *Windows Virtual PC* und den so genannten *Windows XP Mode* erweitern. Während Ersteres der direkte Nachfolger von Virtual PC 2007 ist, stellt der Windows XP Mode ein komplettes Betriebssystem im Betriebssystem dar, das sich fast nahtlos in Windows 7 einbettet. Im Gegensatz zum kleinen Bruder, ist hierbei gleich ein vollwertiges Windows XP im Lieferumfang enthalten – sprich, Sie benötigen keine zusätzliche Windows XP-Lizenz, um das integrierte Betriebssystem installieren und betreiben zu können. Besonders praktisch, wenn Sie Software verwenden wollen, die unter Windows 7 beim besten Willen nicht laufen will.

DER TIPP

Den Download für *Windows Virtual PC* und den *Windows XP Mode* finden Sie unter der Adresse *http://www.microsoft.com/windows/virtual-pc/download.aspx*. Nachdem Sie die Pakete heruntergeladen und der Reihe nach installiert haben (zuerst *Windows Virtual PC* und dann den *XP Mode*), können Sie über *Start > Alle Programme > Windows Virtual PC > Windows XP Mode* das Zusatzbetriebssystem in einem eigenen Fenster öffnen, dort auf altbekannte Weise Programme installieren usw. Über den Arbeitsplatz des virtuellen Windows XP erhalten Sie dabei automatisch auch Zugriff auf die realen Laufwerke des Windows 7-Systems.

Im virtuellen Windows XP installierte Programme landen hingegen nicht im Windows 7 eigenen Ordner für Programme, sondern werden in der virtuellen Festplattendatei des XP-Modes gespeichert, tauchen danach aber im Startmenüordner *Start > Alle Programme > Windows Virtual PC > Windows XP Mode > Windows XP Mode Anwendungen* auf und lassen sich von dort aus wie jedes andere unter Windows 7 installierte Programm jederzeit ganz bequem in einem eigenen Fenster öffnen. Ein manuelles Starten der virtuellen

Multibootsystem – Mehrere Betriebssysteme auf einem PC

PC-Umgebung ist dazu nicht nötig, da diese beim Programmaufruf gegebenenfalls automatisch im Hintergrund geladen wird.

Das virtuelle Windows XP fügt sich fast nahtlos in Windows 7 ein.

WEITERE HINWEISE

Da das virtuelle Betriebssystem im Prinzip ein nahezu vollwertiger Windows XP-Rechner ist, ist dieses natürlich den gleichen Gefahren ausgesetzt, wie jeder andere Computer auch. Vergessen Sie also nicht, auch in der virtuellen Betriebssystemumgebung einen Virenscanner zu installieren und beim Surfen im Internet die gleiche Vorsicht walten zu lassen, wie beim Surfen mit Ihrem realen PC-System.

Geeignet für folgende Windows-7-Versionen				
○ Home Basic	○ Home Premium	● Professional	● Enterprise	● Ultimate

Bootkonfiguration mit Zusatztool anpassen

DAS PROBLEM
Das Kommandozeilentool *BCDedit* erfüllt zwar seinen Zweck, ist aber alles andere als komfortabel. Das Shareware Tool *VistaBoot-PRO* bietet die gleichen Möglichkeiten zur Anpassung der Bootkonfiguration, verfügt aber über einige Zusatzoptionen und wartet mit einer komfortablen und übersichtlich strukturierten Benutzeroberfläche auf.

DER TIPP
VistaBootPRO können Sie sich z. B. über die Homepage des Anbieters unter der Adresse *www.vistabootpro.org* erwerben und herunterladen. Ansonsten finden Sie im Internet aber auch die Möglichkeit, eine kostenlose, aber voll funktionsfähige Testversion des Tools herunterzuladen (z. B. bei *www.chip.de*) – bis zur Drucklegung dieses Buches war das Tool allerdings nur in englischer Sprache erhältlich. Nachdem Sie das Programm installiert haben, können Sie es bequem über eine automatisch angelegte Desktopverknüpfung aufrufen, wozu allerdings Administratorrechte benötigt werden. Nach dem ersten Start fordert Sie das Tool zunächst dazu auf, eine Sicherungskopie Ihrer aktuellen Bootkonfiguration anzulegen, sodass Sie Ihre alten Einstellungen später zur Not wiederherstellen können. Danach bekommen Sie dann die Möglichkeit, die Bootkonfiguration Ihren Wünschen entsprechend anzupassen.

Im Bereich *View Settings* bekommen Sie eine detaillierte Übersicht der aktuellen Bootkonfiguration. Auf dem Register *Manage OS Entries* können Sie über die Option *Current boot timeout* die Wartezeit bis zum automatischen Start des Standardbetriebssystems anpassen. Die Option *Rename OS Entry* bietet Ihnen die Möglichkeit, den Namen des aktuell in der Liste ausgewählten Betriebssystems zu ändern, um so z. B. dafür zu sorgen, dass im Bootmenü später statt "Frühere Windows Version" oder "Microsoft Windows Vista" der tatsächliche Name des installierten Betriebssystems erscheint – z. B. "Windows XP Professional" oder "Windows 7 Home Premium". Mit *Set as Default* lässt sich das ausgewählte System zum Standardbetriebssystem erklären. Vom Ändern der dem Betriebssystem zugeteilten Laufwerksbuchstaben sollten Sie aber auf jeden Fall Abstand nehmen, da Sie das System sonst nicht mehr starten können. Um die Änderungen zu übernehmen, klicken Sie einfach auf *Apply Updates*. Die restlichen Register bieten dann noch erweiterte Einstellungen, wie z. B. die Möglichkeit, auch unter der 64-Bit-Version von Windows 7 unsignierte Treiber laden zu können (siehe auch *Kapitel 2: Hardware und Treiber*).

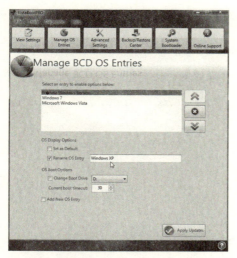

Mit *VistaBootPRO* lassen die Booteinstellungen komfortabel anpassen.

WEITERE HINWEISE

Bedenken Sie bei der Arbeit mit VistaBootPRO, dass falsche Einstellungen dazu führen können, dass Ihr System instabil wird oder im schlimmsten Fall gar nicht mehr startet! Bevor Sie etwas Unüberlegtes tun, sollten Sie sich bei unbekannten Funktionen also erst einmal über die integrierte Hilfe oder den Online Support des Programms erkundigen, was es mit den Optionen auf sich hat. Sollte etwas schief gehen, starten Sie Windows 7 von der Installations-DVD, rufen auf dem Startbildschirm die *Computerreparaturoptionen* auf und wählen im Fenster *Systemwiederherstellungsoptionen* die Option *Eingabeaufforderung*. Dort geben Sie den Befehl *bcdedit /import c:\VBP_backup.bcd* ein, um die von VistaBootPro angelegte Sicherung der Bootkonfiguration wiederherzustellen (haben Sie die Sicherung der Bootkonfiguration an anderer Stelle oder unter anderem Namen gespeichert, passen Sie den Pfad entsprechend an).

Geeignet für folgende Windows-7-Versionen				
● Home Basic	● Home Premium	● Professional	● Enterprise	● Ultimate

Windows XP nachträglich vom System entfernen

DAS PROBLEM
Sollten Sie mit Windows 7 voll und ganz zufrieden sein und alle benötigten Anwendungen und Geräte problemlos unter Windows 7 laufen, können Sie das zweite Betriebssystem bei Bedarf natürlich jederzeit vom Computer entfernen und so wieder neuen Platz auf der Festplatte schaffen.

DER TIPP
Um das alte Betriebssystem zu entfernen, brauchen Sie im Prinzip nichts weiter zu tun, als die dazugehörigen Ordner im Explorer zu markieren und zu löschen. Haben Sie Windows 7 nachträglich parallel zu Windows XP oder Vista installiert, müssen Sie darauf achten, dass auf der Windows XP- bzw. Vista-Systempartition (die unter Windows 7 in diesem Fall als *D:* angezeigt wird, obwohl es sich tatsächlich um das Laufwerk *C:* handelt) die versteckte Systemdatei *Bootmgr* und der Systemordner *D:\Boot* erhalten bleiben, da sich darin der Bootmanager von Windows 7 versteckt und Sie das System sonst nicht mehr starten könnten. Formatieren dürfen Sie das bereinigte Laufwerk danach allerdings nicht, da besagte Dateien und Ordner dann natürlich verloren gehen würden!

WEITERE HINWEISE
Den nicht mehr benötigten Eintrag in der Bootkonfiguration entfernen Sie dann am besten mithilfe von VistaBootPRO (siehe Tipp *Bootkonfiguration mit Zusatztool anpassen*). Starten Sie VistaBootPRO, wechseln Sie zum Bereich *Manage BCS OS Entries*, wählen Sie das entfernte System aus und löschen Sie den Eintrag durch einen Klick auf das rote *X*. Danach sollte der Eintrag aus dem Windows-Boot-Manager verschwinden.

Geeignet für folgende Windows-7-Versionen

● Home Basic ● Home Premium ● Professional ● Enterprise ● Ultimate

Kapitel 2
Hardware und Treiber

Damit Ihr Betriebssystem reibungslos mit der Hardware Ihres PCs zusammenarbeiten kann, ist es natürlich wichtig, dass Sie die passenden Treiber für Ihre Geräte installiert haben. Aus diesem Grunde finden Sie in diesem Kapitel eine ganze Reihe von nützlichen Hinweisen zur Auswahl, Installation und Konfiguration der perfekten Treiber für Ihr System. Sollte für ein Gerät kein Windows 7 oder zumindest Vista tauglicher Treiber verfügbar sein, erfahren Sie hier zusätzlich, wie sich zur Not auch Windows XP-Treiber ins System integrieren lassen, wie Sie die 64-Bit-Versionen von Windows 7 dazu bringen, die Installation unsignierter Treiber zuzulassen usw. Des Weiteren erfahren Sie, wie Sie Ihre Festplatten und externen Laufwerke optimal einrichten, die Laufwerksbuchstaben dieser Geräte an Ihre Bedürfnisse anpassen, wie Sie die Windows 7-Technologien ReadyDrive und ReadyBoost dazu nutzen können, Ihrem System durch den Einsatz von USB-Sticks oder anderen Flashmedien einen kleinen Performanceschub zu verpassen und was Sie bei all diesen Dingen beachten sollten.

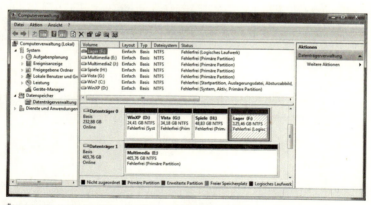

Über die *Computerverwaltung* konfigurieren Sie Ihre Laufwerke und Geräte.

Kapitel 2: Hardware und Treiber

Treiber installieren und konfigurieren

Die meisten Geräte werden bei der Windows-Installation oder nach dem nachträglichen Einbau oder Anschluss neuer Hardware von Windows automatisch erkannt und eingerichtet. Da die von Windows mitgelieferten Treiber in der Regel aber lediglich die Grundfunktionen für die Geräte bieten, ist es bei vielen Geräten durchaus sinnvoll, sich nach einem passenden Herstellertreiber umzuschauen, mit dem dann auch auf alle Sonderfunktionen oder erweiterte Einstellungen des Gerätes zugegriffen werden kann. In den folgenden Abschnitten lesen Sie, wie Sie die besten Treiber für Ihre Hardware ausfindig machen, diese optimal einrichten und konfigurieren, um so für ein flottes und stabiles System zu sorgen, wie Sie auch als Notebook-Besitzer die Möglichkeit bekommen, aktuelle Treiber für Ihre Grafikkarte zu nutzen. Sie lesen ebenfalls, wie sich zur Not auch Windows XP- oder unsignierte Treiber ins System einbinden lassen, um so Geräte zum Laufen zu bringen, für die kein passender Windows 7-Treiber verfügbar ist.

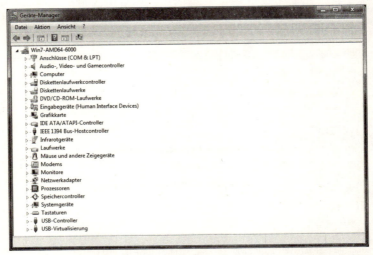

Im *Geräte-Manager* überprüfen, aktualisieren und konfigurieren Sie die Treiber für Ihre Hardware.

Treiberinstallation im Geräte-Manager überprüfen

DAS PROBLEM

Nachdem Sie Windows 7 auf Ihrem Rechner installiert haben, sollten Sie zunächst einmal überprüfen, ob auch wirklich die gesamte Hardware richtig erkannt und ins System eingebunden wurde. Wurde ein Gerät nicht erkannt, oder hat Windows keinen passenden Treiber dafür parat, kann es natürlich auch nicht verwendet werden.

DER TIPP

Um zu überprüfen, ob Ihre Hardware richtig erkannt und funktionstüchtig installiert wurde, öffnen Sie über *Start > Systemsteuerung > System und Sicherheit > System* das Fenster *Basisinformationen über den Computer anzeigen* und rufen von dort aus über den entsprechenden Eintrag auf der linken Seite den *Geräte-Manager* auf. Im *Geräte-Manager* finden Sie eine detaillierte Übersicht aller zum Computer gehörigen Geräte und Anschlüsse und können auf einen Blick erkennen, ob diese richtig installiert und gegebenenfalls mit einem passenden Treiber eingerichtet wurden. Ist etwas nicht in Ordnung oder wurde ein Gerät deaktiviert, wird der entsprechende Menüpunkt aufgeklappt und mit einem entsprechenden Symbol gekennzeichnet.

WEITERE HINWEISE

Geräte, für die Windows keinen Treiber gefunden hat, werden im *Geräte-Manager* mit einem Fragezeichen versehen und unter dem Punkt *Andere Geräte* gelistet. Hier gilt es, den Treiber des Herstellers zu installieren, bevor Sie das Gerät verwenden können. Haben Sie den richtigen Treiber installiert, wird das Gerät anschließend auch in der ihm zugehörigen Rubrik aufgeführt. Wurde das Gerät mit einem Ausrufezeichen versehen, können Sie mit einem Rechtsklick auf dessen Eintrag die *Eigenschaften* des Gerätes aufrufen. Hier können Sie auf dem Register *Allgemein* weitere Informationen zum *Gerätestatus* und eventuellen Problemen abrufen.

Geeignet für folgende Windows-7-Versionen

● Home Basic ● Home Premium ● Professional ● Enterprise ● Ultimate

Windows-Treiber aktualisieren – Auf Wunsch auch automatisch

DAS PROBLEM
Die auf der Windows 7 Installations-DVD mitgelieferten Treiber verrichten zwar zuverlässig ihren Dienst, sind aber in der Regel nicht mehr auf dem neuesten Stand. Seitdem die DVDs das Presswerk verlassen haben, ist schließlich schon einige Zeit vergangen. Wollen Sie nachschauen, ob die auf Ihrem System von Windows installierten Treiber noch aktuell sind, lässt sich dieses im *Geräte-Manager* recht einfach regeln.

DER TIPP
Klicken Sie das gewünschte Gerät mit der rechten Maustaste an und wählen Sie die Option *Treibersoftware aktualisieren*. Wenn Sie im nächsten Fenster die Option *Automatisch nach aktueller Treibersoftware suchen* anklicken, bekommen Sie anschließend die Möglichkeit, Windows auf dem Microsoft-Server nach den aktuellsten Treibern für das Gerät suchen zu lassen. Sie können dabei gegebenenfalls selbst entscheiden, ob Windows fortan in regelmäßigen Abständen automatisch nach Treibern für das Gerät suchen soll oder ob die Online-Suche nur dieses eine Mal stattfinden soll. Nachdem Sie Ihre Wahl getroffen haben, beginnt Windows mit der Suche nach einem passenden bzw. aktuelleren Treiber für das Gerät und richtet diesen gegebenenfalls automatisch ein.

WEITERE HINWEISE
Sollte Windows keinen oder zumindest keinen aktuelleren Treiber als den bisher installierten finden, lohnt es sich, sich auf der Webseite des Herstellers des Gerätes zu erkundigen, ob dieser vielleicht einen neueren Treiber für Windows 7 zum Download bereitstellt.

Geeignet für folgende Windows-7-Versionen

● Home Basic ● Home Premium ● Professional ● Enterprise ● Ultimate

Aktuelle Herstellertreiber aus dem Internet laden

Das Problem
Die Treiberdatenbank auf dem Microsoft-Server ist zwar sehr umfangreich, bietet aber bei Weitem nicht für jedes Gerät einen passenden Treiber und ist auch nicht unbedingt auf dem neuesten Stand. Davon abgesehen, unterstützen die Windows eigenen Treiber oftmals nur die Grundfunktionen eines Gerätes, sodass hier häufig Funktionen und besondere Merkmale der Hardware brachliegen. Mit der aktuellsten Version der Treibersoftware des Geräteherstellers sind Sie also in den meisten Fällen deutlich besser bedient.

Der Tipp
Rufen Sie die Homepage des Geräteherstellers auf und suchen Sie dort im Download- bzw. Supportbereich nach einem aktuellen Windows 7-Treiber für Ihr Gerät oder das Mainboard. Achten Sie dabei darauf, dass für die 32-Bit-und 64-Bit-Varianten von Windows 7 oftmals separate Treiber angeboten werden und dass Sie den richtigen Treiber für Ihr System herunterladen. Installieren Sie den falschen Treiber, kann es zu Problemen kommen! In der Regel verfügen die heruntergeladenen Treiber über eine eigene Setup-Routine, die Sie dann komfortabel durch die Einrichtung des Gerätes führt. Falls nicht, lassen sich die Treiber aber auch von Hand installieren (siehe Tipp: *Treiber manuell installieren*).

Weitere Hinweise
Ist kein spezieller Windows 7-Treiber auffindbar, schauen Sie nach, ob vielleicht ein Treiber für Windows Vista angeboten wird – da die beiden Betriebssysteme im Kern nahezu identisch sind, dürften dabei in der Regel keine Probleme auftreten. Wer der englischen Sprache mächtig ist, sollte auf jeden Fall auch einen Blick auf die internationale Internetseite des Herstellers werfen.

Geeignet für folgende Windows-7-Versionen

| ● Home Basic | ● Home Premium | ● Professional | ● Enterprise | ● Ultimate |

Manuell einen kompatiblen Treiber aus der Windows-Treiberdatenbank auswählen

DAS PROBLEM
Hat Windows für ein Gerät keinen Treiber gefunden und ist auf der Seite des Herstellers ebenfalls keine Lösung zu finden, können Sie zur Not auch versuchen, sich in der Windows-Treiberdatenbank manuell auf die Suche nach einem kompatiblen Treiber für das Gerät zu begeben.

DER TIPP
Wenn Windows automatisch nach einem Treiber sucht, überprüft es zunächst die Hardwarekennung des entsprechenden Gerätes und schaut dann nach, ob in seiner Treiberdatenbank oder auf dem Microsoft-Server ein passender Treiber für dieses Gerät verfügbar ist. Falls nicht, wird kein Treiber installiert. Besitzen Sie z. B. ein Modem, das von Windows nicht erkannt wurde, lässt sich dieses in den meisten Fällen zur Not aber auch mit einem Standard-Modemtreiber oder vielleicht auch mit dem Treiber eines zu Ihrem Gerät kompatiblen Produkts eines anderen Herstellers betreiben. Um manuell einen Treiber aus der Windows-Treiberdatenbank auszuwählen, öffnen Sie über *Start > Systemsteuerung > System und Sicherheit > System > Geräte-Manager* den *Geräte-Manager* und rufen per Rechtsklick auf das Gerät die Option *Treibersoftware aktualisieren > Auf dem Computer nach Treibersoftware suchen* auf. Wählen Sie als Nächstes die Option *Aus einer Liste von Gerätetreibern auf dem Computer auswählen* und geben Sie im folgenden Fenster an, um welchen Gerätetyp es sich handelt (z. B. Modem oder Monitor). Haben Sie Ihre Auswahl getroffen, wird Ihnen eine nach Herstellern sortierte Liste aller Geräte angezeigt, für die auf diesem Rechner ein Treiber verfügbar ist. Falls verfügbar, finden Sie am Anfang der Liste eine Reihe von Standardtreibern, mit denen sich zumindest die Grundfunktionen der meisten Geräte dieses Typs steuern lassen. Wählen Sie den passenden Standardtreiber oder einen kompatiblen Treiber eines anderen Herstellers aus und folgen Sie den Anweisungen auf dem Bildschirm, um diesen für das Gerät einzurichten.

Treiber installieren und konfigurieren

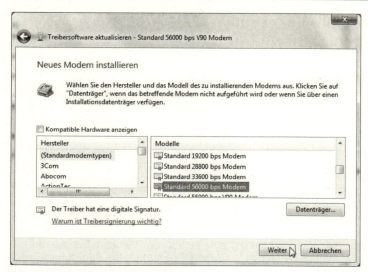

Wählen Sie den passenden Treiber aus.

WEITERE HINWEISE

Sollte das Gerät mit dem von Ihnen zugewiesenen Treiber nicht funktionieren, können Sie diesen auf gleichem Wege jederzeit durch einen anderen ersetzen. Finden Sie keinen funktionierenden Treiber, können Sie natürlich auch versuchen, einen Vista- oder Windows XP-Treiber (siehe nächster Tipp) für das Gerät zu installieren. Hilft dies alles nichts, ist es ratsam, das Gerät mithilfe des Geräte-Managers zu deaktivieren und zu hoffen, dass bald doch noch ein passender Treiber bereitgestellt wird.

Geeignet für folgende Windows-7-Versionen

| ● Home Basic | ● Home Premium | ● Professional | ● Enterprise | ● Ultimate |

Windows XP-Treiber unter Windows 7 installieren

Das Problem

Wenn weder Windows selbst noch der Hersteller eines Gerätes passende Treiber für Windows 7 (oder zumindest Vista) bereithalten, können Sie versuchen, ob Sie das Gerät mithilfe eines Windows XP-Treibers fehlerfrei zum Laufen bekommen.

Der Tipp

Besitzen Sie eine 32-Bit-Version von Windows 7, lassen sich viele Geräte zur Not auch mithilfe eines Windows XP-Treibers steuern. Um Problemen bei der Installation vorzubeugen, sollten Sie die Setup-Datei des Treibers im Kompatibilitätsmodus für Windows XP und mit Administratorrechten ausführen. Klicken Sie die Setup-Datei mit der rechten Maustaste an, aktivieren Sie dann über *Eigenschaften > Kompatibilität* den *Kompatibilitätsmodus* für *Windows XP (Service Pack 3)* und aktivieren Sie unter dem Punkt *Berechtigungsstufe* das Häkchen vor dem Eintrag *Programm als Administrator ausführen*. Danach starten Sie die Setup-Routine und installieren den Treiber für Ihr Gerät. Besitzt der Treiber keine Setup-Routine, können Sie ihn über den *Geräte-Manager* mit der Option *Treibersoftware aktualisieren* natürlich auch manuell einbinden, indem Sie Windows die Position der dazugehörigen INF-Datei angeben.

Weitere Hinweise

Sollte es nach der Installation des Treibers zu Problemen kommen, können Sie diesen über den *Geräte-Manager* jederzeit deaktivieren (siehe auch Tipp: *Geräte im Geräte-Manager manuell deaktivieren*) oder bei Bedarf auch deinstallieren. Bei Grafikkarten funktionieren die Windows XP-Treiber unter Windows 7 in der Regel aber nicht!

Geeignet für folgende Windows-7-Versionen

● Home Basic ● Home Premium ● Professional ● Enterprise ● Ultimate

Treiber manuell installieren

DAS PROBLEM
Lässt sich auf dem mitgelieferten Installationsmedium oder dem von der Herstellerseite heruntergeladenen Treiberpaket keine Setup-Routine finden, können Sie den Treiber auch manuell ins System einbinden.

DER TIPP
Wenn ein Treiber keine eigene Installationsroutine besitzt, müssen Sie diesen manuell installieren. Öffnen Sie dazu über *Start > Systemsteuerung > System und Sicherheit > System > Geräte-Manager* den *Geräte-Manager* und klicken Sie das gewünschte Gerät mit der rechten Maustaste an. Wählen Sie die Option *Treibersoftware aktualisieren > Auf dem Computer nach Treibersoftware suchen* und geben Sie dann über *Durchsuchen* das Laufwerk und Verzeichnis an, auf dem Windows nach dem Treiber suchen soll. Über die Option *Unterordner mit einbeziehen*, legen Sie fest, dass neben dem angegebenen Ziel automatisch alle darin befindlichen Unterordner in die Suche miteinbezogen werden. Ansonsten können Sie das Verzeichnis, in dem sich die zur Installation benötigte INF-Datei befindet, auch selbst auswählen. Nachdem Windows den passenden Treiber für Ihr Gerät gefunden hat, folgen Sie den Anweisungen auf dem Bildschirm, um die Installation abzuschließen.

WEITERE HINWEISE
Sind im Treiberpaket auch Treiber für andere Betriebssysteme enthalten, sollten Sie darauf achten, dass Sie als Ziel das Verzeichnis mit dem für Ihre Windows 7-Version geeigneten Treiber auswählen.

Geeignet für folgende Windows-7-Versionen

| ● Home Basic | ● Home Premium | ● Professional | ● Enterprise | ● Ultimate |

Unsignierte Treiber unter Windows 7 (64-Bit) installieren

DAS PROBLEM

In den 64-Bit-Versionen von Windows 7 können in den Grundeinstellungen aus Sicherheitsgründen und um eine bestmögliche Stabilität zu garantieren, ausschließlich signierte Treiber installiert werden. Mit ein paar Kniffen lassen sich bei Bedarf aber auch hier unsignierte Treiber ins System einbinden.

DER TIPP

Wenn Sie unter einer 32-Bit-Version versuchen, einen unsignierten Treiber zu installieren, erscheint auf dem Bildschirm eine entsprechende Warnmeldung. Um den Treiber zu installieren, müssen Sie lediglich bestätigen, dass Ihnen das Problem bewusst ist. Unter Windows 7 (64-Bit) ist dies bei vielen Treibern nicht ohne Weiteres möglich. Um hier einen unsignierten Treiber installieren zu können, müssen Sie zunächst den in Windows 7 integrierten Schutzmechanismus deaktivieren. Starten Sie den Rechner neu und drücken Sie während des Bootvorgangs die [F8]-Taste, um zu den erweiterten Startoptionen zu gelangen. Hier wählen Sie die Option *Erzwingen der Treibersignatur deaktivieren*. Danach können auch hier unsignierte Treiber installiert werden.

WEITERE HINWEISE

Da die Option beim nächsten Neustart des Rechners automatisch wieder zurückgesetzt wird, müssen Sie diese gegebenenfalls jedes Mal wieder erneut aktivieren, bevor Sie weitere unsignierte Treiber installieren können.

Geeignet für folgende Windows-7-Versionen

● Home Basic ● Home Premium ● Professional ● Enterprise ● Ultimate

Treibersignaturprüfung dauerhaft abschalten

DAS PROBLEM
Wenn es Ihnen zu lästig ist, während der Treibereinrichtung Ihrer 64-Bit-Version von Windows 7 immer wieder erneut die [F8]-Taste zu betätigen, um so auch unsignierte Treiber installieren zu dürfen, können Sie die Überprüfung bei Bedarf auch komplett deaktivieren.

DER TIPP
Wollen Sie die Treibersignaturüberprüfung von Windows 7 vorübergehend komplett abschalten, lässt sich dieses Vorhaben mithilfe des Tools *VistaBootPRO* (das Sie über die Seite *www.vistabootpro.org* herunterladen können) mit nur wenigen Mausklicks bewerkstelligen. *VistaBootPRO* eignet sich nicht nur zum Editieren und Sichern der Bootkonfiguration (siehe auch *Kapitel 1: Windows 7 installieren – Bootkonfiguration mit Zusatztool anpassen*), sondern bietet in den erweiterten Optionen über *Advanced Settings > Disable Vista Driver Signing* zusätzlich die Option, die Überprüfung dauerhaft zu deaktivieren bzw. diese bei Bedarf wieder einzuschalten. Alternativ lässt sich die Treibersignaturprüfung auch mit Bordmitteln abschalten. Starten Sie über *Start > Zubehör* per Rechtsklick auf die *Eingabeaufforderung* mit der Option *Als Administrator ausführen* die Kommandokonsole von Windows 7 und geben Sie den folgenden Befehl ein:

```
bcdedit -set loadoptions DDISABLE_INTEGRITY_CHECKS
```

Um die Überprüfung später wieder zu aktivieren, lautet der passende Befehl:

```
bcdedit -set loadoptions DENABLE_INTEGRITY_CHECKS
```

WEITERE HINWEISE
Bedenken Sie dabei, dass die Treibersignatur dem Zweck dient, zu verhindern, dass unausgereifte oder gar schädliche Treiber auf Ihr System gelangen. Nachdem Sie alle benötigten Treiber installiert haben, sollten Sie die Treibersignaturüberprüfung also aus Sicherheitsgründen wieder einschalten.

Geeignet für folgende Windows-7-Versionen				
● Home Basic	● Home Premium	● Professional	● Enterprise	● Ultimate

Geräte im Geräte-Manager manuell deaktivieren

Das Problem
Treten nach der Installation eines Gerätes oder Treibers Probleme auf, kann man diese auf Wunsch jederzeit manuell deaktivieren, um so eventuellen System- oder Treiberkonflikten vorzubeugen bzw. diese auszumerzen.

Der Tipp
Geräte, für die sich beim besten Willen kein Treiber finden lässt oder die sich nach der Installation nicht starten lassen oder gar System- oder Ressourcenkonflikte erzeugen, müssen nicht zwangsläufig entfernt oder deinstalliert werden. In der Regel reicht es aus, diese vorübergehend zu deaktivieren und so bis zur Lösung des Problems dafür zu sorgen, dass diese keinen Schaden mehr anrichten oder unnötige Ressourcen belegen können. Um ein Gerät zu deaktivieren, öffnen Sie über *Start > Systemsteuerung > System und Sicherheit > System* den *Geräte-Manager*, wählen das gewünschte Gerät per Rechtsklick aus der Liste aus und wählen die Option *Deaktivieren*.

Weitere Hinweise
Deaktivierte Geräte werden im Geräte-Manager mit einem nach unten gerichteten Pfeilsymbol gekennzeichnet. Wollen Sie das Gerät später wieder aktivieren, genügt es, dieses im *Geräte-Manager* erneut mit der rechten Maustaste anzuklicken und die Option *Aktivieren* auszuwählen.

Geeignet für folgende Windows-7-Versionen

● Home Basic   ● Home Premium   ● Professional   ● Enterprise   ● Ultimate

Treiber installieren und konfigurieren

Treiberdetails und Informationen abrufen

DAS PROBLEM
Wenn Sie Details über einen installierten Treiber abrufen oder nachschauen wollen, welche Versionsnummern die Treiberdateien eines Gerätes tragen, um so z. B. zu überprüfen, ob der im Internet verfügbare Treiber aktueller ist, als der momentan installierte, können Sie diese Informationen über den Geräte-Manager auslesen.

DER TIPP
Um detaillierte Informationen über die aktuell installierte Treibersoftware für ein Gerät abzurufen, rufen Sie zunächst über *Start > Systemsteuerung > System und Sicherheit > System* den *Geräte-Manager* auf. Öffnen Sie per Doppelklick auf den gewünschten Eintrag das Fenster *Eigenschaften von Gerät* und wechseln Sie zum Register *Treiber*, wo Ihnen im oberen Bereich des Fensters das Veröffentlichungsdatum und die Versionsnummer der Treibersoftware angezeigt wird. Hier können Sie auch ablesen, ob es sich um einen signierten Treiber handelt oder nicht.

Rufen Sie detaillierte Informationen zum installierten Treiber ab.

WEITERE HINWEISE
Um detaillierte Informationen zu den in der Treibersoftware enthaltenen Dateien und deren Versionsnummern zu erhalten, genügt ein Klick auf die Schaltfläche *Treiberdetails*. Sobald Sie in der erscheinenden Liste auf einen Eintrag klicken, werden im unteren Bereich des Fensters alle dazu gespeicherten Informationen angezeigt.

Geeignet für folgende Windows-7-Versionen				
● Home Basic	● Home Premium	● Professional	● Enterprise	● Ultimate

Erweiterte Treibereinstellungen anpassen

DAS PROBLEM
Bei einigen Geräten haben Sie die Möglichkeit, erweiterte Eigenschaften des dazugehörigen Treibers anzupassen, um so z. B. zusätzliche Features zu konfigurieren oder den verwendeten Ressourcen- und Speicherbereich für das Gerät anzupassen.

DER TIPP
Um die erweiterten Eigenschaften von Geräten wie Netzwerkkarten, Festplatten, DVD-Laufwerken oder Anschlüssen wie z. B. dem LPT-Port für Geräte wie einen Drucker zu konfigurieren, starten Sie den *Geräte-Manager* und öffnen wahlweise per Rechts- oder Doppelklick auf den Eintrag die Eigenschaften des Gerätes. Handelt es sich um ein DVD-Laufwerk, lässt sich über den Reiter *DVD-Region* bestimmen, welcher Ländercode verwendet werden soll, während Sie bei Festplatten über den Reiter *Richtlinien* z. B. den Schreibcache konfigurieren können. Ob der DMA-Modus einer Festplatte genutzt werden soll, können Sie nach dem Öffnen der *Eigenschaften* des dazugehörigen IDE, ATA oder ATAPI-Controllers auf dem Reiter *Erweiterte Einstellungen* festlegen. Bei Netzwerkadaptern können Sie über den Reiter *Erweitert* je nach Modell bestimmen, ob diese mit 10, 100 oder 1.000 Mbit/s arbeitet, die Geschwindigkeit automatisch aushandelt oder ob deren WakeOnLAN-Funktion aktiviert werden soll usw. Über den Reiter *Ressourcen* können Sie bei den meisten Geräten ablesen, welche IRQs und Speicherbereiche diese aktuell nutzen. Kommen sich zwei Geräte ins Gehege, können Sie die Option *Automatisch konfigurieren* deaktivieren und dem Gerät neue Ressourcenbereiche zuweisen (was allerdings nur funktioniert, wenn Sie im BIOS erlaubt haben, dass Windows die Ressourcen kontrolliert).

WEITERE HINWEISE
Beim Anpassen der erweiterten Einstellungen für ein Gerät sollten Sie nur Optionen verändern, von denen Sie wissen, was sie bedeuten und dass Ihre Hardware damit zurechtkommt. Andernfalls kann es schnell passieren, dass das Gerät nicht mehr richtig funktioniert, unerwartet langsam läuft oder gar das System ausbremst.

Geeignet für folgende Windows-7-Versionen

● Home Basic	● Home Premium	● Professional	● Enterprise	● Ultimate

Energieverwaltungsoptionen anpassen

DAS PROBLEM

Um Energie zu sparen, können Geräte wie Netzwerkkarten, Mäuse, Tastaturen, USB-Schnittstellen usw. vorübergehend abgeschaltet werden, wenn diese längere Zeit nicht beansprucht wurden. Wollen Sie dies verhindern oder z. B. gezielt dafür sorgen, dass der Computer über das Netzwerk von einem anderen Rechner aus dem PC aufgeweckt werden kann, lässt sich dies über die Energieverwaltungsoptionen des entsprechenden Gerätes einstellen.

DER TIPP

Wenn Sie den *Geräte-Manager* über *Start > Systemsteuerung > System und Sicherheit > System* öffnen, finden Sie in den *Eigenschaften* vieler Geräte einen Reiter namens *Energieverwaltung*, über den Sie bestimmen können, ob Windows ein Gerät bei Nichtgebrauch vorübergehend abschalten darf oder ob Sie diesem Gerät erlauben wollen, den Computer aus dem Ruhezustand zu erwecken.

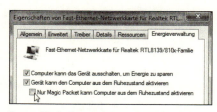

Passen Sie die Energieoptionen für Ihr Gerät an.

WEITERE HINWEISE

Damit Sie einen Computer über das Netzwerk aufwachen lassen können, muss im BIOS des Motherboards und in den erweiterten Einstellungen des Netzwerkkartentreibers die *WakeOnLAN*-Funktion aktiviert werden. Um den Computer via Maus oder Tastatur zu erwecken, müssen ebenfalls die entsprechenden Optionen im BIOS angepasst werden. Je nach BIOS-Version, können Sie sogar festlegen, ob es genügt, eine Taste zu drücken, oder ob Sie den Rechner mit einer bestimmten Tastenkombination aufwachen lassen.

Geeignet für folgende Windows-7-Versionen				
● Home Basic	● Home Premium	● Professional	● Enterprise	● Ultimate

Bei Problemen vorherigen Treiber wiederherstellen

DAS PROBLEM
Stellen Sie nach der Installation eines neuen Treibers fest, dass dieser Probleme bereitet oder das Gerät nicht mehr ordnungsgemäß funktioniert, können Sie diesen jederzeit wieder gegen den zuvor installierten austauschen.

DER TIPP
Um den vorangegangenen Treiber wiederherzustellen, öffnen Sie über *Start > Systemsteuerung > System und Sicherheit > System* den *Geräte-Manager* und öffnen mit einem Doppelklick auf den gewünschten Eintrag die *Eigenschaften* für das Gerät. Auf dem Reiter *Treiber* finden Sie eine Schaltfläche namens *Vorheriger Treiber*, mit dem Sie dem Gerät wieder den zuvor installierten Treiber zuweisen können.

Bei Problemen lässt sich der zuvor installierte Treiber wiederherstellen.

WEITERE HINWEISE
Damit der Problemtreiber keinen Schaden mehr anrichten kann, sollten Sie diesen anschließend komplett vom System entfernen (siehe Tipp: *Treiber deinstallieren*).

Treiber deinstallieren

DAS PROBLEM
Verursacht ein Treiber auf Ihrem System Probleme, oder sind noch Treiber für Geräte installiert, die Sie überhaupt nicht mehr verwenden, sollten Sie diese besser komplett vom System entfernen.

DER TIPP
Wollen Sie einen Treiber komplett vom System entfernen, stehen Ihnen im Prinzip zwei Möglichkeiten zur Auswahl. Wurde der Treiber über eine Setup-Routine ins System eingebunden, ist es ratsam, den Treiber samt eventuell dazugehöriger Zusatzsoftware über *Start > Systemsteuerung > Programme > Programme und Funktionen* zu deinstallieren. Im Fenster *Programm deinstallieren und ändern* wählen Sie einfach die dazugehörigen Einträge mit der rechten Maustaste aus und wählen dann die Option *Deinstallieren*. Handelt es sich hingegen um einen manuell eingerichteten oder von Windows automatisch installierten Treiber, starten Sie über *Start > Systemsteuerung > System und Sicherheit > System* den *Geräte-Manager*, öffnen per Doppelklick auf den Eintrag die *Eigenschaften* des Gerätes und wählen auf dem Reiter *Treiber* die Option *Deinstallieren*. Mit dieser Variante lassen sich zwar auch via Setup-Routine installierte Treiber entfernen – eventuell dazugehörige Software verbleibt dann aber auf dem Rechner.

WEITERE HINWEISE
Sollte die Hardware noch am System angeschlossen sein, wird diese beim nächsten Neustart von Windows automatisch erkannt und falls vorhanden mit dem Windows Standard-Treiber für das Gerät neu eingerichtet. Ansonsten können Sie natürlich auch jederzeit einen funktionstüchtigen Herstellertreiber für das Gerät nachinstallieren.

Geeignet für folgende Windows-7-Versionen

| ● Home Basic | ● Home Premium | ● Professional | ● Enterprise | ● Ultimate |

Grafikkartentreiber auf dem aktuellsten Stand halten

Das Problem
Da die Grafikchiphersteller im Kampf um die Gunst der Käufer stets darauf bedacht sind, die Leistung ihrer Geräte zu optimieren, Fehler auszumerzen oder die Treibersoftware um zusätzliche Features zu erweitern, werden gerade in diesem Bereich in immer kürzer werdenden Abständen neue Treiber herausgebracht. Wer gerne aktuelle PC-Spiele spielt oder aus anderen Gründen darauf Wert legt, dass Optimum aus seiner Grafikkarte herauszuholen, sollte also dafür sorgen, dass auf seinem Rechner stets der aktuellste Treiber für das Gerät installiert ist.

Der Tipp
Besitzen Sie eine Grafikkart, auf der ein Grafikchip von NVIDIA oder ATI verbaut ist, müssen Sie nicht zwangsläufig auf den Treiber des Geräteherstellers zurückgreifen. Im Gegensatz zu den Kartenherstellern, bringen die Grafikchiphersteller NVIDIA und AMD/ATI in monatlichen Abständen neue Treiberversionen für ihre Grafikchips heraus, die in der Regel (mit Ausnahme diverser Notebooks) zu allen Geräten mit entsprechenden Chips kompatibel sind. Anstatt auf den Kartenhersteller zu setzen, sollten Sie also besser gleich beim Chiphersteller nach dem aktuellsten Treiber für Ihr Gerät schauen.

Weitere Hinweise
Die aktuellen Treiber für Grafikkarten mit ATI-Chipsätzen finden Sie unter der Adresse *http://support.amd.com/de/gpudownload/Pages/index.aspx*. Besitzen Sie eine Grafikkarte mit NVIDIA-Chipsatz, werden Sie unter der Adresse *http://www.nvidia.de/Download/index.aspx* fündig.

Geeignet für folgende Windows-7-Versionen

● Home Basic ● Home Premium ● Professional ● Enterprise ● Ultimate

Standard-SVGA Treiber ersetzen

DAS PROBLEM
Besitzen Sie eine ältere Grafikkarte, oder ein eher exotisches Modell für die Windows 7 keinen Treiber findet, wird diese vom System als Standard-SVGA-Karte eingerichtet. Das Problem dabei ist, dass mit diesem Standardtreiber z. B. die 3D-Features und Beschleunigungsfunktionen der Karte nicht unterstützt werden und sich somit noch nicht einmal die Windows eigenen Spiele oder gar Videos vernünftig wiedergeben lassen.

DER TIPP
Wird Ihre Grafikkarte im Geräte-Manager lediglich als Standard-SVGA-Modell gelistet, gilt es umgehend, sich nach einem passenden Treiber für das Gerät umzuschauen. Sollte der Hersteller der Computers bzw. der Grafikkarte keinen Treiber für Windows 7 zur Verfügung stellen, versuchen Sie Ihr Glück auf der Seite des Grafikchipherstellers. Wird Ihre Grafikkarte vom Treiber des Chipherstellers ebenfalls nicht mehr unterstützt, ist noch nicht alles verloren. Im Internet gibt es eine ganze Reihe von Seiten, auf denen Sie Tools oder modifizierte Treiber herunterladen können, die so angepasst wurden, dass diese unter anderem deutlich mehr Grafikchipmodelle unterstützen als der Treiber des Chipherstellers. Besitzen Sie ein Notebook oder einen Desktop-PC mit einem älteren Grafikchip, lohnt sich ein Blick auf die Omega-Treiber (*www.omegadrivers.net*). Ansonsten finden Sie in den Downloadbereichen von Seiten wie Guru3D (*www.guru3d.com*) oder NGO (*www.ngohq.com*) weitere Treiber-Projekte, die Unterstützung für eine erweiterte Palette von Grafikchips bieten.

WEITERE HINWEISE
Sollten Sie auf diese Weise keinen aktuellen Treiber für Ihre Grafikkarte installieren können, versuchen Sie zur Not den Windows XP-Treiber des Herstellers im Kompatibilitätsmodus einzurichten (siehe auch Tipp: *Windows XP-Treiber unter Windows 7 installieren*). Sollten danach Probleme auftreten, können Sie den Rechner zur Not durch Druck auf [F8] im abgesicherten Modus starten und den Treiber dann wieder deinstallieren.

Geeignet für folgende Windows-7-Versionen				
● Home Basic	● Home Premium	● Professional	● Enterprise	● Ultimate

Aktuelle Treiber für Notebookgrafikkarten – Offizielle ATI-Grafikkartentreiber modden

DAS PROBLEM

Notebookbesitzer haben oftmals das Problem, dass der auf der Herstellerseite angebotene Treiber total veraltet ist und der auf der Homepage befindliche beim Installationsversuch angeblich keine unterstützte Hardware findet und somit die Einrichtung des Treibers verweigert. Mithilfe eines kleinen Tools namens *DH Mobility Modder.net* lässt sich der offizielle ATI-Treiber aber trotzdem installieren.

DER TIPP

Um den offiziellen ATI Catalyst Treiber dazu zu bringen, die Grafikkarte Ihres Notebooks zu erkennen, müssen ein paar Dateien des Treibers etwas modifiziert werden, was sich mithilfe des auf der Seite *http://www.driverheaven.net/modtool/* kostenlos angebotenen Tools *DH Mobility Modder.net* bequem erledigen lässt. Laden Sie sich zunächst aus dem Bereich *Tools* den Mobility Modder. Welche Grafikchipserien das Tool unterstützt, können Sie in der Beschreibung des Programms ablesen. Nachdem Sie den Mobility Modder installiert haben, besorgen Sie sich über die Seite *http://www.amd.com* die aktuellste Windows 7-Version der *ATI Catalyst* Treibersoftware. Anschließend gilt es noch, über *Start > Systemsteuerung > Benutzerkonten und Jugendschutz > Benutzerkonten > Einstellungen der Benutzerkontensteuerung ändern* den Schieberegler auf *Nie benachrichtigen* zu stellen, um die Benutzerkontensteuerung so vorübergehend zu deaktivieren, da der Mobility Modder sonst nicht die nötigen Rechte zum Verändern der Treiberdateien erhält. Damit die Änderungen in Kraft treten, müssen Sie den PC zunächst neu starten.

Haben Sie alle Vorbereitungen getroffen, starten Sie die Setup-Routine des ATI Catalyst Treibers, die nach dem Start zunächst automatisch alle Dateien der Treibersoftware ins Verzeichnis *C:\ATI\Support\(Version)* kopiert. Nachdem dies geschehen ist, brechen Sie die Installation kurzerhand ab und starten den *Mobility Modder*. Im *Mobility Modder* wählen Sie über die Schaltfläche *Browse* das Verzeichnis aus, in dem die aktuelle Version des Catalyst Treibers zu finden ist (z. B. *C:\ATI\Support\9-9_win7_32_dd_ccc_wdm_enu*) und klicken anschließend auf die Schaltfläche *Modify*, um die Treiberdateien zu modifizieren. Sobald der *Mobility Modder* seine Arbeit verrichtet hat, können Sie das Tool wieder schließen und aus dem Verzeichnis des modifizierten ATI-Treibers dessen Setup-Datei aufrufen, die nun auch die Grafikkarte Ihres Notebooks erkennen und den Treiber ohne Widerrede installieren sollte.

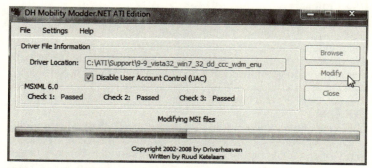

Mithilfe des *DH Mobility Modders* lässt sich der ATI Catalyst Treiber auch auf nicht offiziell unterstützten Notebooks installieren.

WEITERE HINWEISE

Vergessen Sie nach Abschluss der Installation nicht, den Benutzerkontenschutz wieder zu reaktivieren, da Sie sonst eines der wichtigsten Sicherheitsfeatures von Windows 7 aushebeln würden. Besitzen Sie ein Notebook mit NVIDIA-Grafikchip, finden Sie auf der Driverheaven-Homepage auch noch eine spezielle Version des DH Mobilty Modders für diese Treiber. Genauere Details finden Sie in der Beschreibung des Programms.

Geeignet für folgende Windows-7-Versionen

● Home Basic   ● Home Premium   ● Professional   ● Enterprise   ● Ultimate

Kapitel 2: Hardware und Treiber

Aktuelle Treiber für Notebooks mit NVIDIA-Grafikchip – Offizielle NVIDIA-Treiber modden

DAS PROBLEM
Bei NVIDIA besteht im Prinzip das gleiche Problem wie bei ATI – der Hersteller des Notebooks bietet veraltete Treiber und die Installationsroutine des NVIDIA Forceware-Treibers behauptet in vielen Fällen, dass keine unterstützte Hardware gefunden wurde. Aber auch hier haben findige Menschen eine praktische Lösung gefunden.

DER TIPP
Damit die aktuellen Forceware-Treiber auch auf offiziell nicht unterstützten Notebooks installiert werden können, muss bei Rechnern mit NVIDIA-Grafikchip lediglich eine INF-Datei des Treibers gegen eine modifizierte Version ausgetauscht werden. Laden Sie sich von der NVIDIA-Homepage zunächst die aktuellste Version des Forceware-Treibers herunter und starten Sie die Installation – die Installationsdateien werden dabei automatisch ins Verzeichnis *C:\NVIDIA\(Betriebssystem)\(Version)* entpackt. Nachdem dies geschehen ist, brechen Sie die Installation ab und rufen die Seite *http://www.laptopvideo2go.com/drivers* auf. Sie finden hier eine Liste mit modifizierten Treibern und INF-Dateien für unterschiedliche Forceware-Versionen. Laden Sie sich die zu Ihrer Forceware-Version passende INF-Datei (*nvhw.inf*) herunter und speichern Sie diese in dem Verzeichnis, in dem die *nvhw.inf* des originalen NVIDIA-Treibers liegt. Haben Sie die Originaldatei mit der modifizierten INF-Datei überschrieben, rufen Sie aus dem Verzeichnis heraus die Setup-Routine der Treibersoftware auf. Der Forceware-Treiber sollte sich nun auch auf Ihrem Notebook installieren lassen.

WEITERE HINWEISE
Falls es bei der Installation trotz modifizierter INF-Datei zu einer Fehlermeldung kommt, können Sie sich auch einen passenden Treiber von *www.laptopvideo2go.com* herunterladen, diesen entpacken, die dazugehörige INF-Datei austauschen und den Treiber dann über den *Geräte-Manager* manuell installieren (siehe Tipp: *Treiber manuell installieren*).

Geeignet für folgende Windows-7-Versionen				
● Home Basic	● Home Premium	● Professional	● Enterprise	● Ultimate

Datenträger einrichten und verwalten

Um Ihr System perfekt an Ihre Bedürfnisse anzupassen und Ordnung im Wust der Dateien zu halten, ist es vor allem wichtig, Ihre Festplatten und sonstigen Datenträger bereits im Vorfeld vernünftig einzurichten. In den folgenden Abschnitten finden Sie neben Tipps und Tricks zum Einrichten, Partitionieren und Formatieren Ihrer Laufwerke auch noch Hinweise dazu, wie sich bereits erstellte Partitionen im laufenden Betrieb vergrößern oder verkleinern lassen, wie Sie Ihre Datenträger auf mögliche Fehler überprüfen, wie Sie mithilfe des Defragmentierungstools von Windows 7 für Ordnung sorgen oder die Datenträgerbereinigung dazu nutzen können, unbenötigten Datenmüll von der Festplatte zu verbannen und so wieder neuen Speicherplatz freizugeben. Des Weiteren erfahren Sie, wie Sie die Laufwerksbuchstaben und Namen Ihrer Datenträger nachträglich anpassen und welche Möglichkeiten Ihnen die erweiterte Datenträgerverwaltung von Windows 7 sonst noch bietet.

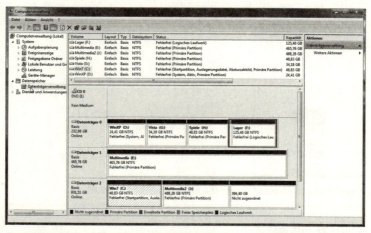

Hier können Sie Ihre Datenträger verwalten, partitionieren, formatieren und neue Laufwerksbuchstaben zuweisen.

Erweiterte Laufwerksoptionen anzeigen

Das Problem
In der Computer-Übersicht bekommen Sie Zugriff auf die wichtigsten Verwaltungsoptionen und Basisinformationen zu Ihren Laufwerken. Um mehr Details und Optionen für ein Laufwerk zu erhalten, müssen Sie dessen erweiterte Eigenschaften aufrufen.

Der Tipp
Wenn Sie über *Start > Computer* die Übersicht Ihrer Laufwerke aufrufen, dort ein Laufwerk mit der rechten Maustaste markieren und die Option *Eigenschaften* auswählen, bekommen Sie detaillierte Informationen über dieses Laufwerk angezeigt. Davon abgesehen, bietet Ihnen das *Eigenschaften*-Fenster des Laufwerks Zugriff auf Funktionen wie die Datenträgerdefragmentierung, die Datenträgerbereinigung, die Möglichkeit, eventuell erstellte Schattenkopien (bzw. Vorgängerversionen) des Laufwerks wiederherzustellen, den Datenträger zu komprimieren, auf Fehler im Dateisystem zu überprüfen, das gesamte Laufwerk im Netzwerk freizugeben usw.

In den *Eigenschaften* des Laufwerks erhalten Sie erweiterte Optionen.

Weitere Hinweise
Genauere Details und Tipps zu den wichtigsten Funktionen des *Eigenschaften*-Fensters der Laufwerke finden Sie in den folgenden Abschnitten.

Namen eines Laufwerks anpassen

DAS PROBLEM
Wurde einem Laufwerk bisher kein eindeutiger Name gegeben, wird dieses von Windows schlicht als *Lokaler Datenträger* gefolgt von dem dazugehörigen Laufwerksbuchstaben angezeigt. Zur besseren Übersicht ist es sinnvoll, Ihren Laufwerken eindeutige Namen zu geben.

DER TIPP
Haben Sie Ihre Festplatte in mehrere Partitionen aufgeteilt, oder nutzen Sie an Ihrem Rechner gleich mehrere Datenträger, sollten Sie diesen zur besseren Übersicht eindeutige Namen zuweisen. Wenn Sie z. B. ein Multibootsystem mit Windows 7 und Windows XP eingerichtet haben und die beiden Systempartitionen als *Win7* und *WinXP* benennen, kommt es auch dann nicht zu Verwechslungen, wenn Windows 7 sein eigenes Laufwerk als *C:* bezeichnet, obwohl es in Wirklichkeit auf Laufwerk *D:* liegt. Neben den Systempartitionen ist eine eindeutige Benennung aber auch bei anderen Laufwerken sinnvoll. Geben Sie Ihrem Datenlager für Downloads den Namen 'Lager' und der Musiksammlung den Namen 'Musik', wissen Sie stets auf den ersten Blick, wo was zu finden ist. Um einem Laufwerk einen Namen zuzuordnen, stehen Ihnen zwei Möglichkeiten zur Verfügung. Entweder wählen Sie es über *Start > Computer* per Rechtsklick an und wählen die Option *Umbenennen* oder Sie öffnen die *Eigenschaften* des Laufwerks und tippen den gewünschten Namen im oberen Bereich des Reiters *Allgemein* ein.

WEITERE HINWEISE
Auf die gleiche Weise lassen sich auch externe Datenträger wie USB-Festplatten oder per USB-Schnittstelle an den Rechner angeschlossene Speicherkarten umbenennen. Egal, mit welchem Laufwerksbuchstaben Windows diese Datenträger ins System einordnet, Sie wissen so immer, wo Sie die gewünschten Daten finden.

Geeignet für folgende Windows-7-Versionen

| ● Home Basic | ● Home Premium | ● Professional | ● Enterprise | ● Ultimate |

Laufwerke, Ordner und Dateien komprimieren

DAS PROBLEM
Wird der Platz auf der Systempartition irgendwann eng, ist es langsam an der Zeit, sich Gedanken darüber zu machen, wie Sie dort wieder etwas mehr freien Speicherplatz schaffen können. Eine Möglichkeit besteht darin, den Datenträger kurzerhand zu komprimieren.

DER TIPP
Neben den ständig auf der Festplatte gespeicherten Dateien, benötigt Windows für den reibungslosen Betrieb noch eine ordentliche Menge an Speicherplatz, um darauf z. B. seine Auslagerungsdateien, temporäre Dateien ausgeführter Programme oder die Datenbanken des Suchindexes zwischenzulagern. Steht für diese Aufgaben nicht mehr genug Festplattenplatz zur Verfügung, meldet sich Windows über den Informationsbereich der Taskleiste mit einer entsprechenden Warnmeldung zu Wort. Um wieder etwas Platz zu schaffen, können Sie nicht mehr benötigte Programme deinstallieren und Dateien löschen, die Datenträgerbereinigung bemühen oder bisher nicht zugewiesenen Speicher zum Laufwerk hinzufügen. Reichen diese Maßnahmen nicht aus, können Sie aber zur Not auch einfach die auf dem Laufwerk gespeicherten Dateien komprimieren. Die entsprechende Option finden Sie, wenn Sie das Laufwerk über *Start > Computer* mit der rechten Maustaste auswählen und das Fenster *Eigenschaften* öffnen. Wenn Sie hier auf dem Reiter *Allgemein* das Häkchen vor dem Eintrag *Laufwerk komprimieren, um Speicherplatz zu sparen* aktivieren und nach einem Klick auf *Übernehmen* im folgenden Fenster festlegen, dass sich die Komprimierung auf alle auf dem Laufwerk befindlichen Dateien und Unterordner beziehen soll, versucht Windows, die auf dem Datenträger gespeicherten Daten so gut wie möglich zu komprimieren. Findet Windows Dateien, die sich aufgrund fehlender Zugriffsberechtigung nicht komprimieren lassen, genügt ein Klick auf *Alle ignorieren*, um diese von der Komprimierung auszuschließen.

Je nachdem, welche Dateitypen auf dem Laufwerk gespeichert sind, lässt sich durch die Komprimierung einiges an Speicherplatz zurückgewinnen. Auf den alltäglichen Arbeitsablauf hat die Komprimierung kaum einen negativen Einfluss. Neu auf diesem Laufwerk gespeichert Daten werden im Hintergrund automatisch komprimiert, ohne dass Sie als Anwender etwas davon merken. Umgekehrt werden Daten, die Sie von dort aus auf einen anderen Datenträger verschieben oder kopieren, automatisch und ohne Ihr Zutun entpackt, sodass sie auch andernorts ungehindert genutzt werden können.

Durch die Komprimierung des Laufwerks erhalten Sie mehr Speicherplatz.

WEITERE HINWEISE

Der einzige Nachteil der Komprimierung besteht darin, dass Windows bei jedem Zugriff auf das Laufwerk stets einen Teil der Rechnerleistung dafür aufwenden muss, komprimierte Dateien zu entpacken bzw. neu hinzugefügte zu komprimieren, wodurch das System etwas langsamer wird. Wollen Sie die Komprimierung später wieder rückgängig machen, genügt es, das Häkchen wieder zu entfernen. Voraussetzung dafür ist natürlich, dass auf der Festplatte noch genug Platz für die unkomprimierten Dateien zur Verfügung steht. Alternativ lassen sich nach einem Rechtsklick auf einzelne Dateien oder Ordner über *Eigenschaften > Allgemein > Erweitert > Inhalt komprimieren, um Speicherplatz zu sparen* auch einzelne Elemente gezielt komprimieren oder nachträglich von der automatischen Komprimierung ausschließen.

Geeignet für folgende Windows-7-Versionen				
● Home Basic	● Home Premium	● Professional	● Enterprise	● Ultimate

Festplatte von nicht mehr benötigten Dateien bereinigen

Das Problem
Eine weitere Möglichkeit, etwas Platz auf der Festplatte zu schaffen, besteht darin, nicht mehr benötigte Daten von der Festplatte zu löschen, was sich mithilfe der in Windows 7 integrierten Datenträgerbereinigung komfortabel erledigen lässt.

Der Tipp

Mit der *Datenträgerbereinigung* löschen Sie überflüssige Dateien von der Festplatte.

Während der täglichen Arbeit mit Windows sammeln sich auf dem System mit der Zeit immer mehr Dateien an, die im Prinzip niemand mehr benötigt (temporäre Dateien des Internet Explorers oder anderer Programme, alte Systemwiederherstellungspunkte, Schattenkopien von Dateien und Ordnern, Offlinewebseiten, Miniaturvorschaubilder Ihrer Fotosammlung oder Videobibliothek, Logdateien von Softwareinstallationen, eine eventuelle Sicherung eines vorangegangenen Windows-Systems usw.). All diese Dateien nehmen natürlich Platz auf der Festplatte ein und können bei Bedarf gelöscht werden. Anstatt sich manuell auf die Suche zu begeben, lassen sich nicht mehr benötigte Dateien über *Start > Alle Programme > Zubehör > Systemprogramme > Datenträgerbereinigung* oder über *Start > Computer* nach einem Rechtsklick auf ein Laufwerk über *Eigenschaften > Allgemein > Bereinigen* auch automatisch aufspüren. Sobald Sie die *Datenträgerbereinigung* aufgerufen haben, legen Sie fest, welches Laufwerk überprüft werden soll. Nachdem die Suche nach nicht mehr benötigten Dateien abgeschlossen ist, bekommen Sie eine Liste angezeigt, auf der Sie genau ablesen können, welche Dateitypen das Tool gefunden hat und wie viel Speicherplatz Sie durch das Löschen der Elemente freischaufeln können.

WEITERE HINWEISE

Um sicherzustellen, dass Sie mit der Datenträgerbereinigung nicht aus Versehen Dateien löschen, die Sie eigentlich lieber behalten wollen, sollten Sie die zu löschenden Rubriken noch einmal der Reihe nach mit der Maus markieren und sich dann (soweit verfügbar) über die Schaltfläche *Dateien anzeigen* alle dazugehörigen Daten auflisten lassen. Ist alles OK, klicken Sie auf die entsprechende Schaltfläche, um automatisch alle in den markierten Rubriken enthaltenen Elemente von der Festplatte zu löschen. Über die Schaltfläche *Systemdateien bereinigen* erweitern Sie die Suche, während sich über den Reiter *Weitere Optionen* auch gezielt alle Schattenkopien und Systemwiederherstellungspunkte entfernen lassen.

Geeignet für folgende Windows-7-Versionen

| ● Home Basic | ● Home Premium | ● Professional | ● Enterprise | ● Ultimate |

Kapitel 2: Hardware und Treiber

Laufwerke defragmentieren

DAS PROBLEM
Von Zeit zu Zeit sollte man für etwas Ordnung auf der Festplatte sorgen, indem man diese defragmentiert und so dafür sorgt, dass auseinandergerissene Bestandteile der darauf befindlichen Dateien wieder zusammengeführt werden. In den Grundeinstellungen führt Windows 7 diese Tätigkeit in regelmäßigen Abständen selbstständig durch. Bei Bedarf können Sie den Zeitplan der automatischen Defragmentierung aber auch anpassen oder diese manuell starten.

DER TIPP
Windows 7 führt in den Grundeinstellungen einmal pro Woche automatisch eine Defragmentierung Ihrer Festplatte durch. Da die Defragmentierung im Hintergrund abläuft und sich an die aktuellen Geschehnisse auf dem Rechner anpasst, können Sie während des Defragmentierungsvorgangs in der Regel ganz normal weiterarbeiten. Nichtsdestotrotz können Sie natürlich selbst bestimmen, wann und in welchen Zyklen die Defragmentierung durchgeführt werden soll. Wenn Sie das Defragmentierungstool über *Start > Alle Programme > Zubehör > Systemprogramme > Defragmentierung* aufrufen, können Sie über die Schaltfläche *Zeitplan konfigurieren* bestimmen, wie häufig, an welchem Tag und zu welcher Uhrzeit die Defragmentierung stattfinden soll. Mithilfe der Schaltfläche *Datenträger analysieren* überprüfen Sie, ob eine Defragmentierung nötig ist, während Sie diese über *Datenträger defragmentieren* jederzeit manuell starten können.

WEITERE HINWEISE
Alternativ können Sie auch einzelne Laufwerke defragmentieren, indem Sie diese über *Start > Computer* in der Laufwerksübersicht mit der rechten Maustaste anklicken und dann die Option *Eigenschaften > Tools > Jetzt defragmentieren* wählen.

Geeignet für folgende Windows-7-Versionen

| ● Home Basic | ● Home Premium | ● Professional | ● Enterprise | ● Ultimate |

Laufwerke auf Fehler überprüfen

DAS PROBLEM
Um sicherzustellen, dass mit Ihrer Festplatte und den darauf befindlichen Dateizuordnungstabellen alles in Ordnung ist, sollten Sie Ihre Laufwerke in regelmäßigen Abständen auf Fehler überprüfen lassen.

DER TIPP
Um eine Fehlerüberprüfung für ein Laufwerk durchzuführen, klicken Sie dieses über *Start > Computer* in der Laufwerksübersicht mit der rechten Maustaste an und öffnen dessen *Eigenschaften*. Auf dem Reiter *Tools* finden Sie unter der Rubrik *Fehlerüberprüfung* die Schaltfläche *Jetzt prüfen*, mit der sich die Datenträgerüberprüfung aufrufen lässt. Das Häkchen vor dem Eintrag *Dateisystemfehler automatisch korrigieren* sollten Sie auf jeden Fall aktiviert lassen, da eventuelle Fehler so während der Überprüfung automatisch ausgemerzt werden. Über *Fehlerhafte Sektoren suchen/wiederherstellen* unterziehen Sie den Datenträger einem Intensivtest, bei dem jeder Speicherblock der Reihe nach auf seine Funktionstüchtigkeit überprüft wird. Sollte dabei ein irreparabler Fehler gefunden werden, wird der entsprechende Sektor markiert und gesperrt, sodass er später keinen Schaden mehr anrichten kann. Wollen Sie das Systemlaufwerk auf Fehler prüfen lassen, bekommen Sie den Hinweis, dass dieser Schritt nicht im laufenden Betrieb durchgeführt werden kann. Klicken Sie in diesem Fall in der Hinweisbox auf die Schaltfläche *Datenträgerprüfung planen*, um die Überprüfung beim nächsten Systemstart automatisch durchführen zu lassen.

WEITERE HINWEISE
Die Suche nach fehlerhaften Sektoren ist insbesondere nach dem Einbau neuer Festplatten sinnvoll. Bei der Verwendung älterer Datenträger ist es ratsam, diese in regelmäßigen Abständen auf Fehler zu überprüfen, um so einem eventuellen Datenverlust frühzeitig vorzubeugen.

Geeignet für folgende Windows-7-Versionen				
● Home Basic	● Home Premium	● Professional	● Enterprise	● Ultimate

Datenträger formatieren

DAS PROBLEM
Damit Sie einen Datenträger unter Windows 7 verwenden können, muss dieser in einem Windows kompatiblen Dateiformat formatiert sein. Ansonsten können Sie mithilfe der Formatierung aber auch dafür sorgen, dass wirklich alle auf einem Laufwerk befindlichen Daten komplett gelöscht werden.

DER TIPP
Windows 7 bietet gleich mehrere Möglichkeiten, einen Datenträger neu zu formatieren. Der einfachste Weg führt über *Start > Computer*. Wenn Sie in der Laufwerksübersicht versuchen, einen bisher unformatierten Datenträger per Doppelklick zu öffnen, erscheint automatisch ein Hinweisfenster, das Sie auf das Problem aufmerksam macht und Ihnen über die Schaltfläche *Datenträger formatieren* die Möglichkeit gibt, den Datenträger in einem Dateiformat Ihrer Wahl neu zu formatieren. Handelt es sich um ein bereits formatiertes Laufwerk, kommen Sie nach einem Rechtsklick auf das Laufwerk über die Option *Formatieren* ans gleiche Ziel.

Beim Formatieren eines Datenträgers stehen Ihnen diverse Optionen zur Auswahl.

Im Fenster *Datenträger formatieren* können Sie genau ablesen, wie viel Speicherkapazität auf dem Datenträger bzw. der Partition zur Verfügung steht und mit welchem Dateisystem der Datenträger formatiert werden soll. Das NTFS-Dateisystem wird z. B. für eine Windows 7-Installation vorausgesetzt und bietet neben der Möglichkeit, spezielle Benutzerrechte und Regeln festzulegen auch den Vorteil, dass darauf auch Dateien gespeichert werden können, die größer als 4 GB sind. Wollen Sie hingegen sicherstellen, dass der Datenträger auch von alten Windows-Systemen (z. B. Windows 95 bis Me) oder diversen Multimediageräten gelesen werden kann, ist es ratsam, diesen im FAT32-Format zu formatieren. Die Option, einen Datenträger im FAT32-Format einzurichten, steht unter Windows 7 allerdings nur dann zur Verfügung, wenn das zu formatierende Laufwerk kleiner als 32 GB ist. Wollen Sie z. B. eine externe 120 GB Festplatte im FAT32-System formatieren, müssen Sie diese also zuvor in vier 30 GB große Partitionen aufteilen. Bei Bedarf können Sie vor dem Start der Formatierung auch noch die Größe der Zuordnungseinheiten bzw. Speicherblöcke anpassen, wobei die Standardeinstellungen für Otto-Normal-Anwender in der Regel die besten Ergebnisse erzielen. Wollen Sie dem Datenträger einen Namen geben, lässt sich dieser unter dem Punkt *Volumenbezeichnung* eintragen. Wählen Sie unter dem Punkt *Formatierungsoptionen* die Option *Schnellformatierung,* wird das Dateisystem ohne gleichzeitige Intensivüberprüfung der Funktionsfähigkeit der neu geschriebenen Datenträgersektoren formatiert, was natürlich deutlich schneller vonstatten geht, aber dementsprechend auch nicht garantiert, dass wirklich alle Sektoren in Ordnung sind.

WEITERE HINWEISE

Bedenken Sie, dass beim Formatieren eines Datenträgers alle darauf befindlichen Daten unwiderruflich verloren gehen. Wenn Sie einen Datenträger formatieren, sollten Sie also zuvor sicherstellen, dass sich darauf keine Daten mehr befinden, die Sie vielleicht doch noch benötigen.

Geeignet für folgende Windows-7-Versionen

- Home Basic
- Home Premium
- Professional
- Enterprise
- Ultimate

Kapitel 2: Hardware und Treiber

Erweiterte Datenträgerverwaltung aufrufen

Das Problem
Um erweiterte Optionen für Ihre Datenträger einsehen und anpassen zu können, müssen Sie die erweiterte Datenträgerverwaltung von Windows 7 aufrufen.

Der Tipp
Wenn Sie über *Start > Systemsteuerung > System und Sicherheit > Verwaltung > Computerverwaltung > Datenspeicher > Datenträgerverwaltung* die erweiterte Datenträgerverwaltung aufrufen, bekommen Sie dort eine detaillierte Übersicht aller an den Rechner angeschlossenen Laufwerke und der darauf befindlichen Partitionen. Die Datenträgerverwaltung bietet Ihnen die Möglichkeit, Datenträger neu zu partitionieren, Partitionen zu erweitern, Laufwerke zu formatieren, Laufwerken neue Laufwerksbuchstaben zuzuweisen usw.

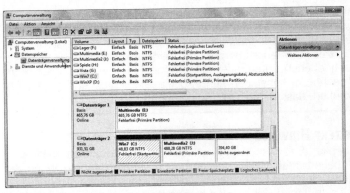

Die *Erweiterte Datenträgerverwaltung* von Windows 7

Weitere Hinweise
Wie Sie einen Datenträger partitionieren, eine Partition mit bisher ungenutztem Speicher erweitern oder die Zuordnung der Laufwerksbuchstaben anpassen, erfahren Sie in den folgenden Tipps.

Geeignet für folgende Windows-7-Versionen				
● Home Basic	● Home Premium	● Professional	● Enterprise	● Ultimate

Speicherplatzkontingente für Benutzer festlegen

DAS PROBLEM
Arbeiten Sie mit mehreren Personen an einem PC, können Sie bei Bedarf dafür sorgen, dass jedem Benutzer nur ein gewisses Kontingent des verfügbaren Festplattenspeichers zur Verfügung steht. Auf diese Weise verhindern Sie, dass andere Benutzer den gesamten Festplattenplatz für ihre eigenen Downloads und Dateien beanspruchen können und Ihnen dann kein Platz zum Ablegen Ihrer eigenen Dateien mehr übrig bleibt.

DER TIPP
Um den auf dem System eingerichteten Benutzern festgelegte Speicherplatzkontingente für einen Datenträger zuzuweisen, öffnen Sie über *Start > Computer* die Übersicht Ihrer Laufwerke. Wählen Sie das gewünschte Laufwerk mit der rechten Maustaste aus und öffnen Sie die *Eigenschaften* für diesen Datenträger. Auf dem Reiter *Kontingent* können Sie sich über die Schaltfläche *Kontingenteinstellungen anzeigen* die aktuellen Einstellungen anzeigen lassen. Um Speicherplatzkontingente für neue Benutzer festzulegen, genügt es, das Häkchen vor dem Eintrag *Kontingentverwaltung aktivieren* zu setzen und dann den Speicherplatz für diese Benutzer auf das von Ihnen gewünschte Maß zu begrenzen. Wollen Sie detaillierte Kontingente für bereits vorhandene Benutzer oder bestimmte Benutzergruppen einrichten, klicken Sie auf die Schaltfläche *Kontingenteinträge* und wählen im nächsten Fenster die Option *Kontingent > Neuer Kontingenteintrag*. Über *Kontingent > Eigenschaften* lassen sich ausgewählte Kontingenteinträge später jederzeit einsehen und konfigurieren.

WEITERE HINWEISE
Wollen Sie die Kontingentverwaltung später wieder außer Kraft setzen, genügt es, das Häkchen vor dem Eintrag *Kontingentverwaltung aktivieren* wieder zu entfernen und so dafür zu sorgen, dass den Benutzern auf diesem Datenträger wieder beliebig viel Platz zur Verfügung steht.

Geeignet für folgende Windows-7-Versionen				
● Home Basic	● Home Premium	● Professional	● Enterprise	● Ultimate

Kapitel 2: Hardware und Treiber

Festplatte partitionieren

DAS PROBLEM
Anstatt den gesamten verfügbaren Speicher einer Festplatte für ein einziges Laufwerk zu nutzen, ist es in den meisten Fällen durchaus sinnvoll, Festplatten in mehrere Partitionen zu unterteilen, die sich danach wie eigenständige Laufwerke verwalten und nutzen lassen.

DER TIPP
Sollten Sie Ihre Festplatten nicht bereits bei der Installation von Windows 7 partitioniert oder eine neue und bisher unpartitionierte Festplatte in den Rechner eingebaut oder an diesen angeschlossen haben, können Sie diese auch aus dem laufenden System heraus partitionieren. Wenn Sie über *Start > Systemsteuerung > System und Sicherheit > Verwaltung > Computerverwaltung > Datenspeicher* die *Datenträgerverwaltung* öffnen, bekommen Sie dort alle physikalisch vorhandenen Datenträger aufgelistet. Ob und wenn ja, auf welche Weise ein Datenträger partitioniert wurde, können Sie anhand der Legende im unteren Bereich des Fensters ablesen. Primäre Partitionen (wie z. B. die Systempartition auf der Sie Windows 7 installiert haben) werden dunkelblau dargestellt, während erweiterte Partitionen dunkelgrün, darauf angelegte logische Laufwerke blau und noch ungenutzter Speicherplatz hellgrün erscheinen. Bisher noch gar nicht zugewiesener Speicher wird schwarz dargestellt.

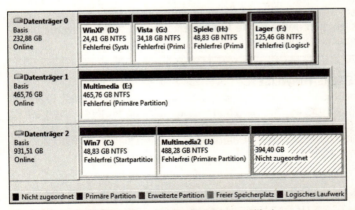

In der *Datenträgerverwaltung* können Sie Ihre Festplatten partitionieren.

Datenträger einrichten und verwalten

Wollen Sie einen Datenträger neu partitionieren, wählen Sie ihn zunächst mit der rechten Maustaste aus und geben dann an, was mit diesem Bereich geschehen soll. Handelt es sich um bisher nicht zugewiesenen Speicher, können Sie aus diesem z. B. ein neues Volume erstellen und dann festlegen, wie viel des noch auf dem Datenträger verfügbaren Speicherplatzes Sie diesem Laufwerk zuweisen wollen, welchen Laufwerksbuchstaben es erhalten und ob und wenn ja, mit welchem Dateiformat es formatiert werden soll. Dabei ist anzumerken, dass Windows 7 die ersten drei Volumes eines Datenträgers automatisch und ohne weitere Nachfrage als primäre Partition anlegt. Sind bereits drei primäre Partitionen vorhanden, wird die vierte als erweiterte Partition angelegt, auf der Sie dann im nächsten Schritt logische Laufwerke einrichten und formatieren können. Bereits angelegte Volumes dürfen Sie natürlich auch wieder löschen und den so freigesetzten Speicherplatz anschließend neu zuordnen, oder dazu nutzen, eine vorhandene Partition dieses Datenträgers zu erweitern und ihr so mehr Speicherplatz zuzuweisen (siehe Tipp: *Partitionen vergrößern oder verkleinern*).

WEITERE HINWEISE

Beim Partitionieren und Einrichten Ihrer Datenträger sollten Sie sich die Warnhinweise stets genau durchlesen. Wenn Sie ein Volume löschen, gehen alle auf diesem Laufwerk gespeicherten Daten unwiderruflich verloren. Löschen Sie die als *Aktiv* markierte Partition des Systems, lässt sich der Rechner anschließend nicht mehr ohne Weiteres starten, da sich auf dieser der Bootmanager des Betriebssystems befindet. In diesem Fall müssen Sie dann also von der Installations-DVD starten und das System mithilfe der darauf befindlichen *Computerreparaturoptionen* wiederherstellen.

Geeignet für folgende Windows-7-Versionen				
● Home Basic	● Home Premium	● Professional	● Enterprise	● Ultimate

Erweiterte Partition für mobile Festplatten anlegen

DAS PROBLEM
Wollen Sie eine Festplatte als erweiterte Partition anlegen, um so z. B. sicherzustellen, dass diese sich beim Anschluss Ihres Wechselrahmen-Laufwerks an ältere Windows-Systeme mit ihrem Laufwerksbuchstaben nicht vor andere im System eingerichtete Festplatten drängen kann, lässt sich dies mit Bordmitteln lediglich über die Eingabeaufforderung von Windows 7 verwirklichen.

DER TIPP
In der Datenträgerverwaltung werden auf einem Datenträger zunächst lediglich primäre Partitionen erstellt. Erweiterte Partitionen können erst dann eingerichtet werden, wenn zuvor bereits drei primäre Partitionen auf diesem Datenträger erstellt wurden. Um diese Bevormundung zu umgehen, öffnen Sie über *Start > Alle Programme > Zubehör* per Rechtsklick und mit der Option *Als Administrator ausführen* die *Eingabeaufforderung*. In der Kommandozeile rufen Sie über die Eingabe von *diskpart* das Partitionierungstool von Windows 7 auf, wählen dann über *select disk 0* bzw. *select disk 1* oder *select disk 2* usw. den Datenträger aus und sorgen dann mit *create partition extended* dafür, dass der gesamte bisher noch nicht partitionierte Bereich dieses Datenträgers als erweiterte Partition angelegt wird. Achten Sie bei der Auswahl des zu partitionierenden Datenträgers darauf, dass Sie auch wirklich die richtige Festplatte angegeben haben. Welche Nummern den Datenträgern aktuell zugewiesen sind, können Sie in der Datenträgerverwaltung ablesen.

WEITERE HINWEISE
Nachdem Sie die erweiterte Partition erstellt haben, rufen Sie über *Start > Systemsteuerung > System und Sicherheit > Verwaltung > Computerverwaltung > Datenspeicher* die *Datenträgerverwaltung* auf, um darauf je nach Bedarf ein oder auch mehrere logische Laufwerke einzurichten und diese zu formatieren.

Geeignet für folgende Windows-7-Versionen

| ● Home Basic | ● Home Premium | ● Professional | ● Enterprise | ● Ultimate |

Partitionen vergrößern oder verkleinern

DAS PROBLEM
Stellen Sie nach einiger Zeit fest, dass Sie z. B. die Größe für Ihre Systempartition oder ein anderes Laufwerk zu klein gewählt haben, können Sie diesem bei Bedarf jederzeit bisher unzugewiesenen Speicherplatz hinzufügen.

DER TIPP
Um eine zuvor angelegte Partition oder ein logisches Laufwerk zu vergrößern, öffnen Sie über *Start > Systemsteuerung > System und Sicherheit > Verwaltung > Computerverwaltung > Datenspeicher* die *Datenträgerverwaltung*. Befindet sich auf dem Datenträger der gewünschten Partition noch nicht zugeordneter Speicher, brauchen Sie das zu vergrößernde Volume bzw. logische Laufwerk nur mit der rechten Maustaste anzuklicken, die Option *Volume erweitern* zu wählen und im nächsten Schritt festzulegen, wie viel des noch ungenutzten Speicherplatzes Sie diesem Laufwerk hinzufügen wollen. Alternativ lässt sich bereits zugewiesener Speicherplatz natürlich auch jederzeit wieder freigeben. Klicken Sie das zu verkleinernde Volume mit der rechten Maustaste an und wählen Sie die Option *Volume verkleinern*. Danach legen Sie fest, wie viel Speicherplatz dem Volume entnommen und wieder als unzugeordneter Speicher freigegeben werden soll.

WEITERE HINWEISE
Beim Verkleinern eines Volumes sollten Sie bedenken, dass dabei natürlich nur die Menge an Speicherplatz freigegeben werden kann, die auf dem Laufwerk aktuell noch frei verfügbar ist. Befinden sich auf einem 40 GB Laufwerk bereits 30 GB Daten, können Sie also höchstens 10 GB freigeben. Des Weiteren lässt sich lediglich direkt angrenzender Speicherplatz zu einem vorhandenen Volume hinzufügen. Ist ein Festplatte in die Laufwerke *C:* und *D:* unterteilt, lässt sich der unzugeordnete Speicherplatz lediglich dem Laufwerk *D:* hinzufügen. Um Laufwerk *C:* zu erweitern, müssten Sie erst das Laufwerk *D:* löschen, den gewünschten Speicherplatz zu *C:* hinzufügen und können anschließend aus dem restlichen Speicher eine neues Laufwerk *D:* erstellen.

Geeignet für folgende Windows-7-Versionen				
● Home Basic	● Home Premium	● Professional	● Enterprise	● Ultimate

FAT32-Laufwerke ins NTFS-Format umwandeln

DAS PROBLEM
Haben Sie einen Datenträger mit dem FAT32-Dateisystem formatiert und stellen im Nachhinein fest, dass NTFS doch die bessere Wahl gewesen wäre, können Sie das Laufwerk bei Bedarf jederzeit mithilfe des *CONVERT*-Befehls umkonvertieren Die auf dem Datenträger gespeicherten Daten bleiben dabei erhalten.

DER TIPP
Um einen Datenträger ohne Datenverlust vom FAT32- ins NTFS-Format umzuwandeln, rufen Sie über *Start > Alle Programme > Zubehör* per Rechtsklick und mit der Option *Als Administrator ausführen* die *Eingabeaufforderung* auf. In der Kommandokonsole von Windows 7 geben Sie nun den Befehl *convert x: /fs:ntfs* ein (das 'x' ersetzen Sie dabei durch den aktuellen Laufwerksbuchstaben des Ziellaufwerks). Sollten Sie einen Namen für das Laufwerk angelegt haben, müssen Sie diesen bei der Frage nach der Volumebezeichnung gegebenenfalls eintippen und bestätigen. Danach beginnt Windows automatisch mit der Umwandlung des Laufwerks.

Wandeln Sie *FAT32*-Laufwerke ins *NTFS*-Format um.

WEITERE HINWEISE
Eine Umwandlung vom NTFS- ins FAT32-Dateisystem ist nicht ohne Weiteres möglich. Für derartige Schritte benötigen Sie spezielle Zusatztools wie z. B. Symantecs Partition Magic (*www.symantec.de*).

Geeignet für folgende Windows-7-Versionen				
● Home Basic	● Home Premium	● Professional	● Enterprise	● Ultimate

Laufwerksbuchstaben neu zuweisen

DAS PROBLEM
Windows 7 vergibt die Laufwerksbuchstaben für die angeschlossenen Laufwerke zunächst nach gewissen Kriterien automatisch. Wollen Sie die Sortierung ändern, um so z. B. dafür zu sorgen, dass Ihr DVD-Laufwerk immer an letzter Stelle folgt, können Sie die Laufwerksbuchstaben jederzeit manuell an Ihre Bedürfnisse anpassen.

DER TIPP
Um einen Laufwerksbuchstaben für ein Laufwerk nachträglich zu ändern, öffnen Sie über *Start > Systemsteuerung > System und Sicherheit > Verwaltung > Computerverwaltung > Datenspeicher* die *Datenträgerverwaltung*. Klicken Sie das gewünschte Laufwerk mit der rechten Maustaste an und wählen Sie die Option *Laufwerksbuchstaben und -pfade ändern*. Im folgenden Fenster werden Ihnen die Laufwerksbuchstaben angezeigt, die diesem Laufwerk aktuell zugeordnet sind. Auf Wunsch können Sie einem einzelnen Laufwerk auch mehrere Buchstaben zuweisen. Um den Laufwerksbuchstaben zu ändern, wählen Sie den gewünschten Eintrag aus und klicken auf *Ändern*. Im nächsten Fenster finden Sie neben dem Eintrag *Folgenden Laufwerksbuchstaben zuweisen* ein Dropdownmenü, in dem Ihnen alle noch verfügbaren Buchstaben angezeigt werden. Wählen Sie den gewünschten Laufwerksbuchstaben aus und klicken Sie dann auf *OK*, um die Einstellungen zu übernehmen.

WEITERE HINWEISE
Die Laufwerksbuchstaben der Systempartition von Windows 7 oder eventuell zusätzlich installierten Betriebssystemen und Laufwerken auf denen Sie bereits Programme installiert haben, sollten Sie besser nicht verändern, da es sonst aufgrund nicht mehr korrekter Einträge in der Windows-Registrierdatenbank oder den auf dem Datenträger befindlichen Programmen zu Problemen kommen kann.

Geeignet für folgende Windows-7-Versionen				
● Home Basic	● Home Premium	● Professional	● Enterprise	● Ultimate

Externe Datenträger und Flash-Medien

Egal, ob Sie einen USB-Stick, eine externe Festplatte, Ihre Digitalkamera oder eine Speicherkarte über einen USB-Port ans System anschließen – in der Regel erkennt Windows diese Speichermedien automatisch, sodass Sie gleich mit der Arbeit beginnen können. Im Umgang mit diesen Medien gilt es allerdings, ein paar Besonderheiten zu beachten. In den folgenden Abschnitten erfahren Sie, wie Sie per USB ans System angeschlossene Datenträger sicher vom System trennen, um so einem eventuellen Datenverlust vorzubeugen und wie Sie diese Geräte verwalten und durch die Zuweisung eines bestimmten Laufwerksbuchstabens an Ihre Bedürfnisse anpassen können. Wollen Sie einen USB-Datenträger formatieren, sind je nach Verwendungszweck dieses Gerätes weitere Dinge zu beachten. All dies und mehr erfahren Sie in den folgenden Tipps, Tricks und Hinweisen.

Bei externen Datenträgern gilt es, einige Besonderheiten zu beachten.

USB-Datenträger anschließen und nutzen

DAS PROBLEM
Im Gegensatz zu alten Windows-Versionen wie z. B. Windows 95 oder Windows 98 lassen sich unter Windows 7 USB-Datenträger auch ohne die Installation zusätzlicher Treiber oder Zusatzprogramme betreiben. Hier heißt es also in der Regel: anstöpseln und fertig.

DER TIPP
Sobald Sie einen USB-Datenträger an einen USB-Port Ihres Rechners anschließen, wird dieser von Windows automatisch erkannt und eingerichtet. Er erhält einen eigenen Laufwerksbuchstaben und wird anschließend über *Start > Computer* in der Übersicht der angeschlossenen Laufwerke gelistet. Handelt es sich bei dem Datenträger um eine externe Festplatte, wird er in der Liste auch als solche geführt, während Geräte wie USB-Sticks, Digitalkameras oder per USB angeschlossene Speicherkarten genau wie Disketten- und CD/DVD-Laufwerke als Geräte mit Wechselmedien gelten. Ansonsten lassen sich USB-Datenträger im Prinzip genau wie fest installierte Festplatten verwenden. Aus der Computer-Übersicht können Sie sich durch die Ordnerstruktur klicken, Dateien kopieren, löschen, verschieben, dem Datenträger einen neuen Namen geben, ihn defragmentieren, auf Fehler überprüfen oder kurzerhand formatieren usw. Wird Ihre Digitalkamera als Wechseldatenträger erkannt, können Sie die darauf gespeicherten Fotos also z. B. bequem über den Windows eigenen Dateimanager auf die Festplatte befördern oder löschen, ohne dazu auf die mitgelieferte Software des Gerätes zurückgreifen zu müssen. Lediglich beim Formatieren von USB-Datenträgern ist etwas Vorsicht geboten, da es sonst dazu kommen kann, dass Kameras und andere Geräte nicht mehr auf das Speichermedium zugreifen können (siehe Tipp: *USB-Datenträger und Flash-Medien formatieren*).

WEITERE HINWEISE
Bei der Arbeit mit USB-Datenträgern sollten Sie bedenken, dass Sie diese nicht einfach im laufenden Betrieb abstöpseln dürfen, da es sonst zu Datenverlust kommen kann (siehe Tipp: *USB-Datenträger sicher vom System trennen*).

Geeignet für folgende Windows-7-Versionen				
● Home Basic	● Home Premium	● Professional	● Enterprise	● Ultimate

USB-Datenträger sicher vom System trennen

DAS PROBLEM
USB-Datenträger lassen sich zwar jederzeit bequem ans System anschließen, beim Abstöpseln ist allerdings etwas Vorsicht geboten. Wenn Sie einen USB-Datenträger vom System trennen, während Windows gerade schreibend darauf zugreift, kann dies im schlimmsten Fall zum totalen Datenverlust auf dem Gerät führen!

DER TIPP
Um einem eventuellen Datenverlust vorzubeugen, müssen Sie USB-Datenträger sauber aus dem System entfernen, bevor Sie diese abstöpseln. Nachdem Sie einen USB-Datenträger angeschlossen haben, erscheint im Infobereich der Taskleiste neben der Uhr ein kleines USB-Symbol namens *Hardware sicher entfernen*. Mit einem Klick auf das Symbol öffnen Sie das dazugehörige Optionsmenü, in dem Ihnen nun eine Liste aller ans System angeschlossenen USB-Datenträger und sonstiger trennbarer Geräte angezeigt wird.

Mit einem Klick auf den Eintrag *[Gerätename] auswerfen* sorgen Sie dafür, dass Windows alle Schreibzugriffe auf das Gerät beendet und es dann sauber aus dem System entfernt. Nachdem das Laufwerk aus der *Computer*-Übersicht verschwunden ist und Sie die Meldung erhalten haben, dass das Gerät nun vom Computer entfernt werden kann, können Sie es gefahrlos abstöpseln.

WEITERE HINWEISE
Alternativ können Sie Wechseldatenträger auch nach einem Rechtsklick in der *Computer*-Übersicht mit dem entsprechenden Befehl *auswerfen*. Sollte sich ein USB-Gerät nicht sofort vom System trennen lassen, wird Ihnen auf dem Bildschirm eine entsprechende Meldung angezeigt. In diesem Fall schließen Sie zunächst alle Anwendungen und Fenster, die aktuell auf das Laufwerk zugreifen und versuchen Ihr Glück dann erneut. Lässt sich der USB-Datenträger danach immer noch nicht sauber trennen, fahren Sie Windows einfach komplett herunter und stöpseln das Gerät anschließend ab.

Geeignet für folgende Windows-7-Versionen				
● Home Basic	● Home Premium	● Professional	● Enterprise	● Ultimate

USB-Datenträger und Flash-Medien formatieren

Das Problem
USB-Datenträger und Flash-Speicherkarten lassen sich genau wie jede normale Festplatte bequem und einfach formatieren. Je nachdem, für welchen Zweck bzw. für welches Gerät Sie den Datenträger nutzen, sollten Sie dabei aber ein paar Dinge beachten.

Der Tipp
Wollen Sie einen USB-Datenträger oder eine Flash-Speicherkarte formatieren, öffnen Sie über *Start > Computer* die Laufwerksübersicht, klicken den Datenträger mit der rechten Maustaste an und wählen dann die Option *Formatieren*. Handelt es sich dabei um eine externe Festplatte, können Sie das bei der Formatierung verwendete Dateisystem frei auswählen. Soll der Datenträger später nicht nur an diesem PC, sondern auch in anderen Geräten genutzt werden, ist dabei allerdings Vorsicht geboten. Viele Digitalkameras kommen z. B. nur mit Speicherkarten zurecht, die mit dem *FAT16*-Dateisystem formatiert wurden. Um sicherzustellen, dass Ihre Speicherkarte oder Ihr USB-Stick später in möglichst vielen Geräten verwendet werden kann, ist das *FAT (Standard)* Dateisystem also die beste Wahl. Wollen Sie den Datenträger hingegen lediglich an diesem PC nutzen, können Sie ihn bei Bedarf auch mit dem FAT32- oder NTFS-Dateisystem formatieren.

Weitere Hinweise
Falls eine Digitalkamera eine Speicherkarte nach der Formatierung nicht mehr lesen kann, sollten Sie diese mithilfe der Kamera neu formatieren und so mit dem passenden Dateisystem für das Gerät versehen. Ist der Speicher hingegen fest in ein Gerät integriert, ist von einer aus Windows heraus gestarteten Formatierung auf jeden Fall abzuraten. Andernfalls kann es schnell passieren, dass Sie die Systemdateien des Gerätes löschen und dieses somit unbrauchbar machen!

Geeignet für folgende Windows-7-Versionen				
● Home Basic	● Home Premium	● Professional	● Enterprise	● Ultimate

Laufwerksbuchstaben für USB-Datenträger selbst festlegen

DAS PROBLEM

Wenn Sie einen Datenträger über den USB-Port ans System anschließen, wird diesem von Windows automatisch der nächste freie Laufwerksbuchstabe zugewiesen. Nutzen Sie des Öfteren mehrere USB-Datenträger gleichzeitig, erhalten diese – je nachdem in welcher Reihenfolge und an welchem USB-Port Sie diese anstöpseln – also nicht zwangsläufig auch immer den gleichen Laufwerksbuchstaben. Das kann insbesondere dann ärgerlich sein, wenn Sie eine externe Festplatte als Lager für Ihre Downloads, MP3-Sammlung oder Videosammlung nutzen.

DER TIPP

Wenn Sie eine externe Festplatte als Musik-, Video-, Downloadarchiv oder ähnliche Zwecke nutzen, ist es durchaus sinnvoll, diesem Gerät einen festen Laufwerksbuchstaben zuzuweisen und dann dafür zu sorgen, dass dieser auch erhalten bleibt. Bekommt der Datenträger irgendwann einen anderen Laufwerksbuchstaben zugeteilt, müssten Sie sonst z. B. in allen Programmen die Verweise auf diesen Datenträger neu einrichten oder diesen eventuell auch jedes Mal erneut für die Benutzung im Netzwerk freigeben, was unnötig Zeit und Mühe in Anspruch nehmen würde. Um einem USB-Datenträger einen neuen Laufwerksbuchstaben zuzuweisen, öffnen Sie über *Start > Systemsteuerung > System und Sicherheit > Verwaltung > Computerverwaltung > Datenspeicher* die *Datenträgerverwaltung*. Klicken Sie das gewünschte USB-Laufwerk mit der rechten Maustaste an und wählen Sie die Option *Laufwerksbuchstaben und -pfade ändern*. Da der von Ihnen zugewiesene Laufwerksbuchstabe in der Registrierdatenbank von Windows nicht nur für das Gerät, sondern in Kombination mit dem aktuell verwendeten USB-Port gespeichert wird, ist es wichtig, dass Sie den Datenträger fortan immer an diesem USB-Anschluss nutzen. Verwenden Sie einen anderen USB-Port, wird dem Gerät unter Umständen wieder ein neuer Buchstabe zugewiesen.

Externe Datenträger und Flash-Medien

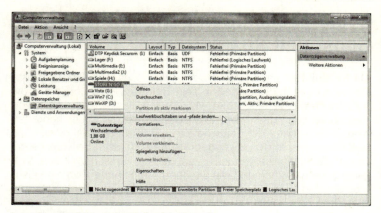

Legen Sie selbst fest, wie das Laufwerk heißen soll.

WEITERE HINWEISE

Alternativ können Sie mithilfe des für Privatanwender kostenlos verfügbaren Tools namens *USB drive letter manager* (kurz *USBDLM*) dafür sorgen, dass USB-Laufwerke auch unabhängig vom verwendeten USB-Port immer den gleichen Buchstaben zugewiesen bekommen. Weitere Informationen samt einer Downloadmöglichkeit für das Tool finden Sie unter der Adresse *http://www.uwe-sieber.de/usbdlm.html*.

Systembeschleunigung mit ReadyBoost und ReadyDrive

Mit ReadyBoost und ReadyDrive hat Microsoft seit Windows Vista ein paar neue Technologien in sein Betriebssystem integriert, die dem Anwender die Möglichkeit verschaffen, das System mithilfe von Flash-Speichermedien (wie z. B. USB-Sticks, SD-Speicherkarten oder Festplatten mit integriertem Flash-Speicher) etwas zu beschleunigen. In den folgenden Abschnitten lesen Sie, was es mit diesen Technologien auf sich hat, welche Speichermedien sich generell dafür eignen und wie Sie überprüfen können, ob ein Flash-Medium den Mindestanforderungen für die Systembeschleunigung entspricht. Des Weiteren erfahren Sie, wie sich Windows Ready-Boost für geeignete Geräte aktivieren und optimal konfigurieren oder bei Bedarf auch jederzeit wieder abschalten lässt, was es dabei zu beachten gilt, wie Sie einen USB-Stick trotzdem noch ganz normal als mobilen Datenspeicher verwenden können, welche Vorteile Windows ReadyDrive Notebookbesitzern bei Verwendung einer Hybrid-Festplatte beschert usw.

Mit *ReadyBoost* lässt sich der Zugriff auf häufig benötigte Daten beschleunigen.

Mindestanforderungen für ReadyBoost

DAS PROBLEM

Um einen per USB-Port an den Rechner angeschlossenen Datenträger für ReadyBoost nutzen zu können, muss dieser ein paar Grundvoraussetzungen erfüllen. Andernfalls lässt sich ReadyBoost auf diesem Gerät nicht ohne Weiteres aktivieren.

DER TIPP

Wenn Sie ein Speichermedium über einen USB-Port mit dem Rechner verbinden, prüft Windows beim Einlesen des Datenträgers automatisch, ob dieser den Anforderungen für ReadyBoost genügt. USB 1.0 und 1.1 Geräte und Kartenleser werden von ReadyBoost generell nicht unterstützt. Ansonsten lauten die von Windows 7 geforderten Mindestvoraussetzungen an den Datenträger wie folgt: Der Datenträger wird über USB 2.0 mit dem PC verbunden, verfügt über min. 230 MB freien Speicherplatz und einer Geschwindigkeit von min. 2,5 MB/s bei 4 KB großen zufälligen Lesezugriffen und min. 1,75 MB/s bei 512 KB großen zufälligen Schreibzugriffen. Sollte Windows das Speichermedium zunächst als ungeeignet bewerten, heißt dies nicht, dass ReadyBoost für diesen Datenträger nicht doch noch aktiviert werden könnte. Da die ermittelten Geschwindigkeiten aufgrund der zufälligen Zugriffe deutlich schwanken können, besteht der Datenträger den Test beim nächsten Versuch vielleicht doch noch. Um Windows dazu zu veranlassen, ein als untauglich befundenes Speichermedium erneut zu testen, öffen Sie Über *Start > Computer* per Rechtsklick die *Eigenschaften* des Laufwerks, wechseln auf den Reiter *ReadyBoost* und klicken im unteren Bereich des Fensters auf die Schaltfläche *Erneut testen*.

WEITERE HINWEISE

Sollte der Test mehrere Male nacheinander fehlschlagen, sollten Sie die Verwendung eines anderen Flash-Mediums in Betracht ziehen. Je langsamer das Gerät arbeitet, desto weniger Geschwindigkeitsvorteile bringt ReadyBoost Ihrem System. Die Aktivierung durch eine Anpassung der dazugehörigen Einträge in der Registrierdatenbank von Windows 7 zu erzwingen, ist also nicht wirklich sinnvoll.

Geeignet für folgende Windows-7-Versionen

● Home Basic	● Home Premium	● Professional	● Enterprise	● Ultimate

ReadyBoost aktivieren

Das Problem
Um ReadyBoost zur Beschleunigung Ihres Systems einsetzen zu können, müssen Sie im Prinzip nichts weiter tun, als einen ausreichend flotten USB-Stick oder ein sonstiges Flash-Medium an einen freien USB-Port anzuschließen, ReadyBoost für diesen Datenträger zu aktivieren und dann festzulegen, wie viel Speicher für die Auslagerungsdatei genutzt werden darf.

Der Tipp
In den Grundeinstellungen ist Windows so konfiguriert, dass sich nach dem Einlesen des Gerätes das Fenster *Automatische Wiedergabe* öffnet. Erfüllt der Datenträger die Mindestanforderungen, finden Sie im unteren Teil des Fensters neben der Option zum Öffnen des Datenträgers auch noch den Eintrag *System beschleunigen*, mit dem Sie ReadyBoost für dieses Medium aktivieren können. Haben Sie die automatische Wiedergabe von Datenträgern abgeschaltet, müssen Sie den Datenträger über *Start > Computer* in der Laufwerksübersicht mit der rechten Maustaste auswählen und dessen *Eigenschaften* öffnen. Dann wechseln Sie zum Reiter *ReadyBoost*, über den Sie die Funktion nun manuell aktivieren und per Schieberegler den für die Auslagerungsdatei reservierten Speicher festlegen können (siehe Tipp: *Optimale Größe des für ReadyBoost reservierten Speichers*).

Haben Sie ReadyBoost aktiviert und die Einstellungen übernommen, erstellt Windows umgehend eine verschlüsselte Auslagerungsdatei namens *ReadyBoost.sfcache* auf dem Datenträger. Der für ReadyBoost reservierte Speicher steht Ihnen danach also zunächst nicht mehr zum Speichern anderer Daten zur Verfügung. Ansonsten können Sie den Datenträger aber im laufenden System ganz normal weiter verwenden, Dateien darauf ablegen, abrufen usw.

Systembeschleunigung mit ReadyBoost und ReadyDrive

In den Laufwerkseigenschaften lässt sich *ReadyBoost* konfigurieren.

WEITERE HINWEISE

Sobald Sie den USB-Datenträger mithilfe der *Hardware sicher entfernen*-Funktion im Infobereich der Taskleiste aus dem System entfernen, wird die von ReadyBoost angelegte Cache-Datei automatisch gelöscht und erst beim nächsten Anschließen des Gerätes neu erstellt. In der Zwischenzeit steht Ihnen also die gesamte Größe des Datenträgers frei zur Verfügung, sodass Sie das Gerät weiterhin ohne Einschränkung als mobilen Datenträger nutzen können.

Geeignet für folgende Windows-7-Versionen				
● Home Basic	● Home Premium	● Professional	● Enterprise	● Ultimate

Optimale Größe des für ReadyBoost reservierten Speichers

DAS PROBLEM
Der für ReadyBoost reservierte Speicher kann mit Werten von 230 MB bis zu 4 GB festgelegt werden. Mit welchem Wert Sie die besten Ergebnisse erzielen, hängt insbesondere davon ab, wie viel Hauptspeicher (RAM) in Ihrem System verbaut ist.

DER TIPP
Um mithilfe der ReadyBoost-Technologie optimale Performanceergebnisse zu erzielen, sollte der für ReadyBoost reservierte Speicher im Idealfall genau die gleiche Größe betragen, wie der auf Ihrem System installierte Hauptspeicher. Verfügt Ihr System also z. B. über 1 GB RAM, reservieren Sie für ReadyBoost eine 1024 MB große Cache-Datei auf dem Datenträger. Besitzen Sie 2 GB RAM, sollte der für ReadyBoost reservierte Speicher 2048 MB betragen usw. Bei Bedarf kann die Cachegröße auch größer als die des Hauptspeichers eingestellt werden, sollte dabei aber das Dreifache des RAMs nicht überschreiten. Ist der ReadyBoost-Cache hingegen kleiner als der Hauptspeicher, lassen sich entsprechend geringere Performancevorteile erzielen.

WEITERE HINWEISE
Haben Sie bei der Aktivierung keinen optimalen Wert für den ReadyBoost-Cache reserviert oder wollen diesen nachträglich Ihren Bedürfnissen entsprechend anpassen, klicken Sie das entsprechende Laufwerk in der *Computer*-Übersicht mit der rechten Maustaste an und öffnen die *Eigenschaften* des Datenträgers. Auf dem Reiter *ReadyBoost* können Sie nun wahlweise den Schieberegler unter dem Eintrag *Für Systembeschleunigung zu reservierender Speicher* auf die gewünschte Position verschieben oder den Wert für die Cachegröße manuell eintippen. Wie viel Platz Sie maximal für den ReadyBoost-Cache reservieren können, hängt dabei natürlich davon ab, wie viel ungenutzter Speicherplatz aktuell auf dem Datenträger verfügbar ist.

Geeignet für folgende Windows-7-Versionen				
● Home Basic	● Home Premium	● Professional	● Enterprise	● Ultimate

Systembeschleunigung mit ReadyDrive

DAS PROBLEM

Die neueste Generation von Festplatten (so genannte Hybrid-Laufwerke) besitzt mittlerweile oftmals einen integrierten Flash-Speicher, der sich unter Windows 7 dank der ins System integrierten ReadyDrive-Technologie ebenfalls zur Systembeschleunigung verwenden lässt und bei mobilen Computern sogar für eine etwas längere Akkulaufzeit sorgen kann.

DER TIPP

Mithilfe der ReadyDrive-Technologie lässt sich nicht nur das System und der Aufruf häufig verwendeter Programme, sondern vor allem auch der Startvorgang von Windows 7 beschleunigen. ReadyDrive funktioniert im Prinzip ähnlich wie ReadyBoost. Wenn eine Hybrid-Festplatte mit integriertem Flash-Speicher ins System eingebaut ist, erstellt Windows 7 darauf ein Speicherabbild der für den Startvorgang oder für das Aufwecken aus dem Ruhezustand benötigten Daten, auf die es dann beim Booten des Systems ohne Umwege zugreifen kann. Abgesehen davon, dass die Daten somit schneller zur Verfügung stehen, spart diese Vorgehensweise auch noch Energie. Anstatt zum Auslesen der Daten jedes Mal die Festplatte samt der dazugehörigen Leseköpfe in Schwung bringen zu müssen, kann der Computer die im Cache gespiegelten Daten bequem vom stromsparenden Flash-Speicher abrufen.

WEITERE HINWEISE

Bei ReadyDrive gilt im Prinzip die Regel: Je größer der Flash-Speicher der Hybrid-Festplatte, desto mehr häufig benötigte Daten können auf diesem gespiegelt werden. Das reduziert entsprechend die Festplattenzugriffe und somit auch den Stromverbrauch eines mobilen Computers. Damit ReadyDrive effektiv arbeiten kann, muss der Rechner allerdings über mindestens 1 GB RAM verfügen. Ansonsten würde Windows ständig damit beschäftigt sein, Daten, die nicht in den Hauptspeicher passen, in die Auslagerungsdatei auf der Festplatte zwischenzuspeichern, wodurch das Laufwerk dann trotz ReadyDrive ständig in Betrieb wäre.

Geeignet für folgende Windows-7-Versionen

| ● Home Basic | ● Home Premium | ● Professional | ● Enterprise | ● Ultimate |

Geschwindigkeit von Flash-Medien ermitteln

Das Problem
Der Tauglichkeitstest für ReadyBoost liefert keine Detailergebnisse. Ob der Test erfolgreich verlief, können Sie lediglich daran erkennen, ob sich ReadyBoost danach mit diesem Gerät aktivieren lässt oder nicht. Um genauere Details über die Geschwindigkeit Ihrer Flash-Medien zu erhalten, hat Windows 7 aber auch noch ein Systembewertungstool namens WinSAT an Bord.

Der Tipp
Um die Geschwindigkeit beim Lesen und Beschreiben eines Datenträgers zu ermitteln, können Sie unter Windows 7 auf ein Werkzeug namens WinSAT zurückgreifen. Öffnen Sie über *Start > Alle Programme > Zubehör* per Rechtsklick und mit der Option *Als Administrator ausführen* die *Eingabeaufforderung*. In der Kommandokonsole von Windows angelangt, starten Sie die *winsat.exe* mit folgenden Parametern (das 'X' am Ende der Zeile ersetzen Sie dabei durch den aktuellen Laufwerksbuchstaben des zu testenden Datenträgers):

Zufällige 4 KB Lesezugriffe:
```
winsat.exe disk -read -ran -ransize 4096 -drive X
```
Zufällige 512 KB Schreibzugriffe:
```
winsat.exe disk -write -ran -ransize 524288 -drive X
```

Weitere Hinweise
Der Schreibtest nimmt deutlich mehr Zeit in Anspruch als die Lesezugriffe, sodass hier etwas Geduld gefragt ist. Das Ergebnis der Speicherleistungsbewertung für den getesteten Datenträger wird Ihnen danach jeweils innerhalb der Kommandokonsole angezeigt. Dass die Ergebnisse von den auf der Verpackung des Gerätes angegebenen Werten teilweise deutlich abweichen, liegt vor allen daran, dass die Hersteller ein anderes Messverfahren verwenden. Um sicherzustellen, dass ein USB-Stick den Anforderungen für ReadyBoost genügt, sollten Sie beim Kauf darauf achten, ob auf der Verpackung das Gütesiegel 'Enhanced for ReadyBoost' zu finden ist.

Geeignet für folgende Windows-7-Versionen

| ● Home Basic | ● Home Premium | ● Professional | ● Enterprise | ● Ultimate |

Kapitel 3
Software und Spiele

Abgesehen von den Programmen und Spielen, die Windows 7 von Haus aus mitbringt, werden Sie mit der Zeit bestimmt auch eine ganze Reihe eigener Programme auf dem Rechner einrichten. In diesem Kapitel erfahren Sie, was Sie bei der Installation von Software und Spielen beachten sollten, wie Sie auch ältere Software mithilfe des Kompatibilitätsmodus oder des in den großen Windows 7-Varianten verfügbaren Windows XP-Mode zum Laufen bekommen und wie Sie selbst bestimmen können, welche Dateitypen mit welchen Programmen geöffnet werden sollen. Des Weiteren finden Sie hier Tipps und Tricks zum Spieleexplorer von Windows 7 und erfahren, wie Sie mit Bordmitteln überprüfen können, ob Ihre Spielehardware den Ansprüchen von Windows 7 genügt und was Sie tun können, wenn Ihre Eingabegeräte nicht auf Anhieb reibungslos ihren Dienst verrichten.

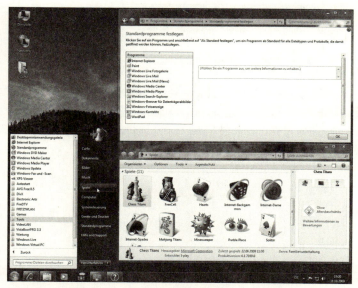

Bei der Einrichtung eigener Software und Spiele gilt es, einiges zu beachten.

Kapitel 3: Software und Spiele

Software und Spiele installieren

Die eigentliche Installation von Software und Spielen sollte an sich kein großes Problem darstellen. Schwierig wird es erst, wenn sich ältere Programme unter Windows 7 zunächst nicht installieren lassen oder nach der Installation Probleme bereiten. Wie sich solche Probleme mithilfe des Kompatibilitätsmodus umschiffen lassen, was zu tun ist, wenn Windows nach der Installation älterer Software den Aero-Modus verweigert und wie Sie selbst Ordnung im Wirrwarr der im Startmenü aufgelisteten Programme schaffen, erfahren Sie in den folgenden Abschnitten.

Dieses Programm ist Win7 kompatibel – bei anderen sind zur Installation ein paar Tricks nötig.

Programme oder Program Files – Nicht eindeutige Namen bei Standardordnern

DAS PROBLEM

Wenn Sie versuchen, ein Programm zu installieren, wird von der Setuproutine als Zielordner oftmals anstatt *C:\Programme* der Ordner *C:\Program Files* angegeben, was viele Anwender zunächst einmal etwas verunsichert.

DER TIPP

Im Gegensatz zu älteren Windows-Versionen, ist Windows 7 vom Kern her ein komplett in englischer Sprache aufgebautes Betriebssystem. Intern haben alle Ordner englische Namen, die dann im laufenden Betrieb anhand des mit Ihrer Version installierten Sprachpakets lediglich übersetzt und dann entsprechend auf dem Monitor angezeigt werden. Der Ordner *C:\Programme* heißt intern also in Wirklichkeit *C:\Program Files*. Bei der Installation von Programmen werden zumeist nur die englischen Ordnernamen angezeigt. Wollen Sie den Installationspfad manuell anpassen, sollten Sie diese Regel dabei natürlich ebenfalls beachten. Um sicherzustellen, dass das Programm tatsächlich im Ordner *C:\Programme* landet, muss als Zielpfad *C:\Program Files\Name der Anwendung* gewählt werden.

Im Setup werden oft die englischen Namen der Standardordner verwendet.

WEITERE HINWEISE

Die gleichen Regeln gelten auch bei anderen Standardordnern, wie z. B. *C:\Benutzer* (eng.: *C:\Users*) und den darin geführten Benutzerordnern wie *Dokumente* (eng.: *Documents*), *Kontakte* (eng.: *Contacts*) oder dem Startmenüordner *Spiele* (engl.: *Games*) usw.

Geeignet für folgende Windows-7-Versionen				
● Home Basic	● Home Premium	● Professional	● Enterprise	● Ultimate

Startmenüeinträge von Programmen nachträglich anpassen

DAS PROBLEM
Wollen Sie nachträglich Ordnung im Startmenü schaffen, können Sie die darin befindlichen Einträge bei Bedarf jederzeit verschieben, neue Ordner erstellen, um andere Einträge darin zusammenzufassen usw. Im Gegensatz zu älteren Windows-Versionen hat sich diesbezüglich allerdings einiges geändert. Wie Sie trotzdem ans Ziel gelangen, erfahren Sie hier.

DER TIPP
Im Gegensatz zu vorangegangenen Windows-Versionen lassen sich Startmenüeinträge unter Windows 7 nicht mehr ohne Weiteres mit der Maus verschieben, was aber nicht heißt, dass Sie diese nicht trotzdem Ihren Bedürfnissen entsprechend sortieren könnten. Um die Startmenüeinträge innerhalb eines Explorer-Fensters bearbeiten zu können, öffnen Sie das *Startmenü* und klicken anschließend mit der rechten Maustaste auf den Eintrag *Alle Programme*, woraufhin Sie nun über die Option *Öffnen* auf die Einträge Ihres persönlichen bzw. über *Öffnen – Alle Benutzer* auf die Startmenüeinträge aller Benutzer dieses Systems zugreifen und diese bearbeiten können.

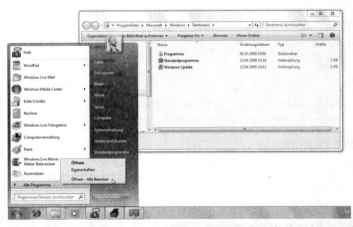

Per Rechtsklick auf den Eintrag *Alle Programme* erhalten Sie Zugriff auf die Ordnerstruktur des Startmenüs.

Software und Spiele installieren

Wechseln Sie innerhalb des Explorer-Fensters per Doppelklick in den Ordner *Programme*, wo Sie nun eine Auflistung aller im Startmenü befindlichen Programme und Ordner vorfinden, die Sie hier nach Belieben verschieben und anpassen können. Einen neuen Ordner erstellen Sie, indem Sie mit der rechten Maustaste auf eine freie Fläche des Fensters klicken, die Option *Neu > Ordner* wählen und dem Ordner dann einen Namen geben.

WEITERE HINWEISE

Alternativ können Sie den Startmenü-Ordner natürlich auch direkt über den Windows-Explorer ansteuern, wo Sie dann unter folgendem Pfad fündig werden: *C:\ProgramData\Microsoft\Windows\Startmenü* (für alle Benutzer) bzw. *C:\Benutzer\[Benutzername]\AppData\Roaming\Microsoft\Windows\Startmenü* (für einzelne Benutzer). Auf Letzteren können Sie allerdings nur dann zugreifen, wenn Sie in den Ordneroptionen die Anzeige versteckter Ordner aktiviert haben. Davon abgesehen benötigen Sie zum Ändern nicht speziell zu Ihrem eigenen Startmenü-Ordner zugehörigen Einträgen natürlich Administratorrechte. Bedenken Sie bei der Arbeit am Startmenü aber auch, dass manuell erstellte oder nachträglich in einen anderen Ordner verschobene Startmenüeinträge später von der Deinstallationsroutine des dazugehörigen Programms nicht mehr gefunden werden und deshalb nach dem Entfernen der Software gegebenenfalls manuell gelöscht werden müssen.

Geeignet für folgende Windows-7-Versionen

| ● Home Basic | ● Home Premium | ● Professional | ● Enterprise | ● Ultimate |

Ältere Software im Kompatibilitätsmodus installieren und ausführen

DAS PROBLEM
Wenn Sie versuchen, ältere Software auf dem Rechner zu installieren, kann es vorkommen, dass diese sich gar nicht erst installieren lässt, nach der Installation nicht starten will oder zwar startet, aber dann nicht richtig funktioniert.

DER TIPP
Um ältere Software unter Windows 7 zum Laufen zu bringen, müssen Sie diese in vielen Fällen zunächst in den Kompatibilitätsmodus für eine vorangegangene Windows-Version versetzen. Klicken Sie dazu die Setup- bzw. Programmdatei (oder deren Verknüpfung im Startmenü) mit der rechten Maustaste an und wählen Sie die Option *Eigenschaften*. Auf dem Register *Kompatibilität* können Sie nun den *Kompatibilitätsmodus* aktivieren und dann auswählen, für welche Windows-Version das Programm ursprünglich gedacht war.

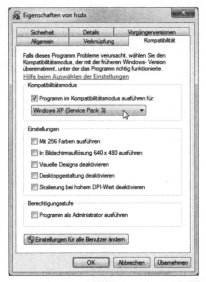

Mithilfe des *Kompatibilitätsmodus* lassen sich viele ältere Programme auch unter Windows 7 zum Laufen bringen.

Software und Spiele installieren

Sollte der Kompatibilitätsmodus für Windows Vista oder XP nicht den gewünschten Erfolg bringen, versuchen Sie, das Programm in den Kompatibilitätsmodus für eine noch ältere Windows-Version zu versetzen und Ihr Glück dann aufs Neue zu versuchen.

Einige Programme setzen zum reibungslosen Betrieb Administratorrechte voraus, die Ihnen unter Windows 7 aber aufgrund des Sicherheitskonzeptes nicht ohne Weiteres zugestanden werden. In diesem Fall lässt sich das Problem zumeist durch das Aktivieren der Option *Programm als Administrator ausführen* beheben. Wenn Sie einem Programm Administratorrechte zuweisen, ist dieses in der Lage, Systemeinstellungen zu verändern und unter Umständen sogar Schaden am System anzurichten. Das Aktivieren dieser Option erfolgt ausdrücklich auf eigene Gefahr!

WEITERE HINWEISE

Normalerweise gelten die Einstellungen für den Kompatibilitätsmodus lediglich für den aktuell angemeldeten Benutzer. Um Änderungen für alle Benutzer des PCs vorzunehmen, müssen Sie zuvor auf die Schaltfläche *Einstellungen für alle Benutzer ändern* klicken.

Sie können die Einstellungen auch für alle Benutzer ändern.

Geeignet für folgende Windows-7-Versionen				
● Home Basic	● Home Premium	● Professional	● Enterprise	● Ultimate

Startmenüeintrag während der Installation anpassen

DAS PROBLEM
Um Ordnung im Startmenü zu halten, können Sie bei den meisten Programmen bereits während der Installation angeben, in welchem Startmenüordner die Verknüpfungen für ein Programm eingerichtet werden sollen.

DER TIPP
Bei den meisten Programmen können Sie während der Installation frei bestimmen, in welchem Startmenüordner die Verknüpfungen zu diesem Programm erstellt werden sollen. Sie können dabei wahlweise den vom Programm vorgeschlagenen Ordner übernehmen, einen der bereits auf dem System vorhandenen Startmenüordner auswählen oder auch einfach einen neuen erstellen, indem Sie den gewünschten Ordnernamen in die dafür vorgesehene Zeile eintippen. Bei Bedarf lässt sich dabei auch ein neuer Ordner samt dazugehörigem Unterordner erstellen. Geben Sie als Ziel z. B. *Multimedia\Name der Anwendung* ein, wird im Startmenü der Ordner *Multimedia* und darin ein Unterordner namens *Name der Anwendung* eingerichtet. Auf diese Weise lassen sich die Programme im Startmenü bereits im Vorfeld sortieren.

WEITERE HINWEISE
Beim Startmenüordner *Spiele* gilt es, eine kleine Besonderheit zu beachten. Hier sind regulär lediglich die Verknüpfungen zu den Windows-eigenen Spielen zu sehen, während die Verknüpfungen zu nachträglich installierten Titeln nur im *Spieleexplorer* zu finden sind. Geben Sie während der Installation eines Spiels als Ziel für den Startmenüeintrag manuell den Ordner *Spiele* an, wird daraufhin ein zweiter Ordner dieses Namens im Startmenü erstellt. Sollen neue Spieleverknüpfungen im Ordner *Spiele* landen, müssen Sie als Ziel den internen englischen Namen des Startmenüordners angeben, der in diesem Fall *Games* lautet (siehe auch Tipp: *Programme oder Program Files – Nicht eindeutige Namen bei Standardordnern*).

Geeignet für folgende Windows-7-Versionen				
● Home Basic	● Home Premium	● Professional	● Enterprise	● Ultimate

Software und Spiele installieren

Programme mit Administratorrechten ausführen

Das Problem
Software, die tief ins System eingreift und eine ganze Reihe älterer Spiele setzen zum reibungslosen Betrieb zwingend Administratorrechte voraus. Gleiches gilt, wenn Sie z. B. über die Eingabeaufforderung Änderungen am System oder dessen Einstellungen vornehmen wollen. Da unter Windows 7 aber selbst Administratoren zunächst nur mit beschränkten Benutzerrechten arbeiten, müssen Sie den Programmen gezielt Administratorrechte zuweisen.

Der Tipp
Um ein Programm mit Administratorrechten zu starten, stehen Ihnen im Prinzip zwei Möglichkeiten zur Verfügung. Sollen dem Programm bei jedem Aufruf automatisch Administratorrechte zugewiesen werden, öffnen Sie per Rechtsklick die *Eigenschaften* des Programms oder die dazugehörige Verknüpfung und setzen auf dem Register *Kompatibilitätsmodus* das Häkchen vor dem Eintrag *Programm als Administrator ausführen*. Sollen die Administratorrechte lediglich für diesen Programmstart gelten, genügt es, das Programm oder die Verknüpfung mit der rechten Maustaste anzuklicken und es dann über die Option *Als Administrator ausführen* zu starten.

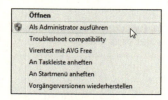

Starten Sie Programme mit Administratorrechten.

Weitere Hinweise
Wurden einem Programm Administratorrechte zugewiesen, kann es auch Systemeinstellungen verändern und unter Umständen sogar Schaden am System anrichten. Hier ist also etwas Vorsicht geboten!

Geeignet für folgende Windows-7-Versionen				
● Home Basic	● Home Premium	● Professional	● Enterprise	● Ultimate

Erweiterte Einstellungen des Kompatibilitätsmodus

Das Problem
Wenn Sie per Rechtsklick die Eigenschaften eines Programms oder einer Verknüpfung aufrufen, können Sie dafür dieses über das entsprechende Register im Kompatibilitätsmodus für eine ältere Windows-Version versetzen, wobei Ihnen zur Not auch noch eine Reihe zusätzlicher Optionen zur Problemlösung zur Auswahl stehen.

Der Tipp
Der *Kompatibilitätsmodus* verschafft Ihnen die Möglichkeit, viele Anwendungen und Spiele, die eigentlich für Windows 95, Windows 98, Windows Me, Windows 2000, Windows XP oder Vista programmiert wurden, auch unter Windows 7 zum Laufen zu bringen. Sollte die Umstellung in den entsprechenden Kompatibilitätsmodus nicht das gewünschte Ergebnis erzielen, haben Sie im Bereich *Einstellungen* die Möglichkeit, zusätzliche Einstellungen zu tätigen. Einige Programme kommen z. B. mit dem Aero-Design und sonstigen Spezialeffekten von Windows 7 nicht zurecht, was sich durch das Setzen der Häkchen bei *Visuelle Designs deaktivieren* und *Desktopgestaltung deaktivieren* beheben lässt. Verlangt ein altes Windows 95 Spiel oder Programm eine Desktopfarbauflösung von lediglich 256 Farben, müssen Sie dazu nicht extra den Anzeigemodus ändern, sondern können über das Häkchen *Mit 256 Farben ausführen* festlegen, dass der Computer beim Aufrufen des Programms automatisch in diesen Modus umgeschaltet wird usw.

Weitere Hinweise
Lässt sich eine alte Software nicht sofort zum Laufen bringen, kann es sich also durchaus lohnen, sich die auf deren Verpackung abgedruckten Anforderungen für das Programm durchzulesen und den Kompatibilitätsmodus entsprechend anzupassen.

Geeignet für folgende Windows-7-Versionen

| ● Home Basic | ● Home Premium | ● Professional | ● Enterprise | ● Ultimate |

Programme im Windows XP Mode installieren

Das Problem
Besitzen Sie Windows 7 Professional, Enterprise oder Ultimate können Sie für Windows XP erstellte Software natürlich auch gleich im Windows XP-Mode installieren und so dafür sorgen, dass diese fehlerfrei auf Ihrem System im System ausgeführt werden.

Der Tipp
Ist auf Ihrem System Windows Virtual PC samt Windows XP Mode eingerichtet (siehe auch *Kapitel 1: Windows 7 installieren – Windows Virtual PC und Windows XP Mode*), starten Sie über *Start > Alle Programme > Windows Virtual PC > Windows XP Mode* das virtuelle Betriebssystem in einem eigenen Fenster. Sobald der virtuelle Computer hochgefahren wurde und Sie sich dort eingeloggt haben, installieren Sie darin das gewünschte Programm auf die alt hergebrachte Weise. Nachdem die Installation beendet wurde, finden Sie das Programm dann automatisch im Bereich *Start > Alle Programme > Windows Virtual PC > Windows XP Mode Anwendungen* des Windows 7-Startmenüs, von wo aus Sie es fortan jederzeit bequem aufrufen können, ohne dazu jedes Mal erst das virtuelle Windows XP-System starten zu müssen. Das Programm wird dann, wie jedes andere auch, in einem ganz normalen Fenster ausgeführt. Da es sich beim XP Mode um ein vollwertiges Windows XP Professional handelt, sollten Kompatibilitätsprobleme somit von vorneherein ausgeschlossen sein.

Weitere Hinweise
Da der Windows XP Mode lediglich auf eine virtuelle und nicht direkt auf Ihre tatsächlich im Rechner verbaute Grafikhardware zurückgreift, funktioniert dieser zwar mit den meisten Anwendungsprogrammen tadellos – Spiele oder anspruchsvolle 3D-Software lassen sich aufgrund der fehlenden 3D-Hardware aber in der Regel nicht oder nur eingeschränkt nutzen. Hier gilt dann der Leitspruch „Versuch macht klug!"

Geeignet für folgende Windows-7-Versionen

| ○ Home Basic | ○ Home Premium | ● Professional | ● Enterprise | ● Ultimate |

Kapitel 3: Software und Spiele

Probleme mit Windows Aero-Effekten nach der Softwareinstallation

DAS PROBLEM

Eine ganze Reihe älterer Programme verträgt sich nicht mit den Windows Aero-Effekten. Windows schaltet in diesem Fall automatisch zur Windows Basis-Oberfläche um.

DER TIPP

Wenn Sie ein Programm starten, das sich nicht mit Windows Aero verträgt, wechselt Windows 7 automatisch ins Basis-Design (die transparenten Fenster und sonstige Effekte werden also deaktiviert). Sobald Sie das Programm wieder beenden, wird die Aero-Oberfläche umgehend wieder aktiviert, sodass das Ganze eigentlich kaum ein Problem darstellen dürfte. Sollte sich bei Ihnen nach der Installation älterer Software das Aero-Design überhaupt nicht mehr aktivieren lassen, obwohl Ihre Hardware und die installierten Treiber die für Aero benötigten Voraussetzungen erfüllen, liegt dies in den meisten Fällen an veralteter Software, die beim Systemstart automatisch geladen wird und dann permanent im Hintergrund läuft. Um Windows wieder in voller Pracht genießen zu können, müssen Sie entweder dafür sorgen, dass der automatische Start unterbunden wird, das Programm auf eine Windows 7-taugliche Version updaten oder es notfalls deinstallieren und sich dann nach einer Windows 7-kompatiblen Alternative umschauen.

WEITERE HINWEISE

Lässt sich der automatische Start eines Programms nicht in dessen erweiterten Einstellungen unterbinden, suchen Sie im *Autostart*-Ordner des Startmenüs nach einem entsprechenden Eintrag, den Sie dann kurzerhand entfernen (siehe Tipp: *Autostart-Programme hinzufügen oder entfernen*). Werden Sie dort nicht fündig, lassen sich Autostart-Programme auch mithilfe des Windows-eigenen MSConfig-Tools deaktivieren (siehe Tipp: *Autostart-Programme mithilfe von MSConfig konfigurieren*).

Geeignet für folgende Windows-7-Versionen				
○ Home Basic	● Home Premium	● Professional	● Enterprise	● Ultimate

Software richtig deinstallieren

Das Problem

Um Software wieder vom System zu entfernen, reicht es bei Weitem nicht aus, das Programmverzeichnis oder die im Startmenü angelegten Verknüpfungen zu löschen. Um Software rückstandslos vom System zu entfernen, müssen Sie diese fachgerecht deinstallieren.

Der Tipp

Viele Programme legen bei der Installation in ihrem Startmenüordner eine Verknüpfung zu ihrer Deinstallationsroutine (zumeist *Deinstallieren* oder *Uninstall* genannt) an. Falls nicht, öffnen Sie über *Start > Systemsteuerung > Programme > Programme und Funktionen* eine Liste aller auf dem Rechner installierten Programme und Updates. Um ein Programm zu deinstallieren, wählen Sie es in der Liste aus, klicken auf die Schaltfläche *Deinstallieren* oder *Ändern* und folgen anschließend den Instruktionen auf dem Bildschirm.

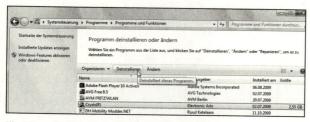

Hier können Sie Programme fachgerecht deinstallieren.

Weitere Hinweise

Haben Sie zuvor die Einträge im Startmenü manuell verschoben, kann es sein, dass die Deinstallationsroutine diese nicht mehr findet. In diesem Fall müssen Sie die entsprechenden Startmenüeinträge nach der Deinstallation manuell löschen. Davon abgesehen, hinterlassen viele Programme noch Konfigurationsdateien oder Speicherstände in ihrem ursprünglichen Installationsverzeichnis, die Sie nach der Deinstallation gegebenenfalls ebenfalls manuell vom System entfernen müssen.

Geeignet für folgende Windows-7-Versionen

● Home Basic ● Home Premium ● Professional ● Enterprise ● Ultimate

Kapitel 3: Software und Spiele

Autostart-Programme

Abgesehen von diversen Windows-Komponenten, gibt es auch eine ganze Reihe anderer Programme, die nach der Installation darauf bestehen, gleich beim Systemstart geladen zu werden. Wenn Sie das nicht wünschen, können Sie den automatischen Start dieser Programme natürlich unterbinden, oder bei Bedarf dafür sorgen, dass ein von Ihnen ausgewähltes Tool gezielt beim Systemstart geladen wird. Wie Sie eigene Programme zum Autostart hinzufügen, den Start unerwünschter Programme mithilfe des Systemkonfigurationstools MSConfig unterbinden, von Windows geblockte Autostart-Programme gezielt zulassen und was Sie bei all diesen Dingen beachten sollten, erfahren Sie in den folgenden Abschnitten.

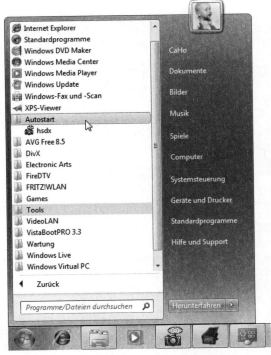

Bestimmen Sie selbst, welche Programme beim Windows-Start automatisch geladen werden.

Autostart-Programme hinzufügen oder entfernen

Das Problem
Viele Programme legen im *Autostart*-Ordner des Startmenüs eine Verknüpfung an, die dafür sorgt, dass diese beim Start von Windows automatisch geladen werden. Bei Bedarf kann man unerwünschte Programme jederzeit vom automatischen Start ausschließen oder neue hinzufügen.

Der Tipp
Programme, die im Startmenü im Verzeichnis *Start > Alle Programme > Autostart* aufgeführt sind, werden beim Start von Windows automatisch ausgeführt. Wollen Sie das verhindern, können Sie die Verknüpfungen der unerwünschten Programme bei Bedarf einfach löschen. Öffnen Sie dazu das Startmenü, klicken Sie mit der rechten Maustaste auf den Eintrag *Alle Programme*, wählen Sie die Option *Öffnen* (falls die Autostart-Verknüpfung lediglich für Ihr Benutzerkonto angelegt wurde) bzw. *Öffnen – Alle Benutzer* und wechseln Sie dann zum Ordner *Programme > Autostart*. Hier können Sie nun die gewünschten Elemente auswählen und dann per Rechtsklick mit der Option *Löschen* aus dem Ordner entfernen. Wollen Sie eigene Programme oder Tools dazu bewegen, automatisch beim Start von Windows geladen zu werden, genügt es, die Programmdatei mit der rechten Maustaste anzuwählen, mit der Option *Verknüpfung erstellen*, eine neue Verknüpfung zu diesem Programm zu erstellen und diese dann in den Ordner *Autostart* zu verschieben oder zu kopieren.

Weitere Hinweise
Bei einigen älteren Programmen, die zum reibungslosen Betrieb Administratorrechte benötigen, wird der automatische Start von Windows zunächst automatisch unterbunden. In diesem Fall müssen Sie Windows manuell erklären, dass diese Programme beim Start tatsächlich ausgeführt werden dürfen (siehe Tipp: *Geblockte Autostart-Programme zulassen oder mithilfe der Aufgabenplanung aufrufen*).

Geeignet für folgende Windows-7-Versionen				
● Home Basic	● Home Premium	● Professional	● Enterprise	● Ultimate

Kapitel 3: Software und Spiele

Geblockte Autostart-Programme zulassen oder mithilfe der Aufgabenplanung aufrufen

DAS PROBLEM
Bei einigen Programmen unterbindet Windows 7, dass diese beim Systemstart automatisch geladen werden. Beim Start von Windows erscheint eine entsprechende Warnmeldung der Benutzerkontensteuerung auf dem Bildschirm.

DER TIPP
Wenn Sie versuchen, ein nicht zertifiziertes Programm in den Autostart-Ordner einzubinden, das zur Ausführung Administratorrechte verlangt, wird dessen Aufruf beim Systemstart von der Windowseigenen Benutzerkontensteuerung automatisch geblockt. Auf dem Bildschirm erscheint daraufhin eine entsprechende Warnmeldung, anhand der Sie den Aufruf des Programms manuell bestätigen müssen. Sollte Sie dieser Umstand nerven, können Sie mithilfe der Windows eigenen *Aufgabenplanung* dafür sorgen, dass das entsprechende Programm automatisch und ohne weitere Nachfrage mit erweiterten Berechtigungen beim Systemstart geladen wird – und zwar ohne, dass Sie dafür extra die Benutzerkontensteuerung und somit eines der wichtigsten Sicherheitsfeatures von Windows 7 deaktivieren müssen.

Öffnen Sie über *Start > Alle Programme > Zubehör > Systemprogramme* die *Aufgabenplanung* und rufen Sie dort über *Aktion > Aufgabe erstellen* das Fenster zur Erstellung einer neuen Aufgabe auf. Hier geben Sie der Aufgabe zunächst einmal einen *Namen* Ihrer Wahl (z. B. den Namen des gewünschten Programms) und aktivieren im unteren Teil des Fensters die Option *Mit höchsten Privilegien ausführen*. Danach wechseln Sie zum Reiter *Trigger*, klicken auf *Neu* und wählen im Bereich *Aufgabe starten* die Option *Bei Anmeldung* (wahlweise für einen bestimmten oder alle Benutzer) aus. Nachdem Sie den Trigger bestätigt haben, wechseln Sie zum Reiter *Aktionen*, klicken dort auf *Neu*, versichern sich, dass unter *Aktion* die Option *Programm starten* ausgewählt ist, und geben dann unter *Programm/Skript* den Verzeichnispfad (z. B. *C:\Program Files\XYZ\xyz.exe*) zum gewünschten Programm an. Ist auch dies erledigt, klicken Sie auf *OK*, um die neue Aufgabe zu speichern. Danach sollte das Programm nach der Anmeldung am System automatisch und ohne weitere Nachfrage gestartet werden.

Autostart-Programme

Mithilfe der Aufgabenplanung lassen sich Programme beim Systemstart automatisch und ohne Nachfrage mit hoher Priorität ausführen.

WEITERE HINWEISE

Aus Sicherheitsgründen sollten Sie die erhöhten Privilegien natürlich nur den Programmen bewilligen, bei denen Sie sicher sind, dass diese keinen Schaden am System anrichten! Wollen Sie ein via Aufgabenplaner gestartetes Programm später wieder vom Autostart ausschließen, rufen Sie die *Aufgabenplanung* über *Start > Alle Programme > Zubehör > Systemprogramme* erneut auf. Im Bereich *Aufgabenplanungsbibliothek* finden Sie eine Übersicht aller geplanten Aufgaben. Wenn Sie den gewünschten Eintrag dort mit der rechten Maustaste auswählen, können Sie danach selbst entscheiden, ob Sie diesen bearbeiten, komplett *löschen* oder vorübergehend *deaktivieren* wollen.

Autostart-Programme mithilfe von MSConfig konfigurieren

Das Problem

Unter Windows 7 gibt es einige Möglichkeiten, Programme und Dienste beim Systemstart automatisch ausführen zu lassen. Wollen Sie den automatischen Start eines Programms unterbinden, das nicht im Autostart-Ordner aufgeführt ist, können Sie dieses mithilfe des Windows-eigenen Systemkonfigurationstools MSConfig erledigen.

Der Tipp

Wenn Sie auf *Start* klicken und dann im *Suchfeld* des Startmenüs den Befehl *msconfig.exe* eintippen und die Eingabe durch Druck auf ⏎ bestätigen, öffnet sich die *Systemkonfiguration* von Windows 7. Auf dem Register *Systemstart* finden Sie eine Auflistung aller Programme, die beim Start von Windows automatisch geladen werden (unabhängig davon, ob diese über die Registrierdatenbank oder den Autostart-Ordner aufgerufen werden). Um den automatischen Aufruf eines Programms gezielt zu unterbinden, genügt es, das vor dessen Eintrag befindliche Häkchen zu entfernen.

In der *Systemkonfiguration* lassen sich Autostart-Programme gezielt deaktivieren.

Weitere Hinweise

Jedes Mal, wenn Sie mithilfe von *MSConfig* Änderungen an der Systemkonfiguration vornehmen, werden Sie beim nächsten Systemstart gefragt, ob Sie diese Änderungen wirklich beibehalten wollen. Sollte es zu Problemen kommen, haben Sie also nach einem Neustart stets die Chance, die Änderungen zu widerrufen.

Geeignet für folgende Windows-7-Versionen				
● Home Basic	● Home Premium	● Professional	● Enterprise	● Ultimate

Standardprogramme zum Öffnen von Dateien

Bekannte Dateitypen lassen sich unter Windows 7 am einfachsten öffnen, indem Sie die gewünschte Datei im Explorer-Fenster mit einem Doppelklick anklicken. In welchem Programm die Datei daraufhin geöffnet wird, hängt davon ab, welche Anwendung als Standardprogramm für diesen Dateityp registriert wurde.

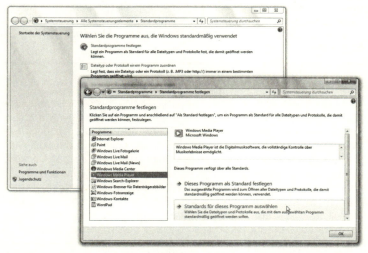

Bestimmen Sie selbst, mit welchen Programmen bestimmte Dateitypen geöffnet werden sollen.

In den folgenden Abschnitten erfahren Sie, wie Sie selbst festlegen können, welche Anwendungen für welche Dateitypen zuständig sein sollen und wie Sie Dateien je nach aktuellem Bedarf bequem in einem Programm Ihrer Wahl öffnen können.

Standardprogramme festlegen und konfigurieren

DAS PROBLEM
Unter Windows 7 lassen sich Standardprogramme zum Öffnen diverser Dateitypen festlegen. Musik- und Videodateien werden z. B. standardmäßig mit dem Windows Media Player geöffnet, während sich die Windows-Fotoanzeige für Bilder aller Art zuständig erklärt. Nach der Installation zusätzlicher Software kann es vorkommen, dass diese die Zuständigkeit für bestimmte Dateitypen ohne Nachfrage an sich reißt. Wollen Sie die Dateitypen wieder dem Windows-Standardprogramm zuordnen, lässt sich dies mit ein paar Mausklicks erledigen.

DER TIPP
Um Dateitypen wieder dem ursprünglich dafür vorgesehenen Programm zuzuordnen, öffnen Sie über *Start > Standardprogramme* das Fenster *Standardprogramme* und klicken dort auf die Option *Standardprogramme festlegen*. Wenn Sie in der Übersicht der von Windows aufgelisteten Standardprogramme auf einen Eintrag klicken, können Sie auf einen Blick erkennen, ob und wenn ja, wie viele der von diesem Programm verarbeitbaren Dateitypen dem Programm momentan zugeordnet sind. Wollen Sie dem Programm die Zuständigkeit für alle von ihm verwertbaren Dateitypen zuweisen, genügt ein Klick auf den Eintrag *Dieses Programm als Standard festlegen*.

WEITERE HINWEISE
Wollen Sie dem Standardprogramm nicht alle, sondern nur einzelne Dateitypen zuordnen, können Sie sich über die Option *Standards für dieses Programm auswählen* eine Liste aller von diesem Programm verwertbaren Dateitypen anzeigen lassen. Die Häkchen vor den aufgelisteten Einträgen zeigen an, für welche Dateitypen das Programm aktuell als Standardanwendung gilt. Ist einem Dateityp ein anderes Programm zugeordnet, können Sie den Dateityp durch das Setzen des entsprechenden Häkchens wieder dem Standardprogramm zuordnen.

Geeignet für folgende Windows-7-Versionen				
● Home Basic	● Home Premium	● Professional	● Enterprise	● Ultimate

Einzelne Dateitypen gezielt einem Programm zuweisen

Das Problem
Wollen Sie einen bestimmten Dateityp nicht mit dem von Windows dafür vorgesehenen Standardprogramm, sondern mit einer anderen Software öffnen, können Sie diesen bei Bedarf einem beliebigen anderen Programm zuordnen.

Der Tipp
Um z. B. Ihre MP3-Musikdateien nicht im Windows Media Player, sondern standardmäßig von einer anderen Abspielsoftware aufrufen zu lassen, öffnen Sie zunächst über *Start > Standardprogramme* das Fenster *Standardprogramme*. Mit der Option *Dateityp oder Protokoll einem Programm zuordnen* öffnen Sie eine Liste aller von Windows registrierten Dateitypen und können auf einen Blick erkennen, welchem Programm diese aktuell zugeordnet sind. Um einen Dateityp einem anderen Programm zuzuweisen, wählen Sie diesen in der Liste aus, klicken auf die Schaltfläche *Programm ändern* und geben anschließend an, welches Programm für den Dateityp zuständig sein soll. Sollte das gewünschte Programm nicht in der Liste auftauchen, können Sie dieses über die *Durchsuchen*-Schaltfläche auch manuell angeben.

Weitere Hinweise
Bedenken Sie dabei, dass das von Ihnen ausgewählte Programm den entsprechenden Dateityp auch wirklich verarbeiten können muss. Einen Dateityp wie Textdateien im *.txt-Format einer Anwendung wie dem Windows Media Player zuzuordnen, ist natürlich sinnlos.

Geeignet für folgende Windows-7-Versionen

● Home Basic ● Home Premium ● Professional ● Enterprise ● Ultimate

Dateien per Rechtsklick mit einem beliebigen Programm öffnen

DAS PROBLEM
Unabhängig davon, welches Programm standardmäßig für einen Dateityp zuständig ist, können Sie Ihre Dateien bei Bedarf auch bequem per Rechtsklick mit einem Programm Ihrer Wahl öffnen.

DER TIPP
Benutzen Sie z. B. standardmäßig die Windows-Fotoanzeige zum Betrachten Ihrer Bilder, wollen zum Bearbeiten der Fotos aber auf ein anderes Programm zurückgreifen, lässt sich dies mit der rechten Maustaste erledigen. Wenn Sie eine Datei mit der rechten Maustaste anklicken und die Option *Öffnen mit* auswählen, bekommen Sie die Möglichkeit, die Datei mit einem Programm Ihrer Wahl zu öffnen. In der zur Auswahl stehenden Liste befindet sich neben dem eigentlich für diesen Dateityp vorgesehenen Standardprogramm auch noch eine Reihe anderer Programme, die laut Registrierdatenbank mit diesem Dateityp umgehen können. Sollte das gewünschte Programm nicht in der Liste erscheinen, können Sie es über die Option *Standardprogramm auswählen* und den im Fenster *Öffnen mit* befindlichen *Durchsuchen*-Knopf manuell hinzufügen.

WEITERE HINWEISE
Wollen Sie, dass der Dateityp immer mit dem von Ihnen ausgewählten Programm geöffnet wird, aktivieren Sie im Fenster *Öffnen mit* einfach das Häkchen vor dem Eintrag *Dateityp immer mit dem ausgewählten Programm öffnen*. Nachdem Sie die Datei das erste Mal auf diese Weise mit Ihrem Programm geöffnet haben, erscheint es nach einem Rechtsklick auf eine Datei dieses Dateityps unter der Option *Öffnen mit* automatisch in der Liste der für diesen Dateityp zuständigen Programme.

Geeignet für folgende Windows-7-Versionen

● Home Basic   ● Home Premium   ● Professional   ● Enterprise   ● Ultimate

Der Spieleexplorer

Der Spieleexplorer bietet Ihnen neben einer Übersicht aller Windows 7 eigenen und kompatiblen Spiele zusätzlich die Möglichkeit, bequem auf alle für ein installiertes Spiel relevanten Informationen und Funktionen zuzugreifen. Davon abgesehen, verbergen sich im Spieleexplorer aber auch noch ein paar nützliche Zusatzfeatures. Was es damit auf sich hat, erfahren Sie in den folgenden Abschnitten.

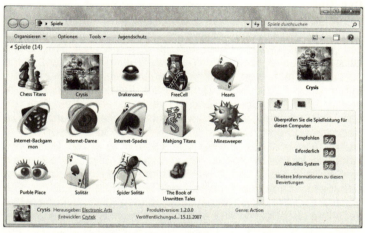

Der *Spieleexplorer* bietet Zugriff auf alle für ein Spiel relevanten Informationen, Funktionen und Optionen.

Übersicht installierter Spiele im Spieleexplorer

Das Problem
Der Spieleexplorer liefert Ihnen zu allen für Windows 7 optimierten Spielen eine ganze Reihe von Detailinformationen und Zusatzoptionen.

Der Tipp
Wenn Sie über *Start > Spiele* den Spieleexplorer öffnen, finden Sie dort eine Übersicht Ihrer installierten Spiele (wobei hier neben den von Windows mitgebrachten Spielen zunächst nur Programme gelistet werden, die bereits für Windows 7 optimiert wurden). Wenn Sie ein Spiel markieren, erhalten Sie am unteren Rand des Fensters Informationen zum Genre, Herausgeber, Entwickler und zur Programmversion des Spiels. Soweit vorgesehen, genügt ein Klick auf den entsprechenden Eintrag, um zur Internetseite des Herstellers zu wechseln und dort z. B. nach Updates für das Spiel zu suchen. Im rechten Abschnitt des Spieleexplorers finden Sie weitere Detailinformationen, denen Sie entnehmen können, für welche Altersgruppe ein Spiel geeignet ist und ob Ihr PC die empfohlenen Mindestvoraussetzungen zum flüssigen Spielen des Titels erfüllt. Handelt es sich dabei um ein Windows 7 optimiertes Internet-Spiel, können Sie hier auch Ihre bisherigen Erfolge ablesen und gegebenenfalls sogar einstellen, ob Sie sich als Anfänger, Fortgeschrittener oder Profi einschätzen, um so dafür zu sorgen, dass Ihnen beim Onlinespiel Ihrem Level angemessene Gegner zugeteilt werden. Um ein Spiel zu starten, brauchen Sie es lediglich per Doppelklick zu öffnen.

Weitere Hinweise
Windows 7 Home Basic bringt zwar von Haus aus ein paar Spiele weniger mit sich, ansonsten verfügt der Spieleexplorer aber auch hier über die gleichen Optionen und Features wie bei den anderen Windows 7-Versionen. Damit Windows Zusatzinformationen wie die empfohlene Altersfreigabe zu einem Spiel abrufen kann, muss Ihr PC natürlich über eine Internetverbindung verfügen.

Geeignet für folgende Windows-7-Versionen				
◉ Home Basic	● Home Premium	● Professional	● Enterprise	● Ultimate

Ältere Spiele zum Spieleexplorer hinzufügen

DAS PROBLEM

Wenn Sie ältere bzw. nicht speziell für Windows 7 optimierte Spiele installieren, legen diese zwar eine Verknüpfung im Startmenü oder auf dem Desktop an, erscheinen aber oftmals nicht im Spieleexplorer. Um das Problem zu beheben, müssen Sie die Spiele manuell zum Spieleexplorer hinzufügen.

DER TIPP

Um Spiele manuell zum Spieleexplorer hinzuzufügen, können Sie wahlweise per Rechtsklick deren Verknüpfung im Startmenü kopieren oder mit einem Rechtsklick auf deren Startdatei eine neue Verknüpfung erstellen, die Sie dann in das geöffnete Fenster des Spieleexplorers verschieben bzw. dort per Rechtsklick *Einfügen*. Auf diese Weise können Sie dafür sorgen, dass Sie auch wirklich auf alle der auf Ihrem PC installierten Spiele bequem über den Spieleexplorer zugreifen können.

Ältere Spiele müssen manuell zum Spieleexplorer hinzugefügt werden.

WEITERE HINWEISE

Bei Spielen, die nicht vollständig auf Windows 7 abgestimmt sind und manuell zum Spieleexplorer hinzugefügt werden, müssen Sie leider auf besondere Features, wie z. B. die Zusatzinformationen zum Hersteller, Angaben zum Leistungsindex und der Altersfreigabe oder den direkten Zugriff auf gespeicherte Spiele usw. verzichten.

Geeignet für folgende Windows-7-Versionen				
● Home Basic	● Home Premium	● Professional	● Enterprise	● Ultimate

Optionen des Spieleexplorers anpassen

DAS PROBLEM
In den Grundeinstellungen lädt der Spieleexplorer automatisch Informationen zu installierten Spielen aus dem Internet und zeigt dem Anwender an, wann er welche Spiele zuletzt gespielt hat. Wenn Sie das nicht wollen, können Sie die Optionen des Spieleexplorers jederzeit anpassen.

DER TIPP
Wenn Sie in der Menüleiste des Spieleexplorers auf den Eintrag *Optionen* klicken, bekommen Sie die Möglichkeit, das Verhalten des Spieleexplorers Ihren Wünschen entsprechend anzupassen. Wenn Sie verhindern wollen, dass der Spieleexplorer automatisch Informationen aus dem Internet zieht, entfernen Sie das Häkchen vor dem Eintrag *Grafiken und Informationen zu installierten Spiele herunterladen*. Gleiches gilt für die Aufzeichnung, wann welche Spiele zuletzt gespielt wurden. Wollen Sie die *Zuletzt gespielt*-Anzeige unterbinden, deaktivieren Sie dazu die entsprechende Option.

Hier können Sie die Spieleordneroptionen anpassen.

WEITERE HINWEISE
Wenn Sie verhindern wollen, dass andere auf einen Blick erkennen können, welche Spiele Sie zuletzt gespielt haben, müssen Sie nicht zwangsläufig komplett auf die Funktion verzichten. Alternativ können Sie auch einfach über die entsprechende Option die bisher gesammelten *Informationen löschen*.

Ansicht des Spieleexplorers anpassen

DAS PROBLEM
Die Ansicht und Symbolgröße der im Spieleexplorer aufgeführten Spiele können Sie jederzeit Ihren Bedürfnissen entsprechend anpassen, um so z. B. dafür zu sorgen, dass alle Titel auf einen Blick sichtbar sind, ohne den Scrollbalken bemühen zu müssen, um ein Spiel zu erreichen.

DER TIPP
Wenn Sie im rechten Teil der Menüleiste des Spieleexplorers auf den Eintrag *Ansicht ändern* (bzw. den daneben befindlichen Pfeil) klicken, bekommen Sie die Möglichkeit, die Größe der angezeigten Symbole der gelisteten Spiele gezielt Ihren Wünschen entsprechend anzupassen. Genau wie in jedem anderen Explorer-Fenster, können Sie auch hier frei bestimmen, ob die Symbole extragroß, groß, mittelgroß, klein, als Liste, als Liste mit Dateidetails oder gekachelt dargestellt werden sollen. Ansonsten lässt sich die Größe der Icons mithilfe des Schiebereglers aber auch völlig frei definieren, um so dafür zu sorgen, dass auch wirklich alle Bilder ohne Scrollbalken in das Fenster des Spieleexplorers passen.

Bei Bedarf lassen sich die Spiele auch als Detailliste anzeigen.

WEITERE HINWEISE
Wollen Sie die ursprüngliche Ansicht wiederherstellen, klicken Sie dazu einfach erneut auf den Pfeil neben dem Eintrag *Ansicht ändern* und wählen die Option *Große Symbole*.

Geeignet für folgende Windows-7-Versionen				
● Home Basic	● Home Premium	● Professional	● Enterprise	● Ultimate

Kapitel 3: Software und Spiele

Spiele im Spieleexplorer sortieren

DAS PROBLEM
In den Grundeinstellungen werden die im Spieleexplorer aufgeführten Spiele alphabetisch sortiert. Bei Bedarf können Sie die Anordnung der Spiele aber auch anpassen, indem Sie die Sortierung nach anderen Kriterien durchführen lassen.

DER TIPP
Um Spiele statt nach dem Namen, nach dem Herausgeber, dem Entwickler, der Altersbewertung, dem Zeitpunkt an dem das Spiel zuletzt gespielt wurde oder anderen Kriterien sortieren zu lassen, genügt es, die *Detaillisten*-Ansicht zu öffnen und anschließend auf die entsprechende Spalte im Kopf des Spieleexplorers zu klicken. Klicken Sie eine Spalte ein weiteres Mal an, wird die Sortierung in umgekehrter Reihenfolge durchgeführt. Welches Sortierkriterium gerade aktiv ist und ob die Sortierung in auf- oder absteigender Reihenfolge vorgenommen wurde, können Sie an dem kleinen Pfeil im oberen Teil der entsprechenden Spalte ablesen. Haben Sie die Ansicht *Große Symbole* aktiviert, können Sie die Spielesymbole hingegen per Rechtsklick über die Option *Sortieren nach* in die gewünschte Reihenfolge bringen.

WEITERE HINWEISE
Wenn Sie in der *Detaillisten*-Ansicht mit der rechten Maustaste auf einen Spalteneintrag klicken, können Sie selbst bestimmen, welche Spalten im Spieleexplorer angezeigt werden sollen. Neben den standardmäßig aktivierten Spalten, können Sie bei Bedarf auch noch zusätzliche Spalten wie z. B. das Genre, den Installationspfad, die Bewertung, die Produktversion oder den erforderlichen bzw. empfohlenen Leistungsindex einblenden und die Ansicht dann auch nach diesen Kriterien sortieren lassen.

Geeignet für folgende Windows-7-Versionen

| ● Home Basic | ● Home Premium | ● Professional | ● Enterprise | ● Ultimate |

Der Spieleexplorer

Spiele aus dem Spieleexplorer ausblenden

DAS PROBLEM
Haben Sie viele Spiele installiert, die Sie zwar nicht löschen, aber der Übersicht halber oder aus Gründen des Jugendschutzes aus dem Spieleexplorer verbannen wollen, können Sie diese bei Bedarf jederzeit gezielt ausblenden.

DER TIPP
Um ein unerwünschtes Spiel vorübergehend aus dem Spieleexplorer zu entfernen, genügt es, das Spiel mit der rechten Maustaste anzuklicken und dann die Option *Dieses Spiel ausblenden* zu wählen. Das Symbol des Spiels verschwindet danach umgehend aus der Liste. Um ein ausgeblendetes Spiel aufrufen zu können, müssen Sie es entweder wieder einblenden (siehe Tipp: *Ausgeblendete Spiele im Spieleexplorer wieder sichtbar machen*) oder über seinen Eintrag im Startmenü starten.

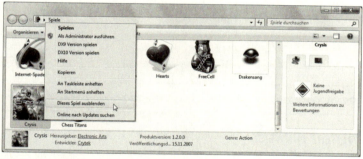

Blenden Sie unerwünschte Spiele einfach aus.

WEITERE HINWEISE
Ältere Spiele, die manuell zum Spieleexplorer hinzugefügt wurden, unterstützen das Ausblenden-Feature nicht. Hier können Sie die zum Spiel gehörige Verknüpfung über die Option *Aus Liste entfernen* lediglich komplett aus dem Spieleexplorer löschen.

Geeignet für folgende Windows-7-Versionen				
● Home Basic	● Home Premium	● Professional	● Enterprise	● Ultimate

Ausgeblendete Spiele wieder sichtbar machen

DAS PROBLEM
Haben Sie einige Spiele über die Option *Dieses Spiel ausblenden* aus dem Spieleexplorer verbannt, können Sie diese bei Bedarf jederzeit wieder sichtbar machen.

DER TIPP
Um ein ausgeblendetes Spiel wieder im Spieleexplorer verfügbar zu machen, klicken Sie in der Menüspalte auf den Eintrag *Optionen*, um so das Fenster *Spieleupdates und -optionen* zu öffnen. Nach einem Klick auf die im Bereich *Spieleordneroptionen einrichten* befindliche *Alle Elemente einblenden*-Schaltfläche, sind alle zuvor ausgeblendeten Spiele umgehend wieder im Spieleexplorer verfügbar.

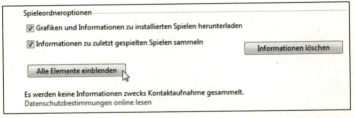

Über die *Spieleordneroptionen* können Sie ausgeblendete Spiele wieder sichtbar machen.

WEITERE HINWEISE
Einzelne Spiele gezielt wieder einzublenden, ist leider nicht vorgesehen. Sie müssen die unerwünschten Spiele anschließend also gezielt wieder ausblenden.

Geeignet für folgende Windows-7-Versionen

● Home Basic ● Home Premium ● Professional ● Enterprise ● Ultimate

Gespeicherte Spielstände schnell ausfindig machen

DAS PROBLEM
Die Zeiten, in denen Spiele Ihre Speicherstände stets im eigenen Installationsordner abgelegt haben, sind längst vorbei. Einen einheitlichen Standard gibt es schon lange nicht mehr. Während einige Spiele weiterhin den eigenen Ordner verwenden, legen andere ihre Spielstände im *Dokumente*-Ordner des jeweiligen Benutzers ab, während wieder andere den versteckten Ordner namens *AppData* bevorzugen usw. Unter Windows 7 lassen sich die Speicherorte Ihrer Spielstände aber in der Regel schnell ausfindig machen – vorausgesetzt, dass das Spiel diese Funktion unterstützt.

DER TIPP
Anstatt sich mühsam auf die Suche nach dem Speicherort der Spielstände Ihrer Lieblingsspiele zu begeben, genügt es bei vielen für Windows 7 optimierten Spielen, das entsprechende Spiel mit der rechten Maustaste anzuklicken und dann die Option *Gespeicherte Spiele* aufzurufen. Auf diese Weise öffnet sich mit einem Klick umgehend der Ordner mit den Speicherständen dieses Spiels, von dem aus Sie diese bei Bedarf sichern, einsehen oder auch die dazugehörigen Konfigurationsdateien editieren können.

WEITERE HINWEISE
Haben Sie ein älteres und nicht für Windows 7 optimiertes Spiel manuell zum Spieleexplorer hinzugefügt, steht Ihnen die Option zum schnellen Zugriff auf dessen Speicherstände leider nicht zur Verfügung.

Geeignet für folgende Windows-7-Versionen

● Home Basic	● Home Premium	● Professional	● Enterprise	● Ultimate

Spiele an die Taskleiste oder das Startmenü anheften

DAS PROBLEM
Anstatt zum Starten Ihrer Lieblingsspiele immer den Umweg über die Tiefen des Startmenüs oder den Spieleexplorer gehen zu müssen, können Sie diese an die Taskleiste oder den oberen Teil des Startmenüs anheften, um so schnell darauf zugreifen zu können.

DER TIPP
Um ein Spiel an die Taskleiste anzuheften, müssen das gewünschte Spiel im Spieleexplorer mit der rechten Maustaste anklicken und dann die Option *An Taskleiste anheften* auswählen. Im Programmbereich der Taskleiste erscheint daraufhin eine entsprechende Schaltfläche, über die Sie es fortan bequem starten können. Mithilfe des Befehls *An Startmenü anheften* erstellen Sie hingegen im Kopf des Hauptbereichs des Startmenüs einen entsprechenden Eintrag.

Spiele lassen sich bequem ans Startmenü und die Taskleiste anheften.

WEITERE HINWEISE
Zusatzoptionen des Spieleexplorers, wie z. B. der Start der von Ihnen für das Spiel angelegten Verknüpfungen zu anderen Programmen, Dateien oder Internetseiten, lassen sich über die Schaltflächen auf der Taskleiste bzw. den neu angelegten Startmenüeintrag nicht starten. Wollen Sie ein Spiel wieder von der Taskleiste oder aus dem Startmenü entfernen, klicken Sie es dort mit der rechten Maustaste an und wählen die Option *Vom Startmenü lösen* bzw. *Dieses Programm von der Taskleiste lösen*.

Geeignet für folgende Windows-7-Versionen				
● Home Basic	● Home Premium	● Professional	● Enterprise	● Ultimate

Leistungsbewertung für Spiele

DAS PROBLEM
Bei Spielen, die speziell für den Einsatz unter Windows 7 optimiert wurden, finden Sie im rechten Teil des Spieleexplorers detaillierte Angaben dazu, welchem Leistungswert Ihr Rechner entsprechen sollte, um das Spiel überhaupt erst starten zu können, bzw. welcher Wert für ein ungestörtes und ruckelfreies Spielvergnügen vorausgesetzt wird.

DER TIPP
Wenn Sie im rechten Teil des Spieleexplorer-Fensters zum Register *Leistung* wechseln, können Sie dort unter dem Punkt *Erforderlich* ablesen, welchem Leistungsindex-Wert Ihr PC entsprechen muss, um den Mindestanforderungen des Spiels zu entsprechen. Andernfalls kann es sein, dass sich ein Spiel überhaupt nicht erst starten lässt, bzw. zwar startet, aber dann kein Spielspaß aufkommt, da es unerträglich langsam und ruckelig läuft. Welchem Leistungsindex Ihr PC mitsamt seinen Komponenten zugeordnet ist, können Sie unter dem Eintrag *Aktuelles System* ablesen. Entspricht dieser Wert der empfohlenen Leistung oder übertrifft er diese sogar, sollte einem flüssigen Spielspaß eigentlich nichts im Wege stehen.

WEITERE HINWEISE
Um weitere Details zur aktuellen Systembewertung und dem Leistungsindex Ihres PCs zu erhalten, öffnen Sie über *Start > Systemsteuerung > System und Sicherheit > System* das Fenster *Basisinformationen über den Computer anzeigen* und klicken dort im Bereich *System* auf den Eintrag *Windows-Leistungsindex*. Im Fenster *Bewertung und Verbesserung der Leistung Ihres Computers* finden Sie neben Hinweisen zur Leistungsbewertung auch viele Tipps und Tools, mit denen Sie Ihrem Rechner zur Not etwas auf die Sprünge helfen können.

Geeignet für folgende Windows-7-Versionen

● Home Basic   ● Home Premium   ● Professional   ● Enterprise   ● Ultimate

Kapitel 3: Software und Spiele

Jugendschutzregeln für Spiele aktivieren

DAS PROBLEM

Im Vorschaufenster auf der rechten Seite des Spieleexplorers können Sie auf dem Register *Bewertungen* ablesen, für welche Altersgruppe ein Spiel geeignet ist. Wollen Sie, dass Ihre Kinder nur die Spiele spielen können, die auch wirklich für ihr Alter geeignet sind, müssen Sie für diese ein eigenes Benutzerkonto erstellen und für dieses den Jugendschutz von Windows 7 aktivieren und konfigurieren.

DER TIPP

Um die Jugendschutz-Features für ein Benutzerkonto zu aktivieren, klicken Sie in der Menüleiste des Spieleexplorers auf den Eintrag *Jugendschutz* und wählen im folgenden Fenster den gewünschten Benutzer aus. Im Fenster *Legen Sie fest, wie Benutzer den Computer verwenden darf* aktivieren Sie unter dem Punkt *Jugendschutz* die Option *Ein – Einstellungen erzwingen* und klicken dann im unteren Teil des Fensters auf den Eintrag *Spiele*. Hier können Sie gezielt bestimmen, ob und wenn ja, bis zu welcher Altersstufe freigegebene Spiele Ihr Kind spielen darf. Spiele, die diesen Kriterien nicht entsprechen, können mit diesem Benutzerkonto nicht mehr gestartet werden.

WEITERE HINWEISE

Da in der Praxis oftmals nicht für alle auf dem Rechner installierten Spiele Altersfreigaben verfügbar sind, sollten Sie nicht vergessen, die Option *Spiele ohne Freigabe blocken* zu aktivieren. Bei Bedarf können Sie über die Option *Bestimmte Spiele zulassen oder blocken* Ausnahmen erstellen oder detailliert regeln, welche Spiele mit diesem Benutzerkonto gespielt werden dürfen und welche nicht. Weitere Informationen zur Einrichtung von Benutzerkonten und den besonderen Funktionen und Möglichkeiten der Jugendschutz-Features von Windows 7 finden Sie in Kapitel 4: *Benutzerkonten & Jugendschutz*.

Geeignet für folgende Windows-7-Versionen				
● Home Basic	● Home Premium	● Professional	● Enterprise	● Ultimate

Der Spieleexplorer

Spielfreigabesystem auswählen

DAS PROBLEM
In den Grundeinstellungen greift Windows 7 bei den Angaben zur Altersfreigabe von Spielen auf die Datenbank der USK (Unterhaltungssoftware Selbstkontrolle) zurück. Bei Bedarf können Sie aber auch alternative Bewertungssysteme einsetzen.

DER TIPP
Neben der USK gibt es noch eine ganze Reihe weiterer, anerkannter Institutionen, die sich mit der Altersfreigabe für Computerspiele beschäftigen. Wenn Sie aus dem Spieleexplorer heraus in dessen Menüleiste auf den Eintrag *Jugendschutz* klicken, finden Sie im linken Bereich des Fensters *Einen Benutzer auswählen und Jugendschutz einrichten* den Eintrag *Spielfreigabesysteme*, über den Sie selbst bestimmen können, welches Bewertungssystem zum Schutz Ihrer Kinder zum Einsatz kommen soll.

Bestimmen Sie, auf welches Bewertungssystem Windows in Sachen Jugendschutz zurückgreifen soll.

WEITERE HINWEISE
Für Deutschland gilt neben der USK insbesondere die PEGI (Pan European Game Information) als anerkannte Institution für Altersfreigaben. Im Vergleich zur USK verfügt die PEGI über eine deutlich größere Datenbank an Spielen und ein etwas detaillierteres Bewertungssystem, dem Sie neben der eigentlichen Altersfreigabe auch Zusatzinformationen wie z. B. Angaben darüber, ob in einem Spiel Gewalt oder erotische Elemente zu sehen sind usw. entnehmen können.

Kapitel 3: Software und Spiele

Spielehardware

Um Spiele in vollen Zügen genießen zu können, werden Sie bei einigen Spielegenres kaum um den Einsatz zusätzlicher Spielehardware, wie z. B. Gamepads, Joysticks, Lenkräder und sonstige Geräte dieser Art herum kommen.

Damit dem ungetrübten Spielvergnügen nach dem Anschluss dieser Geräte nichts im Wege steht, erfahren Sie in den folgenden Kapiteln, wie Sie mithilfe von Windows-Bordmitteln überprüfen können, ob Ihre Gamepads, Joysticks oder sonstige Spielehardware richtig eingerichtet wurden und ob alle Tasten, Steuerkreuze oder sonstigen Elemente des Gerätes einwandfrei funktionieren. Sie erfahren ebenfalls, wie Sie ein Gamepad kalibrieren und somit richtig ausrichten, wie Sie mithilfe des DirectX-Diagnoseprogramms DXDIAG überprüfen können, ob es bei den von Ihnen eingerichteten Eingabe-, Anzeige- oder Soundgeräten etwaige Probleme gibt usw.

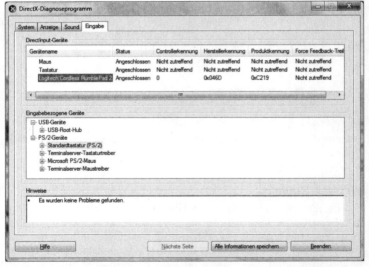

Überprüfen Sie, ob Ihre Spielehardware richtig eingerichtet und voll funktionsfähig ist.

Gamepads, Joysticks und andere Steuergeräte einrichten

DAS PROBLEM
Die meisten aktuellen Gamepads, Joysticks, Lenkräder und sonstigen Steuergeräte für Spiele werden bequem über einen der USB-Anschlüsse an den Rechner angeschlossen. In der Regel sollte Windows 7 den passenden Treiber danach automatisch suchen und ins System einbinden. Falls nicht, müssen Sie beim Hersteller nach einem Treiber für Ihr Gerät suchen.

DER TIPP
Um zu überprüfen, ob Ihr Steuergerät richtig eingerichtet wurde, rufen Sie aus dem Spieleexplorer heraus über die Schaltfläche *Tools > Eingabgeräte* das Konfigurationsmenü für Gamecontroller auf. Im Fenster *Gamecontroller* werden alle an den PC angeschlossenen Gamecontroller angezeigt. Ob die Geräte richtig erkannt wurden und generell funktionsfähig sind, können Sie anhand des angezeigten Status-Eintrags erkennen.

Prüfen Sie, ob Ihre Eingabegeräte richtig eingerichtet wurden.

WEITERE HINWEISE
Die von Windows mitgebrachten Treiber bieten in der Regel keine Sonderfunktionen, wie z. B. die Möglichkeit, Tastenbelegungen für verschiedene Spiele frei zu programmieren. Wenn Sie auf diese Optionen Wert legen, sollten Sie auf den Treiber und eventuell verfügbare Zusatzsoftware des Herstellers zurückgreifen.

Geeignet für folgende Windows-7-Versionen				
● Home Basic	● Home Premium	● Professional	● Enterprise	● Ultimate

Funktion von Gamecontrollern überprüfen

DAS PROBLEM
Um zu prüfen, ob Ihr Gamepad oder Joystick auch wirklich richtig funktioniert, bringt Windows ein kleines Testtool mit, mit dem Sie alle Tasten, Steuerkreuze, Joysticks und sonstigen Elemente des Gerätes überprüfen können.

DER TIPP
Um Ihr Eingabegerät zu testen, öffnen Sie aus dem Spieleexplorer heraus über *Tools > Eingabegeräte* das Fenster *Gamecontroller*, wählen das gewünschte Gerät aus der Liste aus und klicken dann auf *Eigenschaften*. Im Fenster *Eigenschaften von Gamecontroller* finden Sie auf dem Register *Testen* eine schematische Übersicht aller Tasten, Steuerkreuze, Joysticks, Schubregler und sonstigen Elemente des Gerätes. Sobald Sie ein Element betätigen, sollte auf dem Bildschirm eine entsprechende Resonanz zu erkennen sein.

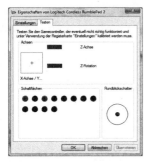

Testen Sie die Bedienelemente Ihres Eingabegerätes.

WEITERE HINWEISE
Mithilfe dieses Tests können Sie schnell herausfinden, ob wirklich alle Elemente des Gerätes einwandfrei funktionieren. Schlägt ein Regler, Stick oder Steuerkreuz stets in eine Richtung aus, müssen Sie das Gerät unter Umständen erst kalibrieren (siehe nächster Tipp).

Eingabegeräte kalibrieren

DAS PROBLEM
Sollten Sie beim Testen Ihrer Eingabegeräte feststellen, dass diese stets in eine bestimmte Richtung ausschlagen, ohne dass Sie den Joystick oder das Gamepad betätigen, oder Ihre Spielfiguren sich im Spiel wie von Geisterhand bewegen, liegt dies in der Regel daran, dass Ihr Eingabegerät nicht richtig kalibriert wurde.

DER TIPP
Um ein Eingabegerät zu kalibrieren, öffnen Sie aus dem Spieleexplorer heraus über *Tools > Eingabegeräte* die Übersicht Ihrer Gamecontroller. Markieren Sie das gewünschte Gerät und klicken Sie auf *Eigenschaften*, wo Sie nun auf dem Register *Einstellungen* die Schaltfläche *Kalibrieren* finden. Nachdem Sie das Kalibrationstool gestartet haben, folgen Sie den Anweisungen auf dem Bildschirm, um das Steuergerät sauber einzurichten.

Kalibrieren Sie Ihr Eingabegerät.

WEITERE HINWEISE
Haben Sie Ihr Eingabegerät kalibriert, sollten die zuvor beschriebenen Probleme eigentlich behoben sein. Falls nicht, führen Sie die Kalibration einfach ein weiteres Mal durch.

DirectX Diagnoseprogramm starten

DAS PROBLEM
In Windows ist ein kleines Diagnoseprogramm eingebaut, mit dessen Hilfe Sie schnell überprüfen können, ob Ihre Spielehardware und die dazugehörigen Treiber reibungslos mit der DirectX Schnittstelle von Windows 7 zurechtkommen. Falls nicht, sind in vielen Spielen Probleme vorprogrammiert.

DER TIPP
Um das DirectX Diagnoseprogramm zu starten, öffnen Sie das Startmenü und geben im Suchfeld den Begriff *dxdiag* ein. Alternativ lässt sich das Programm auch über den *Ausführen*-Dialog starten, den Sie mit der Tastenkombination [⊞]+[R] oder über *Start > Alle Programme > Zubehör > Ausführen* öffnen können. Neben einer Übersicht Ihrer Hardware und den wichtigsten Komponenten des Systems, bietet Ihnen das Diagnoseprogramm zusätzlich die Möglichkeit, über die entsprechenden Register Ihre Spielehardware wie Anzeige-, Sound- und Eingabegeräte auf ihre DirectX-Kompatibilität zu prüfen.

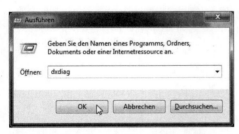

Geben Sie *dxdiag* ein, um zur Diagnose zu gelangen.

WEITERE HINWEISE
Sollten etwaige Probleme auftreten, finden Sie im unteren Teil des Fensters unter dem Punkt *Hinweise* genauere Informationen zu dem Problem – samt Tipps, wie Sie diese beheben können.

Geeignet für folgende Windows-7-Versionen				
● Home Basic	● Home Premium	● Professional	● Enterprise	● Ultimate

Hardwarebeschleunigung für Anzeigegeräte aktivieren

DAS PROBLEM

Sollte Ihnen das DirectX Diagnoseprogramm mitteilen, dass die Hardwarebeschleunigung für DirectDraw, Direct3D oder die AGP-Oberflächenbeschleunigung nicht aktiv sind, sollten Sie überprüfen, ob Sie diese Funktionen manuell aktivieren können. Ansonsten laufen Spiele sehr langsam oder können im schlimmsten Fall erst gar nicht ausgeführt werden.

DER TIPP

Um die Hardwarebeschleunigung für Ihre Grafikkarte nachträglich zu aktivieren, öffnen Sie über *Start > Systemsteuerung > Darstellung und Anpassung > Anzeige > Anzeigeeinstellungen ändern* das Fenster zum Anpassen der Bildschirmauflösung. Klicken Sie im unteren Teil des Fensters auf den Eintrag *Erweiterte Einstellungen*. Auf dem Register *Problembehandlung* klicken Sie auf die Schaltfläche *Einstellungen ändern* (was allerdings nur möglich ist, wenn der aktuell installierte Grafikkartentreiber dies zulässt) und bewegen dort den Schieberegler für die *Hardwarebeschleunigung* auf *Maximal*.

WEITERE HINWEISE

Sollte sich die Hardwarebeschleunigung nicht aktivieren lassen, versuchen Sie am besten einen aktuellen Treiber für Ihre Grafikkarte zu installieren. Lässt sich das Problem auch auf diese Weise nicht beheben, unterstützt Ihre Grafikkarte vermutlich die entsprechenden Funktionen nicht. In diesem Fall sollten Sie sich überlegen, ob es nicht vielleicht doch an der Zeit ist, sich eine neue Grafikkarte zuzulegen.

Geeignet für folgende Windows-7-Versionen

| ● Home Basic | ● Home Premium | ● Professional | ● Enterprise | ● Ultimate |

Kapitel 3: Software und Spiele

Surround Sound für Spiele aktivieren

Das Problem
Haben Sie eine Surround Sound-fähige Soundkarte samt dazugehörigen Surround-Boxen in Ihrem System eingerichtet, bekommen aber nur Stereo-Klänge zu hören, liegt dies vermutlich daran, dass die Soundeinstellungen von Windows falsch konfiguriert wurden.

Der Tipp
Um festzulegen, ob Windows Klänge als Stereo oder Surround-Signale wiedergibt, klicken Sie mit der rechten Maustaste auf das Lautsprechersymbol im Infobereich der Taskleiste und öffnen über die Option *Wiedergabegeräte* die Soundeinstellungen. Wählen Sie das gewünschte Gerät aus der Liste aus und klicken Sie auf *Konfigurieren*, um das *Lautsprecher-Setup* zu öffnen. Hier können Sie nun festlegen, ob Windows die Sounds als Stereo-, Quadrofonie-, 5.1- oder 7.1 Surround-Signale wiedergeben soll. Über die *Testen*-Schaltfläche können Sie dabei auch gleich überprüfen, ob alle Lautsprecher richtig platziert und angeschlossen wurden.

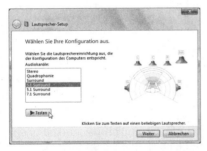

Legen Sie fest, welches Lautsprecher-Setup Sie verwenden wollen.

Weitere Hinweise
Besitzen Sie ein 5.1-System und wollen zwischendurch mit normalen Stereo-Kopfhörern spielen, die nicht an einem separaten Kopfhörerausgang des Computers angeschlossen wurden, sollten Sie, die Soundeinstellungen je nach Situation entsprechend anpassen.

Geeignet für folgende Windows-7-Versionen				
● Home Basic	● Home Premium	● Professional	● Enterprise	● Ultimate

Kapitel 4

Benutzerkonten & Jugendschutz

Wenn Sie Ihren Rechner mit mehr als einer Person nutzen, ist Windows 7 das perfekte System für Sie. Windows 7 bietet Ihnen die Möglichkeit, für jeden Benutzer ein eigenes Konto zu erstellen und detailliert festzulegen, was die einzelnen Benutzer auf dem PC tun dürfen und was nicht. Grundsätzlich gab es diese Möglichkeit zwar auch schon unter Windows 2000 und Windows XP – allerdings wurde die Benutzerverwaltung seitdem noch einmal deutlich überarbeitet und verbessert und bietet Ihnen mittlerweile auch die Möglichkeit, spezielle Jugendschutzkriterien in die Vergabe von Berechtigungen einfließen zu lassen, wodurch ein Windows 7-Rechner zum perfekten Familien-PC avanciert.

In diesem Kapitel finden Sie Tipps und Hinweise zum Einrichten von Benutzerkonten, erfahren, was es mit dem systeminternen Administratorkonto auf sich hat und wie dieses vor unerwünschten Zugriffen geschützt wird. Sie erfahren außerdem, wie Sie Berechtigungen für einzelne Benutzer festlegen, Benutzer durch Kennworthinweise und eine Kennwortrücksetzdiskette vor der eigenen Vergesslichkeit schützen, welche Möglichkeiten Ihnen die erweiterte Benutzerverwaltung bietet und wie Sie mithilfe der Jugendschutzfunktionen bis ins kleinste Detail definieren können, was die einzelnen Benutzer auf dem System tun dürfen und was nicht.

Die Berechtigungen einzelner Benutzer lassen sich detailliert definieren.

Benutzerkonten einrichten und verwalten

Bei der Einrichtung von Benutzerkonten stehen Ihnen unter Windows 7 eine ganze Reihe von Optionen zur Verfügung. Abgesehen davon, dass Sie für jeden Benutzer einzeln festlegen können, ob dieser die Rechte eines Administrators besitzen soll oder lediglich als Standardbenutzer mit eingeschränkten Rechten fungieren darf, können Sie Benutzerkonten mit Kennwörtern absichern, ein Gastkonto für Besucher einrichten usw.

Neben Tipps und Hinweisen zum Einrichten und Verwalten von Benutzerkonten, lesen Sie in den folgenden Abschnitten, wie Sie sicherstellen können, dass die Benutzer ihre Kennwörter mithilfe eines Kennworthinweises oder einer Kennwortrücksetzdiskette vor einem Anfall der Vergesslichkeit schützen können. Sie erfahren außerdem, wie Sie das vordefinierte Gastkonto und das Administratorkonto des Systems aktivieren und bei Bedarf durch ein Kennwort vor unerwünschten Zugriffen schützen, wie Sie mithilfe der erweiterten Systemverwaltungsoptionen die Art der Benutzeranmeldung ändern, Benutzern bei der Anmeldung am System eine Nachricht zukommen lassen können usw.

Richten Sie für jeden Benutzer ein eigenes Konto ein.

Die Benutzerkontentypen von Windows 7

DAS PROBLEM
Im Gegensatz zur Benutzerverwaltung von Windows 2000 oder XP, kennt Windows 7 nur noch drei Kategorien von Benutzern: Administratoren, Standardbenutzer und Gäste.

DER TIPP
Administratoren dürfen unter Windows 7 prinzipiell fast alles, während Standardbenutzer zunächst nur Software installieren und Einstellungen verändern dürfen, die sich weder auf ein anderes Benutzerkonto noch auf die Sicherheit des Systems auswirken können. Gastkonten sind (wie der Name schon sagt) für Gäste gedacht, die weder einen Ablageplatz für eigene Daten benötigen noch Software installieren oder gar wichtige Systemeinstellungen verändern dürfen. Zum Schutz des Systems sorgt die so genannte Benutzerkontensteuerung (siehe auch *Kapitel 12: Sicherheit*) in den Grundeinstellungen dafür, dass selbst Administratoren bei wirklich wichtigen Änderungen stets noch einmal bestätigen müssen, dass sie diese auch wirklich durchführen wollen. Im Gegenzug bietet Windows 7 aber endlich auch eine komfortable Möglichkeit, aus jedem Konto heraus Änderungen am System vorzunehmen, ohne sich dafür erst komplett neu als Administrator anmelden zu müssen – unter Windows 7 genügt es, den Vorgang durch Eingabe des Administratorkennworts zu bestätigen.

WEITERE HINWEISE
Die aus Windows XP und Windows 2000 bekannten Benutzerkontentypen wie z. B. der Hauptbenutzer sind zwar theoretisch auch unter Windows 7 verfügbar, stehen aber bei der Einrichtung neuer Benutzerkonten nicht als Option zur Auswahl, da sie lediglich aus Kompatibilitätsgründen ins System integriert wurden. Einem Benutzerkonto über die erweiterte Benutzerverwaltung (siehe Tipp: *Erweiterte Benutzerverwaltung aufrufen*) nachträglich die Rechte eines Hauptbenutzers zu vergeben, ist im Endeffekt nicht wirklich sinnvoll und sollte besser unterlassen werden.

Geeignet für folgende Windows-7-Versionen

● Home Basic	● Home Premium	● Professional	● Enterprise	● Ultimate

Ihr persönliches Administratorkonto

DAS PROBLEM
Das bei der Installation von Windows 7 zuerst angelegte Konto besitzt automatisch die Rechte eines Administrators da Sie ohne diese Berechtigung kaum in der Lage wären, den PC einzurichten.

DER TIPP
In der Rolle des Administrators haben Sie die Berechtigung, alle Systemeinstellungen nach Belieben zu verändern, neue Benutzerkonten einzurichten, vorhandene zu verwalten, neue Software und Treiber für Ihre Hardware zu installieren, sonstige Verwaltungsaufgaben wie das Partitionieren von Datenträgern vorzunehmen, Sicherheitseinstellungen anzupassen usw. Um zu verhindern, dass sich andere mit Ihrem Konto am PC anmelden oder ungehindert die Sicherheitsabfragen des Benutzerkontenschutzes zu umgehen und so wichtige Einstellungen oder die Jugendschutzrichtlinien verändern zu können, ist es wichtig, Ihr Administratorkonto mithilfe eines Kennworts vor unerwünschten Zugriffen zu schützen. Sollten Sie diese Möglichkeit beim ersten Start von Windows verpasst haben, gilt es, dieses Manko möglichst schnell zu beheben. Öffnen Sie über *Start > Systemsteuerung > Benutzerkonten und Jugendschutz > Benutzerkonten* die Einstellungen Ihres Kontos und legen Sie über die Option *Kennwort für das eigene Konto erstellen* ein neues Kennwort für Ihr Administratorkonto an. Wollen Sie das Kennwort später ändern, lässt sich dies über die Option *Eigenes Kennwort ändern* erledigen.

WEITERE HINWEISE
Selbst wenn Sie ausschließlich alleine an Ihrem PC arbeiten, ist es sinnvoll, Ihr Administratorkonto mithilfe eines Kennwortes zu schützen. Windows 7 gilt zwar als sicheres Betriebssystem, es ist aber nie auszuschließen, dass bösartige User über eventuelle Sicherheitslücken aus dem Internet oder Netzwerk Zugriff auf Ihr System erhalten. Ist Ihr Konto ungeschützt, erhalten die Eindringlinge dann im schlimmsten Fall die gleichen Rechte wie Sie und können dementsprechend großen Schaden anrichten.

Geeignet für folgende Windows-7-Versionen

● Home Basic	● Home Premium	● Professional	● Enterprise	● Ultimate

Das versteckte Administratorkonto – Der Retter in der Not

Das Problem
Neben Ihrem persönlichen Administratorkonto, verfügt das System noch über ein verstecktes Administratorkonto, das aber nur im Notfall zum Einsatz kommt und zunächst weder am Anmeldebildschirm noch in der normalen Benutzerverwaltung der Systemsteuerung zu sehen ist.

Der Tipp
Während es unter Windows XP noch die Möglichkeit gab, das Betriebssystem im abgesicherten Modus zu starten und sich dort über ein ansonsten unsichtbares Systemkonto namens 'Administrator' einzuloggen, um so Zugriff auf alle wichtigen Einstellungen zu erlangen, ist dieses Konto unter Windows 7 in den Grundeinstellungen nicht zugänglich. Das Konto 'Administrator' wird bei der Installation zwar genau wie damals automatisch erstellt, ist aber zunächst deaktiviert und taucht erst dann im abgesicherten Modus auf, wenn auf dem PC kein anderes Administratorkonto mehr existiert. Das lässt Windows 7 aber in der einfachen Benutzerverwaltung nicht zu, da die Optionen zum Löschen eines Administratorkontos nur verfügbar sind, wenn noch ein anderes Konto mit Administratorrechten auf dem PC vorhanden ist.

Weitere Hinweise
Das versteckte Administratorkonto kann bei Bedarf über die erweiterte Benutzerverwaltung von Windows 7 aktiviert, konfiguriert oder mit einem Kennwort geschützt werden (siehe Tipps: *Kennwort für das versteckte Administratorkonto vergeben* und *Verstecktes Administratorkonto aktivieren*).

Geeignet für folgende Windows-7-Versionen

| ⊙ Home Basic | ⊙ Home Premium | ● Professional | ● Enterprise | ● Ultimate |

Kapitel 4: Benutzerkonten & Jugendschutz

Kennwort für das versteckte Administratorkonto vergeben

Das Problem
Um sich gegen etwaige Sicherheitslücken abzuschotten und zu verhindern, dass andere mithilfe des versteckten Administratorkontos auf wichtige Systemeinstellungen zugreifen können, sollten Sie dieses mit einem Kennwort schützen.

Der Tipp
Um das versteckte Administratorkonto mit einem Kennwort abzusichern, öffnen Sie über *Start > Systemsteuerung > System und Sicherheit > Verwaltung > Computerverwaltung > Lokale Benutzer und Gruppen > Benutzer* die erweiterte Benutzerverwaltung von Windows 7. Klicken Sie das vordefinierte Konto namens *Administrator* mit der rechten Maustaste an und wählen Sie die Option *Kennwort festlegen*. Danach vergeben Sie für das Konto ein Kennwort Ihrer Wahl.

Vergeben Sie ein Kennwort für das versteckte Administratorkonto.

Weitere Hinweise
Vergessen Sie nicht, sich das Kennwort für das versteckte Administratorkonto gut zu merken, oder es aufzuschreiben und dann an einem sicheren Ort aufzubewahren. Sollten Sie das Kennwort vergessen, bedeutet dies, dass Sie sich selbst die Möglichkeit entziehen, im Notfall auf das System zuzugreifen und wichtige Dinge, wie z. B. das Erstellen neuer persönlicher Administratorkonten durchführen zu können.

Geeignet für folgende Windows-7-Versionen				
○ Home Basic	○ Home Premium	● Professional	● Enterprise	● Ultimate

Verstecktes Administratorkonto aktivieren

DAS PROBLEM
Wollen Sie das versteckte Administratorkonto von Windows 7 auch außerhalb eines Notfalls wie ein normales Benutzerkonto nutzen, können Sie es unter Windows 7 Professional, Ultimate und in der Enterprise Edition bei Bedarf über die erweiterte Benutzerverwaltung aktivieren.

DER TIPP
Um das versteckte Administratorkonto ganz normal verfügbar zu machen, starten Sie über *Start > Systemsteuerung > System und Sicherheit > Verwaltung > Computerverwaltung > Lokale Benutzer und Gruppen > Benutzer* die erweiterte Benutzerverwaltung und öffnen dort per Doppelklick die *Eigenschaften* des *Administratorkonto*s. In den Grundeinstellungen ist das Konto deaktiviert und erscheint nur dann im Anmeldebildschirm des abgesicherten Modus von Windows 7, wenn aus irgendwelchen Gründen kein anderes Administratorkonto mehr auf dem Rechner existiert. Wenn Sie im Fenster *Eigenschaften von Administrator* das Häkchen vor dem Eintrag *Konto ist deaktiviert* entfernen, erscheint das Administratorkonto beim Start des Systems genau wie jedes andere Benutzerkonto auf dem Anmeldebildschirm, wo Sie es gezielt auswählen und sich damit anmelden können.

WEITERE HINWEISE
Wenn Sie das Administratorkonto aktivieren, sollten Sie nicht vergessen, dieses durch ein Kennwort vor unerwünschten Zugriffen zu schützen (siehe Tipp: *Kennwort für das versteckte Administratorkonto vergeben*). Andernfalls kann jeder ungefragt auf dieses Konto zugreifen, wichtige Systemeinstellungen verändern oder das System im schlimmsten Fall komplett ruinieren.

Geeignet für folgende Windows-7-Versionen

○ Home Basic	○ Home Premium	● Professional	● Enterprise	● Ultimate

Eigenen Benutzerkontentyp ändern

DAS PROBLEM
Aus Sicherheitsgründen ist es trotz der ausgefeilten Features der Benutzerkontensteuerung ratsam, im täglichen Betrieb und beim Surfen im Internet nicht als Administrator, sondern mit einem normalen Benutzerkonto zu arbeiten. Wenn Sie wollen, können Sie den Benutzerkontentyp Ihres eigenen Benutzerkontos jederzeit ändern, um sich so z. B. vom Administrator zum normalen Benutzer abzustufen.

DER TIPP
Der eigene Benutzerkontentyp lässt sich über die Benutzerverwaltung anpassen. Klicken Sie dazu am oberen Ende des Startmenüs auf das Symbol Ihres Benutzerkontos oder öffnen Sie über *Start > Systemsteuerung > Benutzerkonten und Jugendschutz > Benutzerkonten* die Benutzerverwaltung Ihres eigenen Kontos und klicken dort auf den Eintrag *Eigenen Kontotyp ändern*. Besitzt Ihr Konto aktuell keine Administratorrechte, müssen Sie den Vorgang über die Eingabe des Administratorkennworts bestätigen. Danach können Sie frei wählen, welchem Kontotyp Ihr Konto fortan entsprechen soll – *Administrator* oder *Standardbenutzer*.

WEITERE HINWEISE
Wollen Sie Ihr persönliches Benutzerkonto vom Administrator zum Standardbenutzer abstufen, muss dabei zunächst sichergestellt sein, dass neben Ihrem aktuellen Konto und dem Administratorkonto des Systems noch ein weiteres Konto mit Administratorrechten auf dem Rechner existiert. Falls nicht, müssen Sie zuvor noch ein neues Konto für administrative Aufgaben erstellen (siehe Tipp: *Neue Benutzerkonten einrichten*).

Geeignet für folgende Windows-7-Versionen

● Home Basic ● Home Premium ● Professional ● Enterprise ● Ultimate

Neue Benutzerkonten einrichten

Das Problem
Es ist durchaus sinnvoll, für jeden Benutzer Ihres PCs ein eigenes Benutzerkonto zu erstellen. Auf diese Weise können Sie später genau definieren, was die einzelnen Benutzer auf Ihrem Rechner tun dürfen und was nicht, für wen Sie Jugendschutzregeln einrichten wollen usw. Wenn Sie nicht bereits während der Installation von Windows 7 alle benötigten Benutzerkonten für Ihren Rechner eingerichtet haben, können Sie über die Benutzerverwaltung jederzeit neue Benutzerkonten zum System hinzufügen.

Der Tipp
Um ein neues Benutzerkonto zu erstellen, öffnen Sie über *Start > Systemsteuerung > Benutzerkonten und Jugendschutz > Benutzerkonten > Benutzerkonten hinzufügen/entfernen* die Übersicht aller angelegten Benutzer. Über die Option *Neues Konto erstellen* können Sie ein neues Konto anlegen. Beim Anlegen eines neuen Benutzerkontos können Sie zunächst allerdings lediglich den Namen und den Berechtigungstyp des Kontos definieren.

Erstellen Sie neue Benutzerkonten auf Ihrem System.

Weitere Hinweise
Wollen Sie ein Kennwort für das Konto erstellen oder ein Bild für diesen Benutzer auswählen, müssen Sie das Konto in der Übersicht erneut auswählen und können dann die Änderungen vornehmen. Ansonsten kann der entsprechende Benutzer diese Einstellungen nach dem ersten Login auch eigenständig durchführen.

Geeignet für folgende Windows-7-Versionen				
● Home Basic	● Home Premium	● Professional	● Enterprise	● Ultimate

Symbolbild für Benutzerkonten ändern

DAS PROBLEM
Mit welchen Symbolbildern Sie die Benutzerkonten kennzeichnen wollen, können Sie über die Benutzerverwaltung von Windows 7 frei bestimmen. Neben den vorgefertigten Bildern, lassen sich auch x-beliebige Bilder aus Ihrem Fotoarchiv als Benutzerbild verwenden.

DER TIPP
Wenn Sie über *Start > Systemsteuerung > Benutzerkonten und Jugendschutz > Benutzerkonten* oder durch einen Klick auf Ihr Symbolbild im Startmenü die Benutzerverwaltung Ihres Kontos öffnen, bekommen Sie über den Eintrag *Eigenes Bild ändern* die Möglichkeit, ein neues Symbolbild für Ihr Benutzerkonto auszuwählen. Um das Bild eines anderen Benutzers zu ändern, klicken Sie auf den Eintrag *Anderes Konto verwalten*, öffnen das gewünschte Konto aus der Übersicht und wählen dann die Option *Bild ändern*. Neben den vorgegebenen Symbolen, lässt sich über die Option *Nach weiteren Bildern suchen* bei Bedarf auch jedes x-beliebige auf der Festplatte gespeicherte Bild oder Foto als Benutzersymbol verwenden.

Bei Bedarf lassen sich auch Fotos als Benutzersymbole verwenden.

WEITERE HINWEISE
Windows 7 unterstützt bei der Auswahl der Benutzersymbole lediglich die Formate JPG, BMP, PNG und GIF. Wollen Sie ein TIFF-Bild als Benutzersymbol verwenden, müssen Sie es mit einem Bildbearbeitungsprogramm öffnen und in einem der unterstützten Formate abspeichern.

Vorgefertigtes Gastkonto aktivieren

Das Problem
Neben dem versteckten Administratorkonto, verfügt Windows 7 auch noch über ein Konto namens 'Gast', welches sich dank seiner stark eingeschränkten Berechtigungen hervorragend als Zugang für Besucher oder sonstige Gäste eignet. Um dieses Konto nutzen zu können, müssen Sie es allerdings erst manuell aktivieren.

Der Tipp
Um das Gastkonto zu aktivieren und am Anmeldebildschirm verfügbar zu machen, wählen Sie über *Start > Systemsteuerung > Benutzerkonten > Anderes Konto verwalten* das Konto *Gast* aus und schalten es dann im Fenster *Möchten Sie das Gastkonto einschalten?* mithilfe der entsprechenden Schaltfläche ein. Weitere Einstellungen wie z. B. das Anlegen eines Kennworts oder die Auswahl eines anderen Benutzersymbols lassen sich für das Gastkonto nicht ändern. Im Gegensatz zu Windows Vista, können Sie mit dem Gastkonto von Windows 7 endlich auch im Internet surfen, Dateien aus dem Web herunterladen und bereits auf dem PC installierte Anwendungen aufrufen, die Windows von Haus aus als sicher einstuft, oder die vom Administrator freigegeben wurden. Das Installieren von Programmen oder der Zugriff auf die *Eigenen Dateien* anderer Benutzer bleibt dem Gastkonto verwehrt, wobei Sie als Gast immerhin die Möglichkeit haben, Daten im Bereich der eigenen Benutzerdateien des Gastkontos oder auf einem anderen Datenträger zu speichern und auf die öffentlichen Dateien und andere Laufwerke dieses Systems zuzugreifen – löschen oder verändern dürfen Sie Dateien dort aber erst nach Eingabe eines Administratorkennworts.

Weitere Hinweise
Wollen Sie die Jugendschutzfunktionen von Windows 7 nutzen, sollten Sie auf den Einsatz des Gastkontos verzichten und stattdessen ein gesondertes Konto für Ihre Gäste erstellen (siehe Tipp: *Benutzerkonto nachträglich der Gruppe Gäste zuordnen*). Da sich für das Gastkonto keine Jugendschutzeinstellungen regeln lassen.

Geeignet für folgende Windows-7-Versionen

| ⊙ Home Basic | ⊙ Home Premium | ● Professional | ● Enterprise | ● Ultimate |

Kapitel 4: Benutzerkonten & Jugendschutz

Benutzerkonto nachträglich der Gruppe Gäste zuordnen und Berechtigungen definieren

Das Problem
Wollen Sie ein Konto für Ihre Gäste anlegen, bei dem Sie genau definieren können, was diese dürfen und was nicht und welche Jugendschutzregeln für diese gelten sollen, sollten Sie auf die Verwendung des Gastkontos verzichten. Sie erstellen stattdessen ein normales Benutzerkonto, das Sie anschließend der Gruppe *Gäste* zuordnen und dann die gewünschten Berechtigungen definieren.

Der Tipp
Wenn Sie ein neues Benutzerkonto erstellen, können Sie zunächst lediglich festlegen, ob es sich dabei um einen Administrator oder einen Standardbenutzer handeln soll. Um für Ihren Besuch ein Konto mit noch stärker eingeschränkten Berechtigungen einzurichten, erstellen Sie zunächst über *Start > Systemsteuerung > Benutzerkonten und Jugendschutz > Benutzerkonten > Anderes Konto verwalten > Neues Konto erstellen* ein neues Standardbenutzer-Konto mit einem Namen wie z. B. 'Besucher'. Nachdem Sie das Konto erstellt haben, öffnen Sie über *Start > Systemsteuerung > Verwaltung > Computerverwaltung > Lokale Benutzer und Gruppen > Benutzer* die erweiterte Benutzerverwaltung. Öffnen Sie per Doppelklick die Eigenschaften des soeben erstellten Kontos und wechseln Sie zum Register *Mitglied von*.

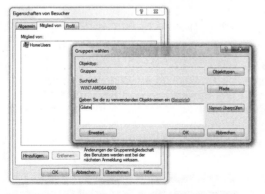

Fügen Sie das Besucherkonto der Gruppe *Gäste* hinzu.

Benutzerkonten einrichten und verwalten

Im Bereich *Mitglied von* finden Sie zunächst nur die Angabe, welcher Benutzergruppe das Konto aktuell zugehörig ist. Wählen Sie den Eintrag in der Liste aus (bei einem Standardbenutzerkonto also den Eintrag *Benutzer*) und klicken Sie dann auf die Schaltfläche *Entfernen*, um diese Zugehörigkeit aufzulösen. Soll dem Konto der Zugriff auf Ihre eventuell angelegte Windows 7-Heimnetzgruppe gewährt werden, belassen Sie den Eintrag *HomeUsers* unberührt – ansonsten entfernen Sie ihn ebenfalls aus der Liste. Anschließend klicken Sie auf *Hinzufügen* und tippen im Fenster *Gruppe wählen* den Begriff *Gäste* ein, um das Konto so dieser Gruppe zuzuordnen.

Für das manuell erstellte Gastkonto können detaillierte Regeln erstellt werden.

WEITERE HINWEISE
Wenn Sie das soeben fertig gestellte Gastkonto in der Benutzerverwaltung zur Bearbeitung öffnen, können Sie für dieses ein Kennwort erstellen, das Benutzersymbol Ihren Wünschen entsprechend anpassen und im Gegensatz zum vorgefertigten Gastkonto von Windows 7 sogar den Jugendschutz für dieses Konto aktivieren und dann frei bestimmen, welche Programme Ihre Besucher bei Nutzung dieses Kontos verwenden dürfen usw.

Geeignet für folgende Windows-7-Versionen

| ○ Home Basic | ○ Home Premium | ● Professional | ● Enterprise | ● Ultimate |

Kennwörter für andere Benutzerkonten erstellen oder ändern

DAS PROBLEM
Als Administrator haben Sie stets die Möglichkeit, Kennwörter für bisher ungeschützte Benutzerkonten zu vergeben, oder bereits angelegte Kennwörter zu ändern oder diese im Notfall (z. B. wenn der Benutzer sein Kennwort vergessen hat) zu löschen.

DER TIPP
Wollen Sie für einen anderen Benutzer ein Kennwort anlegen, brauchen Sie dazu nichts weiter zu tun, als dessen Benutzerkonto über *Start > Systemsteuerung > Benutzerkonten und Jugendschutz > Benutzerkonten > Andere Konten verwalten* auszuwählen und dann über die Option *Kennwort erstellen* ein neues Kennwort für dieses Konto einzurichten. Besitzt ein Konto bereits ein Kennwort, können Sie dieses bei Bedarf über *Kennwort ändern* durch ein neues ersetzen bzw. es über die Option *Kennwort entfernen* löschen. Bevor Sie das Kennwort eines anderen Benutzers ändern oder entfernen, sollten Sie sich jedoch darüber im Klaren sein, dass diese Schritte zur Folge haben, dass die verschlüsselt gespeicherten Daten dieses Benutzers (wie z. B. EFS-verschlüsselte Dateien, persönliche Zertifikate und die gespeicherten Kennwörter für den Internetzugang, Webseiten, Mailserver usw.) unwiderruflich verloren gehen. Sie sollten Kennwörter anderer Benutzer also nur dann ändern, wenn sich der Benutzer beim besten Willen nicht mehr daran erinnern kann. Kennt der Benutzer sein Kennwort noch, kann er dieses über die Benutzerverwaltung jederzeit und ohne Datenverlust selbst verändern.

WEITERE HINWEISE
Um sicherzustellen, dass sich die verschlüsselt gespeicherten Daten der einzelnen Benutzer auch dann wiederherstellen lassen, wenn diese ihr Kennwort vergessen haben, sollten Sie für jeden Benutzer des Systems eine Kennwortrücksetzdiskette erstellen, mit der sich das vergessene Kennwort (siehe Tipps: *Kennworthinweis für Benutzerkonten angeben* und *Kennwortrücksetzdiskette für Benutzerkonten erstellen*).

Geeignet für folgende Windows-7-Versionen				
● Home Basic	● Home Premium	● Professional	● Enterprise	● Ultimate

Andere Benutzer dazu bringen, ihr Kennwort zu ändern

DAS PROBLEM
Wenn Sie einen neuen Benutzer angelegt haben, oder einen bereits vorhandenen Benutzer dazu bringen wollen, ein neues Kennwort anzulegen oder sein vorhandenes zu ändern, lässt sich dies über die erweiterte Benutzerverwaltung bewerkstelligen.

DER TIPP
Um einen Benutzer zu veranlassen, ein neues Kennwort anzulegen, öffnen Sie über *Start > Systemsteuerung > System und Sicherheit > Verwaltung > Computerverwaltung > Lokale Benutzer und Gruppen > Benutzer* die erweiterte Benutzerverwaltung und rufen per Doppelklick die *Eigenschaften* des gewünschten Kontos auf. Falls gesetzt, entfernen Sie dort zunächst das Häkchen vor dem Eintrag *Kennwort läuft nie ab*, um so die Option *Benutzer muss Kennwort bei der nächsten Anmeldung ändern* freizuschalten und aktivieren Sie diese anschließend. Sobald sich der Benutzer das nächste Mal im System einloggt, erscheint auf dem Bildschirm die Aufforderung zur Eingabe eines neuen Kennworts.

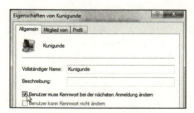

Zwingen Sie den Benutzer, sein Kennwort zu ändern.

WEITERE HINWEISE
Die Angabe eines neuen Kennworts lässt sich vom Benutzer nicht umgehen. Er ist also gezwungen, ein neues Kennwort anzulegen. Ob er dabei als neues Kennwort das gleiche Passwort verwendet wie zuvor oder ein neues wählt, bleibt ihm überlassen.

Geeignet für folgende Windows-7-Versionen				
O Home Basic	O Home Premium	● Professional	● Enterprise	● Ultimate

Verfallsdatum für Kennwörter festlegen

DAS PROBLEM
Wenn Sie aus Sicherheitsgründen sicherstellen wollen, dass bestimmte Benutzer ihr Kennwort in regelmäßigen Abständen ändern, können Sie dies recht einfach bewerkstelligen, indem Sie in der erweiterten Benutzerverwaltung festlegen, dass die Kennwörter dieser Konten nach einer bestimmten Zeit automatisch ablaufen.

DER TIPP
Um festzulegen, dass ein Benutzer sein Kennwort in regelmäßigen Abständen ändert, rufen Sie über *Start > Systemsteuerung > System und Sicherheit > Verwaltung > Computerverwaltung > Lokale Benutzer und Gruppen > Benutzer* die erweiterte Benutzerverwaltung auf und öffnen dann die *Eigenschaften* des gewünschten Kontos. Dort angelangt, entfernen Sie das Häkchen vor dem Eintrag *Kennwort läuft nie ab*. In den Grundeinstellungen wird der Benutzer von nun an nach Ablauf von 42 Tagen beim Login automatisch aufgefordert, ein neues Kennwort einzugeben.

WEITERE HINWEISE
Wollen Sie den Zyklus ändern, können Sie die Halbwertzeit für Kennwörter über *Start > Systemsteuerung > System und Sicherheit > Verwaltung > Lokale Sicherheitsrichtlinie > Kontorichtlinien > Maximales Kennwortalter* Ihren Wünschen entsprechend anpassen. Zur Auswahl stehen dabei Werte zwischen 1 und 999 Tagen.

In den lokalen Sicherheitsrichtlinien passen Sie das Verfallsdatum für Kennwörter an.

Benutzern verbieten, ihr Kennwort zu ändern

DAS PROBLEM

Wenn Sie selbst die Übersicht und Kontrolle darüber behalten wollen, welche Benutzer welche Kennwörter verwenden, oder einfach sicherstellen wollen, dass ein Konto, das von mehreren Benutzern genutzt werden soll, auch wirklich immer für alle verfügbar bleibt, können Sie für die gewünschten Benutzerkonten gezielt festlegen, dass die dazugehörigen Kennwörter vom angemeldeten Benutzer nicht selbstständig geändert werden können.

DER TIPP

Um zu verhindern, dass ein Benutzer das Kennwort für sein Konto verändert, rufen Sie über *Start > Systemsteuerung > System und Sicherheit > Verwaltung > Computerverwaltung > Lokale Benutzer und Gruppen > Benutzer* die erweiterte Benutzerverwaltung auf und öffnen dort per Doppelklick die *Eigenschaften* des gewünschten Kontos. Wenn Sie die Option *Benutzer kann Kennwort nicht ändern* aktivieren, sind für dieses Konto in der Benutzerverwaltung die Optionen *Kennwort ändern* bzw. *Kennwort löschen* zwar weiterhin verfügbar, können vom Benutzer aber nicht mehr durchgeführt werden. Beim Versuch, sein Kennwort zu ändern oder zu löschen, erscheint dann eine entsprechende Hinweisbox auf dem Bildschirm.

WEITERE HINWEISE

Auf Benutzerkonten mit Administratorrechten hat das Verbot keinerlei Auswirkung, was auch sinnlos wäre, da Administratoren die Einstellung bei Bedarf jederzeit wieder rückgängig machen könnten.

Geeignet für folgende Windows-7-Versionen

| ○ Home Basic | ○ Home Premium | ● Professional | ● Enterprise | ● Ultimate |

Kontensperrung nach fehlerhaften Anmeldeversuchen aktivieren

DAS PROBLEM
Wenn Sie sichergehen wollen, dass sich niemand ungehindert Zugang zu Ihrem System verschaffen kann, können Sie bei Bedarf dafür sorgen, dass Benutzerkonten nach einer von Ihnen festgelegten Anzahl von fehlerhaften Anmeldeversuchen automatisch gesperrt werden.

DER TIPP
Die automatische Kontosperrung ist unter Windows 7 in den Grundeinstellungen zunächst deaktiviert. Theoretisch stehen einem unerwünschten Eindringling also unendlich viele Versuche offen, das Kennwort eines Benutzers nach dem 'Probieren geht über studieren' Prinzip zu knacken. Um dies zu verhindern, können Sie über *Start > Systemsteuerung > System und Sicherheit > Verwaltung > Lokale Sicherheitsrichtlinie > Kontosperrungsrichtlinien* per Doppelklick auf den Eintrag *Kontosperrungsschwelle* frei bestimmen, nach wie vielen fehlerhaften Login-Versuchen ein Konto automatisch gesperrt werden soll. Zur Auswahl stehen Werte zwischen 0 und 999 Versuchen, wobei die 0 bedeutet, dass die Kontosperrung deaktiviert bleibt. Wurde die Kontensperrungsschwelle aktiviert, können Sie über die Einträge *Kontosperrdauer* und *Zurücksetzungsdauer des Kontosperrungszählers* festlegen, wie lange das Konto gesperrt bleiben soll, nachdem die zuvor angegebene Anzahl fehlerhafter Login-Versuche überschritten wurde und zu welchem Zeitpunkt der Zähler automatisch wieder zurückgesetzt werden soll. In der Zwischenzeit erscheint beim Login-Versuch auf dem Bildschirm der Hinweis, dass dieses Konto gesperrt wurde – und zwar auch dann, wenn Sie nun das richtige Kennwort eingeben.

Benutzerkonten einrichten und verwalten

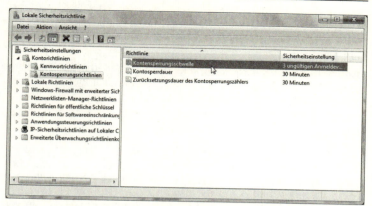

Sichern Sie Ihr System durch Aktivierung der Kontensperrungsrichtlinien vor unerwünschten Zugriffen ab.

WEITERE HINWEISE

Bedenken Sie dabei, dass sich jeder Benutzer auch versehentlich vertippen kann. In der Praxis haben sich als Kontosperrungsschwelle Werte zwischen 3 und 5 fehlerhaften Login-Versuchen bewährt. Die Werte für die Kontosperrdauer und die Zurücksetzung des Kontosperrzählers liegen in den Grundeinstellungen bei jeweils 30 Minuten, lassen sich bei Bedarf aber auch Ihren Wünschen entsprechend anpassen. Erst nach Ablauf dieser Zeit kann der Benutzer erneut versuchen, sich mit seinen Anmeldedaten am System einzuloggen. Setzen Sie den Wert zu lang, sperren Sie sich also unter Umständen selbst vom System aus, wenn zuvor jemand erfolglos versucht hat, Ihr Administratorkonto zu knacken.

Gesperrtes Benutzerkonto wieder freischalten

DAS PROBLEM
Wurde ein Benutzerkonto aufgrund zu vieler fehlerhafter Anmeldeversuche gesperrt, kann es von einem der Administratoren des Systems jederzeit wieder freigeschaltet werden.

DER TIPP
Um ein durch die Kontensperrungsrichtlinien des Systems gesperrtes Benutzerkonto wieder freizuschalten, öffnen Sie dieses über *Start > Systemsteuerung > System und Sicherheit > Verwaltung > Computerverwaltung > Lokale Benutzer und Gruppen > Benutzer* und entfernen in den *Eigenschaften* des Kontos das Häkchen vor dem Eintrag *Konto ist gesperrt*. Danach kann sich der Benutzer wieder ganz normal am System anmelden.

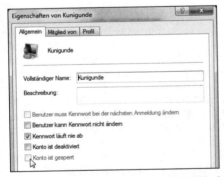

Wurde ein Konto gesperrt, können Sie es hier wieder freischalten.

WEITERE HINWEISE
Benutzerkonten lassen sich zwar nach Belieben aktivieren oder deaktivieren, eine manuelle Sperrung durchzuführen, ist hingegen nicht vorgesehen. Das entsprechende Häkchen ist nur dann verfügbar, wenn ein Konto durch die Kontosperrungsrichtlinien des Systems automatisch gesperrt wurde (siehe Tipp: *Kontensperrung nach fehlerhaften Anmeldeversuchen aktivieren*).

Benutzerkonten einrichten und verwalten

Kennworthinweis für Benutzerkonten angeben

DAS PROBLEM

Um sicherzustellen, dass Benutzer ihr Kennwort nicht aus Versehen vergessen, haben sie unter Windows 7 die Möglichkeit, einen Kennworthinweis anzulegen, der ihnen dann im Notfall etwas auf die Sprünge helfen kann.

DER TIPP

Beim Anlegen eines neuen Kennworts haben Sie die Möglichkeit, einen *Kennworthinweis* anzugeben. Ansonsten können Sie den *Kennworthinweis* auch noch nachträglich eingeben, indem Sie über *Start > Systemsteuerung > Benutzerkonten und Jugendschutz > Benutzerkonten* die Übersicht Ihres Kontos aufrufen und dort die Option *Kennwort ändern* aufrufen. Sollten Sie Ihr Kennwort vergessen oder sich beim Login einfach vertippen, wird Ihnen der Kennworthinweis auf dem Anmeldebildschirm automatisch angezeigt.

Haben Sie einen Kennworthinweis angegeben, wird Ihnen dieser nach einem fehlerhaften Login-Versuch automatisch angezeigt.

WEITERE HINWEISE

Den Kennworthinweis bekommen nicht nur Sie, sondern auch andere zu sehen, die versuchen, sich unberechtigt in Ihr Konto einzuloggen. Achten Sie also darauf, einen Hinweis zu wählen, der Ihnen dabei hilft, sich an Ihr Kennwort zu erinnern, ohne es anderen Benutzern des PCs dabei zu einfach zu machen, Ihr Kennwort zu erraten.

Geeignet für folgende Windows-7-Versionen				
● Home Basic	● Home Premium	● Professional	● Enterprise	● Ultimate

Kennwortrücksetzdiskette für Benutzerkonten erstellen

DAS PROBLEM
Sollte ein normaler Benutzer sein Kennwort vergessen, ist dies in der Regel nicht wirklich tragisch, da der Administrator die Sache stets wieder ins Lot bringen kann. Vergessen Sie das Kennwort Ihres Administratorkontos, sieht die Sache schon ganz anders aus. Um sicherzustellen, dass Sie sich nicht selbst vom System aussperren, sollte sich jeder Benutzer des Systems eine eigene Kennwortrücksetzdiskette erstellen, mit der sich das Kennwort bei Bedarf ohne Datenverlust zurücksetzen und durch ein neues ersetzen lässt.

DER TIPP
Um eine Kennwortrücksetzdiskette für Ihr Benutzerkonto zu erstellen, rufen Sie über *Start > Systemsteuerung > Benutzerkonten und Jugendschutz > Benutzerkonten* die Übersicht Ihres Benutzerkontos auf und klicken auf der linken Seite auf den Eintrag *Kennwortrücksetzdiskette erstellen*. Danach folgen Sie den Anweisungen des Assistenten und legen wahlweise eine leere Diskette in den PC oder schließen einen USB-Stick an den Rechner an, um die benötigten Daten darauf zu speichern. Da die Kennwortrücksetzdiskette (bzw. der Speicherstick) später theoretisch von jedem dazu genutzt werden kann, Ihr Kennwort zurückzusetzen, sollten Sie das Speichermedium an einem sicheren Ort aufbewahren.

Kommt irgendwann der Tag, an dem Sie sich beim besten Willen nicht mehr an Ihr Kennwort erinnern, erscheint nach einem missglückten Login-Versuch neben einem eventuell angegebenen Kennworthinweis auch noch die Option *Kennwort zurücksetzen* auf dem Bildschirm. Nachdem Sie die Option angeklickt haben, öffnet sich ein Assistent, der Sie dazu auffordert, Ihre Kennwortrücksetzdiskette einzulegen und Ihnen dann die Möglichkeit verschafft, ein neues Kennwort anzulegen.

Benutzerkonten einrichten und verwalten

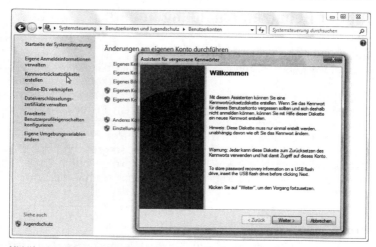

Mithilfe einer Kennwortrücksetzdiskette können Sie Ihr Kennwort im Notfall löschen und dann ein neues anlegen.

WEITERE HINWEISE

Die Kennwortrücksetzdiskette gilt ausschließlich für das Konto, für das sie erstellt wurde und behält selbst dann Gültigkeit, wenn Sie zwischenzeitlich Ihr Kennwort geändert haben. Andere Benutzerkonten lassen sich damit allerdings nicht zurücksetzen, sodass Sie für jedes Konto eine eigene Diskette erstellen müssen.

Art der Benutzeranmeldung ändern

DAS PROBLEM
Auf dem Windows Anmeldebildschirm sind normalerweise alle auf dem System eingerichteten und aktiven Benutzerkonten samt Symbolbild und Benutzernamen aufgelistet. Wenn Sie aus Sicherheitsgründen verhindern wollen, dass alle auf dem PC eingerichteten Benutzer im Anmeldefenster sichtbar sind, können Sie die Art der Benutzeranmeldung unter Windows 7 Ultimate, Professional und Enterprise auf Wunsch ändern und so dafür sorgen, dass sich die Benutzer (ähnlich wie bei Windows 2000) explizit durch Eingabe ihres Benutzernamens und des dazugehörigen Kennwortes anmelden müssen.

DER TIPP
Um die Art der Benutzeranmeldung zu ändern, öffnen Sie über *Start > Systemsteuerung > System und Sicherheit > Verwaltung > Lokale Sicherheitsrichtlinie > Lokale Richtlinien > Sicherheitsoptionen* die Sicherheitsrichtlinien für diesen Computer und suchen dort nach dem Eintrag *Interaktive Anmeldung: Letzten Benutzernamen nicht anzeigen*. Öffnen Sie den Eintrag per Doppelklick und setzen Sie dessen Wert auf *Aktiviert*.

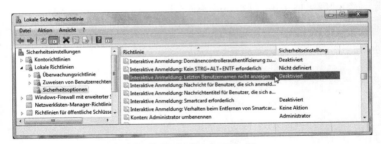

Mit diesem Eintrag verändern Sie die Art der Benutzeranmeldung.

Danach erscheint auf dem Anmeldebildschirm statt den Symbolen der auf dem PC eingerichteten Benutzer eine Eingabemaske, in der Sie und alle anderen Benutzer fortan den Benutzernamen samt dem dazugehörigen Kennwort manuell eintippen müssen.

Am Anmeldebildschirm müssen sich Benutzer fortan durch Eingabe des Benutzernamens und Kennworts ins System einloggen.

WEITERE HINWEISE

Die Änderungen an der Art der Benutzeranmeldung wirken sich sinnigerweise auf alle Benutzer aus. Wenn Sie wollen, können Sie durch das Deaktivieren der Option *Interaktive Anmeldung: Kein STRG + ALT + ENTF erforderlich* regeln, dass sich Benutzer am Anmeldebildschirm erst nach dem Drücken dieser Tastenkombination anmelden dürfen, was verhindert, dass andere deren Kennwörter abhören oder ausspionieren können.

Geeignet für folgende Windows-7-Versionen				
○ Home Basic	○ Home Premium	● Professional	● Enterprise	● Ultimate

Kapitel 4: Benutzerkonten & Jugendschutz

Benutzerkonten vorübergehend deaktivieren

DAS PROBLEM
Wenn Sie dafür sorgen wollen, dass ein Konto vorübergehend nicht mehr verwendet werden kann, müssen Sie es dazu nicht zwangsläufig löschen, sondern können es bei Bedarf der Einfachheit halber deaktivieren.

DER TIPP
Um ein Benutzerkonto zu deaktivieren, öffnen Sie über *Start > Systemsteuerung > System und Sicherheit > Verwaltung > Computerverwaltung > Lokale Benutzer und Gruppen > Benutzer* die erweiterte Benutzerverwaltung und aktivieren nach einem Doppelklick auf das Konto in dessen *Eigenschaften* die Option *Konto ist deaktiviert*. Das Konto bleibt dabei zwar mit all seinen Einstellungen und Daten erhalten, wird aber auf dem Anmeldebildschirm nicht mehr angezeigt und kann auch aus dem Netzwerk heraus nicht mehr zum Login verwendet werden, bis Sie das Häkchen wieder entfernen und das Konto somit wieder verfügbar machen.

WEITERE HINWEISE
Das vordefinierte Administratorkonto des Systems lässt sich auf diese Weise nicht komplett deaktivieren. Sollte aus unerfindlichen Gründen mit Ausnahme des Administratorkontos kein anderer Administrator mehr auf dem Rechner existieren, wird das Konto automatisch aktiviert – und zwar auch dann, wenn Sie es zuvor manuell deaktiviert haben.

Geeignet für folgende Windows-7-Versionen

| ○ Home Basic | ○ Home Premium | ● Professional | ● Enterprise | ● Ultimate |

Benutzern bei der Anmeldung eine Nachricht zukommen lassen

DAS PROBLEM
Bei Bedarf können Sie den Benutzern des PCs eine Nachricht hinterlassen, um diesen bei der Anmeldung am System so z. B. mitzuteilen, was sie auf dem Rechner anstellen dürfen und was nicht, welche Aufgaben sie nach dem ersten Login zu tätigen haben usw.

DER TIPP
Wenn Sie über *Start > Systemsteuerung > System und Sicherheit > Verwaltung > Lokale Sicherheitsrichtlinie > Lokale Richtlinien > Sicherheitsoptionen* die Sicherheitsrichtlinien des PCs öffnen, haben Sie über die Option *Interaktive Anmeldung: Nachricht für Benutzer, die sich anmelden wollen* die Möglichkeit, Benutzern auf dem Anmeldebildschirm eine Nachricht zu hinterlassen. Den Nachrichtentext können Sie dabei völlig frei eingeben und ihm über den Eintrag *Interaktive Anmeldung: Nachrichtentitel für Benutzer, die sich anmelden wollen* bei Bedarf auch noch eine Überschrift verpassen. Haben Sie einen Nachrichtentext und eventuell auch einen dazugehörigen Titel eingegeben, erscheint dieser nach dem nächsten Booten des PCs automatisch auf dem Bildschirm. Um zum Anmeldebildschirm zu gelangen (egal, ob beim Systemstart oder nach einem Benutzerwechsel aus dem laufenden System), müssen die Benutzer ab sofort bestätigen, dass sie den Text gelesen haben und können sich erst danach am System anmelden.

WEITERE HINWEISE
Die Nachricht ist für alle Benutzer die gleiche. Die Option ist also nicht dazu gedacht, einzelnen Nutzern private Mitteilungen zukommen zu lassen.

Geeignet für folgende Windows-7-Versionen

○ Home Basic	○ Home Premium	● Professional	● Enterprise	● Ultimate

Benutzerkonten löschen

DAS PROBLEM
Wenn ein Benutzerkonto nicht mehr benötigt wird, können Sie es bei Bedarf jederzeit löschen, um so zu verhindern, dass andere mit diesen Zugangsdaten auf das System zugreifen können und dafür zu sorgen, dass der vom ehemaligen Benutzer belegte Speicherplatz auf der Festplatte wieder für andere Zwecke freigegeben wird.

DER TIPP
Um ein Benutzerkonto zu löschen, öffnen Sie über *Start > Systemsteuerung > Benutzerkonten und Jugendschutz > Benutzerkonten > Andere Konten verwalten* die Übersicht der auf dem System installierten Benutzerkonten. Wenn Sie das gewünschte Konto hier auswählen und im Fenster *Änderungen am Konto von Benutzer durchführen* auf die Option *Konto löschen* klicken, können Sie anschließend selbst entscheiden, ob lediglich das Konto oder auch dessen persönliche Dateien und Einstellungen gelöscht werden sollen.

Wollen Sie nur den Benutzer oder auch dessen Dateien löschen?

WEITERE HINWEISE
Wenn Sie über die Option *Dateien löschen* die Benutzerdateien des zu löschenden Kontos entfernen, wird der Benutzerordner *C:\Benutzer\Benutzername* unwiderruflich vom System gelöscht. Vergewissern Sie sich also zuvor, dass sich im Ordner des Benutzers keine Daten mehr befinden. Entscheiden Sie sich aus Sicherheitsgründen dafür, die Dateien vorerst beizubehalten, können Sie den Benutzerordner später auch noch manuell aus dem Dateiexplorer heraus löschen.

Jugendschutz

Mithilfe der in Windows 7 integrierten Jugendschutzfunktionen können Sie für jedes Benutzerkonto explizit definieren, was der Anwender auf dem System tun darf und was nicht. In den folgenden Abschnitten erfahren Sie, wie Sie die Jugendschutzregeln für ein Konto aktivieren und konfigurieren, ein für Ihre Bedürfnisse taugliches Freigabesystem für Spiele auswählen und so dafür sorgen können, dass Ihre Kinder nur genau die Dinge tun dürfen, die ihrem Alter auch wirklich gerecht sind.

Abgesehen vom Schutz Ihrer Kinder, lassen sich die Jugendschutzfunktionen von Windows aber auch dazu nutzen, für jeden einzelnen Benutzer gezielt zu regeln, welche Programme er benutzen kann und zu welchen Zeiten er den PC überhaupt verwenden darf. Wie Sie all diese Features nutzen, vernünftig konfigurieren und den Jugendschutz bei Bedarf durch weitere Funktionen ergänzen, erfahren Sie anhand der folgenden Tipps und Hinweise.

Richten Sie Jugendschutzregeln für einzelne Benutzerkonten ein.

Jugendschutz für ein Benutzerkonto aktivieren

DAS PROBLEM
In den Grundeinstellungen ist der Jugendschutz für neu eingerichtete Benutzerkonten deaktiviert. Wollen Sie gezielt bestimmen, welche Programme und Spiele ein Benutzer auf dem PC ausführen darf oder zu welchen Zeiten einzelnen Nutzern der Zugriff aufs System überhaupt erst gestattet werden soll, müssen Sie den Jugendschutz für das gewünschte Konto zunächst einmal manuell aktivieren.

DER TIPP
Um den Jugendschutz für ein Benutzerkonto zu aktivieren, öffnen Sie über *Start > Systemsteuerung > Benutzerkonten und Jugendschutz > Jugendschutz* eine Übersicht aller auf dem System eingerichteten Benutzerkonten. Wählen Sie das gewünschte Konto aus und aktivieren dann im Fenster *Legen Sie fest, wie [Benutzer] den Computer verwenden darf* unter dem Punkt *Jugendschutz* die Option *Ein – Einstellungen erzwingen*.

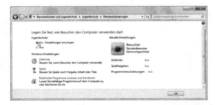

Aktivieren Sie den Jugendschutz für das ausgewählte Benutzerkonto.

WEITERE HINWEISE
Der Jugendschutz lässt sich ausschließlich für normale Benutzerkonten und selbst angelegte Gastkonten aktivieren. Beim vordefinierten Gastkonto ist keine Konfiguration der Jugendschutzfeatures vorgesehen, weshalb sich der Jugendschutz für dieses Konto nicht einschalten lässt. Wollen Sie effektiven Jugendschutz betreiben, muss das Gastkonto komplett deaktiviert bleiben, damit dieses nicht als Umgehungsstraße für den Zugriff auf für das eigene Konto gesperrte Funktionen genutzt werden kann.

Geeignet für folgende Windows-7-Versionen				
● Home Basic	● Home Premium	● Professional	● Enterprise	● Ultimate

Zeitlimits – Benutzerzeiten einstellen

Das Problem
Wenn Sie den Jugendschutz für ein Benutzerkonto aktiviert haben, können Sie detailliert festlegen, an welchen Tagen und zu welchen Zeiten der entsprechende Benutzer den Rechner nutzen darf.

Der Tipp
Um die Zeitlimits für einen Benutzer zu konfigurieren, öffnen Sie über *Start > Systemsteuerung > Benutzerkonten und Jugendschutz > Jugendschutz > Name des Benutzerkontos* die Jugendschutzeinstellungen des gewünschten Kontos und klicken im Fenster *Legen Sie fest, wie Benutzer den Computer verwenden darf* auf die Option *Zeitlimits*. Anhand der Tabelle können Sie nun genau festlegen, an welchen Wochentagen und zu welchen Uhrzeiten der Benutzer den Computer verwenden darf. Sie brauchen dazu nichts weiter zu tun, als die entsprechenden Felder mithilfe der Maus blau bzw. weiß zu markieren. Zu blau markierten Zeiten wird der Zugriff auf den Computer mit einer entsprechenden Meldung blockiert.

Weitere Hinweise
Ist der Benutzer am System angemeldet, während ein Zeitlimit in Kraft tritt, wird er auf den Anmeldebildschirm zurückgeworfen, ohne dabei vollständig abgemeldet zu werden. Als Administrator des Systems sollten Sie nicht vergessen, den entsprechenden Benutzer standesgemäß abzumelden und eventuell noch geöffnete Arbeiten zu speichern, bevor Sie den PC herunterfahren – ansonsten könnten wichtige Daten verloren gehen. Wollen Sie die Zeitlimits später wieder aufheben, brauchen Sie nichts weiter zu tun, als alle Felder weiß zu markieren und das Feature somit wieder zu deaktivieren.

Geeignet für folgende Windows-7-Versionen

● Home Basic	● Home Premium	● Professional	● Enterprise	● Ultimate

Festlegen, welche Spiele gespielt werden dürfen

DAS PROBLEM
Mithilfe des Jugendschutzfeatures von Windows 7 können Sie genau festlegen, welche Spiele ein Benutzer spielen darf. Ob Sie dabei auf eines der Spielefreigabesysteme zurückgreifen oder lieber manuell bestimmen, ob und wenn ja, welche Spiele erlaubt sind, bleibt Ihnen überlassen.

DER TIPP
Wenn Sie über *Start > Systemsteuerung > Benutzerkonten und Jugendschutz > Jugendschutz > Name des Benutzerkontos* die Jugendschutzeinstellungen eines Kontos öffnen, können Sie nach einem Klick auf den Eintrag *Spiele* im Fenster *Steuern Sie, welche Spiele [Benutzer] spielen darf* zunächst definieren, ob der Zugriff auf die im Spieleexplorer gelisteten Spiele erlaubt werden soll oder nicht. Über die Option *Spielfreigaben festlegen* können Sie anhand des von Ihnen ausgewählten Spielebewertungssystems bestimmen, bis zu welcher Altersfreigabe Spiele zugelassen werden. Je nach gewähltem System, stehen Ihnen hier auch noch zusätzliche Einstellungen zur Auswahl, mit denen sich Spiele nicht nur nach der Altersfreigabe, sondern auch nach bestimmten Inhalten wie z. B. Gewalt oder Sexdarstellungen blockieren lassen. Ansonsten können Sie sich über die Option *Bestimmte Spiele zulassen oder blockieren* auch eine Liste aller im Spieleexplorer gelisteten Spiele anzeigen lassen und dann genau definieren, ob diese zugelassen werden sollen. Auf diese Weise lassen sich auf Wunsch einzelne Spiele gezielt blocken oder freigeben – unabhängig davon, ob diese den unter Spielfreigaben getätigten Einstellungen und Anforderungen entsprechen oder nicht.

Jugendschutz

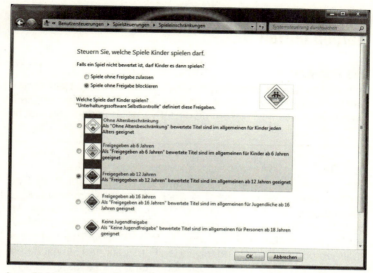

Legen Sie hier fest, welche Spiele zugelassen werden.

WEITERE HINWEISE

Bedenken Sie, dass sich die Einstellungen nur auf die Spiele auswirken, die Windows 7 auch wirklich als Spiele erkannt hat. Spiele, die nicht im Spieleexplorer auftauchen, lassen sich über die Option *Bestimmte Programme zulassen und blocken* reglementieren (siehe Tipp: *Bestimmen, welche Programme genutzt werden dürfen*).

Bestimmen, welche Programme genutzt werden dürfen

Das Problem
Mithilfe des Jugendschutzfeatures können Sie nicht nur bestimmen, welche Spiele von einem Benutzer gespielt werden dürfen, sondern auch regeln, welche Programme dieser verwenden darf und welche nicht.

Der Tipp
Um zu bestimmen, welche Programme ein Benutzer auf Ihrem System verwenden darf, öffnen Sie über *Start > Systemsteuerung > Benutzerkonten und Jugendschutz > Jugendschutz > Name des Benutzerkontos* die Jugendschutzeinstellungen des gewünschten Kontos und klicken dort auf den Eintrag *Bestimmte Programme zulassen und blockieren*. Im folgenden Fenster finden Sie nach dem Aktivieren der Option *Benutzer darf nur die zugelassenen Programme verwenden* eine Liste aller auf dem PC installierten Programme. Um ein Programm für diesen Benutzer zuzulassen, genügt es, das Häkchen vor dem entsprechenden Eintrag zu setzen. Alle anderen Programme bleiben für diesen Benutzer grundsätzlich gesperrt und können von ihm nicht gestartet werden.

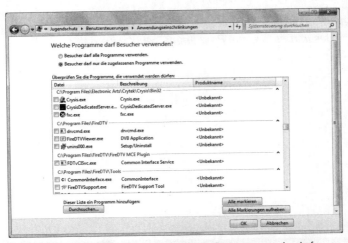

Legen Sie fest, welche Programme der ausgewählte Benutzer verwenden darf.

Jugendschutz

WEITERE HINWEISE

Sollten sich auf Ihrem PC Anwendungsprogramme oder Spiele befinden, die ohne vorherige Installation lauffähig sind, können Sie diese unter dem Punkt *Dieser Liste ein Programm hinzufügen* über die Schaltfläche *Durchsuchen* manuell zur Liste hinzufügen und den Zugriff danach auch für diese Programme gezielt reglementieren.

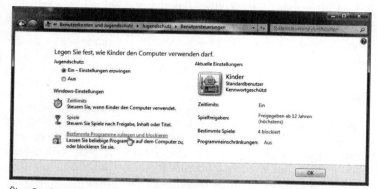

Über *Bestimmte Programme zulassen und blockieren* gelangen Sie zu den Einstellmöglichkeiten.

Jugendschutz für den Windows Media Player aktivieren

DAS PROBLEM
Mit den Jugendschutzeinstellungen von Windows 7 lässt sich lediglich der Zugriff auf Spiele und Programme regulieren. Wollen Sie zusätzlich sicherstellen, dass sich Ihr Kind mit dem Windows Media Player nur DVD-Filme anschauen kann, die für sein Alter zugelassen sind, müssen Sie diese Option aus dem Programm heraus aktivieren.

DER TIPP
Wenn Sie den Windows Media Player über *Start > Alle Programme > Windows Media Player* öffnen, können Sie aus der Menüleiste im Kopf der Medienbibliothek den Punkt *Organisieren* die *Optionen* des Programms aufrufen, können Sie dort auf dem Register *DVD* unter dem Punkt *DVD-Wiedergabebeschränkungen* festlegen, ob der Media Player DVDs, die eine bestimmte Altersfreigabe überschreiten, abspielen darf oder nicht. Da sich die Altersbeschränkung nur mit Administratorrechten ändern lässt, ist somit zumindest theoretisch sichergestellt, dass Ihre Kinder sich keine DVDs anschauen können, die nicht explizit für ihr Alter freigegeben wurden. In der Praxis funktioniert das Jugendschutzfeature des Windows Media Players leider nur bei Titeln, zu denen die Abspielsoftware in der Datenbank wirklich Altersinformationen findet, was leider bei Weitem nicht immer der Fall ist.

WEITERE HINWEISE
Damit das Ganze überhaupt funktioniert, sollten Sie darauf achten, dass alle Benutzerkonten des PCs durch ein Kennwort geschützt sind und das vordefinierte Gastkonto des Systems deaktiviert wurde. Davon abgesehen, sollten die Kinder natürlich auch keinen Zugriff auf DVD-Abspielprogramme erhalten, bei denen sich kein Jugendschutz aktivieren lässt. Sollte Ihnen das Jugendschutzfeature des Windows Media Players nicht ausreichend Schutz bieten, können

Jugendschutz

Sie Ihren Kindern über die Jugendschutzeinstellungen von Windows bei Bedarf den Zugriff auf dieses Programm verbieten und stattdessen das Windows Media Center als DVD-Abspielsoftware nutzen, dessen Schutzfunktionen deutlich zuverlässiger greifen.

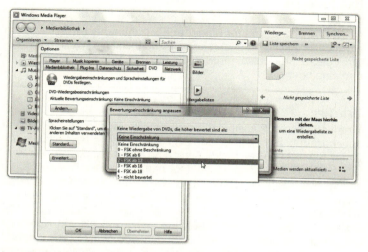

Legen Sie Altersbeschränkungen für die Wiedergabe von DVDs fest.

Geeignet für folgende Windows-7-Versionen

| ⊙ Home Basic | ● Home Premium | ● Professional | ● Enterprise | ● Ultimate |

Erweiterter Jugendschutz mit Windows Live Family Safety

DAS PROBLEM
Im Gegensatz zu Windows Vista ist bei Windows 7 weder ein Webfilter zum Ausfiltern von für Kinder ungeeigneten Internetseiten noch ein Tool zur Aktivitätsberichterstattung vorinstalliert. Wollen Sie Features dieser Art nutzen, müssen Sie diese erst nachträglich ins System einbinden.

DER TIPP
Eine von Microsoft kostenlos bereitgestellte Möglichkeit, effektiven Jugendschutz zu betreiben und die bereits integrierten Features um einige nützliche Zusatzfunktionen zu erweitern, ist das zu den *Windows Live Essentials* gehörige Tool namens *Windows Live Family Safety*. Nachdem Sie die Windows Live Essentials von der Adresse *http://download.live.com/* heruntergeladen, dort eine Windows-Live-ID eingerichtet und den zum Paket gehörigen Family Safety-Filter installiert haben, fügt sich dieser fast nahtlos in die von Haus aus mitgebrachten Jugendschutzfunktionen von Windows 7 ein und ergänzt diese um Zusatzfeatures wie z. B. einen Webfilter und eine Aktivitätsberichterstattung mithilfe der Sie genau kontrollieren können, was Ihr Kind oder ein anderer zur Überwachung ausgewählter Benutzer auf dem PC getrieben hat, welche Internetseiten er aufgerufen hat oder aufrufen wollte usw.

Der *Windows Live Family Safety-Filter* lässt sich zwar über die Jugendschutzeinstellungen Ihres Systems steuern, wird im Prinzip aber nicht dort, sondern online konfiguriert. Nachdem Sie ein Windows Live Konto eingerichtet und sich bei diesem Dienst angemeldet haben, können Sie darin genau festlegen, welche Benutzer Ihres PCs als Eltern (mit Zugriff auf die Family Safety-Einstellungen) und welche als Kinder behandelt werden sollen, ob Sie einen Aktivitätsbericht wünschen, welche Internetseiten geblockt oder zugelassen werden usw.

Jugendschutz

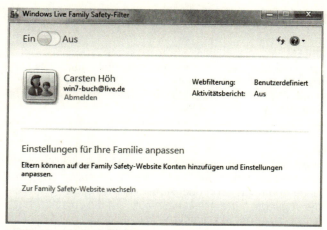

Der Windows *Live Family Safety*-Filter

WEITERE HINWEISE

Nach der Aktivierung des Filters wird zunächst der Aufruf aller Internetseiten komplett gesperrt. Die Sperre wird erst gelöst, nachdem sich ein Benutzer des bei diesem Dienst registrierten PCs ordnungsgemäß angemeldet hat. Danach kann er dann lediglich die Seiten aufrufen, die ihm anhand des von einem Eltern-Konto aus erstellten Regelwerks erlaubt wurden. Das wirkt zwar etwas lästig, ist aber die einzige Möglichkeit, einen wirklich guten Schutz zu gewähren. Bei Bedarf können Sie die Anmeldung am Dienst durch das Speichern des Kennworts und das Setzen des entsprechenden Häkchens auch automatisieren.

Geeignet für folgende Windows-7-Versionen				
● Home Basic	● Home Premium	● Professional	● Enterprise	● Ultimate

Kapitel 4: Benutzerkonten & Jugendschutz

Jugendschutz im Windows Media Center

DAS PROBLEM
Neben dem Windows Media Player besitzt natürlich auch das Windows Media Center die Möglichkeit, auf eine Datenbank mit Altersfreigaben für DVD-Filme zurückzugreifen und deren Wiedergabe zum Schutze der Jugend zu reglementieren.

DER TIPP
Um die Jugendschutzfeatures des Media Centers zu aktivieren, öffnen Sie das Media Center über *Start > Alle Programme > Windows Media Center* und rufen dann über *Aufgaben > Einstellungen > Allgemein* die *Jugendschutzeinstellungen* auf. Um die Jugendschutzregeln aktivieren und konfigurieren zu können, müssen Sie zunächst ein 4-stelliges, aus Ziffern bestehendes Kennwort anlegen. Anschließend können Sie über den Punkt *DVD-Bewertungen* die *Filmblockierung aktivieren* und danach angeben, bis zu welcher Altersklasse DVD-Filme auf diesem Konto abgespielt werden dürfen und ob nicht bewertete Filme automatisch blockiert werden sollen oder nicht.

Bestimmen Sie, welche DVDs im *Media Center* abgespielt werden dürfen.

WEITERE HINWEISE
Haben Sie einen Media Center tauglichen TV-Empfänger ins System integriert, können Sie in den Jugendschutzeinstellungen des Programms über den Punkt *TV-Bewertungen* zusätzlich bestimmen, ob und wenn ja, ab welchem Alter geeignete Sendungen geschaut werden dürfen. Um später Änderungen an den Jugendschutzeinstellungen vornehmen oder auf dem Konto *Medien* wiedergeben zu können, die nicht für die zuvor festgelegte Altersgruppe geeignet sind, müssen Sie sich zuerst jeweils durch Angabe des 4-stelligen Kennworts authentifizieren.

Geeignet für folgende Windows-7-Versionen				
○ Home Basic	● Home Premium	● Professional	● Enterprise	● Ultimate

Kapitel 5
Ordner, Dateien und Suchoptionen

Dateien und Ordner sind der Dreh- und Angelpunkt eines jeden Betriebssystems. In diesem Kapitel erfahren Sie, wie sich die vorgefertigten Benutzerordner dazu nutzen lassen, auch auf lange Sicht Ordnung im Wust Ihrer eigenen Dateien zu halten, wie Sie mithilfe von virtuellen Bibliotheken, Linkfavoriten oder auf der Taskleiste angehefteten Verknüpfungen und Symbolleisten jederzeit bequem auf wichtige Ordner zugreifen können, wie sich die Eigenschaften von Ordnern und Dateien anpassen und zur besseren Übersicht mit Detailinformationen erweiterten und so für den effektiven Einsatz der Suchfunktionen von Windows 7 optimieren lassen.

Davon abgesehen, finden Sie hier aber auch noch nützliche Tipps zum Umgang und zur Konfiguration des Papierkorbs, erfahren, was es mit den so genannten Schattendateien auf sich hat und wie Sie diese Sicherungskopien dazu nutzen können, den ursprünglichen Zustand einer Datei jederzeit wiederherzustellen, wie Sie mithilfe präziser Suchanfragen nicht nur einzelne Dateien und Ordner, sondern auch gleich alle zu einem Thema gehörigen Elemente ausfindig machen können usw.

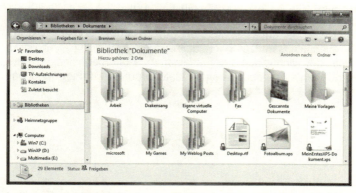

In diesem Kapitel erfahren Sie alles, was Sie über den Umgang mit Ordnern, Dateien und die Suchfunktionen von Windows 7 wissen müssen.

Kapitel 5: Ordner, Dateien und Suchoptionen

Benutzerordner und eigene Dateien

Unter Windows 7 bekommt jeder Benutzer einen eigens für ihn reservierten Benutzerordner, in dessen Unterverzeichnissen neben seinen persönlichen Einstellungen auch spezielle Unterverzeichnisse für die eigenen Dokumente, Musik, Videos und sonstige Elemente übersichtlich sortiert aufbewahrt werden können.

Jeder Benutzer erhält einen eigenen Ordner für seine persönlichen Dateien und Einstellungen.

In den folgenden Abschnitten finden Sie Tipps und Hinweise zum Umgang mit Ihren eigenen Dateien und Benutzerordnern. Sie erfahren außerdem, wo welche Dateitypen normalerweise gespeichert werden, wie Sie ausgewählte Verzeichnisse des Benutzerordners bei Bedarf auf ein anderes Laufwerk verschieben können, was es mit den öffentlichen Ordnern auf sich hat und wie sich diese sinnvoll nutzen lassen. Weiterhin erfahren Sie, wie Sie die Vorlage für neue Benutzerordner anpassen können, um so dafür zu sorgen, dass ein neu erstellter Benutzer nach der ersten Anmeldung am System bereits die wichtigsten Internetfavoriten, Dokumentvorlagen oder Verknüpfungen zu ausgelagerten Datenarchiven vorfindet und was Sie bei all diesen Dingen beachten sollten.

Jeder Benutzer bekommt seine eigenen Dateien

DAS PROBLEM

Genau wie bei Windows 2000, Windows XP und Windows Vista bekommt auch unter Windows 7 jeder Benutzer einen eigenen Ordner, in dem seine ganz persönlichen Dateien und Einstellungen gespeichert und archiviert werden können.

DER TIPP

Wenn Sie einen neuen Benutzer erstellen, wird bei dessen erstem Login im Verzeichnis *C:\Benutzer* ein neuer Benutzerordner mit dem Namen seines Benutzerkontos erstellt. Abgesehen davon, dass Windows in diesem Ordner alle persönlichen Einstellungen (wie z. B. Programmeinstellungen, Desktopsymbole, persönliche Einträge im Startmenü, E-Mails, Internetfavoriten, Kontakte usw.) ablegt, können die automatisch erstellten Unterordner (wie z. B. Dokumente, Videos, Musik usw.) für die Archivierung persönlicher Dateien verwendet werden. Mit Ausnahme von Administratoren, kann kein anderer Benutzer auf fremde Benutzerordner zugreifen, wodurch sichergestellt wird, dass niemand im Konto eines anderen Benutzers herumpfuschen, Daten ausspionieren oder sonstige Dinge tun kann, die ihn eigentlich nichts angehen.

WEITERE HINWEISE

Als Administrator können Sie auch auf fremde Benutzerordner zugreifen, müssen dann aber bei wichtigen Änderungen jeweils bestätigen, dass Sie diesen Vorgang wirklich durchführen wollen.

Geeignet für folgende Windows-7-Versionen

| ● Home Basic | ● Home Premium | ● Professional | ● Enterprise | ● Ultimate |

Eigene Musik- und Videoarchive auslagern

DAS PROBLEM
Besitzen Sie eine größere Musik- oder Videosammlung, ist es sinnvoll, diese Dateien nicht im eigenen Benutzerordner zu speichern, sondern auf ein anderes Laufwerk auszulagern. Wenn Sie das Archiv dann als Verknüpfung zum entsprechenden Ordner hinzufügen oder es in die dazugehörige virtuelle Bibliothek integrieren, kann anschließend auch Ihre Musik- und Videoabspielsoftware ungehindert darauf zugreifen, während Sie auf Ihrem Systemlaufwerk ausreichend Platz zum Arbeiten freihalten.

DER TIPP
Um Ihre Musik- oder Videosammlung auszulagern, erstellen Sie auf einem anderen Laufwerk einfach einen neuen Ordner, dem Sie einen eindeutigen Namen wie z. B. Musikarchiv oder Videoarchiv verpassen und verschieben die gewünschten Dateien dorthin. Klicken Sie den Ordner anschließend mit der rechten Maustaste an und wählen Sie die Option *Verknüpfung erstellen*. Diese Verknüpfung verschieben Sie dann kurzerhand in den Ordner *C:\Benutzer\Benutzername\Videos* bzw. *C:\Benutzer\Benutzername\Musik*. Danach können Sie sowohl über die Startmenüeinträge *Musik* bzw. *Videos* als auch aus entsprechenden Abspielprogrammen heraus bequem auf Ihre ausgelagerten Multimediaarchive und die darin befindlichen Dateien zugreifen.

Alternativ nutzen Sie die virtuellen Bibliotheken von Windows 7, um ans gleiche Ziel zu gelangen. Öffnen Sie dazu über die entsprechende Programmschaltfläche auf der Taskleiste den *Windows-Explorer*, öffnen Sie dort ihre *Bibliotheken* und klicken Sie dann die gewünschte Bibliothek mit der rechten Maustaste an. Nachdem Sie die Eigenschaften der Bibliothek geöffnet haben, können Sie über die Schaltfläche *Ordner hinzufügen* beliebige Ordner in die Bibliothek integrieren.

Benutzerordner und eigene Dateien

Fügen Sie Ihrer virtuellen Musik-Bibliothek zusätzliche Ordner hinzu.

WEITERE HINWEISE

Bedenken Sie dabei, dass außerhalb Ihres Benutzerordners gespeicherte Dateien nicht von der Benutzerkontensteuerung geschützt werden und somit auch ohne Nachfrage von anderen Benutzern eingesehen und bearbeitet und gegebenenfalls auch einfach gelöscht werden können. Dateien, die ausschließlich für Sie selbst verfügbar sein sollen, müssen Sie also direkt im entsprechenden Ordner Ihres Benutzerkontos speichern.

Geeignet für folgende Windows-7-Versionen

● Home Basic   ● Home Premium   ● Professional   ● Enterprise   ● Ultimate

Eigene Benutzerordner verlegen

DAS PROBLEM
Um auf Ihrem Systemlaufwerk möglichst viel Platz freizuhalten, können Sie bei Bedarf einzelne Benutzerordner komplett auf ein anderes Laufwerk verlegen.

DER TIPP
Um einen Benutzerordner wie z. B. *C:\Benutzer\Benutzername\Eigene Bilder* auf ein anderes Laufwerk zu verlegen, klicken Sie diesen wahlweise im Dateiexplorer oder im Startmenü des jeweiligen Benutzers mit der rechten Maustaste an und öffnen dessen *Eigenschaften*. Im Fenster *Eigenschaften von Benutzerordner* können Sie auf dem Register *Pfad* den aktuellen Speicherort dieses Benutzerordners ablesen, wobei dieser hier mit seinem englischen Namen angezeigt wird (der Pfad zum Ordner *Bilder* lautet also z. B. *C:\Users\Benutzername\Pictures*).

Bestimmen Sie selbst, wo Ihre eigenen Dateien gespeichert werden sollen.

Über die Schaltfläche *Verschieben* können Sie den Benutzerordner mitsamt den aktuell darin befindlichen Dateien auf ein anderes Laufwerk und in ein Verzeichnis Ihrer Wahl verschieben – z. B. *D:\Benutzername\Bilder*. Wollen Sie den Benutzerordner später wieder mitsamt seinem Inhalt in sein Stammverzeichnis auf dem Systemlaufwerk verfrachten (also nach *C:\Users\Benutzername\Pictures*), genügt ein Klick auf die Schaltfläche *Wiederherstellen*.

WEITERE HINWEISE

Wenn Sie den Benutzerordner auf ein anderes Laufwerk verschieben, wird dieser nicht mehr von der Benutzerkontensteuerung überwacht. Die darin befindlichen Dateien können also von jedem Benutzer gelesen und ausgeführt werden. Um dies zu ändern, müssen Sie gegebenenfalls die Berechtigungen für den Zugriff auf diesen Ordner anpassen und festlegen, dass der Zugriff lediglich Ihnen und bei Bedarf auch den Administratoren gestattet wird (siehe Tipp: *Zugriffsberechtigungen für einzelne Ordner definieren*).

Geeignet für folgende Windows-7-Versionen

| ● Home Basic | ● Home Premium | ● Professional | ● Enterprise | ● Ultimate |

Zugriffsberechtigungen für eigene Ordner definieren

DAS PROBLEM
Wenn Sie wollen, können Sie unter Windows 7 gezielt Ordner einrichten, auf die lediglich Sie oder ausgewählte Benutzer und Benutzergruppen zugreifen dürfen.

DER TIPP
Wurde ein Laufwerk mit dem NTFS-Dateisystem formatiert, können Sie für dieses oder darauf befindliche Ordner und Dateien ganz gezielte Zugriffsberechtigungen definieren. Um festzulegen, wer auf einen Ordner zugreifen darf, öffnen Sie per Rechtsklick dessen *Eigenschaften* und wechseln anschließend zum Register *Sicherheit*. Unter dem Punkt *Gruppen- oder Benutzernamen* wird Ihnen nun eine Liste von Benutzern und Benutzergruppen angezeigt, denen der Zugriff auf diesen Ordner aktuell erlaubt ist. Bei Ihren eigenen Benutzerordnern stehen hier in der Regel zunächst lediglich die Einträge *System*, *Administratoren* und Ihr *Benutzername,* während auf 'normale' Ordner unter anderem auch *Authentifizierte Benutzer* und alle auf dem System eingerichteten *Benutzer* zugreifen dürfen.

Durch einen Klick auf die Schaltfläche *Bearbeiten* bekommen Sie die Möglichkeit, die Zugriffsberechtigungen für diesen Ordner bis ins Detail zu konfigurieren. Wenn Sie einen Eintrag in der Liste anklicken, können Sie im darunter befindlichen Feld durch das Setzen der entsprechenden Häkchen genau definieren, ob dieser Benutzer bzw. die Benutzergruppe darin befindliche Dateien und Unterordner z. B. nur lesen oder auch verändern darf. Wollen Sie Benutzern oder Benutzergruppen den Zugriff auf den Ordner komplett untersagen, wählen Sie den entsprechenden Eintrag in der Liste aus und klicken anschließend auf die Schaltfläche *Entfernen*, um den Eintrag aus der Liste zu löschen. Über die Schaltfläche *Hinzufügen* lassen sich beliebige Benutzer und Benutzergruppen (z. B. Ihr *Benutzername* oder die gesamte Gruppe der *Benutzer*) zur Liste hinzufügen, für die Sie dann anschließend ebenfalls detaillierte Berechtigungen definieren können. Benutzern oder Benutzergruppen, die in der Liste nicht aufgeführt sind, bleibt der Zugriff prinzipiell verwehrt.

Benutzerordner und eigene Dateien

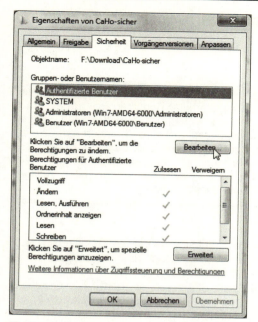

Hier können Sie ganz genau festlegen, wer auf einen Ordner zugreifen darf.

WEITERE HINWEISE

Passen Sie beim Ändern der Zugriffsberechtigungen auf, dass Sie sich nicht aus Versehen selbst aussperren. Der Zugriff sollte zumindest Ihnen und zur Sicherheit auch den *Administratoren* erlaubt bleiben. Wollen Sie den Zugriff auf einen Ordner hingegen für alle Nutzer freigeben, fügen Sie die Benutzergruppe *Jeder* zur Liste hinzu.

Kapitel 5: Ordner, Dateien und Suchoptionen

Default-Benutzerordner – Vorlagen für neue Benutzer

DAS PROBLEM

Wenn Sie einen neuen Benutzer auf dem System anlegen, greift Windows 7 dabei auf ein vorgefertigtes Benutzerprofil zurück, um so auszulesen, welche Desktopsymbole, Internetfavoriten, Eigene Dateien, Bilder und sonstige Elemente diesem neben den Grundelementen von Windows zu Beginn automatisch zur Verfügung stehen sollen. Wenn Sie wollen, können Sie diese Vorlage Ihren Wünschen entsprechend anpassen und sich so beim Anlegen neuer Benutzer eine Menge Arbeit ersparen.

DER TIPP

Im Ordner *C:\Benutzer* befindet sich neben den Benutzerverzeichnissen und dem öffentlichen Ordner auch noch ein versteckter Unterordner namens *Default*. Um den Ordner sichtbar zu machen und darauf zugreifen zu können, öffnen Sie aus dem Explorer-Fenster heraus über *Organisieren > Ordner- und Suchoptionen* die *Ordneroptionen* und aktivieren auf dem Register *Ansicht* unter dem Punkt *Versteckte Dateien und Ordner anzeigen* die Option *Ausgeblendete Dateien, Ordner und Laufwerke anzeigen*. Wechseln Sie anschließend zum Ordner *C:\Benutzer\Default*, wo Sie nun die gleichen Unterverzeichnisse vorfinden, wie in jedem anderen Benutzerordner auch. Wollen Sie, dass neu angelegte Benutzer automatisch auf die ausgelagerte Video-, Foto- oder Musiksammlung zugreifen können, erstellen Sie in den entsprechenden Ordnern eine Verknüpfung zu diesen Verzeichnissen. Wollen Sie Benutzern vom Start an bestimmte Internetseiten zugänglich machen, kopieren Sie die gewünschten Verknüpfungen in den Ordner *Favorites* (bzw. *Favoriten*).

WEITERE HINWEISE

Nachdem Sie den Ordner *Default* angepasst haben, werden die vorgefertigten Elemente fortan automatisch in den Benutzerordner eines neu angelegten Benutzers kopiert, sobald dieser sich das erste Mal am System anmeldet.

Geeignet für folgende Windows-7-Versionen				
● Home Basic	● Home Premium	● Professional	● Enterprise	● Ultimate

Vordefinierte Ordner für Eigene Dateien

Das Problem

In Ihrem Benutzerordner befinden sich einige vordefinierte Unterordner, wobei jeder dieser Ordner einer bestimmten Kategorie von Dateitypen entspricht. Wenn Sie diese Ordnung beibehalten, kommen nicht nur Sie, sondern auch Programme, die auf diese Dateitypen zugreifen wollen, deutlich besser zurecht.

Der Tipp

In Ihrem Benutzerordner *C:\Benutzer\Benutzername* befinden sich von Haus aus folgende Unterordner: *Bilder* (Bilder und Fotos), *Desktop* (Desktopsymbole und Verknüpfungen und sonstige auf dem Desktop angelegte Dateien), *Dokumente* (Dokumente und Schriftstücke aller Art), *Download* (für Downloads aus dem Internet), *Favoriten* (Verknüpfungen zu favorisierten Internetseiten), *Gespeicherte Spiele* (Spielestände und Einstellungen von Computerspielen), *Kontakte* (im Adressbuch eingetragene Kontakte), *Links* (Linkfavoriten des Windows Explorers), *Musik* (Musikdateien aller Art), *Suchvorgänge* (gespeicherte Suchvorgänge) und *Videos* (Videodateien aller Art). Da die meisten Programme in den Grundeinstellungen ebenfalls auf diese Ordnerstruktur zurückgreifen, sodass z. B. Videoabspielprogramme zunächst im Ordner *Videos* auf die Suche nach Filmmaterial gehen, während Musikabspielprogramme im Ordner *Musik* nach Musikdateien suchen und Textverarbeitungen wie Word den Ordner *Dokumente* als voreingestelltes Ziel zum Öffnen und Speichern von Dokumenten verwenden, ist es sinnvoll, die von Windows vorgegebene Ordnerstruktur beizubehalten.

Weitere Hinweise

Wenn Sie eine größere Musik- oder Videosammlung anlegen wollen, können Sie diese bei Bedarf auch auf einer anderen Festplatte lagern und den entsprechenden Ordner dann wahlweise der Musik- bzw. Video-Bibliothek hinzufügen oder im Ordner *Musik* bzw. *Videos* eine Verknüpfung zum Archiv erstellen, um so auf dem Systemlaufwerk ausreichend Speicherplatz freizuhalten (siehe Tipp: *Eigene Musik- und Videoarchive auslagern*).

Geeignet für folgende Windows-7-Versionen				
● Home Basic	● Home Premium	● Professional	● Enterprise	● Ultimate

Kapitel 5: Ordner, Dateien und Suchoptionen

Öffentliche Ordner – Dateien für alle Benutzer

DAS PROBLEM
Auf Ihrem Systemlaufwerk befinden sich im Verzeichnis *C:\Benutzer* nicht nur die persönlichen Ordner der auf dem System angelegten Benutzer, sondern auch noch ein Ordner namens *Öffentlich*. Im Gegensatz zu den persönlichen Dateien der einzelnen Benutzerkonten, kann jeder am System angemeldete Benutzer ungehindert auf diesen Ordner zugreifen, sodass er sich perfekt als Lager für Daten eignet, die für alle Benutzer verfügbar gemacht werden sollen.

DER TIPP
Wollen Sie, dass Dateien (wie z. B. die familiäre Fotosammlung oder Ihr MP3-Archiv) nicht nur für Sie, sondern für alle Benutzer dieses PCs oder bei Bedarf auch des angeschlossenen Netzwerks zugänglich sind, sollten Sie diese nicht in Ihren eigenen Benutzerordnern, sondern im Ordner *C:\Benutzer\Öffentlich* speichern. Im Ordner *Öffentlich* befinden sich, genau wie in jedem anderen Benutzerordner auch, Unterordner wie *Öffentliche Videos*, *Öffentliche Musik*, *Öffentliche Dokumente*, *Öffentliche Bilder* und gegebenenfalls auch noch ein spezieller Ordner, in dem die in den Grundeinstellungen alle *TV-Aufnahmen* des Windows Media Centers gesichert und für alle Nutzer bereitgestellt werden. Damit die Daten auch aus älteren Programmen heraus ohne Umwege für Sie selbst verfügbar bleiben, legen Sie in den entsprechenden Unterordnern Ihres eigenen Benutzerordners einfach entsprechende Verknüpfungen zum Ziel an.

WEITERE HINWEISE
Den Ordner *Öffentlich* und die darin befindlichen Dateien und Verknüpfungen zu anderen Ordnern können Sie über das *Netzwerk- und Freigabecenter* im Bereich der *Erweiterten Freigabeeinstellungen* gezielt im Netzwerk freigeben, um so auch anderen Netzwerkteilnehmern mit entsprechender Berechtigung den Zugriff auf Ihre öffentlichen Dokumente oder die Foto-, Musik- oder Filmsammlung zu ermöglichen (weitere Informationen zum Thema Netzwerk finden Sie in *Kapitel 11: Netzwerk*).

Geeignet für folgende Windows-7-Versionen				
● Home Basic	● Home Premium	● Professional	● Enterprise	● Ultimate

Der Papierkorb

Genau wie in früheren Windows-Versionen, besitzt auch Windows 7 einen Papierkorb, der den Benutzern als Zwischenlager für gelöschte Dateien dient. Wenn Sie Dateien löschen, verschwinden diese nicht einfach im Datennirvana, sondern werden zunächst einmal in den Papierkorb verschoben, damit Sie diese später zur Not noch retten können.

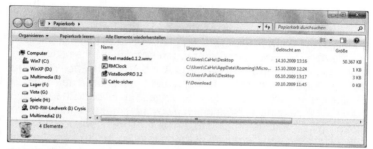

Der *Papierkorb*: das Zwischenlager für gelöschte Dateien

In den folgenden Abschnitten erfahren Sie, wie Sie gelöschte Dateien mit nur einem Klick wiederherstellen können, wie Sie unnötigen Datenballast endgültig vom System entfernen, wie Sie den Papierkorb Ihren Wünschen entsprechend konfigurieren können, um so z. B. die maximale Größe für die Sicherung gelöschter Dateien zu definieren, welche Funktionen sich hinter dem Programmsymbol des Papierkorbs auf dem Desktop verbergen usw.

Funktionen des Papierkorbs

DAS PROBLEM
Wenn Sie Dateien oder auch Ordner löschen, werden diese nicht umgehend vom System entfernt, sondern zunächst einfach nur in den Papierkorb verschoben, von dem aus Sie diese bei Bedarf jederzeit wiederherstellen können.

DER TIPP
In den Grundeinstellungen werden gelöschte Dateien und Ordner zunächst in den Papierkorb verschoben, wo sie so lange verbleiben, bis Sie den Papierkorb leeren und den gesamten Inhalt somit endgültig und unwiderruflich löschen. Wenn Sie den *Papierkorb* auf dem Desktop per Doppelklick öffnen, bekommen Sie eine Übersicht über alle darin befindlichen Dateien angezeigt. Haben Sie eine Datei oder ein Verzeichnis versehentlich gelöscht, genügt es, diese in der Übersicht zu markieren und dann auf *Element wiederherstellen* bzw. *Ausgewählte Elemente wiederherstellen* zu klicken, um die markierten Elemente an ihrem ursprünglichen Speicherort wiederherzustellen. Ist kein Element markiert, können Sie über *Alle Elemente wiederherstellen* bei Bedarf auch den gesamten Inhalt des Papierkorbs wiederherstellen. Sind Sie hingegen absolut sicher, dass Sie die im Papierkorb angesammelten Elemente nicht mehr benötigen, genügt ein Klick auf *Papierkorb leeren*, um alle aufgelisteten Dateien und Ordner endgültig zu löschen und so neuen Speicherplatz auf Ihren Datenträgern freizugeben. Ansonsten lässt sich der Papierkorb aber auch bequem mit einem Rechtsklick auf sein Desktopsymbol leeren.

WEITERE HINWEISE
Die im Papierkorb befindlichen Elemente können Sie auch per Rechtsklick auswählen, um diese dann durch Auswahl der entsprechenden Option gezielt zu löschen oder wiederherzustellen.

Geeignet für folgende Windows-7-Versionen

● Home Basic   ● Home Premium   ● Professional   ● Enterprise   ● Ultimate

Jedes Laufwerk besitzt einen eigenen Papierkorb

DAS PROBLEM
Windows 7 legt für jede Partition einen eigenen Papierkorb an. Der Papierkorb des Desktops dient dabei lediglich als Verwaltungszentrale aller real existierenden Papierkörbe des Systems.

DER TIPP
Im Gegensatz zu älteren Windows-Versionen, wie Windows 2000 oder Windows XP, legt Windows 7 für jede Partition einer Festplatte einen eigenen Papierkorb an, in dem die gelöschten Dateien dann bis zur Leerung des Papierkorbs zwischengelagert werden. Haben Sie eine Festplatte in die Laufwerke *C:*, *D:* und *E:* unterteilt, wird beim Löschen von Dateien also nicht das Laufwerk *C:* mit den Sicherungsdaten der gelöschten Dateien belastet, sondern nur das Laufwerk, von dem die Daten wirklich stammen. Die Papierkörbe von Windows 7 werden dabei jeweils in einem versteckten Ordner namens *$RECYCLE.BIN* im Hauptverzeichnis der einzelnen Laufwerke gespeichert, sind aber nur dann sichtbar, wenn Sie aus dem Explorer-Fenster heraus über *Organisieren > Ordner- und Suchoptionen* die *Ordneroptionen* öffnen und auf dem Register *Ansicht* die Option *Geschützte Systemdateien ausblenden (empfohlen)* deaktiviert haben.

WEITERE HINWEISE
Wenn Sie einen der versteckten Papierkörbe öffnen, wird Ihnen (genau wie beim Papierkorb auf dem Desktop) nicht dessen eigener, sondern eine Zusammenfassung des Inhalts aller Papierkörbe angezeigt. Papierkörbe einzelner Partitionen separat zu löschen, ist also nicht vorgesehen.

Geeignet für folgende Windows-7-Versionen

| ● Home Basic | ● Home Premium | ● Professional | ● Enterprise | ● Ultimate |

Größe des Papierkorbs anpassen

DAS PROBLEM
In den Grundeinstellungen sind für die Papierkörbe jeweils ca. 10 Prozent der Gesamtgröße der einzelnen Partitionen reserviert. Bei Bedarf können Sie selbst bestimmen, wie viel Speicherplatz die Papierkörbe der einzelnen Laufwerke maximal einnehmen dürfen.

DER TIPP
Um die Größe Ihrer Papierkörbe anzupassen, klicken Sie das *Papierkorb*-Symbol auf dem Desktop mit der rechten Maustaste an und öffnen dessen *Eigenschaften*. Auf dem Register *Allgemein* finden Sie eine Übersicht aller Laufwerke Ihres Systems. Wenn Sie ein Laufwerk in der Liste auswählen, können Sie unter dem Eintrag *Einstellungen für den ausgewählten Pfad > Benutzerdefinierte Größe* ablesen, wie viel Speicherplatz dem Papierkorb dieses Laufwerks maximal zugeordnet werden darf. Um den Wert anzupassen, tragen Sie die gewünschte Datenmenge im Feld *Maximale Größe (MB)* ein.

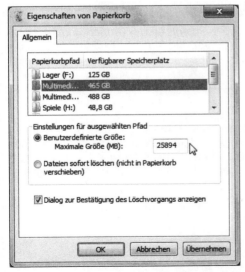

Passen Sie die Größe der Papierkörbe der einzelnen Laufwerke an.

Der Papierkorb

Weitere Hinweise

Wenn Sie den Papierkorb für ein Laufwerk zu klein gestalten, lassen sich größere Dateien nicht mehr in den Papierkorb verschieben. Sie bekommen in solchen Fällen beim Löschen eine entsprechende Warnmeldung angezeigt und müssen dann entscheiden, ob Sie die Datei beibehalten oder unwiderruflich löschen wollen.

Normalerweise können Sie jede Datei in den Papierkorb verschieben – vorausgesetzt, er ist groß genug.

Geeignet für folgende Windows-7-Versionen

Dateien ohne Umweg über den Papierkorb löschen

DAS PROBLEM
Wenn Sie Daten lieber sofort endgültig löschen wollen, anstatt diese im Papierkorb zwischenzulagern, stehen Ihnen dazu im Prinzip gleich zwei Möglichkeiten zur Verfügung.

DER TIPP
Wenn Sie sicher sind, dass Sie bestimmte Dateien nicht mehr benötigen, können Sie diese markieren und dann mit der Tastenkombination ⇧+Entf ohne Umweg über den Papierkorb endgültig und unwiderruflich vom System entfernen. Wollen Sie generell auf den Papierkorb verzichten, lässt sich dies ebenfalls bewerkstelligen. Wenn Sie per Rechtsklick auf das *Papierkorb*-Symbol dessen *Eigenschaften* öffnen, finden Sie dort im unteren Bereich des Registers *Allgemein* die Option *Dateien sofort löschen (nicht in Papierkorb verschieben)* mit der Sie für jedes Laufwerk getrennt voneinander festlegen können, ob von dieser Partition gelöschte Dateien beim Löschen im Papierkorb landen oder sofort vom System entfernt werden sollen.

WEITERE HINWEISE
Vorsicht! Wenn Sie Dateien auf diesem Wege löschen, oder die Option des Papierkorbs so anpassen, dass Dateien dort nicht mehr zwischengespeichert werden, lassen sich diese anschließend auch nicht mehr ohne die Hilfe von speziellen Rettungswerkzeugen wiederherstellen!

Geeignet für folgende Windows-7-Versionen

● Home Basic ● Home Premium ● Professional ● Enterprise ● Ultimate

Schattenkopien – Die unsichtbare Sicherung

Windows 7 besitzt von Haus aus die Möglichkeit, Sicherungskopien von Dateien anzulegen und bietet dem Anwender so die Chance, eine Datei selbst nach dem Speichern von Änderungen bequem wieder in ihren ursprünglichen Zustand zurückzuversetzen. Im Gegensatz zu Windows Vista, ist diese nützliche Funktion unter Windows 7 in allen Versionen des Betriebssystems verfügbar. Wie solche so genannten Schattenkopien erstellt werden und wie sich mithilfe dieser Kopien vorangegangene Versionen einer Datei wiederherstellen lassen, erfahren Sie in den folgenden Abschnitten.

Dank der *Schattenkopien* lassen sich vorangegangene Versionen von Dateien bequem wiederherstellen.

Kapitel 5: Ordner, Dateien und Suchoptionen

Schattenkopien erstellen

DAS PROBLEM
In den Grundeinstellungen erstellt Windows 7 in regelmäßigen Abständen Wiederherstellungspunkte des Systemlaufwerks, wobei gleichzeitig auch so genannte Schattenkopien der darauf befindlichen Dateien erstellt werden. Auf Wunsch können Sie das Anlegen solcher Kopien aber auch manuell starten und die automatische Erstellung solcher Sicherungskopien auf weitere Datenträger ausweiten.

DER TIPP
Schattenkopien lassen sich nicht gezielt für einzelne Dateien oder Verzeichnisse, sondern lediglich im Rahmen der Erstellung eines Wiederherstellungspunktes für ein gesamtes Laufwerk erstellen. Wenn Sie über *Start > Systemsteuerung > System und Sicherheit > System* das Fenster *Basisinformationen über den Computer anzeigen* öffnen, finden Sie dort auf der linken Seite den Eintrag *Computerschutz*, über den Sie auf direktem Weg zum Register *Computerschutz* der *Systemeigenschaften* gelangen.

Über *Computerschutz* gelangen Sie zn den Einstellmöglichkeiten.

Im unteren Teil des Fensters finden Sie eine Übersicht aller Laufwerke Ihres Systems. Wenn Sie ein Laufwerk in der Liste auswählen, können Sie nach einem Klick auf die Schaltfläche *Konfigurieren*

Schattenkopien – Die unsichtbare Sicherung

selbst bestimmen, ob für dieses Laufwerk Wiederherstellungspunkte für das System und Schattenkopien der darauf befindlichen Dateien erstellt werden sollen oder nicht. Normalerweise erstellt Windows 7 diese Wiederherstellungspunkte in regelmäßigen Abständen und bei als wichtig erachteten Veränderungen am System automatisch. Durch einen Klick auf die Schaltfläche *Erstellen* können Sie aus dem Fenster *Computerschutz* heraus aber auch jederzeit manuell dafür sorgen, dass umgehend ein neues Speicherabbild der dafür vorgesehenen Datenträger erstellt wird. Neue Schattenkopien werden dabei nur für die Dateien angelegt, die seit dem letzten Wiederherstellungspunkt verändert wurden.

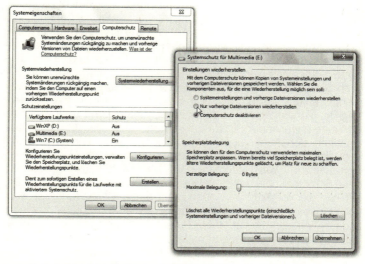

Legen Sie fest, auf welchen Laufwerken Schattenkopien Ihrer Dateien erstellt werden sollen.

WEITERE HINWEISE

Die beim Erstellen eines Wiederherstellungspunktes angelegten Schattenkopien Ihrer Dateien sind zunächst unsichtbar, lassen sich aber nach dem Aufruf der *Eigenschaften* einer Datei jederzeit dazu nutzen, eine vorangegangene Version dieses Elements wiederherzustellen (siehe Tipp: *Vorgängerversion einer Datei wiederherstellen*).

Geeignet für folgende Windows-7-Versionen				
● Home Basic	● Home Premium	● Professional	● Enterprise	● Ultimate

Vorgängerversion einer Datei wiederherstellen

DAS PROBLEM
Haben Sie eine Datei bearbeitet oder auf andere Weise derart verändert, dass sie sich aus einem Bearbeitungsprogramm nicht wieder in den ursprünglichen Zustand zurückversetzen lässt, können Sie mithilfe der Schattenkopien jederzeit eine Vorgängerversion der Datei wiederherstellen.

DER TIPP
Vorausgesetzt, dass sich eine Datei auf einem Laufwerk befindet, für das Windows Wiederherstellungspunkte samt Schattenkopien speichert, haben Sie nach dem Ändern und Speichern einer Datei jederzeit die Möglichkeit, diese wieder in den Zustand zurückzuversetzen, in dem sie sich zum Zeitpunkt der Erstellung der auf dem System angelegten Wiederherstellungspunkte befunden hat. Klicken Sie dazu die gewünschte Datei im Explorer-Fenster mit der rechten Maustaste an und öffnen Sie deren *Eigenschaften*. Auf dem Register *Vorgängerversionen* finden Sie unter dem Punkt *Dateiversion* eine nach Änderungsdatum sortierte Liste aller für diese Datei erstellten Schattenkopien. Mit der Schaltfläche *Wiederherstellen* lässt sich die Datei bequem durch die ausgewählte Vorgängerversion ersetzen, wobei zuvor zur Sicherheit automatisch auch eine neue Schattenkopie der aktuellen Datei erstellt wird. Alternativ können Sie die Vorgängerversionen auch direkt *Öffnen* und zur Kontrolle einsehen oder diese über die Schaltfläche *Kopieren* in einem anderen Verzeichnis auf einem Datenträger speichern, um die beiden Dateien so anschließend miteinander vergleichen oder z. B. die gewünschten Änderungen des aktuellen Textdokuments kopieren und in die Vorgängerversion einfügen zu können.

Schattenkopien – Die unsichtbare Sicherung

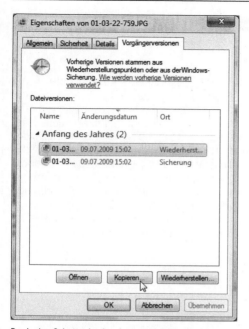

Dank der Schattenkopien lassen sich Vorgängerversionen einer Datei wiederherstellen, kopieren oder zur Bearbeitung öffnen.

WEITERE HINWEISE

Wurde eine Datei gelöscht und der Papierkorb geleert, lässt sich diese nicht mehr auswählen und somit natürlich auch keine vorangegangene Version daraus herstellen. In diesem Fall haben Sie lediglich die Möglichkeit, eine Vorgängerversion des gesamten Laufwerks wiederherzustellen, um die Datei so wieder ans Tageslicht zu befördern. Bedenken Sie aber, dass durch diesen Schritt auch alle anderen Dateien dieses Datenträgers wieder in den Zustand zurückversetzt werden, in dem sie sich zum Zeitpunkt der Erstellung des entsprechenden Wiederherstellungspunktes befanden.

Geeignet für folgende Windows-7-Versionen

| ● Home Basic | ● Home Premium | ● Professional | ● Enterprise | ● Ultimate |

Dateieigenschaften und Details anpassen

Unter Windows 7 haben Sie die Möglichkeit, einzelne Dateien mit detaillierten Detailbeschreibungen auszustatten oder diese je nach Dateityp auch anhand eines 5-Sterne Systems zu bewerten. Die Informationen werden Ihnen dann nicht nur beim Markieren der Datei im Infobereich angezeigt, sodass Sie schnell erkennen können, um was es sich bei dem ausgewählten Element handelt, sondern dienen vor allem auch dazu, dass sich Dateien später über die Suchfunktionen von Windows nicht nur anhand des Dateinamens, sondern auch gezielt über ihre Beschreibungen ausfindig machen lassen. Wie Sie die verschiedenen Dateitypen mit solchen Informationen oder Markierungen erweitern können und was es dabei zu beachten gilt, erfahren Sie in den folgenden Abschnitten.

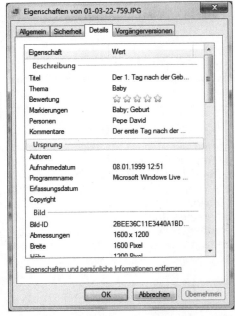

Windows 7 speichert mit jeder Datei viele für diesen Dateityp relevante Informationen.

Dateieigenschaften und Details abrufen

DAS PROBLEM
Unter Windows 7 werden zu allen Dateien Informationen wie z. B. das Erstellungsdatum, das Datum an dem die Datei das letzte Mal verändert wurde und teilweise auch eine ganze Reihe von Zusatzinformationen gespeichert, die Sie jederzeit bequem aufrufen und ablesen können.

DER TIPP
Wenn Sie eine Datei markieren und per Rechtsklick deren *Eigenschaften* öffnen, finden Sie auf dem Register *Allgemein* ein paar allgemeine Informationen zum Dateityp, dem Programm mit dem diese Datei standardmäßig nach einem Doppelklick geöffnet wird, dem Ort an dem die Datei gespeichert ist, wann sie erstellt und das letzte Mal geändert oder geöffnet wurde. Sie sehen ebenfalls, wie viel Platz sie auf dem Datenträger einnimmt und ob sie mit den Attributen *Versteckt* oder *Schreibgeschützt* vor unerwünschten Zugriffen oder Änderungen geschützt wurde. Bei Bedarf lassen sich diese beiden Attribute durch das Aktivieren der entsprechenden Häkchen auch nachträglich setzen. Über das Register *Details* erhalten Sie je nach Dateityp weitere Informationen zur ausgewählten Datei. Im Falle von Fotos, können Sie hier neben der Bildgröße und Auflösung z. B. gegebenenfalls auch noch ablesen, mit welcher Kamera das Bild erstellt wurde, welchen internen Titel ein Bild trägt, welchem Thema es eventuell zugeordnet wurde usw. Bei Musiktiteln und Videos erhalten Sie je nach Typ detaillierte Informationen zum Aufnahmeformat, der Länge des Titels, mit welcher Qualitätsstufe oder Bitrate er aufgenommen wurde und welche Bewertung Sie ihm anhand des 5 Sterne Systems von Windows 7 zugeteilt haben. Office-Dokumente verfügen wiederum über Informationen wie Autor, Titel, Thema, Kommentare, Versionsnummer usw.

WEITERE HINWEISE
Welche Informationen Sie tatsächlich erhalten und ob Sie diese über das Register *Details* eigenständig anpassen oder nur lesen können, ist von Dateityp zu Dateityp unterschiedlich.

Geeignet für folgende Windows-7-Versionen				
● Home Basic	● Home Premium	● Professional	● Enterprise	● Ultimate

Dateibeschreibungen von Office-Dokumenten anpassen

DAS PROBLEM
Im Falle von Office-Dokumenten können Sie die Detailinformationen einer Datei nicht nur auslesen, sondern diese auch durch eigene Angaben ergänzen.

DER TIPP
Wenn Sie per Rechtsklick die *Eigenschaften* eines Office-Dokuments öffnen, bekommen Sie auf dem Register *Details* die Möglichkeit, manuell Zusatzinformationen zu dieser Datei hinzuzufügen. Klicken Sie dazu einfach mit der Maus in eines der dafür vorgesehenen Felder und tippen Sie anschließend die gewünschten Informationen ein. Haben Sie Microsoft Word auf Ihrem Rechner installiert, können Sie Ihr *.doc* bzw. *.docx*-Dokument z. B. explizit einem Thema oder einer Kategorie zuordnen, den Titel des Dokuments anpassen, einen Kommentar hinzufügen, dem Dokument eine Versionsnummer geben usw.

WEITERE HINWEISE
Ein gewöhnliches *.rtf*- oder *.txt*-Dokument (das Sie z. B. mit dem Windows eigenen Textverarbeitungsprogramm *Write* erstellen können) verfügt über diese Möglichkeiten nicht. Hier lassen sich lediglich die Standardinformationen zur Datei auslesen, ohne dass Sie diese erweitern oder verändern dürften. Wollen Sie ein Dokument an andere Personen weitergeben, wünschen aber nicht, dass diese Ihre persönlichen Dateidetails zu Gesicht bekommen, lassen sich diese mit einem Klick auf *Eigenschaften und persönliche Details entfernen* aus dem Dokument löschen.

Geeignet für folgende Windows-7-Versionen

● Home Basic   ● Home Premium   ● Professional   ● Enterprise   ● Ultimate

Bewertungen und Detailbeschreibungen für Fotos

DAS PROBLEM

Bilder und Fotos lassen sich unter Windows 7 nicht nur mit Detailbeschreibungen erweitern, sondern zusätzlich auch noch anhand eines 5 Sterne Systems bewerten, sodass Sie diese später anhand der eingetragenen Kriterien schnell zuordnen können.

DER TIPP

Nachdem Sie die *Eigenschaften* eines Bildes (wie z. B. *.jpg- oder *.tif-Dateien) per Rechtsklick aus dem Explorer heraus geöffnet haben, bekommen Sie auf dem Register *Details* die Möglichkeit, die vorhandenen Detailinformationen durch die Eingabe zusätzlicher Kommentare, das Vergeben eines Titels oder die Zuordnung zu Themen oder Kategorien zu erweitern. Davon abgesehen, können Sie das Bild mithilfe der Sterne Ihren Wünschen entsprechend bewerten. In der Detailansicht des Explorer-Fensters und in Programmen wie z. B. der *Windows Live Fotogalerie* lassen sich Bilder dann später nach all diesen Kriterien sortieren, sodass Sie dort z. B. bequem eine Diashow mit Ihren Lieblingsfotos oder Bildern zu einem bestimmten Thema zusammenstellen können. Davon abgesehen, lassen sich die Bilder über die Suchfunktion von Windows anhand der eingegebenen Details natürlich auch schnell und komfortabel ausfindig machen.

WEITERE HINWEISE

Haben Sie auf Ihrem System die *Windows Live Fotogalerie* oder ein anderes Fotoverwaltungsprogramm installiert, das diese Funktion unterstützt, können Sie die Detailinformationen zu Ihren Bildern alternativ natürlich auch direkt aus diesem Werkzeug heraus anpassen (siehe auch *Kapitel 6: Multimedia-Tools & Optionen*).

Geeignet für folgende Windows-7-Versionen

- Home Basic
- Home Premium
- Professional
- Enterprise
- Ultimate

Bewertungen und Detailbeschreibungen für Videodateien

Das Problem
Ob sich Videos neben den Grundinformationen einer Datei mit zusätzlichen Detailinformationen und Bewertungen erweitern lassen, hängt im Wesentlichen davon ab, um welches Dateiformat es sich bei einem Film handelt und ob Windows für diesen die Eingabe solcher Zusatzinformationen unterstützt oder nicht.

Der Tipp
Wenn Sie aus dem Explorer-Fenster heraus per Rechtsklick die *Eigenschaften* einer Videodatei aufrufen, bekommen Sie auf dem Register *Details* je nach Dateityp unterschiedliche Informationen angezeigt. Während Sie bei Filmen im MPG-Format lediglich den Namen, den Dateityp, die Dateigröße, den Speicherort und das Erstelldatum der Datei ablesen können, erhalten Sie bei DivX AVI-Dateien z. B. auch noch Zusatzinformationen zur Gesamtspieldauer des Films, dem Bildformat, der Daten- und Bildrate mit dem das Video aufgenommen wurde und welcher Bitrate die darin enthaltene Audiospur entspricht. Bei Filmen, die im Windows eigenen WMV-Format (Windows Media Video) oder als *.wtv* (dem Aufnahmeformat des Windows Media Centers) vorliegen, können Sie all diese Informationen nicht nur ablesen, sondern nach einem Klick auf das entsprechende Feld noch durch zusätzliche Angaben wie einen Untertitel, Markierungen zur komfortablen Kategorisierung, Angaben zu den Darstellern und dem Erscheinungsjahr oder ausführliche Kommentare ergänzen. Sie können Ihren Filmen sogar anhand des 5 Sterne Systems eine eindeutige Bewertung vergeben.

Weitere Hinweise
Wenn Sie Ihre Videodateien im Windows Media Player öffnen, können Sie dort zwar keine Detailinformationen bearbeiten oder ergänzen, bekommen aber dafür die Möglichkeit, auch für MPG, AVI und sonstige bekannte Videodateitypen Bewertungen zu vergeben (siehe auch *Kapitel 6: Multimedia-Tools & Optionen*).

Geeignet für folgende Windows-7-Versionen				
● Home Basic	● Home Premium	● Professional	● Enterprise	● Ultimate

Bewertungen und Detailbeschreibungen für Musikdateien

Das Problem
Genau wie bei Videos und Bildern, können Sie unter Windows 7 natürlich auch Musikdateien mit einer Bewertung und zusätzlichen Detailinformationen versehen, anhand derer sich diese Mediendateien dann später komfortabel aufspüren und sortieren lassen.

Der Tipp
Um die aktuellen Details und Zusatzinformationen zu einer Musikdatei einzusehen, öffnen Sie per Rechtsklick die *Eigenschaften* der Datei und wechseln dann zum Register *Details*. Bei MP3- und WMA-Dateien (Windows Media Audio) finden Sie hier neben dem Titel und der Audiobitrate mit der dieser aufgenommen bzw. komprimiert wurde, unter Umständen auch Angaben zum Album, Interpreten, Herausgeber, Produzenten, dem Erscheinungsjahr usw. Falls nicht, lassen sich diese Daten nach einem Klick auf das entsprechende Feld bequem ergänzen bzw. vorhandene korrigieren. Um die Musikstücke später im Windows Media Player schneller zuordnen, sortieren oder in Wiedergabelisten zusammenstellen zu können, empfiehlt es sich, die einzelnen Stücke manuell einem Genre zuzuordnen und ihnen anhand des 5 Sterne Systems von Windows 7 per Doppelklick eine Bewertung zuzuweisen.

Weitere Hinweise
Alternativ können Sie die Detailinformationen Ihrer Musikstücke auch bequem aus dem Windows Media Player heraus anpassen und erweitern (siehe auch *Kapitel 6: Multimedia-Tools & Optionen*).

Geeignet für folgende Windows-7-Versionen

● Home Basic ● Home Premium ● Professional ● Enterprise ● Ultimate

Ordnereigenschaften und Details anpassen

Windows 7 bietet Ihnen zahlreiche Möglichkeiten, mit denen Sie das Erscheinungsbild von Ordnern optimal an Ihre Bedürfnisse anpassen. Sie können dabei sogar selbst festlegen, mit welchen Symbolen einzelne Ordner dargestellt werden oder welche Bilder innerhalb eines aufgeklappten Ordnersymbols zu sehen sein sollen. Bei Bedarf lassen sich Ordner der Einfachheit halber auch einem Thema zuordnen, woraufhin dann im Explorer zu diesem Thema passende Menüschaltflächen erscheinen und die Ansicht des Ordners samt aller darin befindlichen Unterordner und Dateien automatisch dem Thema entsprechend angepasst wird. Wie all dies funktioniert und was Sie dabei beachten sollten, erfahren Sie in den folgenden Abschnitten.

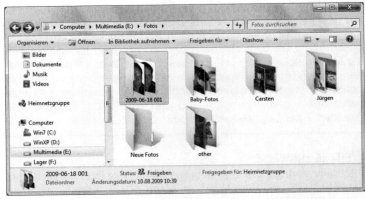

Die Darstellung von Ordnern und darin befindlicher Elemente können Sie frei anpassen.

Ansicht des Ordnerinhalts anpassen

Das Problem
In den Grundeinstellungen erkennt Windows 7 automatisch, welche Art von Dateitypen innerhalb eines Ordners abgelegt wurden und passt die Ansicht des Ordners und der darin befindlichen Elemente automatisch an. Sie können die Ansicht des Ordnerinhalts jederzeit Ihren Wünschen entsprechend ändern.

Der Tipp
Befinden sich innerhalb eines Ordners ausschließlich Bilder, so zeigt Windows 7 die Ordnerelemente in den Grundeinstellungen automatisch mit recht großen Vorschaubildern an. Handelt es sich um einen Ordner mit normalen Dokumenten, wird der Inhalt als Liste angezeigt usw. Wollen Sie die Ansicht ändern, um so z. B. auch in einem Bilderordner statt der schönen Miniaturansichten eine kompakte und übersichtliche Liste mit Detailinformationen zu den einzelnen Fotos zu erhalten, lässt sich dies aus dem Explorer-Fenster heraus über die Schaltfläche *Ansicht ändern* komfortabel erledigen. Hier können Sie anhand der vorgefertigten Optionen jederzeit definieren, ob Sie eine detaillierte und übersichtliche Liste, samt Informationen zum Erstellungsdatum und sonstigen Informationen zu den Dateien angezeigt bekommen wollen, oder die Daten lieber als einfache Liste oder mit großen, kleinen oder gar extragroßen Symbolen angezeigt bekommen wollen. Mithilfe des Schiebereglers lässt sich die Größe der angezeigten Symbole bzw. Vorschaubilder auch stufenlos regulieren.

Weitere Hinweise
Alternativ können Sie die Ansicht eines Ordners auch über dessen *Eigenschaften* einem bestimmten Typ zuordnen und so dafür sorgen, dass alle darin befindlichen Elemente themengerecht dargestellt werden (siehe Tipp: *Ordnertyp anpassen und Inhalt einem Thema zuordnen*).

Geeignet für folgende Windows-7-Versionen				
● Home Basic	● Home Premium	● Professional	● Enterprise	● Ultimate

Kapitel 5: Ordner, Dateien und Suchoptionen

Ordnertyp anpassen und Inhalt einem Thema zuordnen

DAS PROBLEM
Anstatt die Ansicht des Ordnerinhalts für jeden Ordner einzeln über das *Ansicht ändern*-Menü einzustellen, können Sie die Eigenschaften eines Ordners auch so anpassen, dass alle darin befindlichen Elemente und Unterordner automatisch einem bestimmten Typ zugeordnet und mit den dafür vorgesehenen Voreinstellungen und Zusatzfunktionen dargestellt werden.

DER TIPP
Wenn Sie per Rechtsklick die *Eigenschaften* eines Ordners öffnen, bekommen Sie auf dem Register *Anpassen* die Möglichkeit, den Ordner einem bestimmten Typ zuzuordnen.

Der Ordnertyp legt fest, wie der Inhalt eines Ordners im Explorer-Fenster dargestellt wird.

Ordnereigenschaften und Details anpassen

Unter dem Punkt *Ordnertyp* stehen Ihnen folgende Vorlagen zur Auswahl:

- **Allgemeine Elemente & Dokumente:** Die im Ordner befindlichen Elemente werden als Detailliste samt Angaben zum Änderungsdatum und Dateityp dargestellt. Im Kopf des Fensters erscheint die Standardschaltflächen zum Brennen und Öffnen der Dateien.

- **Bilder & Videos:** Die im Ordner befindlichen Elemente werden anhand großer Symbole samt Vorschaubildern angezeigt. Im Kopf des Fensters erscheinen automatisch die Standardschaltflächen zum Brennen und zur Wiedergabe der Elemente. Bilder werden dabei als Diashow abgespielt, während Filme an den Windows Media Player übergeben und dort wiedergegeben werden.

- **Musik:** Die im Ordner befindlichen Elemente werden als Detailliste inkl. eventuell vorhandener Angaben zum Titel, Interpreten, Album usw. angezeigt. Im Kopf des Fensters erscheinen automatisch die Standardschaltflächen zum Brennen und Wiedergeben der Musikdateien.

WEITERE HINWEISE

Soll die Auswahl nicht nur für den ausgewählten Ordner, sondern auch für die darin befindlichen Unterordner gelten, müssen Sie zusätzlich das Häkchen vor dem Eintrag *Vorlage für alle Unterordner übernehmen* aktivieren.

Übernehmen Sie die Vorlage für alle Unterordner.

Geeignet für folgende Windows-7-Versionen				
● Home Basic	● Home Premium	● Professional	● Enterprise	● Ultimate

Kapitel 5: Ordner, Dateien und Suchoptionen

Erweiterte Ordner- und Dateiansicht konfigurieren

DAS PROBLEM
In den Grundeinstellungen werden unter Windows 7 Dateierweiterungen für bekannte Dateitypen automatisch ausgeblendet und versteckte Ordner und Dateien erst gar nicht angezeigt. Wollen Sie dies ändern, müssen Sie die Ordneroptionen entsprechend anpassen.

DER TIPP
Um die Optionen für die Anzeige von Ordnern und deren Dateiinhalte anzupassen, öffnen Sie aus einem Explorer-Fenster heraus über *Organisieren > Ordner- und Suchoptionen* das Fenster *Ordneroptionen*. Auf dem Register *Ansicht* steht Ihnen eine umfangreiche Liste von Optionen zur Anpassung der Ordneransichten zur Auswahl.

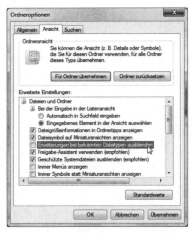

Passen Sie die erweiterten Ordneroptionen Ihren Bedürfnissen entsprechend an.

Hier eine kurze Übersicht der wichtigsten Ordneroptionen:

- **Für Ordner übernehmen:** Über die Schaltfläche *Für Ordner übernehmen* können Sie veranlassen, dass die im aktuellen Ordner eingestellte Ansicht umgehend für alle Ordner des gesamten Systems übernommen wird. Wollen Sie die ursprünglichen Einstellungen wiederherstellen, genügt ein Klick auf *Ordner zurücksetzen*.

- **Erweiterungen bei bekannten Dateitypen ausblenden:** Bei Dateitypen, die Windows bereits bekannt sind, werden die Dateiendungen automatisch ausgeblendet, sodass Sie nur am Dateisymbol erkennen können, ob es sich z. B. um eine Video-, Musik-, Bild- oder Textdatei handelt. Besser ist es jedoch, die Option zu deaktivieren, um so den Überblick darüber zu erhalten, um welche Dateitypen es sich wirklich handelt.

- **Geschützte Systemdateien ausblenden:** Geschützte Systemdateien werden von Windows in den Grundeinstellungen gar nicht erst angezeigt, damit unerfahrene Anwender diese nicht aus Versehen markieren und löschen oder verschieben können. Wollen Sie den totalen Überblick behalten, können Sie die Option gerne deaktivieren, bekommen dann aber auch die versteckten Systemdateien des Desktops (wie z. B. die `desktop.ini`) zu Gesicht, was nicht jedem gefallen dürfte.

- **Versteckte Dateien und Ordner:** Hier können Sie bestimmen, ob als versteckt markierte Ordner und Dateien angezeigt werden sollen oder nicht. Wer die totale Kontrolle wünscht, sollte die Option *Ausgeblendete Dateien, Ordner und Laufwerke anzeigen* aktivieren. Als versteckt markierte Elemente werden danach im Explorer etwas blasser dargestellt und sind somit stets auf einen Blick von normalen Ordnern und Dateien zu unterscheiden.

Weitere Hinweise

Die restlichen Ordneroptionen des Registers *Ansicht* sind zum größten Teil selbsterklärend. Bei Bedarf lassen sich die erweiterten Ordneroptionen mithilfe der Schaltfläche *Standardwerte* jederzeit in den ursprünglichen Zustand zurücksetzen. Über das Register *Allgemein* können Sie unter dem Punkt *Auswählen von Elementen* bestimmen, ob sich Ordner und Dateien wie üblich per Doppelklick oder bereits mit einem einfachen Mausklick öffnen lassen, während Sie unter *Ordner durchsuchen* festlegen, ob der Inhalt eines Ordners nach dem Öffnen in demselben oder in einem neuen Fenster angezeigt werden soll. Im Abschnitt *Navigationsbereich* passen Sie unterdessen das Verhalten der Navigationsleiste des Windows-Explorers an Ihre Bedürfnisse an.

Geeignet für folgende Windows-7-Versionen				
● Home Basic	● Home Premium	● Professional	● Enterprise	● Ultimate

Kapitel 5: Ordner, Dateien und Suchoptionen

Ordnerbilder und Symbole anpassen

DAS PROBLEM

Befinden sich in einem Ordner Bilder- oder Videodateien, zeigt Windows automatisch ein paar dieser Elemente im aufgeklappten Symbol des Ordners an. Sie können aber auch selbst bestimmen, welche Vorschaubilder im Ordnersymbol dargestellt werden sollen und bei Bedarf sogar ein anderes Symbol für die Darstellung des eigentlichen Ordners auswählen.

DER TIPP

Um selbst zu bestimmen, welche Elemente im aufgeklappten Symbolbild eines Ordners angezeigt werden, öffnen Sie per Rechtsklick die *Eigenschaften* des Ordners und wechseln zum Register *Anpassen*. Über die Schaltfläche *Datei auswählen* können Sie gezielt ein Bild auswählen, das dann anstelle der automatisch erstellten Vorschaubilder in das Ordnersymbol eingefügt wird (erlaubt sind hier allerdings nur Bilder, wie z. B. JPG-, TIFF-, BMP-Dateien usw.).

Wollen Sie statt eines aufgeklappten Ordners ein völlig anderes Symbol für einen Ordner verwenden, lässt sich dies über die Schaltfläche *Anderes Symbol* bewerkstelligen. Es wird Ihnen daraufhin eine Liste aller in der Datei *SHELL32.dll* enthaltenen Symbolbilder angezeigt. Bei Bedarf können Sie über die *Durchsuchen*-Schaltfläche aber auch auf die Suche nach weiteren geeigneten Symbolbibliotheken oder Bildern gehen.

WEITERE HINWEISE

Haben Sie manuell Bilder für die Ansicht des aufgeklappten Ordners ausgewählt, lässt sich dieser über die *Wiederherstellen*-Schaltfläche wieder dazu bringen, die Vorschau des Ordnerinhalts automatisch zu erstellen. Wurde das eigentliche Ordnersymbol durch ein anderes Symbol ausgetauscht, werden in diesem grundsätzlich keine Vorschaubilder mehr angezeigt. Um dies zu ändern, müssen Sie über die Option *Anderes Symbol* erst wieder das Standardsymbol für Ordner auswählen.

Geeignet für folgende Windows-7-Versionen				
● Home Basic	● Home Premium	● Professional	● Enterprise	● Ultimate

Linkfavoriten, Bibliotheken und Symbolleisten

Windows 7 bietet Ihnen viele Möglichkeiten, mit denen Sie dafür sorgen können, dass sich Ihre wichtigsten Ordner und Dateien jederzeit schnell und komfortabel erreichen lassen, ohne sich dazu erst mühselig durch den Verzeichnisbaum Ihrer Festplatte zu klicken. Als besonders praktisch haben sich dabei die Linkfavoriten und virtuellen Bibliotheken des Explorer-Fensters und die Möglichkeit, eigene Ordnersymbolleisten in der Taskleiste anzulegen erwiesen. In den folgenden Abschnitten erfahren Sie, wie Sie die vorgegebenen Linkfavoriten durch Links zu beliebigen Ordnern erweitern können, wie Sie Ihre vorhandenen Bibliotheken auf Ihre Bedürfnisse anpassen oder neu erstellen, wie Sie neue Symbolleisten für den direkten Zugriff auf Laufwerke, Ordner und darin befindliche Elemente auf der Taskleiste einrichten und was Sie bei all diesen Dingen beachten sollten.

Linkfavoriten gewähren Ihnen mit einem Klick den Zugriff auf Ihre Lieblingsordner.

Linkfavoriten – Bequemer Zugriff auf Ihre Lieblingsordner

DAS PROBLEM
Eines der praktischsten Features des Windows-Explorers sind die *Favoriten* auf der linken Seite im Navigationsbereich des Explorer-Fensters, über die Sie mit einem Klick auf häufig verwendete Ordner zugreifen können. Sollte Ihnen die vorgegebene Auswahl an Linkfavoriten nicht ausreichen, können Sie diese jederzeit um zusätzliche Einträge erweitern.

DER TIPP
In den Grundeinstellungen befinden sich in den Favoriten des Navigationsbereichs des Explorer-Fensters lediglich Verknüpfungen zu den Ordnern *Desktop*, *Downloads* und *Kontakte* Ihres eigenen Benutzerordners (Benutzername) und ein Link namens *Zuletzt besucht*, mit dem Sie eine Liste der zuletzt geöffneten Elemente aufrufen und so schnell wieder darauf zurückgreifen können.

Wollen Sie die Favoriten um einen neuen Link zu einem Ordner Ihrer Wahl erweitern, brauchen Sie nichts weiter zu tun, als den gewünschten Zielordner im rechten Teil des Explorer-Fensters auszuwählen und ihn mit gedrückt gehaltener linker Maustaste an einen freien Platz am Ende der Favoriten-Liste zu befördern. Sobald Sie den Ordner dort ablegen, wird in den Favoriten automatisch eine Verknüpfung zu diesem Ziel erstellt. Der Link wird automatisch mit dem Namen seines Zielordners benannt, lässt sich bei Bedarf aber per Rechtsklick jederzeit *Umbenennen* bzw. über die Option *Entfernen* wieder aus der Liste der Favoriten löschen, ohne dass der damit verknüpfte Zielordner davon auf irgendeine Weise beeinträchtigt würde.

Die Linkfavoriten eignen sich nicht nur dazu, den damit verknüpften Ordner schnell zu erreichen. Sie können die Favoriten auch dazu nutzen, Dateien oder Ordner aus anderen Verzeichnissen bequem per Drag&Drop ans damit verknüpfte Ziel zu befördern. Im Gegensatz zu Windows Vista, lassen sich unter Windows 7 nicht mehr nur einzelne, sondern beliebig viele Elemente auf einem Favoriten platzieren, um diese somit ans damit verknüpfte Ziel zu kopieren oder diese dorthin zu verschieben.

Linkfavoriten, Bibliotheken und Symbolleisten

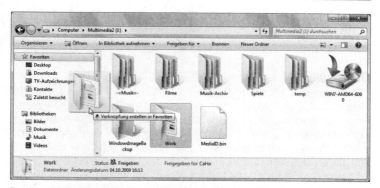

Erweitern Sie die Favoriten um Verknüpfungen zu häufig benötigten Ordnern.

WEITERE HINWEISE

Die von Ihnen angelegten Favoriten gelten nur für Ihr eigenes Benutzerkonto und werden standardmäßig im Verzeichnis *Links* Ihres Benutzerordners gespeichert, wodurch sichergestellt ist, dass sich jeder Benutzer des Systems seine eigenen Linkfavoriten einrichten kann. Bei Bedarf können Sie Ihre Favoriten also auch über den Ordner *C:\Benutzer\Benutzername\Links* einsehen, aufrufen, bearbeiten oder löschen.

Geeignet für folgende Windows-7-Versionen

● Home Basic   ● Home Premium   ● Professional   ● Enterprise   ● Ultimate

Virtuelle Bibliotheken um zusätzliche Ordner erweitern

Das Problem

Die neuen virtuellen Bibliotheken von Windows 7 bieten Ihnen die Möglichkeit, Dateiordner unterschiedlicher Laufwerke und Verzeichnisse zu bündeln, um so z. B. mit einem Klick auf alle für den Benutzer relevanten Bilder, Videos oder sonstige Dokumente und Elemente zugreifen zu können. Zunächst enthalten diese aber lediglich Daten aus dem Bereich der persönlichen Dateien des Benutzers und des öffentlichen Ordners. Wenn Sie wollen, können Sie die Bibliotheken aber jederzeit um zusätzliche Ordner erweitern.

Der Tipp

Nach der Installation von Windows 7 stehen Ihnen über den Navigationsbereich des Windows-Explorers zunächst vier vorgefertigte Bibliotheken zur Verfügung – *Bilder*, *Dokumente*, *Musik* und *Videos*. Wenn Sie z. B. die *Bilder*-Bibliothek öffnen, finden Sie darin nicht nur die Bilder aus dem Bereich Ihrer *Eigenen Bilder,* sondern auch den Inhalt des Ordners *Öffentliche Bilder.*

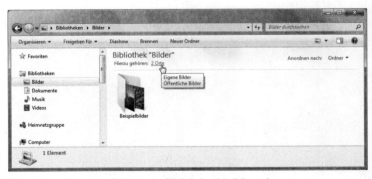

Hier erkennen Sie, welche Ordner in der Bibliothek gebündelt wurden.

Welche Ordner aktuell in der Bibliothek gebündelt werden, können Sie im oberen Bereich des Fensters ablesen. Wenn Sie auf den Eintrag *Hierzu gehören: x Orte* klicken, öffnet sich ein neues Fenster, in dem Sie genau definieren können, welche Ordner die Bibliothek enthalten soll. Haben Sie einen Großteil Ihrer Fotosammlung auf

Linkfavoriten, Bibliotheken und Symbolleisten

einem anderen Laufwerk oder in einem anderen Verzeichnis gesichert, können Sie diesen über die Schaltfläche *Hinzufügen* und die anschließende Auswahl des gewünschten Zielordners jederzeit in die Bibliothek integrieren. Sobald Sie den Vorgang durch einen Klick auf *Ordner aufnehmen* bestätigt haben, sind die Bilder gemeinsam mit den *Eigenen-* und *Öffentlichen Bildern* durch den Aufruf der Bilder-Bibliothek verfügbar, sodass Sie jederzeit komfortabel darauf zurückgreifen können.

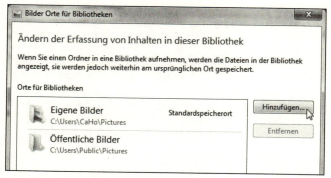

Fügen Sie der Bibliothek neue Ordner hinzu.

WEITERE HINWEISE

Auf die gleiche Weise lassen sich natürlich auch die Bibliotheken für Dokumente, Videos und Musik um neue Ordner erweitern. Wollen Sie einen Ordner nachträglich aus der Bibliothek verbannen, lässt sich dies nach dessen Auswahl bequem über die *Entfernen*-Schaltfläche bewerkstelligen. Alternativ können Sie auch die Explorer-Menüleistenschaltfläche *In Bibliothek aufnehmen* nutzen, um einen aktuell geöffneten Ordner gezielt in eine Ihrer Bibliotheken zu integrieren.

Geeignet für folgende Windows-7-Versionen				
● Home Basic	● Home Premium	● Professional	● Enterprise	● Ultimate

Eigene Bibliotheken erstellen und einrichten

DAS PROBLEM
Sollten Ihnen die vorgefertigten Bibliotheken für Bilder, Videos und Dokumente nicht ausreichen, können Sie jederzeit eine neue Bibliothek erstellen und diese dann mit Ordnern Ihrer Wahl füllen.

DER TIPP
Um eigene Bibliotheken anzulegen, klicken Sie im Navigationsbereich einen Ordner mithilfe der rechten Maustaste an. Im folgenden Menü können Sie den Ordner im Bereich *In Bibliothek aufnehmen* nicht nur einer der vorhandenen Bibliotheken hinzufügen, sondern über die Option *Neue Bibliothek erstellen* auch eine neue erschaffen. Die neue Bibliothek erscheint danach im Navigationsbereich und kann anschließend auf die gleiche Weise mit zusätzlichen Ordnern gefüllt werden, wie die vorgefertigten Bibliotheken von Windows 7 (siehe *Virtuelle Bibliotheken um zusätzliche Ordner erweitern*).

Per Rechtsklick erstellen Sie eine neue Bibliothek.

WEITERE HINWEISE
Wollen Sie eine Bibliothek nachträglich wieder entfernen, können Sie diese nach einem Rechtsklick auf den entsprechenden Eintrag entweder *Entfernen* (die Bibliothek bleibt erhalten, wird aber im Navigationsbereich ausgeblendet) oder bei Bedarf komplett *Löschen*. Keine Angst – beim Löschen der Bibliothek wird nur die virtuelle Bibliothek gelöscht, während die darin gebündelten Ordner davon unberührt an ihren angestammten Speicherorten verbleiben.

Eigene Symbolleisten in der Taskleiste erstellen

DAS PROBLEM

Wollen Sie ohne den Umweg über den Windows-Explorer jederzeit schnellen Zugriff auf wichtige Laufwerke oder Ordner erhalten, können Sie sich bei Bedarf auch eine entsprechende Symbolleiste auf der Taskleiste erstellen.

DER TIPP

Um einen Ordner als Symbolleiste im Bereich der Taskleiste anzulegen, klicken Sie die Taskleiste mit der rechten Maustaste an und geben über *Symbolleisten > Neue Symbolleiste* an, für welchen Ordner die Symbolleiste erstellt werden soll. Haben Sie das Ziel ausgewählt, wird im Bereich neben der Uhr eine Symbolleiste mit dem Namen des Zielordners erstellt. Über den rechts daneben befindlichen Pfeil öffnen Sie eine Liste aller in diesem Ordner befindlichen Elemente, auf die Sie nun bequem zugreifen können. Der Inhalt eventueller Unterordner öffnet sich automatisch, sobald Sie mit der Maus darüber hinweg fahren.

Legen Sie auf der Taskleiste Symbolleisten für häufig verwendete Ordner an.

WEITERE HINWEISE

Wenn Sie statt einem einzelnen Ordner oder Laufwerk den *Computer* als Ziel für eine Symbolleiste auswählen, erhalten Sie komfortablen Zugriff auf alle Laufwerke Ihres PCs. Nicht mehr benötigte Symbolleisten lassen sich später nach einem Rechtsklick auf die Taskleiste deaktivieren, indem Sie nach Auswahl des *Symbolleisten*-Menüs das Häkchen vor dem entsprechenden Eintrag entfernen.

Geeignet für folgende Windows-7-Versionen				
● Home Basic	● Home Premium	● Professional	● Enterprise	● Ultimate

Kapitel 5: Ordner, Dateien und Suchoptionen

Suchfunktionen und Optionen

Windows 7 bietet einige Werkzeuge und Möglichkeiten, die Ihnen die Suche nach Dateien, Programmen und Internetseiten deutlich erleichtern. Im Gegensatz zu Windows XP, bezieht ein mit Windows 7 erteilter Suchauftrag nicht nur Dateinamen, sondern auch eventuell vorhandene Detailbeschreibungen und den Inhalt von Dokumenten in die Suche ein. Geben Sie als Suchbegriff z. B. 'Wald' ein, bekommen Sie als Ergebnis nicht nur Elemente angezeigt, die das Wort 'Wald' im Dateinamen tragen, sondern auch die Dateien, bei denen der Suchbegriff lediglich innerhalb ihrer Detailbeschreibungen oder im Text eines Schriftdokumentes auftaucht. Auf diese Weise lassen sich bei Bedarf auf einen Schlag alle zu einem Thema oder Stichwort passenden Elemente ausfindig machen.

Windows 7 sucht nicht nur Dateinamen, sondern durchforstet auch den Inhalt von Dateien.

In den folgenden Abschnitten erfahren Sie, wie sich die einzelnen Suchwerkzeuge von Windows 7 effektiv einsetzen lassen, welche Möglichkeiten Ihnen erweiterte Suchfunktionen bieten, wie Sie sich durch das Speichern Ihrer Suchanfragen eine Menge Arbeit ersparen, wie Sie selbst bestimmen können, welche Ordner und Dateien von Windows für eine schnellere Suche indiziert werden. Sie erfahren außerdem, ob Dateibeschreibungen und Inhalte von Textdokumenten bei der Suche berücksichtigt werden sollen und wie Sie die allgemeinen Such- und Indizierungsoptionen Ihren Wünschen entsprechend anpassen können.

Die Suchleiste des Windows Explorers

Das Problem
Im oberen rechten Teil eines Explorer-Fensters befindet sich eine weitere Suchmaske, über die sich der aktuell geöffnete Verzeichnispfad samt aller darin enthaltenen Ordner und Dateien durchsuchen lässt.

Der Tipp
Wenn Sie in der Suchmaske eines Explorer-Fensters einen Suchbegriff eintippen, wird das Fenster umgehend in den Suchmodus versetzt. Genau wie beim Suchfeld des Startmenüs, werden Ihnen auch hier bereits während der Eingabe zunächst alle dazu passenden Ergebnisse (sprich Ordner und Dateien mit entsprechendem Namen oder Dateiinhalten und Markierungen) aufgelistet. Durchsuchen Sie einen Ordner, der noch nicht in den Suchindex von Windows aufgenommen wurde, dauert die Suche naturgemäß etwas länger, da Windows in diesem Fall erst einmal alle im Ordner befindlichen Elemente durchsuchen muss, bevor die passenden Ergebnisse auf dem Bildschirm erscheinen. Bei nicht indizierten Ordnern werden allerdings nur Dateinamen und nicht der Inhalt der Elemente durchsucht. Wollen Sie dieses Verhalten ändern, müssen Sie den Ordner dem Index hinzufügen, oder die Suchoptionen von Windows entsprechend anpassen (siehe Tipp: *Erweiterte Suchoptionen anpassen*).

Weitere Hinweise
Wenn Sie aus dem Explorer heraus durch Eingabe eines Suchworts einen bisher nicht indizierten Ordner durchsuchen, erscheint unterhalb der Menüleiste des Fensters die Meldung, dass die Suche in nicht indizierten Laufwerken bzw. Ordnern eventuell langsam ist. Nach einem Klick auf die Meldung bekommen Sie die Möglichkeit, das Verzeichnis zum Suchindex hinzuzufügen Doch Vorsicht! Je mehr Elemente und Zusatzinformationen in den Suchindex aufgenommen werden, desto größer wird die Indexdatei und desto langsamer verlaufen Ihre Suchaufträge (siehe Tipp: *Ordner zum Suchindex hinzufügen*).

Geeignet für folgende Windows-7-Versionen				
● Home Basic	● Home Premium	● Professional	● Enterprise	● Ultimate

Die Suchleiste des Startmenüs

DAS PROBLEM
Wenn Sie das Startmenü öffnen, finden Sie dort unterhalb der Programmliste die Suchleiste von Windows 7. Über die Suchleiste können Sie den Rechner bequem und vor allem sehr flink nach installierten Programmen und persönlichen Dateien durchsuchen.

DER TIPP
Wenn Sie in der Suchleiste des Startmenüs einen Suchbegriff eintippen, beginnt Windows bereits nach der Eingabe des ersten Buchstabens damit, alle Programme und Dateien aufzuspüren, die diesem Kriterium entsprechen und filtert diese dann bei der weiteren Eingabe Stück für Stück aus. Die aktuellen Suchergebnisse werden Ihnen dabei die ganze Zeit über nach Kategorien sortiert im Bereich über der Suchleiste angezeigt. Haben Sie das gewünschte Element gefunden, können Sie es wahlweise öffnen, oder mit der rechten Maustaste markieren, um es anschließend zu kopieren, zu löschen oder auf andere Weise zu bearbeiten.

Über die Suchleiste spüren Sie die wichtigsten Programme und Dateien auf.

Sollte die Suche mehr Ergebnisse liefern als im Startmenü dargestellt werden können, haben Sie über die Option *Weitere Ergebnisse anzeigen* die Möglichkeit, sich die gesamte Liste in einem separaten Fenster anzuschauen. Die dem Suchbegriff entsprechenden Inhalte (sei es der Abschnitt eines Dateinamens oder der Inhalt eines Dokuments) werden dabei zur besseren Übersicht in der Liste gelb markiert hervorgehoben.

Wird kein dem Suchbegriff entsprechendes Element gefunden, bedeutet dies nicht zwangsläufig, dass die gesuchte Datei nicht existiert. Über das Suchfeld des Startmenüs werden in den Grundeinstellungen aus Performancegründen zunächst lediglich Ordner wie das *Startmenü*, Ihre persönlichen Benutzerordner *Dokumente*, *Bilder*, *Musik*, *Videos* und *Favoriten* sowie der Inhalt Ihrer *Bibliotheken* und eventuell gespeicherte *Offlinedateien* und *E-Mails* durchsucht. Liegen in diesen Ordnern Dateien, die mit Detailbeschreibungen wie z. B. Markierungen oder Kommentaren versehen wurden, werden diese Angaben bei der Suche natürlich berücksichtigt. Über die am Ende der Liste verfügbare Option *Benutzerdefiniert* öffnen Sie das Fenster *Suchort auswählen*, über das Sie ganz frei definieren können, in welchen Ordnern, Laufwerken oder Netzwerkverbindungen nach dem eingegebenen Begriff gesucht werden soll.

Weitere Hinweise

Wollen Sie nicht den PC, sondern das Internet nach Dateien oder Informationen durchsuchen, können Sie den Suchbegriff über die Option *Internet durchsuchen* auf dem Listenfenster heraus auch an den Internet Explorer und dessen voreingestellte Onlinesuchmaschine weiterleiten. Ansonsten können Sie das Suchfeld aber auch dazu nutzen, durch die gezielte Eingabe einer Internetadresse (z. B. *www.sybex.de*) ohne Umwege eine Webseite aufzurufen (Seiten, die dem Suchbegriff entsprechen und zuvor bereits besucht wurden und sich noch im temporären Verlaufsordner befinden, werden während der Eingabe automatisch aufgelistet) oder Windows-Tools zu starten, die im Startmenü nicht gelistet werden. Letztere werden in der Ergebnisliste allerdings erst angezeigt, nachdem Sie den Dateinamen (die Dateiendung wird nicht zwangsläufig benötigt) vollständig eingetippt haben. Das Systemkonfigurationstool *msconfig.exe* taucht also erst nach Eingabe von *msconfig* auf, das DirectX-Diagnosetool *dxdiag.exe* erst nach Eingabe von *dxdiag*, das Kommandozeilen-Tool *cmd.exe* erst nach der Eingabe von *cmd* usw.

Geeignet für folgende Windows-7-Versionen				
● Home Basic	● Home Premium	● Professional	● Enterprise	● Ultimate

Eingabe von Suchbegriffen präzisieren

DAS PROBLEM
Wenn Sie in einer der Suchmasken von Windows 7 als Suchbegriff z. B. das Wort *Wal* eintragen, erhalten Sie als Ergebnis nicht nur Bilder und Dateien mit Informationen zu diesem riesigen Säugetier. Neben dem eigentlich gesuchten Bild des Buckelwals befinden sich in der Liste der Suchtreffer auch Bilder von Bäumen, Bächen, Dateien namens Wald und Waldblumen und vielleicht sogar Word-Dokumente, in denen ganz nebenbei ein *wal*lendes Kleid oder die *Wal*purgisnacht erwähnt wird.

DER TIPP
Um sich unnötige Arbeit zu ersparen, sollten Sie bei der Eingabe von Suchbegriffen darauf achten, Ihre Suchanfragen so präzise wie möglich zu formulieren. Da Windows bei der Suche nicht auf Groß- und Kleinschreibung achtet, werden nach der Eingabe des Suchwortes *Wal* auch Dateien angezeigt, bei denen in ihrem Namen, im Inhalt oder den Detailbeschreibungen an irgendeiner Stelle die gleiche Buchstabenkombination zu finden ist – z. B. *Wal*zer oder Kra*wall*. Hier sollten Sie als Suchwort also besser direkt den *Buckelwal* eintragen, oder zusätzlich den Suchbegriff *Bild*, um das Suchkriterium so etwas zu präzisieren.

Bei der Eingabe eines aus zwei Worten bestehenden Suchbegriffs wie *Windows Media* begibt sich Windows auf die Suche nach Dateien und Ordnern in denen diese beiden Worte enthalten sind. Enthält eine Datei im Inhalt, der Beschreibung oder im Namen diese beiden Begriffe, taucht sie auch dann in der Trefferliste der Suche auf, wenn die Worte in einer anderen Reihenfolge oder nicht einmal zusammenhängend erscheinen.

Um diesem Problemen vorzubeugen, können Sie Windows aber glücklicherweise anhand eines einfachen Regelwerks erklären, wie die Suchfunktion mit den Begriffen umgehen soll. Setzen Sie die beiden Wörter in *Anführungszeichen* ('*Windows Media*'), werden lediglich Elemente gesucht, in denen die Wörter zusammenhängend und genau in dieser Reihenfolge vorkommen. Fügen Sie zwischen den beiden Worten in Großbuchstaben ein *NOT* ein (*Windows NOT Media*), werden gezielt Elemente gesucht, die zwar das Wort Windows, aber auf keinen Fall den Begriff Media enthalten dürfen. Über *.wmv OR *.avi OR *.mpg* werden alle Dateien angezeigt, die entweder dem WMV-, dem AVI- oder dem MPG-Format entsprechen, sodass sich mit dieser Suchanfrage alle wichtigen Videodateien auf einen Schlag aufspüren lassen.

WEITERE HINWEISE

Bei Bedarf lässt sich dieses Prinzip auch auf die gezielte Suche nach bestimmten Detailinformationen anwenden, oder dazu nutzen, nur Dateien in die Suche mit einzubeziehen, deren Beschreibung einem festgelegten Kriterium entspricht. Über den Suchbefehl *Genre:(Classical) AND Beethofen*, lassen sich z. B. schnell alle klassischen Musiktitel auffinden, in deren Namen oder Beschreibung der Altmeister erwähnt wird, während die Angabe von *Jahr:(2007)* die Suche auf Elemente beschränkt, die in diesem Jahr veröffentlicht wurden usw.

Mit präzisen Suchanfragen gelangen Sie schnell ans Ziel.

Geeignet für folgende Windows-7-Versionen				
● Home Basic	● Home Premium	● Professional	● Enterprise	● Ultimate

Suche speichern

DAS PROBLEM
Wenn Sie sich in regelmäßigen Abständen immer wieder auf die Suche nach bestimmten Dateien begeben, um so z. B. die aktuellen Hits Ihres Lieblingsgenres in der gemeinschaftlich genutzten und Multimediabibliothek ausfindig zu machen, oder in Ihrem auf dem PC gespeicherten Dokumentenarchiv Artikel zu bestimmten Themen nachzuschlagen, ist es sinnvoll, die getätigten Einstellungen nach der nächsten Suche zu speichern, damit Sie die Suchkriterien beim nächsten Mal nicht wieder von Grund auf neu eingeben müssen.

DER TIPP
Wenn Sie über den Explorer eine Suche starten, erscheint in der Menüleiste des Fensters die Schaltfläche *Suche speichern*, über die sich die aktuellen Einstellungen (wie z. B. die Ansicht und Symbolgröße der angezeigten Dateien) und Suchkriterien in Form einer neuen Suchdatei im Verzeichnis *C:\Benutzer\Benutzername\Suchvorgänge* Ihres persönlichen Benutzerordners sichern lassen. Nach einem Klick auf die Schaltfläche können Sie der Suche noch einen eindeutigen Namen zuweisen. In den Grundeinstellungen verwendet Windows 7 als Dateinamen sinnigerweise den zuvor eingegebenen Suchbegriff. Sind Sie mit der Namensgebung zufrieden, wird die Suche im **.search-ms*-Format gespeichert.

WEITERE HINWEISE
Für jede gespeicherte Suche wird in Ihrer *Favoriten*-Leiste im Navigationsbereich des Explorer-Fensters automatisch eine neue Verknüpfung erstellt, über die sich diese danach jederzeit bequem aufrufen lässt. Ansonsten können Sie natürlich auch über den Ordner *Suchvorgänge* aus dem Bereich Ihrer persönlichen Benutzerdateien auf gespeicherte Suchen zurückgreifen (siehe Tipp: *Gespeicherte Suche öffnen*).

Geeignet für folgende Windows-7-Versionen

● Home Basic ● Home Premium ● Professional ● Enterprise ● Ultimate

Gespeicherte Suche öffnen

DAS PROBLEM
Wenn Sie eine erfolgreich verlaufene Suche aus dem Suchfenster heraus über die Option *Suche speichern* sichern, wird diese automatisch im Ordner *Suchvorgänge* Ihrer eigenen Dateien gespeichert und es erscheint ein passender Link in der Favoriten-Leiste des Explorer-Fensters, sodass Sie in der Regel aus nahezu allen Lebenslagen jederzeit schnell und komfortabel auf Ihre gespeicherten Suchen zugreifen können.

DER TIPP
Haben Sie ein Explorer-Fenster geöffnet, genügt ein Klick auf den entsprechenden Linkfavoriten, um die Suche umgehend ein weiteres Mal zu starten. Sollten Sie den Linkfavoriten mittlerweile aus der Liste entfernt haben, finden Sie im Ordner *C:\Benutzer\Benutzername\Suchvorgänge* eine Übersicht aller gespeicherten Suchen, die sich natürlich auch von hier aus bequem per Doppelklick auf den entsprechenden Eintrag erneut aufrufen lassen.

WEITERE HINWEISE
Bei Bedarf lassen sich die gespeicherten Suchen nach einem Rechtsklick über *Eigenschaften > Details* oder über den Eintrag *Markierung hinzufügen* am unteren Rand des Fensters *Suchvorgänge* auch noch nachträglich durch die Eingabe von *Markierungen* kategorisieren. Die eingegebene Dateibeschreibung wird danach beim Auswählen der Datei automatisch im Infobereich des Explorer-Fensters angezeigt, was für deutlich mehr Übersicht sorgt. Davon abgesehen, können Sie diese Suche später anhand ihrer Beschreibungen über eine entsprechende Suchanfrage gezielt aufspüren.

Geeignet für folgende Windows-7-Versionen				
● Home Basic	● Home Premium	● Professional	● Enterprise	● Ultimate

Kapitel 5: Ordner, Dateien und Suchoptionen

Erweiterte Suchoptionen anpassen

DAS PROBLEM

Über die erweiterten Ordneroptionen können Sie nicht nur das allgemeine Erscheinungsbild von Ordnern und Dateien, sondern vor allem auch das grundsätzliche Verhalten der Suchfunktionen von Windows 7 an Ihre Bedürfnisse anpassen.

DER TIPP

Wenn Sie aus einem Explorer-Fenster heraus über *Organisieren > Ordner- und Suchoptionen* das Fenster *Ordneroptionen* öffnen, bekommen Sie auf dem Register *Suchen* die Möglichkeit, die grundsätzlichen Einstellungen der Suchfunktionen von Windows 7 zu konfigurieren. Normalerweise werden z. B. die Dateibeschreibungen einer Datei bei einer Standardsuche ausschließlich bei indizierten Elementen durchsucht, während in den restlichen Ordnern lediglich die Dateinamen auf eine Übereinstimmung mit den Suchkriterien überprüft werden. Mit der Option *Immer Dateinamen und -inhalte suchen* werden standardmäßig auch bei nicht im Index gespeicherten Elementen deren Detailbeschreibungen durchsucht – wobei eine Suche dann natürlich deutlich mehr Zeit in Anspruch nimmt.

Unter dem Punkt *Wie möchten Sie suchen* stellen Sie ein, ob beim Eingeben eines Suchbegriffs in das Suchfeld des Explorer-Fensters automatisch auch die Unterordner des aktuellen Verzeichnisses durchsucht werden sollen. Über *Teiltreffer finden* bestimmen Sie, ob während der Eingabe eines Suchbegriffs bereits vom ersten Buchstaben an zutreffende Elemente aufgelistet werden oder ob diese erst dann in der Liste auftauchen sollen, nachdem komplette Wortübereinstimmungen gefunden wurden.

Über die Option *Unter Verwendung natürlicher Sprache suchen* können Sie dafür sorgen, dass Windows auch Suchanfragen versteht, die eher dem normalen Sprachgebrauch des Menschen entsprechen. Anstatt mit komplizierten Suchparametern wie *Autor:(Max Muster) AND Dokumente*, können Sie danach auch eine Formulierung wie *Dokumente von Max Muster* verwenden, um alle von dieser Person erstellten Dokumente aufzuspüren.

Mit den restlichen Optionen können Sie bei Bedarf festlegen, ob beim Durchsuchen nicht indizierter Ordner auch Systemverzeichnisse und der Inhalt von ZIP-Archiven und sonstigen komprimierten Dateien berücksichtigt werden sollen.

Suchfunktionen und Optionen

Passen Sie die allgemeinen Suchoptionen Ihren Wünschen entsprechend an.

WEITERE HINWEISE

Über die Schaltfläche *Standardwerte* lassen sich die erweiterten Suchoptionen jederzeit wieder in ihren ursprünglichen Zustand zurückversetzen.

Ordner zum Suchindex hinzufügen

DAS PROBLEM
Haben Sie Ihr Multimediaarchiv, Dokumente oder andere wichtige Daten nicht im persönlichen Benutzerordner oder den öffentlichen Dateien, sondern auf einer anderen Festplatte archiviert, werden diese von Windows nicht ohne Weiteres in den Index aufgenommen und lassen sich somit gegebenenfalls auch nur anhand ihrer Dateinamen, nicht aber eventuell angelegter Markierungen und Dateibeschreibungen oder Inhalte aufspüren. Bei Bedarf lassen sich bisher nicht indizierte Orte aber jederzeit manuell in den Suchindex integrieren bzw. unerwünschte Ordner aus der Liste indizierter Elemente entfernen.

DER TIPP
Um dafür zu sorgen, dass Windows bei einer Standardsuche auch Ordner und Dateien (samt deren Detailbeschreibungen) berücksichtigt, die sich nicht in einem der von Windows standardmäßig überwachten Verzeichnisse befinden, müssen Sie die gewünschten Elemente manuell zum Suchindex hinzufügen. Rufen Sie dazu über *Start > Systemsteuerung > Anzeigen nach: Kleine Symbole* die Listenansicht der *Systemsteuerung* auf und öffnen Sie dort die *Indizierungsoptionen*.

Im Fenster *Indizierungsoptionen* können Sie nun genau ablesen, welche Ordner aktuell von Windows indiziert werden. Über die Schaltfläche *Ändern* gelangen Sie zum Fenster *Indizierte Orte*, wo Sie nun nach einem Klick auf *Alle Orte anzeigen* (benötigt Administratorrechte) eine Übersicht aller Laufwerke des Systems freischalten können. Über die Pfeile lässt sich der Inhalt der einzelnen Laufwerke bei Bedarf aufklappen. Um einen Ordner oder ein gesamtes Laufwerk samt aller darin enthaltenen Elemente zum Index hinzuzufügen, müssen Sie lediglich das vor dem entsprechenden Eintrag befindliche Kästchen aktivieren.

Wird ein Element in der Liste ausgegraut dargestellt, wurde es anhand seiner Laufwerks- bzw. Ordnereigenschaften gezielt von der Indizierung ausgeschlossen und lässt sich erst aktivieren, nachdem Sie diese Einstellungen wieder rückgängig gemacht haben (siehe Tipp: *Elemente gezielt von der Indizierung ausschließen*). Netzwerkordner und sonstige Freigaben anderer Netzwerkteilnehmer lassen sich hingegen prinzipiell nicht in den Index aufnehmen. Diese Ordner müssen also mithilfe der Standardsuche oder aus dem Explorer-

Fenster heraus jedes Mal manuell als Zielort einer Suche ausgewählt werden.

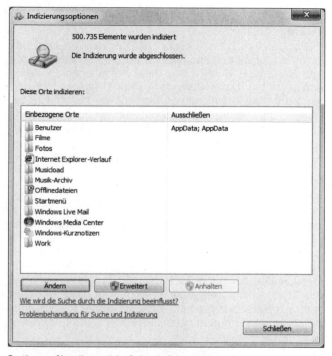

Bestimmen Sie selbst, welche Ordner indiziert werden sollen.

WEITERE HINWEISE

Wenn Sie Wert auf eine flinke Suche legen, sollten Sie besser darauf verzichten, gesamte Laufwerke und nicht wirklich wichtige Ordner zum Index hinzuzufügen. Je mehr Elemente der Suchindex umfasst, desto größer wird dessen Datenbank und desto länger müssen Sie bei Ihren Suchanfragen auf die Ergebnisse warten.

Geeignet für folgende Windows-7-Versionen				
● Home Basic	● Home Premium	● Professional	● Enterprise	● Ultimate

Indexeinstellungen & Indizierung von Dateitypen anpassen

Das Problem
Wenn ein Ordner oder Laufwerk in die Liste der von Windows indizierten Verzeichnispfade aufgenommen wurde, bedeutet dies noch lange nicht, dass auch wirklich alle darin enthaltenen Elemente automatisch samt ihrer Dateidetails im Suchindex gespeichert werden. Anhand der erweiterten Indizierungsoptionen bekommen Sie die Möglichkeit, die voreingestellten Einstellungen zur Indizierung einzelner Dateitypen und diverse andere Optionen des Suchindexes Ihren Wünschen entsprechend anzupassen.

Der Tipp
Um die erweiterten Optionen des Suchindexes einsehen und anpassen zu können, öffnen Sie über *Start > Systemsteuerung > Ansicht als: Kleine Symbole* die Listenansicht der *Systemsteuerung*. Rufen Sie die *Indizierungsoptionen* auf und klicken Sie dort auf die Schaltfläche *Erweitert*. Auf dem Register *Indexeinstellungen* können Sie nun zunächst dafür sorgen, dass auch verschlüsselte Dateien indiziert werden. Sollten bei Ihren Suchanfragen Probleme auftreten oder einige Dateien nicht auffindbar sein, obwohl diese eindeutig zur Indizierung freigegeben wurden, können Sie über die Schaltfläche *Neu erstellen* einfach eine neue Indexdatei mit aktualisierten Informationen erstellen lassen.

Auf dem Register *Dateitypen* finden Sie eine Liste aller in der Registrierdatenbank von Windows verzeichneten Dateitypen. Anhand der davor befindlichen Häkchen können Sie erkennen, ob Dateien dieses Typs gegebenenfalls in den Index aufgenommen oder grundsätzlich nie indiziert werden. Wenn Sie einen Eintrag anklicken, können Sie im unteren Teil des Fensters regeln, ob bei der Indizierung von Dateien dieses Typs lediglich der Dateiname oder auch deren Detailbeschreibungen in den Index aufgenommen werden sollen. Sollte in der Liste ein für Sie wichtiger Dateityp fehlen, können Sie dessen Dateiendung im dafür vorgesehenen Feld eingeben, ihn zur Liste hinzufügen und dann die gewünschten Einstellungen vornehmen.

Suchfunktionen und Optionen

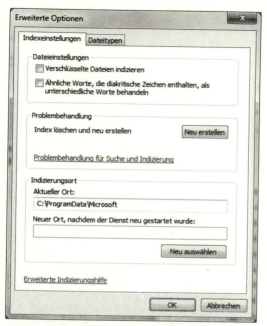

Passen Sie die erweiterten Indizierungsoptionen an Ihre Bedürfnisse an.

WEITERE HINWEISE

Um bei Ihren Suchanfragen möglichst schnell zum gewünschten Ziel zu gelangen, sollten Sie prinzipiell darauf achten, nur die Elemente indizieren zu lassen, die Sie auch wirklich benötigen. Mit jeder gespeicherten Information wächst auch die Größe der Indexdatei, die sich in den Grundeinstellungen unsichtbar im Ordner *C:\ProgramData\Microsoft* versteckt. Besitzen Sie eine zusätzliche Festplatte, die schnellere Zugriffszeiten als das Systemlaufwerk bietet, sollten Sie den Speicherort der Indexdatei über das Register *Indexeinstellungen* mithilfe der Schaltfläche *Neu auswählen* dorthin verschieben. Je schneller die Indexdatei ausgelesen werden kann, desto schneller bekommen Sie Ihre Suchergebnisse angezeigt.

Geeignet für folgende Windows-7-Versionen				
● Home Basic	● Home Premium	● Professional	● Enterprise	● Ultimate

Elemente gezielt von der Indizierung ausschließen

DAS PROBLEM
Wollen Sie verhindern, dass bestimmte Laufwerke, Ordner oder auch einzelne Dateien in den Suchindex von Windows aufgenommen werden können, lassen sich diese auf Wunsch jederzeit von der Indizierung ausschließen, ohne dabei an den Indizierungsoptionen des Systems herumschrauben zu müssen.

DER TIPP
Wenn Sie per Rechtsklick die *Eigenschaften* eines Ordners oder einer Datei öffnen und auf dem Register *Allgemein* über die Schaltfläche *Erweitert* die *Erweiterten Attribute* dieses Elements aufrufen, finden Sie dort unter dem Punkt *Archiv- und Indexattribute* die Option *Zulassen das für Datei(en)* bzw. *in diesem Ordner Inhalte zusätzlich zu Dateieigenschaften indiziert werden*. Wenn Sie das Häkchen vor dem Eintrag entfernen, wird dieses Element von jeder weiteren Indizierung ausgeschlossen und lässt sich über die Indexoptionen auch nicht mehr manuell zum Suchindex hinzufügen. Bei Laufwerken finden Sie die entsprechende Option nach einem Rechtsklick im unteren Teil ihres *Eigenschaften*-Fensters.

WEITERE HINWEISE
Befand sich ein Ordner zuvor im Index, müssen Sie nach dem Deaktivieren der Option entscheiden, ob die Änderungen lediglich für diesen oder auch die darin enthaltenen Unterordner und Dateien gelten sollen. Die entsprechenden Indexeinträge werden danach entfernt.

Geeignet für folgende Windows-7-Versionen

| ● Home Basic | ● Home Premium | ● Professional | ● Enterprise | ● Ultimate |

Kapitel 6
Multimedia-Tools & Optionen

Windows 7 bringt von Haus aus alles mit, was Sie zum Wiedergeben Ihrer Fotos, Videos und Musiktitel benötigen. In diesem Kapitel erfahren Sie, wie Sie Ihre Fotosammlung mithilfe der Fotoanzeige betrachten und als Diashow wiedergeben können und wie Sie den Windows Media Player zum Kopieren, Wiedergeben und Verwalten Ihres Musik- und Videoarchivs verwenden.

Wollen Sie Fotos nicht nur betrachten, sondern auch professionell nachbearbeiten und verwalten, sollten Sie sich die Windows Live Fotogalerie aus dem von Microsoft kostenlos zur Verfügung gestellten Windows Live Essentials Paket installieren, über das unter anderem auch der Windows Live Movie Maker installiert werden kann. Letzterer dient dazu, Ihre mit der Digitalkamera gedrehten Videos und sonstiges Filmmaterial fachgerecht zurechtzuschneiden, die Filmschnipsel mit schönen Übergängen aufzupeppen und den fertigen Film dann wahlweise zu archivieren oder in einem platzsparenden Format online für Familienmitglieder und Freunde bereitzustellen.

Besitzer der Home Premium, Professional, Enterprise und Ultimate Versionen von Windows 7 finden zusätzliche Tipps und Hinweise, die ihnen dabei helfen, ihre Fotos und Videos mithilfe des Windows DVD Makers samt persönlichem DVD-Menü auf eine DVD zu bannen, oder das Windows Media Center optimal zu konfigurieren und an ihre Bedürfnisse anzupassen, um den Rechner so in eine komfortable Multimediazentrale zu verwandeln.

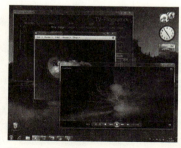

Windows 7 bietet alles, was Sie zur Wiedergabe von Multimediainhalten benötigen.

Windows-Fotoanzeige und Windows Live Fotogalerie

Wollen Sie Ihr Foto- und Bildarchiv lediglich betrachten und bei Zeiten auch einmal eine kleine Diashow starten, um die letzten Urlaubsschnappschüsse Freunden oder anderen Familienmitgliedern zu präsentieren, dürfte die von Haus aus ins System integrierte Windows-Fotoanzeige für diese Zwecke allemal ausreichend sein. Wer die Digitalfotografie als Hobby betreibt und seine Bilder komfortabel verwalten und gegebenenfalls sogar nachbearbeiten will, sollte jedoch besser zur Windows Live Fotogalerie greifen.

In den folgenden Abschnitten erfahren Sie, wie Sie diese beiden Programme sinnvoll nutzen, wie Sie die Fotogalerie zur Verwaltung Ihres gesamten Fotoarchivs verwenden und welche Optionen Ihnen beim Betrachten Ihrer Bilder zur Verfügung stehen. Des Weiteren finden Sie eine ganze Reihe von Tipps und Hinweisen, die Ihnen dabei helfen, Ihre Bilder fachgerecht nachzubearbeiten, den berüchtigten Rote-Augen-Effekt zu eliminieren oder bei Bedarf auch einen bestimmten Bildausschnitt aus einem Foto herauszuschneiden. Sie erfahren außerdem, wie Sie mit wenigen Mausklicks Bilder zu einem von Ihnen ausgewählten Thema als Diashow zusammenstellen, deren Darstellung optimal an Ihre Bedürfnisse anpassen, ausgewählte Fotos als DVD-Diashow auf eine DVD brennen oder diese bequem an ein Fotolabor versenden können, um diese dort entwickeln zu lassen usw.

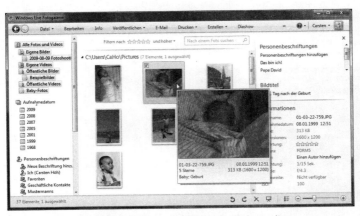

Mithilfe der *Fotogalerie* können Sie Ihr Fotoarchiv komfortabel verwalten.

Windows Live Fotogalerie installieren

DAS PROBLEM

Die *Windows Live Fotogalerie* ist im Prinzip der große Bruder der *Windows-Fotoanzeige*. Es handelt sich dabei um ein umfangreiches Bildbetrachtungstool, mit dem Sie Ihre Fotos nicht nur anschauen und als Diashow anzeigen lassen, sondern diese auch kategorisieren oder nachbearbeiten können, um so z. B. den gefürchteten Rote-Augen-Effekt aus Bildern zu eliminieren Besitzen Sie eine Digitalkamera und wollen Sie stets die Übersicht über Ihre Urlaubs-, Familien- und sonstige Fotos behalten, sind Sie gut damit beraten, sich dieses kostenlose Tool aus dem *Windows Live Essentials*-Paket herunterzuladen und auf Ihrem Rechner zu installieren.

DER TIPP

Falls noch nicht geschehen, können Sie sich die *Windows Live Fotogalerie* im Rahmen der unter der Adresse *http://download.live.com/* kostenlos zum Download bereit gestellten *Windows Live Essentials* herunterladen. Nachdem der Download beendet ist, rufen Sie die Setup-Datei des Live Essentials-Pakets auf und wählen durch das Setzen der entsprechenden Häkchen aus, welche der darin enthaltenen Programme Sie installieren wollen. Wählen Sie hier zumindest die Fotogalerie aus und folgen Sie anschließend den Anweisungen des Assistenten, um die Installation abzuschließen. Die *Windows Live Fotogalerie* funktioniert auch ohne Online-Zugang und fügt sich nahtlos ins Betriebssystem ein. Nach der Installation erklärt sich die Fotogalerie automatisch als Standardprogramm für Ihre Bilder und Fotos, wodurch Ihnen im Vergleich zur 'normalen' Fotoanzeige automatisch eine ganze Reihe zusätzlicher Optionen und nützlicher Features zur Verfügung stehen.

WEITERE HINWEISE

Sollten die Windows Live Essentials bereits auf Ihrem Rechner installiert sein, können Sie über *Start > Systemsteuerung > Programme > Programme und Funktionen > Windows Live Essentials > Deinstallieren/ändern* jederzeit Teile des Pakets entfernen oder nachinstallieren.

Geeignet für folgende Windows-7-Versionen				
● Home Basic	● Home Premium	● Professional	● Enterprise	● Ultimate

Bilder mit der Windows-Fotoanzeige betrachten

DAS PROBLEM
Für die Anzeige von Bildern und Fotos ist bei Windows 7 in der Grundkonfiguration die Windows-Fotoanzeige zuständig. Im Gegensatz zur aus Windows Vista bekannten Fotogalerie, eignet sie sich zwar lediglich zum Betrachten und nicht zum Nachbearbeiten und Katalogisieren von Fotos und sonstigen Bildern, sollte aber für den Hausgebrauch allemal ausreichen.

DER TIPP
Sobald Sie ein in der *Bilder*-Bibliothek oder an sonstiger Stelle gespeichertes Foto oder ein Bild per Doppelklick oder über die entsprechende Option öffnen, wird es automatisch mit dem dafür vorgesehenen Standardprogramm geöffnet – in der Grundkonfiguration von Windows 7 ist dies die *Windows-Fotoanzeige*.

Der Bildbetrachter der *Windows-Fotoanzeige*

Im unteren Teil des Fensters befindet sich die Steuerkonsole. Über das *Lupe*-Symbol lässt sich die Größe des angezeigten Bildes anhand eines Schiebereglers stufenlos an Ihre Bedürfnisse anpassen, während Sie mit den *Pfeiltasten* bequem durch die Bilder des aktuellen Ordners blättern. Über den großen Knopf in der Mitte starten Sie eine *Diashow* aller Bilder des aktuellen Ordners. Haben Sie Bilder im Hochformat geschossen, können Sie diese mithilfe der beiden *rotierenden Pfeiltasten* drehen und Bilder, die Sie nicht mehr benötigen über das X-Symbol löschen.

Über die Standardschaltflächen im oberen Bereich der Fotoanzeige können Sie nicht nur die Eigenschaften der aktuellen *Datei* aufrufen, sondern das Bild bei Bedarf auch zur weiteren Bearbeitung an das Bildbearbeitungsprogramm *Paint* weiterleiten, es auf eine Daten-CD brennen, Bilder an den *Windows DVD Maker* weiterleiten, um eine Video-DVD mit einer Diashow zu erstellen, oder ein Bild auch einfach auf Ihrem Drucker ausdrucken bzw. es direkt an einen der im Internet verfügbaren Fotodienste weiterleiten, um sich dort professionelle Abzüge Ihrer Fotos zu bestellen.

WEITERE HINWEISE

Betrachten Sie mithilfe der *Windows-Fotoanzeige* eine *Diashow*, können Sie diese per Rechtsklick auf das angezeigte Bild pausieren. Ansonsten stehen Ihnen im daraufhin aufpoppenden Menü aber auch noch Möglichkeiten zur Anpassung der Wiedergabegeschwindigkeit oder zum Zurückblättern zur Verfügung. Um schnell zum nächsten Bild zu springen, genügt hingegen ein einfacher Klick mit der linken Maustaste. Deutlich komfortabler gestaltet sich das Ganze allerdings mit den erweiterten Diashow-Funktionen der *Windows Live Fotogalerie*.

Geeignet für folgende Windows-7-Versionen

| ● Home Basic | ● Home Premium | ● Professional | ● Enterprise | ● Ultimate |

Kapitel 6: Multimedia-Tools & Optionen

Bilder der Fotogalerie betrachten

DAS PROBLEM
Wenn Sie nach der Installation der *Windows Live Fotogalerie* ein Bild aus der Galerieansicht der Fotogalerie oder aus einem Explorer-Fenster heraus per Doppelklick öffnen, wird dieses umgehend mit dem Bildbetrachter der Fotogalerie angezeigt, der neben den aus der Fotoanzeige bekannten Funktionen auch noch ein paar zusätzliche Features in sich birgt.

DER TIPP
Wenn Sie ein Bild öffnen, passt der Bildbetrachter dessen Größe zunächst automatisch der Größe seines Fensters an. Mithilfe des Schiebereglers im unteren rechten Bereich des Fensters können Sie die Anzeige des Bildes stufenlos zoomen bzw. über das links daneben befindliche zwischen der angepassten Ansicht und der tatsächlichen Originalgröße des Bildes hin- und herschalten. Befinden sich neben dem aufgerufenen Bild noch weitere Bilder innerhalb des Ordners oder in der Galerie, bekommen Sie über die *Pfeil*-Symbole die Möglichkeit, bequem zwischen den Bildern hin- und her zu wechseln. Wie viele Bilder sich in der Auswahl befinden und welches Bild der Reihe Sie gerade betrachten, können Sie am linken unteren Rand des Fensters ablesen. Ansonsten lassen sich die Bilder bei Bedarf über die entsprechenden Knöpfe auch aus dieser Ansicht herausdrehen, bei Nichtgefallen löschen oder über das Leinwand-Symbol als Diashow wiedergeben.

WEITERE HINWEISE
Die wahren Stärken der Fotogalerie verbergen sich nicht im Bildbetrachter, sondern in den Funktionen der Galerieansicht, die Sie aus dem Betrachter heraus über die Schaltfläche *Zur Galerie wechseln* aufrufen. Hier lassen sich Bilder nicht nur anhand praktischer Vorschaubilder betrachten, sondern auch mithilfe von Detailbeschreibungen sortieren, kategorisieren und mit interaktiven Zusatzinformationen ausstatten (z. B. lassen sich auf einem Bild ersichtliche Personen markieren und mit ihrem Namen kennzeichnen usw.)

Geeignet für folgende Windows-7-Versionen				
● Home Basic	● Home Premium	● Professional	● Enterprise	● Ultimate

Zusätzliche Bilder-Ordner zur Fotogalerie hinzufügen

DAS PROBLEM
In den Grundeinstellungen sind in der Fotogalerie lediglich Elemente enthalten, die in den öffentlichen bzw. Ihren persönlichen Benutzerordnern *Bilder* und *Videos* gespeichert bzw. über in diesen Ordnern angelegte Verknüpfungen erreichbar sind. Um Bilder aus weiteren Ordnern in der Fotogalerie verwalten zu können, müssen Sie diese manuell zur Fotogalerie hinzufügen.

DER TIPP
Wenn Sie die Fotogalerie über *Start > Alle Programme > Windows Live > Windows Live Fotogalerie* öffnen, werden in der Galerieansicht zunächst nur Bilder aus den zuvor genannten Ordnern angezeigt. Um die Galerie zu erweitern, klicken Sie auf der Menüleiste auf die Schaltfläche *Datei* und wählen dort die Option *Ordner der Galerie hinzufügen* und wählen dann den gewünschten Ordner aus. Der Ordner wird danach samt aller darin befindlichen Unterordner und Bilder in die Fotogalerie integriert.

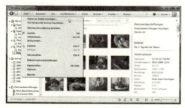

So fügen Sie neue Ordner zur Fotogalerie hinzu.

WEITERE HINWEISE
Alternativ können Sie auch einfach ein Bild aus einem bisher nicht in der Fotogalerie enthaltenen Ordner aus dem Explorer-Fenster heraus per Doppelklick öffnen und anschließend im Bildbetrachter auf die Schaltfläche *Ordner zur Galerie hinzufügen* klicken, um diesen in die Fotogalerie zu integrieren.

Geeignet für folgende Windows-7-Versionen				
● Home Basic	● Home Premium	● Professional	● Enterprise	● Ultimate

Ordner aus der Fotogalerie entfernen

Das Problem
Enthält die Fotogalerie zu viele Elemente, oder wollen Sie bestimmte Ordner gezielt aus der Fotogalerie ausschließen, können Sie diese bei Bedarf jederzeit entfernen.

Der Tipp
Um einen Ordner nachträglich wieder aus der Fotogalerie auszuklammern, brauchen Sie diesen in der Galerieansicht lediglich im Navigationsbereich auf der linken Seite des Fensters mit der rechten Maustaste auszuwählen und dann die Option *Aus der Galerie entfernen* zu wählen. Der Ordner wird nicht von der Festplatte gelöscht, sondern lediglich aus der Fotogalerie entfernt. Die darin befindlichen Bilder bleiben also auf dem Datenträger erhalten.

Entfernen Sie unerwünschte Ordner nachträglich aus der Fotogalerie.

Weitere Hinweise
Die Ordner *Öffentliche Bilder*, *Öffentliche Videos* sowie die Ordner *Videos* und *Bilder* Ihres eigenen Benutzerordners lassen sich nicht aus der Fotogalerie ausklammern. Sie können also nur die Ordner entfernen, die Sie zuvor manuell zur Fotogalerie hinzugefügt haben.

Bilder bewerten und mit Detailbeschreibungen und Beschriftungen ausstatten

DAS PROBLEM
Wollen Sie Ihre Fotos und sonstige Bilder mit Bewertungen und Detailbeschreibungen versehen, um diese später bequem sortieren und nach bestimmten Kriterien sortiert zusammenzustellen oder ausfindig zu machen, können Sie die wichtigsten Informationen dieser Art komfortabel mithilfe der Fotogalerie zu den Eigenschaften einer Datei hinzufügen.

DER TIPP
Wenn Sie in der Galerieansicht der Fotogalerie heraus ein Foto auswählen, erscheint auf der linken Seite des Fensters im Infobereich eine Auflistung von Detailinformationen zu dieser Datei, anhand der Sie neben dem Dateinamen und der Dateigröße und Bildauflösung, auch noch eine ganze Reihe von zusätzlichen Informationen ablesen können. Wenn Sie die Felder für *Beschriftungen*, *Bildtitel*, *Aufnahmedatum*, den *Dateinamen* oder den *Autor* mit der Maus anklicken, lassen sich die Daten bequem editieren oder ergänzen. Um ein Bild zu bewerten, genügt ein Klick auf die gewünschte Anzahl von Sternen, die Sie für dieses Bild vergeben wollen.

WEITERE HINWEISE
Die Beschriftungen werden in den Detaileigenschaften der Bilddatei unter dem Punkt *Markierungen* gespeichert. Wollen Sie noch weitere Detailinformationen, wie z. B. ausführliche *Kommentare* zu einem Bild hinzufügen, müssen Sie es in der Galerieansicht mit der rechten Maustaste anklicken und können dann über *Eigenschaften > Details* die gewünschten Daten zur Bilddatei hinzufügen (siehe auch *Kapitel 5: Ordner, Dateien und Suchoptionen*).

Geeignet für folgende Windows-7-Versionen

| ● Home Basic | ● Home Premium | ● Professional | ● Enterprise | ● Ultimate |

Bilder mit Personenbeschriftungen ausstatten

Das Problem
Im Gegensatz zur Fotogalerie von Windows Vista, bietet die Windows Live Fotogalerie die Möglichkeit, Bilder nicht nur mit normalen Beschreibungen und Markierungen auszustatten, sondern auch die darauf zu sehenden Personen zu kennzeichnen, damit Sie auch nach Jahren noch erkennen können, um wen es sich bei den auf dem Bild zu sehenden Personen eigentlich handelt.

Der Tipp
Öffnen Sie das gewünschte Bild aus der Galerie heraus per Doppelklick mit dem Bildbetrachter und klicken Sie es dort mit der rechten Maustaste an, um über die Option *Beschriftung hinzufügen* den Infobereich auf der rechten Seite des Fensters einzublenden. Über die Option *Jemanden markieren* bekommen Sie nun die Möglichkeit, mithilfe eines Fadenkreuzes eine Person auf dem Bild auszuwählen, ein Quadrat um diese zu ziehen und dann einzutippen, um wen es sich dabei handelt. Haben Sie zuvor bereits Personenbeschriftungen dieser Art erstellt, können Sie diese auch bequem anhand einer Liste auswählen.

Fügen Sie interaktive Personenbeschreibungen zu Ihren Bildern hinzu.

Weitere Hinweise
Wurden Personenbeschriftungen zu einem Bild hinzugefügt, erscheinen deren Namen automatisch auf dem Bildschirm, sobald Sie mit der Maus über den Rahmen fahren.

Geeignet für folgende Windows-7-Versionen				
● Home Basic	● Home Premium	● Professional	● Enterprise	● Ultimate

Bilder in der Galerie anhand bestimmter Kriterien filtern

DAS PROBLEM

In der Galerieansicht der Fotogalerie haben Sie die Möglichkeit, Bilder anhand bestimmter Kriterien zu filtern und sich so alle Fotos eines bestimmten Ordners, Bilder, die einer bestimmten Bewertung entsprechen oder anhand ihrer Beschriftungen bestimmten Themen zugeordnet sind mit einem Klick zusammenzustellen und auflisten zu lassen.

DER TIPP

Auf der Navigationsleiste im linken Teil der Fotogalerie finden Sie eine ganze Reihe von Einträgen, mit deren Hilfe sich Bilder nach den dort vorhandenen Kriterien filtern lassen. Über *Alle Bilder und Videos* können Sie sich wahlweise alle zur Fotogalerie hinzugefügten Bilder und Videos anschauen, den Inhalt bestimmter Ordner anzeigen lassen oder über *Aufnahmedatum* Bilder herausfiltern, die in einem bestimmten Jahr erstellt wurden, einer bestimmten Beschriftung entsprechen, bestimmte Personen enthalten und das angezeigte Bildmaterial danach dann über die Option *Filtern nach: XXX-Sternchen und höher* anhand der Bildbewertungen aussieben lassen. Bei Bedarf können Sie die getroffene Zusammenstellung anschließend über die entsprechenden Schaltflächen umgehend als Diashow ansehen oder die Bilder auf eine CD oder DVD brennen.

WEITERE HINWEISE

Die Unterpunkte, die Ihnen unter den Einträgen *Beschriftungen* und *Aufnahmedatum* zur Verfügung stehen, werden stets aktuell aus den zur Fotogalerie hinzugefügten Bildern und deren Detailbeschreibungen ausgelesen. Es befinden sich dort also nur Einträge, die im aktuellen Datenbestand der Fotogalerie auch wirklich verfügbar sind.

Geeignet für folgende Windows-7-Versionen

| ● Home Basic | ● Home Premium | ● Professional | ● Enterprise | ● Ultimate |

Kapitel 6: Multimedia-Tools & Optionen

Bilder als Diashow betrachten

DAS PROBLEM
Mithilfe der Windows Live Fotogalerie lassen sich Ihre Bilder nicht nur komfortabel verwalten oder betrachten, sondern auch als bildschirmfüllende Diashow wiedergeben. In welcher Form die Bilder danach angezeigt werden, können Sie selbst bestimmen.

DER TIPP
Wenn Sie einen Bilderordner im Explorer öffnen, finden Sie dort in der Menüleiste den Eintrag *Diashow*. Ansonsten können Sie eine Diashow auch bequem über den Knopf in der Mitte der Steuerkonsole der Fotogalerie starten, um so die aktuell ausgewählten Bilder als bildschirmfüllende Diashow ablaufen zu lassen. Wird die Diashow gestartet, während kein oder nur ein Bild ausgewählt wurde, werden automatisch alle im Fenster oder Ordner aufgelisteten Bilder der Reihe nach angezeigt. Wollen Sie die Diashow auf bestimmte Bilder begrenzen, müssen Sie zuvor also mindestens zwei bzw. alle gewünschten Bilder markiert haben. Über die Steuerkonsole, die am unteren Bildschirmrand nach einer Bewegung mit der Maus automatisch eingeblendet wird, stehen Ihnen folgende Optionen zur Auswahl:

- **Designs:** Über diese Funktion öffnet sich eine Liste, über die Sie bestimmen können, wie die Diashow dargestellt werden soll. Im klassischen Design wird abrupt zum nächsten Bild gewechselt. Wählen Sie die Option *Ausblenden*, werden die Bilder hingegen dezent aus- und eingeblendet. Ansonsten stehen Ihnen aber auch noch eine ganze Reihe anderer Design-Effekte zur Auswahl. Über *Schwenken und Zoomen* wird das Bild vergrößert dargestellt, während die Kamera über die diversen Bildausschnitte gleitet. Ansonsten lassen sich Bilder aber auch übereinander stapeln, oder mit dem *Sepia*-Design in vergilbte Schwarzweißbilder verwandeln, stapeln, als Foto-Collage zusammenstellen usw.

- **Navigationspfeile:** Mithilfe der Navigationspfeile können Sie unabhängig vom eingestellten Zeitintervall zwischen den Bildern hin- und herschalten.

- **Pause/Abspielen:** Mithilfe des Knopfes in der Mitte der Steuerkonsole können Sie die Diashow anhalten bzw. fortsetzen.

- **Konfigurieren:** Mithilfe des Zahnrad-Symbols können Sie festlegen, wie lange ein Bild angezeigt werden soll, bis die Diashow zum nächsten Bild wechselt. Wollen Sie, dass die Diashow nach dem letzten Bild nicht automatisch von vorne beginnt, sollten Sie das Häkchen vor dem Eintrag *Schleife* entfernen. Spielen Sie mit der Diashow Filme ab, können Sie hier bei Bedarf auch den Ton abschalten usw.
- **Beenden:** Mit dieser Option beenden Sie die Diashow.

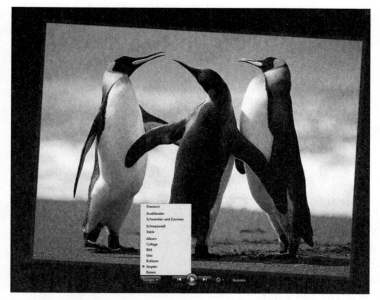

Für die *Diashow* stehen Ihnen unterschiedliche Designs zur Auswahl.

Weitere Hinweise

Erreicht Ihre Grafikkarte im Leistungsindex einen Wert unter 3,0 Punkten oder entspricht Ihre Grafikkarte nicht mindestens dem DirectX 9-Standard, werden die Bilder unter Umständen in schlechterer Qualität angezeigt und es lassen sich nicht alle Designs für die Diashow auswählen.

Geeignet für folgende Windows-7-Versionen				
● Home Basic	● Home Premium	● Professional	● Enterprise	● Ultimate

Bilder von externen Medien importieren

DAS PROBLEM
Wollen Sie Bilder aus externen Medien, wie z. B. einer Digitalkamera, einer CD oder einem USB-Stick in der Fotogalerie betrachten, können Sie diese bequem in die Fotogalerie importieren und samt automatisierter Detailbeschreibungen auf der Festplatte sichern.

DER TIPP
Um Bilder von einem externen Speichermedium in die Fotogalerie zu importieren, klicken Sie aus der Galerienansicht heraus auf den Menüpunkt *Datei > Von Kamera oder Scanner importieren*. Daraufhin wird Ihnen eine Liste aller zum Import von Bildern geeigneten Geräte oder Wechselmedien angezeigt. Ob ein angeschlossener Scanner in der Liste zu finden ist, hängt von dessen Treiber ab. Digitalkameras werden von Windows in der Regel nicht als Kamera, sondern genau wie ein USB-Stick als Wechseldatenträger erkannt. Wählen Sie einfach die gewünschte Quelle Ihrer neuen Bilder aus und klicken Sie dann auf *Importieren*. Bevor die auf dem ausgewählten Medium befindlichen Bilder in einen Unterordner Ihres *Eigene Bilder*-Ordners kopiert werden, bekommen Sie noch die Möglichkeit, diesem eine Beschreibung zu geben (z. B. 'Babys erste Woche' oder 'Urlaub 2009'). Die Beschreibung wird den Bildern automatisch als Beschriftung (bzw. Markierung) hinzugefügt und taucht danach auch in der Navigationsleiste der Fotogalerie als Sortierkriterium auf.

WEITERE HINWEISE
Beim Importvorgang wird in Ihrem persönlichen Benutzerordner im Verzeichnis *Bilder* ein neuer Ordner erstellt, dessen Name sich aus dem aktuellen Datum oder der von Ihnen vergebenen Beschreibung zusammensetzt (z. B. `C:\Benutzer\Benutzername\Bilder\2009-07-18` oder `Urlaub2009`) und alle Bilder des Mediums in diesen hineinkopiert. Über die Optionen der Fotogalerie lässt sich das Importverhalten bei Bedarf detailliert anpassen (siehe Tipp: *Erweiterte Optionen der Fotogalerie anpassen*).

Geeignet für folgende Windows-7-Versionen				
● Home Basic	● Home Premium	● Professional	● Enterprise	● Ultimate

Erweiterte Optionen der Fotogalerie anpassen

Das Problem
Über die erweiterten Optionen der Fotogalerie können Sie das Verhalten der Fotogalerie bei Bedarf jederzeit Ihren Bedürfnissen anpassen.

Der Tipp
Wenn Sie aus der Galerieansicht heraus über *Datei > Optionen* die erweiterten Optionen der Fotogalerie öffnen, haben Sie auf dem Register *Allgemein* die Möglichkeit, selbst zu bestimmen, ob in der Galerie eine *Bilder- und Videovorschau* als vergrößertes Quickinfobild angezeigt werden soll, sobald Sie mit der Maus über ein Bild fahren, oder nicht. Unter dem Punkt *Originalfotos* können Sie die Option, ein im *Bearbeiten*-Modus verändertes Bild nachträglich jederzeit wieder in seinen ursprünglichen Zustand zurückversetzen zu können, bei Bedarf abschalten oder festlegen, dass die Sicherheitskopien der Originale nach einiger Zeit automatisch in den Papierkorb geworfen werden, um so Platz auf der Festplatte zu sparen. Die automatische *Gesichtserkennung* soll Ihnen beim Beschriften Ihrer Fotos helfen – ob Sie dieses Feature nutzen wollen oder nicht, bleibt natürlich Ihnen überlassen.

Weitere Hinweise
Über das Register *Importieren* können Sie detailliert festlegen, wie und wo von externen Medien importierte Bilder gespeichert werden, nach welchem Muster die darin enthaltenen Bilder mit Detailbeschreibungen automatisch ausgestattet werden und ob von einer Kamera stammende Bilder nach dem Import automatisch gelöscht oder auf der Kamera verbleiben sollen, während Sie auf dem Register *Beschriftungen* regulieren, welche Arten von Beschriftungen in Ihrem Fotomaterial hinterlegt werden können.

Geeignet für folgende Windows-7-Versionen

● Home Basic ● Home Premium ● Professional ● Enterprise ● Ultimate

Bilder nachbearbeiten und Rote-Augen-Effekt eliminieren

DAS PROBLEM
Abgesehen davon, dass Sie im Hochformat aufgenommene Bilder mithilfe der entsprechenden Rotationspfeile auf der Steuerkonsole der Galerie oder des Bildbetrachters bequem drehen können, bietet Ihnen die Windows Live Fotogalerie über die Schaltfläche *Reparieren* auch noch die Möglichkeit, Ihre Bilder komplett nachzubearbeiten.

DER TIPP
Über das *Bearbeiten*-Menü der Fotogalerie können Sie das aktuell ausgewählte Bild fachmännisch nachbearbeiten. Dabei bleibt es Ihnen selbst überlassen, ob Sie manuell an den Reglern für die Belichtung und den Farbeinstellungen des Bildes herumspielen wollen, oder diese Werte über einen Klick auf den Eintrag *Automatisch anpassen* vom Computer berechnen lassen, was in der Regel überraschend gute Ergebnisse liefert. Über die Option *Foto zuschneiden* können Sie gezielt einen von Ihnen festgelegten Bereich des Bildes ausschneiden, um so unerwünschte Details verschwinden zu lassen oder das Foto auf den besten Bildausschnitt zurechtzustutzen. Über *Rote Augen korrigieren* lassen sich in wenigen Schritten der Rote-Augen-Effekt aus einem mit Blitzlicht geschossenen Schnappschuss eliminieren.

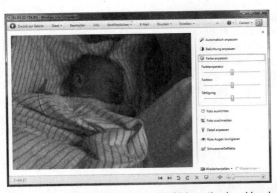

Über die *Reparieren*-Funktion lassen sich Bilder optimal nachbearbeiten.

Windows-Fotoanzeige und Windows Live Fotogalerie

WEITERE HINWEISE

Sollten Sie mit dem erzielten Ergebnis nicht zufrieden sein, können Sie die Änderungen über den Eintrag *Wiederherstellen* schrittweise oder auf Wunsch auch komplett rückgängig machen. Die Einstellungen werden erst gespeichert, wenn Sie über die Pfeile auf der Steuerkonsole zum nächsten Bild wechseln oder das *Bearbeiten*-Menü verlassen. Das Ganze funktioniert auch dann noch, wenn Sie die Fotogalerie zwischenzeitlich komplett geschlossen hatten. Öffnen Sie das Bild in diesem Fall einfach erneut und versetzen Sie es dann mithilfe der *Wiederherstellen*-Schaltfläche wieder in seinen ursprünglichen Zustand.

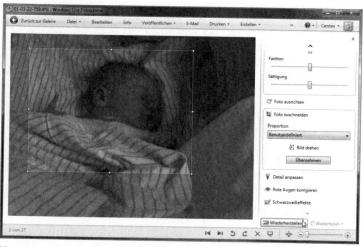

Missglückte Bearbeitungsversuche lassen sich wieder rückgängig machen.

Geeignet für folgende Windows-7-Versionen

● Home Basic ● Home Premium ● Professional ● Enterprise ● Ultimate

Bilder und Fotos drucken

DAS PROBLEM
Mit Windows-Fotoanzeige und der Windows Live Fotogalerie lassen sich Bilder natürlich nicht nur betrachten, sondern auch in einem von Ihnen gewählten Foto-Format auf einem Fotodrucker ausdrucken.

DER TIPP
Wenn Sie Fotos auf Ihrem heimischen Drucker ausdrucken wollen, genügt es, die gewünschten Bilder zu markieren und dann im oberen Teil des *Bilder*-Ordners, der Fotoanzeige oder der Fotogalerie über die Option *Drucken* die Fotodruckoptionen von Windows zu öffnen. Hier wählen Sie nun zunächst den gewünschten Drucker, die Papiergröße, die Qualität des Drucks und den eingelegten Papiertyp aus. Um ein möglichst gutes Ergebnis zu erhalten, sollten Sie die *Qualität* auf *Foto* oder *Optimiertes Foto* stellen. Beim *Papiertyp* ist es hingegen wichtig, genau den Papiertyp auszuwählen, den Sie tatsächlich in den Drucker eingelegt haben. Ist das erledigt, können Sie anschließend bestimmen, in welchem Format Sie die Fotos drucken wollen, wobei Ihnen von einem ganzseitigen Bild, über Standardformate wie 10x15 oder 9x1 cm bis hin zum Passbild oder Kontaktabzügen alle gängigen Größen zur Auswahl stehen.

WEITERE HINWEISE
Da die Auflösung von Digitalfotos in der Regel nicht den Standardnormen der Fotolabors entsprechen, würden diese bei der Auswahl des Maßes 9x13 cm die Breite des Abzuges nicht komplett ausfüllen, sodass dort ein weißer Rand entsteht. Über die Option *Bild an Rahmen anpassen* können Sie dafür sorgen, dass die Bilder automatisch so vergrößert werden, dass sie das gewählte Format komplett ausfüllen, wobei dann natürlich ein kleiner Teil vom oberen und unteren Bereich des Bildes abgeschnitten wird. Wünschen Sie dies nicht, sollten Sie das Häkchen deaktivieren.

Geeignet für folgende Windows-7-Versionen

| ● Home Basic | ● Home Premium | ● Professional | ● Enterprise | ● Ultimate |

Bilder an ein Fotolabor versenden

DAS PROBLEM
Mithilfe der Windows-Fotoanzeige und der Windows Live Fotogalerie können Sie Ihre Fotos an ein Fotolabor in Ihrer Nähe versenden, um sich dort echte Abzüge Ihrer Bilder zu bestellen.

DER TIPP
Aus der Fotoanzeige bzw. der Galerieansicht der Fotogalerie können Sie Ihre Bilder über die Option *Drucken > Abzüge bestellen* zum Versand an ein Fotolabor vorbereiten. Nachdem Sie den Eintrag angeklickt haben, lädt Windows aus dem Internet eine Liste von Fotolabors herunter, die auch in Ihrer Umgebung tätig sind. Wählen Sie das gewünschte Labor aus und klicken Sie dann auf den Eintrag *Bilder senden*. Wenn Sie diesen Dienst das erste Mal nutzen und noch kein Kunde des Labors sind, müssen Sie sich dort zunächst durch Angabe von persönlichen Daten registrieren. Später genügt es dann, sich durch die Angabe der E-Mail-Adresse und des Kundenkennworts zu authentifizieren. Haben Sie diese Prozedur überwunden, werden die ausgewählten Fotos an das Labor übermittelt und Sie können festlegen, in welchem Format die Abzüge erstellt werden sollen.

WEITERE HINWEISE
Bei der Aufgabe Ihrer Bestellung sollten Sie bedenken, dass echte Fotos eine feinere Auflösung besitzen als Ihr Monitor. Damit Sie nicht über die Qualität der Abzüge enttäuscht sind, sollten Sie sich bei der Auswahl des Formats grob an folgender Tabelle orientieren:

Auflösung	Format
640x480 (0,3 MegaPixel)	max. 9x12 (mäßige Qualität)
800x600 (0,5 MegaPixel)	max. 9x12
1024x768 (0,8 MegaPixel)	max. 10x13
1280x1024 bzw. 1280x960 (1,3 MegaPixel)	max. 11x15
1600x1200 (2 MegaPixel)	max. 13x17
2048x1536 bis 3.872 x 2.592 (3 bis 10 MegaPixel)	max. 20x30
4.288x2.848 (12 MegaPixel)	max. 40x60

Auflösung der Bilder und empfohlenes Foto-Format

Geeignet für folgende Windows-7-Versionen

● Home Basic   ● Home Premium   ● Professional   ● Enterprise   ● Ultimate

Kapitel 6: Multimedia-Tools & Optionen

Bilder per E-Mail versenden

DAS PROBLEM

Wollen Sie Ihre Urlaubsfotos oder sonstige Schnappschüsse an Ihre Freunde und Verwandte verschicken, lässt sich dies unter Windows 7 mit nur wenigen Mausklicks bequem erledigen.

DER TIPP

Wollen Sie Ihre Bilder per E-Mail an Familienmitglieder oder Freunde verschicken, müssen Sie diese nicht erst umständlich manuell in Ihr E-Mail-Programm einfügen. Wenn Sie in der oberen Menüleiste des Explorer-Fensters auf den Eintrag *E-Mail* klicken, bekommen Sie die Möglichkeit, die Auflösung und somit auch die Dateigröße der zu verschickenden Bilder anzupassen, bevor diese für den Versand vorbereitet und automatisch als Anhang in einer neuen E-Mail geöffnet werden. Nutzen Sie die Funktion der Fotogalerie, landen die Bilder hingegen ohne weitere Nachfrage in einer neuen E-Mail Nachricht. Nutzen Sie zusätzlich Windows Live Mail, können Sie dann aus dem E-Mail-Programm heraus bestimmen, in welcher Qualität die angehängten Bilder übermittelt werden sollen. Danach brauchen Sie in beiden Fällen nichts weiter zu tun, als die E-Mail-Adresse der gewünschten Empfänger anzugeben, bei Bedarf den vorgefertigten Text zu ergänzen und die E-Mail anschließend zu versenden.

WEITERE HINWEISE

Sollte Windows beim Versuch Bilder an das E-Mail Programm zu übertragen eine Fehlermeldung anzeigen, obwohl bereits ein E-Mail-Client auf dem Rechner installiert wurde, liegt dies vermutlich daran, dass dieses nicht als Standardprogramm für den E-Mail-Versand definiert wurde. Rufen Sie in diesem Fall die Funktion *Start > Standardprogramme > Standardprogramme festlegen* auf, wählen Sie *Windows Live Mail* (bzw. Ihren E-Mail Client) in der Liste aus und überprüfen Sie, ob dieses als Standardprogramm für das *MailTo-Protokoll* und *Send mail command* definiert wurde.

Geeignet für folgende Windows-7-Versionen

| ● Home Basic | ● Home Premium | ● Professional | ● Enterprise | ● Ultimate |

Windows Media Player

Der Windows Media Player ist ein wahres Multimediatalent, mit dem sich fast alle digitalen Multimediainhalte komfortabel und in bester Qualität betrachten bzw. abspielen lassen. Abgesehen davon, dass Sie sich mit dem Windows Media Player Fotos und Videos anschauen können, eignet er sich insbesondere zur Wiedergabe und Verwaltung Ihres Musikarchivs.

Der *Windows Media Player* ist ein wahres Multimediatalent.

In den folgenden Abschnitten erfahren Sie, wie Sie mithilfe des Windows Media Players Musik- und Videodateien anhand des 5-Sterne-Systems von Windows 7 bewerten, Ihre Medienbibliothek gezielt nach Titeln bestimmter Genres, Interpreten oder Darsteller durchsuchen und Ihre Musikdateien mit allen gewünschten Detailinformationen erweitern. Sie erfahren ferner, wie Sie sich eigene Wiedergabelisten erstellen, um diese anschließend abzuspielen oder eine Zusammenstellung von Musikstücken bequem als Audio-CD brennen, komplette Audio-CDs per Knopfdruck in einem platzsparenden Format auf die Festplatte befördern und wie Sie z. B. die Visualisierungen während des Abspielens von Musik anpassen.

Des Weiteren finden Sie Tipps und Tricks, mit denen Sie dafür sorgen können, dass der Media Player auch Formate abspielt, die er von Haus aus nicht unterstützt, erfahren mit welchen Mitteln sich die Sound- und Videoeinstellungen während der Wiedergabe optimieren lassen, welche Möglichkeiten die erweiterten Optionen des Media Players bieten usw.

Kapitel 6: Multimedia-Tools & Optionen

Medienbibliothek des Windows Media Players

DAS PROBLEM

Die Medienbibliothek ist das Herz des Windows Media Players. Über die Medienbibliothek bekommen Sie neben einer komfortablen Übersicht all Ihrer Mediendateien auch noch die Möglichkeit, diese gezielt zu sortieren, abzuspielen, in Wiedergabelisten zusammenzufassen oder zu verwalten.

DER TIPP

In den Grundeinstellungen überwacht der Windows Media Player die Ordner *Musik*, *Fotos*, *Videos* und *TV-Aufzeichnungen* aus dem Bereich Ihrer *Eigenen Dateien* und dem Ordner *Öffentlich* – sprich die entsprechenden Bibliotheken Ihres Benutzerkontos. Neu zu diesen Bibliotheken hinzugefügte Ordner und Multimediadateien werden automatisch erkannt und in den Katalog aufgenommen. Wenn Sie die Medienbibliothek des Media Players öffnen, finden Sie auf der linken Seite des Fensters eine Navigationsleiste, über die Sie bequem auf Ihre Wiedergabelisten und die Inhalte der Medienbibliothek zugreifen können. Über die entsprechenden Einträge des Navigationsbereichs der Medienbibliothek können Sie gezielt festlegen, welche Arten von Dateien Sie aktuell verwalten wollen – *Musik*, *Bilder*, *Video*, *TV-Aufzeichnungen* oder *Andere Medien*. Wenn Sie in der Navigationsleiste auf den Eintrag *Musik* klicken, wird Ihnen im Hauptbereich der Medienbibliothek eine detaillierte und alphabetisch sortierte Liste aller im Katalog der Medienbibliothek befindlichen Alben samt der darauf befindlichen Musiktitel und deren Detailinformationen wie z. B. die einzelnen Titel, deren Länge, Bewertung und sonstigen Informationen angezeigt. Ansonsten lassen sich Musikdateien über die Navigationsleiste anhand der Kategorisierungen aber auch gezielt nach Album, Erscheinungsjahr, Interpret, Bewertung und anderen Kriterien filtern, um dann einzelne oder auch alle zu diesem Kriterium passenden Dateien gezielt abzuspielen, in einer eigenen Wiedergabeliste zusammenzufassen (siehe Tipp: *Eigene Wiedergabelisten erstellen und bearbeiten*), auf eine CD zu brennen usw.

Windows Media Player

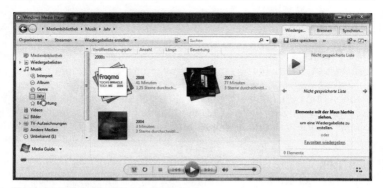

Die *Medienbibliothek* des Windows Media Players

Weitere Hinweise

Auf die gleiche Weise lassen sich nicht nur Musik-, sondern natürlich auch Video- und Bilddateien sortieren, zusammenstellen, abspielen oder brennen.

Geeignet für folgende Windows-7-Versionen				
● Home Basic	● Home Premium	● Professional	● Enterprise	● Ultimate

Neue Ordner zur Medienbibliothek hinzufügen

Das Problem
Um neben Ihrem persönlichen Benutzerordner und dem Ordner *Öffentlich* auch noch weitere Ordner von der Medienbibliothek überwachen und den Inhalt automatisch in den Katalog einfließen zu lassen, müssen Sie diese Ordner manuell zur entsprechenden Bibliothek Ihres Benutzerkontos hinzufügen.

Der Tipp
Um einen neuen Ordner in die Medienbibliothek aufzunehmen, klicken Sie in der Menüleiste auf *Organisieren > Bibliotheken verwalten* und wählen dann aus der Liste genau die Bibliothek aus, der Sie neue Elemente hinzufügen wollen. Im Fenster *Orte für Bibliotheken* wird eine Liste aller aktuell zu dieser Bibliothek gehörigen Verzeichnisse angezeigt. Über die Schaltfläche *Hinzufügen* lassen sich jederzeit weitere Laufwerke oder Ordner zu dieser Liste hinzufügen, die dann samt aller darin enthaltenen Unterordner automatisch überwacht werden.

Regeln Sie, welche Ordner in der Musikbibliothek überwacht werden sollen.

Weitere Hinweise
Um einen Ordner nachträglich von der Überwachung der Medienbibliothek auszuschließen, öffnen Sie erneut das Verwaltungsfenster der entsprechenden Bibliothek, wählen ihn dort aus und klicken auf die Schaltfläche *Entfernen*.

Einzelne Elemente aus der Medienbibliothek entfernen

DAS PROBLEM
Wollen Sie einzelne Elemente nachträglich wieder aus der Medienbibliothek entfernen, lässt sich dies mit ein paar Mausklicks erledigen.

DER TIPP
Um Elemente aus der Medienbibliothek zu entfernen, wählen Sie diese einfach mit der rechten Maustaste aus und klicken dann auf den Eintrag *Löschen*. Anhand des aufpoppenden Fensters können Sie danach selbst entscheiden, ob nur der Eintrag aus der Medienbibliothek entfernt werden soll, oder ob Sie die Datei komplett von der Festplatte löschen möchten.

Löschen Sie unerwünschte Einträge gezielt aus dem Katalog oder bei Bedarf auch gleich von der Festplatte.

WEITERE HINWEISE
Wenn Sie wollen, lassen sich auf diesem Wege nicht nur einzelne Dateien, sondern auch komplette Alben, ungeliebte Genres oder alle schlecht bewerteten Titel mit einem Schlag aus der Medienbibliothek oder von der Festplatte verbannen.

Geeignet für folgende Windows-7-Versionen				
● Home Basic	● Home Premium	● Professional	● Enterprise	● Ultimate

Kapitel 6: Multimedia-Tools & Optionen

Audiodateien von einer Audio-CD kopieren

DAS PROBLEM
Wenn Sie bei geöffnetem Windows Media Player eine Audio-CD in den Computer einlegen, können Sie diese mit dem *Windows Media Player* nicht nur abspielen, sondern bekommen über die Schaltfläche *CD kopieren* auch noch die Möglichkeit, die komplette CD auf Ihre Festplatte zu kopieren (vorausgesetzt, dass dies nicht von einem eventuell vorhandenen Kopierschutz verhindert wird).

DER TIPP
Der Media Player begibt sich nach dem Einlegen der Audio-CD automatisch auf die Suche nach Informationen zu dieser CD. Nachdem die Suche abgeschlossen ist, werden Ihnen die auf der CD enthaltenen Stücke samt Cover angezeigt. Wollen Sie sich die Stücke vor dem Kopiervorgang noch einmal anhören, ist dies natürlich jederzeit möglich. Wenn Sie wollen, können Sie dem Album auch jetzt schon eine Bewertung verpassen. Danach wählen Sie einfach die gewünschten Stücke aus, indem Sie diese mit einem Häkchen markieren und klicken anschließend auf die *CD kopieren*-Schaltfläche, um mit dem Kopiervorgang zu beginnen. Die Detailinformationen der kopierten Stücke werden dabei samt dem dazugehörigen Cover des Albums automatisch in den Katalog des Media Players übernommen.

WEITERE HINWEISE
In den Grundeinstellungen werden die Titel der Audio-CDs während des Kopiervorgangs automatisch mit einer Qualität von 128 Bit/s ins platzsparende WMA-Format (Windows Media Audio) konvertiert und dann nach folgendem Schema in Ihrem persönlichen Benutzerordner gespeichert: *C:\Benutzer\Benutzername\Musik\Interpret\Titel des Albums*. Wollen Sie die Dateien lieber an einem anderen Ort, in einem anderen Format oder in einer bestimmten Qualität auf die Festplatte befördern, müssen Sie die Grundeinstellungen des Windows Media Players entsprechend anpassen (siehe Tipp: *Einstellungen für das Kopieren von Audiodaten anpassen*).

Geeignet für folgende Windows-7-Versionen				
● Home Basic	● Home Premium	● Professional	● Enterprise	● Ultimate

Einstellungen für das Kopieren von Audiodaten anpassen

DAS PROBLEM
Wollen Sie Ihre CDs nicht als 128 kBit/s WMA-Dateien, sondern in einem anderen Format, einer höheren Qualitätsstufe oder in einen anderen Ordner als den voreingestellten Ordner kopieren, können Sie die Optionen des Media Players jederzeit Ihren Bedürfnissen entsprechend anpassen.

DER TIPP
Um festzulegen, in welcher Qualität und in welchem Format eine Audio-CD kopiert werden soll, genügt ein Klick auf die Schaltfläche *Kopiereinstellungen*. Über die Einträge *Format* bzw. *Audioqualität* können Sie frei bestimmen, ob die Stücke als WMA-, MP3- oder WAV-Dateien gespeichert werden sollen und mit welcher der für diese Formate verfügbaren Bitraten diese dabei komprimiert werden sollen.

Ansonsten lassen sich die Grundeinstellungen für das Kopieren von Audio-CDs auch über *Kopieroptionen > Weitere Optionen* anpassen. In den *Optionen* des Media Players können Sie auf dem Register *Musik kopieren* neben der Aufnahmequalität und dem Kompressionsverfahren über die Schaltfläche *Ändern* auch noch den gewünschten Zielordner für die erstellten Kopien anpassen und über die Schaltfläche *Dateiname* bestimmen, aus welchen Detailinformationen der Audiodateien sich deren Dateiname zusammensetzen soll.

WEITERE HINWEISE
Wollen Sie die Stücke später neu zusammenstellen, um sich daraus einen neuen CD-Sampler zu brennen, sollten Sie Ihre Musik mindestens mit einer Audioqualität von 192 kBit/s kopieren. Musik, die mit geringerer Qualität aufgenommen wurde, mag zwar auf dem Computer noch gut klingen – auf einer halbwegs vernünftigen Stereoanlage, machen sich die Verluste durch die Kompression aber stark bemerkbar.

Geeignet für folgende Windows-7-Versionen				
● Home Basic	● Home Premium	● Professional	● Enterprise	● Ultimate

Bilder, Musik und Videos bewerten und Details erweitern

DAS PROBLEM
Um Ihre Mediensammlung mithilfe der Navigationsleiste effektiv zu filtern, ist es natürlich wichtig, dass Ihre Musikstücke, Videos und sonstige Mediendateien auch wirklich mit den dazu benötigten Detailinformationen (z. B. Interpret, Genre usw.) ausgestattet sind. Sind diese Daten nicht enthalten, können Sie die Detailinformationen jederzeit manuell zu Ihren Mediendateien hinzufügen.

DER TIPP
Um nachträglich Informationen zu einer Datei hinzuzufügen, sollten Sie sich zunächst einmal eine etwas bessere Übersicht verschaffen und sich Ihre Mediendateien über die neben der Suchleiste befindliche *Optionen anzeigen*-Schaltfläche mit einem Klick auf *Details* in Form einer detaillierten Tabelle anzeigen lassen. Nach einem Rechtsklick auf das entsprechende Feld, lassen sich über die Option *Bearbeiten* Detailinformationen wie *Titel*, *Mitwirkender Interpret*, *Album*, *Genre*, *Komponist* und *Veröffentlichungsjahr* usw. nach Belieben ändern oder ergänzen. Um ein Element zu bewerten, brauchen Sie hingegen lediglich auf die gewünschte Anzahl von Sternen zu klicken.

Fügen Sie Detailinformationen zu Ihren Mediendateien hinzu.

WEITERE HINWEISE
Sollten Ihnen die vorgegebenen Detailangaben nicht ausreichen, lässt sich die Liste der Musikdetails jederzeit um weitere Informationen ergänzen, woraufhin sich auch weitere Angaben bequem aus dem Media Player heraus zu Ihren Musikdateien hinzufügen lassen (siehe Tipp: *Musikdateien erweiterte Detailinformationen hinzufügen*).

Geeignet für folgende Windows-7-Versionen				
● Home Basic	● Home Premium	● Professional	● Enterprise	● Ultimate

Musikdateien erweiterte Detailinformationen hinzufügen

DAS PROBLEM
Reichen Ihnen die vorgegebenen Möglichkeiten des Media Players nicht aus, müssen Sie lediglich die Spalten der Detailanzeige des Programms erweitern und können Ihren Musikstücken danach bei Bedarf jederzeit noch eine ganze Reihe von Zusatzinformationen hinzufügen.

DER TIPP
Wenn Sie sich Ihre Musiktitel als Detailliste anzeigen lassen und im Kopf des Hauptbereichs des Fensters eine der Spaltenüberschriften (z. B. Titel) mit der rechten Maustaste anklicken, gelangen Sie über die gleichnamige Option zum Fenster *Spalten auswählen*. Durch das Setzen der entsprechenden Häkchen können Sie hier explizit definieren, welche Informationen in der Detailansicht Ihres Musikarchivs angezeigt werden sollen und welche nicht. Neben den Standardinformationen zu einem Titel lassen sich so auch noch ein *Untergenre* (z. B. Jazz als Hauptgenre und New Jazz als Subgenre), ein *Untertitel*, Angaben zum ursprünglichen *Originalinterpreten* oder auch *Benutzerdefinierte Beschreibungen* zu einem Stück hinzufügen. Bei Bedarf können Sie sogar Details zum *Interpreten* und *Texter* in die Datei mit einfließen lassen, beschreiben, welche *Stimmung* das Stück bei Ihnen auslöst usw. Nachdem Sie die entsprechenden Spalten ausgewählt haben, erscheinen diese auch im Hauptfenster, sodass Sie Ihre Musiktitel mit den entsprechenden Informationen ausstatten können.

WEITERE HINWEISE
Wenn Sie eine Spaltenüberschrift in der Detailliste anklicken, werden die gelisteten Musiktitel der ausgewählten Spalte entsprechend sortiert, was Ihnen die Möglichkeit verschafft, sich auf die Schnelle eine stimmungsvolle Kuschel- oder Party-CD zusammenzustellen.

Geeignet für folgende Windows-7-Versionen

| ● Home Basic | ● Home Premium | ● Professional | ● Enterprise | ● Ultimate |

Eigene Wiedergabelisten erstellen und bearbeiten

DAS PROBLEM
Der Windows Media Player bietet Ihnen die Möglichkeit, sich eigene Wiedergabelisten zusammenzustellen und diese unter einem eindeutigen Namen zu speichern. Auf diese Weise können Sie sich eigene Sampler zusammenbasteln, auf die Sie dann jederzeit bequem zurückgreifen können.

DER TIPP
Um eine neue Wiedergabeliste anzulegen, klicken Sie in der Menüleiste im Kopf der Medienbibliothek auf *Wiedergabelisten > Wiedergabeliste erstellen* und tippen anschließend den gewünschten Namen in das dafür vorgesehene Feld im Bereich der *Wiedergabelisten* des Navigationsbereichs ein. Nachdem Sie Ihre Wiedergabeliste benannt haben, klicken Sie diese per Doppelklick an, um sie so im *Listenbereich* auf der rechten Seite des Fensters zu öffnen. Ist dies erledigt, gilt es die Wiedergabeliste mit Inhalt zu füllen. Suchen Sie einfach nach den Musiktiteln, Alben oder Genres und ziehen Sie die gewünschten Musikstücke mit der Maus in den Listenbereich der Wiedergabeliste auf der rechten Seite des Fensters, um diese dort einzutragen. Bei Bedarf lässt sich die Reihenfolge der eingetragenen Titel jederzeit anpassen, indem Sie diese mit der Maus an die gewünschte Position verschieben. Sobald Sie fertig sind, klicken Sie auf *Liste speichern*, um Ihre Zusammenstellung zu sichern.

WEITERE HINWEISE
Die Wiedergabelisten lassen sich per Doppelklick auf deren Eintrag im Navigationsbereich bequem öffnen und wiedergeben. Wollen Sie eine Liste nachträglich anpassen, können Sie jederzeit weitere Stücke hinzufügen, unerwünschte entfernen oder die Liste auch einfach neu sortieren. Um die Änderungen zu übernehmen, klicken Sie danach erneut auf *Liste speichern*.

Geeignet für folgende Windows-7-Versionen				
● Home Basic	● Home Premium	● Professional	● Enterprise	● Ultimate

Eigene Musikzusammenstellungen auf CD brennen

Das Problem
Wenn Sie wollen, können Sie mit dem Media Player eigene Musikzusammenstellungen bequem auf eine CD brennen. Ob Sie dabei eine Daten-CD für Ihren MP3-Player oder lieber eine richtige Audio-CD erstellen wollen, können Sie selbst entscheiden.

Der Tipp
Wenn Sie planen, eine Musikzusammenstellung auf eine CD zu brennen, sollten Sie zunächst entscheiden, ob Sie dabei eine platzsparende Daten-CD erstellen wollen (die Stücke verbleiben dabei in ihrem aktuellen Datenformat), oder ob die Musik in Form einer echten Audio-CD gebrannt werden soll, die sich danach in jedem CD-Player abspielen lässt. Wechseln Sie dazu im Listenbereich auf der rechten Seite des Fensters zum Register *Brennen* und klicken Sie auf den zum Brennoptionen-Symbol gehörigen Pfeil im Kopf der Liste. Hier können Sie genau definieren, ob Sie eine *Daten-CD oder DVD* oder eine *Audio-CD* erstellen wollen. Nachdem Sie Ihre Auswahl getroffen haben, können Sie mit dem Befüllen der Brennliste beginnen, indem Sie wahlweise einzelne Stücke oder bei Bedarf auch eine Ihrer Wiedergabelisten mit der Maus greifen und per Drag&Drop in den Brennlistenbereich schieben. Die hinzugefügten Stücke lassen sich danach durch Verschieben mit der Maus einfach umsortieren. Sind Sie mit der Zusammenstellung zufrieden, genügt ein Klick auf *Brennen starten*, um die Daten im voreingestellten Format auf die CD zu bannen.

Weitere Hinweise
Sobald Sie ein beschreibbares Medium in Ihren Brenner eingelegt haben, können Sie in der Brennliste genau ablesen, wie viel Platz die ausgewählten Stücke einnehmen und wie viel Speicherplatz auf dem Datenträger noch verfügbar ist.

Geeignet für folgende Windows-7-Versionen

| ● Home Basic | ● Home Premium | ● Professional | ● Enterprise | ● Ultimate |

Brennoptionen des Media Players anpassen

DAS PROBLEM
Wollen Sie die Grundeinstellungen für Brennvorgänge des Mediaplayers anpassen, um so z. B. festzulegen, mit welcher Geschwindigkeit Audio-CDs gebrannt werden sollen, oder ob Sie wünschen, dass die Lautstärke der einzelnen Musikstücke automatisch auf ein einheitliches Niveau angepasst wird, lässt sich dies über die erweiterten Brennoptionen regeln.

DER TIPP
Um die Brennoptionen des Media Players Ihren Bedürfnissen entsprechend anzupassen, öffnen Sie über *Brennoptionen > Weitere Brennoptionen* bzw. *Organisieren > Optionen* das Register *Brennen*. In den Grundeinstellungen werden CDs und DVDs stets in der schnellstmöglichen Geschwindigkeit Ihres Brenners gebrannt. Bei Bedarf können Sie die *Brenngeschwindigkeit* aber auch auf *Mittel* oder *Langsam* stellen, um so dafür zu sorgen, dass die Medien später in anderen Laufwerken besser gelesen werden können. Unter dem Punkt *Audio-CDs* können Sie bestimmen, ob die Lautstärke Ihrer Musikstücke beim Brennen von Audio-CDs automatisch auf ein einheitliches Niveau angepasst wird. Falls nicht, kann es vorkommen, dass Stücke, die aus unterschiedlichen Alben oder Quellen stammen später mit unterschiedlicher Lautstärke wiedergegeben werden, was den Hörgenuss eindeutig trübt. Ob Sie zwischen den Stücken kleine Pausen wünschen oder bevorzugen, dass die Musiktitel lückenlos hintereinander abgespielt werden können, lässt sich hier ebenfalls anpassen.

WEITERE HINWEISE
Beim Brennen von Daten-CDs oder DVDs können Sie mit der Option *Medieninformationen zum Anordnen von Dateien in Ordnern auf der CD verwenden* dafür sorgen, dass die ausgewählten Stücke nicht einfach der Reihe nach, sondern automatisch in passenden Ordnern auf das Medium gebrannt werden – z. B. *Musik\Interpret\Album*.

Geeignet für folgende Windows-7-Versionen				
● Home Basic	● Home Premium	● Professional	● Enterprise	● Ultimate

Wiedergabeliste während der Wiedergabe ein- oder ausblenden

DAS PROBLEM
Je nachdem, ob Sie die Visualisierungen beim Abspielen von Musik in vollen Zügen genießen wollen, oder lieber direkt auf die Liste der zum Abspielen vorbereiteten Titel zugreifen wollen, können Sie den *Listenbereich* im *Wiedergabe*-Fenster des Media Players jederzeit ein- oder ausblenden.

DER TIPP
Wenn Sie mit der rechten Maustaste ins Wiedergabe-Fenster des Media Players klicken, können Sie mit der Option *Liste einblenden* bzw. *Liste ausblenden* frei bestimmen, ob die aktuelle Wiedergabeliste im rechten Teil des Fensters angezeigt werden soll oder nicht. Ist die Liste aktiviert, können Sie dort detaillierte Informationen zu den einzelnen Titeln ablesen und mit der Maus gezielt zu einem Musikstück Ihrer Wahl springen.

Bestimmen Sie selbst, ob der Listenbereich angezeigt werden soll oder nicht.

WEITERE HINWEISE
Bei Bedarf lassen sich die einzelnen Titel im Listenbereich mit der Maus verschieben, um so deren Reihenfolge zu ändern bzw. nach einem Rechtsklick über die Option *Aus Liste entfernen* aus der aktuellen Wiedergabeliste verbannen.

Visualisierungen bei der Wiedergabe von Musik anpassen

Das Problem
Wenn Sie Musik im Windows Media Player abspielen, wird Ihnen im Wiedergabe-Fenster zunächst lediglich das Cover des aktuellen Titels oder Albums angezeigt. Bei Bedarf lassen sich stattdessen aber auch psychedelisch anmutende Visualisierungen aus dem Bereich der Alchemie oder andere taktvolle und effektvolle Effekte auf dem Bildschirm darstellen, um den Musikgenuss so auch optisch etwas aufzupeppen.

Der Tipp
Um die Visualisierungen beim Abspielen von Musik Ihren Bedürfnissen entsprechend anzupassen, klicken Sie mit der rechten Maustaste ins Wiedergabe-Fenster, um das Optionsmenü zu öffnen und wählen dann im Bereich *Visualisierungen* die von Ihnen gewünschte Darstellung aus. Über die Option *Keine Visualisierungen* können Sie die Visualisierungen komplett abschalten oder sich über *Albumcover* stets die Cover der wiedergegebenen Titel anzeigen lassen. Bei den *Streifen und Wellen*-Visualisierungen handelt es sich im Prinzip um eine Art Equalizer-Anzeige, bei der die Ausschläge der Höhen, Mitten und Bässe dafür sorgen, dass die angezeigten Streifen oder ein Feuerregen im Takt von der Wiedergabeleiste aus nach oben geschleudert werden. Unter *Batterie* finden Sie hingegen eine Auswahl eher psychedelisch anmutender Visualisierungseffekte vor, die sich ganz gezielt aktivieren lassen, während Sie mit der Option *Alchemie* für ein zufällig und von der Musik gesteuertes Feuerwerk an psychedelischen Effekten sorgen.

Windows Media Player

Hier finden Sie die Liste aller verfügbaren Visualisierungen.

WEITERE HINWEISE

In den Grundeinstellungen werden die Effekte aus dem Bereich *Batterie* bei der Vollbildansicht des Media Players lediglich mit einer Auflösung von 640x480 Bildpunkten angezeigt. Wenn Sie eine gute Grafikkarte und einen flotten Prozessor besitzen, können Sie die Qualität der angezeigten Visualisierungen bei Bedarf noch ein wenig erhöhen. Rufen Sie dazu aus dem Wiedergabefenster heraus per Rechtsklick über *Weitere Optionen* die erweiterten Optionen des Media Players auf und wechseln Sie zum Register *Plug-Ins*. Wählen Sie hier die *Batterie*-Visualisierungen aus und klicken Sie auf *Eigenschaften*. Wenn Sie die Auflösung des Plug-Ins erhöhen, erscheinen die Effekte dieser Visualisierung deutlich feiner auf dem Bildschirm.

Geeignet für folgende Windows-7-Versionen

● Home Basic ● Home Premium ● Professional ● Enterprise ● Ultimate

Soundeinstellungen über den Grafikequalizer anpassen

DAS PROBLEM
Der Windows Media Player verfügt über einen Grafikequalizer, über den Sie den Sound wahlweise manuell oder mithilfe vorgefertigter Einstellungen an Ihre Hörvorlieben bzw. den momentan laufenden Musikstil anpassen können.

DER TIPP
Wollen Sie die Soundeinstellungen anpassen, können Sie nach einem Rechtsklick ins Wiedergabe-Fenster über die Option *Erweiterungen* jederzeit den *Grafikequalizer* des Media Players in einem kleinen Zusatzfenster öffnen, das Sie anschließend an einer beliebigen Stelle auf dem Bildschirm platzieren können. In den Standardeinstellungen befinden sich alle Schieberegler des Grafikequalizers in der Mittelstellung. Über die links davon befindlichen Optionen können Sie definieren, ob sich beim Bewegen eines Schiebereglers die daneben befindlichen Regler in loser oder enger Gruppe mitbewegen sollen, oder ob Sie die Regler lieber unabhängig voneinander positionieren wollen. Sollten Sie mit den manuellen Einstellungen nicht zufrieden sein, können Sie über den Eintrag *Zurücksetzen* alle Regler wieder zurück in die Mittelstellung befördern oder den Equalizer über die Option *Ausschalten* komplett deaktivieren. Wenn Sie auf den rechten der drei Einträge (normalerweise *Standard*) klicken, öffnet sich eine Liste, auf der Sie vorgefertigte Equalizereinstellungen für die gängigsten Musikrichtungen finden.

WEITERE HINWEISE
Haben Sie eine der vorgefertigten Equalizereinstellungen ausgewählt, lassen sich diese durch das Verschieben einzelner Regler weiter an Ihre Hörgewohnheiten anpassen.

Geeignet für folgende Windows-7-Versionen

| ● Home Basic | ● Home Premium | ● Professional | ● Enterprise | ● Ultimate |

Bässe und Stereoeffekte mit SRS WOW-Effekten anheben

DAS PROBLEM
Sollte der Bass Ihrer abgespielten Musiktitel etwas zu wenig BUMMS haben, können Sie den Bass mithilfe von SRS WOW-Effekten etwas anheben und die Wiedergabe Ihrer Musiktitel so deutlich druckvoller gestalten.

DER TIPP
In den Grundeinstellungen sind die SRS WOW-Effekte deaktiviert. Um die Bassverstärkung einzuschalten, öffnen Sie nach einem Rechtsklick ins Wiedergabe-Fenster über *Erweiterungen* das Fenster *SRS WOW-Effekte* und klicken dort auf *Einschalten*. Mithilfe dieses Systems lässt sich selbst aus sonst eher mittenlastigen Kopfhörern ein druckvolles Bassgefühl herauszaubern. Bei Bedarf können Sie die Einstellungen mit beiden Schiebereglern noch etwas justieren. *TruBass* ist für den Bass zuständig, während der *WOW-Effekt* den Stereoeffekt verstärkt.

Mit den SRS WOW-Effekten erzielen Sie einen deutlich voluminöseren Sound.

WEITERE HINWEISE
Um den optimalen Effekt zu erzielen, sollten Sie die im oberen Bereich der Erweiterung befindliche Option zur Lautsprechereinstellung entsprechend Ihrer tatsächlichen Hardware anpassen. Zur Auswahl stehen Ihnen dort *Normale Lautsprecher*, *Große Lautsprecher* und *Kopfhörer*.

Geeignet für folgende Windows-7-Versionen				
● Home Basic	● Home Premium	● Professional	● Enterprise	● Ultimate

Kapitel 6: Multimedia-Tools & Optionen

Medienwiedergabegeschwindigkeit anpassen

Das Problem
Besitzen Sie Musikstücke, die Ihnen ein klein wenig zu langsam sind, können Sie diesen bei Bedarf durch das Erhöhen der Abspielgeschwindigkeit etwas mehr Schwung verpassen.

Der Tipp
Wenn Sie nach einem Rechtsklick ins Wiedergabe-Fenster die *Erweiterungen* names *Wiedergabegeschwindigkeit* öffnen, können Sie mithilfe dieses Tools die Abspielgeschwindigkeit Ihrer Musiktitel variieren. Neben den vorgefertigten Optionen *Langsam*, *Schnell* und *Normal*, haben Sie nach dem Deaktivieren der Funktion *Regler an normalen Geschwindigkeiten ausrichten* über den Schieberegler die Möglichkeit, die Abspielgeschwindigkeit stufenlos an Ihre Vorlieben anzupassen.

Passen Sie die Wiedergabegeschwindigkeit Ihren Vorlieben an.

Weitere Hinweise
Die Änderungen der Wiedergabegeschwindigkeit gelten nicht nur für ein einzelnes Stück, sondern für alle wiedergegebenen Titel. Über einen Klick auf den Eintrag *Normal* können Sie die Originalgeschwindigkeit jederzeit wiederherstellen.

Geeignet für folgende Windows-7-Versionen				
● Home Basic	● Home Premium	● Professional	● Enterprise	● Ultimate

Windows Media Player

Musik überblenden & automatischer Lautstärkeausgleich

DAS PROBLEM
Wollen Sie, dass einzelne Musiktitel nicht abrupt enden, sondern sanft ineinander übergehen, lässt sich das mithilfe der Media Player Erweiterung *Überblenden und automatischer Lautstärkeausgleich* bewerkstelligen.

DER TIPP
Wenn Sie per Rechtsklick ins Wiedergabefenster die *Erweiterung* namens *Überblenden und automatischer Lautstärkeausgleich* öffnen, finden Sie dort zwei separat zuschaltbare Optionen. Über *Automatischen Lautstärkeausgleich einschalten* können Sie festlegen, dass Stücke aus unterschiedlichen Quellen stets in einer einheitlichen Lautstärke aus den Boxen ertönen. Das Aktivieren der *Überblendfunktion* sorgt dafür, dass Ihre Musikstücke nicht abrupt enden, sondern am Ende dezent ineinander übergehen.

Lassen Sie einzelne Stücke dezent ineinander übergehen.

WEITERE HINWEISE
Mithilfe des unter dem Eintrag *Überblendfunktion einschalten* befindlichen Schiebereglers können Sie dafür sorgen, dass die Stücke nicht nur ein- und ausgeblendet werden, sondern sich etwas überlappen und so dezent ineinander übergehen, was Ihnen dann ein durchgängiges Hörerlebnis beschert. Ein optimales Ergebnis dürfte je nach Musikrichtung in der Regel mit einer Überblendzeit von ca. 2 bis 5 Sekunden erzielt werden.

Geeignet für folgende Windows-7-Versionen				
● Home Basic	● Home Premium	● Professional	● Enterprise	● Ultimate

Einstellungen für die Wiedergabe von Videos anpassen

DAS PROBLEM
Der Media Player kann natürlich nicht nur Musik, sondern auch Videos und DVDs und mit dem Media Center erstellte TV-Aufzeichnungen wiedergeben. Wollen Sie die Darstellung oder Farbgebung eines Videos während der Wiedergabe ändern, stehen Ihnen zu diesem Zweck über die erweiterten Videoeinstellungen ebenfalls diverse Optionen zur Auswahl.

DER TIPP
Wenn Sie während der Wiedergabe eines Videofilms nach einem Rechtsklick die Option *Erweiterungen > Videoeinstellungen* öffnen, finden Sie dort ein paar Schieberegler, mit denen sich sowohl der Farbton, die Helligkeit, die Sättigung als auch der Kontrast des Filmes an Ihre Bedürfnisse anpassen lassen. Anstatt an den Einstellungen Ihres Monitors herumzuschrauben, lässt sich ein zu dunkel geratener Film also auch bequem von hier aus aufhellen und mit schärferen Kontrasten versehen usw.

Passen Sie die Videoeinstellungen an Ihre Bedürfnisse an.

WEITERE HINWEISE
Über den Eintrag *Videozoomeinstellungen auswählen* können Sie festlegen, ob sich das Video automatisch an die aktuell eingestellte Größe des Media Player-Fensters anpassen soll oder umgekehrt. Bei Bedarf können Sie die Ansichtsgröße eines Videos auch gezielt verdoppeln (*200 %*), halbieren (*50 %*) oder sich das Video über den Eintrag *100 %* in seiner Originalgröße anschauen.

Geeignet für folgende Windows-7-Versionen				
● Home Basic	● Home Premium	● Professional	● Enterprise	● Ultimate

Dolby Digital-Einstellungen für die Wiedergabe von Filmen optimieren

DAS PROBLEM
Der Grafikequalizer des Windows Media Players steht Ihnen bei der Wiedergabe von Filmen zwar nicht zur Verfügung, was aber nicht heißt, dass sich die Soundeinstellungen bei Videos nicht trotzdem optimieren ließen.

DER TIPP
In Sachen Soundeinstellungen hat der Windows Media Player in Bezug auf die Wiedergabe Ihres Filmmaterials nach einem Rechtsklick ins Wiedergabe-Fenster neben der Lautstärkeeinstellung lediglich eine Erweiterung zu bieten – die Dolby Digital-Einstellungen, mit denen Sie die Soundwiedergabe von entsprechenden Inhalten optimieren können. Verwenden Sie normale PC-Boxen oder ein Laptop mit integrierten Lautsprechern, empfiehlt sich die Grundeinstellung 'Nacht'. Sollten Sie den PC hingegen an Ihre Stereoanlage angeschlossen haben, oder ein druckvolles Surroundsystem verwenden, ist die 'Theater'-Option die richtige Wahl.

Optimieren Sie die Soundeinstellungen für das angeschlossene Soundsystem.

WEITERE HINWEISE
Die generellen Einstellungen für Ihr Boxensystem regulieren Sie über die Sound-Einstellungen von Windows 7, die Sie über *Start > Systemsteuerung > Hardware und Sound > Sound > Wiedergabe* nach Auswahl des entsprechenden Gerätes optimal *konfigurieren* können.

Geeignet für folgende Windows-7-Versionen				
● Home Basic	● Home Premium	● Professional	● Enterprise	● Ultimate

Kapitel 6: Multimedia-Tools & Optionen

DVD-Menü bei der Wiedergabe von DVD-Filmen aufrufen

DAS PROBLEM
Wenn Sie ein DVD-Video im Windows Media Player betrachten, erscheint in der Wiedergabeleiste am unteren Bildschirmrand ein spezieller *DVD*-Knopf, über den Sie auf spezielle DVD-Funktionen und das Menü der DVD zugreifen können.

DER TIPP
Beim Abspielen von DVD-Videos können Sie über den *DVD*-Knopf der Wiedergabeleiste bequem auf das Menü der DVD zugreifen, um so gezielt ins Haupt- oder Titelmenü des Films zu springen, die Audiospur oder Untertitel zu wechseln, falls verfügbar zu einem anderen Kamerawinkel umzuschalten usw.

Über das DVD-Menü gelangen Sie an alle Sonderfunktionen einer DVD.

WEITERE HINWEISE
Wollen Sie gezielt auf ein bestimmtes Kapitel oder einen Titel der DVD zugreifen, können Sie nach einem Rechtsklick ins Bild über *Liste anzeigen* den Listenbereich im rechten Teil des Fensters einschalten, über den Sie dann auf die komplette Kapitelstruktur der DVD zugreifen können.

Geeignet für folgende Windows-7-Versionen				
● Home Basic	● Home Premium	● Professional	● Enterprise	● Ultimate

Zusatzinformationen für DVD-Videos suchen

DAS PROBLEM
Besitzen Sie eine Internetanbindung, können Sie den Media Player gezielt auf die Suche nach Detailinformationen zu einem eingelegten DVD-Film schicken.

DER TIPP
Wenn Sie ein DVD-Video in den Rechner eingelegt haben, können Sie jederzeit detaillierte Zusatzinformationen zu diesem Film aus einer Onlinedatenbank abrufen. Klicken Sie das Symbolbild der DVD dazu in der Navigationsleiste der Medienbibliothek mit der rechten Maustaste an und wählen Sie die Option *DVD-* bzw. *Albuminformationen suchen*. Alternativ erreichen Sie die gleiche Option auch mit einem Klick auf die *DVD*-Schaltfläche der Wiedergabeleiste am unteren Bildschirmrand. Wird der Media Player bei der Suche nach Informationen fündig, können Sie noch einmal kontrollieren, ob es sich dabei wirklich um den richtigen Film handelt, bevor Sie die Daten in den Katalog des Media Players aufnehmen.

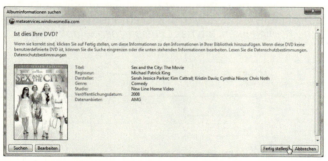

Suchen Sie online nach Detailinformationen zum eingelegten Film.

WEITERE HINWEISE
Über die *Bearbeiten*-Schaltfläche können Sie die gefundenen DVD-Informationen noch um zusätzliche Angaben ergänzen, bevor Sie die Daten in Ihren Medienkatalog übernehmen.

Geeignet für folgende Windows-7-Versionen				
● Home Basic	● Home Premium	● Professional	● Enterprise	● Ultimate

Kapitel 6: Multimedia-Tools & Optionen

Soundeinstellungen für ungetrübten Filmgenuss

DAS PROBLEM

Um beim Betrachten von DVD-Filmen und sonstigem Videomaterial den bestmöglichen Sound genießen zu können, ist es extrem wichtig, dass das System optimal auf das angeschlossene Boxensystem angepasst wird. Da sich diese Einstellungen nicht direkt aus dem Media Player heraus konfigurieren lassen, müssen Sie die Anpassung über die globalen Soundoptionen von Windows 7 konfigurieren.

DER TIPP

Um Ihre Filme auch akustisch perfekt genießen zu können, ist es zunächst einmal wichtig, dass Sie die Sound-Einstellungen von Windows 7 optimal an Ihre Lautsprecher anpassen. Öffnen Sie dazu zunächst über *Start > Systemsteuerung > Hardware und Sound > Sound > Wiedergabe* die Liste Ihrer angeschlossenen Audiowiedergabegeräte. Je nachdem, ob Sie einen *Kopfhörer* verwenden oder sich die Filme über Ihre *Lautsprecher* zu Gemüte führen, wählen Sie das entsprechende Gerät aus und klicken anschließend auf die Schaltfläche *Konfigurieren*, um das *Lautsprecher-Setup* zu öffnen.

Passen Sie das *Lautsprecher-Setup* den tatsächlichen Gegebenheiten an.

Um Filme optimal genießen zu können, sollten Sie im Lautsprecher-Setup genau die Konfiguration auswählen, die an Ihrem PC auch tatsächlich bei der Wiedergabe von Videos genutzt wird. Besitzen Sie ein *5.1 Surround*-System, sollten Sie also den entsprechenden Eintrag aktivieren, um so dafür zu sorgen, dass auch wirklich alle Boxenpaare richtig angesteuert werden. Über die Schaltfläche *Testen* werden Ihre Lautsprecher der Reihe nach angesprochen, sodass Sie deren Funktion und die richtige Positionierung im Raum leicht überprüfen können. Über die nächsten Schritte des Lautsprecher-Setups bekommen Sie die Möglichkeit, die zuvor getroffenen Grundeinstellungen noch etwas zu verfeinern, indem Sie angeben, die Konfiguration auf das Leistungsspektrum Ihrer Boxen anzupassen usw. Folgen Sie einfach den Anweisungen des Assistenten und schließen Sie die Konfiguration dann ab, um die Einstellungen zu speichern.

WEITERE HINWEISE

Über *Start > Systemsteuerung > Hardware und Sound > Sound > Wiedergabe > Einstellungen* können Sie die Soundeinstellungen noch weiter optimieren und in Abhängigkeit von Ihrem Soundkartentreiber auch noch eine ganze Reihe von Zusatzfeatures und Klangverbesserungen aktivieren.

Geeignet für folgende Windows-7-Versionen

●Home Basic	●Home Premium	●Professional	●Enterprise	●Ultimate

Kapitel 6: Multimedia-Tools & Optionen

Erweiterte Optionen für die Wiedergabe von DVD-Filmen anpassen

DAS PROBLEM

Welche Sprache bei der Wiedergabe von DVD-Videos automatisch ausgewählt wird und ob für DVDs generelle Wiedergabebeschränkungen gelten sollen, können Sie in den erweiterten Optionen des Media Players definieren.

DER TIPP

Wenn Sie aus der Medienbibliothek über *Organisieren > Optionen* die erweiterten Optionen des Media Players öffnen, können Sie auf dem Register *DVD* die Grundeinstellungen für die Wiedergabe von DVDs anpassen. Unter dem Punkt *DVD-Wiedergabebeschränkungen* können Sie bei Bedarf eine Altersbeschränkung festlegen, während Sie über die *Spracheinstellungen* regeln, welche Sprache nach dem Einlegen einer DVD automatisch ausgewählt werden soll. Auf diese Weise verhindern Sie, dass Titel, die für den europäischen Markt produziert wurden stets in englischer Sprache starten und dann erst manuell auf eine deutsche Audiospur umgeschaltet werden müssen. Über die Schaltfläche *Erweitert* können Sie gegebenenfalls auf nachträglich eingerichteten Wiedergabecodecs, Filter und Einstellungen zugreifen und diese bei Bedarf anpassen, was aber nur wirklich erfahrenen Nutzern zu empfehlen ist.

WEITERE HINWEISE

Weitere Hinweise zu den DVD-Wiedergabebeschränkungen und sonstigen Jugendschutzfeatures finden Sie in *Kapitel 4: Benutzerkonten & Jugendschutz*.

Geeignet für folgende Windows-7-Versionen				
● Home Basic	● Home Premium	● Professional	● Enterprise	● Ultimate

Windows Media Center

Das Windows Media Center verwandelt Ihren PC unter Windows 7 Home Premium, Professional, Enterprise und Ultimate in eine wahre Multimediazentrale. Es vereint die wichtigsten Wiedergabefunktionen der Fotogalerie und des Windows Media Players in sich, wobei es sich sowohl durch seine übersichtliche Menüstruktur als auch durch seine einfache Bedienbarkeit auszeichnet. Abgesehen von Fotos, Audiodateien und Videos, die auf Ihrem Computer gespeichert wurden, können Sie mit dem Media Center natürlich auch Audio-CDs, Video-CDs und DVDs abspielen. Was aber noch viel wichtiger ist – die passende Hardware vorausgesetzt: Sie können auch Radio hören, TV-Sendungen anschauen und aufzeichnen und erhalten dazu auch noch eine digitale Fernsehzeitschrift spendiert. Und wem das noch nicht reicht, der greift auf Video- oder Radio-Sender aus dem Internet zurück, oder beschäftigt sich aus dem Media Center heraus mit Media Center tauglichen Spielen bzw. den Games der Windows eigenen Spielesammlung. Und wem das noch nicht reicht, der nutzt seine eventuell vorhandene Xbox 360 als externen Mediaextender, auf dem sich dann ebenfalls all diese Optionen nutzen lassen. Wie das alles funktioniert, erfahren Sie in den folgenden Abschnitten.

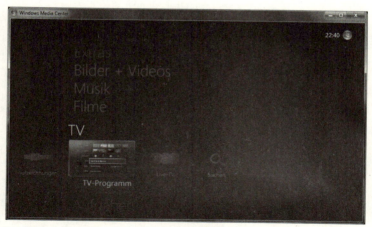

Das *Windows Media Center* ist eine waschechte Multimediazentrale.

TV-Hardware im Media Center einrichten

DAS PROBLEM
Wollen Sie das Media Center zum Fernsehen am PC nutzen, benötigen Sie dazu eine TV-Karte samt einem Media Center tauglichen Treiber. Die meisten DVB-T-Karten werden in der Regel ohne Probleme erkannt. Digitales Satelliten- oder Kabelfernsehen lässt sich hingegen lediglich über Umwege ins Media Center einbinden.

DER TIPP
Wenn Sie das Media Center zum ersten Mal starten, führt Sie ein Assistent durch die Grundeinrichtung, bei der Sie gegebenenfalls auch Ihre TV-Hardware konfigurieren lassen können. Ansonsten können Sie das Setup über *Aufgaben > Einstellungen > Allgemein > Windows Media Center-Setup* jederzeit erneut aufrufen. Das Media Center erkennt Ihre TV-Hardware allerdings nur dann, wenn Sie diese mit einem Windows Media tauglichen Treiber ins System eingebunden haben. Wurde der Treiber von Windows selbst installiert, sollte dies im Falle von DVB-T-Sticks oder entsprechenden Karten eigentlich der Fall sein. Falls nicht, müssen Sie auf der Seite des Herstellers nach einem Windows 7 (oder zumindest Vista) tauglichen BDA-Treiber Ausschau halten. Digitales Satelliten- und Kabelfernsehen via DVB-S- oder DVB-C-Karte wird vom Media Center hingegen von Haus aus nicht direkt unterstützt. Einige Hersteller bieten jedoch spezielle Treiber an, die dem Media Center vorgaukeln, dass es sich hier um eine kompatible DVB-T-Variante handelt. Schauen Sie also auf der Homepage des Herstellers nach, ob dort ein solcher Treiber bzw. ein so genanntes MCE-Support-Tool verfügbar ist.

WEITERE HINWEISE
Sollten Sie bei der Einrichtung Ihrer TV-Hardware auf Probleme stoßen, finden Sie unter der Adresse *www.mce-community.de* ein Forum, das sich auf das Windows Media Center und dessen Funktionen spezialisiert hat und in dem auch Hilfestellungen zu verschiedenen Hardwarekonfigurationen und TV-Karten zu finden sind.

Geeignet für folgende Windows-7-Versionen				
○ Home Basic	● Home Premium	● Professional	● Enterprise	● Ultimate

TV-Signal einrichten und Programmsuchlauf starten

DAS PROBLEM
Wenn Sie Ihre TV-Hardware erfolgreich im Media Center eingebunden haben, werden bei der Grundeinrichtung oftmals nicht alle verfügbaren Sender gefunden. Sollten Programme fehlen, oder wurden einige Sender zwischenzeitlich auf eine andere Frequenz verschoben, sollten Sie einen erneuten Programmsuchlauf starten.

DER TIPP
Um sich erneut auf die Suche nach empfangbaren Sendern zu begeben, können Sie über *Aufgaben > Einstellungen > TV > TV-Signal einrichten* einen komplett neuen Programmsuchlauf starten, wobei alle Programmlisten vollständig neu eingerichtet werden. Wollen Sie lediglich nach weiteren Sendern suchen, um die bereits vorhandene Senderliste durch die neu gefundenen Sender zu erweitern, klicken Sie auf *Nach weiteren Kanälen suchen*.

Richten Sie Ihr TV-Signal ein und suchen Sie nach verfügbaren Sendern.

WEITERE HINWEISE
Sollten während des Suchlaufs nicht alle gewünschten Sender gefunden werden, empfiehlt es sich, diesen ein paar Mal zu wiederholen, bevor Sie auf *Weiter* klicken und die Einrichtung beenden.

Geeignet für folgende Windows-7-Versionen				
○ Home Basic	● Home Premium	● Professional	● Enterprise	● Ultimate

Kapitel 6: Multimedia-Tools & Optionen

TV-Kanallisten sortieren

DAS PROBLEM
Während sich die Liste der verfügbaren Sender beim TV-Empfang via DVB-T noch in Grenzen hält, sieht die Sache beim digitalen Fernsehen über Satellit oder Kabel schon ganz anders aus. Um die Übersicht zu behalten, sollten Sie die gefundenen Sender Ihren Bedürfnissen entsprechend sortieren.

DER TIPP
Um die Reihenfolge der verfügbaren Sender zu sortieren, rufen Sie über *Aufgaben > Einstellungen > TV > TV-Programm > Kanäle bearbeiten* die Option *Kanäle neu ordnen* auf. Über die Pfeiltasten neben den aufgelisteten Sendern können Sie deren Position jeweils einen Platz nach oben oder unten verschieben. Damit das Ganze nicht in endloses Mausgeklicke ausartet, sollten Sie einen Sender zunächst um eine Position verschieben, woraufhin die entsprechende Pfeiltaste aktiviert bleibt. Danach lässt sich der Sender über entsprechend häufiges Drücken der ⏎-Taste Ihrer Tastatur schnell an die gewünschte Position befördern.

WEITERE HINWEISE
Beim Sortieren der Kanalliste sollten Sie bedenken, dass sich die Sender nicht über den Anfang bzw. das Ende der Liste hinausschieben lassen. Befindet sich ein Sender aktuell auf Platz 460, müssen Sie ihn also umständlich 459 Schritte nach oben verschieben, um ihn auf Position 1 zu platzieren.

Geeignet für folgende Windows-7-Versionen				
○ Home Basic	● Home Premium	● Professional	● Enterprise	● Ultimate

Live-TV und zeitversetztes Fernsehen via Timeshift-Funktion

DAS PROBLEM
Über den Eintrag *Live-TV* des Media Center Hauptmenüs können Sie sich das aktuelle Programm des momentan ausgewählten Senders anschauen, bequem durch die Kanäle zappen usw. Klingelt es plötzlich an der Tür oder tritt ein sonstiger Notfall ein, können Sie das Programm bei Bedarf jederzeit zurückspulen oder pausieren und die Sendung später genau an der Stelle fortsetzen, an der Sie sie zuvor unterbrochen haben.

DER TIPP
Wenn Sie sich mit dem Media Center eine Live-TV-Sendung anschauen, wird diese im Hintergrund automatisch auf der Festplatte zwischengespeichert. Das verschafft Ihnen die Möglichkeit, die aktuelle Wiedergabe über die entsprechenden Pfeile in der Steuerkonsole im unteren Bereich des Media Players ein Stück weit zurückzuspulen und den Film dann zeitversetzt zu Ende zu schauen. Wie groß dieser Puffer ist, hängt von der Größe Ihrer Festplatte ab. Alternativ können Sie einen Film durch Druck auf die *Pause*-Taste der Steuerkonsole auch gezielt pausieren. In diesem Fall wird die Sendung solange aufgezeichnet, bis Sie wieder auf die *Wiedergabe*-Taste drücken, um den Film fortzusetzen, oder die Kapazität Ihrer Festplatte erschöpft ist.

WEITERE HINWEISE
Wie viel Platz Ihnen zum Zwischenspeichern und Aufnehmen von Sendungen zur Verfügung steht, können Sie über *Aufgaben > Einstellungen > TV > Rekorder > Rekorderspeicher* ablesen und den Wert dort bei Bedarf auch an Ihre Bedürfnisse anpassen.

Geeignet für folgende Windows-7-Versionen

| ○ Home Basic | ● Home Premium | ● Professional | ● Enterprise | ● Ultimate |

Kapitel 6: Multimedia-Tools & Optionen

TV-Aufzeichnungen timen

Das Problem
Dank der elektronischen TV-Programmzeitschrift können Sie einzelne Sendungen und sogar die Aufzeichnung gesamter Serien bequem programmieren und so sicherstellen, dass Sie in Zukunft keine Ihrer Lieblingssendungen mehr verpassen.

Der Tipp
Um eine laufende Sendung aufzunehmen, müssen Sie lediglich die REC-Taste auf der Steuerkonsole drücken. Wollen Sie eine Sendung aufzeichnen, die in naher Zukunft läuft, öffnen Sie zunächst über *TV > TV-Programm* die elektronische Programmzeitschrift und wählen die gewünschte Sendung dort aus. Solange die Sendung noch nicht angelaufen ist, erscheint daraufhin umgehend die detaillierte Programminfo zur Sendung, wo Sie die Aufnahme über die Option *Aufzeichnen* gezielt timen können.

Wollen Sie nicht nur diese Sendung, sondern eine ganze Serie aufnehmen lassen, können Sie über *Serie aufzeichnen* dafür sorgen, dass künftig automatisch alle Folgen der Serie aufgezeichnet werden. Alternativ können Sie über die Option *Weitere Sendetermine* im oberen Teil des Fensters auch eine Übersicht aller Ausstrahlungstermine einer Sendung oder Serie aufrufen und die einzelnen Folgen dann manuell zum Aufnahmetimer hinzufügen.

Timen Sie die Aufnahme einzelner Sendungen oder ganzer Serien.

Geplante Aufnahmen sind danach über *TV > Aufzeichnungen > Geplante Aufzeichnungen anzeigen* einsehbar, von wo aus Sie diese auch per Rechtsklick wieder aus der Liste entfernen oder über *Aufzeichnungen hinzufügen* neue Sendungen anhand ihres Namens suchen oder gezielt aus dem TV-Programm auswählen können, um diese dem Timer hinzuzufügen.

WEITERE HINWEISE

In den Grundeinstellungen werden die vom Media Center aufgezeichneten Sendungen als *.wtv Datei im Ordner *C:\Benutzer\Öffentlich\TV-Aufzeichnungen* gespeichert. Ist irgendwann nicht mehr genug Speicherplatz auf der Festplatte verfügbar, löscht das Media Center automatisch und ohne weitere Nachfrage ältere Aufzeichnungen, um so wieder Platz für die neuen zu schaffen. Bei Bedarf können Sie den Speicherort aber auch jederzeit ändern (siehe Tipp: *Speicherplatz für TV-Aufnahmen anpassen*) oder die Einstellungen einer aufgenommenen Sendung so anpassen, dass diese auf jeden Fall erhalten bleibt (siehe Tipp: *Haltbarkeit aufgenommener Sendungen anpassen*).

Geeignet für folgende Windows-7-Versionen

○ Home Basic	● Home Premium	● Professional	● Enterprise	● Ultimate

Kapitel 6: Multimedia-Tools & Optionen

Haltbarkeit aufgenommener Sendungen anpassen

DAS PROBLEM

In den Grundeinstellungen werden TV-Aufzeichnungen nur solange beibehalten, bis das Media Center zur Aufnahme weiterer Sendungen Speicherplatz benötigt. Ältere Aufnahmen werden dann ohne Rückfrage gnadenlos und unwiderruflich gelöscht.

DER TIPP

Um zu verhindern, dass eine aufgenommene Sendung gelöscht wird, bevor Sie diese überhaupt angeschaut haben, wählen Sie die Aufzeichnung über *TV > Aufzeichnungen* aus, um die dazugehörige Programminfo zu öffnen. Über die Option *Aktionen > Beibehalten bis* können Sie genau definieren, wie lange, ob und wenn ja, wann oder nach welchem Ereignis die Sendung automatisch gelöscht werden darf. Zur Auswahl stehen Ihnen hier die Optionen *Beibehalten bis Speicherplatz benötigt wird* (Grundeinstellung), *Beibehalten bis Datum* (1 Woche), *Beibehalten bis ich die Aufzeichnung ansehe* (Aufzeichnung wird nach Betrachtung gelöscht) und *Beibehalten bis ich lösche* (Aufzeichnung bleibt erhalten bis sie manuell gelöscht wird).

WEITERE HINWEISE

Alternativ können Sie die Einstellungen des Rekorders auch so anpassen, dass Aufnahmen generell so lange erhalten bleiben, bis Sie sich die Sendung angeschaut haben oder diese manuell löschen (siehe Tipp: *Standardeinstellungen für Aufnahmen anpassen*).

Geeignet für folgende Windows-7-Versionen				
O Home Basic	● Home Premium	● Professional	● Enterprise	● Ultimate

Standardeinstellungen für Aufnahmen anpassen

DAS PROBLEM
Über die allgemeinen Rekordereigenschaften des Media Centers können Sie genau definieren, wie viel Minuten vor Beginn einer Sendung eine Aufnahme gestartet wird, wann eine Aufnahme endet, wie lange sie generell erhalten bleiben soll usw.

DER TIPP
Wenn Sie über *Aufgaben > Einstellungen > TV > Rekorder* das Rekorder-Menü öffnen, können Sie dort die *Standardeinstellungen für Aufnahmen* Ihren Wünschen entsprechend anpassen. Im Bereich *Standardwerte für Einzelaufzeichnungen* können Sie über den Punkt *Beibehalten* definieren, wie lange Aufnahmen prinzipiell erhalten bleiben oder wann diese automatisch gelöscht werden sollen. Über *Aufzeichnung beginnen* legen Sie fest, wie viele Minuten vor Beginn der Sendung die Aufzeichnung gestartet wird, während Sie über *Aufzeichnung beenden* bestimmen, wie lange die Aufzeichnung nach dem Ende einer Sendung weiterlaufen soll. Da es im Fernsehen erfahrungsgemäß immer wieder zu Programmverschiebungen kommt und insbesondere Live-Ausstrahlungen gerne die Sendezeit überziehen, sollten Sie diese Puffer nicht zu klein gestalten.

Weiter unten finden Sie noch den Bereich *Standardwerte nur für Serienaufzeichnungen*. Hier können Sie festlegen, ob beim Aufzeichnen einer Serie nur die erste Sendung oder auch Wiederholungen aufgenommen werden, ob die Aufzeichnungen nur von einem bestimmten Sender stammen sollen oder auch Sendungen mitgeschnitten werden, die auf einem anderen Kanal laufen, wie viele Folgen nach Möglichkeit gespeichert bleiben sollen usw.

WEITERE HINWEISE
Die Änderung der Einstellungen wirkt sich lediglich auf zukünftige Aufnahmen aus. Wollen Sie eine zuvor aufgenommene Sendung unbefristet beibehalten, müssen Sie die Einstellungen für diese Aufnahme manuell anpassen (siehe Tipp: *Haltbarkeit aufgenommener Sendungen anpassen*).

Geeignet für folgende Windows-7-Versionen				
○ Home Basic	● Home Premium	● Professional	● Enterprise	● Ultimate

More Radio – Radiosender per Internet empfangen

DAS PROBLEM
Normalerweise lassen sich mit dem Media Center nur dann Radiosendungen empfangen, wenn Sie eine Radio-Karte samt Windows 7 und Media Center kompatiblem Treiber auf dem System eingerichtet haben. Besitzen Sie eine Onlineverbindung, können Sie über das Tool *More Radio* aber auch eine gewaltige Auswahl von Radiosendern über das Internet empfangen.

DER TIPP
Um mit dem Media Center Radiosendungen aus dem Internet empfangen zu können, öffnen Sie über *Extras > Galerie > Musik + Radio* das standardmäßig in die deutsche Version des Windows Media Centers integrierte Plugin *More Radio*. Wenn Sie das Tool das erste Mal starten, muss dieses zunächst einmal für den Einsatz auf Ihrem Rechner eingerichtet und konfiguriert werden, was sich mithilfe des Start-Assistenten aber binnen weniger Minuten erledigen lässt.

Mit *More Radio* können Sie Radiosender aus aller Welt via Internet empfangen.

Nachdem Sie *More Radio* gestartet haben, können Sie über *Welt der Radios* auf die Suche nach verfügbaren Radiosendern gehen. Damit

Sie von der puren Anzahl nicht erschlagen werden, empfiehlt es sich, die Sender nach Kontinent bzw. Land zu filtern oder über *Suchemaschine* gezielt nach einem bestimmten Sender zu suchen. Nachdem Sie einen Sender ausgewählt haben, können Sie diesen aus dessen Detailansicht heraus über die Schaltfläche *Wiedergabe* starten und das aktuelle Programm genießen. Bei Bedarf lassen sich über *Visualisierungen* auch noch die aus dem Media Player bekannten optischen Effekte einschalten.

WEITERE HINWEISE

Um sich etwas mehr Übersicht und schnellen Zugriff auf Ihre Lieblingssender zu verschaffen, sollten Sie diese aus der Senderliste heraus über die Option *Zu Favoriten* in die Liste Ihrer Radio-Favoriten aufnehmen. Die Favoriten lassen sich später bequem aus dem Hauptmenü des *More Radio*-Programms heraus über die Option *Meine Favoriten* anzeigen und wiedergeben.

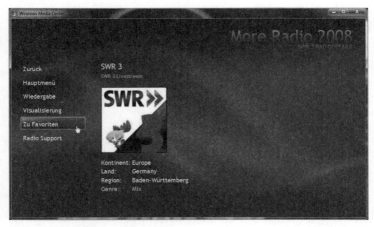

Fügen Sie Radiosender zu Ihren Favoriten hinzu.

Geeignet für folgende Windows-7-Versionen				
○ Home Basic	● Home Premium	● Professional	● Enterprise	● Ultimate

Speicherplatz für TV-Aufnahmen anpassen

Das Problem
Wollen Sie überprüfen, wie viel Platz Ihnen noch zum Aufzeichnen von TV-Sendungen zur Verfügung steht, oder den Speicherort für Ihre Aufzeichnungen auf ein anderes Laufwerk verlegen, lässt sich dies über die erweiterten Rekordereigenschaften bewerkstelligen.

Der Tipp
Um die Grundeinstellungen des Rekorders anzupassen, öffnen Sie über *Aufgaben > Einstellungen > TV > Rekorder* das Rekorder-Menü. Im unteren Teil des Fensters können Sie anhand eines Balkendiagramms genau ablesen, wie viel Platz auf dem für die Aufzeichnungen ausgewählten Laufwerk für den Zwischenspeicher von Live-TV-Sendungen verwendet wird, wie viel Speicher die bisher aufgezeichneten Sendungen auf der Festplatte einnehmen, wie viel Speicherplatz noch für neue Aufnahmen zur Verfügung steht und wie viele Stunden Sie mit diesem Speicher insgesamt aufnehmen können. Wollen Sie das Ziellaufwerk für Ihre Aufnahmen wechseln, lässt sich dies über den Punkt *Aufzeichnen auf Laufwerk* bewerkstelligen. Im darunter gelegenen Feld können Sie ablesen, wie viel Speicherplatz Ihnen auf dem ausgewählten Laufwerk maximal zur Verfügung steht – bei Bedarf lässt sich der Wert für den *TV-Speicherplatz* auch manuell senken.

Weitere Hinweise
Falls möglich, sollten Sie Ihre TV-Aufnahmen nicht auf *C:*, sondern einem separaten Laufwerk speichern. Auf diese Weise behalten Sie auf dem Systemlaufwerk ausreichend Platz für andere Anwendungen, während die aufgezeichneten Sendungen übersichtlich ausgelagert bleiben. Auf dem Ziellaufwerk wird dann im Hauptverzeichnispfad automatisch ein neuer Ordner namens *TV-Aufzeichnungen* erstellt (also z. B. *E:\\TV-Aufzeichnungen*).

Geeignet für folgende Windows-7-Versionen				
○ Home Basic	● Home Premium	● Professional	● Enterprise	● Ultimate

Bildschirm oder Fernsehgerät optimal konfigurieren

Das Problem
Das Media Center bietet Ihnen die Möglichkeit, die Anzeigeeinstellungen mithilfe eines Assistenten optimal auf die Wiedergabe auf Ihrem Bildschirm anzupassen – egal, ob Sie den Rechner an einem Monitor oder an einem Fernsehgerät betreiben.

Der Tipp
Wenn Sie über *Aufgaben > Einstellungen > TV > TV-Gerät oder Monitor konfigurieren* den Assistenten zur Konfiguration der Anzeigeeinstellungen öffnen, können Sie sich anhand eines Assistenten komfortabel durch die Anpassung der optimalen Einstellungen für den von Ihnen angeschlossenen Bildschirm führen lassen. Nachdem Sie über die entsprechenden Optionen das zu konfigurierende Anzeigegerät und den passenden Bildschirmtyp ausgewählt haben, müssen Sie noch angeben, auf welche Art das Gerät mit dem Rechner verbunden ist, welchem Bildschirmformat (16:9 oder 4:3) das Gerät entspricht und welche Bildschirmauflösung Sie verwenden wollen. Außerdem können Sie über *Bildschirmregler anpassen* den Kontrast, die Farbwiedergabe und alle zur Anzeige wichtigen Einstellungen optimal konfigurieren.

Weitere Hinweise
Die Einstellungen für die *Dynamische Zentrierung*, das *Seitenverhältnis*, die *Helligkeit*, den *Kontrast* und den *RGB-Farbausgleich* lassen sich alle mithilfe von Beispielvideos perfekt an Ihre Gegebenheiten anpassen. Lesen Sie sich vor dem Start des Videos die dazugehörigen Informationen gut durch, damit Sie wissen, worauf Sie achten müssen, um ein wirklich optimales Ergebnis zu erzielen.

Geeignet für folgende Windows-7-Versionen

| ○ Home Basic | ● Home Premium | ● Professional | ● Enterprise | ● Ultimate |

Zusätzliche Musik-, Bild- und Videoarchive zum Media Center hinzufügen

DAS PROBLEM

Das Media Center überwacht in den Grundeinstellungen lediglich Ihren persönlichen Benutzerordner sowie die Ordner *Öffentliche Musik*, *Öffentliche Videos*, *Öffentliche Bilder*, *TV-Aufzeichnungen* sowie Ordner, die bereits anhand der entsprechenden Bibliotheken bereits vom Windows Media Player überwacht werden. Wollen Sie auch Medien wiedergeben, die in anderen Ordnern abgelegt wurden, müssen Sie diese manuell für die Nutzung durch das Media Center freigeben.

DER TIPP

Um das Media Center dazu zu veranlassen, neben den Standardordnern auch weitere Ordner nach abspielbaren Medien zu durchsuchen, öffnen Sie über *Aufgaben > Einstellungen* das *Medienbibliotheken*-Setup, wählen Sie dort die gewünschte Bibliothek aus und geben Sie im nächsten Schritt an, dass Sie diesen neuen Ordner hinzufügen wollen. Nachdem Sie festgelegt haben, ob das Media Center auf dem eigenen Rechner, im Netzwerk oder anhand einer von Ihnen gewählten Freigabe nach Verzeichnissen suchen soll, bekommen Sie eine Liste aller an diesen Orten verfügbaren Laufwerke und Freigaben angezeigt.

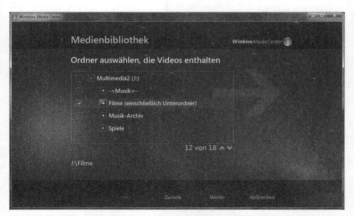

Fügen Sie neue Ordner zur Überwachung durch das Media Center hinzu.

Windows Media Center

Wählen Sie einfach das zu überwachende Laufwerk oder eines der darin befindlichen Verzeichnisse aus und setzen Sie im davor befindlichen Feld ein Häkchen. Nachdem Sie alle gewünschten Ordner zur Überwachung hinzugefügt haben, klicken Sie auf *Weiter*, um die neuen Einstellungen zu speichern und mit dem Durchsuchen der in diesen Ordnern enthaltenen Medien zu beginnen. Die gefundenen Mediendateien werden danach entsprechend ihres Dateityps in der Bild-, Musik- bzw. Videobibliothek gelistet und können von dort aus bequem aufgerufen und wiedergegeben werden.

WEITERE HINWEISE

Über *Aufgaben > Einstellungen > Medienbibliotheken > Bibliothek > Zu überwachende Ordner entfernen* können Sie Ordner bei Bedarf jederzeit wieder von der Überwachung durch das Media Center ausschließen.

Entfernen Sie Ordner über diesen Button wieder aus der Bibliothek.

Geeignet für folgende Windows-7-Versionen

| ○ Home Basic | ● Home Premium | ● Professional | ● Enterprise | ● Ultimate |

Windows Live Movie Maker

Den aus älteren Windows-Versionen bekannten *Windows Movie Maker* gibt es unter Windows 7 zwar nicht mehr, aber wenn Sie auf ein Videoschnittprogramm dieser Art nicht verzichten wollen, finden Sie unter den *Windows Live Essentials* ein passendes Pendant, das sich bei Bedarf jederzeit nachinstallieren und kostenlos nutzen lässt. Beim *Windows Live Movie Maker* handelt es sich um ein digitales Videoschnittprogramm, mit dem Sie nicht nur Videos zurechtschneiden, sondern sich bei Bedarf auch aus unterschiedlichen Multimediadateien einen neuen Film kreieren können. So ist es z. B. möglich, Ihre Urlaubsvideos und Fotos von der Kamera oder der Festplatte aus in das Schnittprogramm zu importieren, unerwünschte Szenen zu entfernen und das verbliebene Videomaterial dann mithilfe von beeindruckenden Überblendeffekten geschickt aneinanderzufügen. Ansonsten lässt sich der Movie Maker vor allem aber auch dazu nutzen, die TV-Aufnahmen des Media Centers von lästiger Werbung zu befreien, oder auf Ihrer Festplatte abgespeicherte Filme ins platzsparende WMV-Format umzurechnen und sie so zu komprimieren, dass sie danach auf eine CD passen oder sich vielleicht sogar als E-Mail verschicken lassen. Bei Bedarf lassen sich Filme sogar auf Knopfdruck in ein YouTube konformes Format umwandeln, sodass Sie diese danach umgehend bei diesem Dienst veröffentlichen können.

Mit dem *Windows Live Movie* Maker können Sie Filme nachbearbeiten und neu schneiden.

Windows Live Movie Maker herunterladen und installieren

Das Problem

Da der Movie Maker unter Windows 7 von Haus aus nicht mehr ins System integriert ist, müssen Sie sich das Programm zunächst im Rahmen der *Windows Live Essentials* herunterladen und auf Ihrem Rechner installieren.

Der Tipp

Falls noch nicht geschehen, können Sie sich den *Windows Live Movie Maker* im Rahmen des unter der Adresse *http://download.live.com/* zum Download bereit gestellten *Windows Live Essentials*-Pakets kostenlos herunterladen. Nachdem der Download beendet ist, rufen Sie die Setup-Datei des Live Essentials Pakets auf und wählen durch das Setzen der entsprechenden Häkchen aus, welche der darin enthaltenen Programme Sie installieren wollen. Wählen Sie hier zumindest den Windows Live Movie Maker aus und folgen Sie anschließend den Anweisungen des Assistenten. Genau wie die Windows Live Fotogalerie funktioniert auch der Movie Maker komplett im Offline Modus – eine Onlineverbindung ist zur Verwendung des Programms nach der Installation des Programms also nicht mehr nötig.

Weitere Hinweise

Sollten die Windows Live Essentials bereits auf Ihrem Rechner installiert sein, können Sie über *Start > Systemsteuerung > Programme > Programme und Funktionen > Windows Live Essentials > Deinstallieren/ändern* jederzeit Teile des Pakets entfernen oder nachinstallieren, ohne dazu die Setup-Datei jedes mal neu aus dem Netz herunterladen zu müssen. Praktischerweise überprüft die Setup-Routine dabei auch automatisch, ob für bereits installierte Komponenten neue Updates verfügbar sind, und bietet Ihnen gegebenenfalls die Möglichkeit, die entsprechenden Programmteile zu aktualisieren.

Geeignet für folgende Windows-7-Versionen

● Home Basic	● Home Premium	● Professional	● Enterprise	● Ultimate

Videos schneiden und TV-Aufnahmen von Werbung befreien

DAS PROBLEM
Haben Sie mithilfe des Windows Media Centers oder einer anderen Fernsehsoftware Sendungen aus dem Fernsehen aufgenommen, ist es sinnvoll, diese von lästiger Werbung zu befreien, bevor Sie die Filme auf der Festplatte, einer CD oder DVD archivieren. Mithilfe des *Windows Live Movie Makers* lassen sich unerwünschte Werbeblöcke und sonstige Szenen gezielt aus dem Filmmaterial herausschneiden.

DER TIPP
Um einen Film zurechtzuschneiden, öffnen Sie zunächst über *Start > Alle Programme > Windows Live* den *Windows Live Movie Maker*. Im Movie Maker importieren Sie den gewünschten Film über die Menüleistenoption *Videos und Fotos hinzufügen* in die Liste der zu bearbeitenden Medienobjekte. Im Vorschaubereich auf der linken Seite des Fensters können Sie den Film in Ruhe betrachten und mithilfe der Zeitleiste an die gewünschte Position springen. Öffnen Sie über die Menüleiste am oberen Rand des Fensters das Register *Bearbeiten*, um so die Werkzeuge zum Schneiden des Films bereitzustellen. Pausieren Sie den Film am Anfang eines Werbeblocks. Mithilfe der unter der Zeitleiste befindlichen *Vor-* und *Zurück*-Schaltflächen können Sie den Schnittpunkt auf den Millimeter genau justieren, bevor Sie auf die im *Bearbeiten*-Bereich befindliche *Teilen*-Schaltfläche klicken, um den Film an der ausgewählten Position in zwei Teile zu spalten. Danach begeben Sie sich auf die Suche nach dem Ende des Werbeblocks und teilen den Film dort erneut. Die einzelnen Teile des Films werden nun getrennt voneinander im rechten Bereich des Fensters gelistet. Wählen Sie dort den extrahierten Werbeclip mithilfe der rechten Maustaste aus und wählen Sie die Option *Entfernen*, um den Werbeblock aus dem Film zu löschen.

Windows Live Movie Maker

Teilen Sie den Film am Anfang und Ende eines Werbeblocks, um diesen dann gezielt entfernen zu können.

WEITERE HINWEISE

Auf die gleiche Weise lassen sich Stück für Stück alle Werbeblöcke und sonstigen unerwünschten Szenen aus dem Film herausschneiden. Wenn Sie fertig sind, können Sie den Film über *Startseite > Freigabe* in einem der dort verfügbaren Formate umrechnen lassen. Besitzer der 'Windows 7-Versionen Home Premium, Professional, Enterprise und Ultimate können den fertig geschnittenen und umgerechneten Film danach bei Bedarf auch im Windows DVD-Maker öffnen, um so eine fachgerechte Video-DVD samt DVD-Menü daraus zu erstellen (siehe *Windows DVD Maker*).

Geeignet für folgende Windows-7-Versionen				
⊙ Home Basic	● Home Premium	● Professional	● Enterprise	● Ultimate

Videos ins WMV-Format konvertieren

Das Problem
Der Movie Maker eignet sich nicht nur zum Zusammenstellen und Schneiden von Filmen. Bei Bedarf können Sie das Tool auch einfach dazu nutzen, Ihre TV-Aufzeichnungen oder sonstigen Videodateien ins WMV-Format zu konvertieren.

Der Tipp
Das WMV-Format (Windows Media Video) bietet gute Kompressionsraten bei verhältnismäßig guter Qualität. Es lässt sich zwar nicht auf jedem handelsüblichen DVD-Player wiedergeben, eignet sich aber hervorragend für den Einsatz auf dem PC oder wenn Sie Filme auch auf einem Medium wie der Xbox oder Xbox 360 wiedergeben wollen. Um eine Videodatei ins WMV-Format konvertieren zu können, muss lediglich der passende Wiedergabecodec zum Abspielen des entsprechenden Videoformats auf dem Rechner installiert sein – sprich: Alles, was Sie sich auf Ihrem Rechner anschauen können, kann auch konvertiert werden. Ist dies der Fall, importieren Sie die Videodatei über *Videos und Fotos hinzufügen* in die Liste der zu bearbeitenden Medienobjekte und legen dann über *Startseite > Freigabe* fest, in welcher Qualität und in welchem Bildformat der Film gespeichert werden soll.

Weitere Hinweise
Zur Auswahl stehen dabei die Standardformate für Full-HD-Qualität (1920x1080), HD-Qualität (1280x720), DVD-Breitbild-Qualität (720x480), Standardmonitore (640x480), tragbare Geräte und Mobiltelefone (320x240) und E-Mail (320x240). Die Unterschiede liegen dabei neben der Auflösung unter anderem auch in der Kompressionsrate. Dabei gilt: Je niedriger die Kompressionsrate und je höher die Qualitätsstufe, desto größer wird die Datei. Sollten Ihnen die vorgegebenen Umwandlungsmöglichkeiten nicht ausreichen, können Sie über die Option *Plug-In hinzufügen*, neben der Erweiterung für YouTube-Filme auch noch die Unterstützung für Facebook und andere Dienste herunterladen und nachinstallieren.

Geeignet für folgende Windows-7-Versionen				
● Home Basic	● Home Premium	● Professional	● Enterprise	● Ultimate

Videoclips mit Übergängen dezent ineinander überblenden

DAS PROBLEM
Wenn Sie Ihr Videomaterial im Movie Maker zurechtschneiden, entstehen dabei unter Umständen harte Schnitte, die den Filmgenuss trüben. Um dies zu verhindern, bietet Ihnen der Movie Maker eine Auswahl von speziellen Überblendeffekten, mit denen Sie dafür sorgen können, dass die Videoclips dezent ineinander übergehen.

DER TIPP
Damit die einzelnen Videoclips nach dem Zusammenstellen oder Zurechtschneiden des Filmmaterials nicht einfach abgehackt der Reihe nach abgespielt, sondern mithilfe schöner Effekte ineinander übergehen, öffnen Sie auf der Aufgabenleiste über *Animationen* eine Liste vorgefertigter Überblendeffekte und markieren im rechten Bereich des Fensters den Videoclip, vor dem dieser Effekt eingefügt werden soll. Sobald Sie mit der Maus auf einen der aufgelisteten Übergänge fahren, wird Ihnen umgehend eine Vorschau des Effekts angezeigt, sodass Sie auf einen Blick erkennen können, wie sich dieser in der Praxis auf das von Ihnen ausgewählte Filmmaterial auswirkt. Sobald Sie den Übergang anklicken, wird die Einstellung automatisch übernommen.

WEITERE HINWEISE
Die Geschwindigkeit in der die *Überblendeffekte* angezeigt werden, können Sie im Bereich *Dauer* definieren und das Ergebnis optimal an Ihre Vorlieben anpassen. Um einen Übergang nachträglich zu entfernen, wählen Sie den Videoclip erneut aus und wählen dann aus der Liste der verfügbaren Übergänge die Option *Kein Übergang*.

Geeignet für folgende Windows-7-Versionen

| ● Home Basic | ● Home Premium | ● Professional | ● Enterprise | ● Ultimate |

Kapitel 6: Multimedia-Tools & Optionen

Videoclips mit Spezialeffekten belegen

DAS PROBLEM

Mit dem Movie Maker lassen sich Videoclips mit einer ganzen Reihe von Spezialeffekten belegen, um Ihr Videomaterial so z. B. wie einen vergilbten Film aus dem letzten Jahrhundert oder im Comicstil erscheinen zu lassen.

DER TIPP

Im Movie Maker können Sie auf der Aufgabenleiste über den Bereich *Visuelle Effekte* eine Auswahl von vorgefertigten Spezialeffekten aufrufen. Mithilfe der Effekte können Sie Ihre Clips als Schwarzweiß- oder stark vergilbten Film erscheinen lassen, den Kantenscharfzeichner verwenden, um den Film wie einen Comic erscheinen zu lassen, das Bild bei der Wiedergabe langsam um 360° rotieren lassen usw. Genau wie bei den Überblendeffekten, wird auch hier anhand des aktuell ausgewählten Clips eine Vorschau des Effekts angezeigt. Um den Effekt für den aktuell ausgewählten Videoclip zu übernehmen, müssen Sie ihn lediglich anklicken.

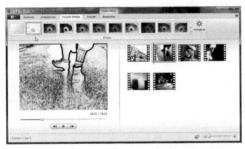

Geben Sie Ihren Filmen mithilfe von Spezialeffekten ein völlig neues Erscheinungsbild.

WEITERE HINWEISE

Im Bereich der *Visuellen Effekte* steht neben der vorgefertigten Liste von Spezialeffekten noch ein Schieberegler zur optimalen Anpassung der *Helligkeit* ausgewählter Videoclips zur Verfügung.

Geeignet für folgende Windows-7-Versionen				
● Home Basic	● Home Premium	● Professional	● Enterprise	● Ultimate

Videoclips mit zusätzlicher Tonspur belegen

DAS PROBLEM
Bei Bedarf lässt sich der Movie Maker auch dazu nutzen, Filme neu zu vertonen oder diese mit zusätzlichen Tonspuren auszustatten, wobei es egal ist, ob Sie Musikstücke Ihrer Musiksammlung oder mithilfe eines Mikrofons und des Audiorecorders von Windows aufgenommene Sprachaufnahmen in den Film integrieren wollen.

DER TIPP
Um den Film mit einer zusätzlichen Tonspur auszustatten, wählen Sie im Aufgabenbereich *Startseite* die Option *Musik hinzufügen* aus und entscheiden dann, ob Sie die Audiodatei am Anfang des Films oder an der aktuell in der Vorschau angezeigten Stelle einfügen wollen. Letztere Variante bietet Ihnen die Möglichkeit, die zusätzlichen Sounds präzise zu platzieren. Nachdem Sie eine Audiodatei zum Filmmaterial hinzugefügt haben, erscheint die neu angelegte Tonspur automatisch im rechten Teil des Fensters oberhalb des dort aufgelisteten Filmmaterials, von wo aus Sie die Soundspur bei Bedarf jederzeit mit der Maus an eine andere Stelle verschieben können. Sollte Ihnen die eine Audiodatei nicht ausreichen, können Sie jederzeit weitere hinzufügen und dann beliebig positionieren.

WEITERE HINWEISE
Nachdem Sie dem Filmmaterial eine neue Audiospur hinzugefügt haben, finden Sie im Bereich *Startseite > Bearbeiten* eine Option namens *Audiomix*. Wenn Sie diese anklicken, können Sie mithilfe eines Schiebereglers die Lautstärke des Filmmaterials und der neuen Tonspur neu abmischen oder bei Bedarf auch den Ton des Filmmaterials komplett abschalten.

Geeignet für folgende Windows-7-Versionen

| ● Home Basic | ● Home Premium | ● Professional | ● Enterprise | ● Ultimate |

Filme mit eigenem Titel, Texten und Nachspann ausstatten

DAS PROBLEM
Wollen Sie einen Film mit einem eigenen Vor- oder Nachspann oder sonstigen Texten ausstatten, lässt sich dies mit wenigen Schritten bewerkstelligen. Bei Bedarf lassen sich dabei sogar eigene Titel für jeden einzelnen Videoclip eines Movie Maker-Projekts erstellen.

DER TIPP
Um einen ausgewählten Film oder ein Videoclip mit Texten oder einem Nachspann auszustatten, finden Sie auf der Aufgabenleiste im Bereich *Startseite > Hinzufügen* entsprechende Optionen. Über die Option *Titel hinzufügen* erstellen Sie vor dem ausgewählten Filmschnipsel einen neuen Videoclip, dem Sie in Form eines Vorspanns einen Text hinzufügen können. Über die Option *Bildtext* können Sie im laufenden Bild einen Text einbetten, während Sie mit der Option *Abspann* einen Videoclip am Ende der Liste anhängen und ihn dann ebenfalls mit Texten füllen können. Die Schriftart, Hintergrundfarbe und die Effekte, mit den die Texte dargestellt werden sollen, lassen sich nach deren Auswahl über die Aufgabenleiste Ihren Bedürfnissen entsprechend anpassen.

WEITERE HINWEISE
Nachdem Sie Ihren Clips Texte hinzugefügt haben, werden diese im Listenbereich unterhalb der Videoclips angezeigt, wo Sie diese jederzeit mit der Maus auswählen, verschieben oder zwecks Überarbeitung per Doppelklick öffnen können. Mithilfe der Optionen *Startzeit* und *Textdauer* können Sie genau definieren, wann die Texteinblendung startet und wann sie enden soll.

Geeignet für folgende Windows-7-Versionen

| ● Home Basic | ● Home Premium | ● Professional | ● Enterprise | ● Ultimate |

Windows DVD Maker

Besitzen Sie Windows 7 Home Premium, Professional, Enterprise oder Ultimate, können Sie Ihre Videos, TV-Aufzeichnungen und sonstiges Filmmaterial mithilfe des Windows DVD Makers kinderleicht mit einem schicken DVD-Menü verzieren, eine aus Fotos und sonstigen Bildern zusammengestellte Diashow erzeugen und das Material dann als echte Video-DVD brennen, die sich anschließend auf jedem handelsüblichen DVD-Player abspielen lässt.

Mithilfe des *Windows DVD Makers* können Sie sich Video-DVDs samt persönlichem DVD-Menü erstellen.

In den folgenden Abschnitten erfahren Sie, wie Sie sich ein eigenes DVD-Menü zusammenstellen, wie Sie die Brennoptionen des DVD Makers optimal an Ihre Bedürfnisse anpassen und was Sie beim Erstellen Ihrer persönlichen Video-DVDs sonst noch beachten sollten.

Video- und Bildmaterial für die DVD zusammenstellen

DAS PROBLEM
Mithilfe des Windows DVD Makers können Sie sich aus Ihren Videos und Fotos eigene Video-DVDs samt persönlichem DVD-Menü zusammenstellen. Bevor es richtig losgehen kann, müssen Sie die gewünschten Mediendateien natürlich erst einmal zusammenstellen.

DER TIPP
Der DVD Maker bietet Ihnen die Möglichkeit, Ihre Bilder, TV-Aufzeichnungen des Media Centers (*.wtv-Dateien) und sonstiges Filmmaterial bequem auf eine Video-DVD zu bannen. Solange das Ursprungsmaterial nicht mit einem Kopierschutz versehen ist, lassen sich über *Datei > Elemente hinzufügen* alle Bild- und Video-Formate in die Zusammenstellungsliste des DVD Makers importieren, zu denen Sie auch den benötigten Wiedergabe-Codec besitzen. Bild-Dateien werden dabei automatisch in einem Diashow-Ordner gesammelt. Wollen Sie die Reihenfolge der Videos oder Bilder ändern, können Sie diese einfach mit der Maus an die gewünschte Position verschieben. Unter dem Punkt *Datenträgertitel* haben Sie die Möglichkeit, der DVD einen Namen zu geben. Wie viel Platz auf dem Datenträger noch verfügbar ist, können Sie in der unteren linken Ecke des Fensters ablesen.

WEITERE HINWEISE
Genau wie bei Audio-CDs, müssen auch die Daten einer Video-DVD in einem genormten Format auf die DVD gebrannt werden, um später auf allen DVD-Playern abgespielt werden zu können. Da dem DVD-Video-Standard das MPG2-Format zugrunde liegt, beanspruchen z. B. DivX- und stark komprimierte WMV-Filme auf der zu brennenden DVD in den meisten Fällen deutlich mehr Platz als die ursprüngliche Datei. Auf einen handelsüblichen 4,7 GB großen DVD-Rohling passen ca. 150 Minuten Film. Vergessen Sie dabei aber nicht, dass animierte DVD-Menüs ebenfalls einiges an Speicherkapazität auf dem Rohling einnehmen. Je aufwändiger das DVD-Menü, desto mehr Speicherplatz nimmt es in Anspruch.

Geeignet für folgende Windows-7-Versionen				
○ Home Basic	● Home Premium	● Professional	● Enterprise	● Ultimate

Erweiterte Brennoptionen des DVD Makers anpassen

Das Problem
Bevor Sie ein DVD-Menü für Ihre Video-DVD zusammenstellen, sollten Sie die erweiterten Brennoptionen des DVD Makers überprüfen. Bei Bedarf können Sie dort neben der Brenngeschwindigkeit auch noch andere Einstellungen vornehmen.

Der Tipp
Wenn Sie im Fenster *Bilder und Videos zur DVD hinzufügen* des DVD Makers im unteren rechten Teil auf den Eintrag *Optionen* klicken, gelangen Sie zu den erweiterten *DVD-Optionen*. Unter dem Punkt *DVD-Wiedergabeeinstellungen* können Sie festlegen, ob die Video-DVD später automatisch mit dem DVD-Menü gestartet werden soll, oder ob Sie wünschen, dass nach dem Einlegen der DVD sofort der Film abgespielt wird. Über *DVD-Seitenverhältnis* bestimmen Sie, ob Sie den Film im 4:3- oder 16:9-Format auf die DVD bannen wollen, während Sie unter *Videoformat* die Fernsehnorm festlegen (PAL oder NTSC). Mit welcher Brenngeschwindigkeit der Brennvorgang ablaufen soll, legen Sie über die Option *Geschwindigkeit des Brenners* fest – zur Auswahl stehen hier die Optionen *Schnell*, *Mittel* und *Langsam*.

Weitere Hinweise
Sind auf Ihrem Systemlaufwerk weniger als 5 GB Speicherplatz frei, sollten Sie die Auslagerungsdatei des DVD Makers über die Option *Temporärer Datenspeicherort* auf ein anderes Laufwerk verlegen.

Geeignet für folgende Windows-7-Versionen				
○ Home Basic	● Home Premium	● Professional	● Enterprise	● Ultimate

Kapitel 6: Multimedia-Tools & Optionen

Eigenes DVD-Menü erstellen

Das Problem
Der DVD Maker bietet Ihnen die Möglichkeit, Ihre Filme mit einem DVD-Menü auszustatten. Bei Bedarf lassen sich die vorgefertigten Menüstile bis ins Detail an Ihre Vorlieben anpassen.

Der Tipp
Nachdem Sie das Bild- und Filmmaterial für Ihre Video-DVD im DVD Maker zusammengestellt haben, können Sie sich auf der rechten Seite des Fensters *DVD kann gebrannt werden* einen der vorgefertigten Menüstile für Ihr DVD-Menü aussuchen. Haben Sie Ihre Wahl getroffen, können Sie das DVD-Menü mithilfe der entsprechenden Einträge auf der oberen Menüleiste komfortabel an Ihre Bedürfnisse anpassen. Über den Eintrag *Menütext* können Sie nicht nur die Schriftart, den Datenträgertitel und die Texte der Navigationseinträge verändern, sondern auch einen Hinweistext für die Betrachter Ihrer DVD hinterlegen, der dann nach dem Öffnen des entsprechenden Eintrags auf dem Bildschirm erscheint. Sobald Sie auf die Schaltfläche *Text ändern* klicken, werden die neuen Einstellungen übernommen.

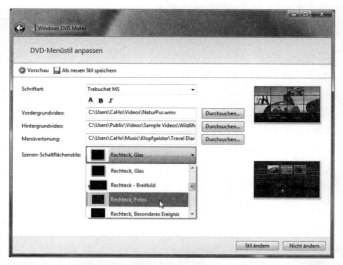

Passen Sie das DVD-Menü an Ihre Bedürfnisse an.

Der Eintrag *Menü anpassen* bietet Ihnen die Möglichkeit, die Optik des DVD-Menüs anzupassen. Sie können hier frei bestimmen, welches Video im Vorder- und welches im Hintergrund des Menüs gezeigt werden soll und sich bei Bedarf auch noch eine Audiodatei aussuchen, mit der Sie das DVD-Menü musikalisch untermalen. Sollte Ihnen die Form der für die Vorschauszenen verwendeten Kästen nicht gefallen, können Sie diese über *Szenen-Schaltflächenstile* wunschgemäß anpassen und Ihre neue Kreation über den entsprechenden Eintrag in der oberen Menüleiste sogar als neuen Stil speichern, sodass Sie später über die Liste vorhandener Menüstile schnell darauf zurückgreifen können.

Haben Sie Fotos in Ihrer Video-DVD Zusammenstellung eingebunden, können Sie über den Eintrag *Diashow* bestimmen, ob diese beim Betrachten der DVD mit Musik unterlegt werden sollen, wie lange die einzelnen Bilder auf dem Bildschirm erscheinen, mit welchem Effekt zum nächsten Bild gewechselt wird und ob die Bilder danach statisch oder mit Zoom- und Schwenkeffekten belegt angezeigt werden sollen. Damit der Ton nicht während der Diashow ausfällt, können Sie im unteren Teil der Songliste die Gesamtlänge der Musik mit der Länge der Diashow vergleichen und bei Bedarf mit dem entsprechenden Eintrag die Diashow an die Musikklänge anpassen lassen. Danach klicken Sie auf die *Diashow ändern*-Schaltfläche, um die Angaben zu übernehmen.

WEITERE HINWEISE

Nachdem Sie sich Ihr DVD-Menü ausgesucht und es Ihren Wünschen entsprechend angepasst haben, können Sie das Resultat in der *Vorschau* begutachten. Die Daten werden dabei umgehend berechnet, sodass Sie genau das zu sehen bekommen, was Ihnen nach dem Brennen der Video-DVD auf dem Bildschirm angezeigt wird.

Geeignet für folgende Windows-7-Versionen				
○ Home Basic	● Home Premium	● Professional	● Enterprise	● Ultimate

Kapitel 7
Drucken

Windows 7 bietet Ihnen eine ganze Reihe von Möglichkeiten, Ihre Dokumente, Bilder, E-Mails, Faxe, mit dem Scanner kopierte Objekte oder auch ganze Internetseiten zu drucken. Für einige dieser Elemente steht Ihnen sogar ein eigenes Druckmenü zur Verfügung, in dem Sie das Druckformat vor dem Drucken speziell auf deren Besonderheiten anpassen können. Fotos lassen sich z. B. automatisch auf die Größe gängiger Fotostandards zurechtschneiden, surfen Sie mit dem Internet Explorer durch das Internet, lassen sich Webseiten automatisch auf die Größe eines DIN A4-Blattes anpassen usw. Bei Bedarf können Sie Ihre Dokumente aber nicht nur auf Papier drucken, sondern mithilfe des virtuellen Druckers namens Microsoft XPS-Document Writer in eine XPS-Datei verwandeln, die im Prinzip ähnliche Vorteile zu bieten hat, wie Adobes PDF-Dokumente usw.

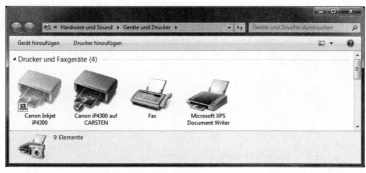

Unter Windows 7 können Sie Dokumente nicht nur auf Papier, sondern auch als XPS-Dokument drucken.

In diesem Kapitel erfahren Sie, welche Möglichkeiten Ihnen unter Windows 7 zum Drucken Ihrer Dokumente, Bilder und sonstiger Elemente zur Verfügung stehen, wie Sie Ihre Ausdrucke als XPS-Datei speichern und welche Vorteile Ihnen dieses Format zu bieten hat, wie Sie Ihren Drucker optimal einrichten, Druckaufträge managen und was Sie bei all diesen Dingen beachten sollten.

Kapitel 7: Drucken

Druckoptionen und Einstellungen

Je nachdem, was oder aus welchem Programm heraus Sie Ihre Bilder, Dokumente oder sonstige Elemente drucken, stehen Ihnen unter Windows 7 unterschiedliche Optionen zur Auswahl. In den folgenden Abschnitten erfahren Sie, wie sich Bilder vor dem Drucken bequem in ein passendes Standardformat für Fotos umrechnen lassen, wie Sie mithilfe der Druckoptionen des Internet Explorers den Ausdruck von Internetseiten Ihren Bedürfnissen entsprechend anpassen usw.

Passen Sie die Druckeinstellungen Ihren Bedürfnissen entsprechend an.

Davon abgesehen, finden Sie natürlich auch Tipps und Hinweise, die Ihnen dabei helfen, Ihren Drucker optimal einzurichten, die erweiterten Druckoptionen zu optimieren, Druckaufträge gezielt zu verwalten, Poster auf einem DIN A4-Drucker auszugeben, Ihre Ausdrucke mit Spezialeffekten aufzuwerten und erfahren, was Sie bei all diesen Dingen beachten sollten.

Ausdrucke in der Druckvorschau überprüfen

Das Problem
Um sicherzustellen, dass ein Ausdruck später auf dem Papier genau so aussieht, wie Sie sich dies vorgestellt haben, sollten Sie vor dem Absenden eines Druckauftrags zunächst die in den meisten Programmen vorhandene Druckvorschau zu Rate ziehen.

Der Tipp
Wenn Sie ein Dokument in dem dafür vorgesehenen Programm öffnen, können Sie sich über den Menüpunkt *Datei > Seitenansicht* eine Druckvorschau des aktuellen Dokuments anzeigen lassen. In der Druckvorschau können Sie genau erkennen, ob Teile des Dokuments beim Drucken über den bedruckbaren Bereich hinausragen, ob das Layout wirklich Ihren Vorstellungen entspricht usw.

Überprüfen Sie Ihre Dokumente vor dem Drucken in der *Druckvorschau*.

Weitere Hinweise
Welche Optionen Ihnen in der Druckvorschau zur Verfügung stehen, ist von Programm zu Programm unterschiedlich. In den meisten Fällen können Sie die Ansicht beliebig vergrößern, verkleinern oder sich gegebenenfalls auch zwei Seiten gleichzeitig anzeigen lassen, um so eine bessere Übersicht über das Gesamtlayout zu erhalten. Bei einigen Programmen haben Sie zusätzlich die Möglichkeit, die Vorschau auf einen beliebigen Drucker anzupassen, die Seitenränder der Druckgrenzen zu verschieben usw.

Geeignet für folgende Windows-7-Versionen				
● Home Basic	● Home Premium	● Professional	● Enterprise	● Ultimate

Aus Programmen heraus drucken und Druckoptionen anpassen

DAS PROBLEM

Fast alle Programme verfügen über eine *Drucken-* bzw. *Schnelldruck*-Schaltfläche, über die Sie ein geöffnetes Dokument auf direktem Weg an den im System eingerichteten Standarddrucker versenden und mit den darin voreingestellten Standardeinstellungen zu Papier bringen können. Wollen Sie den Drucker hingegen eigenständig auswählen oder festlegen, welche Teile des Dokuments gedruckt und wie viele Kopien von diesem Element erstellt werden sollen, müssen Sie statt der Schnelldruckoption das Menü *Datei > Drucken* bemühen.

DER TIPP

Wenn Sie ein Dokument in einer dafür vorgesehenen Anwendung öffnen, können Sie über den Menüpunkt *Datei > Drucken* das Fenster *Drucken* aufrufen. Im *Drucken*-Menü bestimmen Sie unter dem Punkt *Drucker auswählen*, an welchen der auf dem System installierten Drucker oder Faxgeräte das Dokument versendet werden soll, bzw. ob Sie daraus mithilfe des XPS-Document Writers eine entsprechende XPS-Datei erstellen wollen. Ob das ausgewählte Gerät aktuell erreichbar ist, können Sie unter dem Punkt *Status* ablesen.

Unter dem Punkt *Seitenbereich* können Sie festlegen, ob das gesamte Dokument, nur die aktuell angezeigte Seite, nur der zuvor im Dokument markierte Bereich oder nur bestimmte Seiten (z. B. Seiten *1–10,* oder nur die Seiten *1,2,7*) ausgedruckt werden sollen. Wollen Sie die Seiten eines Dokuments mehr als einmal drucken, können Sie über *Anzahl Exemplare* festlegen, wie viele Kopien von jeder Seite gedruckt werden sollen. Ist dabei das Häkchen vor dem Eintrag *Sortieren* aktiviert, werden die Kopien des Dokuments der Reihe nach erstellt (also z. B. Seite 1, 2, 3 und danach erneut Seite 1, 2, 3). Ist das Häkchen deaktiviert, wird zunächst die erste Seite so oft gedruckt, wie im Feld *Anzahl Exemplare* angegeben, danach die Seite 2 usw.

Druckoptionen und Einstellungen

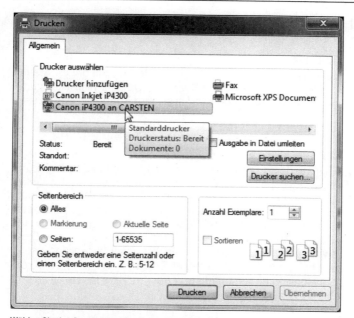

Wählen Sie den Drucker und die gewünschten Optionen aus.

WEITERE HINWEISE

Nachdem Sie einen Drucker ausgewählt haben, können Sie über die Schaltfläche *Einstellungen* die *Druckeinstellungen* aufrufen, wo Sie neben dem gewünschten Seitenformat und der Druckqualität auch noch eine ganze Reihe sonstiger Einstellungen für diesen Druckauftrag anpassen können (siehe Tipp: *Die idealen Druckoptionen*).

Kapitel 7: Drucken

Mit dem Internet Explorer Internetseiten drucken

DAS PROBLEM
Wenn Sie mit dem Internet Explorer eine Internetseite öffnen, stehen Ihnen beim Drucken eine ganze Reihe von Optionen zur Verfügung, mit denen sich der Ausdruck optimal an Ihre Bedürfnisse anpassen lässt.

DER TIPP
Haben Sie mit dem Internet Explorer eine Internetseite bzw. eine auf der Festplatte gespeicherte Webseite (mit der Dateiendung *.mht) geöffnet, können Sie diese wahlweise über das Druckersymbol direkt an den voreingestellten Standarddrucker Ihres Systems übermitteln, über den daneben befindlichen Pfeil die Option *Drucken* aufrufen, um so die Druckeinstellungen anzupassen (siehe Tipp: *Aus Programmen heraus drucken und Druckoptionen anpassen*), oder die *Druckvorschau* des Internet Explorers zu Rate ziehen, die Ihnen die Möglichkeit verschafft, den Ausdruck bis ins Detail an Ihre Wünsche anzupassen.

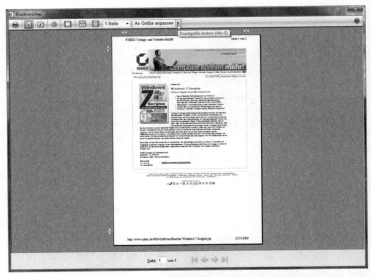

Passen Sie den Ausdruck von Internetseiten optimal an Ihre Bedürfnisse an.

Abgesehen davon, dass Sie mithilfe der entsprechenden Symbole festlegen können, ob die Seite im Hoch- oder Querformat gedruckt werden soll, können Sie über den Punkt *Seite einrichten* auch noch die Seitenränder (bzw. den bedruckbaren Bereich) anpassen, angeben für welche Papiergröße der Ausdruck optimiert werden soll und bei Bedarf auch noch die Parameter für die Anzeige der Kopf- und Fußzeile des Ausdrucks ändern. Ob die Kopf- und Fußzeilen überhaupt gedruckt werden sollen, legen Sie durch einen Klick auf die entsprechende Schaltfläche fest. Sollte die angezeigte Seite nicht in den bedruckbaren Bereich des ausgewählten Papierformats passen, können Sie diese über die Option *Druckgröße ändern* beliebig verkleinern oder durch das Vergrößern der Seite dafür sorgen, dass auch kleingedruckte Texte gut lesbar werden.

WEITERE HINWEISE

Solange Sie in der Druckvorschau nur eine Seite anzeigen, lassen sich die Seitenränder für den bedruckbaren Bereich des ausgewählten Papierformats nicht nur über das *Seite Einrichten*-Menü, sondern auch bequem mithilfe der neben dem Blatt befindlichen Pfeilsymbole anpassen.

Geeignet für folgende Windows-7-Versionen

| ●Home Basic | ●Home Premium | ●Professional | ●Enterprise | ●Ultimate |

Kapitel 7: Drucken

Die idealen Druckoptionen

DAS PROBLEM

Je nachdem, was und auf welchem Papier Sie gerade drucken, sind für ein optimales Ergebnis unterschiedliche Einstellungen von Nöten. Für ein bestmögliches Ergebnis sollten Sie also vor dem Absenden des Druckauftrags die Druckeinstellungen entsprechend anpassen.

DER TIPP

Wenn Sie aus dem *Drucken*-Menü heraus auf die Schaltfläche *Einstellungen* klicken, bekommen Sie im Fenster *Druckeinstellungen* die Möglichkeit, die Eigenschaften des ausgewählten Druckers für den aktuellen Druckauftrag Ihren Wünschen entsprechend anzupassen. Wie dieses Fenster aufgebaut ist und welche Registerkarten und Optionen es Ihnen zur Verfügung stellt, hängt vom installierten Drucker und dessen Treiber ab. In der Regel finden Sie hier aber zumindest die Optionen zum Anpassen der *Druckqualität*, über die Sie regeln, ob Sie mit hoher oder niedriger Qualität drucken wollen, lediglich einen blassen Testdruck erstellen möchten usw. Im Bereich der Papieroptionen können Sie den Papiertyp bzw. Medientyp auswählen. Da die Druckerhersteller ihre Treiber so programmieren, dass die gewählte Druckqualität stets auf den angegebenen Papiertyp abgestimmt wird, sollten Sie hier auf jeden Fall genau die Angaben wählen, die dem tatsächlich im Drucker eingelegten Papier entsprechen. Je nach Drucker können Sie die Druckoptionen hier aber auch noch auf die Größe des im Drucker eingelegten Papiers anpassen, den gewünschten Papierzufuhrschacht auswählen, bestimmen, ob der Ausdruck im Hoch- oder im Querformat erfolgen soll.

WEITERE HINWEISE

Bei einigen Druckern finden Sie auch noch ein paar zusätzliche Register, über die Sie das Layout vor dem Druck spiegeln, den Ausdruck vergrößern und auf mehrere Blätter verteilen können, um sich so ein Poster daraus anzufertigen oder auch anderweitige Anpassungen und Qualitätsoptimierungen (z. B. für Fotodrucke) vornehmen können.

Geeignet für folgende Windows-7-Versionen				
● Home Basic	● Home Premium	● Professional	● Enterprise	● Ultimate

Dokumente als Entwurf drucken und Tinte sparen

DAS PROBLEM
Bei vielen Druckern ist der Nachkauf neuer Tintenpatronen fast genauso teuer, wie der Kauf eines neuen Druckers. Um den Tintenverbrauch und somit auch die Kosten möglichst gering zu halten, sollten Sie unwichtigere Dokumente als sparsamen Entwurf drucken.

DER TIPP
Wenn Sie in den *Druckeinstellungen* auf dem Register *Haupteinstellungen* oder Optionen die Option *Entwurf* bzw. *Schnell* (die Bezeichnungen variieren von Drucker zu Drucker) auswählen, erfolgt der Druck in der niedrigsten Qualitätsstufe, ist dafür aber sehr schnell erledigt und verbraucht sehr wenig Farbe, was insbesondere für Besitzer von Tintenstrahldruckern interessant sein dürfte. Je nach Drucker, erscheinen in diesem Modus zumindest gedruckte Texte in ausreichend guter Qualität, sodass sich mit der Auswahl dieser Option im Endeffekt eine ganze Menge Geld sparen lässt.

WEITERE HINWEISE
Verwenden Sie einen Tintenstrahldrucker, können Sie weitere Kosten sparen, indem Sie statt den Tintenpatronen des Druckerherstellers, Nachbauten von Fremdanbietern verwenden. Beim Versandhändler PEARL (*www.pearl.de*) finden sich z. B. zu den gängigsten Druckern Tintenpatronen des Herstellers iColor, die laut diversen Test- und Erfahrungsberichten den Originalpatronen qualitativ in nichts nachstehen, aber deutlich günstiger angeboten werden. Ansonsten gibt es im Internet natürlich auch noch eine ganze Reihe von Händlern, die ähnliche Produkte zu noch günstigeren Preisen zu bieten haben.

Geeignet für folgende Windows-7-Versionen

● Home Basic   ● Home Premium   ● Professional   ● Enterprise   ● Ultimate

Erweiterte Druckoptionen & Spezialeffekte für Ihre Ausdrucke

DAS PROBLEM
Wenn Sie die Druckeinstellungen eines Druckers öffnen, lassen sich dort lediglich die vorgefertigten Druckoptionen auswählen. Wollen Sie diese anpassen oder einen Ausdruck mit besonderen Spezialeffekten versehen, müssen Sie die erweiterten Druckoptionen entsprechend anpassen.

DER TIPP
Wenn Sie aus dem *Drucken*-Menü die *Einstellungen* des Druckers öffnen, finden Sie im Fenster *Druckeinstellungen* oftmals auch diverse Spezialfeatures. Welche Funktionen dort zu finden sind, hängt von Ihrem Drucker und dem für dieses Gerät installierten Treiber ab. Bei den meisten Geräten bekommen Sie über die Schaltfläche *Erweitert* die Möglichkeit, die Einstellungen für die einzelnen Druckoptionen und die Farbverwaltung des Druckers Ihren Bedürfnissen entsprechend anzupassen. Bei einigen Epson Tintenstrahldruckern können Sie hier z. B. auch Einstellungen der *PhotoEnhance*-Option konfigurieren und so dafür sorgen, dass der Ausdruck später deutlich leuchtender, schärfer, in schwarzweiß oder z. B. in Sepiafarben erfolgt und danach aussieht wie ein vergilbtes Foto aus dem Jahre 1920 usw.

WEITERE HINWEISE
Haben Sie zu viel an den erweiterten Optionen des Druckers herumgespielt, lassen sich diese über die Schaltfläche *Zurücksetzen* bzw. *Standard* jederzeit wieder in ihren ursprünglichen Zustand zurückversetzen.

Geeignet für folgende Windows-7-Versionen

| ● Home Basic | ● Home Premium | ● Professional | ● Enterprise | ● Ultimate |

Größe der Ausdrucke anpassen und Poster drucken

DAS PROBLEM
Wollen Sie ein Dokument oder Bild drucken, das nicht auf eine DIN A4-Seite passt, können Sie das Problem umgehen, indem Sie das Dokument entsprechend verkleinern oder den Ausdruck auf mehrere DIN A4-Seiten verteilen.

DER TIPP
Wenn Sie in den *Druckeinstellungen* auf das Register *Seitenlayout* bzw. *Seite einrichten* wechseln, finden Sie dort bei vielen Druckern eine Option, mit der Sie die Größe der zu druckenden Dokumente auf die Größe des Ausgabepapiers anpassen lassen können, indem Sie diese entsprechend vergrößern oder verkleinern. Teilweise steht Ihnen zusätzlich auch noch eine Option wie *Mehrfachseite* zur Verfügung, mit der sich mehrere Seiten eines Dokuments auf einem Blatt Papier ausdrucken lassen. Bei moderneren Druckern sollte hier zusätzlich eine Option namens *Posterdruck* zu finden sein, mit der Sie dafür sorgen können, dass große Bilder oder sonstige Elemente auf mehrere Blätter verteilt ausgedruckt werden, die Sie dann später zusammenkleben können.

WEITERE HINWEISE
Ist bei Ihrem Drucker keine Posterdruckoption verfügbar, können Sie auch mit Zusatztools wie dem Programm *Picmaster* (*www.grafiksoftware.de*) dafür sorgen, dass sich übergroße Ausdrucke auf mehrere Seiten verteilt ausdrucken lassen.

Geeignet für folgende Windows-7-Versionen

● Home Basic   ● Home Premium   ● Professional   ● Enterprise   ● Ultimate

Kapitel 7: Drucken

Druckoptionen dauerhaft anpassen

DAS PROBLEM

Wenn Sie aus Programmen oder Windows-Anwendungen heraus drucken und dann im *Drucken*-Menü die Druckeinstellungen verändern, gelten diese Änderungen lediglich für den aktuellen Druckauftrag. Wollen Sie die Druckoptionen dauerhaft anpassen, lässt sich dies am einfachsten über die Systemsteuerung verwirklichen.

DER TIPP

Um die Grundeinstellungen eines Druckers anzupassen, öffnen Sie über *Start > Hardware und Sound > Geräte und Drucker* bzw. über den gleichnamigen Eintrag im Startmenü die Übersicht der auf Ihrem System installierten Drucker und Faxgeräte und öffnen dort per Rechtsklick die *Druckeinstellungen* des gewünschten Ausgabegerätes. Sie finden hier im Prinzip genau das gleiche Fenster vor, als würden Sie die Druckeinstellungen über den *Einstellungen*-Knopf des *Drucken*-Menüs öffnen. Der einzige Unterschied besteht darin, dass Ihnen hier zusätzlich eine Schaltfläche namens *Übernehmen* zur Verfügung steht, mit der sich alle Änderungen an den Haupteinstellungen oder dem Seitenlayout permanent übernehmen und so als Standard speichern lassen, auf den Windows dann fortan bei jedem Druckauftrag für dieses Gerät automatisch zurückgreift.

WEITERE HINWEISE

Druckt Ihr Drucker Entwürfe in ausreichend guter Qualität, können Sie ihn bei Bedarf standardmäßig in diesem kostensparenden Modus drucken lassen (siehe Tipp: *Dokumente als Entwurf drucken und Tinte sparen*). Benötigen Sie später einen qualitativ besseren Ausdruck, passen Sie die Druckeinstellungen vor dem endgültigen Absenden des Druckauftrags einfach entsprechend an.

Geeignet für folgende Windows-7-Versionen				
● Home Basic	● Home Premium	● Professional	● Enterprise	● Ultimate

Standarddrucker festlegen

DAS PROBLEM

Wenn Sie einen Druckauftrag über die Schnelldruck-Option eines Programms oder des Windows Explorers an den Drucker schicken, wird das entsprechende Dokument automatisch an den im System voreingestellten Standarddrucker versandt. Wollen Sie einen anderen Drucker als Standarddrucker definieren, lässt sich dies über die Systemsteuerung schnell erledigen.

DER TIPP

Um einen bestimmten Drucker als Standarddrucker des Systems zu definieren, öffnen Sie über *Start > Systemsteuerung > Hardware und Sound > Geräte und Drucker* die Liste der auf dem Computer installierten Drucker und Faxgeräte. Der aktuelle Standarddrucker wird in der Liste mit einem grünen Häkchen gekennzeichnet. Um ein anderes Gerät als Standarddrucker festzulegen, klicken Sie den gewünschten Drucker mit der rechten Maustaste an und wählen aus dem aufpoppenden Menü die Option *Als Standarddrucker festlegen*. Danach werden beim Drucken automatisch alle Druckaufträge an diesen Drucker übermittelt.

WEITERE HINWEISE

Ist kein echter Drucker am PC angeschlossen, können Sie auch den *Microsoft XPS-Document Writer* als Standarddrucker verwenden, um Ihre Druckaufträge dann in Form einer XPS-Datei auf der Festplatte zu speichern (siehe *XPS-Dokumente erstellen, lesen und drucken*).

Geeignet für folgende Windows-7-Versionen				
● Home Basic	● Home Premium	● Professional	● Enterprise	● Ultimate

Druckaufträge in der Druckwarteschlange verwalten

DAS PROBLEM
Wenn Sie Dokumente drucken, landen diese zunächst in der Druckwarteschlange des Druckmanagers, von wo aus diese dann der Reihe nach an den Drucker weitergeleitet werden. Sollte es zu Problemen kommen, oder wollen Sie einen Druckauftrag abbrechen, lässt sich dies nach Aufruf des Druckmanagers jederzeit regeln.

DER TIPP
Sobald Sie einen Druckauftrag auf den Weg zum Drucker schicken, erscheint im Infobereich der Taskleiste ein kleines Druckersymbol, über das Sie genau ablesen können, wie viele Dokumente sich aktuell in der Warteschlange befinden. Klicken Sie das Druckersymbol mit der rechten Maustaste an und wählen dort den Eintrag Ihres Druckers, öffnet sich das Fenster der dazugehörigen Druckwarteschlange. Alternativ lässt sich diese aber auch jederzeit über *Start > Systemsteuerung > Hardware und Sound > Geräte und Drucker* nach der Auswahl Ihres Druckers über die Standardschaltfläche *Druckaufträge anzeigen* öffnen.

In der Druckwarteschlange bekommen Sie nun eine detaillierte Übersicht aller aktuell laufenden und noch anstehenden Druckaufträge angezeigt. Wollen Sie einen Druckauftrag gezielt stoppen (z. B., weil Sie zum Druck eines Fotos noch einmal das Papier wechseln wollen), wählen Sie diesen mit der Maus aus und dann im Kopf des Fensters die Option *Dokument > Anhalten*. Über den Eintrag *Dokument > Fortsetzen* lässt sich der Druckauftrag dann jederzeit fortsetzen bzw. über *Neu starten* noch einmal komplett neu in Auftrag geben, was dann sinnvoll ist, wenn der Drucker bereits mit dem Drucken dieses Dokuments begonnen hatte, bevor Sie dazu gekommen sind, das Papier zu wechseln. Ansonsten können Sie einen versehentlich gestarteten Druckauftrag bei Bedarf über die Option *Dokument > Abbrechen* aber auch jederzeit stoppen und aus der Warteliste entfernen.

Verwalten Sie Ihre Druckaufträge in der Druckwarteschlange.

WEITERE HINWEISE

Wurden bereits Daten zum Drucker gesandt, die Sie dort beim besten Willen nicht ausdrucken wollen, können Sie auch jederzeit die Notbremse ziehen, indem Sie nicht das Dokument, sondern über die Option *Drucker > Anhalten* den Drucker anhalten und danach das Dokument aus der Warteschleife entfernen oder über die Option *Drucker > Alle Druckaufträge abbrechen* gleich alle Druckaufträge auf einmal aus der Warteliste werfen. Um den Drucker wieder einsatzbereit zu machen, entfernen Sie anschließend einfach wieder das Häkchen vor dem Eintrag *Drucker > Anhalten*.

Geeignet für folgende Windows-7-Versionen				
● Home Basic	● Home Premium	● Professional	● Enterprise	● Ultimate

Drucker verwalten und erweiterte Eigenschaften anpassen

DAS PROBLEM
Wollen Sie einen neuen Drucker installieren, die Funktionalität eines bereits vorhandenen Druckers überprüfen oder die erweiterten Eigenschaften eines Druckers konfigurieren, lässt sich dies ebenfalls bequem über die Systemsteuerung realisieren.

DER TIPP
Um Ihre Drucker zu verwalten, öffnen Sie über *Start > Systemsteuerung > Hardware und Sound > Geräte und Drucker* die Übersicht der installierten Drucker und Faxgeräte. Über die Schaltfläche *Drucker hinzufügen* lassen sich bei Bedarf jederzeit neue Drucker ins System einbinden. Wollen Sie einen Drucker vom System entfernen, klicken Sie ihn mit der rechten Maustaste an und wählen die Option *Gerät entfernen*. Wenn Sie einen Drucker mit der rechten Maustaste auswählen, können Sie mit der Option *Druckereigenschaften* die erweiterten Eigenschaften dieses Gerätes aufrufen. Um einen Drucker auf seine generelle Funktionalität hin zu überprüfen, können Sie auf dem Register *Allgemein* nach einem Klick auf die entsprechende Schaltfläche eine *Testseite drucken* lassen, anhand der Sie schnell erkennen können, ob mit dem Gerät, dem Treiber und der Tintenzufuhr alles in Ordnung ist.

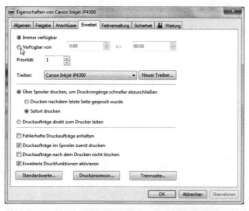

Passen Sie die erweiterten Eigenschaften eines Druckers an Ihre Bedürfnisse an.

Druckoptionen und Einstellungen

Auf dem Register *Erweitert* finden Sie erweiterte Optionen, mit denen Sie z. B. definieren können, zu welchen Zeiten ein Drucker genutzt werden darf, welche Priorität das Gerät besitzen soll usw. Wollen Sie Ihre *Druckaufträge direkt zum Drucker leiten,* anstatt diese an die Windows eigene Druckwarteschlange zu übergeben, genügt es, die entsprechende Option zu aktivieren. Lassen Sie den Spooler hingegen aktiviert, können Sie selbst entscheiden, ob die Druckvorgänge aus der Warteschleife schnellstmöglich an den Drucker übergeben werden oder erst dann, wenn alle Seiten des Druckauftrags komplett vom Druckmanager eingelesen wurden, ob fehlgeschlagene Druckaufträge automatisch angehalten werden sollen, ob Sie die Verwendung der erweiterten Druckfunktionen erlauben wollen oder nicht usw.

Weitere Hinweise

Über die restlichen Reiter des Fensters *Eigenschaften von Drucker* stehen Ihnen noch eine ganze Reihe weiterer Optionen zur Auswahl. Über das Register *Freigabe* lässt sich der Drucker z. B. im Netzwerk freigeben (siehe auch *Kapitel 11: Netzwerk*). Haben Sie den Drucker zwischenzeitlich über einen anderen Anschluss mit dem PC verbunden, brauchen Sie ihn nicht neu zu installieren, sondern müssen ihm über das Register *Anschlüsse* lediglich den aktuell verwendeten Anschluss zuweisen, sodass das Gerät danach wieder problemlos angesprochen werden kann. Soll der Drucker lediglich bestimmten Benutzern dieses PCs zur Verfügung stehen, können Sie unerwünschte Benutzer auf dem Register *Sicherheit* aus der Liste entfernen oder diesen kurzerhand durch das Entfernen des entsprechenden Häkchens die Rechte zum Drucken entziehen.

Geeignet für folgende Windows-7-Versionen

● Home Basic ● Home Premium ● Professional ● Enterprise ● Ultimate

XPS-Dokumente erstellen, lesen und drucken

Unter Windows 7 können Sie Ihre Dokumente, Bilder und sonstige Elemente nicht nur auf Papier ausdrucken, sondern bei Bedarf auch mithilfe des virtuellen Druckers namens Microsoft XPS-Document Writer in eine XPS-Datei verwandeln. Im Gegensatz zu einem normalen Dokument (wie z. B. einem Schriftstück, das als RTF-Datei gespeichert wurde), besitzen XPS-Dokumente den Vorteil, dass darin alle zur Erstellung verwendeten Elemente wie z. B. die Schriftart, eingebettete Bilder, Formatierungen und Layoutangaben vollständig erhalten bleiben. Das Dokument sieht hinterher also genau so aus, wie Sie es erstellt haben – egal, auf welchem PC es geöffnet wird. Es handelt sich hier also im Prinzip um ein System, das dem weit verbreiteten PDF-Standard von Adobe sehr nahe kommt.

XPS-Dokumente sehen auf jedem Rechner gleich aus.

In den folgenden Abschnitten erfahren Sie, wie Sie XPS-Dokumente erstellen, die Einstellungen des Microsoft XPS-Document Writers an Ihre Bedürfnisse anpassen, welche Voraussetzungen erfüllt sein müssen, um Dokumente dieser Art auch auf Rechnern mit älteren Windows-Versionen lesen zu können und was Sie dabei beachten sollten.

XPS-Dokumente erstellen

Das Problem
Wollen Sie ein Dokument, Bilder oder sonstige Daten nicht auf Papier ausdrucken, sondern diese lieber in Form einer Datei speichern, um diese dann auf der Festplatte zu lagern oder als CD oder E-Mail an andere Personen weiterzuleiten, steht Ihnen zu diesem Zweck in allen Windows 7-Versionen der Microsoft XPS-Dokument Writer zur Verfügung, mit dem Sie jederzeit bequem ein entsprechendes XPS-Dokument erstellen können.

Der Tipp
Um einen Druckauftrag als XPS-Dokument zu speichern, müssen Sie nichts weiter tun, als im *Drucken*-Menü den *Microsoft XPS-Dokument Writer* als Zieldrucker auszuwählen. Haben Sie den Druckauftrag über die Schaltfläche *Drucken* an den virtuellen Drucker weitergeleitet, können Sie der Datei im nächsten Fenster noch einen passenden Namen geben und diese dann in einem Verzeichnis Ihrer Wahl auf der Festplatte oder einem sonstigen Datenträger speichern.

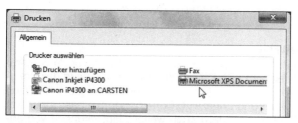

Wählen Sie den *XPS-Document Writer* als Zieldrucker aus.

Weitere Hinweise
Über die Schaltfläche *Einstellungen* können Sie vor dem Erstellen der XPS-Datei auch noch die *Druckeinstellungen* Ihren Bedürfnissen entsprechend anpassen (siehe Tipp: *Druckeinstellungen des XPS-Document Writers anpassen*).

Geeignet für folgende Windows-7-Versionen				
● Home Basic	● Home Premium	● Professional	● Enterprise	● Ultimate

Druckeinstellungen des XPS-Document Writers anpassen

DAS PROBLEM

Genau wie bei jedem echten Drucker, können Sie auch die Druckeinstellungen des XPS-Dokument Writer an Ihre Bedürfnisse anpassen, wobei Ihnen hier allerdings nur recht wenige Optionen zur Auswahl stehen.

DER TIPP

Wenn Sie im *Drucken*-Menü den *XPS-Document Writer* als Zieldrucker für Ihren Drucker auswählen, können Sie über die Schaltfläche *Einstellungen* die *Druckeinstellungen* des virtuellen Druckers öffnen. Auf dem Register *Layout* können Sie zunächst lediglich bestimmen, ob das Dokument im *Hoch-* oder *Querformat* erstellt werden soll. Wollen Sie statt des normalerweise vorgegebenen DIN A4-Formats Dokumente in anderen Größen erstellen, lässt sich dies nach einem Klick auf *Erweitert* über die erweiterten Optionen des XPS-Document Writers verwirklichen. Hier haben Sie zusätzlich auch die Möglichkeit, den Komprimierungsgrad eventuell vorhandener Bilder Ihren Bedürfnissen entsprechend anzupassen.

WEITERE HINWEISE

Wenn Sie auf dem Register *XPS-Dokumente* die Option *XPS-Dokumente automatisch im XPS-Viewer öffnen* aktivieren, wird das Dokument nach der Fertigstellung umgehend im gleichnamigen Programm geöffnet und angezeigt. Dort können Sie das Dokument nicht nur betrachten, sondern auch weitere Einstellungen vornehmen (siehe Tipp: *XPS-Dokumente vor unerwünschtem Zugriff sichern*). Wollen Sie die Grundeinstellungen des XPS-Document Writers permanent ändern, müssen Sie die Änderungen über *Start > Systemsteuerung > Geräte und Drucker* nach einem Rechtsklick auf den virtuellen Drucker über die Option *Druckeinstellungen* vornehmen und dann übernehmen.

Geeignet für folgende Windows-7-Versionen

● Home Basic | ● Home Premium | ● Professional | ● Enterprise | ● Ultimate

XPS-Dokumente lesen, drucken und sichern

DAS PROBLEM

Solange für ein XPS-Dokument keine besonderen Berechtigungen festgelegt wurden, lassen sich diese Dateien auf jedem Windows 7- und Vista-Rechner öffnen und im XPS-Viewer betrachten. Bei Windows Vista ist dieser nicht als eigenständiges Programm, sondern als Teil des Internet Explorers ins System integriert.

DER TIPP

Wenn Sie ein XPS-Dokument unter Windows 7 per Doppelklick öffnen, wird dieses umgehend im XPS-Viewer angezeigt. Die Ansicht lässt sich dabei über den Schieberegler in der unteren rechten Ecke des Fensters beliebig zoomen und optimal an Ihre Bedürfnisse anpassen. Bei Bedarf können Sie das Dokument mithilfe des Druckersymbols natürlich jederzeit auf Ihrem angeschlossenen Standarddrucker ausdrucken oder über die Option *Datei > Speichern unter* ein neues XPS-Dokument gleichen Inhalts erstellen.

Handelt es sich bei Ihrem Dokument um wichtige oder vertrauliche Informationen, können Sie dieses nicht nur digital signieren, sondern haben über die Schaltfläche *Berechtigungen* die Möglichkeit, genau zu definieren, wer dieses Dokument betrachten darf und für welchen Zeitraum die Berechtigung für eine Person gelten soll. Damit das Ganze funktioniert, muss auf dem System allerdings ein entsprechender Microsoft Windows Rights Management Service (RMS) eingerichtet sein. Danach können Sie über das Menü *Berechtigungen* Ihr Standardkonto auswählen und anschließend mit der Vergabe der Dokumentberechtigungen beginnen.

WEITERE HINWEISE

Wollen Sie XPS-Dokumente an einen Windows XP-Nutzer weitergeben, benötigt dieser zum Betrachten der Datei entweder *Microsoft Office 2007* samt installiertem *XPS-Plugin*, *.Net Framwork* ab Version 3.0 oder den separat erhältlichen *XPS-Viewer*. Die entsprechenden Tools stehen auf der Microsoft Homepage (*www.microsoft.com*) zum Download bereit.

Geeignet für folgende Windows-7-Versionen				
● Home Basic	● Home Premium	● Professional	● Enterprise	● Ultimate

Kapitel 8

Mein individueller Desktop

Der Desktop dient Ihnen als eine Art Schreibtisch. Öffnen Sie ein Dokument, ein Programm, einen Ordner oder sonstige Elemente, werden diese zur weiteren Bearbeitung oder Ansicht stets auf dem Desktop angezeigt – also im Prinzip genau so, wie auf Ihrem heimischen Schreibtisch. Und genau wie auf Ihrem heimischen Schreibtisch, können Sie natürlich auch den virtuellen Schreibtisch so aufteilen und gestalten, wie es Ihnen am besten gefällt.

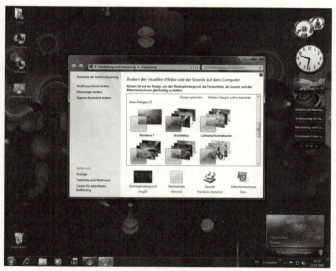

Der *Desktop* lässt sich optimal an Ihre Bedürfnisse anpassen.

In diesem Kapitel erfahren Sie, wie Sie das grundsätzliche Erscheinungsbild des Desktops an Ihre Bedürfnisse anpassen, neue Hintergrundbilder auf dem Desktop erscheinen lassen, das Startmenü und die Taskleiste samt dem darauf befindlichen Infobereich konfigurieren, zusätzliche Uhren einrichten, die Spracheinstellungen so ändern, dass Windows 7 Ultimate statt in deutsch, in einer anderen Sprache auf dem Bildschirm erscheint usw.

Kapitel 8: Mein individueller Desktop

Desktop anpassen

Windows 7 bietet Ihnen von Haus aus eine ganze Reihe von Optionen, mit denen sich das Erscheinungsbild des Desktops optimal an Ihre Vorlieben anpassen lässt. Abgesehen davon, dass Ihnen je nach Version von Windows-Aero über Windows 7-Basis, bis hin zu Windows-Klassisch verschiedene Grunddesigns zur Auswahl stehen, können Sie auch noch selbst bestimmen, welche Symbole auf dem Desktop angezeigt werden sollen und bei Bedarf auch jederzeit ein beliebiges Foto oder sonstige Bilder als Desktophintergrund verwenden. Besitzen Sie Windows 7 Ultimate oder Enterprise, können Sie mithilfe von Sprachpaketen sogar dafür sorgen, dass das komplette Betriebssystem in einer anderen Sprache auf dem Monitor erscheint.

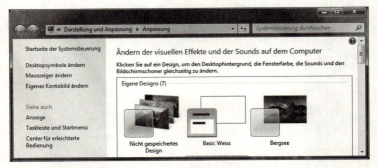

Passen Sie die Desktopeigenschaften an Ihre Bedürfnisse an.

In den folgenden Abschnitten erfahren Sie, wie Sie das Desktopdesign und den Desktophintergrund mit nur wenigen Mausklicks optimal an Ihre Bedürfnisse anpassen, eigene Desktopdesigns speichern, Desktopsymbole ein- oder ausblenden, den Schriftgrad des Desktops anpassen, wie Sie unter Windows 7 Ultimate und Enterprise die Spracheinstellungen ändern und was Sie bei diesen Dingen beachten sollten.

Desktopdesign auswählen

Das Problem
Unter Windows 7 stehen Ihnen unterschiedliche Desktopdesigns zur Auswahl. Während Windows-Aero mit schicken Transparenzeffekten und der Möglichkeit über Flip-3D oder Windows-Flip eine Vorschau aktuell geöffneter Fenster anzuzeigen aufwartet, erinnert die Windows 7-Basis-Oberfläche eher an Windows XP.

Der Tipp
Um das Design von Windows 7 zu ändern, öffnen Sie über *Start > Systemsteuerung > Darstellung und Anpassung > Anpassung* das Fenster *Ändern der visuellen Effekte und Sounds auf dem Computer*. Alternativ gelangen Sie auch nach einem Rechtsklick auf den Desktop über die Option *Anpassen* ans gleichen Ziel. Wenn Sie ein Design aus der Liste anwählen, wird dieses umgehend auf dem Desktop angezeigt, sodass Sie auf einen Blick erkennen können, welche Auswirkungen diese Auswahl mit sich bringt.

Sollten Sie sich für Windows-Klassisch entscheiden, können Sie über die Option *Fensterfarbe* im unteren Bereich des Fensters detailliert festlegen, in welchen Farben die einzelnen Windows-Elemente auf dem Bildschirm erscheinen sollen.

Weitere Hinweise
Das Windows-Aero-Design ist in seiner vollen Pracht lediglich unter den Versionen Windows 7 Home Premium und höher verfügbar. Um ein Aero-Design auswählen zu können, muss Ihr Rechner allerdings die dafür vorgesehenen Mindestanforderungen erfüllen: 1 GHz Hauptprozessor, 1 GB RAM und eine Grafikkarte, die DirectX 9 unterstützt, mindestens 128 MB Grafikspeicher besitzt und für die ein Treiber installiert wurde, der Microsofts WDDM Modell unterstützt. Wer diese Bedingungen nicht erfüllt, oder nur Windows 7 Home Basic oder Starter besitzt, muss auf die schicke Aero-Oberfläche bzw. zumindest deren Aero-Glass-Effekte verzichten.

Geeignet für folgende Windows-7-Versionen

⊙ Home Basic	● Home Premium	● Professional	● Enterprise	● Ultimate

Desktophintergrund ändern

DAS PROBLEM

Neben dem bei der Grundinstallation ausgewählten Desktophintergrundthema, stehen Ihnen unter Windows 7 noch eine ganze Reihe zusätzlicher Bilder zur Verschönerung Ihres Arbeitsplatzes zur Auswahl. Und nicht nur das – wenn Sie wollen, können Sie sogar mehrere Bilder in Form einer Diashow auf dem Desktop anzeigen lassen, um so für etwas Abwechslung zu sorgen. Und wem das noch nicht ausreicht, der darf den Desktop natürlich auch mit eigenen Bildern füllen, oder den Desktophintergrund schlicht und einfarbig auf dem Bildschirm erscheinen lassen.

DER TIPP

Um den Desktophintergrund Ihren Bedürfnissen entsprechend anzupassen, öffnen Sie über *Start > Systemsteuerung > Darstellung und Anpassung > Anpassung > Desktophintergrund* das Fenster zur Auswahl des Desktophintergrundes. Wenn Sie über die Option *Bildpfad* die *Windows-Desktophintergründe* auswählen, bekommen Sie eine Auswahl von Desktopbildern und Themensammlungen aus unterschiedlichen Bereichen angezeigt, die sich per Mausklick bequem als Hintergrund für Ihren Arbeitsplatz einsetzen lassen. Sollten Sie in der Liste nicht fündig werden, können Sie über einen Klick auf das *Bildpfad*-Menü auch auf die *Bildbibliothek* Ihres Benutzerkontos zugreifen. Haben Sie Ihr Lieblingsbild an anderer Stelle gespeichert, können Sie über die *Durchsuchen*-Schaltfläche auch manuell danach suchen. Haben Sie es gefunden und ausgewählt, wird der Ordner, in dem es sich befand, automatisch in die *Bildpfad*-Liste aufgenommen, sodass Sie später nicht erneut danach suchen müssen.

Ob lediglich ein einzelnes Bild oder gleich mehrere der Reihe nach als Diashow auf dem Desktop wiedergegeben werden sollen, können Sie durch das Setzen bzw. Entfernen der Häkchen in der oberen linken Ecke der zur Auswahl stehenden Bilder bestimmen. Haben Sie mehrere Bilder ausgewählt, können Sie über den Eintrag *Bild ändern alle XX Minuten* regeln, in welchen Intervallen diese ausgetauscht werden, während die Option *Mischen* dafür sorgt, dass diese nicht der Reihe nach, sondern in zufälliger Anordnung auf dem Bildschirm erscheinen.

Desktop anpassen

Wählen Sie ein oder mehrere Hintergrundbilder für Ihren Desktop aus.

Wollen Sie den Desktop lieber einfarbig gestalten, finden Sie über *Bildpfad > Einfarbig* eine Auswahl vorgefertigter Desktopfarben. Über die Option *Weitere* können Sie sich anhand einer Farbpalette aber auch neue Farben zusammenmischen und diese dann zur Auswahl hinzufügen.

WEITERE HINWEISE
Über die im unteren Teil des Desktophintergrund-Fensters angezeigten Symbole können Sie bestimmen, ob ein Bild den Desktop komplett füllen soll (wodurch unter Umständen Teile des Bildes aus dem sichtbaren Bereich herausragen), oder ob es automatisch auf die Größe des Desktops angepasst, gekachelt oder zentriert dargestellt wird. Ist das Bild kleiner als der Desktop, können Sie durch die vorherige Auswahl eines einfarbigen Desktophintergrunds dafür sorgen, dass die vom Bild nicht ausgefüllten Flächen in der Farbe Ihrer Wahl erscheinen.

Geeignet für folgende Windows-7-Versionen				
● Home Basic	● Home Premium	● Professional	● Enterprise	● Ultimate

Farbgebung und Transparenzeffekte des Aero-Designs anpassen

DAS PROBLEM
Wenn Sie ein Windows-Aero-Design aktiviert haben, steht Ihnen zur Anpassung der Darstellung ein eigenständiges Menü zur Verfügung, mit dem Sie neben der Farbgebung der Fenster auch noch die Transparenzeffekte konfigurieren und Ihren Bedürfnissen entsprechend anpassen können.

DER TIPP
Um das Windows-Aero-Design Ihren Wünschen entsprechend anzupassen, öffnen Sie nach einem Rechtsklick auf den Desktop über die Option *Anpassen > Fensterfarbe* das Fenster *Fensterfarbe und -darstellung*. Abgesehen von den vorgefertigten Farbeinstellungen für die Anzeige der Fenster, können Sie sich über den *Farbmixer* bei Bedarf auch eine eigene Farbkomposition zusammenstellen. Über den Schalter *Transparenz aktivieren* können Sie bestimmen, ob die Rahmen der Fenster auf dem Desktop durchsichtig erscheinen sollen oder nicht. Ist die Option aktiviert, können Sie die Stärke des Transparenzeffektes über den Schieberegler *Farbintensität* stufenlos regulieren.

WEITERE HINWEISE
Über die Option *Erweiterte Darstellungseinstellungen* gelangen Sie zum Fenster *Fensterfarbe und -darstellung*, welches aber lediglich Optionen zur Farb- und Schriftanpassung von Windows 7-Basis bzw. –Klassisch-Designs zu bieten hat. Auf die Aero-Designs haben hier getätigte Anpassungen hingegen keine Auswirkung.

Geeignet für folgende Windows-7-Versionen				
⊙ Home Basic	● Home Premium	● Professional	● Enterprise	● Ultimate

Eigene Desktopdesigns speichern

Das Problem
Haben Sie sich in mühevoller Feinarbeit ein eigenes Design zusammengestellt, macht es natürlich Sinn, dieses zu speichern, damit Sie später jederzeit wieder darauf zurückgreifen können.

Der Tipp
Haben Sie Änderungen am aktuellen Desktopdesign vorgenommen, erscheint in der Rubrik *Eigene Designs* im oberen Teil des Design-Katalogs automatisch ein Eintrag namens *Nicht gespeichertes Design*. Sind Sie mit Ihrem Werk zufrieden, können Sie durch einen Klick das Design über die Option *Design speichern* mit einem passenden Namen versehen und es dann speichern. Auf diese Weise können Sie sich für die unterschiedlichsten Zwecke und Stimmungen eigene Designs erstellen und dann später bei Bedarf bequem darauf zurückgreifen.

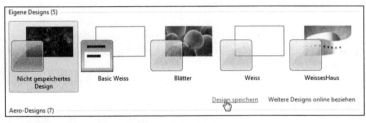

Ihre eigenen Designs lassen sich auch speichern.

Weitere Hinweise
Anstatt selbst Hand anzulegen, können Sie über die Option *Weitere Designs online beziehen* zusätzliche Designs aus dem Internet herunterladen, danach per Doppelklick aufrufen, woraufhin die Themenpakete dann umgehend im Bereich Ihrer eigenen Designs verfügbar werden und sich bei Bedarf natürlich auch anpassen und dann neu speichern lassen.

Geeignet für folgende Windows-7-Versionen				
● Home Basic	● Home Premium	● Professional	● Enterprise	● Ultimate

Kapitel 8: Mein individueller Desktop

Desktopsymbole ein- oder ausblenden

DAS PROBLEM

In den Grundeinstellungen ist auf dem Desktop lediglich das Symbol für den Papierkorb zu sehen. Bei Bedarf lassen sich aber auch Symbole für weitere, häufig genutzte Elemente auf dem Desktop verankern.

DER TIPP

Um die von vielen Anwendern häufig verwendeten Symbole für den *Computer*, die *Netzwerkumgebung*, Ihren persönlichen *Benutzerordner* oder die *Systemsteuerung* auf dem Desktop zu platzieren, stehen Ihnen im Prinzip zwei Möglichkeiten zur Verfügung. Entweder Sie öffnen das Startmenü, klicken mit der rechten Maustaste auf den gewünschten Eintrag und wählen die Option *Auf dem Desktop anzeigen* oder Sie begeben sich über *Start > Systemsteuerung > Darstellung und Sounds > Anpassung* ins Menü zur Anpassung der Darstellung, wo Sie auf der linken Seite des Fensters eine Option namens *Desktopsymbole ändern* vorfinden. Im Fenster *Desktopsymboleinstellungen* können Sie durch das Setzen bzw. Entfernen der entsprechenden Häkchen genau definieren, welche der Standard-Desktopsymbole auf dem Desktop angezeigt werden sollen und welche nicht.

WEITERE HINWEISE

Sollten Ihnen die vorgegebenen Symbolbilder der Desktopsymbole nicht zusagen, können Sie diese nach einem Klick auf das entsprechende Symbol über die Option *Anderes Symbol* jederzeit durch andere Bilder ersetzen.

Geeignet für folgende Windows-7-Versionen				
● Home Basic	● Home Premium	● Professional	● Enterprise	● Ultimate

Schriftgrad des Desktops anpassen

DAS PROBLEM
Verwenden Sie auf Ihrem Monitor eine Bildschirmauflösung, bei der sich die Bildschirmtexte aufgrund ihrer geringen Anzeigegröße nur schwerlich entziffern lassen, können Sie bei Bedarf die Schriftgröße etwas erhöhen, um so für eine bessere Lesbarkeit zu sorgen.

DER TIPP
Um dafür zu sorgen, dass Bildschirmtexte etwas größer als normal auf dem Monitor erscheinen, öffnen Sie über *Start > Systemsteuerung > Darstellung und Anpassung > Anzeige* ein Fenster mit der Überschrift *Die Lesbarkeit auf dem Bildschirm erleichtern*, über das sich die Schriftgröße der Bildschirmtexte in drei Stufen anpassen lässt: *Kleiner* (Standard), *Mittel* (125 %) oder *Größer* (150 %). Welche Auswirkungen die Änderungen haben, bekommen Sie anhand des kleinen Vorschaubildes angezeigt.

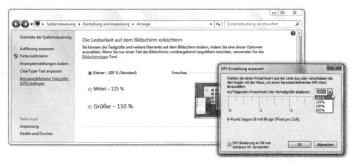

Zur besseren Lesbarkeit können Sie den DPI-Wert der Bildschirmtexte erhöhen.

WEITERE HINWEISE
Über den Eintrag *Benutzerdefinierte Textgröße (DPI) festlegen* können Sie den Schriftgrad bei Bedarf auf Basis der Standardtextgröße von 96 DPI um bis zu 200 % erhöhen. Die Änderungen werden allerdings erst übernommen, nachdem Sie sich vom Desktop abgemeldet und dann wieder ins System eingewählt haben.

Geeignet für folgende Windows-7-Versionen				
● Home Basic	● Home Premium	● Professional	● Enterprise	● Ultimate

Kapitel 8: Mein individueller Desktop

Windows 7-Sprachpakete – Arbeitsplatz in anderen Sprachen erscheinen lassen

DAS PROBLEM
Besitzern von Windows 7 Ultimate und Enterprise steht über das Windows Update eine ganze Reihe von Sprachpaketen zur Auswahl, mit denen sie Windows komplett in einer Fremdsprache ihrer Wahl auf dem Bildschirm erscheinen lassen können.

DER TIPP
Wenn Sie sich über das *Windows Update* aus dem Bereich der optionalen Updates eines der Sprachpakete für Windows 7 heruntergeladen und installiert haben (z. B. Englisch, Französisch, Spanisch oder Russisch), können Sie über *Start > Systemsteuerung > Zeit, Sprache und Region* das Fenster *Region und Sprache* aufrufen, wo Sie auf dem Register *Tastaturen und Sprachen* die Möglichkeit bekommen, eines der zuvor installierten Sprachpakete als Standard für die *Anzeigesprache* festzulegen.

Nachdem Sie die gewünschte Sprache aus dem Menü ausgewählt haben, werden Sie kurz vom System abgemeldet. Nach dem nächsten Login erscheint Windows dann (samt übersetzten Menü- und Hinweistexten, den passenden Bezeichnungen für Windows-Programme, Ihre persönlichen, öffentlichen und Windows eigenen Ordnern usw.) in der von Ihnen gewählten Sprache auf dem Bildschirm.

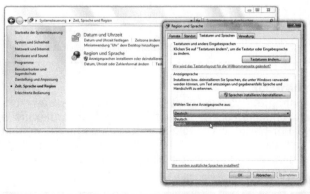

Wählen Sie aus, in welcher Sprache Windows auf dem Bildschirm erscheinen soll.

Desktop anpassen

WEITERE HINWEISE

Bei Bedarf können Sie auf dem Register *Tastaturen und Sprachen* über die Schaltfläche *Tastaturen ändern* auch noch das Tastaturlayout der ausgewählten Anzeigesprache entsprechend anpassen. Damit Zahlen, Währungen, die Uhrzeit und das Datum ebenfalls automatisch in der landesspezifischen Art dargestellt werden, sollten Sie auf dem Register *Format* zusätzlich das aktuelle Format ändern. Nutzen Sie den PC nicht in Deutschland, sondern in einem anderen Land, müssen Sie auf dem Register *Standort* auch noch den aktuellen Standort anpassen, um so dafür zu sorgen, dass länderspezifische Informationen, wie z. B. Nachrichten, die Wettervorhersage oder einige Zusatzdienste des Windows Media Centers passend eingerichtet werden.

Wählen Sie die gewünschte Sprache aus.

Startmenü anpassen

Das Startmenü von Windows 7 bietet jederzeit Zugriff auf alle auf dem Rechner installierten Programme sowie wichtige Systemelemente, Einstellungen und Ordner. Neben dem Desktop lässt sich natürlich auch das Startmenü komplett an Ihre Bedürfnisse anpassen.

Das *Startmenü* lässt sich bis ins Detail an Ihre Bedürfnisse anpassen.

In den folgenden Abschnitten erfahren Sie, wie Sie selbst bestimmen können, welche der vorgefertigten Elemente im Startmenü erscheinen sollen und welche nicht, wie Sie zusätzliche Elemente zum Startmenü hinzufügen und diese erweitern, um so noch leichter auf die dahinter verborgenen Funktionen und sonstigen Elemente zugreifen zu können und was Sie bei diesen Dingen beachten sollten.

Programme ans Startmenü anheften

DAS PROBLEM
Das Startmenü bietet nicht nur Zugriff auf häufig verwendete und die Liste aller installierten Programme – wenn Sie wollen, können Sie Ihre Lieblingsprogramme auch gezielt ans Startmenü anheften, woraufhin diese dann fortan nur einen Klick entfernt sind und jederzeit schnell und bequem aufgerufen werden können.

DER TIPP
Um ein Programm ans Startmenü anzuheften, brauchen Sie nichts weiter zu tun, als es im Startmenübereich *Alle Programme*, in seinem Ordner auf der Festplatte oder an sonstiger Stelle mit der rechten Maustaste auszuwählen und dann die Option *An Startmenü anheften* zu wählen. Das Programm erscheint danach automatisch oberhalb der Liste der häufig verwendeten Elemente im Hauptbereich des Startmenüs. Wurden mit dem Programm bereits Dokumente geöffnet, werden diese anhand einer Jumpliste aufgelistet, sobald Sie mit der Maus über den Programmeintrag fahren. Auf diese Weise können Sie nicht nur bequem auf das Programm, sondern auch die zuletzt damit verwendeten Dokumente zugreifen.

WEITERE HINWEISE
Bei Bedarf können Sie per Rechtsklick auf einen Jumplisteneintrag dafür sorgen, dass Dokumente fest an die Jumpliste des entsprechenden Programms angeheftet werden und somit immer für den Schnellzugriff verfügbar bleiben. Wollen Sie ein Programm oder Element wieder aus dem Startmenü oder der Jumpliste eines Programms entfernen, wählen Sie dazu nach einem Rechtsklick auf das Element die Option *Vom Startmenü lösen* bzw. *Von dieser Liste lösen*.

Geeignet für folgende Windows-7-Versionen

| ● Home Basic | ● Home Premium | ● Professional | ● Enterprise | ● Ultimate |

Startmenü konfigurieren

DAS PROBLEM

In den Grundeinstellungen ist das Startmenü von Windows 7 in drei Hauptbereiche aufgeteilt: die Suchleiste, Programme (häufig verwendete oder angeheftete Anwendungen und Zugriff auf *Alle Programme*) und der Bereich für häufig benötigte Elemente (z. B. der Zugriff auf die persönlichen Ordner und Bibliotheken, die Systemsteuerung, das Netzwerk usw.). Bei Bedarf lassen sich die Grundelemente des Startmenüs samt deren erweiterten Funktionen komplett an Ihre Bedürfnisse anpassen.

DER TIPP

Um das neue Startmenü von Windows 7 zu konfigurieren, klicken Sie mit der rechten Maustaste auf den *Startknopf* und wählen die Option *Eigenschaften*. Im Fenster *Eigenschaften von Taskleiste und Startmenü* können Sie auf dem Register *Startmenü* unter dem Punkt *Datenschutz* zunächst regeln, ob im linken Teil des Startmenüs die Liste häufig verwendeter Programme gespeichert und angezeigt werden soll oder nicht und ob Sie die neue Windows 7 Jumplisten-Funktion, die zuletzt mit diesen Programmen geöffneten Elemente anhand eines Erweiterungsmenüs im Startmenü und den Programmschaltflächen der Taskleiste verwenden möchten. Um das Startmenü weitergehend zu konfigurieren, klicken Sie auf die Schaltfläche *Anpassen*.

Im Fenster *Startmenü anpassen* können Sie detailliert festlegen, welche der verfügbaren Elemente im Startmenü angezeigt werden sollen und welche nicht. Ob Sie über das Startmenü jederzeit bequem auf den aus älteren Windows-Versionen bekannten *Ausführen*-Dialog, Ihre *Geräte und Drucker* oder *Favoriten* zugreifen wollen, können Sie durch das Aktivieren bzw. Deaktivieren der entsprechenden Häkchens völlig frei bestimmen. Abgesehen davon können Sie hier aber auch die Funktionsweise von Standardelementen wie *Computer*, *Bilder*, *Systemsteuerung* usw. anpassen. In den Grundeinstellungen werden diese lediglich als Verknüpfung im Startmenü gelistet. Wählen Sie für ein Element die Option *Als Menü anzeigen*, werden beim Darüberfahren mit der Maus automatisch alle darin befindlichen Unterelemente aufgelistet, sodass Sie gezielt darauf zugreifen können, ohne dazu erst das entsprechende Explorer-Fenster zu öffnen und sich dann zum Ziel durchzuklicken. Um ein unerwünschtes Element aus dem Startmenü zu verbannen, akti-

Startmenü anpassen

vieren Sie einfach die Option *Element niemals anzeigen*. Unter dem Punkt *Startmenügröße* können Sie auch noch die Größe des Startmenüs anpassen. Wie viel Platz das Menü auf dem Bildschirm einnimmt, hängt im Wesentlichen davon ab, wie viel Platz für die Auflistung zuletzt ausgeführter Programme reserviert werden soll. Über die Schaltfläche *Standardeinstellungen* lässt sich das Startmenü jederzeit wieder in den ursprünglichen Zustand zurückversetzen.

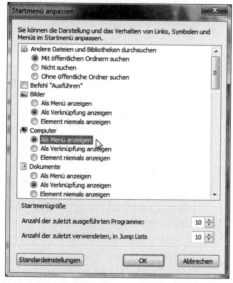

Passen Sie die Grundelemente des Startmenüs an Ihre Bedürfnisse an.

WEITERE HINWEISE

Abgesehen von den hier konfigurierbaren Optionen, können Sie bei Bedarf auch gezielt eigene Programme ans Startmenü anheften (mehr dazu im Tipp *Programme ans Startmenü anheften*). Wie Sie die unter *Alle Programme* gelisteten Ordner und darin befindlichen Elemente an Ihre Bedürfnisse anpassen, erfahren Sie in *Kapitel 3: Software und Spiele*.

Geeignet für folgende Windows-7-Versionen				
● Home Basic	● Home Premium	● Professional	● Enterprise	● Ultimate

Funktion der Herunterfahren-Schaltfläche im Startmenü anpassen

DAS PROBLEM
Wenn Sie im Startmenü auf die am unteren rechten Rand befindliche *Herunterfahren*-Schaltfläche klicken, wird der Rechner komplett heruntergefahren und ausgeschaltet. Bei Bedarf lässt sich die Funktion des Netzschalters aber auch umkonfigurieren, sodass der Rechner danach z. B. mit einem Klick in den Standbybetrieb versetzt werden kann usw.

DER TIPP
Um die Funktion der *Herunterfahren*-Schaltfläche anzupassen, öffnen Sie nach einem Rechtsklick auf den *Startknopf* über *Eigenschaften* das Fenster *Eigenschaften von Taskleiste und Startmenü*, wo Sie auf der Registerkarte *Startmenü* eine Option namens *Standardaktion für Beenden* vorfinden. Nach einem Klick auf die dazugehörige Schaltfläche öffnet sich ein Menü, anhand dessen Sie frei entscheiden können, welche der verfügbaren Optionen Sie als Standardaktion zum Beenden Ihrer Windows-Sitzungen bevorzugen: *Herunterfahren*, *Benutzer wechseln*, *Benutzer abmelden*, *Computer sperren*, *Computer neu starten*, *Energiesparmodus* oder den *Computer in den Ruhezustand versetzen*.

WEITERE HINWEISE
Die restlichen Optionen erreichen Sie nach dem Übernehmen der Änderung auch weiterhin über den kleinen Pfeil neben der *Herunterfahren*-Schaltfläche des Startmenüs. Wollen Sie die Funktion des Netzschalters Ihres PCs anpassen, können Sie dessen Verhalten über *Start > Systemsteuerung > System und Sicherheit > Energieoptionen > Auswählen, was beim Drücken des Netzschalters geschehen soll* konfigurieren (siehe *Kapitel 13: Systemeinstellungen & Tuning*).

Geeignet für folgende Windows-7-Versionen

● Home Basic ● Home Premium ● Professional ● Enterprise ● Ultimate

Taskleiste und Infobereich anpassen

Neben dem Desktop und dem Startmenü, können Sie auch die Taskleiste samt dem dazugehörigen Infobereich neben der Uhr an Ihre Bedürfnisse anpassen. So ist es z. B. möglich, die Taskleiste vom unteren Bildschirmrand an die linke Seite des Desktops zu verschieben, die Größe der Taskleiste anzupassen, die Taskleiste bei Nichtgebrauch automatisch auszublenden, Ihre Lieblingsprogramme an die Taskleiste anzuheften um diese stets schnell aufrufen oder dazugehörige Dokumente öffnen zu können, mithilfe kleiner Programmsymbole mehr Platz auf der Taskleiste zu schaffen usw.

Taskleiste und Infobereich lassen sich komplett an Ihre Bedürfnisse anpassen.

Davon abgesehen, können Sie bei Bedarf auch noch selbst bestimmen, welche Symbole im Infobereich angezeigt werden sollen und ob diese bei Inaktivität ausgeblendet werden bzw. welche Elemente immer sichtbar bleiben sollen und ob Sie wünschen, dass der Desktop mithilfe der *Desktop anzeigen* -Schaltfläche automatisch ausgeblendet wird, oder lieber auf dieses Feature verzichten. Was Sie bei all diesen Dingen beachten sollten und wie Sie die Uhr im Infobereich so konfigurieren, dass diese gleich mehrere Zeitzonen auf einmal anzeigt, erfahren Sie anhand der folgenden Tipps und Hinweise.

Taskleiste an eine andere Position verschieben

Das Problem
In den Grundeinstellungen befindet sich die Taskleiste stets am unteren Bildschirmrand. Bei Bedarf können Sie diese auch am linken, rechten oder oberen Rand des Monitors platzieren.

Der Tipp
Um die Taskleiste an einen anderen Platz zu verschieben, brauchen Sie diese lediglich mit gedrückt gehaltener linker Maustaste festzuhalten und dann an einen der Seitenränder oder auch an den oberen Bildschirmrand zu verschieben. Der Startknopf wandert dabei natürlich automatisch mit, sodass sich auch die Position des Startmenüs entsprechend verschiebt.

Die *Taskleiste* lässt sich an einem beliebigen Rand des Bildschirms positionieren.

Weitere Hinweise
Damit Sie die Taskleiste bewegen können, muss sichergestellt sein, dass dieses nicht an Ort und Stelle verankert wurde. Klicken Sie dazu mit der rechten Maustaste auf die Taskleiste und entfernen Sie gegebenenfalls das Häkchen vor dem Eintrag *Taskleiste fixieren*.

Geeignet für folgende Windows-7-Versionen				
● Home Basic	● Home Premium	● Professional	● Enterprise	● Ultimate

Größe der Taskleiste anpassen

DAS PROBLEM
Auch wenn die Taskleiste von Windows 7 grundsätzlich größer erscheint, als bei vorangegangenen Windows-Versionen, ist sie in den Grundeinstellungen immer noch einzeilig ausgelegt. Wollen Sie mehr Platz für Programmschaltflächen und sonstige Elemente schaffen, können Sie die Taskleiste zu diesem Zweck beliebig vergrößern.

DER TIPP
Solange die Taskleiste nicht fixiert wurde (nach einem Rechtsklick auf die Taskleiste die Option *Taskleiste fixieren* deaktivieren), können Sie deren Größe stufenlos an Ihre Bedürfnisse anpassen. Bewegen Sie dazu einfach die Maus an den Rand der Taskleiste, woraufhin sich der Mauszeiger in einen kleinen Doppelpfeil verwandelt. Halten Sie nun die linke Maustaste gedrückt, um die Taskleiste auf die gewünschte Größe zu ziehen.

Die *Taskleiste* lässt sich beliebig vergrößern.

WEITERE HINWEISE
Auf die gleiche Weise lässt sich auch die Größe der auf der Taskleiste befindlichen Bereiche an Ihre Bedürfnisse anpassen. Bewegen Sie die Maus dazu einfach auf einen der Trennstriche und bewegen Sie diesen dann in die gewünschte Richtung, um den dazugehörigen Bereich zu vergrößern oder zu verkleinern.

Geeignet für folgende Windows-7-Versionen				
● Home Basic	● Home Premium	● Professional	● Enterprise	● Ultimate

Kapitel 8: Mein individueller Desktop

Programme an die Taskleiste anheften

DAS PROBLEM

Auf der Taskleiste befinden sich zunächst lediglich die Programmsymbole des Internetbrowsers, des Windows-Explorers und des Windows Media Players. Andere Programme erscheinen dort nur vorübergehend, nachdem diese von anderer Stelle aus geöffnet wurden. Wollen Sie weitere Programme fest an die Taskleiste anheften, um so jederzeit mit einem Klick darauf zugreifen zu können, lässt sich dies im Handumdrehen bewerkstelligen.

DER TIPP

Um ein zusätzliches Programm auf der Taskleiste zu fixieren, klicken Sie es wahlweise im Startmenü, in seinem Ordner, im geöffneten Zustand über sein Programmsymbol auf der Taskleiste oder an anderer Stelle mit der rechten Maustaste an und wählen die Option *Programm an Taskleiste anheften*. Danach bleibt die Schaltfläche auch dann auf der Taskleiste verfügbar, wenn es aktuell überhaupt nicht gestartet wurde.

Mit einem Linksklick auf die Programmschaltfläche lässt es sich danach bequem starten, während Sie per Rechtsklick die Liste der zuletzt mit diesem Programm geöffneten Elemente öffnen. Klicken Sie eines der darin befindlichen Dokumente an, wird dieses umgehend mit dem dazugehörigen Programm geöffnet – auch dann, wenn eigentlich eine andere Anwendung als Standardprogramm für diesen Dateityp gilt.

WEITERE HINWEISE

Genau wie bei den Jumplisten der Programmeinträge im Startmenü, lassen sich auch in den Programmlisten der Taskleiste Dokumente per Rechtsklick gezielt an die Programmschaltfläche eines Programms anheften und per Rechtsklick wieder lösen. Im Falle der Windows-Explorer-Schaltfläche gibt's noch eine Besonderheit – hier lassen sich statt Dokumenten gezielt Ordner in der Jumpliste fixieren.

Geeignet für folgende Windows-7-Versionen				
● Home Basic	● Home Premium	● Professional	● Enterprise	● Ultimate

Zusätzliche Symbolleisten ein- bzw. ausblenden

DAS PROBLEM
In den Grundeinstellungen sind auf der Taskleiste lediglich der Startknopf, die Schnellstartleiste, der Programmbereich, die Sprachenleiste und der Infobereich neben der Uhr zu sehen. Bei Bedarf können Sie die Taskleiste aber auch noch um vorgefertigte Sonderleisten erweitern.

DER TIPP
Um festzulegen, welche Symbolleisten auf der *Taskleiste* zu sehen sein sollen, klicken Sie diese mit der rechten Maustaste an. Im Bereich *Symbolleisten* finden Sie neben der von Haus aus aktivierten *Sprachenleiste* auch noch eine Reihe zusätzlicher Einträge, die sich durch das Setzen bzw. Entfernen der dazugehörigen Häkchen jederzeit ein- und wieder ausblenden lassen. Zur Auswahl stehen hier die Adressleiste, Ihre persönlichen *Links* (also die Linkfavoriten des Explorer Fensters), der *Tablet PC-Eingabebereich* und der *Desktop* (bzw. die darauf befindlichen Elemente).

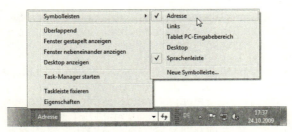

Bestimmen Sie, welche Symbolleisten auf der Taskleiste verfügbar sein sollen.

WEITERE HINWEISE
Wenn Sie nach einem Rechtsklick auf die Taskleiste über *Symbolleisten > Neue Symbolleiste* zusätzliche Symbolleisten oder Ordner zur Taskleiste hinzugefügt haben, werden diese anschließend in der Liste eingetragen und lassen sich von dort aus bei Bedarf jederzeit wieder deaktivieren.

Eigenschaften der Taskleistendarstellung anpassen

DAS PROBLEM

In den erweiterten Eigenschaften der Taskleiste können Sie selbst bestimmen, wie sich die Taskleiste verhält, ob die Programmschaltflächen mit großen oder kleinen Symbolen dargestellt werden, ob zu Programmen gehörige Fenster automatisch gruppiert werden usw.

DER TIPP

Wenn Sie mit einem Rechtsklick auf die *Taskleiste* über die Option *Eigenschaften* das Fenster *Eigenschaften von Taskleiste und Startmenü* öffnen, können Sie auf dem Register *Taskleiste* das grundsätzliche Verhalten der Taskleiste an Ihre Bedürfnisse anpassen. Um zu verhindern, dass die Taskleiste verschoben oder in der Größe verändert werden kann, aktivieren Sie die Option *Taskleiste fixieren*. Über die Option *Taskleiste automatisch ausblenden* sorgen Sie dafür, dass die Taskleiste bei Nichtgebrauch automatisch im Bildschirmrand verschwindet und erst dann wieder auftaucht, wenn Sie mit der Maus an den Bildschirmrand fahren.

Bevorzugen Sie die Optik älterer Windows-Versionen, können Sie über die Option *Kleine Symbole verwenden* dafür sorgen, dass die Programmschaltflächen entsprechend schrumpfen und somit auch die Standardgröße der Taskleiste halbieren.

Über die Option *Schaltflächen der Taskleiste* können Sie unterdessen bestimmen, ob zu einem Programm gehörige Fenster automatisch auf einer Schaltfläche gruppiert werden sollen, ob diese nur dann als Gruppe zusammengefasst werden, wenn kein Platz mehr auf der Taskleiste verfügbar ist oder ob Sie diese nie gruppieren wollen. In diesem Fall erscheint dann für jede geöffnete Instanz eines Programms eine eigene Schaltfläche auf der Taskleiste.

Taskleiste und Infobereich anpassen

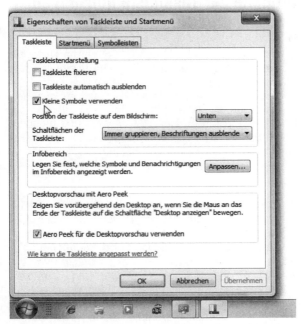

Passen Sie die Eigenschaften der Taskleiste an Ihre Bedürfnisse an.

WEITERE HINWEISE

Neben den genannten Funktionen, können Sie auf dem Register *Taskleiste* auch noch regeln, ob Sie wünschen, dass der Desktop mithilfe der neuen Aero Peak-Funktion von Windows 7 automatisch ausgeblendet wird, sobald Sie mit der Maus über die *Desktop anzeigen*-Schaltfläche am rechten Ende der Taskleiste fahren, oder nicht. Klicken Sie die Schaltfläche an, werden in beiden Varianten umgehend alle auf dem Desktop angezeigten Elemente minimiert, sodass Sie danach freie Sicht auf Ihren Arbeitsplatz und eventuell darauf abgelegte Symbole, Verknüpfungen und sonstige Elemente erhalten.

Geeignet für folgende Windows-7-Versionen				
● Home Basic	● Home Premium	● Professional	● Enterprise	● Ultimate

Kapitel 8: Mein individueller Desktop

Schnellstartleiste zur Taskleiste hinzufügen

DAS PROBLEM

Die aus älteren Windows-Versionen bekannte Schnellstartleiste für den schnellen Zugriff auf häufig benötigte Programme gibt es unter Windows 7 nicht mehr, da diese Funktion mittlerweile aufgrund der Möglichkeit, beliebige Programme direkt an die Taskleiste anzuheften, überflüssig geworden ist. Haben Sie die Schnellstartleiste über die letzten Jahre hinweg fest in Ihr Herz geschlossen und möchten sie gerne wieder zurück auf den Bildschirm zaubern, lässt sich dieser Wunsch mit ein paar kleinen Handgriffen kinderleicht erfüllen.

DER TIPP

Um die Schnellstartleiste wieder in die Taskleiste integrieren zu können, müssen Sie dafür sorgen, dass Sie im Explorer versteckte Elemente angezeigt bekommen. Klicken Sie dazu aus einem Explorer-Fenster heraus auf *Organisieren > Ordner und Suchoptionen > Ansicht* und aktivieren Sie im Bereich *Versteckte Dateien und Ordner* die Option *Ausgeblendete Dateien, Ordner und Laufwerke anzeigen*. Ist dies erledigt, klicken Sie mit der rechten Maustaste auf die Taskleiste, wählen die Option *Symbolleisten > Neue Symbolleiste* und wählen als Ziel den Ordner *C:\Benutzer\Benutzername\AppData\Roaming\Microsoft\Internet Explorer\ Quick Launch* aus.

WEITERE HINWEISE

Nachdem Sie die Schnellstartleiste in die Taskleiste eingebunden haben, können Sie per Rechtsklick entscheiden, ob Sie wünschen, dass die enthaltenen Verknüpfungen mit großen oder kleinen Symbolen angezeigt werden sollen und bei Bedarf auch den *Titel* "Quick Launch" und die *Texte* der enthaltenen Elemente ausblenden, um so nur die Symbole der Verknüpfungen zu Gesicht zu bekommen.

Geeignet für folgende Windows-7-Versionen

● Home Basic ● Home Premium ● Professional ● Enterprise ● Ultimate

Systemsymbole im Infobereich ein- bzw. ausblenden

DAS PROBLEM
Standardmäßig werden im Infobereich die Symbole *Uhr*, *Lautstärke*, *Wartungscenter* und falls vorhanden das *Netzwerksymbol* angezeigt. Bei Bedarf können Sie unerwünschte Systemsymbole jederzeit aus dem Infobereich entfernen oder veranlassen, das andere ebenfalls dauerhaft verfügbar werden.

DER TIPP
Um selbst bestimmen zu können, welche Systemsymbole im Infobereich erscheinen, öffnen Sie per Rechtsklick auf die *Taskleiste* über *Eigenschaften* die *Eigenschaften von Taskleiste und Startmenü* und klicken auf dem Register *Taskleiste* im Abschnitt *Infobereich* auf die *Anpassen*-Schaltfläche. Im Fenster *Infobereichsymbole* finden Sie eine komplette Übersicht aller installierten Programme und Dienste, die in der Lage sind, Ihnen über den Infobereich eine Statusmeldung zukommen zu lassen. Mithilfe der neben den jeweiligen Einträgen befindlichen Schaltfläche können Sie für jedes dieser Programme einzeln festlegen, ob, und wenn ja, wann es im Infobereich erscheinen soll.

WEITERE HINWEISE
Die Option *Systemsymbole aktivieren oder deaktivieren*, bietet Ihnen zusätzlich die Möglichkeit, selbst zu bestimmen, ob und wenn ja, welche der Windows eigenen Systemdienste im Infobereich erscheinen sollen. Hier können Sie gezielt festlegen, ob die *Uhr* und die Symbole für *Lautstärke*, *Netzwerk*, *Stromversorgung* (nur bei mobilen Computern verfügbar) und das *Wartungscenter* im Infobereich angezeigt werden oder nicht.

Geeignet für folgende Windows-7-Versionen				
● Home Basic	● Home Premium	● Professional	● Enterprise	● Ultimate

Zusätzliche Uhren im Infobereich einrichten

DAS PROBLEM
Haben Sie öfter Kontakt mit Personen aus anderen Ländern bzw. Menschen, die in anderen Zeitzonen leben, ist es durchaus sinnvoll, sich im Infobereich neben der deutschen Zeit auch noch weitere Uhren einzurichten.

DER TIPP
Um im Infobereich zusätzliche Uhren einzurichten, klicken Sie mit der rechten Maustaste auf die *Uhr*, wählen die Option *Datum/Uhrzeit ändern* und wechseln im nächsten Fenster auf das Register *Zusätzliche Uhren*. Aktivieren Sie das Häkchen vor dem Eintrag *Diese Uhr anzeigen*, passen Sie die Einstellungen für die *Zeitzone* an und geben Sie der neuen Uhr einen passenden Namen. Bei Bedarf lassen sich so neben der lokalen Zeit zwei weitere Uhren im Infobereich einrichten. Um die anderen Uhrzeiten einzusehen, fahren Sie einfach mit der Maus über die Uhr im Infobereich, woraufhin Ihnen die zusätzlichen Zeitzonen in Form eines Infofensters angezeigt werden. Ansonsten klicken Sie das Uhr-Symbol einfach mit der linken Maustaste an, um so alle eingerichteten Uhren in vergrößerter Form auf dem Bildschirm erscheinen zu lassen.

Richten Sie im Infobereich zusätzliche Uhren ein.

WEITERE HINWEISE
Alternativ können Sie auch zusätzliche Uhren in Form von Minianwendungen auf dem Desktop platzieren (siehe auch *Kapitel 9: Windows-Tools & Funktionen*).

Geeignet für folgende Windows-7-Versionen

Kapitel 9
Windows-Tools & Funktionen

Windows 7 bringt von Haus aus eine ganze Reihe von nützlichen Werkzeugen mit sich, mit denen sich die wichtigsten Aufgaben der alltäglichen Arbeit am PC bequem erledigen lassen. In diesem Kapitel erfahren Sie, welche Möglichkeiten Ihnen Programme wie z. B. Paint, das Snipping Tool und Windows-Fax und -Scan bieten, wie Sie den kompletten PC per Sprachsteuerung bedienen, Texte diktieren oder sich diese auch kurzerhand vom PC vorlesen lassen oder sich mithilfe des Notizwerkzeugs kleine gelbe Merkzettel auf den Desktop heften.

Windows 7 bringt von Haus aus eine ganze Reihe nützlicher Tools mit.

Des Weiteren finden Sie eine ganze Reihe von Tipps und Hinweisen zur Einbindung zusätzlicher Minianwendungen auf dem Desktop, erfahren, wie sich die Arbeit mit auf dem Desktop geöffneten Fenstern mithilfe der Windows 7-Funktionen Aero Peek, Aero Shake und Aero Snap deutlich vereinfachen lässt usw.

Kapitel 9: Windows-Tools & Funktionen

Nützliche Windows-Tools

Windows 7 verfügt über eine ganze Reihe von Tools, mit denen sich die wichtigsten Aufgaben am PC bequem erledigen lassen. In den folgenden Abschnitten erfahren Sie, wie Sie mithilfe des Bildbearbeitungsprogramms Paint nicht nur eigene Bilder erstellen, sondern diese auch bearbeiten, zurechtschneiden, die Bildgröße an Ihre Bedürfnisse anpassen oder Fotos in ein anderes Dateiformat konvertieren; wie Sie mit dem Snipping Tool Screenshots vom Arbeitsplatz, einzelnen Fenstern oder frei definierbaren Bildausschnitten erstellen; wie Sie mit Windows-Fax und -Scan Dokumente und Bilder scannen, Faxe versenden, empfangen und verwalten und wie Sie mithilfe kleiner Kurznotizen dafür sorgen, dass künftig keine wichtigen Dinge mehr in Vergessenheit geraten.

Neben der Möglichkeit, Texte per *Sprachsteuerung* zu diktieren, bietet Windows 7 noch einige andere nützliche Werkzeuge.

Des Weiteren finden Sie Tipps und Hinweise, die Ihnen dabei helfen, den PC mithilfe der Windows-Spracherkennung per Spracheingabe über Ihr Mikrofon zu steuern, erfahren, wie Sie Windows dabei helfen können, Ihre Sprachbefehle und Diktate noch besser zu verstehen und wie Sie das Sprachausgabe-Tool dazu nutzen können, sich vom PC Bildschirmtexte und Menübefehle oder auch ganze Briefe vorlesen zu lassen usw.

Nützliche Windows-Tools

Snipping Tool – Screenshots erstellen

Das Problem
Wollen Sie eigene Screenshots erstellen, benötigen Sie dazu unter Windows 7 keine gesonderte Zusatzsoftware, sondern können bequem auf das so genannte Snipping Tool zurückgreifen.

Der Tipp
Um unter Windows 7 Bilder vom Desktop oder sonstigen Elementen zu schießen, öffnen Sie über *Start > Alle Programme > Zubehör* das *Snipping Tool*. Sobald Sie das Programm gestartet haben, können Sie über die Schaltfläche *Neu* wahlweise einen Screenshot des gesamten Bildschirms (Vollbild), eines bestimmten Fensters (einfach das Fenster mit der Maus auswählen), eines frei gezeichneten Bereichs oder eines rechteckigen Bildschirmausschnitts Ihrer Wahl (mit der Maus oder dem Stift des Tablet-PCs den gewünschten Rahmen ziehen) erstellen. Mithilfe des *Stift*-Werkzeugs können Sie anschließend ergänzende Angaben zum Bild hinzufügen oder wichtige Elemente mithilfe des *Textmarkers* hervorheben. Machen Sie dabei einen Fehler, lässt sich dieser mithilfe des *Radiergummis* jederzeit wieder beheben. Über *Extras > Optionen* können Sie die Grundeinstellungen des Programms an Ihre Bedürfnisse anpassen und so z. B. verhindern, dass beim Abfotografieren von Internetseiten automatisch unterhalb des Bildes die URL der Seite eingefügt wird.

Weitere Hinweise
Den fertigen Screenshot können Sie über *Datei > Speichern unter* wahlweise als PNG-, GIF-, JPG- oder HTML-Datei speichern oder ihn über die entsprechende Option auch direkt per E-Mail an einen Bekannten versenden.

Geeignet für folgende Windows-7-Versionen

| ○ Home Basic | ● Home Premium | ● Professional | ● Enterprise | ● Ultimate |

Paint – Bilder erstellen, bearbeiten und konvertieren

DAS PROBLEM
Windows Paint ist zwar ein eher schlichtes Bildbearbeitungsprogramm, kann aber deutlich mehr, als es zunächst den Anschein hat. Es eignet sich nicht nur dazu, Bilder und Skizzen zu zeichnen, sondern bietet Ihnen zusätzlich die Möglichkeit, eigene Bilder nachzubearbeiten, Bildausschnitte auszuschneiden, Bilder zu drehen oder Fotos in ein anderes Dateiformat umzuwandeln.

DER TIPP
Wenn Sie Paint über *Start > Alle Programme > Zubehör > Paint* starten, finden Sie am oberen Teil des Fensters eine umfangreiche Werkzeugpalette, die Ihnen neben diversen Pinseln, Stiften und einer Spraydose, einer Farbpalette, einem Textwerkzeug und diversen Tools zum Zeichnen von geraden Linien, Kurven, Kreisen und Objekten unterschiedlichster Form auch noch ein Radiergummi, einen Farbfüller (zum Einfärben geschlossener Flächen) und eine Pipette zur Verfügung stellt. Mithilfe der Pipette können Sie aus einem beliebigen Teil des angezeigten Bildes einen Farbpunkt entnehmen und dessen Farbeinstellungen automatisch auf das ausgewählte Zeichen bzw. Malwerkzeug übertragen, wodurch sich z. B. eine absolut farbgetreue Nachbearbeitung eines Bildes verwirklichen lässt.

Wollen Sie Fotos farblich aufwerten, Rote-Augen-Effekte eliminieren oder einzelne Bildausschnitte extrahieren, lassen sich diese Dinge mithilfe von Tools wie der Windows Live Fotogalerie deutlich bequemer realisieren als mit Paint. Was der Windows Live Fotogalerie allerdings fehlt, ist die Möglichkeit, die Größe Ihrer Fotos anzupassen oder diese in ein anderes Dateiformat umzuwandeln. Im Werkzeugleistenbereich *Bild* finden Sie bei Paint hingegen neben der Option, einen ausgewählten Bildbereich zuzuschneiden auch noch die Möglichkeit, Ihre Bilder beliebig zu drehen oder zu spiegeln und deren Größe anzupassen. Nach einem Klick auf das *Größe ändern/Zerren*-Werkzeug öffnet sich ein Fenster, in dem Sie das Bild wahlweise prozentual oder anhand einer von Ihnen gewählten Pixelgröße beliebig vergrößern oder auch verkleinern können (z. B. von 1024x768 auf 800x600 Pixel).

Nützliche Windows-Tools

Mit *Paint* können Sie Bilder erstellen, nachbearbeiten, verkleinern und konvertieren.

WEITERE HINWEISE

Wollen Sie ein Foto oder ein sonstiges Bild in ein anderes Dateiformat konvertieren, öffnen Sie es in Paint und wählen dann die Option *Datei > Speichern unter*. Es stehen Ihnen hier die Dateiformate Bitmap (**.bmp*, **.dib*), JPEG (**.jpg*, **.jpeg*, *.jpe*, **.jfif*), GIF (**.gif*), TIFF (**.tif*, **.tiff*) und PNG (*.png*) zur Auswahl.

Geeignet für folgende Windows-7-Versionen				
● Home Basic	● Home Premium	● Professional	● Enterprise	● Ultimate

Windows-Fax und -Scan

DAS PROBLEM
Mit *Windows-Fax und -Scan* bietet Windows 7 (ab Version Home Premium) alles, was Sie zum Scannen und Versenden, Empfangen und Verwalten Ihrer Faxe benötigen. Einzige Voraussetzung: Auf Ihrem PC muss ein Windows 7 kompatibler Scanner samt entsprechendem Treiber und ein faxfähiges Modem installiert sein.

DER TIPP
Das Windows-Tool zum Verwalten Ihrer Scanner und Faxgeräte rufen Sie über *Start > Alle Programme > Windows-Fax und -Scan* auf. Besitzen Sie einen Windows 7 kompatiblen Scanner, können Sie über den Scan-Bereich von *Windows-Fax und -Scan* bequem auf bereits erstellte Scans zugreifen bzw. über einen Klick auf die Schaltfläche *Neuer Scan* das Menü zum Scannen eines neuen Bildes oder Schriftstückes aufrufen. Hier können Sie genau definieren, mit welchem der angeschlossenen Scanner der Scannvorgang durchgeführt werden soll, in welchem Farb- und Dateiformat Sie das Ergebnis speichern wollen und in welcher Auflösung Sie das Bild oder Schriftstück scannen wollen. Taucht Ihr Gerät nicht in der Liste der verfügbaren Scanner auf, sollten Sie auf der Treiber-CD bzw. der Homepage des Herstellers nach einem so genannten WIA-Treiber Ausschau halten. Neu gescannte Elemente werden automatisch im Verzeichnis *C:\Benutzer\Benutzername\Dokumente\Gescannte Dokumente* gespeichert und danach umgehend im *Dokumente*-Ordner von Windows-Fax und -Scan gelistet. In der Liste auf der rechten Seite des Programms können Sie danach genau erkennen, wann der Scan erstellt wurde, um welchen Dateityp es sich dabei handelt und mit welchem Scanner der Scannvorgang durchgeführt wurde. Bei Bedarf lassen sich ausgewählte Scans von hier aus auch per E-Mail oder Fax an andere Personen weiterleiten.

Verfügen Sie über ein analoges oder ISDN-Modem mit Faxfunktion, können Sie über den *Fax*-Bereich sowohl Faxe empfangen als auch neue erstellen und versenden. Neu empfangene Faxe werden im Ordner *Posteingang* gesammelt, während Sie im Ordner *Entwürfe* vorbereitete Faxe speichern können. Haben Sie ein neues Fax fertig gestellt, wird es bis zum Versand im Ordner *Postausgang* abgelegt und wandert nach dem erfolgreichen Sendevorgang automatisch in den Ordner *Gesendete Elemente*. Ob Sie Faxe nur senden oder auch empfangen wollen (und wenn ja, nach wie vielen

Klingeltönen das Faxmodem den Anruf entgegennimmt), können Sie über den Menüpunkt *Extras > Faxeinstellungen* auf dem Register *Allgemein* bestimmen. Welche Absenderinformationen mit Ihrem Fax versandt werden, legen Sie über *Extras > Absenderinformationen* fest. Dort haben Sie die Möglichkeit, neben Ihrer eigenen Faxnummer und Ihrem Namen auch noch Angaben zu Ihrer Anschrift, Firma, Telefonnummern zu machen. Über *Ansicht > Vorschau* lässt sich eine Vorschau des Faxes anschauen. Sind Sie mit dem Ergebnis zufrieden, genügt ein Klick auf die *Senden*-Schaltfläche, um das Fax ins Ausgangsfach zu befördern und mit dem Sendevorgang zu beginnen. Eingegangene Faxe, Entwürfe und selbst erstellte Deckblätter werden innerhalb Ihres Benutzerkontos im Verzeichnis *C:\Benutzer\Benutzername\Dokumente\Fax* gespeichert.

Mit *Windows-Fax und -Scan* verwalten Sie Ihre Faxe und Scanner.

Weitere Hinweise

Haben Sie ein Dokument gescannt oder aus einem Programm heraus über die Option *Drucken* das Fax als Drucker ausgewählt, wird die zu versendende Vorlage automatisch als Bild im TIF- bzw. JPG-Format als Dateianhang zu einem neuen Fax hinzugefügt. Sie müssen also einfach nur die Sendeinformationen eingeben und können das Fax dann umgehend auf die Reise schicken. Bei Bedarf lassen sich Scans und Faxe über die entsprechende Schaltfläche jederzeit als Fax oder E-Mail-Nachricht an andere Personen weiterleiten oder über die Option *Datei > Drucken* auf Ihrem Drucker ausgeben.

Geeignet für folgende Windows-7-Versionen				
○ Home Basic	● Home Premium	● Professional	● Enterprise	● Ultimate

Windows-Spracherkennung – Windows per Sprache bedienen und Texte diktieren

DAS PROBLEM
Anstatt sich mit Ihrer Tastatur und Maus herumzuquälen, können Sie Windows auch bequem per Spracheingabe über Ihr Mikrofon steuern und bei Bedarf sogar komplette Texte in Ihrer Textverarbeitung diktieren. Mit ein bisschen Übung und dem Lernprogramm der Windows-Spracherkennung, lassen sich im Handumdrehen erstaunliche Erfolge erzielen.

DER TIPP
Wenn Sie das Spracherkennungsmodul über *Start > Alle Programme > Zubehör > Erleichterte Bedienung > Windows-Spracherkennung* das erste Mal starten, müssen Sie (falls noch nicht geschehen) zunächst einmal mithilfe eines Assistenten Ihr Mikrofon einrichten. Danach werden Sie umgehend vom Assistenten zur Grundeinrichtung der Sprachsteuerung begrüßt. Hier können Sie zunächst festlegen, ob Windows automatisch Ihre Dokumente durchsuchen soll, um so den Sprachschatz des zur Spracherkennung gehörigen Wörterbuchs zu erweitern, ob die Sprachsteuerung beim Systemstart automatisch gestartet werden soll, oder ob Sie diese lieber manuell mithilfe der Maus oder eines entsprechenden Sprachbefehls aktivieren wollen usw. Nachdem Sie die Optionen Ihren Wünschen entsprechend festgelegt haben, sollten Sie sich dem *Lernprogramm* der Sprachsteuerung widmen, das Sie nun Schritt für Schritt in die Fähigkeiten dieser Software einführt.

Während des Lehrgangs beginnt das Programm automatisch damit, die Dinge, die Sie ihm während der Lektion erzählen, zu analysieren und mit seiner Datenbank abzugleichen, woraufhin es Ihre gesprochenen Worte und Befehle in der Regel schon vor dem Ende dieses ersten Exkurses eindeutig und ohne größere Probleme verstehen wird. Wenn Sie das Spracherkennungsprogramm das nächste Mal starten, heftet es sich umgehend am oberen Rand des Desktops fest, von wo aus es sich per Sprachbefehl oder einem Klick auf die blaue *Mikrofon*-Schaltfläche jederzeit aktivieren bzw. in den Ruhezustand versetzen lässt.

Ist die Spracherkennung aktiv, können Sie Windows bequem darüber bedienen. Sagen Sie 'Startmenü', um das Startmenü zu öffnen, wechseln Sie mit 'Alle Programme' zur Übersicht der installierten Anwendungen oder rufen Sie vom Desktop aus mit dem Befehl

'WordPad öffnen' kurzerhand die Textverarbeitung von Windows 7 auf, um dort einen Brief zu diktieren.

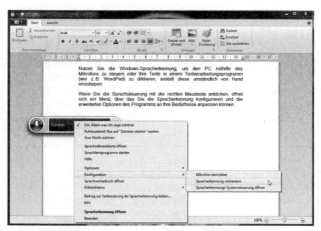

Mithilfe der *Windows-Spracherkennung* können Sie nicht nur den PC bedienen, sondern auch Texte diktieren.

Klicken Sie auf die *Windows-Spracherkennung* mit der rechten Maustaste, öffnet sich ein Menü, mit dem Sie auf alle wichtigen Funktionen des Tools zugreifen können. Über den Punkt *Sprachreferenzkarte öffnen* erhalten Sie eine Übersicht der wichtigsten Sprachbefehle. Über die Option *Konfiguration > Spracherkennung verbessern* können Sie ein Stimmtraining aufrufen, welches dem Computer dabei hilft, Sie besser zu verstehen. Je öfter Sie trainieren, desto besser funktioniert die Spracherkennung.

Weitere Hinweise
Um das Vokabular der Spracherkennung an Ihre Bedürfnisse anzupassen, können Sie ihr über die Option *Sprachwörterbuch öffnen* jederzeit neue Wörter beibringen bzw. Wörter, die Sie nie verwenden, gezielt vom Diktat ausschließen. Davon abgesehen, können Sie der Spracherkennung im Rahmen des *Sprachlernprogramms* natürlich auch erlauben, Ihre E-Mails und Dokumente mitzulesen und das Wörterbuch so automatisch um weitere Begriffe zu erweitern.

Geeignet für folgende Windows-7-Versionen				
● Home Basic	● Home Premium	● Professional	● Enterprise	● Ultimate

Sprachausgabe – Bildschirmtexte vom PC vorlesen lassen

DAS PROBLEM

Mithilfe des Sprachausgabe-Tools von Windows 7 können Sie sich bei Bedarf beliebige Bildschirmtexte vorlesen lassen – angefangen von Menüoptionen, über Fensternamen bis hin zu kompletten Texten. Da in der Grundinstallation von Windows 7 lediglich eine englische Text-in-Sprache-Option integriert ist, müssen Sie dem System etwas auf die Sprünge helfen, bevor Sie zufriedenstellende Ergebnisse erzielen.

DER TIPP

Wenn Sie die *Sprachausgabe* über *Start > Alle Programme > Zubehör > Erleichterte Bedienung* starten, werden Sie von einem Hinweisfenster darauf aufmerksam gemacht, dass Sie eine Text-in-Sprache Stimme installieren sollten, die Ihrer Landessprache entspricht. Da in Windows 7 ausschließlich eine Stimme namens *Microsoft Anna – English (United States)* verfügbar ist, müssen Sie sich zunächst eine deutschsprachige Alternative besorgen. Zur Drucklegung dieses Buches stand unter der Adresse *http://download.microsoft.com/download/1/2/2/12246417-CD66-4541-B32B-8CD18E92AAE7/RSSolo4German.zip* ein passendes Spracharchiv für die 32-Bit-Versionen für Windows 7 zur Verfügung. Nachdem Sie die darin enthaltene *RSSolo4GermanSteffi.exe* (RealSpeak Solo für Deutsch – Steffi) installiert haben, starten Sie die *Sprachausgabe* erneut und wählen über *Spracheinstellungen > ScanSoft Steffi* als deutsche Stimme aus. Die *Geschwindigkeit*, *Lautstärke* und *Stimmhöhe* mit der die ausgewählte Stimme die Texte vorliest, können Sie hier ebenfalls anpassen.

Wenn Sie die Sprachausgabe-Optionen an Ihre Bedürfnisse angepasst und die Sprachausgabe aktiviert haben, liest Ihnen der PC alle Menübefehle und sonstigen wichtigen Elemente vor, während Sie mit der Maus darüber hinweg fahren. Haben Sie z. B. ein Textdokument im Programm WordPad geöffnet, genügt ein Klick ins Dokument, um sich den kompletten Text vorlesen zu lassen. Wollen Sie sich lediglich einen bestimmten Textausschnitt vorlesen lassen, müssen Sie diesen nur mit der Maus markieren. Über *Hilfe > Doku-*

Nützliche Windows-Tools

mentation finden Sie eine Übersicht der Tastaturbefehle, mit denen sich gezielt festlegen lässt, welche Elemente Sie sich vorlesen lassen wollen.

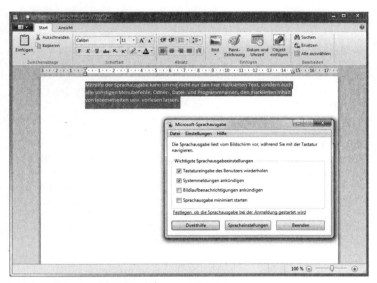

Lassen Sie sich in *WordPad* geöffnete Texte einfach vorlesen.

WEITERE HINWEISE

Während sich *XPS-Dokumente* und in *WordPad* oder dem *Editor* geöffnete Texte problemlos vorlesen lassen, tut sich die Sprachausgabe bei diversen anderen Programmen und Internetseiten deutlich schwerer, da sie ihren Fokus oftmals auf die Menüs und sonstige Elemente gerichtet hält, obwohl ein Textausschnitt markiert wurde. Ob die Sprachausgabe mit Ihren Lieblingsprogrammen korrekt zusammenarbeitet, müssen Sie also gegebenenfalls selbst ausprobieren.

Geeignet für folgende Windows-7-Versionen				
● Home Basic	● Home Premium	● Professional	● Enterprise	● Ultimate

Kurznotizen – Merkzettel zum Schutz vor Vergesslichkeit

Das Problem
Damit spontane Ideen oder andere wichtige Dinge nicht gleich wieder in Vergessenheit geraten, ist es ratsam, sich diese auf einem Zettel zu notieren. Damit Sie an Ihrem PC nicht jedes Mal Stift und Papier zur Hand nehmen müssen, bietet Ihnen Windows 7 ein kleines Notizwerkzeug, mit dessen Hilfe sich virtuelle gelbe Post-Its beschriften und auf den Desktop kleben lassen.

Der Tipp
Wenn Sie über *Start > Alle Programme > Zubehör* die *Kurznotizen* aufrufen, erscheint daraufhin umgehend ein gelber Notizzettel auf dem Desktop, den Sie danach frei beschriften und an eine beliebige Stelle des Arbeitsplatzes verschieben können. Benötigen Sie mehr als einen Zettel, lassen sich über das +-Symbol jederzeit weitere Post-Its erstellen, während sich nicht mehr benötigte Zettel mit einem Klick auf das *X* kurzerhand löschen lassen.

Mithilfe der *Kurznotizen* notieren Sie sich wichtige Dinge.

Weitere Hinweise
Die Kurznotizen bleiben auch dann erhalten, wenn Sie den Rechner zwischenzeitlich neu starten. Wenn Sie mit der Maus an den Rand eines Notizzettels fahren, können Sie bei Bedarf dessen Größe ändern, um so mehr Platz für Ihre Notizen zu schaffen. Klicken Sie einen Zettel mit der rechten Maustaste an, lässt sich auch dessen Farbe anpassen. So können Sie z. B. weniger wichtige Notizen gelb belassen, während Sie wichtige pink hervorheben.

Geeignet für folgende Windows-7-Versionen				
● Home Basic	● Home Premium	● Professional	● Enterprise	● Ultimate

Desktop-Minianwendungen & Gadgets

Windows 7 bringt von Haus aus eine ganze Reihe so genannter Minianwendungen (engl.: *Gadgets*) mit sich, die sich bei Bedarf jederzeit auf dem Desktop platzieren lassen – es handelt sich dabei um eine Sammlung kleiner Programme, die Ihnen auf einen Blick wichtige Informationen, den Zugriff auf nützliche Tools und Funktionen oder auch einfach nur etwas Abwechslung und Spaß liefern.

Auf dem Desktop lassen sich praktische *Minianwendungen* platzieren.

In den folgenden Abschnitten erfahren Sie, wie Sie Minianwendungen auf dem Desktop platzieren, deren Einstellungen an Ihre Bedürfnisse anpassen, neue Minianwendungen zur Sammlung hinzufügen, mehrere Gadgets eines Typs gleichzeitig nutzen, wie Sie bei Bedarf alle Minianwendungen blitzschnell vom Desktop verschwinden lassen und dann wieder einblenden und was Sie bei diesen Dingen beachten sollten.

Minianwendungen auf dem Desktop platzieren

DAS PROBLEM
In Windows 7 sind zwar eine ganze Reihe von Minianwendungen vorinstalliert – um diese nutzen zu können, müssen Sie diese aber erst manuell aus der Liste der verfügbaren Gadgets auswählen und gezielt auf dem Desktop platzieren.

DER TIPP
Im Gegensatz zu Windows Vista, sind die Minianwendungen unter Windows 7 nicht mehr an eine gesonderte Leiste (die so genannte *Sidebar*) gebunden, sondern können völlig frei auf dem Desktop angeordnet werden. Um die Übersicht der verfügbaren Minianwendungen aufzurufen, klicken Sie mit der rechten Maustaste auf eine freie Stelle des Desktops und wählen aus dem aufpoppenden Menü die Option *Minianwendungen*. Die in der Übersicht angezeigten Minianwendungen lassen sich bequem mit einem Doppelklick auf den Desktop befördern, wo sie dann automatisch am rechten Bildschirmrand platziert werden. Ansonsten können Sie diese aber auch einfach mit gedrückter Maustaste aus dem Fenster herausziehen, um sie dann gezielt an dem von Ihnen gewünschten Platz auf dem Desktop abzulegen.

Ziehen Sie die Minianwendung mit der Maus an die gewünschte Position auf dem Desktop.

WEITERE HINWEISE
Welche Funktionen die einzelnen Minianwendungen in sich tragen, können Sie nach deren Auswahl nach einem Klick auf den neben dem Eintrag *Details einblenden* befindlichen Pfeil ablesen Neben einer Kurzbeschreibung des Gadgets finden Sie dort auch Angaben zu dessen Programmversion.

Geeignet für folgende Windows-7-Versionen				
● Home Basic	● Home Premium	● Professional	● Enterprise	● Ultimate

Zusätzliche Minianwendungen herunterladen und installieren

Das Problem
Sollte Ihnen die Auswahl der bereits von Haus aus in Windows 7 integrierten Minianwendungen nicht zusagen, können Sie die Bibliothek der kleinen Desktoptools jederzeit erweitern, indem Sie sich weitere Gadgets aus dem Internet herunterladen und diese dann auf dem Rechner installieren.

Der Tipp
Wenn Sie nach einem Rechtsklick auf den Desktop über die Option *Minianwendungen* die Übersicht Ihrer installierten Minianwendungen öffnen und im unteren Teil des Fensters auf den Eintrag *Weitere Minianwendungen online beziehen* klicken, gelangen Sie auf eine Internetseite, auf der Ihnen eine kleine Auswahl weiterer Gadgets und sonstiger Erweiterungen für Windows 7 angeboten wird. Suchen Sie nach dem Rundum-Glücklich-Paket, werden Sie hingegen unter der Adresse *http://gallery.live.com* fündig, wo nahezu unzählige kostenlose Minianwendungen (vom eBay-Suchtool, Systemtools und Spiele bis hin zu Webradio-Playern) für Ihren Desktop zum Download bereitstehen. Wenn Sie Minianwendungen herunterladen, können Sie diese wahlweise direkt öffnen und installieren oder sie zunächst in Form einer **.gadget*-Datei auf der Festplatte speichern. Um die gespeicherte Datei zu installieren, genügt es, diese per Doppelklick zu öffnen – die Minianwendung wird daraufhin automatisch eingerichtet, zur Liste der verfügbaren Gadgets hinzugefügt und kann danach umgehend auf dem Desktop platziert werden.

Weitere Hinweise
Haben Sie mehr Minianwendungen installiert, als im Übersichtsfenster angezeigt werden können, werden diese auf mehrere Seiten verteilt. Über die Pfeiltasten in der oberen linken Seite des Fensters können Sie dann zwischen den einzelnen Seiten hin und her blättern. Um eine Minianwendung wieder vom System zu entfernen, klicken Sie diese in der Übersicht mit der rechten Maustaste an und wählen dann die Option *Deinstallieren*.

Geeignet für folgende Windows-7-Versionen				
● Home Basic	● Home Premium	● Professional	● Enterprise	● Ultimate

Minianwendungen konfigurieren

DAS PROBLEM
Haben Sie Minianwendungen auf dem Desktop abgelegt, können Sie diese nicht nur beliebig umsortieren oder an eine andere Position verschieben, sondern in vielen Fällen auch deren Funktionen konfigurieren und die Einstellungen des Tools an Ihre Bedürfnisse anpassen.

DER TIPP
Wenn Sie mit der Maus über eine Minianwendung fahren, erscheint am rechten Rand des Gadgets eine kleine Symbolleiste. Bietet die Minianwendung die Möglichkeit, sich konfigurieren zu lassen, können Sie über das *Schraubenschlüssel*-Symbol die Optionen des Programms aufrufen. Im *Feedschlagzeilen*-Gadget können Sie so z. B. festlegen, von welchem Anbieter Sie die Schlagzeilen abrufen wollen, bei der *Uhr* neben der Optik auch die gewünschte Zeitzone und einen Namen festlegen, beim *Wetter*-Gadget auswählen, für welchen Ort der Wetterbericht ausgegeben werden soll usw. Erscheint auf der Menüleiste einer Minianwendung ein kleiner Pfeil, bedeutet dies, dass sich das Gadget vergrößern lässt. Während einige Minianwendungen dabei lediglich größer und somit besser erkennbar werden (z. B. das Gadget CPU-Nutzung), verbergen sich hinter dem vergrößerten Modus anderer oft auch noch ein paar Zusatzfeatures – z. B. das Wetter-Gadget, das im 'großen' Modus eine Wettervorhersage der nächsten 3 Tage anzeigt.

WEITERE HINWEISE
Durch einen Klick auf das *X* können Sie eine Minianwendung jederzeit beenden und vom Desktop entfernen.

Geeignet für folgende Windows-7-Versionen				
● Home Basic	● Home Premium	● Professional	● Enterprise	● Ultimate

Mehrere Instanzen einer Minianwendung einrichten

DAS PROBLEM
Eine ganze Reihe von Minianwendungen liefert zwar nützliche Informationen, die im Endeffekt aber nicht immer ausreichen. Zum Glück lassen sich auf dem Desktop aber auch mehrere Instanzen einer Minianwendung gleichzeitig einrichten, sodass Sie den Informationsgehalt bei Bedarf jederzeit vervielfachen können.

DER TIPP
Wollen Sie stets den Überblick darüber behalten, wie spät es gerade in Brasilien und Deutschland ist und wie es in diesen beiden Ländern um das Wetter steht, können Sie einfach jeweils zwei Instanzen der *Uhr* und des *Wetter*-Gadgets auf dem Desktop platzieren und diese dann entsprechend konfigurieren. Also z. B. eine Uhr auf die deutsche Zeit, die andere auf die brasilianische Zeit, während Sie das eine Wetter-Gadget auf Ihren Heimatort ausrichten und das andere auf das Ziel, in dem Ihre Liebsten gerade im Urlaub sind. Interessieren Sie sich eher für die aktuellsten Neuigkeiten aus dem Bereich Computer, positionieren Sie einfach mehrere Instanzen der *Feedschlagzeilen* auf dem Desktop, abonnieren mit dem Internet Explorer die Feeds von Seiten wie z. B. *www.winfuture.de*, *www.heise.de* oder *www.pcwelt.de* und lassen diese dann jeweils in einem eigenen Feedschlagzeilen-Gadget ablaufen, um so stets auf dem aktuellsten Stand der Dinge zu sein.

Bei Bedarf lassen sich auch mehrere Instanzen eines Gadgets gleichzeitig nutzen.

WEITERE HINWEISE
Theoretisch können Sie so viele Minianwendungen auf dem Desktop einrichten, wie Sie wollen. Das Maximum wird lediglich von den Kapazitäten Ihres Rechners beschränkt.

Geeignet für folgende Windows-7-Versionen				
● Home Basic	● Home Premium	● Professional	● Enterprise	● Ultimate

Minianwendungen kurzfristig ausblenden und Anzeigeoptionen anpassen

DAS PROBLEM
Wollen Sie die auf dem Desktop platzierte Minianwendungen kurzfristig aus dem Weg räumen (sei es, weil sich darunter Dokumente oder Verknüpfungen verbergen, oder weil Sie ungetrübt den Blick auf Ihren Desktophintergrund genießen wollen), müssen Sie diese dazu natürlich nicht erst einzeln schließen, sondern können bei Bedarf alle Gadgets auf einen Schlag vom Desktop verschwinden lassen. Ansonsten lässt sich aber auch das Anzeigeverhalten der einzelnen Minianwendungen explizit an Ihre Bedürfnisse anpassen.

DER TIPP
Klicken Sie eine Minianwendung mit der rechten Maustaste an, erscheint ein Menü mit erweiterten Optionen. Neben Befehlen zum Ändern der Größe, zum Aufruf der Minianwendungsoptionen und zum Schließen der Anwendung, finden Sie hier auch noch die Möglichkeit, den Grad der Undurchsichtigkeit einzelner Gadgets anzupassen. Bei 20 % Undurchsichtigkeit ist das Gadget nur noch schemenhaft zu erkennen, während darunterliegende Objekte oder das Desktophintergrundbild durch die Anwendung hindurchscheinen. Sobald Sie mit der Maus über die Minianwendung fahren, wird diese kurzfristig wieder mit voller Deckkraft angezeigt. Über die Option *Immer im Vordergrund* können Sie unterdessen bestimmen, dass ein Gadget immer auf dem Bildschirm sichtbar bleibt – also auch durch Programme oder sonstige Fenster hindurch. Auf diese Weise können Sie z. B. dafür sorgen, dass Sie Ihren Aktien- und Nachrichtenticker stets im Auge behalten können, während Sie mit dem Internet Explorer im Vollbildmodus durchs Internet surfen.

Wollen Sie alle Minianwendungen auf eine Schlag vom Bildschirm verschwinden lassen, klicken Sie dazu mit der rechte Maustaste auf eine freie Stelle des Desktops und entfernen im daraufhin aufpoppenden Kontextmenü das Häkchen vor dem Eintrag *Ansicht > Minianwendungen anzeigen*. Die Gadgets werden dabei allerdings nicht komplett vom Desktop entfernt, sondern lediglich ausgeblendet. Setzen Sie das Häkchen später wieder, erscheinen die Minianwendungen umgehend wieder auf dem Desktop – und zwar genau an den Positionen, an denen sie zuvor zu finden waren.

Desktop-Minianwendungen & Gadgets

Passen Sie die Optik der Minianwendungen an.

WEITERE HINWEISE

Nach einem Rechtsklick auf den Desktop lassen sich nicht nur die Minianwendungen, sondern auch auf dem Arbeitsplatz angelegte Desktopsymbole, Verknüpfungen, Ordner und Dateien per Knopfdruck komplett ausblenden. Entfernen Sie dazu einfach das Häkchen vor dem Eintrag *Ansicht > Desktopsymbole anzeigen*. Um die ausgeblendeten Elemente später wieder sichtbar zu machen, müssen Sie die Option lediglich reaktivieren.

Geeignet für folgende Windows-7-Versionen

● Home Basic ● Home Premium ● Professional ● Enterprise ● Ultimate

Kapitel 9: Windows-Tools & Funktionen

Praktische Windows 7 Aero-Features

Neben den in den vorangegangenen Abschnitten beschriebenen Tools und Programmen hat Windows 7 auch noch ein paar kleine, aber dafür umso praktischere Neuerungen zu bieten, die es in dieser Form noch in keinem Windows-Betriebssystem zu sehen gab und die Ihnen die Arbeit im täglichen Windows-Betrieb sicherlich deutlich vereinfachen werden.

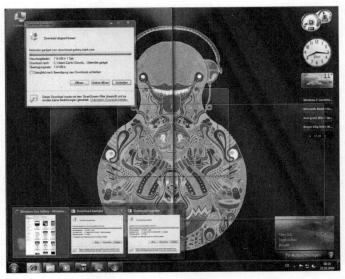

Die neuen *Aero-Features* vereinfachen die Arbeit mit Fenstern und Desktop.

Während Ihnen das Aero Peek-Feature die Möglichkeit verschafft, jederzeit einen gezielten Blick auf den aktuellen Zustand eines einzelnen Fensters oder den Desktop und die darauf platzierten Elemente und Minianwendungen werfen zu können, ohne dazu erst alle geöffneten Fenster und Programme aus dem Weg räumen zu müssen, tragen Aero Shake und Aero Snap dazu bei, dass sich die Arbeit mit geöffneten Fenstern so komfortabel gestaltet wie nie zuvor.

Was es mit diesen neuen Features auf sich hat und wie Sie diese sinnvoll nutzen, erfahren Sie anhand der folgenden Tipps.

Desktopvorschau mit Aero Peek anzeigen

DAS PROBLEM
Haben Sie viele Fenster geöffnet, die Ihnen nun den Blick auf wichtige Desktopelemente versperren, lässt sich dieses Problem unter Windows 7 spielend leicht bewältigen.

DER TIPP
Wenn Sie bei aktiviertem Aero-Design mit der Maus über die *Desktop anzeigen*-Schaltfläche am rechten Rand des Infobereichs neben der Uhr fahren, werden alle geöffneten Fenster automatisch ausgeblendet, sodass Sie absolut freie Sicht auf Ihren Arbeitsplatz und die darauf befindlichen Desktopsymbole, Verknüpfungen, Ordner, Dateien und Minianwendungen erhalten. Von den zuvor geöffneten Fenstern bleibt solange nichts als eine schemenhafte Umrandung zu sehen, bis Sie die Maus wieder von der Schaltfläche entfernen. Danach erscheinen die Fenster umgehend wieder auf dem Bildschirm.

Wollen Sie sich nicht nur freie Sicht, sondern wirklich freien Zugriff auf die Desktopelemente verschaffen, klicken Sie die *Desktop anzeigen*-Schaltfläche mit der linken Maustaste an, um so alle Fenster auf einen Schlag auf der Taskleiste zu minimieren. Da sich Windows die Fenstergröße und Position der minimierten Fenster merkt, lassen sich diese nach getaner Arbeit mit einem erneuten Klick bequem wiederherstellen.

WEITERE HINWEISE
Die Desktopvorschau funktioniert nur dann, wenn Sie ein Aero-Design ausgewählt haben. Sollten Sie dennoch keine Vorschau des Desktops angezeigt bekommen, klicken Sie die Taskleiste mit der rechten Maustaste an, öffnen deren *Eigenschaften* und kontrollieren auf dem Register *Taskleiste,* ob die Option *Desktopvorschau mit Aero Peek* aktiviert wurde. Falls nicht, passen Sie die Einstellung entsprechend an.

Geeignet für folgende Windows-7-Versionen

○ Home Basic	● Home Premium	● Professional	● Enterprise	● Ultimate

Aero Peek – Fensterverwaltung mit Vorschaubildern

DAS PROBLEM
Wer mit vielen geöffneten Fenstern gleichzeitig arbeitet, läuft stets Gefahr, die Übersicht zu verlieren und hinterher den Wald vor lauter Bäumen nicht mehr zu erkennen. Damit Sie sich selbst im wildesten Fensterchaos schnell zurechtfinden, wurde die mit Windows Vista eingeführte Vorschaufunktion der auf der Taskleiste befindlichen Programmfenster unter Windows 7 noch einmal deutlich verbessert und durch das so genannte Aero Peek-Feature ergänzt. Letzteres sorgt dafür, dass in der Vorschau markierte Fenster umgehend in Ihrer Originalgröße auf dem Desktop hervorgehoben und angezeigt werden, sodass sich die Suche nach dem gewünschten Element noch komfortabler gestaltet.

DER TIPP
Wenn Sie mit der Maus über eine Programmschaltfläche auf der Taskleiste fahren, wird Ihnen direkt darüber eine Vorschau aller zu diesem Programm gehörigen Fenster angezeigt. Fahren Sie mit der Maus auf eines der Vorschaubilder, erscheint das dazugehörige Fenster in seiner Originalgröße und Position auf dem Desktop, während alle anderen geöffneten Fenster vorübergehend ausgeblendet werden, um Ihnen so freie Sicht auf das ausgewählte Element zu gewähren. Klicken Sie das Vorschaubild eines Fensters an, wird dieses danach umgehend als aktives Element in den Vordergrund geschoben, sodass Sie Ihre Arbeit mit diesem Fenster direkt fortsetzen können, ohne dazu erst andere Objekte aus dem Weg räumen oder minimieren zu müssen. Stolpern Sie bei Ihrer Suche über nicht mehr benötigte Fenster, lassen sich diese bei Bedarf auch bequem über das *X* in der oberen rechten Ecke des dazugehörigen Vorschaubildes schließen.

Arbeiten Sie mit mehreren Programmen zur gleichen Zeit, können Sie sich die Suche nach einem bestimmten noch weiter vereinfachen, indem Sie über die Tastenkombination [Alt]+[↹] die auch als Windows-Flip bekannte Komplettvorschau aller aktiven Fenster aufrufen und dann bei gedrückt gehaltener [Alt]-Taste, wahlweise mithilfe der Maus, des Mausrads oder durch mehrfaches Drücken von [↹], durch die einzelnen Elemente zappen. Das zum ausgewählten Vorschaubild gehörige Fenster wird auch hierbei in voller

Praktische Windows 7 Aero-Features

Pracht auf dem Bildschirm hervorgehoben, während die Position aller anderen nur noch anhand ihres schemenhaften Rahmens zu erkennen ist. Um das ausgewählte Element als aktives Fenster in den Vordergrund des Desktops zu befördern, lassen Sie die [Alt]-Taste einfach wieder los, oder klicken das gewünschte Vorschaubild gezielt mit der linken Maustaste an.

Fensterverwaltung mit Vorschaubildern

WEITERE HINWEISE

Das Aero Peak-Feature ist ausschließlich bei aktiviertem Aero-Design verfügbar. Wenn Sie wollen, können Sie sich alternativ auch über die Tastenkombination [⊞]+[⇆] anhand der Flip-3D genannten 3D-Ansicht aller Fenster etwas Übersicht verschaffen. Haben Sie ein Basis-Design aktiviert, müssen Sie hingegen auch auf diesen Komfort verzichten und können lediglich auf Windows-Flip-Funktion zurückgreifen, wobei Ihnen sowohl hier als auch über den Programmschaltflächen der Taskleiste statt einer Fenstervorschau lediglich beschriftete Symbolbilder einzelnen Programmfenster angezeigt werden.

Geeignet für folgende Windows-7-Versionen				
○ Home Basic	● Home Premium	● Professional	● Enterprise	● Ultimate

Fenster mit Aero Snap am Bildschirmrand andocken

DAS PROBLEM
Wollen Sie mit zwei geöffneten Fenstern gleichzeitig arbeiten, um so z. B. Dateien bequem von Fenster A nach Fenster B verschieben zu können, Daten zwischen zwei Fenstern zu vergleichen oder in einem Fenster den Text einer Internetseite anzuzeigen, während Sie sich in einem anderen Notizen machen, ist es durchaus sinnvoll, die beiden Fenster direkt nebeneinander auf dem Desktop zu platzieren. Anstatt diese mühselig manuell auszurichten, können Sie sich die Aero Snap-Funktion von Windows 7 zu Nutze machen, die dafür sorgt, dass Fenster automatisch perfekt positioniert am Bildschirmrand ausgerichtet und angedockt werden.

DER TIPP
Wenn Sie sich ein Fenster greifen und es dann wahlweise aus dem linken oder rechten Bildschirmrand herausziehen, tritt dabei automatisch der neue Aero Snap-Effekt von Windows 7 in Kraft. Sobald Sie mit dem Mauszeiger an den Bildschirmrand stoßen, wird das Fenster automatisch auf halbe Bildschirmgröße vergrößert und am Rand des Desktops angeheftet. Auf die gleiche Weise verfrachten Sie bei Bedarf ein zweites Fenster an den gegenüberliegenden Bildschirmrand und können anschließend komfortabel mit Ihrer Arbeit beginnen. Wenn Sie sich das Fenster später erneut greifen und es wieder ins Zentrum des Desktops bewegen, nimmt es dabei automatisch seine ursprüngliche Größe an.

Bewegen Sie ein Fenster statt zu den Seitenrändern an den oberen Bildschirmrand, wird es dort ebenfalls automatisch angedockt, dabei allerdings nicht auf halbe, sondern auf die volle Desktopgröße maximiert und nimmt auch in diesem Fall wieder seine normale Größe an, nachdem Sie es wieder vom Rand des Bildschirms lösen.

Praktische Windows 7 Aero-Features

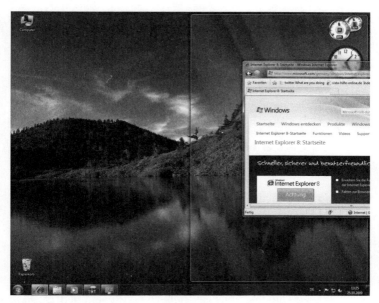

Bewegen Sie ein Fenster zum Bildschirmrand, um es dort mit halber Desktopgröße anzudocken.

WEITERE HINWEISE

Trotz seines Namens setzt auch der Aero Snap-Effekt kein aktiviertes Aero-Design voraus, sondern verrichtet auch unter der Windows 7-Basis Oberfläche tadellos seinen Dienst. Anstatt ein Fenster mit der Maus zu bewegen, können Sie es auch einfach mithilfe den Tastenkombination ⊞+←, ⊞+→ oder ⊞+↑ an den entsprechenden Bildschirmrand andocken. Über ⊞+↓ wird das aktuell ausgewählte Fenster minimiert.

Geeignet für folgende Windows-7-Versionen				
● Home Basic	● Home Premium	● Professional	● Enterprise	● Ultimate

Aktives Fenster und Desktop mit Aero Shake freischütteln

DAS PROBLEM
Haben Sie im Wust der auf dem Desktop geöffneten Programmfenster das Fenster Ihrer Wahl ausfindig gemacht und wollen der besseren Übersicht halber alle anderen Fenster zurück auf ihren Platz in der Taskleiste verweisen, bietet Windows 7 zu diesem Zweck ein ebenfalls neues und durchaus komfortables Feature – den Schütteleffekt namens Aero Shake.

DER TIPP
Mithilfe der neuen Aero Shake-Funktion von Windows 7 lassen sich unerwünschte Fenster im wahrsten Sinne des Wortes 'wegschütteln'. Wenn Sie ein Fenster mit gedrückt gehaltener linker Maustaste am oberen Rand festhalten und es mit flinken Rechts- u. Links-Bewegungen ein paar mal hin und her schütteln, werden daraufhin alle anderen Fenster automatisch auf der Taskleiste minimiert, sodass danach nur noch das geschüttelte Fenster auf dem Desktop verbleibt.

Schütteln Sie das Fenster anschließend ein weiteres Mal, werden die zuvor minimierten umgehend zurück auf den Desktop gerufen und erscheinen an genau der Position, von der sie zuvor 'verscheucht' wurden.

WEITERE HINWEISE
Im Gegensatz zu den Aero Peek-Features, funktioniert der Aero Shake-Effekt auch bei Verwendung eines Windows 7-Basis Designs.

Geeignet für folgende Windows-7-Versionen

● Home Basic   ● Home Premium   ● Professional   ● Enterprise   ● Ultimate

Kapitel 10

Internet & Mail

Um mit Ihrem PC im Internet surfen und E-Mails versenden und empfangen zu können, benötigen Sie neben einem Internetzugang vor allem zwei Dinge – einen Internetbrowser und ein E-Mail-Programm. Ersteren bringt Windows 7 von Haus aus mit sich, wobei es Ihnen aber im Endeffekt frei steht, ob Sie den hauseigenen Internet Explorer oder einen anderen Browser für Ihre Ausflüge auf die größte Datenautobahn der Welt verwenden wollen. In Sachen E-Mail-Programm sieht die Sache zunächst etwas anders aus, da ein solches Tool in der Grundausstattung von Windows 7 nicht enthalten ist. Wollen Sie nicht nur surfen, sondern auch mailen, müssen Sie also eigenständig zur Tat schreiten und ein entsprechendes Werkzeug nachinstallieren.

Der *Internet Explorer,* Windows Live Mail und der *Windows Live Messenger* bilden ein Rundum-glücklich-Paket für die Kommunikation mit dem Rest der Welt.

Ob Sie sich dabei für das von Microsoft im Rahmen der Windows Live Essentials kostenlos angebotene Windows Live Mail entscheiden, oder einen anderen E-Mail-Client bevorzugen, bleibt natürlich Ihnen überlassen. Da sich die Microsoft eigenen Internet-Tools fast

Kapitel 10: Internet & Mail

nahtlos ins System integrieren und zu alledem auch noch speziell aufeinander abgestimmt wurden, wollen wir uns im folgenden Kapitel auf den Internet Explorers als Browser, Windows Live Mail als E-Mail-Client und den ebenfalls zum Paket der Windows Live Essentials gehörigen Windows Live Messenger als Chat und Live-Kommunikationstool konzentrieren – was aber nicht heißt, dass sich die hier beschriebenen Tipps und Hinweise nicht auch auf andere Programme dieser Art übertragen ließen.

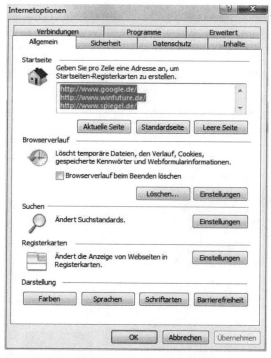

In den *Internetoptionen* können Sie den Internet Explorer optimal einstellen.

Internet Explorer

Der Internet Explorer ist Microsofts Standardwerkzeug zum Surfen im Internet. Im Vergleich zu seinen Vorgängern, wurden dem Internet Explorer 8 eine ganze Reihe von neuen und nützlichen Features spendiert. Abgesehen davon, dass sich das Surfen mit Registerkarten dank farblicher Kennzeichnung mittlerweile deutlich übersichtlicher gestaltet, sorgt der neue Kompatibilitätsmodus dafür, dass sich auch ältere Internetseiten fehlerfrei betrachten lassen, während sich nach einem Absturz alle zuvor aufgerufenen Seiten bequem wiederherstellen lassen. Planen Sie den Besuch potenziell gefährlicher Seiten, oder wollen Sie einfach sicherstellen, dass Ihre Privatsphäre beim Surfen möglichst gut geschützt bleibt, schalten Sie den Browser kurzerhand in den InPrivate Modus.

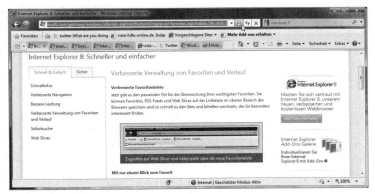

Der *Internet Explorer 8* bietet im Vergleich zu seinen Vorgängern zahlreiche neue Features – sowohl in Sachen Sicherheit als auch beim Surfkomfort.

In den folgenden Abschnitten erfahren Sie, welche Möglichkeiten Ihnen der Internet Explorer 8 beim Surfen im World Wide Web bietet, wie Sie das so genannte Tabbed-Browsing sinnvoll nutzen, wie Sie RSS-Newsfeeds abonnieren und diese dann wahlweise im Internet Explorer oder der Feedschlagzeilen-Minianwendung auf dem Desktop anzeigen lassen, Ihre Internetfavoriten und Feeds im Favoritencenter verwalten, eigene Startseiten definieren, wie Sie die Suchfunktionen konfigurieren und die erweiterten Optionen und Sicherheitsfeatures des Browsers an Ihre Bedürfnisse anpassen, unerwünschte Add-Ons und Menüleisten wieder deaktivieren usw.

Internetseiten über die Adress- oder Suchleiste aufrufen

DAS PROBLEM
Um eine Internetseite aufzurufen, stehen Ihnen beim Internet Explorer eine ganze Reihe von Möglichkeiten zur Auswahl. Welche davon die praktischste ist, hängt neben Ihren persönlichen Vorlieben vor allem auch davon ab, ob Sie die Adresse der Seite bereits kennen oder erst suchen müssen.

DER TIPP
Wenn Sie den Internet Explorer über *Start > Alle Programme > Internet Explorer* bzw. dessen Programmschaltfläche in der Taskleiste starten, öffnet sich zunächst die vorkonfigurierte Startseite. Um eine bestimmte Internetseite aufzurufen, tragen Sie deren Adresse in die Adresszeile des Internet Explorers ein. Sollten Sie die Adresse nicht kennen, können Sie auch das Suchfeld des Browsers bemühen, um die Suchanfrage an Microsofts Suchmaschine *Bing* weiterzuleiten und das gewünschte Ziel in der Ergebnisliste anzuklicken.

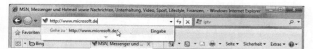

Webseiten lassen sich nicht nur über die Adress- und Suchleiste des Internet Explorers aufrufen.

Anstatt den Internet Explorer erst umständlich manuell zu starten, können Sie Internetadressen bei Bedarf einfach in das Suchfeld des Windows 7-Startmenüs eintippen, woraufhin die entsprechende Seite dann umgehend im Standardbrowser geöffnet wird.

WEITERE HINWEISE
Mit welcher Suchmaschine der Internet Explorer nach der Eingabe eines Suchbegriffs auf die Suche nach Internetseiten geht, können Sie selbst bestimmen. Wie das Ganze funktioniert, erfahren Sie im Tipp: *Suchfunktionen des Internet Explorers anpassen*.

Geeignet für folgende Windows-7-Versionen				
● Home Basic	● Home Premium	● Professional	● Enterprise	● Ultimate

Schnellregisterkarten – Übersicht aller Registerkarten

DAS PROBLEM
Sollten Sie zu viele Webseiten auf einmal geöffnet haben, werden die dazugehörigen Registerkarten auf der Registerkartenleiste immer kleiner, sodass sich der Titel der Seiten oft kaum noch entziffern lässt. Zum Glück gibt es eine Option, über die sich das Problem schnell lösen lässt.

DER TIPP
Am linken Rand der Registerkartenleiste finden Sie eine kleine Registerkartenschaltfläche namens *Schnellregisterkarten*. Klicken Sie die Schaltfläche an, öffnet sich eine Übersicht aller in den Registerkarten dieses Fensters aufgerufenen Webseiten, samt aktuellem Vorschaubild, sodass Sie das gewünschte Ziel schnell ausfindig machen können. Die Registerkartengruppenzugehörigkeit der Seiten können Sie anhand der Rahmenfarbe der Vorschaubilder ablesen. Um zu einer Seite zu wechseln, genügt ein Klick auf das entsprechende Vorschaubild.

Die *Schnellregisterkarten* bieten eine Live-Vorschau aller geöffneten Webseiten.

WEITERE HINWEISE
Bei Bedarf können Sie auch aus der *Schnellregisterkarten*-Ansicht heraus per Rechtsklick auf ein Vorschaubild die Aktualisierung aller Registerkarten veranlassen, Gruppierungen aufheben, einzelne Registerkarten mit einem Klick auf das *X* in der oberen Ecke des Vorschaubildes schließen usw.

Geeignet für folgende Windows-7-Versionen				
● Home Basic	● Home Premium	● Professional	● Enterprise	● Ultimate

Tabbed-Browsing – Surfen mit Registerkarten

DAS PROBLEM

Anstatt sich beim Surfen, wie auf einer einspurigen Autobahn, mit der linken Maustaste von Link zu Link durchzuklicken, können Sie mit dem Internet Explorer jederzeit mehrgleisig fahren. Sprich, haben Sie einen interessanten Link gefunden, während sich auf der aktuellen Seite noch Informationen befinden, auf die Sie später noch einmal zurückgreifen wollen, sollten Sie den Link in einer eigenen Instanz des Browsers öffnen. Da der Internet Explorer auch das so genannte Tabbed-Browsing unterstützt, müssen Sie dazu nicht erst über dessen Programmschaltfläche oder auf anderem Wege ein neues Programmfenster aufrufen. Bei Bedarf lassen sich beliebig viele Seiten innerhalb eines einzigen Browser-Fensters auf eigenständigen Registerkarten anordnen, die Ihnen danach schnellen Zugriff auf die darin geladenen Inhalte gewähren.

DER TIPP

Um einen Link in einer neuen Registerkarte (sprich Tab) zu öffnen, klicken Sie diesen einfach mit der mittleren Maustaste an. Sollte Ihre Maus nur zwei Tasten bieten, wählen Sie nach einem Rechtsklick auf den Link die Option *In neuer Registerkarte öffnen*, um ihn so in einer neuen Registerkarte aufzurufen. Auf diese Weise lassen sich bei einer Recherche im Internet beliebig viele Seiten innerhalb eines Fensters verwalten. Um zwischen den Seiten hin- und her zu wechseln, müssen Sie die jeweiligen Registerkarten lediglich anklicken.

Über das *Neue Registerkarte*-Symbol am rechten Rand der Registerkartenleiste können Sie jederzeit eine leere Registerkarte erstellen und in dieser dann durch Eingabe der entsprechenden Adresse eine neue Internetseite öffnen. Wenn Sie wollen, können Sie die Registerkarten auch umsortieren, indem Sie sich eine Registerkarte mit der Maus greifen und sie dann an der gewünschten Stelle positionieren. Wollen Sie eine Seite doppelt aufrufen, klicken Sie die dazugehörige Registerkarte per Rechtsklick an und wählen die Option *Registerkarte kopieren*, woraufhin eine neue Registerkarte mit identischem Inhalt erstellt wird, während Sie über *Alle aktualisieren* dafür sorgen, dass der Inhalt aller Registerkarten des Explorer-Fensters auf einmal aktualisiert wird. Um eine einzelne Registerkarte zu schließen, genügt ein Klick auf das dazugehörige *X*.

Internet Explorer

Über das *Tabbed-Browsing* verwalten Sie mehrere Webseiten in einem Fenster.

Damit Sie beim Aufruf zahlreicher Registerkarten nicht durcheinanderkommen, werden diese anhand ihres Ursprungsregisters farblich markiert. Rufen Sie z. B. über die Adressleiste die Seite *www.youtube.de* auf und öffnen von dieser aus neue Tabs, werden diese allesamt in ein und derselben Farbe dargestellt. Starten Sie anschließend den Aufruf von *www.ebay.de* und öffnen von dort aus weitere Registerkarten, erhalten diese eine andere Farbe. Dank dieser so genannten *Registerkartengruppen* können Sie stets auf einen Blick erkennen, zu welchem Themenstrang die einzelnen Registerkarten gehören. Wollen Sie einzelne Registerkarten aus ihrer Gruppenzugehörigkeit lösen, wählen Sie nach einem Rechtsklick die Option *Gruppierung dieser Registerkarte aufheben*.

Bei Bedarf lassen sich die so genannten Registerkartengruppen nach einem Rechtsklick auf eine Registerkarte über die Option *Registerkartengruppe schließen* auch auf einen Schlag schließen (sprich: Es werden alle Registerkarten mit identischer Farbe auf einmal geschlossen).

WEITERE HINWEISE

Das Surfen mit Registerkarten bietet viele Vorteile. Wollen Sie im Internet verschiedene Themen gleichzeitig recherchieren, ist es hingegen trotzdem sinnvoll, die diversen Themen in separaten Fenstern zu öffnen, um so eine noch bessere Übersicht zu behalten. So können Sie dann z. B. in einem Fenster Ihre eBay-Einkäufe erledigen, während Sie im anderen Nachforschungen zu Windows 7 betreiben. Neue Internet Explorer-Fenster öffnen Sie am bequemsten über die Tastenkombination [Strg]+[N].

Geeignet für folgende Windows-7-Versionen				
● Home Basic	● Home Premium	● Professional	● Enterprise	● Ultimate

Startseiten festlegen

DAS PROBLEM
Beim Start des Internet Explorers wird in den Grundeinstellungen automatisch die deutschsprachige Startseite des Microsoft Portals MSN geladen. Sie können stattdessen natürlich auch eine andere oder gleich mehrere Internetseiten als Startseiten definieren, die dann beim Aufruf des Browsers in einzelnen Registerkarten geladen werden.

DER TIPP
Um selbst zu bestimmen, welche Startseite bzw. Startseiten nach dem Öffnen des Internet Explorers geladen werden, öffnen Sie über den Menüpunkt *Extras* die *Internetoptionen*. Auf dem Register *Allgemein* können Sie unter dem Punkt *Startseite* der Reihe nach die Adresse(n) der Internetseite(n) eintragen, die Sie gerne als Startseite(n) verwenden würden. Wollen Sie beim Start lediglich eine leere Seite zu Gesicht bekommen, sorgen Sie mit einem Klick auf die Schaltfläche *Leere Seite* dafür, dass in der Startseitenliste alle Einträge gelöscht und stattdessen die Zeile *about:blank* eingefügt wird.

Tragen Sie die Adressen der gewünschten Startseiten in die Liste ein.

WEITERE HINWEISE
Wenn Sie in der Standardschaltflächenleiste des Internet Explorers auf das *Startseite*-Symbol klicken, wird umgehend die vordefinierte Startseite (bzw. Seiten) geladen. Über den rechts neben dem Symbol befindlichen Pfeil können Sie ein Menü öffnen, das Ihnen die Möglichkeit gibt, die aktuell angezeigte Seite als Startseite zu verwenden bzw. diese zur Liste der Startseiten hinzuzufügen oder nicht mehr gewünschte Startseiteneinträge zu entfernen.

Internetfavoriten erstellen und verwalten

Das Problem
Stoßen Sie beim Surfen im Internet auf eine Seite, die Sie gerne des Öfteren besuchen würden, brauchen Sie diese natürlich nicht jedes Mal erneut in die Adressenzeile einzutippen. Zum Archivieren und Verwalten Ihrer Lieblingsseiten verfügt der Internet Explorer über ein komfortables Favoritencenter, auf das Sie über die Favoriten-Schaltfläche in der oberen linken Ecke des Browsers zugreifen können.

Der Tipp
Haben Sie im Internet eine interessante Seite aufgerufen, lässt sich diese wahlweise mit der Tastenkombination [Strg]+[D] oder einem Klick auf *Favoriten > Zu Favoriten hinzufügen* als Link in der Liste Ihrer Internetfavoriten im Favoritencenter sichern. Im folgenden Fenster können Sie dem Favoriten bei Bedarf einen neuen Namen geben und dann festlegen, in welchem Favoritenordner Sie den Link speichern wollen. Über den Eintrag *Erstellen in* wird Ihnen eine Liste aller verfügbaren Favoritenordner angezeigt. Wählen Sie einen Ordner aus, oder richten Sie sich bei Bedarf über die Option *Neuer Ordner* einen neuen ein. Wenn Sie Ihre Links in aussagekräftigen Ordnern wie z. B. 'Online-Shopping', 'Treiber', 'Software' usw. einsortieren, behalten Sie stets den Überblick und ersparen sich später mühselige Suchaktionen nach vermissten Links. Wenn Sie das Favoritencenter mit einem Klick auf die *Favoriten*-Schaltfläche öffnen, finden Sie hier alle gespeicherten Links nach Ordnern sortiert. Um eine Seite in der aktuell geöffneten Registerkarte zu öffnen, genügt ein Klick auf den entsprechenden Link.

Weitere Hinweise
Im Favoritencenter lassen sich die einzelnen Einträge bei Bedarf auch mithilfe der Maus beliebig verschieben und sortieren. Wenn Sie einen Ordner mit der rechten Maustaste anwählen, können Sie über die entsprechenden Optionen neue Ordner erstellen, alle Einträge alphabetisch sortieren oder über die Option *In Registerkartengruppe öffnen* kurzerhand alle Favoriten eines Ordners auf einmal aufrufen lassen usw. Was es mit dem Ordner *Favoritenleiste* auf sich hat, erfahren Sie in Tipp: *Schnellzugriff auf Ihre Lieblingsfavoriten*.

Geeignet für folgende Windows-7-Versionen				
● Home Basic	● Home Premium	● Professional	● Enterprise	● Ultimate

Schnellzugriff auf Ihre Lieblingsfavoriten

DAS PROBLEM
Neben dem eigentlichen Favoritencenter verfügt der Internet Explorer auch noch über eine spezielle Favoritenleiste, auf der Sie bei Bedarf Ihre absoluten Lieblings-Links platzieren können, damit sich diese jederzeit mit nur einem Klick erreichen und öffnen lassen.

DER TIPP
Haben Sie die gewünschte Seite aktuell geöffnet, genügt ein einfacher Klick auf das links der Leiste befindliche, sternförmige und mit einem grünen Pfeil gekennzeichnete, *Zur Favoritenleiste hinzufügen*-Symbol. In der *Favoritenleiste* wird danach eine entsprechende Schaltfläche erstellt. Klicken Sie die Schaltfläche an, wird der darin hinterlegte Link umgehend in der aktuell geöffneten Registerkarte aufgerufen. Alternativ können Sie sich aber auch mithilfe der Maus eine Registerkarte greifen und diese dann gezielt an der gewünschten Position auf der Favoritenleiste ablegen. Wenn Sie das *Favoritencenter* öffnen, finden Sie darin einen Ordner namens *Favoritenleiste*. Genau hier werden alle auf der Leiste erstellten Internetverknüpfungen gesichert. Sie können die Leiste also auch von hier aus füllen, indem Sie die gewünschten Verknüpfungen einfach in den *Favoritenleiste*-Ordner verschieben.

WEITERE HINWEISE
Da die Favoritenleiste nur begrenzten Platz für Schaltflächen bietet, sollten Sie sich genau überlegen, welche Verknüpfungen Sie darauf platzieren. Ist die Schaltflächenleiste voll, erscheint auf der rechten Seite ein Pfeil, über den Sie dann in Form eines Dropdownmenüs auf die über den Rand hinausgerutschten Favoriten zugreifen können. Wenn Sie wollen, können Sie innerhalb des *Favoritenleiste*-Ordners per Rechtsklick auch Unterordner erstellen, die dann ebenfalls als Schaltfläche auf der Leiste erscheinen und sich via Mausklick aufklappen lassen. Um Ordnung zu schaffen, lassen sich die Favoritenleisten-Elemente mithilfe der Maus aber auch beliebig verschieben.

Geeignet für folgende Windows-7-Versionen

● Home Basic	● Home Premium	● Professional	● Enterprise	● Ultimate

Internet Explorer

Favoriten-, Menü- und Symbolleisten ein- und ausblenden

DAS PROBLEM

In den Grundeinstellungen ist die Favoritenleiste des Internet Explorers aktiviert. Sollten Sie das Tool aber nicht nutzen, nimmt es nur Platz weg, den Sie vielleicht lieber für andere Dinge oder einen größeren Bildausschnitt des Internet Explorer-Fensters zur Verfügung hätten. Ob und wenn ja, welche Symbolleisten, Toolbars und sonstige Elemente (wie z. B. die aus vergangenen Versionen des Browsers bekannte Menüleiste) im Internet Explorer angezeigt werden sollen, können Sie aber glücklicherweise selbst entscheiden.

DER TIPP

Wenn Sie im oberen Teil des Internet Explorer-Fensters im Bereich der Symbolleisten mit der rechten Maustaste auf eine freie Stelle klicken, können Sie im aufpoppenden Menü durch das Setzen bzw. Entfernen der Häkchen frei bestimmen, welche Symbol- und Schaltflächenleisten bzw. Toolbars dort angezeigt werden sollen und welche nicht. Entfernen Sie die *Befehlsleiste*, verschwinden die Standardsymbolschaltflächen aus dem oberen rechten Bereich des Fensters usw.

Entscheiden Sie selbst, welche Symbol- und Menüleisten Sie nutzen wollen.

WEITERE HINWEISE

Nutzen Sie die alte *Menüleiste* nur gelegentlich, können Sie diese auch deaktiviert lassen und sie dann bei Bedarf durch Druck auf die [Alt]-Taste jederzeit einblenden oder wieder schließen.

Geeignet für folgende Windows-7-Versionen				
● Home Basic	● Home Premium	● Professional	● Enterprise	● Ultimate

RSS-Newsfeeds – Feedschlagzeilen abonnieren

DAS PROBLEM
Viele Seiten bieten die Möglichkeit, sich die aktuellen Schlagzeilen in vereinfachter Form als so genannte RSS-Feeds anzuschauen oder diese zu abonnieren. Haben Sie einen Feed abonniert, können Sie mithilfe des Internet Explorers jederzeit die aktuellsten Nachrichten abrufen, ohne dazu erst die dazugehörige Internetseite öffnen zu müssen.

DER TIPP
Öffnen Sie eine Internetseite, auf der RSS-Feeds angeboten werden, leuchtet das *Feeds*-Symbol in der Standardschaltflächenleiste des Internet Explorers automatisch orange auf. Um sich die Feeds anzeigen zu lassen, genügt ein Klick auf das Symbol. Sind auf der Seite unterschiedliche Feedschlagzeilen im Angebot, können Sie diese über den rechts neben dem *Feeds*-Symbol befindlichen Pfeil gezielt auswählen. Haben Sie eine interessante Feed-Seite aufgerufen, können Sie wahlweise über den entsprechenden Link der angezeigten Seite oder mithilfe des Favoritencenters über die Schaltfläche *Favoriten > Feed abonnieren* kurzerhand abonnieren, um so später jederzeit wieder auf die neuesten Neuigkeiten dieser Seite zurückgreifen zu können. Ansonsten lassen sich abonnierte RSS-Feeds im Feeds-Bereich des Favoritencenters genauso verwalten, wie die normalen Internetfavoriten (siehe Tipp: *Internetfavoriten erstellen und verwalten*). Um die neuesten Schlagzeilen abzurufen, klicken Sie im Favoritencenter auf das neben dem Feed befindliche *Feed aktualisieren*-Symbol.

WEITERE HINWEISE
Nachdem Sie Feeds mit dem Internet Explorer abonniert haben, können Sie die News der abonnierten Seiten bei Bedarf auch in der Feedschlagzeilen-Minianwendung (siehe auch *Kapitel 9: Windows-Tools & Funktionen)* auf dem Desktop einbinden und so dafür sorgen, dass Sie die aktuellsten Neuigkeiten mithilfe dieses kleinen Newstickers stets im Auge behalten.

Geeignet für folgende Windows-7-Versionen				
● Home Basic	● Home Premium	● Professional	● Enterprise	● Ultimate

Suchfunktionen des Internet Explorers anpassen

Das Problem
Wenn Sie einen Suchbegriff in die Suchleiste des Internet Explorers eingeben, wird die Suchanfrage in den Grundeinstellungen automatisch an die Microsoft Suchmaschine *Bing* weitergeleitet. Bei Bedarf können Sie die Funktionen der Suchleiste aber auch anpassen und selbst bestimmen, mit welchem Anbieter oder Dienst eine Suche erfolgen soll.

Der Tipp
Wenn Sie über den rechts neben der Suchleiste befindlichen Pfeil die Option *Weitere Anbieter suchen* auswählen, wird Ihnen eine Auswahl weiterer Suchmaschinenanbieter angezeigt. Um neben Bing einen weiteren Anbieter zur Suchleiste hinzuzufügen, wählen Sie diesen einfach in der Liste aus und bestätigen, dass Sie ihn in die Suchleiste integrieren wollen. Abgesehen von normalen Suchmaschinen, lassen sich hier sogar die Suchoptionen von Anbietern wie eBay oder Amazon.de in die Suchleiste einbinden. Danach genügt es dann, den gewünschten Kandidaten im Menü der Suchleiste auszuwählen, um das eingegebene Suchwort an ihn zu übergeben. Über den Menüpunkt *Suchanbieter verwalten* definieren Sie unterdessen, welcher der installierten Suchdienste als Standard gelten soll.

Weitere Hinweise
Wenn Sie im *Suchen*-Menü die Option *Auf dieser Seite suchen* auswählen, wird die Suchanfrage nicht an eine Suchmaschine übergeben, sondern die aktuell angezeigte Seite nach entsprechenden Begriffen durchstöbert. Im oberen Teil des Internet Explorers erscheint daraufhin eine neue Leiste, auf der Sie genau ablesen können, ob und wenn ja, wie viele Begriffe mit dem Suchwort übereinstimmen, wobei diese auf der angezeigten Seite automatisch farblich hervorgehoben dargestellt werden.

Geeignet für folgende Windows-7-Versionen

| ● Home Basic | ● Home Premium | ● Professional | ● Enterprise | ● Ultimate |

InPrivate-Browsen – Sicher und spurenlos surfen

DAS PROBLEM
Im Internet gibt es natürlich nicht nur Gutes zu finden. Seiten, die Ihnen unerwünschten oder gar schadhaften Code unterjubeln wollen, oder auch einfach nur versuchen, Ihr Surfverhalten oder sonstige Informationen auszuspionieren lauern überall. Beim Surfen ist also stets etwas Vorsicht geboten. Wollen Sie sich irgendwann einmal auf Seiten begeben, bei denen Sie nicht sicher sind, ob Sie ihnen vertrauen können, sollten Sie dies (wenn überhaupt) nur im InPrivate-Modus des Internet Explorers tun, da dieser den bösen Buben die Arbeit erheblich erschwert und dafür sorgt, dass Sie sich deutlich sicherer und fast spurenlos durch Netz bewegen.

DER TIPP
Eine der wichtigsten Neuerungen des Internet Explorer 8 ist der *InPrivate*-Modus, den Sie jederzeit über die Schaltfläche *Sicherheit* aktivieren können. Es öffnet sich daraufhin umgehend ein neues Internet Explorer-Fenster, das durch die sowohl im Kopf als auch in der Adressleiste befindlichen Beschriftungen klarstellt, dass Sie mit diesem im *InPrivate*-Modus mit erhöhter Sicherheit surfen können.

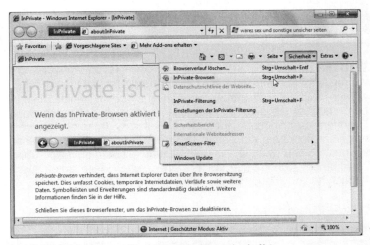

Im *InPrivate*-Modus bewegen Sie sich deutlich sicherer durchs Netz.

Im InPrivate-Modus können Sie ganz normal surfen und Seiten aufrufen, wobei der Internet Explorer aber automatisch alle eventuell installierten Werkzeugleisten deaktiviert und verhindert, das aufgerufene Seiten etwaige Überbleibsel auf Ihrem Rechner hinterlassen. Zwischengespeicherte Daten wie die Bilder von Webseiten werden zwar auch in diesem Modus temporär auf der Festplatte gespeichert, aber umgehend gelöscht, sobald Sie das InPrivate-Fenster wieder schließen. Die Annahme von so genannten Cookies (kleinen Dateien, die Webseiten auf Ihrem Rechner hinterlegen können, um Sie später wiederzuerkennen oder Ihre Einstellungen zu speichern, damit Sie beim Besuch von Seiten wie dem Onlineshop Amazon.de auch namentlich begrüßt werden können) wird beim InPrivate-Browsen genauso verweigert, wie die Webseitenaufforderung zum Installieren eines PlugIns, Ad-Ons oder ActiveX-Steuerelementen – ganz egal, ob diese tatsächlich als gefährlich eingestuft werden oder nicht. Hier gilt die Devise: Sicher ist sicher!

Weitere Hinweise

Der InPrivate-Modus ist nur im entsprechend gekennzeichneten Fenster aktiv. Mit den anderen können Sie unterdessen wie gewohnt im normalen Modus weiter surfen. Eine hundertprozentige Sicherheit kann Ihnen aber auch der InPrivate-Modus nicht bieten. Planen Sie den Besuch zwielichtiger Warez- oder Erotikseiten, sollten Sie zusätzlich sicherstellen, dass Ihr Virenscanner auf dem aktuellsten Stand ist und Sie dort nichts herunterladen, von dem Sie sich nicht sicher sind, dass es Ihnen keinen Schaden zufügen kann!

Geeignet für folgende Windows-7-Versionen				
● Home Basic	● Home Premium	● Professional	● Enterprise	● Ultimate

Sicherheitseinstellungen des Internet Explorers anpassen

DAS PROBLEM
Der Internet Explorer verfügt über eine ganze Reihe von Sicherheitsfeatures, die dazu beitragen sollen, dass Sie sich relativ sicher im World Wide Web bewegen können. Je nachdem, ob Sie mehr Wert auf Sicherheit oder komfortables Surfen legen, können Sie die Optionen bei Bedarf jederzeit an Ihre Bedürfnisse anpassen.

DER TIPP
Um die Sicherheitseinstellungen des Internet Explorers anzupassen, öffnen Sie über den Symbolleisteneintrag *Extras* die *Internetoptionen*, wo Sie auf dem Register *Sicherheit* eine Übersicht der wichtigsten Einstellungen erhalten. Der Internet Explorer unterteilt Webseiten prinzipiell in vier Zonen – *Internet, Lokales Intranet, Vertrauenswürdige Sites* und *Eingeschränkte Sites* – für die jeweils unterschiedlich starke Sicherheitsstufen gelten. Während das lokale Intranet als relativ sicher angesehen wird, herrscht für das Internet eine mittelhohe Sicherheitsstufe. Wird eine Seite nicht richtig angezeigt, obwohl Sie ihr sicher vertrauen, können Sie deren Adresse nach Auswahl der Zone *Vertrauenswürdige Sites* über die Schaltfläche *Sites* zur Zone der vertrauenswürdigen Internetseiten hinzufügen und so dafür sorgen, dass nur noch mittlere Einschränkungen gelten. Seiten, denen Sie nicht vertrauen, sollten Sie vorsichtshalber der Zone *Eingeschränkte Sites* hinzufügen, woraufhin diese mit höchster Sicherheitsstufe behandelt werden und somit kaum Schaden anrichten können. Mithilfe des Schiebereglers lassen sich die Sicherheitsstufen der einzelnen Zonen anpassen. Wollen Sie eine Sicherheitsstufe benutzerdefiniert konfigurieren, um dort z. B. eine bestimmte Aktion gezielt zu erlauben oder zu verbieten, lässt sich dies über die Schaltfläche *Stufe anpassen* realisieren.

Über den Eintrag *Geschützten Modus aktivieren* können Sie bestimmen, ob der Internet Explorer beim Surfen im Internet normal, oder in einem Modus mit extrem eingeschränkten Berechtigungen arbeitet. Ist der geschützte Modus aktiv, wird dem Internet Explorer z. B. der Zugriff auf wichtige Systemordner und sonstige kritische Elemente verwehrt, sodass ein eventuell in einer Internetseite verankerter Schädling nicht ohne Weiteres wirklichen Schaden auf dem System anrichten kann.

Internet Explorer

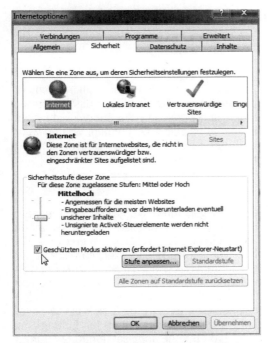

Passen Sie die Sicherheitseinstellungen des Internet Explorers an.

Weitere Hinweise

Für die Zonen *Internet* und *Eingeschränkte Sites* läuft der Internet Explorer in den Grundeinstellungen automatisch im geschützten Modus. Bei Bedarf können Sie diesen aber auch für das *Lokale Intranet* oder die *Vertrauenswürdigen Sites* aktivieren.

Datenschutzeinstellungen für Cookies und Popups

Das Problem
Cookies und Popups können zwar nützliche Informationen enthalten, werden aber oftmals auch zum Ausspionieren des Surfverhaltens und zum Einblenden unerwünschter Werbung missbraucht. Bei Bedarf können Sie aber auch selbst bestimmen, ob und wenn ja, welche Seiten auf Ihrem Rechner Cookies hinterlegen oder Popupfenster erscheinen lassen dürfen.

Der Tipp
Um die Datenschutzeinstellungen Ihren Wünschen entsprechend anzupassen, öffnen Sie über den Symbolleisteneintrag *Extras* die *Internetoptionen* und wechseln dort zum Register *Datenschutz*. Wie sich der Internet Explorer verhält, wenn eine Website beim Surfen versucht, einen Cookie auf Ihrem Rechner zu speichern, können Sie mithilfe des Schiebereglers definieren. In den Grundeinstellungen steht der Schalter auf der Stufe *Mittel*. Verschärfen Sie die Cookie-Regeln für die Internetzone, kann es sein, dass sich einige Seiten danach nicht mehr richtig anzeigen lassen. Über den Eintrag *Sites* können Sie aber eine Liste von Internetadressen eintragen, für die Sie dann jeweils unabhängig von den Datenschutzeinstellungen der Internetzone gezielt regeln können, ob die Annahme von Cookies beim Besuch dieser Seiten akzeptiert oder abgelehnt werden soll. Wollen Sie die Annahme von Cookies generell erlauben oder ablehnen, können Sie dies über die Schaltfläche *Erweitert* regeln, wovon aber eher abzuraten ist.

Über die Option *Popupblocker einschalten* können Sie festlegen, ob der Internet Explorer Popups generell zulassen soll oder nicht. In den Grundeinstellungen werden die meisten unerwünschten Werbebotschaften automatisch blockiert. Über die Schaltfläche *Einstellungen* bekommen Sie die Möglichkeit, den Popupblocker zu konfigurieren und die *Filterungsstufe* so anzupassen, dass tatsächlich alle Popups blockiert werden. Wollen Sie Popups einer bestimmten Seite zulassen, können Sie gezielt diese in der Liste der *Zugelassenen Sites* eintragen.

Internet Explorer

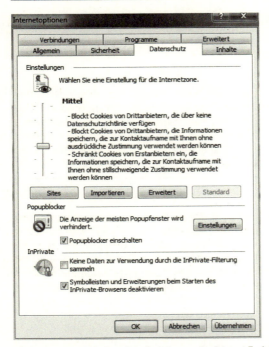

Hier lassen sich die Datenschutzeinstellungen des Internet Explorers konfigurieren.

WEITERE HINWEISE

Alternativ können Sie auch über die Symbolleiste des Internet Explorers regeln, ob die aktuell aufgerufene Seite Popups öffnen oder Cookies auf Ihrem Rechner hinterlegen darf. Wenn Sie auf der Symbolleiste auf *Extras* klicken, können Sie den *Popupblocker* jederzeit gezielt ein- oder ausschalten. Über *Sicherheit > Datenschutzrichtlinie der Webseite* gelangen Sie unterdessen zum *Datenschutzbericht*, in dem Ihnen anhand einer Liste genau angezeigt wird, ob und wenn ja, welche Elemente dieser Seite versucht haben, einen Cookie zu hinterlegen und ob dieser angenommen wurde oder nicht. Wenn Sie einen Eintrag mit der rechten Maustaste auswählen, können Sie gezielt festlegen, ob diese Seite zukünftig Cookies auf Ihrem Rechner speichern darf oder nicht.

Internetseiten im Kompatibilitätsmodus anzeigen

DAS PROBLEM
Sollte eine im Internet besuchte Seite Darstellungsfehler oder anderweitige Probleme aufweisen, liegt dies oftmals daran, dass die Seite für ältere oder andere Browser konzipiert wurde und Programmcode enthält, der vom Internet Explorer nicht richtig interpretiert werden kann. Mithilfe des Kompatibilitätsmodus des Internet Explorers lassen sich solche Probleme aber schnell aus der Welt schaffen.

DER TIPP
Stoßen Sie beim Surfen im Internet auf eine Seite, die vom Internet Explorer nicht vollständig und fehlerfrei interpretiert werden kann, erscheint neben der Adressleiste im oberen Bereich des Fensters ein *Kompatibilitätsansicht*-Schalter. Klicken Sie diesen an, wird die Internetseite daraufhin im Kompatibilitätsmodus für ältere Browserversionen neu geladen und dann umgehend wieder angezeigt – in der Regel sollten sich die meisten Probleme damit erledigt haben.

Konfigurieren Sie die Adressliste und Einstellungen des Kompatibilitätsmodus.

WEITERE HINWEISE
Haben Sie eine Seite in der Kompatibilitätsansicht geöffnet, wird deren Adresse automatisch in die interne Liste des Kompatibilitätsmodus aufgenommen, sodass Sie diesen beim nächsten Besuch dieses Webauftritts nicht erneut manuell starten müssen – in der Liste verzeichnete Adressen werden fortan automatisch im Kompatibilitätsmodus geladen.

Geeignet für folgende Windows-7-Versionen				
● Home Basic	● Home Premium	● Professional	● Enterprise	● Ultimate

Smartscreenfilter konfigurieren

DAS PROBLEM
Der Internet Explorer verfügt über einen so genannten Smartscreenfilter, der Webseiten nun nicht nur auf Phishingmerkmale, sondern auch auf andere Eigenschaften überprüft, die darauf hinweisen, dass ein Seite Böses im Schilde führt. Beim Aufruf einer solchen Seite erhalten Sie umgehend einen entsprechenden Warnhinweis. Da die Überprüfung von Webseiten stets etwas Zeit beansprucht, können Sie den Smartscreenfilter auch ausschalten und dann bei Bedarf manuell eine gezielte Überprüfung einer aufgerufenen Webseite veranlassen.

DER TIPP
Über den Symbolleisteneintrag *Sicherheit > Smartsceenfilter* können Sie die automatische Überprüfung von Webseiten jederzeit ein- oder ausschalten und so in letzterem Fall dafür sorgen, dass die Internetseiten deutlich schneller auf dem Bildschirm erscheinen. Um eine Seite gezielt auf betrügerische Hinweise überprüfen zu lassen, wählen Sie die Option *Diese Webseite überprüfen*. Haben Sie eine Webseite gefunden, die eindeutig betrügerischen Zwecken dient oder gefährliche Inhalte enthält, vom Filter aber noch nicht erkannt wurde, können Sie diese über die entsprechende Option an Microsoft melden, um so dafür zu sorgen, dass andere zukünftig vor dieser Seite gewarnt werden.

WEITERE HINWEISE
Wollen Sie nicht nur die automatische Überprüfung von Webseiten ausschalten, sondern den Smartscreenfilter komplett deaktivieren, entfernen Sie über *Extras > Internetoptionen > Erweitert > Sicherheit > Smartscreenfilter aktivieren* das dazugehörige Häkchen, wovon aus Gründen Ihrer eigenen Sicherheit aber eher abzuraten ist!

Geeignet für folgende Windows-7-Versionen				
● Home Basic	● Home Premium	● Professional	● Enterprise	● Ultimate

Kapitel 10: Internet & Mail

Add-Ons verwalten

Das Problem

Unter Add-Ons versteht man Zusatzprogramme für den Internet Explorer, die den unterschiedlichsten Zwecken dienen können. Der Adobe Flash Player sorgt z. B. dafür, dass der Internet Explorer auch Seiten und Elemente anzeigen kann, die als animierte Flash-Präsentation ins Netz gestellt wurden, während die Yahoo- oder Google-Toolbar jeweils eine zusätzliche Symbolleiste in den Internet Explorer integrieren, über die Sie dann bequem auf die Suchfunktionen und sonstigen Features dieser Anbieter zurückgreifen können. Welche der installierten Add-Ons oder sonstigen ActiveX-Steuerelemente im Internet Explorer tatsächlich aktiv sein sollen, können Sie auch selbst bestimmen.

Der Tipp

Versucht eine Internetseite ein Add-On zu installieren, erscheint im Info-Bereich eine entsprechende Warnmeldung und Sie müssen der Installation gezielt zustimmen, bevor das Programm eingerichtet wird. Andere Add-Ons landen hingegen oftmals auch unauffällig im Rahmen einer normalen Softwareinstallation auf Ihrem Rechner, ohne dass Sie etwas dagegen tun könnten (wie z. B. die Yahoo!-Toolbar beim Installieren des Adobe Readers).

Um selbst zu bestimmen, welche Add-Ons im Internet Explorer aktiv sein sollen und welche nicht, öffnen Sie über den Symbolleisteneintrag *Extras > Add-Ons verwalten* die Add-On-Verwaltung des Browsers, in der Sie sich sowohl eine Liste aller aktuell aktiven als auch aller auf dem System eingerichteten Add-Ons anzeigen lassen können.

Markieren Sie ein unerwünschtes Element, können Sie es über die entsprechende Schaltfläche in der im unteren Teil des Fensters gezeigten Detailbeschreibung gezielt *Deaktivieren* oder später auch wieder *Aktivieren*.

Bei Bedarf lassen sich nachträglich heruntergeladene Add-Ons und ActiveX-Steuerelemente nach einem Doppelklick über die entsprechende Schaltfläche auch wieder entfernen. Sollte die Option nicht verfügbar sein, handelt es sich entweder um ein Windows eigenes Werkzeug oder einen Teil eines Programms. In letzterem Fall können Sie dieses dann über *Start > Systemsteuerung > Programme > Programm deinstallieren* vom Rechner entfernen.

Internet Explorer

Die *Add-On-Verwaltung* des Internet Explorers

WEITERE HINWEISE

Sind Sie gezielt auf der Suche nach Add-Ons für den Internet Explorer, gelangen Sie über den Favoritenleisteneintrag *Mehr Add-Ons zu* bzw. den entsprechenden Eintrag in der Add-On-Verwaltung zu einer Auswahl nützlicher Zusatzprogramme und Werkzeugen aus den unterschiedlichsten Bereichen.

Browserverlauf löschen

DAS PROBLEM
Während Sie im Internet surfen, sammeln sich mit der Zeit Unmengen von Daten an – temporäre Dateien des Internet Explorers, Cookies, gespeicherte Kennwörter usw. Bei Bedarf können Sie diese Daten jederzeit gezielt von der Festplatte löschen, was nicht nur Ihrer Sicherheit dient, sondern zusätzlich auch noch neuen Platz auf der Festplatte schafft.

DER TIPP
Wenn Sie über den Menüeintrag *Sicherheit* das Fenster *Browserverlauf löschen* aufrufen, können Sie dort gezielt die temporären Internetdateien, Cookies, die Liste der zuletzt besuchten Webseiten (Verlauf), gespeicherte Formulardaten, die während des InPrivate-Browsens gesammelten Daten oder auch die Liste gespeicherter Kennwörter löschen. Welche Elemente gelöscht werden sollen, legen Sie durch das Setzen der Häkchen vor den entsprechenden Einträge fest. Beim Löschen von Cookies sollten Sie bedenken, dass dadurch auch zuvor gespeicherte Einstellungen von bestimmten Webseiten (wie z. B. die Anpassung der Ansichtsoptionen Ihres Lieblingsforums) verloren gehen. Löschen Sie Ihre gespeicherten Webkennwörter, müssen Sie sich beim nächsten Besuch der entsprechenden Seiten natürlich wieder manuell durch Eingabe des passenden Benutzernamens und Kennworts anmelden.

WEITERE HINWEISE
Wie viel Platz dem Internet Explorer für die Lagerung temporärer Dateien prinzipiell zur Verfügung stehen soll, können Sie über *Extras > Internetoptionen > Allgemein* im Bereich *Browserverlauf* über die Schaltfläche *Einstellungen* regulieren. Bei Bedarf können Sie dort auch die temporären Internetdateien einsehen und bestimmen, wie lange Internetseiten in der Liste der zuletzt besuchten Webseiten gespeichert bleiben sollen.

Geeignet für folgende Windows-7-Versionen				
● Home Basic	● Home Premium	● Professional	● Enterprise	● Ultimate

Windows Live Mail

Da Windows 7 im Gegensatz zu den vorangegangenen Windows-Versionen von Haus aus zunächst keinen eigenen E-Mail-Client mitbringt, müssen Sie sich ein solches Programm gegebenenfalls selbst besorgen – z. B. *Windows Live Mail*, das wir Ihnen hier etwas genauer vorstellen wollen.

Mit *Windows Live Mail* haben Sie Ihren E-Mail-Verkehr im Griff.

In den folgenden Abschnitten erfahren Sie, wie Sie mit Windows Live Mail mehrere E-Mail-Konten gleichzeitig verwalten, wie Sie die Rechtschreibprüfung, die Sicherheitseinstellungen und die erweiterten Optionen des Programms konfigurieren, wie Sie E-Mails als Blindkopien versenden und Lesebestätigungen von den Empfängern anfordern, wie Sie Signaturen oder Visitenkarten erstellen und diese in Ihre Mails einfügen und was Sie bei all diesen Dingen beachten sollten.

Windows Live Mail und Konto einrichten

DAS PROBLEM

Um Windows Live Mail nutzen zu können, müssen Sie das Programm zunächst herunterladen und installieren. Neben dem eigentlichen E-Mail-Client birgt Windows Live Mail allerdings auch noch einige Zusatzdienste in sich (z. B. einen praktischen Kalender) und lässt sich hervorragend mit anderen Live-Diensten gemeinsam nutzen. Um alle Funktionen des Programms in vollem Umfang nutzen zu können, benötigen Sie ein Windows Live Konto, welches Ihnen gleichzeitig auch noch eine eigenen E-Mail-Account verschafft.

DER TIPP

Falls noch nicht geschehen, laden Sie sich von der Seite *http://download.live.com/* die Setup-Datei der *Windows Live Essentials* herunter, rufen das Setup auf und wählen aus, welche Programmteile des Pakets Sie installieren wollen – dabei sollte natürlich zumindest das Häkchen vor Windows Live Mail aktiviert sein.

Besitzen Sie noch kein eigenes Windows Live Konto, können Sie sich ein solches kostenlos unter der Adresse *http://login.live.com/* einrichten. Das Schöne dabei: Sie erhalten im Rahmen des Registrierungsprozesses eine so genannte *Live ID*, die sich nicht nur für die Nutzung von Diensten wie z. B. *Windows Live Family Safety* (siehe auch Kapitel 4: *Benutzerkonten & Jugendschutz*), *Xbox Live* oder dem *Windows Live Messenger* nutzen lässt, sondern gleichzeitig auch einen vollwertigen E-Mail-Account darstellt (z. B. *Mein.Name@live.com*).

WEITERE HINWEISE

Besitzen Sie ein Windows Live Konto, können Sie Ihre E-Mails, Kontakte, Termine und sonstige Daten zwischen Windows Live Mail und dem Windows Live Server synchronisieren, sodass Sie auch im Urlaub und auf Geschäftsreisen nach Einwahl in diesen Dienst stets auf den aktuellsten Datenbestand zurückgreifen können, über das Webinterface E-Mails versenden u. empfangen usw.

Geeignet für folgende Windows-7-Versionen				
● Home Basic	● Home Premium	● Professional	● Enterprise	● Ultimate

Windows Live E-Mail-Konto in Windows Live Mail einrichten

DAS PROBLEM

Wenn Sie Windows Live Mail zum ersten Mal starten, gilt es zunächst einmal, ein E-Mail-Konto im Programm einzurichten, um mit diesem E-Mails versenden und empfangen zu können. Gesetzt den Fall, dass Sie bereits ein *Windows Live Konto* besitzen, gestaltet sich die Einrichtung besonders einfach.

DER TIPP

Beim ersten Start von Windows Live Mail öffnet sich automatisch der Assistent zur Einrichtung eines E-Mail-Kontos zu Wort. Geben Sie hier einfach Ihre Windows Live *E-Mail-Adresse* (z. B. *Mein.Name@live.de* oder *Mein.Name@hotmail.com*) und das dazugehörige *Kennwort* in die dafür vorgesehenen Felder ein und legen dann unter *Anzeigename* fest, welcher Name den Empfängern Ihrer Mails als Absender angezeigt werden soll. Durch Aktivieren des Häkchens vor dem Eintrag *Kennwort speichern* sorgen Sie dafür, dass Sie das Kennwort später nicht vor jedem Verbindungsaufbau zum E-Mail-Server manuell eingeben müssen. Besitzen Sie hingegen noch kein eigenes Windows Live E-Mail-Konto, oder wollen Sie ein zusätzliches einrichten, gelangen Sie über den Eintrag *Richten Sie ein kostenloses E-Mail-Konto ein* zur Registrierungsseite von Windows Live. Nachdem Sie fertig sind, klicken Sie auf *Weiter*, um den Zugang zu Ihrem E-Mail-Account zu testen und den Vorgang somit erfolgreich abzuschließen.

WEITERE HINWEISE

Bevor Sie mit Ihrem neu eingerichteten *Windows Live E-Mail-Konto* Nachrichten versenden und empfangen können, müssen Sie *Windows Live Mail* zunächst noch einmal mit den auf dem E-Mail-Server hinterlegten Daten synchronisieren. Klicken Sie dazu einfach im Kopf des Programmfensters auf die Schaltfläche *Herunterladen* – bereits wenige Sekunden später steht Ihrem erfolgreichen E-Mail-Verkehr mit *Windows Live Mail* nichts mehr im Wege.

Geeignet für folgende Windows-7-Versionen				
● Home Basic	● Home Premium	● Professional	● Enterprise	● Ultimate

E-Mail-Konten nachträglich konfigurieren

DAS PROBLEM
Wollen Sie ein zuvor eingerichtetes E-Mail-Konto nachträglich konfigurieren, um so z. B. dessen Bezeichnung, ein geändertes Kennwort oder Serverdaten anzupassen, oder dafür zu sorgen, dass E-Mails nach dem Abruf durch den E-Mail-Client nicht automatisch vom Server gelöscht werden, sondern dort weiterhin verfügbar bleiben, lässt sich dies mit ein paar Klicks erledigen.

DER TIPP
Um ein Konto nachträglich zu konfigurieren, klicken Sie es im Navigationsbereich auf der linken Seite des Windows Live Mail-Fensters an und wählen die Option *Eigenschaften*. Im Fenster *[Mein E-Mail Konto] > Eigenschaften* können Sie Ihrem Konto auf dem Register *Allgemein* nun unter der Rubrik *E-Mail-Konto* einen Namen Ihrer Wahl geben. Wollen Sie nicht, dass das Konto beim Klicken auf die *Synchronisieren*-Schaltfläche automatisch alle E-Mails versendet und abholt, sondern nur dann tätig wird, wenn Sie die Option speziell für dieses Konto aufrufen, können Sie den Punkt *Dieses Konto beim Empfangen oder Synchronisieren von E-Mails einbeziehen* deaktivieren.

Über das Register *Server* können Sie bei Bedarf Serverzugangsdaten überprüfen und gegebenenfalls korrigieren oder anpassen.

Ist für das Konto eine spezielle Internetverbindung erforderlich, können Sie unter *Verbindung* bestimmen, mit welchem der eingerichteten Internetzugänge dieses Konto online gehen soll.

Sind Sie des Öfteren mit dem Laptop unterwegs oder wollen Sie von mehreren Computern aus auf Ihr E-Mail-Konto zugreifen, finden Sie auf dem Register *Erweitert* unter dem Punkt *Zustellung* eine Option, mit der Sie dafür sorgen können, dass E-Mails nach der Abholung nicht vom Server gelöscht werden, sondern für eine festgelegte Anzahl von Tagen verfügbar bleiben, sodass Sie die Nachrichten z. B. zunächst am Arbeitsplatz lesen und dann von zu Hause aus erneut abrufen können.

Windows Live Mail

Die Eigenschaften der E-Mail-Konten lassen sich auch nachträglich konfigurieren.

WEITERE HINWEISE

Verwenden Sie digitale Signaturen oder die E-Mail-Verschlüsselung, lassen sich die dazugehörigen Zertifikate über das Register *Sicherheit* einbinden.

Vorschaufenster deaktivieren und Layout anpassen

DAS PROBLEM
Wenn Sie eine empfangene E-Mail-Nachricht im Listenbereich von Windows Mail anklicken, wird diese umgehend im daneben befindlichen Vorschaufenster angezeigt, was zwar zunächst praktisch klingt, aber in puncto Sicherheit und Übersichtlichkeit deutliche Nachteile in sich birgt.

DER TIPP
Der größte Nachteil der automatischen E-Mail-Vorschau ist, dass nie ausgeschlossen werden kann, dass irgendwann Sicherheitslücken gefunden werden, mit denen sich trotz restriktiver Sicherheitseinstellungen bereits in der Vorschau schädlicher Code in das System einschleusen lässt. Da Sie eine E-Mail nicht löschen können, ohne dass sie nach ihrer Auswahl automatisch in der Vorschau geladen wird, hätten Sie in diesem Fall ein Problem. Des Weiteren werden markierte E-Mails nach einigen Sekunden automatisch als 'gelesen' markiert – egal, ob Sie diese in der Vorschau wirklich gelesen haben oder nicht.

Um mehr Sicherheit und eine bessere Übersicht zu genießen, sollten Sie die Vorschau also besser deaktivieren. Öffnen Sie dazu über den im oberen rechten Teil des Fensters befindlichen Menüleisten-Eintrag *Menüs > Layout* das Fenster *Layout* und entfernen Sie das Häkchen vor dem Eintrag *Lesebereich anzeigen*, um den kompletten Vorschaubereich aus dem Hauptfenster von Windows Live Mail zu entfernen. Danach können Sie Ihre E-Mails gezielt per Doppelklick in einem eigenen Fenster öffnen und lesen, bzw. unerwünschte Elemente per Rechtsklick aus der Liste löschen, ohne dass deren Inhalt geladen wird und irgendwelchen Schaden anrichten könnte.

Windows Live Mail

Deaktivieren Sie das Vorschaufenster von *Windows Live Mail*.

WEITERE HINWEISE

Über die restlichen Layout-Optionen können Sie bei Bedarf auch noch das Layout des *Ordnerbereichs*, der *Nachrichtenliste* und die Anzeige der *Kopfzeilen* von E-Mails Ihren Bedürfnissen entsprechend anpassen. Nach einem Klick auf die *Anwenden*-Schaltfläche werden die Änderungen sofort sichtbar, sodass Sie in Ruhe ausprobieren können, welche Layoutoptionen Ihnen am ehesten zusagen.

Zusätzliche E-Mail-Konten einrichten

DAS PROBLEM

Mit Windows Live Mail lassen sich bei Bedarf natürlich auch mehrere E-Mail-Konten auf einmal verwalten, wobei es egal ist, ob Sie diese bei Windows Live oder einem anderen Anbieter eingerichtet haben.

DER TIPP

Um nachträglich zusätzliche E-Mail-Konten einzurichten, klicken Sie auf den unter dem Bereich *Postausgang* befindlichen Eintrag *E-Mail-Konto hinzufügen* – er führt Sie auf direktem Weg zum Assistenten für die Einrichtung eines neuen E-Mail-Kontos. Handelt es sich bei dem zusätzlichen Konto um einen Windows Live- oder Hotmail-Account, genügt es, die *E-Mail-Adresse*, das *Kennwort* und den *Anzeigenahmen* einzugeben. Wollen Sie ein Konto eines anderen E-Mail-Anbieters hinzufügen, müssen Sie dessen Serverdaten hingegen manuell eingeben. Aktivieren Sie in diesem Fall das Häkchen vor dem Eintrag *Servereinstellungen für das E-Mail-Konto manuell konfigurieren* und klicken anschließend auf *Weiter*. Hier können Sie nun die Adresse Ihres POP3-Posteingangsservers, des Postausgangsservers (SMTP) und eine gegebenenfalls von der E-Mail Adresse abweichende Anmelde-ID angeben. Bei einigen E-Mail-Providern können E-Mails erst versandt werden, nachdem Sie sich im POP3-Server eingeloggt und somit authentifiziert haben. Um das Problem zu lösen, aktivieren Sie das Häkchen vor dem Eintrag *Ausgangsserver erfordert Authentifizierung*. Nachdem Sie die Eingabe bestätigt haben, erfolgt noch ein kurzer Testlauf. Danach können Sie die Konten verwenden.

WEITERE HINWEISE

Um festzulegen, welches Ihrer E-Mail-Konten als Standardkonto für den Versand Ihrer Mails gelten soll, klicken Sie es im Navigationsbereich auf der linken Seite des Windows Mail-Fensters mit der rechten Maustaste an und wählen die Option *Als Standardkonto festlegen*.

Geeignet für folgende Windows-7-Versionen				
● Home Basic	● Home Premium	● Professional	● Enterprise	● Ultimate

Automatisches Senden und Empfangen von E-Mails konfigurieren

DAS PROBLEM
In den Grundeinstellungen werden beim Öffnen von Windows Mail automatisch alle Konten auf neue Nachrichten überprüft und noch nicht versendete E-Mails nach ihrer Fertigstellung ohne Nachfrage auf den Weg geschickt. Wollen Sie lieber selbst bestimmen, wann Sie Ihre E-Mails abholen oder versenden, lässt sich dies recht einfach erledigen.

DER TIPP
Um selbst die Kontrolle darüber zu behalten, wann Ihre E-Mail-Konten auf neue Nachrichten überprüft und von Ihnen erstellte Nachrichten versandt werden, öffnen Sie über den Menüleisten-Eintrag *Menüs > Optionen* die Optionen von Windows Live Mail und entfernen auf dem Register *Allgemein* zunächst das Häkchen vor dem Eintrag *Beim Start Nachrichten senden und empfangen*.

Normalerweise werden E-Mails bei bestehender Onlineverbindung nach der Fertigstellung ohne weitere Nachfrage umgehend an den Empfänger versandt. Fällt Ihnen dann später ein, dass Sie gerne noch einmal eine Änderung vorgenommen hätten, ist es bereits zu spät. Um dafür zu sorgen, dass die E-Mails im *Postausgang* verbleiben, bis Sie gezielt die *Synchronisieren*-Schaltfläche bemühen, wechseln Sie zum Register *Senden* und deaktivieren dort die Option *Nachrichten sofort senden*.

WEITERE HINWEISE
Im Gegensatz zum Versenden, dürfte das automatische Empfangen von Mails in den meisten Fällen kein Problem für den Benutzer darstellen. Auf dem Register *Allgemein* können Sie mit der Option *Nachrichteneingang alle 30 Minute(n) prüfen* festlegen, ob Windows Live Mail in regelmäßigen Abständen automatisch auf die Suche nach neuen E-Mails gehen soll oder nicht. Ob dies nur bei bestehender Online-Verbindung geschehen soll, oder ob dafür extra eine Verbindung aufgebaut wird, können Sie genauso definieren, wie die Zeitabstände, in denen diese Aktion ausgeführt wird.

Geeignet für folgende Windows-7-Versionen				
● Home Basic	● Home Premium	● Professional	● Enterprise	● Ultimate

E-Mails an mehrere Empfänger gleichzeitig versenden

DAS PROBLEM
Wollen Sie eine E-Mail an mehrere Personen gleichzeitig verschicken, stehen Ihnen dazu verschiedene Optionen zur Auswahl. Sie können die E-Mail-Adressen der Empfänger wahlweise manuell eintragen oder diese bequem aus Ihren gespeicherten Kontakten abrufen. Je nachdem, um was es sich bei Ihrem Schreiben handelt, sollten Sie dabei aber ein paar Dinge beachten.

DER TIPP
Wenn Sie E-Mails an mehrere Personen verschicken wollen, genügt es theoretisch, deren E-Mail-Adressen durch Semikolons getrennt in der *An:*-Zeile des Fensters *Neue Nachricht* einzutragen – also z. B. *max.muster@t-online.de*; *paula.muster@gmx.de*. Alternativ können Sie durch Klick auf die *An:*-Schaltfläche im Fenster *E-Mail senden* auch eine Liste Ihrer gespeicherten Kontakte aufrufen und die Empfänger oder Empfängergruppen dann per Doppelklick in die *An:*-Zeile einfügen.

E-Mail-Empfänger lassen sich gezielt als Haupt-, Kopie- oder unsichtbarer Blindkopieempfänger eintragen.

Wenn Sie die Adressen der Nachrichtenempfänger nicht manuell in die entsprechenden Zeilen eintragen, sondern das *E-Mail senden*-Menü öffnen, bekommen Sie dort auch noch die Möglichkeit, Personen als so genannte Kopieempfänger ins Feld *Cc:* einzutragen, um so klar zu stellen, dass eine bestimmte Person der Hauptempfänger ist, während die anderen nur als Mitleser über das Geschehen informiert werden. Des Weiteren können Sie hier über das Feld *Bcc:* auch noch so genannte Blindkopieempfänger definieren. Der Blindkopieempfänger erhält genau die gleiche Mail wie die anderen Empfänger, bleibt für diese aber vollkommen unsichtbar. Nach dem Senden der Mail taucht seine Adresse weder im Kopf der Mail auf noch ist sie in der Empfängerliste ersichtlich. Er bleibt also ein völlig anonymer Mitleser. Soll eine Mail an eine zuvor definierte Gruppe von Empfängern versandt werden, müssen Sie diese nicht einzeln auswählen – per Doppelklick auf den entsprechenden Gruppeneintrag, landet diese umgehend im Feld *An:* und wird dann an alle darin enthaltenen Adressen verschickt.

WEITERE HINWEISE

Die Empfänger Ihrer E-Mails als Blindkopieempfänger einzutragen, ist vor allem auch dann sinnvoll, wenn Sie gerne Kettenbriefe und sonstige Massenmails weiterleiten. Auf diese Weise verhindern Sie, dass andere später die E-Mail-Adressen Ihrer Kontakte mitlesen können. Man weiß schließlich nie, wer diese Mails später noch in die Hände bekommt und die darin befindlichen Adressen zum Verteilen von Werbemüll und sonstigen unerwünschten Mailbotschaften nutzt.

Geeignet für folgende Windows-7-Versionen				
● Home Basic	● Home Premium	● Professional	● Enterprise	● Ultimate

Rechtschreibprüfung nutzen und konfigurieren

Das Problem
Windows Live Mail Ihre Texte bereits während der Eingabe auf etwaige Fehler und beherrscht zudem auch noch mehrere Sprachen. Bei Bedarf können Sie die Einstellungen der Rechtschreibprüfung jederzeit anpassen.

Der Tipp
Findet Windows Live Mail in Ihrem E-Mail-Text einen Fehler, wird dieser umgehend rot unterstrichen hervorgehoben. Um den Fehler auszumerzen, klicken Sie das entsprechende Wort einfach mit der rechten Maustaste an und lassen Sie sich von der Rechtschreibprüfung einen Korrekturvorschlag machen. Nachdem Sie den passenden Eintrag angeklickt haben, wird das Wort im E-Mail-Text automatisch korrigiert. Sind Sie sicher, dass ein bemängeltes Wort richtig geschrieben wurde, können Sie dieses über den Eintrag *Zum Wörterbuch hinzufügen* in den Wortschatz der Rechtschreibprüfung aufnehmen, sodass diese Stück für Stück dazulernt. Wenn Sie aus dem Hauptfenster heraus über *Menüs > Optionen* die Optionen von *Windows Live Mail* öffnen, können Sie das Regelwerk und die erweiterten Optionen der Rechtschreibprüfung über das Register *Rechtschreibung* Ihren Wünschen entsprechend anpassen. Bei Bedarf lässt sich hier auch die Sprache festlegen, in der Ihre Texte überprüft werden sollen, sodass z. B. auch Ihre englischsprachige Korrespondenz fortan fehlerfrei auf den Weg zum Empfänger geschickt werden kann. Welche Sprachwörterbücher verfügbar sind, wird Ihnen anhand einer übersichtlichen Liste angezeigt. Bei Bedarf lassen sich hier auch jederzeit weitere Wörterbücher nachinstallieren.

Weitere Hinweise
Auf dem Register *Rechtschreibung* können Sie auch festlegen, ob Wörter mit Zahlen oder Wörter, die in Großbuchstaben geschrieben wurden, ignoriert werden, ob der Originaltext beim Beantworten oder Weiterleiten einer Mail kontrolliert wird usw. Wollen Sie Wörter zum Benutzerwörterbuch hinzufügen, oder eine Liste aller bisher hinzugefügten Begriffe einsehen, lässt sich dies durch einen Klick auf die im Bereich *Wörterbuch* befindliche *Bearbeiten*-Schaltfläche erledigen.

Geeignet für folgende Windows-7-Versionen				
● Home Basic	● Home Premium	● Professional	● Enterprise	● Ultimate

Windows Live-Kontakte mit Windows Kontakten abgleichen

DAS PROBLEM
Bei der Installation von Windows Live Mail importiert das Programm automatisch alle bisher in den Windows Kontakten Ihres Benutzerkontos gespeicherten Einträge. Danach arbeitet Windows Live Mail völlig autark mit seinem eigenen Adressbuch weiter. Sprich: Fügen Sie ihren Windows Kontakten neue Daten hinzu, werden diese von Windows Live Mail nicht ohne Ihr Zutun übernommen.

DER TIPP
Um die neuesten Einträge Ihres Windows Kontakte-Ordners auch im Adressbuch der Windows Live-Kontakte verfügbar zu machen, müssen Sie diese manuell importieren. Öffnen Sie dazu aus dem Hauptfenster von Windows Live Mail über den *Kontakte*-Eintrag im Navigationsbereich das Fenster *Windows Live-Kontakte* und wählen Sie dort über *Menüs > Importieren* die Option *Adressbuch für aktuellen Windows-Benutzer*. Danach werden alle bisher noch nicht vorhandenen Datensätze in die Windows Live-Kontakte importiert.

WEITERE HINWEISE
In den Grundeinstellungen von Windows Live Mail werden Kontakte automatisch zum eigenen Adressbuch hinzugefügt, wenn Sie einem Absender mehr als zweimal auf eine Mail geantwortet haben. Wollen Sie auf diesen Automatismus verzichten, können Sie dieses Verhalten aus dem Windows Live Mail-Hauptfenster heraus über *Menüs > Optionen > Senden > Adresse nach der dritten Antwort in die Kontakte übernehmen* jederzeit abschalten. Wollen Sie einen Absender in Ihren Live-Kontakten speichern, können Sie ihn nach einem Rechtsklick auf dessen E-Mail auch bequem mit der Option *Absender zu den Kontakten hinzufügen* in Ihr Adressbuch aufnehmen.

Geeignet für folgende Windows-7-Versionen

| ● Home Basic | ● Home Premium | ● Professional | ● Enterprise | ● Ultimate |

Signaturen erstellen und zu E-Mails hinzufügen

DAS PROBLEM
Anstatt Standardphrasen, wie z. B. Ihre Kontaktdaten oder ein Grußwort jedes Mal manuell ans Ende Ihrer E-Mails einzutippen, können Sie sich auch einfach entsprechende Vorlagen erstellen, die sich dann wahlweise automatisch oder bequem per Mausklick als Signatur in Ihre Mails befördern lassen.

DER TIPP
Um sich eigene Signaturen anzufertigen, öffnen Sie aus dem Hauptfenster von Windows Live Mail heraus über *Menüs > Optionen* das Register *Signaturen*, wo Sie nun über die Schaltfläche *Neu* eine neue Signatur erstellen und im darunter gelegenen Feld den passenden Text dazu verfassen können. Über den Punkt *Datei* können Sie auch vorgefertigte Text-Dateien oder selbst erstellte HTML-Dokumente als Signatur verwenden. Letztere bieten dann auch die Möglichkeit, neben Text auch Bilder (wie z. B. Ihr Logo) in eine Signatur zu integrieren. Mithilfe der Schaltfläche *Erweitert* können Sie anschließend festlegen, für welche der von Ihnen eingerichteten Konten die ausgewählte Signatur gelten soll, während Sie über *Als Standard* festlegen, welche Ihrer Signaturen für Konten ohne eigene Signatur als Standard gelten soll. Wenn Sie unter dem Punkt *Signatureinstellungen* die Option *Allen ausgehenden Nachrichten Signaturen hinzufügen* aktivieren, wird die Standardsignatur dann automatisch in jeder neu erstellten Mail platziert. Alternativ können Sie beim Verfassen einer Nachricht über *Menüs > Signatur einfügen* auch gezielt auswählen, welche der gespeicherten Signaturen Sie an der aktuellen Position des Cursors ins Nachrichtentextfeld einfließen lassen wollen.

Windows Live Mail

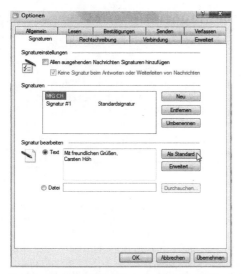

Erstellen Sie eigene *Signaturen*, die Sie dann automatisch in Ihre Mails einfließen lassen können.

WEITERE HINWEISE

Wollen Sie Empfängern Ihre Kontaktdaten zukommen lassen, können Sie dies auch in Form einer digitalen Visitenkarte erledigen. Öffnen Sie dazu aus dem Hauptfenster von Windows Live Mail heraus über *Menüs > Optionen* das Register *Verfassen,* wo Sie durch das Setzen des entsprechenden Häkchens dafür sorgen, dass Ihre Visitenkarte automatisch an ausgehende Mails angehängt wird. Wollen Sie Ihre persönlichen Kontaktdaten noch einmal überprüfen oder anpassen, gelangen Sie über die *Bearbeiten*-Schaltfläche ans Ziel. Anstatt das Versenden Ihrer Visitenkarte zu automatisieren, können Sie diese aus dem Fenster einer neu erstellten Mail aber auch über *Menüs > Meine Visitenkarte einfügen* auch jederzeit gezielt an eine Mail anhängen. Die Kontaktdaten werden dabei jeweils in Form einer VCF-Datei (eine so genannte vCard) an Ihre E-Mails angefügt. Der Empfänger kann Ihre Kontaktdaten dann nach dem Öffnen der Visitenkarte bei Bedarf automatisch in sein Adressbuch übernehmen.

Junk-E-Mail-Filter konfigurieren

DAS PROBLEM

Windows Live Mail verfügt über einen integrierten Junk-E-Mail-Filter, der dafür sorgt, dass E-Mails von als Spammern bekannten Absendern und Nachrichten, deren Inhalt darauf hindeutet, dass es sich um unerwünschten Werbemüll handelt, nach dem Empfang nicht im *Posteingang* landen, sondern automatisch in den Ordner *Junk-E-Mail* verschoben werden. Bei Bedarf lassen sich die Regeln, mit denen der Filter arbeitet, jederzeit an Ihre Bedürfnisse anpassen.

DER TIPP

In den Grundeinstellungen arbeitet der Junk-E-Mail-Filter auf hoher Stufe, was allerdings die Gefahr in sich birgt, dass neben Werbemüll auch wichtige Mails im Junk-E-Mail-Ordner landen und dann unter Umständen ungelesen verloren gehen. Aus dem Hauptfenster von Windows Live Mail bekommen Sie über *Menüs > Sicherheitsoptionen* auf dem Register *Optionen* die Möglichkeit, den Junk-E-Mail-Filter komplett zu deaktivieren oder dessen Einstellungen an Ihre Bedürfnisse anzupassen. Stellen Sie den Filter auf die Stufe *Niedrig*, ist zwar sichergestellt, dass alle wichtigen Mails in Ihrem Posteingangsfach landen, dafür gelangt im Vergleich zur Stufe *Hoch* aber auch deutlich mehr Werbemüll dorthin. Hier gilt es also selbst zu entscheiden, ob Sie lieber den *Junk-E-Mail*-Ordner nach wichtigen Mails durchforsten, bevor Sie diesen per Rechtsklick leeren, oder damit leben wollen, dass im Posteingang auch immer wieder etwas Werbemüll zu finden ist. Von der Option, als Junk-E-Mail identifizierte Nachrichten sofort zu löschen, sollten Sie besser keinen Gebrauch machen, da sonst unter Umständen auch wichtige Mails unwiderruflich gelöscht werden könnten.

Über die restlichen Register können Sie bei Bedarf eine Liste mit *Sicheren Absendern* erstellen (Ihre gespeicherten Kontakte gelten in den Grundeinstellungen automatisch als sicher) bzw. unerwünschte Müllversender zur Liste *Blockierter Absender* hinzufügen, deren Mails dann immer als Spam behandelt werden, E-Mails, die nicht mit einem westeuropäischen Zeichensatz codiert wurden oder von einer bestimmten Domäne stammen und auch dafür sorgen, dass Mails, die auf potenzielle Phishingseiten verweisen, automatisch im Junk-E-Mail-Ordner landen usw.

Windows Live Mail

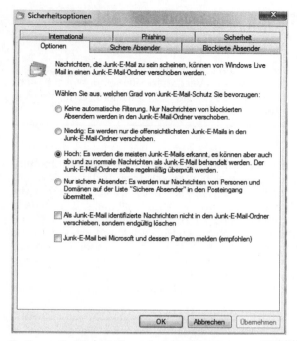

Bestimmen Sie selbst, wie rigoros der *Junk-E-Mail-Filter* seine Arbeit verrichtet.

WEITERE HINWEISE

Wenn Sie eine E-Mail mit der rechten Maustaste anklicken, können Sie im Menübereich *Junk-E-Mail* dafür sorgen, dass deren Absender oder auch dessen gesamte Domäne (sprich die Adresse des E-Mail-Servers) umgehend zur Liste der sicheren oder blockierten Absender hinzugefügt wird. Über *Junk-E-Mail-Markierung aufheben* befördern Sie eine fälschlicherweise als Müll markierte Nachricht zurück in den Posteingang.

Geeignet für folgende Windows-7-Versionen				
● Home Basic	● Home Premium	● Professional	● Enterprise	● Ultimate

Lesebestätigung vom Empfänger anfordern

Das Problem
Manchmal ist es wichtig zu wissen, ob Ihr Gegenüber Ihre Nachricht bereits erhalten hat oder nicht. Verspüren Sie diesen Wunsch, können Sie Ihren Mails bei Bedarf eine automatisierte Bitte um eine Lesebestätigung hinzufügen.

Der Tipp
Um eine Lesebestätigung vom Empfänger einer Mail anzufordern, müssen Sie diese natürlich nicht manuell in den Text der E-Mail eintippen. Im Fenster zum Erstellen einer Mail lässt sich diese über die Option *Menüs > Lesebestätigung anfordern* automatisch als Code in die E-Mail integrieren. Sobald der Empfänger die E-Mail öffnet, erscheint auf seinem Bildschirm ein Hinweis darauf, dass Sie gerne eine Lesebestätigung erhalten würden. Ob er dieser Bitte nachkommt oder nicht, kann er selbst entscheiden. Falls ja, wird auf seinem Rechner automatisch eine an Sie adressierte Antwort generiert und bis zum nächsten Postversand in dessen Postausgangsordner gelagert.

Weitere Hinweise
Aus dem Hauptfenster von Windows Live Mail lassen sich über *Menüs > Optionen > Bestätigungen* die Grundeinstellungen des Programms so anpassen, dass z. B. alle von Ihnen versendeten Mails automatisch mit einer Bitte um eine Lesebestätigung ausgestattet werden. Da sich viele Menschen von diesen Anfragen aber eher belästigt fühlen, sollten Sie besser darauf verzichten und Lesebestätigungen nur dann anfordern, wenn es wirklich wichtig ist. Ansonsten können Sie auf diesem Register aber auch einstellen, ob bei Ihnen eingegangene Bitten dieser Art automatisch beantwortet oder ignoriert werden sollen, oder ob Sie bei einer Anfrage nach einer Lesebestätigung selbst entscheiden wollen, ob Sie diese versenden oder nicht.

Geeignet für folgende Windows-7-Versionen				
● Home Basic	● Home Premium	● Professional	● Enterprise	● Ultimate

Sicherheitseinstellungen & Geblockte Dateianhänge

DAS PROBLEM

Möglicherweise gefährliche Dateianhänge werden von Windows Live Mail zwar heruntergeladen, Sie können aber in den Grundeinstellungen nicht ohne Weiteres darauf zugreifen. Haben Sie per Mail also z. B. eine ausführbare *.exe-Datei erhalten, müssen Sie zunächst die Sicherheitseinstellungen von Windows Live Mail anpassen, bevor Sie die Datei auf der Festplatte speichern oder gar öffnen dürfen.

DER TIPP

Um die Sicherheitseinstellungen von Windows Live Mail anzupassen, öffnen Sie aus dem Hauptfenster heraus über *Menüs > Sicherheitsoptionen* das Register *Sicherheit*. Um Zugriff auf als potenziell gefährlich eingestufte Mail-Anhänge zu erhalten, deaktivieren Sie im Bereich *Virenschutz* das Häkchen vor dem Eintrag *Speichern oder Öffnen von Anlagen, die möglicherweise einen Virus enthalten könnten, nicht zulassen*. Bedenken Sie dabei aber, dass Sie nur dann einen E-Mail-Anhang öffnen sollten, wenn Sie dessen Absender wirklich vertrauen und zusätzlich einen funktionstüchtigen und stets auf dem aktuellsten Stand gehaltenen Virenscanner auf dem System installiert haben.

WEITERE HINWEISE

Die restlichen Sicherheitseinstellungen sollten Sie in den Grundeinstellungen belassen. Wählen Sie für Mails die gleiche Sicherheitszone wie für das Internet aus, erhöht sich die Gefahr, dass beim Betrachten einer präparierten Mail schädlicher Code auf Ihrem Rechner ausgeführt werden kann.

Geeignet für folgende Windows-7-Versionen

● Home Basic	● Home Premium	● Professional	● Enterprise	● Ultimate

Erweiterte Optionen von Windows Live Mail anpassen

Das Problem
Wollen Sie das grundsätzliche Verhalten der wichtigsten Funktionen von Windows Live Mail anpassen, lässt sich dies über die erweiterten Einstellungen des Tools bewerkstelligen.

Der Tipp
Wenn Sie aus dem Hauptfenster heraus über *Menüs > Optionen* die Optionen von Windows Live Mail aufrufen, bekommen Sie auf dem Register *Erweitert* die Möglichkeit, die erweiterten Einstellungen des E-Mail-Programms an Ihre Bedürfnisse anzupassen. Sie können hier z. B. genau definieren, ob Sie Ihre Texte beim Beantworten oder Weiterleiten einer Mail im oberen oder unteren Teil der ursprünglichen Nachricht verfassen wollen, die Wartungsoptionen des Programms anpassen usw.

Über die erweiterten Optionen lassen sich auch Wartungsarbeiten konfigurieren.

Weitere Hinweise
Über die Schaltfläche *Wartung* können Sie selbst bestimmen, wie empfangene Nachrichten auf Ihrem Rechner gespeichert werden, in welchen Zeitabständen die Datenbank mit den gespeicherten Nachrichten automatisch komprimiert werden soll, den *Speicherordner* auf ein Laufwerk Ihrer Wahl verschieben oder bei Bedarf auch richtig aufräumen, indem Sie über *Jetzt bereinigen* alle heruntergeladenen Nachrichten auf einmal löschen.

Geeignet für folgende Windows-7-Versionen

Termine stets im Griff

DAS PROBLEM

Windows 7 bringt zwar von Haus aus keinen eigenen Terminkalender mit, aber dafür ist ein solcher in Windows Live Mail integriert. Mithilfe dieses praktischen Tools bekommen Sie im Handumdrehen alle Termine in den Griff.

DER TIPP

Der Windows Live Mail Kalender zeigt Ihnen in den Grundeinstellungen zunächst einmal eine Übersicht des aktuellen Monats an. Wollen Sie die *Ansicht* ändern, können Sie über die Schaltflächen im Kopf des Kalenders jederzeit zwischen den Modi *Tag*, *Woche* und *Monat* hin- und herschalten. Über die am Monatskalenderblatt auf der linken Seite des Fensters befindlichen Pfeile können Sie bei Bedarf bequem zwischen den Monaten hin- und herspringen, um so auch eine Übersicht über in weiterer Ferne oder bereits vergangene Termine zu erhalten.

Um einen neuen Termin einzugeben, klicken Sie wahlweise auf die Schaltfläche *Neu > Ereignis* oder doppelklicken auf das dem gewünschten Tag oder der Stunde entsprechende Feld des Kalenders, wobei die Daten des aktuell angewählten Feldes automatisch in den neuen Termin übernommen werden. Danach können Sie weitere Details zu Ihrem Termin hinzufügen (z. B. Start u. Endzeit des Termins, Ort usw.) und festlegen, ob Sie rechtzeitig per Mail an den Termin erinnert werden wollen, oder nicht.

WEITERE HINWEISE

Die Erinnerungsfunktion zählt mit Sicherheit zu den nützlichsten Features des Kalenders. Haben Sie neben *Windows Live Mail* auch den *Windows Live Messenger* installiert und ein Windows Live Konto eingerichtet, können Sie sich zum festgelegten Zeitpunkt auf Wunsch gleich auf beiden Medien eine Nachricht mit detaillierten Informationen zum Termin zusenden lassen. Der Vorteil: Egal, wo Sie auch sind – solange Sie eine Onlineverbindung haben und bei *Windows Live* eingeloggt sind, werden Sie keinen Termin mehr verpassen. Die detaillierten Einstellungen können Sie nach einem Klick auf *Menüs > Erinnerungen zustellen an* online vornehmen.

Geeignet für folgende Windows-7-Versionen				
● Home Basic	● Home Premium	● Professional	● Enterprise	● Ultimate

Kapitel 10: Internet & Mail

Windows Live Messenger

Der Windows Live Messenger ist ein kleines, aber in Sachen Funktionsvielfalt dennoch mächtiges Kommunikationsprogramm, das sich nach seiner Installation nahtlos in Windows 7 integriert und spezielle Tools für die Zusammenarbeit mit Windows Live Mail in sich birgt. Mithilfe des Windows Live Messengers können Sie mit Freunden aus aller Welt per Text oder Spracheingabe kommunizieren, sich während des Gesprächs per Videotelefonie in die Augen schauen, Bilder und sonstige Dateien austauschen, Personen auf ihrem Telefon anrufen, SMS-Nachrichten an Kontakte verschicken, die gerade nicht am PC sitzen, sich über die aktuellsten Aktivitäten (z. B. Dateifreigaben für Urlaubsfotos, Blogbeiträge usw.) Ihrer Freunde auf dem Laufenden halten, erhalten mit einem Klick Zugriff auf den Wetterbericht und die wichtigsten Schlagzeilen des Microsoft eigenen News-Portals MSN usw.

Der *Windows Live Messenger* bietet zahlreiche Möglichkeiten, mit anderen Personen zu kommunizieren.

In den folgenden Tipps und Hinweisen erfahren Sie, wie Sie den Windows Live Messenger auf Ihrem System installieren, Kontakte einrichten und verwalten, lästige Personen gezielt blockieren oder für einzelne Freunde einen Ordner auf Ihrer Festplatte freigeben, über den Sie dann beliebige Dateien miteinander austauschen können. Sie erfahren außerdem, welche Voraussetzungen Sie zum Nutzen der *Video-* oder *PC-zu-PC Telefonie*-Funktionen erfüllen müssen, wie Sie die wichtigsten Optionen des Programms an Ihre Bedürfnisse anpassen und was Sie tun können, um eventuelle Verbindungsprobleme aus der Welt zu schaffen.

Windows Live Messenger herunterladen und installieren

Das Problem

Im Gegensatz zum alten Windows Messenger von Windows XP ist der Windows Live Messenger unter Windows 7 nicht automatisch ins System integriert, sondern muss erst separat von der Windows Live Homepage heruntergeladen werden.

Der Tipp

Begeben Sie sich zur Internetadresse *http://download.live.com/messenger* und laden Sie sich dort die Setup-Datei des Windows Live Essentials Pakets herunter. Bedenken Sie dabei, dass Sie sich bei Windows Live registrieren müssen, um eine Live ID (siehe auch Tipp: *Windows Live Mail und Windows Konto einrichten*) zu erhalten und den Dienst mit allen dazugehörigen Features nutzen zu können. Nachdem Sie den Download abgeschlossen, das Setup aufgerufen und zumindest den Windows Live Messenger aus dem Windows Live Essentials Paket installiert haben, müssen Sie sich beim ersten Start des Tools zunächst mit Ihrer Windows Live ID (also der bei Windows Live registrierten E-Mail-Adresse) und dem dazugehörigen Kennwort anmelden. Danach können Sie mit der Anpassung Ihrer persönlichen Einstellungen und der Einrichtung Ihrer Kontakte beginnen.

Weitere Hinweise

Besitzen Sie bereits eine *Windows Live ID* (über die Xbox, Hotmail oder Live Spaces registrierte Live IDs bzw. E-Mail-Adressen können ebenfalls verwendet werden), können Sie sich die erneute Registrierung natürlich sparen und sich gegebenenfalls einfach mithilfe der bereits vorhandenen Zugangsdaten im Windows Live Messenger einloggen. Bei Bedarf können Sie sich auch mit unterschiedlichen Accounts anmelden, die dann nach dem ersten Login bei jedem Neustart bequem aus dem Startfenster des Programms heraus ausgewählt werden können. Ob Sie das Kennwort aus Sicherheitsgründen manuell eintippen oder es der Einfachheit halber durch das Setzen des entsprechenden Häkchens speichern, bleibt natürlich Ihnen überlassen.

Geeignet für folgende Windows-7-Versionen				
● Home Basic	● Home Premium	● Professional	● Enterprise	● Ultimate

Persönliche Einstellungen und Optionen anpassen

DAS PROBLEM
Haben Sie sich am Windows Live Messenger angemeldet, sind im Programm lediglich Ihre E-Mail-Adresse und Ihr Spitzname gespeichert. Bei Bedarf können Sie jederzeit weitere Informationen zu Ihrer Person hinzufügen, die Grundeinstellungen des Programms an Ihre Bedürfnisse anpassen und mithilfe der vorgefertigten Status-Einträge dafür sorgen, dass Ihre Kontakte auf einen Blick erkennen können, ob Sie gerade für einen Plausch zur Verfügung stehen oder nicht.

DER TIPP
Wenn Sie mit der Maus im oberen Teil des Messenger-Fensters über Ihr *Benutzersymbol* fahren, bekommen Sie Zugriff auf Ihre persönliche *Visitenkarte*, über die Sie Ihr Profil durch Zusatzangaben, wie z. B. Ihre Mobiltelefonnummer ergänzen. Ob die Visitenkarte lediglich für Mitglieder Ihres persönlichen Netzwerks oder von jedem abgerufen werden darf, können Sie im Bereich *Kontaktinformationen > Berechtigungen* Ihres Windows Live Kontos festlegen. Klicken Sie Ihr Symbolbild im Messenger an, können Sie sich anschließend ein anderes Benutzerbild aussuchen – bei Bedarf lassen sich auch eigene Fotos oder Bilder verwenden, die danach ebenfalls für alle Chat-Freunde sichtbar sind. Durch einen Klick auf das Feld mit Ihrem Benutzernamen öffnet sich ein Menü, in dem Sie eine ganze Reihe vorgefertigter Statuseinträge vorfinden. Sind Sie gerade beschäftigt, wählen Sie einfach den passenden Eintrag aus, woraufhin Ihre Kontakte ein entsprechendes Benutzersymbol angezeigt bekommen und so auf einen Blick erkennen können, dass Sie gerade nicht ansprechbar sind.

Windows Live Messenger

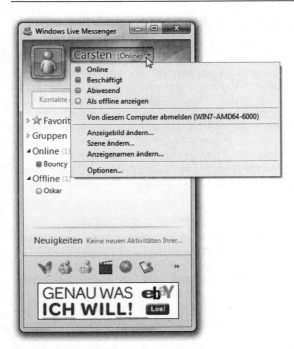

Über Ihren Benutzernamen erhalten Sie Zugriff auf Ihre Statusanzeige und die wichtigsten Optionen des Windows Live Messengers.

Weitere Hinweise

Am Ende Ihrer Statusliste finden Sie den Eintrag *Optionen*, mit dem Sie die Grundeinstellungen des Windows Live Messengers komplett an Ihre Bedürfnisse anpassen können. Während Sie unter dem Punkt *Persönliche Angaben* neben Ihrem *Öffentlichen Profil* (über das Sie andere z. B. über Ihre Interessen und Hobbys informieren können) auch noch Zusatzoptionen für Ihre Statusanzeige und eine Standardnachricht für Ihre Kontakte konfigurieren können, bieten Ihnen die anderen Bereiche Zugriff auf alle wichtigen Elemente, Funktionen, Verbindungs- und Sicherheitseinstellungen des Programms.

Geeignet für folgende Windows-7-Versionen				
● Home Basic	● Home Premium	● Professional	● Enterprise	● Ultimate

Messenger-Kontakte einrichten und einladen

DAS PROBLEM
Zum Schutz der Privatsphäre können Sie mit dem Messenger in den Grundeinstellungen nur dann mit anderen Personen kommunizieren und deren Online-Status einsehen, wenn diese Sie als zugelassenen Kontakt bestätigt haben. Haben Sie sich das erste Mal am Windows Live Messenger angemeldet, ist Ihre Kontaktliste natürlich noch leer. Bevor Sie mit anderen Personen in Kontakt treten können, müssen Sie diese also erst einmal als Messenger-Kontakte im Programm einrichten und sie bitten, Sie als Kontakt zu bestätigen.

DER TIPP
Um einen neuen Kontakt in Ihre Kontaktliste einzubinden, klicken Sie auf das *Kontakt hinzufügen*-Symbol im oberen rechten Teil des Messengers und wählen die gleichnamige Option. Im Fenster *Persönliche Informationen eintragen* geben Sie unter *Sofortnachrichtenadresse* die E-Mail-Adresse ein, mit der sich die Person gewöhnlich am Windows Live Messenger anmeldet – bei Bedarf können Sie den Kontakt auch gleich hier einer Kategorie (z. B. *Privat* oder *Geschäftlich*) zuordnen und seine Mobilnummer eintragen, um ihm SMS-Nachrichten zukommen zu lassen. Vergessen Sie im nächsten Schritt nicht, im Feld für den Einladungstext , eine persönliche Botschaft zu hinterlassen (am besten zusätzlich per E-Mail), damit der Kontakt später direkt zuordnen kann, wer Sie sind. Sobald Sie die Einladung versandt haben, wird der Kontakt automatisch zu Ihrer Kontaktliste hinzugefügt. Anhand eines automatisch aufpoppenden Fensters kann er dann entscheiden, ob er Sie als Kontakt bestätigen will oder nicht und Sie gegebenenfalls automatisch in seine eigene Kontaktliste eintragen lassen.

Sollte sich ein gewünschter Kontakt bisher noch nicht bei Windows Live registriert haben, können Sie ihn natürlich trotzdem als Messenger-Kontakt eintragen und ihm per E-Mail oder SMS eine persönliche Einladung zukommen lassen, um ihn so zu bitten, sich bei Windows Live anzumelden und den Messenger zu installieren. Bis es soweit ist, verbleibt er in der Liste der *Offline*-Kontakte, von wo aus Sie ihm nach einem Rechtsklick nicht nur eine eventuell noch vorhandene Blockierung aufheben, sondern ihm auch jederzeit eine E-Mail zusenden oder seine Kontaktdaten nachbearbeiten können usw.

Windows Live Messenger

Fügen Sie neue Kontakte zur Kontaktliste hinzu.

WEITERE HINWEISE

Anstatt alle Kontakte per Hand einzutragen, können Sie sich nach einem Klick auf den Eintrag *Nach Personen suchen* auch gezielt die Liste Ihrer mithilfe von Windows Live Mail oder online eingerichteten Kontakte durchstöbern und den gewünschten Personen eine Einladung zukommen lassen. Über die Option *Personen von anderen Diensten* lassen sich dann nicht nur Windows Live, sondern auch die Freundes- und Kontaktlisten anderer Dienste, wie z. B. facebook, myspace, LinkedIn usw., durchforsten und die gewünschten Personen dann mit Einladungen beglücken.

Geeignet für folgende Windows-7-Versionen				
● Home Basic	● Home Premium	● Professional	● Enterprise	● Ultimate

Kontakte bearbeiten und kategorisieren

Das Problem
Nachdem Sie Kontakte zur Kontaktliste des Messengers hinzugefügt haben, können Sie diese bei Bedarf jederzeit nachbearbeiten, sie der besseren Übersicht halber bestimmten Kategorien zuordnen oder Detailangaben und private Informationen ergänzen.

Der Tipp
Wenn Sie einen Kontakt per Rechtsklick in der Kontaktliste auswählen, bekommen Sie über *Kontakt bearbeiten* die Möglichkeit, den Spitznamen und die Detailangaben zu dieser Person nachträglich anzupassen bzw. diesen durch zusätzliche Daten wie Geschäfts- oder Privatadressen, Telefonnummern, E-Mail-Adressen, Webseiten usw. zu erweitern, persönliche Notizen zu diesem Kontakt hinzuzufügen oder ihn auch noch nachträglich einer Kategorie zuweisen (z. B. *Privat* oder *Geschäftlich*), um so später eine bessere Übersicht im Wust Ihrer Kontakte zu erhalten. Die Kategorien erscheinen dabei erst in der Kontaktliste, nachdem Sie mindestens eine Person einer Kategorie zugeordnet haben. Reichen Ihnen die vordefinierten Kategorien nicht aus, können Sie über das *Kontakte hinzufügen*-Symbol mit der entsprechenden Option jederzeit eine neue *Kategorie erstellen*. Beim Erstellen einer neuen Kategorie wird Ihnen automatisch eine Liste all Ihrer Kontakte angezeigt, die Sie dann bequem per Doppelklick zur Kategorie hinzufügen können.

Weitere Hinweise
Nach einem Rechtsklick auf eine Kategorie und die Auswahl der Option *Kategorie bearbeiten*, können Sie die Listen auch nachträglich anpassen, umbenennen, neue Kontakte hinzufügen oder alte entfernen. Bei Bedarf lassen sich einzelne Kontakte auch mehreren Kategorien zuweisen.

Geeignet für folgende Windows-7-Versionen

● Home Basic ● Home Premium ● Professional ● Enterprise ● Ultimate

Gruppen erstellen, verwalten und nutzen

DAS PROBLEM

Wollen Sie sich mit mehreren Personen über bestimmte Themen austauschen, oder z. B. ein Event organisieren, an dem sich auch Ihre Kontakte beteiligen sollen, lässt sich dies durch die Gründung entsprechender Gruppen komfortabel erledigen. Zur Gruppe gehörige Kontakte können danach nicht allesamt nur gemeinsam und ungestört miteinander kommunizieren, sondern auch auf dort freigegebene Bilder und sonstige Elemente zugreifen, usw.

DER TIPP

Um eine neue Gruppe einzurichten, öffnen Sie über das *Kontakte hinzufügen*-Symbol das Kontakte-Menü und wählen dort die Option *Gruppe erstellen*. Nachdem Sie der Gruppe einen eindeutigen Namen gegeben haben, können Sie bestimmen, welche Mitglieder Ihrer Kontaktliste Sie zu dieser Gruppe einladen wollen. Die entsprechenden Personen erhalten danach eine Einladung per E-Mail bzw. Messenger-Sofortnachricht zugesandt. Sobald ein Kontakt die Teilnahme bestätigt, kann er wahlweise über den Internetbrowser nach einem Login auf der Windows Live Webseite oder aus dem Messenger-Fenster heraus mitdiskutieren, usw. Die Live-Chat-Funktion per Sofortnachrichten bleibt dabei allerdings Nutzern des Messengers vorbehalten.

WEITERE HINWEISE

Um aus dem Messenger heraus auf eine Gruppe und die darin verborgenen Features und Daten zugreifen zu können, muss der eingeladene Kontakt ebenfalls über eine aktuelle Version des Windows Live Messengers verfügen, da ältere Programmversionen und der alte Windows Messenger diese Funktion nicht unterstützt (die dort verfügbaren Gruppen sind lediglich das Pendant zu den Kategorien des neuen Windows Live Messengers). Bedenken Sie außerdem, dass die Gruppenfunktion des Windows Live Messengers für den privaten Gebrauch ausgelegt und von Haus aus auf 20 Teilnehmer pro Gruppe begrenzt ist.

Geeignet für folgende Windows-7-Versionen				
● Home Basic	● Home Premium	● Professional	● Enterprise	● Ultimate

Chats und Videounterhaltungen mit Ihren Kontakten

DAS PROBLEM
Die wichtigste Kommunikationsform des Windows Live Messengers ist eindeutig dessen Chatfunktion und die Möglichkeit, Ihren Kontakten Sofortnachrichten zukommen zu lassen. Alternativ können Sie aber auch per PC-Telefonie oder Webcams miteinander kommunizieren.

DER TIPP
Ob ein Kontakt aktuell online und zum Gespräch bereit ist, können Sie an dessen Symbol in der Kontaktleiste ablesen. Zeigt sein Symbol, dass er verfügbar ist, können Sie mit einem Doppelklick auf seinen Eintrag ein Chat-Fenster öffnen, eine Nachricht verfassen und den Text dann durch Druck auf die ⏎-Taste versenden und umgehend auf seinem Bildschirm erscheinen lassen. Im Gegensatz zum normalen E-Mail-Verkehr, können Sie sich auf diese Weise in Echtzeit mit Ihren Kontakten austauschen. Über die *Einladen*-Option der Menüleiste im Kopf des Chatfensters können Sie jederzeit weitere Kontakte zu diesem Gespräch einladen, um dann mit mehreren Leuten gleichzeitig zu plaudern. Ist ein Kontakt gerade nicht verfügbar oder offline, können Sie ihm aus dem Chatfenster heraus auf dem gleichen Wege eine Offline-Sofortnachricht senden, die er dann umgehend zugestellt bekommt, sobald er sich das nächste Mal am Messenger anmeldet.

Wollen Sie während eines Live-Chats nicht nur Worte austauschen, können Sie nach einem Klick auf den Menüleisteneintrag *Spiele* auch auf eine Auswahl von Online-Games zurückgreifen, die Sie dann gemeinsam mit Ihrem Gesprächspartner spielen können.

Besitzen sowohl Sie als auch Ihr Chatpartner eine Webcam und eine aktuelle Version des Windows Live Messengers, können Sie aus dem Chatfenster heraus über den Menüleisteneintrag *Video* jederzeit eine Videounterhaltung starten. Nimmt er die Einladung an, erscheinen auf der linken Seite des Fensters zwei Videobereiche, in denen Sie sowohl Ihre als auch die Videoübertragung Ihres Gegenübers betrachten können, während der Textchat in den rechten Teil des Fensters wandert. Alternativ lassen sich über *Anrufen > Kontakt am Computer anrufen* auch kostenlose Telefongespräche führen,

Windows Live Messenger

wobei natürlich alle Teilnehmer über ein funktionsfähiges Mikrofon verfügen müssen.

Plaudern Sie via Sofortnachrichten mit Ihren Kontakten.

WEITERE HINWEISE

Wenn Sie in der oberen rechten Ecke des Messenger Hauptfensters auf das Menü-Symbol klicken, bekommen Sie über *Extras > Audio- und Video-Setup* die Möglichkeit, Ihre Webcam und das angeschlossene Mikrofon zu testen und die Geräte zu konfigurieren. Davon abgesehen, bietet der Windows Live Messenger neben den kostenlosen Kommunikationsvarianten, auch die Möglichkeit, Ihre Kontakte auf einer der in den Eigenschaften angegebenen Telefonnummern anzurufen oder diesen nach einem Klick auf ihren Kontaktlisteneintrag über ihre Mobilnummer eine SMS zukommen zu lassen. Um diese kostenpflichtigen Windows Live Dienste nutzen zu können, müssen Sie sich allerdings erst bei einem der verfügbaren Anbieter registrieren und gegebenenfalls ein Guthaben aufladen.

Geeignet für folgende Windows-7-Versionen				
● Home Basic	● Home Premium	● Professional	● Enterprise	● Ultimate

Fotos und Dateien mit Kontakten austauschen

Das Problem
Mit dem Windows Live Messenger können Sie nicht nur in Echtzeit kommunizieren, sondern auch Fotos und sonstige Dateien mit anderen Kontakten austauschen.

Der Tipp
Um einem aktuell online befindlichen Messenger-Kontakt eine einzelne Datei zukommen zu lassen, brauchen Sie nichts weiter zu tun, als per Doppelklick auf seinen Eintrag einen Chat zu starten und dann die gewünschte Datei per Drag&Drop ins Unterhaltungsfenster zu werfen. Alternativ lassen sich dazu natürlich auf die Menüleisteneinträge *Fotos* bzw. *Dateien* verwenden. Beim Versand über die Option *Fotos* werden die Bilder danach direkt im Chatfenster des Empfängers und Senders angezeigt und lassen sich umgehend diskutieren. Versenden Sie Bilder oder sonstiges Datenmaterial in Form einzelner *Dateien*, erscheint daraufhin ein entsprechendes Hinweisfenster auf dem Bildschirm des Empfängers, sodass dieser selbst entscheiden kann, ob der die Daten annehmen will oder nicht.

Fotos lassen sich nicht nur versenden, sondern auch in Echtzeit gemeinsam betrachten.

WEITERE HINWEISE

Wollen Sie Ihre Dateien anderen Kontakten jederzeit zugänglich machen, können Sie diese über die Option *Dateien > Dateien online verfügbar machen* auf dem SkyDrive genannten Online-Webspace hinterlegen. Dabei gilt es zunächst, einen Ordner zu erstellen, indem Sie diesem einen Namen geben und dann bestimmen, welche Kontakte auf diesen zugreifen dürfen. Statt mühsam einzelne Kontakte auszuwählen, können Sie den Zugriff auch gleich Kontaktgruppen einer der von Ihnen genutzten Kategorien erlauben. Danach brauchen Sie die gewünschten Dateien nur noch ins dafür vorgesehene Fenster zu verfrachten und mit dem Hochladen der Elemente zu beginnen. Nachdem der Upload abgeschlossen wurde, nutzen Sie die im neuen SkyDrive-Ordner befindliche Option, um ausgewählte Personen per E-Mail samt entsprechendem Link zu Ihrem SkyDrive-Ordner von der Bereitstellung des Materials in Kenntnis zu setzen. Ob diese zum Abruf der Daten bei Windows Live eingeloggt sein müssen oder nicht, können Sie dabei selbst entscheiden. Bei Bedarf lassen sich Ihre eigenen SkyDrive-Freigabeordner später aus dem Messenger heraus nach einem Klick auf das *Menü*-Symbol über die Option *Aktionen > Onlinedateien anzeigen* bequem einsehen und bearbeiten.

Geeignet für folgende Windows-7-Versionen

| ● Home Basic | ● Home Premium | ● Professional | ● Enterprise | ● Ultimate |

Unliebsame Kontakte blockieren

Das Problem
Wollen Sie von einem Kontakt vorerst nicht mehr belästigt werden, müssen Sie ihn nicht zwangsläufig löschen, sondern können diesen auch jederzeit blockieren und so dafür sorgen, dass er vorläufig weder Ihren Onlinestatus ablesen noch Nachrichten an Sie verschicken kann.

Der Tipp
Um einen unliebsamen Kontakt zu blockieren, stehen Ihnen mehrere Möglichkeiten zur Verfügung. Befinden Sie sich gerade im Chat, genügt ein Klick auf den entsprechenden Menüleisteintrag. Alternativ können Sie einen Kontakt aber auch mit der rechten Maustaste in der Kontaktliste anklicken und dann die Option *Kontakt blockieren* wählen. Über *Blockierung des Kontakts aufheben* können Sie den Kontakt später jederzeit wieder freischalten.

Weitere Hinweise
Wenn Sie im oberen Bereich des Hauptfensters auf Ihren Benutzernamen klicken, können Sie über *Optionen > Datenschutz* eine Übersicht aller zugelassenen und den aktuell als blockiert markierten Kontakten aufrufen. Über die zwischen den Listen befindlichen Schaltflächen lassen sich Blockierungen bei Bedarf komfortabel aufheben bzw. neue hinzufügen. Im Bereich *Kontaktliste* können Sie sich zusätzlich eine Liste aller Benutzer anzeigen lassen, bei denen Sie aktuell als Kontakt gelistet sind. Befinden sich darunter Personen, die Sie in Ihrem Konto versehentlich gelöscht haben, können Sie diese per Rechtsklick bequem wieder zu Ihren Kontakten hinzufügen und danach selbst entscheiden, ob Sie diese als *Blockiert* oder *Zugelassen* markieren wollen.

Geeignet für folgende Windows-7-Versionen

| ● Home Basic | ● Home Premium | ● Professional | ● Enterprise | ● Ultimate |

Verbindungsprobleme beheben

DAS PROBLEM
Sollte es beim Anmeldeversuch oder im laufenden Messenger zu unerwarteten Problemen kommen, können Sie jederzeit auf ein kleines Hilfstool zurückgreifen, mit dem sich etwaige Verbindungsstörungen diagnostizieren lassen.

DER TIPP
Schlägt nach dem Aufruf des Windows Live Messengers bereits die Anmeldung fehl, erscheint kurz darauf eine entsprechende Fehlermeldung auf dem Bildschirm. Über die darauf befindliche Schaltfläche können Sie kurzerhand ein kleines Diagnoseprogramm aufrufen, mit dem sich schnell überprüfen lässt, ob Ihre Internetverbindung einwandfrei funktioniert. Alternativ können Sie nach einem Klick auf Ihren Namen auch über *Optionen > Verbindung* einen Statusbericht über die aktuelle Verbindung abrufen und im Falle von Problemen die *Verbindungsproblembehandlung* von hier aus auch aus dem laufenden Messenger heraus starten. Anhand der Testergebnisse lässt sich schnell herausfinden, wo das Problem zu suchen ist und mit etwas Glück über die *Reparieren*-Funktion oder die manuelle Anpassung der *Verbindungseinstellungen* beheben.

WEITERE HINWEISE
Sollten die Probleme nach dem Reparaturversuch und einem Neustart des Programms nicht behoben sein, überprüfen Sie, ob der Windows Live Messenger vielleicht von den Einstellungen Ihrer Firewall blockiert wird. Falls ja, müssen Sie die Firewallregeln entsprechend anpassen und dem Messenger das Senden und Empfangen von Daten erlauben. Besitzen Sie einen Router mit integrierter NAT-Firewall, müssen Sie die so genannte *UPnP*-Funktion (Universal Plug and Play) aktivieren, um so dafür zu sorgen, dass Software die nötigen Einstellungen und Weiterleitungen selbst konfigurieren darf, oder alternativ die benötigten Ports im Router manuell öffnen und an die IP-Adresse Ihres Rechners weiterleiten. Eine Liste mit den vom Windows Live Messenger verwendeten Netzwerk-Ports finden Sie unter der Adresse *http://support.microsoft.com/kb/960820/de*. Weitere Informationen zur Anpassung der Netzwerkeinstellungen finden Sie in Kapitel 11: *Netzwerk*.

Geeignet für folgende Windows-7-Versionen				
● Home Basic	● Home Premium	● Professional	● Enterprise	● Ultimate

Kapitel 11

Netzwerk

In Sachen Netzwerk hat sich seit Windows XP und Vista einiges getan. Dank des mit Windows Vista eingeführten und für Windows 7 noch einmal komplett überarbeiteten Netzwerk- und Freigabecenters, können Sie auf einen Blick erkennen, ob mit Ihrer Verbindung alles in Ordnung ist und erhalten bequemen Zugriff auf alle wichtigen Netzwerkfunktionen. Befinden sich in Ihrem Netzwerk ausschließlich Windows 7-Rechner, gelingt das Erstellen von Standardfreigaben dank der neu eingeführten Heimnetzgruppen so einfach wie nie. Ansonsten lassen sich aber natürlich auch auf manuellem Wege beliebige Dateien und Ordner, öffentliche Ordner oder auch Ihre Mediendateien im Netzwerk freigeben und so auch für Nicht-Windows 7-Computer verfügbar machen.

Windows 7 bietet alles, was Sie zum Datenaustausch im Netzwerk benötigen.

In diesem Kapitel erfahren Sie, welche Möglichkeiten Ihnen das Netzwerk- und Freigabecenter zur Kontrolle und Einrichtung Ihres Netzwerkes bietet, wie Sie eigene Heimnetzgruppen einrichten und konfigurieren, welche Möglichkeiten Ihnen zur Freigabe von Ordnern, Dateien und ganzen Laufwerken zur Verfügung stehen, wie Sie das Synchronisierungscenter zur Datensynchronisation zwischen zwei Rechnern verwenden, einen Netzwerkdrucker einrichten und nutzen und was Sie bei all diesen Dingen beachten sollten.

Kapitel 11: Netzwerk

Netzwerkeinstellungen kontrollieren und anpassen

Das Netzwerk- und Freigabecenter bietet Ihnen nicht nur eine stets aktuelle Übersicht, über Ihren derzeitigen Netzwerkstatus, sondern verschafft Ihnen zusätzlich auch noch bequemen Zugriff auf alle wichtigen Netzwerkoptionen. Egal, ob Sie eine Heimnetzgruppe einrichten oder herausfinden wollen, wie Ihr Computer tatsächlich mit anderen Geräten im Netzwerk verbunden ist, mit welcher MAC- oder IP-Adresse der einzelne Netzwerkteilnehmer unterwegs ist oder ob Sie eventuelle Verbindungsprobleme lösen oder die Einstellungen Ihrer eigenen Verbindung ändern wollen. Im Netzwerk- und Freigabecenter finden Sie die passenden Werkzeuge.

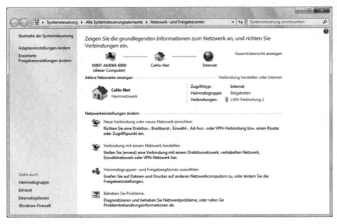

Das *Netzwerk- und Freigabecenter* bietet Zugriff auf alle wichtigen Netzwerkeinstellungen und Funktionen.

Anhand der folgenden Tipps und Hinweise erfahren Sie, welche Funktionen das praktische Netzwerk-Symbol im Infobereich der Taskleiste und die Verbindungsübersicht des Netzwerk- und Freigabecenters zu bieten haben, wie Sie mit der topologischen Netzwerkübersicht Detailinformationen zu allen angeschlossenen Geräten abrufen, wie Sie einen detaillierten Statusbericht Ihrer eigenen Verbindung einsehen können, wie Sie Rechnern feste IP-Adressen zuteilen oder diese zur besseren Auffindbarkeit in Arbeitsgruppen zusammenfassen usw.

Das Netzwerk-Symbol im Infobereich der Taskleiste

DAS PROBLEM

Ist in Ihrem Rechner eine Netzwerkkarte, ein WLAN-Adapter oder irgendeine andere Form von Netzwerk- oder Internetverbindung eingerichtet, finden Sie im Infobereich neben der Uhr ein kleines Netzwerk-Symbol, das ein paar nützliche Funktionen in sich birgt.

DER TIPP

Das Netzwerk-Symbol im Infobereich der Taskleiste dient gleich mehreren Zwecken. Zum einen können Sie anhand des Symbols stets den aktuellen Status Ihrer Netzwerk- bzw. Internetverbindung ablesen. Ist kein Netzwerkkabel angeschlossen, erscheint eine entsprechende Meldung und das blaue Monitor-Symbol wird mit einem roten X gekennzeichnet. Fahren Sie mit der Maus über das Symbol, erhalten Sie anhand einer kleinen Infobox weitere Informationen und können so z. B. auf einen Blick erkennen, ob aktuell eine Verbindung zum Internet besteht.

Mit einem Linksklick auf das Symbol öffnen Sie eine praktische Übersicht aller auf dem System eingerichteten Netzwerkverbindungen. Wollen Sie sich über ein DSL-Modem oder via Wählverbindung ins Internet einwählen, oder eine WLAN-Verbindung zu einem in Reichweite befindlichen WLAN-Router oder Accespoint herstellen, brauchen Sie den entsprechenden Eintrag hier lediglich in der Liste auszuwählen und auf *Verbinden* zu klicken. Wählen Sie das Netzwerk-Symbol hingegen mit der rechten Maustaste aus, können Sie danach wahlweise das *Netzwerk- und Freigabecenter öffnen* oder über den Eintrag *Problembehandlung* die *Windows-Netzwerkdiagnose* starten – ein kleiner, aber effektiver Assistent, der den aktuell gewählten Verbindungstyp analysiert und Ihnen bei Verbindungsproblemen hilfreich zur Seite steht bzw. diese im besten Fall sogar eigenständig behebt.

WEITERE HINWEISE

Alternativ lässt sich das Netzwerk- und Freigabecenter auch über *Start > Systemsteuerung > Netzwerk und Internet > Netzwerk- und Freigabecenter* aufrufen.

Geeignet für folgende Windows-7-Versionen				
● Home Basic	● Home Premium	● Professional	● Enterprise	● Ultimate

Topologische Gesamtübersicht des Netzwerks anzeigen

DAS PROBLEM
Wollen Sie überprüfen, wie die einzelnen Geräte und Computer des Netzwerks momentan tatsächlich miteinander verbunden sind, können Sie dies anhand einer topologischen Gesamtübersicht des Netzwerks schnell herausfinden.

DER TIPP
Wenn Sie im oberen Abschnitt des *Netzwerk- und Freigabecenters* auf den Eintrag *Gesamtübersicht anzeigen* klicken, gelangen Sie zu einer detaillierten *Netzwerkübersicht*, auf der Sie genau ablesen können, welche Rechner und Geräte aktuell im Netzwerk vorhanden sind, über welche Wege diese miteinander verknüpft sind usw. Haben Sie auf Ihrem Rechner mehrere Netzwerkverbindungen eingerichtet, können Sie mithilfe der Liste im oberen Teil des Fensters zwischen den einzelnen Netzwerkübersichten hin- und herspringen. Wenn Sie mit der Maus über ein Gerät fahren, bekommen Sie neben der aktuellen IP-Adresse des Netzwerkteilnehmers auch noch die MAC-Adresse seiner Netzwerkkarte angezeigt.

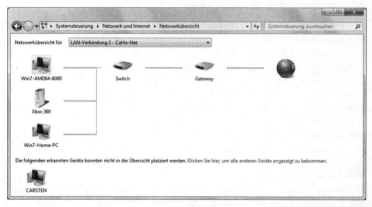

Die *Netzwerkübersicht* bietet neben Informationen auch Zugriff auf Freigaben und UPnP-Geräte.

Wenn Sie einen fremden Rechner in der Übersicht anklicken, gelangen Sie umgehend zu dessen freigegebenen Ordnern und Geräten, während Sie über Ihren eigenen Eintrag die *Computer*-Übersicht Ihres PCs aufrufen. Unterstützt ein Router oder WLAN-Accesspoint den so genannten UPnP-Standard (Universal Plug and Play) und lässt er sich per Webinterface einrichten, können Sie mit einem Klick auf dessen Symbol das Konfigurationsmenü des Gerätes öffnen oder per Rechtsklick weitere *Eigenschaften* und Detailinformationen zu den einzelnen Computern und Geräten abrufen. Wurde ein Medienstreaminggerät wie z. B. eine Xbox 360 ins Netzwerk integriert, gelangen Sie nach einem Klick auf das entsprechende Symbolbild zur Konfiguration der Medienfreigaben für dieses Gerät.

WEITERE HINWEISE

Befinden sich in Ihrem Netzwerk auch Rechner mit älteren Betriebssystemen, können diese in der Netzwerkübersicht oftmals nicht eindeutig zugeordnet werden und somit gesondert am unteren Rand des Fensters aufgeführt. Windows XP-Nutzer können sich auf der Microsoft Homepage (*www.microsoft.de*) bei Bedarf einen Patch namens 'Verbindungsschicht-Topologieerkennungs-Antwortprogramm' herunterladen, mit dem sich dann auch Ihr Windows XP-Rechner korrekt in die Übersicht eingliedert.

Geeignet für folgende Windows-7-Versionen

● Home Basic ● Home Premium ● Professional ● Enterprise ● Ultimate

Verbindungsübersicht im Netzwerk- und Freigabecenter

DAS PROBLEM

Wenn Sie das Netzwerk- und Freigabecenter öffnen, finden Sie im oberen Teil des Fensters eine Verbindungsübersicht, an der Sie genau ablesen können, ob mit der Verbindung zwischen Ihrem PC, einem eventuell vorhandenen Netzwerk und dem Internet alles in Ordnung ist. Davon abgesehen, verbergen sich in der Verbindungsübersicht aber auch noch ein paar Zusatzfunktionen.

DER TIPP

Sollten auf dem Weg zwischen Ihrem Rechner und dem Netzwerk oder Internet Probleme auftreten, wird Ihnen dies in der Verbindungsübersicht automatisch angezeigt. Durch einen Klick auf die entsprechende Problemzone können Sie einen Assistenten aufrufen, der umgehend damit beginnt, das Problem zu analysieren und Ihnen dann dabei hilft, die Verbindung zu reparieren.

Die symbolische Übersicht Ihrer aktuellen Netzwerk- und Internetverbindung

Ansonsten erhalten Sie über die Verbindungsübersicht aber auch bequemen Zugriff auf die dahinter verborgenen Elemente. Durch einen Klick auf das Symbol Ihres PCs öffnet sich umgehend die *Computer*-Übersicht Ihrer Laufwerke, während Sie über das Netzwerk-Symbol zum *Netzwerk*-Ordner gelangen oder über das *Internet*-Symbol den Internetbrowser starten können.

WEITERE HINWEISE

Über den Eintrag *Gesamtübersicht anzeigen* können Sie eine detaillierte Übersicht aller im Netzwerk vorhandenen Geräte aufrufen (siehe Tipp: *Topologische Gesamtübersicht des Netzwerks anzeigen*).

Geeignet für folgende Windows-7-Versionen				
● Home Basic	● Home Premium	● Professional	● Enterprise	● Ultimate

Detaillierten Status der Netzwerkverbindung anzeigen

DAS PROBLEM
Im Netzwerk- und Freigabecenter können Sie im Bereich *Netzwerk* zunächst lediglich ablesen, ob Sie aktuell mit dem lokalen Netzwerk bzw. Internet verbunden sind oder nicht. Um weitere Details zu Ihrer Verbindung zu erhalten, können Sie bei Bedarf jederzeit ein detailliertes Statusfenster aufrufen.

DER TIPP
Wenn Sie im *Netzwerk- und Freigabecenter* im Abschnitt *Aktive Netzwerke anzeigen* auf den Eintrag *Verbindungen: Meine Verbindung* klicken, öffnet sich das Fenster *Status von Meine Verbindung*, auf dem Sie alle wichtigen Informationen zu Ihrer aktuellen Netzwerkverbindung abrufen können. Sie erkennen hier auf einen Blick, ob mit der Verbindung alles in Ordnung ist, wie lange und mit welcher Übertragungsgeschwindigkeit Sie mit dem Netzwerk verbunden sind, wie es gegebenenfalls um die Signalstärke Ihrer WLAN-Verbindung bestellt ist, welche SSID das WLAN verwendet und wie viele Daten Sie bereits empfangen und gesendet haben. Über die Schaltfläche *Details* erhalten Sie dann auch noch detaillierte Informationen zum verwendeten Netzwerkadapter, Ihrer aktuellen IP-Adresse, den Adressen der Standardgateways und des DNS-Servers usw.

WEITERE HINWEISE
Über die Schaltfläche *Eigenschaften* können Sie die Verbindung konfigurieren, installierte Protokolle und Dienste ein- oder ausschalten oder bearbeiten, eine feste IP-Adresse vergeben usw.

Geeignet für folgende Windows-7-Versionen

● Home Basic ● Home Premium ● Professional ● Enterprise ● Ultimate

Feste IP-Adressen für Netzwerkverbindungen einrichten

DAS PROBLEM

In den Grundeinstellungen geht Windows beim Systemstart automatisch auf die Suche nach einem DHCP-Server, um sich von diesem eine IP-Adresse zuteilen zu lassen. Wird das System nicht fündig, denkt es sich selbst eine IP-Adresse aus, was aber oftmals bedeutet, dass Sie danach keinen Kontakt mehr mit anderen Netzwerkrechnern oder Geräten aufnehmen können. Haben Sie die Adressen für Ihre Computer hingegen manuell festgelegt, können Sie diese jederzeit gezielt ansprechen, was nicht nur die Problemsuche erleichtert, sondern auch den Vorteil bietet, dass Sie z. B. im Router gezielte Weiterleitungen auf Ihren Rechner einrichten können.

DER TIPP

Um Ihre IP-Adresse manuell festzulegen, öffnen Sie per Rechtsklick auf das *Netzwerk*-Symbol das *Netzwerk- und Freigabecenter*, wo Sie auf der linken Seite den Eintrag *Adaptereinstellungen ändern* auswählen und in der Übersicht Ihrer installierten Netzwerkverbindungen per Rechtsklick die *Eigenschaften* der gewünschten Verbindung öffnen. Im Fenster *Eigenschaften von Netzwerkverbindung* markieren Sie den Eintrag *Internetprotokoll Version 4 (TCP/IPv4)* und klicken anschließend auf die Schaltfläche *Eigenschaften*. Beenden Sie im Fenster *Eigenschaften von Internetprotokoll Version 4 (TCP/IPv4)* das automatische Beziehen der IP-Adresse, indem Sie die Option *Folgende IP-Adresse verwenden* aktivieren. Tragen Sie danach die gewünschte *IP-Adresse* (z. B. *192.168.1.111*) und die *Subnetzmaske* (*255.255.255.0*) in die dafür vorgesehenen Felder ein.

Bedenken Sie dabei, dass jede IP-Adresse nur ein einziges Mal im Netzwerk vorhanden sein darf und dass sich alle zum Netzwerk gehörigen Geräte und Rechner im gleichen Netzwerkbereich befinden müssen, um problemlos miteinander kommunizieren zu können – also z. B. Rechner 1: *192.168.1.111*, Rechner 2: *192.168.1.112*, Router: *192.168.1.1* usw. Gehen Sie über einen Router ins Internet, müssen Sie dessen IP-Adresse zusätzlich als *Standardgateway* und *DNS-Server* eintragen, da Sie sonst keine Internetseiten mehr abrufen könnten.

Netzwerkeinstellungen kontrollieren und anpassen

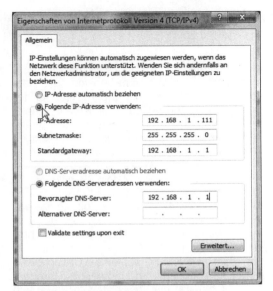

Weisen Sie Ihrer Verbindung eine feste IP-Adresse zu.

Alternativ können Sie bei den meisten Routern in deren Konfigurationsmenü dafür sorgen, dass dieser die einzelnen PCs anhand der MAC-Adressen ihrer Netzwerkkarten identifiziert und einem Rechner dann automatisch die von Ihnen festgelegte IP-Adresse zuweist, sobald der Rechner nach dem Einschalten am DHCP-Server des Routers nach Daten fragt.

WEITERE HINWEISE
Wenn Sie im Fenster *Eigenschaften von Internetprotokoll Version 4 (TCP/IPv4)* die Option *IP-Adresse automatisch beziehen* aktiviert lassen, finden Sie dort auch noch ein Register namens *Alternative Konfiguration*, auf dem Sie ebenfalls eine feste IP-Adresse für Ihren Rechner vergeben können. Sollte der Rechner beim Start keinen DHCP-Server finden, greift Windows automatisch auf die alternativen Einstellungen zurück, wodurch Sie dann endgültig auf der sicheren Seite wären.

Kapitel 11: Netzwerk

Netzwerkverbindung komplett deaktivieren

DAS PROBLEM

Wollen Sie Ihren Rechner kurzfristig komplett vom Netzwerk trennen, um so z. B. sicherzustellen, dass eine Anwendung oder bestimmte Dienste nicht auf das Internet oder andere Rechner des Netzwerks zugreifen können, müssen Sie dazu nicht zwangsläufig das Netzwerkkabel vom Rechner entfernen. Netzwerkverbindungen lassen sich auch mit Windows-Bordmitteln jederzeit mit wenigen Mausklicks deaktivieren und auch schnell wiederherstellen.

DER TIPP

Um Ihren PC kurzfristig vom Netzwerk zu trennen, öffnen Sie das *Netzwerk- und Freigabecenter*, wo Sie auf der linken Seite den Eintrag *Adaptereinstellungen ändern* vorfinden. In der Übersicht Ihrer Netzwerkverbindungen angelangt, klicken Sie die gewünschte Verbindung mit der rechten Maustaste an und wählen die Option *Deaktivieren*, um den Rechner so komplett vom Netzwerk zu trennen. Das Netzwerksymbol im Infobereich der Taskleiste wird daraufhin mit einem roten X gekennzeichnet. Um den Rechner später wieder ins Netzwerk einzubinden und ihm somit auch wieder den Zugriff auf das Internet und andere Rechner zu erlauben, wählen Sie an gleicher Stelle die Option *Aktivieren*.

WEITERE HINWEISE

Alternativ können Sie aus dem *Netzwerk- und Freigabecenter* heraus über *Status anzeigen* das Statusfenster der aktuellen Netzwerkverbindung öffnen und diese dort über die entsprechende Schaltfläche *Deaktivieren*. Im Falle einer WLAN-Verbindung können Sie das Netzwerk-Symbol im Infobereich der Taskleiste mit der linken Mausaste anklicken und die aktuelle Verbindung zum WLAN-Zugangspunkt trennen.

Geeignet für folgende Windows-7-Versionen

● Home Basic ● Home Premium ● Professional ● Enterprise ● Ultimate

Netzwerkerkennung ein- oder ausschalten

Das Problem
Die Netzwerkerkennung sorgt dafür, dass sich Computer im Netzwerk automatisch über ihre Namen finden können. Ist sie deaktiviert, können weder Sie auf die Freigaben der anderen noch die anderen Rechner auf Ihren PC zugreifen.

Der Tipp
Um sicherzustellen, dass Sie mit anderen Teilnehmern im Netzwerk kommunizieren und Daten austauschen können, muss sichergestellt sein, dass im *Netzwerk- und Freigabecenter* im Bereich *Erweiterte Freigabeeinstellungen ändern* das Senden Ihrer *Netzwerkkennung* aktiviert wurde. Schalten Sie die Netzwerkerkennung ab, können die anderen Rechner Ihren PC im Netzwerk nicht mehr automatisch finden und auch nicht mehr auf deren Freigaben zugreifen. Rufen Sie den *Netzwerk*-Ordner auf, ist dort kein Computer mehr zu sehen. Sind Sie mit einem Router verbunden, können Sie aber trotzdem noch surfen, da die Kommunikation über die IP-Adressen auch bei deaktivierter Netzwerkerkennung funktioniert.

Wenn Sie die *Netzwerkerkennung* ausschalten, werden die Einstellungen zwar direkt übernommen, was aber nicht heißt, dass den anderen der Zugriff auf Ihren Rechner sofort verwehrt würde. Da die anderen Computer ebenfalls Protokoll darüber führen, wo welcher Rechner zu finden ist, werden Sie unter Umständen erst unsichtbar, nachdem alle Rechner des Netzwerks komplett heruntergefahren wurden. Hatte ein Teilnehmer zuvor bereits eine Verbindung mit Ihrem PC aufgebaut, bleibt diese also vorerst erhalten.

Weitere Hinweise
Wollen Sie sicherstellen, dass niemand mehr auf Ihren Rechner zugreifen kann, müssen Sie entweder Ihre Netzwerkverbindung deaktivieren (siehe Tipp: *Netzwerkverbindung komplett deaktivieren*) oder im *Netzwerk- und Freigabecenter* über die erweiterten Freigabeeinstellungen die *Datei- und Druckerfreigabe* abschalten.

Geeignet für folgende Windows-7-Versionen				
● Home Basic	● Home Premium	● Professional	● Enterprise	● Ultimate

Computer in Arbeitsgruppen zusammenfassen

DAS PROBLEM
Befinden sich Computer in unterschiedlichen Arbeitsgruppen, dauert es meist eine ganze Weile, bis sich die einzelnen Geräte gefunden haben. Blockiert unterwegs eine Firewall die Weiterleitung der Signale, sind Rechner aus anderen Arbeitsgruppen oftmals erst gar nicht auffindbar und können nur gezielt über ihre IP-Adresse angesprochen werden. Um sicherzustellen, dass sich alle Rechner im Netzwerk jederzeit schnell finden und aufeinander zugreifen können, sollten Sie diese allesamt derselben Arbeitsgruppe zuordnen.

DER TIPP
Um zu überprüfen, welcher *Arbeitsgruppe* Ihr Rechner aktuell zugeordnet ist, öffnen Sie über *Start > Systemsteuerung > System und Sicherheit* das Fenster *Basisinformationen über den Computer anzeigen*. Im Abschnitt *Einstellungen für Computernamen, Domäne und Arbeitsgruppe* finden Sie neben Ihrer *Computerbeschreibung* auch die Angabe zu *Arbeitsgruppe*. Um Ihren PC einer anderen Arbeitsgruppe zuzuordnen, öffnen Sie über den Eintrag *Einstellungen ändern* die *Systemeigenschaften* und klicken dort im unteren Teil des Registers *Computername* auf die *Ändern*-Schaltfläche. Im Fenster *Ändern des Computernamens bzw. der Domäne* können Sie nun den Namen der gewünschten *Arbeitsgruppe* eintragen.

WEITERE HINWEISE
Befinden sich auch Windows XP-Rechner im Netzwerk, erreichen Sie die *Systemeigenschaften* auf folgendem Weg: *Start > Systemsteuerung (Klassische Ansicht) > System > Computername*. Die restlichen Schritte zum Ändern der Arbeitsgruppe sind dann identisch. Bei Bedarf können Sie auf dem Register *Computername* sowohl bei Windows XP-, Vista- als auch bei Windows 7-Systemen eine *Computerbeschreibung* eintragen, die dann den anderen Netzwerkteilnehmern zur besseren Übersicht angezeigt wird.

Geeignet für folgende Windows-7-Versionen				
● Home Basic	● Home Premium	● Professional	● Enterprise	● Ultimate

Heimnetzgruppen & Netzwerkfreigaben erstellen und konfigurieren

Unter Windows 7 können Sie nicht nur gewöhnliche Ordner und die darin enthaltenen Dateien, sondern auch ganz gezielt den öffentlichen Ordner oder die Mediendateien Ihres Systems für andere Benutzer im Netzwerk freigeben. In reinen Windows 7-Netzwerken, lassen sich derartige Freigaben komfortabel wie nie zuvor mithilfe der neuen Funktionen der so genannten Heimnetzgruppe erstellen und konfigurieren.

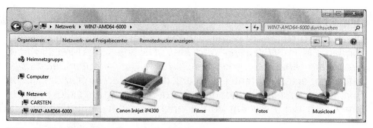

Geben Sie Festplatten, Ordnern, Mediendateien, Drucker u.a. Ressourcen für die gemeinsame Nutzung im Netzwerk frei.

In den folgenden Abschnitten erfahren Sie, wie Sie eine Heimnetzgruppe einrichten und nutzen, wie Sie mit erweiterten Freigaben dafür sorgen, dass auch Nutzer anderer Betriebssysteme auf Ihre freigegebenen Daten, Laufwerke, Drucker und sonstige Geräte zugreifen können, welche Möglichkeiten Ihnen erweiterte Freigaben sonst noch bieten, wie Sie Daten mit einem im Netzwerk freigegebenen Ordner synchronisieren und was Sie bei all diesen Dingen beachten sollten.

Heimnetzgruppe und Freigaben für Windows 7-Netzwerkteilnehmer einrichten

DAS PROBLEM
Da die Einrichtung von Netzwerken und Freigaben insbesondere für Anfänger oft ein Buch mit 7 Siegeln ist, bietet Windows 7 nun die Möglichkeit, sich mit nur wenigen Klicks ein eigenes Heimnetz aufzubauen und darin Freigaben für Geräte, Ordner und Medien für andere Windows 7-Rechner einzurichten, ohne sich dabei allzu tief in die Materie hineinarbeiten zu müssen.

DER TIPP
Ob in Ihrem Netzwerk bereits eine Heimnetzgruppe erstellt wurde, können Sie im *Netzwerk- und Freigabecenter* im Bereich *Aktive Netzwerke anzeigen* erkennen. Wurde keine *Heimnetzgruppe* gefunden, erscheint hinter dem entsprechenden Eintrag die Option *Bereit zum Erstellen*. Nachdem Sie den Eintrag angeklickt haben, öffnet sich der Assistent zum Einrichten einer neuen Heimnetzgruppe.

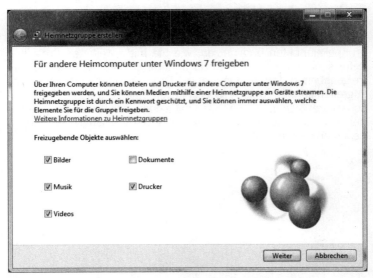

Erstellen Sie eine neue *Heimnetzgruppe* und richten Sie Ihre Freigaben ein.

Heimnetzgruppen & Netzwerkfreigaben erstellen und konfigurieren

Mithilfe des Assistenten können Sie nun eine neue Gruppe erstellen und durch das Aktivieren bzw. Deaktivieren der entsprechenden Optionen genau bestimmen, ob Sie Ihren Drucker, Ihren persönlichen *Bilder-, Musik-, Video-* oder auch den *Dokumente*-Ordner für andere Mitglieder der Heimnetzgruppe freigeben wollen oder nicht. Bei Letzterem sollten Sie sich allerdings genau überlegen, ob Sie dies wirklich tun wollen oder nicht – nicht selten speichert man dort auch Dokumente, die andere beim besten Willen rein gar nichts angehen.

Im nächsten Schritt generiert Windows nun automatisch ein sicheres Kennwort für Ihre Heimnetzgruppe, das Sie sich auf jeden Fall ausdrucken lassen sollten. Die anderen Netzwerkteilnehmer müssen dieses später eingeben, bevor sie der Gruppe beitreten und somit auf Ihre Freigaben zugreifen können.

WEITERE HINWEISE

Heimnetzgruppen können nur von Rechnern erstellt werden, auf denen mindestens Windows 7 Home Premium (oder höher) installiert ist. Besitzer von Windows 7 Starter oder Basic, können der Gruppe lediglich beitreten. Sollte Ihnen das automatisch erstellte Kennwort für die Heimnetzgruppe zu kompliziert sein, können Sie dieses aus dem Assistenten heraus über die Option *Kennwort ändern* natürlich Ihren Wünschen entsprechend ändern. Ansonsten können Sie die Einstellungen aber auch später noch konfigurieren, indem Sie im *Netzwerk- und Freigabecenter* im Bereich *Heimnetzgruppe* auf den Eintrag *Beigetreten* bzw. im unteren Teil des *Netzwerk- und Freigabecenters* auf den Eintrag *Heimnetzgruppen und Freigaben auswählen* klicken.

Geeignet für folgende Windows-7-Versionen				
○ Home Basic	● Home Premium	● Professional	● Enterprise	● Ultimate

Windows 7-Heimnetzgruppe beitreten

DAS PROBLEM
Ist auf Ihrem System Windows 7 installiert, können Sie einer vorhandenen Heimnetzgruppe jederzeit beitreten und dann mithilfe eines Assistenten bequem bestimmen, ob und wenn ja, welche Elemente Sie Ihrerseits für andere Nutzer der Gruppe freigeben wollen.

DER TIPP
Ist in Ihrem Netzwerk bereits eine Heimnetzgruppe verfügbar, wird Ihnen dies im *Netzwerk- und Freigabecenter* angezeigt. Um der Gruppe beizutreten, klicken Sie einfach auf den Eintrag *Heimnetzgruppe: Zum Beitreten verfügbar* (bzw. *Beigetreten,* wenn Sie zuvor bereits Mitglied einer anderen Heimnetzgruppe waren). Im nächsten Fenster finden Sie ein paar Detailinformationen, anhand derer Sie erkennen können, von welchem Rechner aus die Heimnetzgruppe erstellt wurde. Handelt es sich um einen Computer Ihres Vertrauens, klicken Sie auf *Jetzt beitreten* und bestimmen dann im nächsten Schritt, welche Elemente Ihres Computers Sie Ihrerseits für andere Mitglieder der Heimnetzgruppe verfügbar machen wollen. Ist auch dies erledigt, müssen Sie durch Eingabe des vom Ersteller der Gruppe angelegten Kennworts bestätigen, dass Sie zum Beitritt berechtigt sind. Nachdem die Heimnetzgruppe aus mindestens zwei Mitgliedern besteht, können diese gegenseitig auf ihre Freigaben zugreifen. Um die Freigaben einsehen zu können, öffnen Sie ein *Windows-Explorer*-Fenster und klicken im Navigationsbereich auf der linken Seite auf den Eintrag *Heimnetzgruppe*. Im Hauptverzeichnis der Heimnetzgruppe finden Sie nun zunächst eine Übersicht aller zur Gruppe gehörigen Teilnehmer. Wenn Sie einen der Teilnehmer doppelklicken bzw. diesen im Navigationsbereich auswählen, erhalten Sie umgehend Zugriff auf dessen Freigaben.

WEITERE HINWEISE
Rechner auf denen lediglich Vista, XP oder ein anders Betriebssystem installiert ist, können Heimnetzgruppen nicht beitreten, sodass Sie die Freigaben für diese über die erweiterten Optionen auf die altbewährte, aber entsprechend kompliziertere Art einrichten müssen.

Geeignet für folgende Windows-7-Versionen				
● Home Basic	● Home Premium	● Professional	● Enterprise	● Ultimate

Weitere Elemente für die Heimnetzgruppe freigeben und einzelne ausschließen

DAS PROBLEM

In der Grundkonfiguration können Sie bei der Erstellung bzw. dem Beitritt zu einer Heimnetzgruppe lediglich bestimmen, ob Sie Ihre persönlichen Standard-Bibliotheken für die Mitglieder der Heimnetzgruppe freigeben wollen oder nicht. Bei Bedarf lassen sich aber auch jederzeit sonstige Ordner und Bibliotheken und sogar einzelne Dateien gezielt freischalten oder bei Bedarf auch vom Zugriff durch andere Gruppenmitglieder ausschließen.

DER TIPP

Um neue Elemente für die Mitglieder der Heimnetzgruppe zugänglich zu machen, öffnen Sie ein *Windows-Explorer*-Fenster, wählen das gewünschte Element aus und klicken dann auf die Schaltfläche *Freigeben für*, wo Sie nun explizit festlegen können, ob Sie dieses Objekt freigeben wollen, ob andere hier nur Lese- oder auch Schreibrechte besitzen (sprich auch Dateien verändern oder gar löschen dürfen) oder ob Sie das Objekt mit der Option *Niemand* komplett vom Zugriff aus dem Netzwerk ausschließen wollen.

WEITERE HINWEISE

Beim Einrichten bzw. Beitritt zu einer Heimnetzgruppe passt Windows 7 die erweiterten Netzwerk- und Freigabeeinstellungen automatisch an. Dort müssen Sie also lediglich dann Hand anlegen, wenn sich auch nicht Windows 7-Benutzer im Heimnetz befinden (siehe Tipp: *Erweiterte Freigabeeinstellungen für sonstige Netzwerkteilnehmer konfigurieren*).

Geeignet für folgende Windows-7-Versionen

● Home Basic ● Home Premium ● Professional ● Enterprise ● Ultimate

Erweiterte Freigabeneinstellungen für sonstige Netzwerkteilnehmer konfigurieren

DAS PROBLEM

Befinden sich in Ihrem Netzwerk nicht ausschließlich Windows 7-Rechner, werden Sie kaum darum herumkommen, sich auch mit den erweiterten Freigabeoptionen des Betriebssystems auseinanderzusetzen, um diesen so den Zugriff auf Ihren Drucker, Ordner, Dateien oder ganze Festplatten überhaupt erst ermöglichen zu können.

DER TIPP

Um die *Erweiterten Freigabeeinstellungen ändern* zu können, klicken Sie auf der linken Seite des *Netzwerk- und Freigabecenters* auf den gleichnamigen Eintrag. Im Fenster *Freigaben für unterschiedliche Netzwerkprofile ändern* können Sie detailliert festlegen, ob Ihr Rechner überhaupt am Netzwerk teilnehmen soll, ob Sie die öffentlichen Ordner aus dem Benutzerbereich Ihres Systems im Netzwerk freigeben wollen usw. Ein neues Feature von Windows 7 ist, dass Sie hier sowohl für das Netzwerkstandort-Profil *Heimnetz* (Privates- oder Arbeitsplatznetzwerk) als auch für das für eher als unsicher einzuschätzende Umgebungen gedachte Profil *Öffentliches Netzwerk* separate Einstellungen vornehmen können, die dann jeweils automatisch in Kraft treten, sobald Sie über das *Netzwerk- und Freigabecenter* Ihren Standort wechseln.

Damit andere Netzwerkteilnehmer auf Ihre Freigaben zugreifen, muss neben der *Netzwerkkennung* natürlich auch die *Datei- und Druckerfreigabe* aktiviert sein. Ob Sie den nicht-Windows 7-Netzwerkteilnehmern generell den Zugriff auf die öffentlichen Ordner und ihre Medienbibliothek gewähren wollen, können Sie dann separat entscheiden.

Heimnetzgruppen & Netzwerkfreigaben erstellen und konfigurieren

Konfigurieren Sie die Grundeinstellungen für die Kommunikation mit sonstigen Netzwerkteilnehmern.

WEITERE HINWEISE

In den erweiterten Netzwerkeinstellungen getätigte Änderungen wirken sich global auf Ihrem System aus. Schalten Sie hier also z. B. die Netzwerkkennung aus, können auch die Teilnehmer Ihrer Heimnetzgruppe bereits kurze Zeit später nicht mehr auf Ihre Freigaben zugreifen, da Ihr Rechner dann auch für diese unsichtbar wird (siehe Tipp: *Netzwerkeinstellungen kontrollieren und anpassen – Netzwerkerkennung ein- oder ausschalten*). Wollen Sie zwischendurch einmal gezielt dafür sorgen, dass Sie in Ruhe arbeiten oder Wartungsarbeiten an Ihrem System durchführen können, brauchen Sie also in den erweiterten Freigabeeinstellungen lediglich die *Datei- und Druckerfreigabe* zu deaktivieren, was nicht nur den Zugriff auf freigegebene Ordner stoppt, sondern automatisch auch die Freigabe von Druckern und die Freigabe des öffentlichen Ordners beendet. Wenn Sie die *Datei- und Druckerfreigabe* später wieder einschalten, werden die ursprünglichen Freigabeeinstellungen automatisch wiederhergestellt.

Geeignet für folgende Windows-7-Versionen				
● Home Basic	● Home Premium	● Professional	● Enterprise	● Ultimate

Kennwortgeschütztes Freigeben

Das Problem
Windows 7 bietet Ihnen die Möglichkeit, selbst zu entscheiden, ob jeder x-beliebige Netzwerkteilnehmer ungefragt auf die Freigaben Ihres PCs zugreifen kann, oder ob Sie Ihre Freigaben lediglich Teilnehmern erlauben, die sich mit einem der auf Ihrem System angelegten Benutzerkontenzugangsdaten authentifiziert.

Der Tipp
Wurde in den *Erweiterten Freigabeeinstellungen* des *Netzwerk- und Freigabecenters* im gleichnamigen Bereich das *Kennwortgeschützte Freigeben* deaktiviert, dürfen automatisch auch alle nicht zur Heimnetzgruppe gehörigen Teilnehmer des Netzwerks auf Ihre freigegebenen Ordner und Drucker zugreifen. Ist sie hingegen aktiviert, wird der Zugriff auf Ihre Freigaben nur noch Teilnehmern erlaubt, die der Heimnetzgruppe angehören oder sich mit dem Benutzernamen und Kennwort eines auf Ihrem System existierenden Benutzerkontos authentifizieren können. Hat sich ein Netzwerkteilnehmer auf seinem PC mit einem Benutzerkonto angemeldet, dessen Name und Kennwort mit einer der auf Ihrem PC existierenden Konten übereinstimmt, kann er ohne Nachfrage auf Ihre Freigaben zugreifen. Falls nicht, erfolgt beim Zugriffsversuch ein Anmeldefenster auf seinem Bildschirm, in dem er die Anmeldedaten dann manuell eintippen kann.

Weitere Hinweise
Damit andere bei aktiviertem Kennwortschutz auf Ihre Freigaben zugreifen können, müssen Sie nicht zwangsläufig für jeden Teilnehmer ein neues Benutzerkonto auf Ihrem PC einrichten. Legen Sie einfach ein Benutzerkonto (am besten eins mit Gastrechten – siehe auch Kapitel 4: *Benutzerkonten & Jugendschutz*) mit einem Namen wie z. B. 'Heimnetz' an und vergeben Sie diesem ein einfaches Kennwort wie z. B. 'Mitglieder'. Diese Daten teilen Sie dann genau den Netzwerkteilnehmern mit, denen Sie den Zugriff auf Freigaben gestatten wollen, damit diese sich jederzeit ungehindert mit diesen Anmeldedaten einloggen können.

Geeignet für folgende Windows-7-Versionen				
● Home Basic	● Home Premium	● Professional	● Enterprise	● Ultimate

Netzwerkkennwörter speichern und verwalten

Das Problem
Wenn Sie sich an einer Heimnetzgruppe anmelden oder sich durch Eingabe eines Benutzernamens und Kennworts an einem anderen Rechner im Netzwerk anmelden, können Sie die Anmeldedaten durch das Setzen des entsprechenden Häkchens speichern, um so dafür zu sorgen, dass die Anmeldung später automatisch erfolgt. Ihre gespeicherten Netzwerkkennwörter können Sie bei Bedarf jederzeit einsehen und verwalten.

Der Tipp
Wenn Sie über *Start > Systemsteuerung > Benutzerkonten und Jugendschutz > Benutzerkonten* die Übersicht Ihres Benutzerkontos aufrufen, finden Sie dort auf der linken Seite den Eintrag *Eigene Anmeldeinformationen verwalten*, durch den Sie zur *Anmeldeinformationsverwaltung* gelangen. Hier finden Sie eine Übersicht aller verschlüsselt im Tresor gespeicherten Netzwerkkennwörter und sonstigen Anmeldeinformationen. Bei Bedarf können Sie hier jederzeit neue Zugangsdaten erstellen, bereits vorhandene Einträge bearbeiten, um das Kennwort oder den Benutzernamen zu ändern, Anmeldeinformationen gezielt löschen oder diese auch einfach auf einem externen Datenträger sichern, um sie dann im Notfall jederzeit wiederherstellen zu können.

Weitere Hinweise
Neben Kennwörtern für das Netzwerk, speichert Windows im Tresor Ihres Benutzerkontos auch die Anmeldedaten für die Nutzung von Windows Live Diensten, wie z. B. Windows Live Mail und den darin eingerichteten E-Mail-Konten, die sich hier ebenfalls bequem verwalten und bearbeiten lassen.

Geeignet für folgende Windows-7-Versionen

● Home Basic ● Home Premium ● Professional ● Enterprise ● Ultimate

Allgemeine Freigaben und Zugriffsberechtigungen für Ordner und Dateien erstellen

Das Problem
Wollen Sie anderen den Zugriff auf ausgewählte Ordner Ihres Computers erlauben, lässt sich dies mit ein paar Mausklicks bequem erledigen – vorausgesetzt, es handelt sich dabei nicht um Systemordner oder ganze Laufwerke.

Der Tipp
Mit Ausnahme von Systemordnern, wie z. B. den Verzeichnissen *C:\Windows*, *C:\Benutzer* oder *C:\Programme* lassen sich alle Ordner, deren Freigabe kein Sicherheitsrisiko für Sie oder andere Benutzer dieses PCs darstellen würde, recht simpel für den Zugriff aus dem Netzwerk freigeben. Klicken Sie die gewünschte Bibliothek bzw. den Ordner dazu im Explorer-Fenster zunächst mit der rechten Maustaste an und wählen Sie dann die Option *Freigeben für > Bestimmte Person*, um das Fenster *Dateifreigabe* zu öffnen, in dem Sie genau definieren können, für welche Personen der Ordner bei aktiviertem Kennwortschutz später im Netzwerk verfügbar sein soll.

Bestimmen Sie, wer auf Ihre Freigabe zugreifen darf.

Im Fenster *Dateifreigabe* finden Sie in der Liste der zugriffsberechtigten Netzwerkteilnehmer zunächst nur den Namen Ihres eigenen Benutzerkontos. Wenn Sie auf den oberhalb der Liste befindlichen Pfeil klicken, öffnet sich eine Übersicht aller auf Ihrem PC eingerichteten Benutzerkonten. Hier können Sie nun wahlweise einzelne

Heimnetzgruppen & Netzwerkfreigaben erstellen und konfigurieren

Benutzer oder bei Bedarf auch der Reihe nach alle gewünschten Benutzer zur Liste der zugriffsberechtigten Netzwerkteilnehmer *Hinzufügen*. Soll die Freigabe nur für Sie und die Mitglieder Ihrer *Heimnetzgruppe* gelten, dann wählen Sie diese aus der Liste aus. Für eine generelle Freigabe für alle Benutzer ist hingegen *Jeder* die richtige Wahl.

Haben Sie alle zugriffsberechtigten Benutzer zur Liste hinzugefügt, können Sie über den rechts daneben befindlichen Pfeil für jeden Eintrag einzeln bestimmen, ob die jeweiligen Benutzer Daten nur lesen oder lesen und schreiben dürfen.

Möchten Sie später innerhalb eines freigegebenen Ordners befindliche Unterordner oder Dateien gezielt vor dem Zugriff durch andere schützen, lässt sich dies unter Windows 7 ebenfalls verwirklichen. Klicken Sie das gewünschte Element einfach mithilfe der rechten Maustaste an und wählen Sie dann die Option *Freigeben für > Niemand*.

Wollen Sie eine Freigabe nachträglich ändern, klicken Sie den freigegebenen Ordner mit der rechten Maustaste an und wählen dann die Option *Freigabe für > Bestimmte Personen* und entfernen dann die unerwünschten Benutzer wieder aus der Liste, fügen neue hinzu oder passen deren Berechtigungen an. Soll die Freigabe hingegen komplett aufgehoben werden, entfernen Sie nach einem Rechtsklick über *Eigenschaften > Freigabe > Erweiterte Freigabe* das Häkchen vor dem Eintrag *Diesen Ordner freigeben*.

WEITERE HINWEISE

Um eine Übersicht Ihrer Freigaben einzusehen, wählen Sie im *Startmenü* den Eintrag *Computer* mit der rechten Maustaste aus und wählen die Option *Verwalten* (benötigt Administratorrechte). In der *Computerverwaltung* angelangt, finden Sie unter *Computerverwaltung (Lokal) > System > Freigegebene Ordner > Freigaben* die Liste aller Freigaben des Systems. Um eine Freigabe zu beenden, klicken Sie diese mit der rechten Maustaste an und wählen die Option *Freigabe aufheben*. Doch Vorsicht! Unter den hier gelisteten Freigaben befinden sich auch diverse systeminterne Freigabeordner, die fast allesamt mit einem $ gekennzeichnet und somit versteckt wurden. Diese sollten Sie in Ruhe lassen und lediglich Einstellungen von Freigaben verändern, bei denen Sie sich sicher sind, dass diese garantiert nicht mehr benötigt werden.

Geeignet für folgende Windows-7-Versionen				
● Home Basic	● Home Premium	● Professional	● Enterprise	● Ultimate

Komplettes Laufwerk im Netzwerk freigeben

DAS PROBLEM
Windows 7 lässt es in den Grundeinstellungen aus Sicherheitsgründen nicht zu, ein komplettes Festplattenlaufwerk Ihres Systems mit der einfachen Standardfreigabeoption im Netzwerk freizugeben. Wollen Sie ein ganzes Laufwerk für andere Netzwerkteilnehmer zugänglich machen, lässt sich dies nur mithilfe der erweiterten Freigabefunktion realisieren.

DER TIPP
Um eine komplettes Laufwerk im Netzwerk freizugeben, öffnen Sie über *Start > Computer* die Übersicht Ihrer Laufwerke. Wenn Sie das gewünschte Laufwerk mit der rechten Maustaste anklicken und über die Option *Freigabe für > Erweiterte Freigabe* das Register *Freigabe* des Fensters *Eigenschaften von Laufwerk* aufrufen, ist dort die Standardschaltfläche zur Verwaltung der einfachen *Freigabe* des Laufwerks deaktiviert. Klicken Sie stattdessen auf die Schaltfläche *Erweiterte Freigabe*, woraufhin Sie im nächsten Fenster die Möglichkeit erhalten, dem freigegebenen Laufwerk einen Namen zu geben und einen Kommentar hinzuzufügen, der den anderen Nutzern im Netzwerk dann später angezeigt wird.

Über die *Erweiterte Freigabe* bestimmen Sie den Namen.

WEITERE HINWEISE
Welche Optionen Ihnen die *Erweiterte Freigabe* sonst noch zu bieten hat, erfahren Sie im Tipp: *Erweiterte Freigaben einrichten*.

Geeignet für folgende Windows-7-Versionen				
● Home Basic	● Home Premium	● Professional	● Enterprise	● Ultimate

Erweiterte Freigaben einrichten

DAS PROBLEM

Wenn Sie Laufwerke oder Ordner nicht mit der Standardfreigabefunktion, sondern mithilfe der so genannten *Erweiterten Freigabe* im Netzwerk verfügbar machen, bietet dies den Vorteil, dass Sie für das freigegebene Objekt noch detailliertere Berechtigungen festlegen können.

DER TIPP

Um einen Ordner oder ein Laufwerk mit den erweiterten Berechtigungsoptionen im Netzwerk freizugeben, wählen Sie das gewünschte Element im Explorer-Fenster mit der rechten Maustaste aus und öffnen dann über *Eigenschaften > Freigabe > Erweiterte Freigabe* das Fenster *Erweiterte Freigabe*. Aktivieren Sie hier zunächst die Option *Diesen Ordner freigeben* bzw. *Dieses Laufwerk freigeben*. Danach können Sie über die entsprechenden Optionen nicht nur festlegen, mit welchem Namen das Element im Netzwerk erscheinen soll, sondern zusätzlich auch noch bestimmen, wie viele Netzwerkbenutzer gleichzeitig auf das Laufwerk oder den Ordner zugreifen dürfen. Bei Bedarf können Sie den Nutzern im Netzwerk auch noch einen *Kommentar* zu dieser Freigabe hinterlassen. Über die *Berechtigungen*-Schaltfläche können Sie danach detailliert bestimmen, für welche Benutzer oder Benutzergruppen die Freigabe des Elements gelten soll, ob ein bestimmter Benutzer oder eine Gruppe die enthaltenen Daten lediglich lesen oder auch ändern darf usw.

WEITERE HINWEISE

In den Grundeinstellungen ist in den *Berechtigungen* der *Erweiterten Freigabe* automatisch die Gruppe *Jeder* eingetragen, was bedeutet, dass die Freigabe für alle Personen mit Netzwerkzugriff auf Ihren PC gilt. Wollen Sie den Zugriff einschränken, löschen Sie die Gruppe *Jeder* aus der Freigabeliste, fügen stattdessen die Namen der gewünschten Benutzer oder Gruppen bzw. bei Bedarf auch die Heimnetzgruppe hinzu und definieren anschließend deren Berechtigungen.

Geeignet für folgende Windows-7-Versionen				
● Home Basic	● Home Premium	● Professional	● Enterprise	● Ultimate

Mediendateien für andere Computer oder die Xbox 360 freigeben

DAS PROBLEM
Abgesehen von Laufwerken, Ordnern und den darin enthaltenen Dateien, können Sie unter Windows 7 auch gezielt bestimmte Mediendateien Ihres Computers für andere Netzwerkteilnehmer oder Geräte wie z. B. eine angeschlossene Xbox 360 freigeben.

DER TIPP
Um die Mediendateien Ihres Rechners für andere Netzwerkteilnehmer verfügbar zu machen, öffnen Sie das *Netzwerk- und Freigabecenter*, rufen die *Erweiterten Freigabeeinstellungen* auf und klicken dort im Bereich *Medienstreaming* auf den Eintrag *Medienstreamingoptionen auswählen*.

Wenn Sie im Fenster *Medienstreamingoptionen* einem der angezeigten Netzwerkgeräte und Computer den Zugriff auf Ihre Mediendateien erlauben, werden dabei nicht spezielle Ordner, sondern die Multimediainhalte Ihrer Medienbibliothek freigegeben, auf welche die zugelassenen Geräte und Rechner dann mithilfe ihres Media Players, dem Media Center oder über den *Netzwerk*-Ordner zugreifen können. Sobald ein solches Gerät versucht, auf Ihre freigegebenen Medieninhalte (im *Netzwerk*-Ordner als virtuelles Mediengerät zu sehen) zuzugreifen, erscheint auf Ihrem PC automatisch eine entsprechende Meldung. Hier können Sie dann ebenfalls gezielt festlegen, ob Sie dem anfragenden Gerät den Zugriff gestatten wollen oder nicht.

Wählen Sie ein Gerät im Fenster *Medienstreamingoptionen* an, können Sie über den Eintrag *Anpassen* explizit bestimmen, auf welche Medientypen (Musik, Bilder, Videos) Sie den Zugriff gewähren wollen und auch definieren, ob die Berechtigung nur für Inhalte mit bestimmten Bewertungen gelten soll usw.

Heimnetzgruppen & Netzwerkfreigaben erstellen und konfigurieren

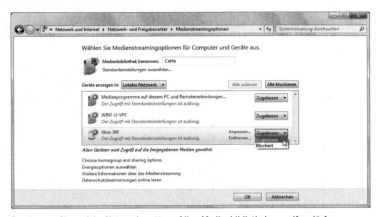

Bestimmen Sie, welche Netzwerkgeräte auf Ihre Medienbibliothek zugreifen dürfen.

WEITERE HINWEISE

Im Gegensatz zu Ordnern, Laufwerken und Druckern, bleiben die freigegebenen Mediendateien auch dann im Netzwerk verfügbar, wenn Sie im *Netzwerk- und Freigabecenter* die allgemeine Option zur *Datei- und Druckerfreigabe* ausschalten. Um die Medienfreigabe zu beenden, klicken Sie im Fenster *Medienstreamingoptionen* einfach auf die *Alle blockieren*-Schaltfläche.

Kapitel 11: Netzwerk

Datensynchronisation und Offlinedateien

DAS PROBLEM
Wollen Sie die Daten Ihres PCs mit denen eines im Netzwerk freigegebenen Ordners eines anderen Rechners (z. B. Ihrem Notebook) synchronisieren, lässt sich dies unter Windows 7 Professional, Enterprise und Ultimate auch mithilfe von Offlinedateien und dem Synchronisierungscenter ohne die Installation zusätzlicher Software verwirklichen.

DER TIPP
Um Daten eines im Netzwerk freigegebenen Ordners stets aktuell auf Ihrem Rechner verfügbar zu machen, öffnen Sie über den Windows-Explorer zur entsprechenden Freigabe, markieren den Ordner, mit dem Sie gerne Daten synchronisieren würden, mithilfe der rechten Maustaste und wählen dann die Option *Immer offline verfügbar*. Auf diese Weise gehen Sie automatisch eine so genannte Partnerschaft mit diesem Ordner ein. Danach können Sie per Rechtsklick auf den Ordner über *Synchronisieren > Ausgewählte Offlinedateien synchronisieren* umgehend mit dem Datenabgleich dieses Ordners beginnen.

Wenn Sie nun das *Synchronisierungscenter* (über *Start > Alle Programme > Zubehör > Synchronisierungscenter*) öffnen, können Sie über *Synchronisierungspartnerschaft anzeigen > Ordner > Offlinedateien* eine Liste aller eingerichteten Offlinepartnerschaften aufrufen. Um die Daten des Offlineordners zu synchronisieren, klicken Sie auf den Eintrag *Synchronisieren* bzw. *Alle synchronisieren*. Bei Bedarf können Sie über die Option *Zeitplan* dafür sorgen, dass die Daten in regelmäßigen Abständen automatisch abgeglichen werden. Ansonsten lässt sich der Vorgang aber auch jederzeit per Rechtsklick auf das Symbol des *Synchronisierungscenters* im Infobereich der Taskleiste starten.

Haben Sie die Partnerschaft mit einem Netzwerkordner eingerichtet und die Synchronisierung das erste Mal gestartet, werden alle darin enthaltenen Ordner und Dateien als so genannte Offlinedateien auf Ihren Rechner kopiert, auf die Sie somit (über das *Synchronisierungscenter* oder den ganz normalen Weg über den *Netzwerk*-Ordner) auch dann zugreifen und diese bearbeiten oder neue hinzufügen können, wenn der andere Rechner ausgeschaltet oder vom Netzwerk getrennt wurde. Ist der Rechner später wieder im Netzwerk verfügbar, werden die Dateien den Zeitplaneinstellungen entsprechend automatisch wieder synchronisiert. Auf diese Weise stehen Ihnen auf beiden Computern stets die aktuellsten Dateiversionen zur Verfügung.

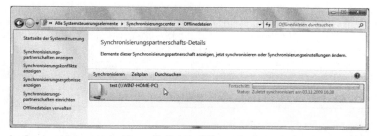

Im *Synchronisierungscenter* können Sie Daten mit Netzwerkordnern eines anderen PCs synchronisieren.

WEITERE HINWEISE

Um die automatische Synchronisierung mit einem Netzwerkordner später wieder zu beenden, klicken Sie diesen mit der rechten Maustaste an und entfernen das Häkchen vor dem Eintrag *Immer offline verfügbar*. Über den Synchronisierungscenter Eintrag *Offlinedateien verwalten* können Sie bei Bedarf die Verwaltung und den maximalen Speicherplatz für Offlinedateien konfigurieren. Wenn Sie die Offlinedateien hier komplett deaktivieren, werden danach automatisch alle dazugehörigen Partnerschaften des Synchronisierungscenters aufgehoben und alle Offlinedateien unwiderruflich von Ihrem PC gelöscht.

Geeignet für folgende Windows-7-Versionen				
○ Home Basic	○ Home Premium	● Professional	● Enterprise	● Ultimate

Kapitel 11: Netzwerk

Drucker im Netzwerk freigeben

DAS PROBLEM
Wollen Sie Ihren Standarddrucker für die Nutzung durch andere Heimnetzgruppenmitglieder freigeben, lässt sich dies am einfachsten über das *Netzwerk- und Freigabecenter* in den Einstellungen für die Heimnetzgruppe regeln. Wollen Sie weitere Drucker freigeben oder auch anderen Netzwerkteilnehmern den Zugriff auf Geräte dieser Art ermöglichen, müssen Sie diese Freigaben manuell einrichten.

DER TIPP
Wollen Sie Ihren Drucker auch für Netzwerkteilnehmer mit älteren Betriebssystemen zugänglich machen, weitere Drucker freigeben oder die Einstellungen für die Freigabe eines Druckers anpassen, rufen Sie dazu über *Start > Systemsteuerung > Hardware und Sound > Geräte und Drucker* die Übersicht Ihrer installierten Drucker und sonstiger Geräte auf. Wenn Sie den gewünschten Drucker mit der rechten Maustaste anklicken und die Option *Druckereigenschaften* auswählen, können Sie im Fenster *Eigenschaften von <Mein Drucker>* über das Register *Freigabe* die Freigabe dieses Gerätes aktivieren. Danach können Sie dann auch gezielt festlegen, ob die Druckaufbereitung eines Druckbefehls später auf Ihrem oder dem Rechner des Clientcomputers durchgeführt werden soll.

WEITERE HINWEISE
Sollten auch Rechner im Netzwerk vertreten sein, die über eine ältere Windows-Version verfügen, sollten Sie auf Ihrem Rechner über die Schaltfläche *Zusätzliche Treiber* die passenden Druckertreiber für diese Systeme hinterlegen. Versucht ein Netzwerkbenutzer danach Ihren Drucker als Netzwerkdrucker auf seinem System einzurichten, kann er automatisch die Treiber vom Host beziehen und muss diese nicht umständlich manuell auf seinem Rechner installieren.

Geeignet für folgende Windows-7-Versionen

| ● Home Basic | ● Home Premium | ● Professional | ● Enterprise | ● Ultimate |

Kapitel 12
Sicherheit

In Sachen Sicherheit hat Windows 7 einiges zu bieten. Mit Ausnahme eines Virenscanners, bringt das Betriebssystem von Haus aus alles mit, was Sie zum Schutz Ihres PCs und der darauf befindlichen Daten benötigen. Während die Windows-Firewall Sie vor Zugriffen von außen schützt, verhindert der Windows-Defender, dass schädliche Soft- oder Spyware auf Ihrem System ausgeführt wird. Die so genannte Benutzerkontensteuerung schützt Ihr System vor potenziell kritischen Veränderungen durch Angreifer oder unerfahrene Benutzer, während das neue Wartungscenter unterdessen die ganze Zeit überwacht, ob mit Ihren Sicherheitstools, Sicherheitseinstellungen und sonstigen eventuell wartungsbedürftigen Elementen alles in Ordnung ist und schlägt umgehend Alarm, sobald es an irgendeiner Stelle Sicherheitsrisiken oder Probleme erkennt.

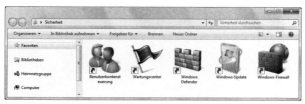

Windows 7 bietet eine ganze Reihe effektiver Sicherheitsfeatures.

In diesem Kapitel erfahren Sie, welche Möglichkeiten Ihnen das Wartungscenter zu bieten hat, wie Sie dessen Alarmsystem konfigurieren und wie Sie die Benutzerkontensteuerung an Ihre Bedürfnisse anpassen oder kurzfristig deaktivieren können. Des Weiteren finden Sie Tipps und Hinweise, die Ihnen dabei helfen, das Windows Update zum Schließen von Sicherheitslücken zu nutzen und zu konfigurieren. Sie erfahren, wie Sie mithilfe der Windows-Firewall nicht nur Angreifer abwehren, sondern auch verhindern können, dass Programme ungefragt 'nach Hause telefonieren', wie Sie mit dem Windows-Defender auf die Suche nach schädlicher Software gehen, Ihre Laufwerke mithilfe des BitLocker-Verschlüsselungssystems vor unerlaubtem Zugriff schützen und welche Optionen Ihnen diese Programme sonst noch zu bieten haben.

Wartungscenter & Benutzerkontensteuerung

Das in Windows 7 integrierte Wartungscenter bietet nicht nur eine Übersicht und Zugriff auf die wichtigsten Sicherheitseinstellungen, sondern prüft zusätzlich die ganze Zeit über, ob alle Schutzmechanismen des PCs voll funktionsfähig und auf dem neuesten Stand sind. Die so genannte Benutzerkontensteuerung verhindert unterdessen, dass Benutzer nicht ohne Weiteres auf die privaten Daten anderer Personen und wichtige Systemeinstellungen oder Ordner zugreifen können und sorgt dafür, dass selbst Administratoren zunächst nur mit eingeschränkten Rechten arbeiten, was sicherstellt, dass auch eventuelle Eindringlinge von außen nur eingeschränkte Rechte besitzen und somit auch keinen allzu großen Schaden auf dem PC anrichten können.

Das *Wartungscenter* bietet eine Übersicht aller wichtigen Sicherheitseinstellungen und Tools.

In den folgenden Abschnitten finden Sie Tipps und Hinweise zu den Optionen des Sicherheitscenters und der Benutzerkontensteuerung und erfahren, wie Sie diese beiden Werkzeuge an Ihre Bedürfnisse anpassen bzw. bei Bedarf auch kurzfristig abschalten können.

Optionen des Wartungscenters

Das Problem
Wollen Sie wissen, ob mit den Sicherheitsfeatures Ihres Systems alles in Ordnung ist, können Sie über das Wartungscenter eine Übersicht aller sicherheitsrelevanten Werkzeuge und Einstellungen aufrufen.

Der Tipp
Wenn Sie das Wartungscenter über *Start* > *Systemsteuerung* > *System und Sicherheit* > *Wartungscenter* öffnen, können Sie auf einen Blick erkennen, ob mit Ihrer Firewall, dem Virenscanner, dem Windows-Defender und den allgemeinen Sicherheitseinstellungen Ihres Systems alles in Ordnung ist. Bestehen Sicherheitsmängel oder ist ein Sicherheitstool, wie z. B. der Virenscanner nicht installiert oder nicht mehr auf dem neuesten Stand, wird der entsprechende Bereich im Wartungscenter deutlich hervorgehoben. Ist noch kein Virenscanner installiert, erscheint hier sogar eine gesonderte Schaltfläche, über die Sie Zugriff auf eine Auswahl Windows 7 kompatibler Antivirenprogramme erhalten. Weisen Programme wie die Windows-Firewall, der Windows-Defender oder andere Sicherheitseinstellungen wartungsbedürftige Probleme auf, erhalten Sie im Wartungscenter umgehend Zugriff auf deren Optionen oder Assistenten, die Ihnen bei der Lösung des Problems behilflich sind. Ansonsten erhalten Sie über den Listenbereich auf der linken Seite des Fensters aber auch noch Zugriff auf die Einstellungen des *Wartungscenters*, der *Benutzerkontensteuerung*, das *Windows Update* und sonstige Sicherheits- und Wartungstools des Systems.

Weitere Hinweise
Bei Sicherheitsproblemen und sonstigen wartungsbedürftigen Vorfällen, erscheint automatisch eine Benachrichtigung im Infobereich der Taskleiste – z. B. wenn die Firewall nicht aktiv ist, kein Virenscanner installiert wurde oder dieser nicht mehr auf dem neuesten Stand ist, der geschützte Modus des Internet Explorers deaktiviert wurden, schwer wiegende Probleme mit Ihrer Hardware oder Treibern auftreten usw. Bei Bedarf können Sie selbst bestimmen, ob und wenn ja, wie Sie vom Wartungscenter gewarnt werden. Klicken Sie dazu auf der linken Seite des Fensters auf die Option *Wartungscentereinstellungen ändern*.

Geeignet für folgende Windows-7-Versionen				
● Home Basic	● Home Premium	● Professional	● Enterprise	● Ultimate

Kapitel 12: Sicherheit

Benutzerkontensteuerung konfigurieren oder ausschalten

DAS PROBLEM

Die so genannte Benutzerkontensteuerung sorgt dafür, dass selbst Administratoren beim Anpassen kritischer Systemeinstellungen oder der Installation sicherheitskritischer Software stets noch einmal bestätigen müssen, dass diese Vorgänge auch wirklich durchgeführt werden sollen. Im Vergleich zu Windows Vista ist die Benutzerkontensteuerung zwar bei weitem nicht mehr so lästig, was aber nicht heißt, dass es sich für Sie nicht trotzdem lohnen könnte, das Verhalten dieses Sicherheitsfeatures genau an Ihre Bedürfnisse anzupassen.

DER TIPP

Um die Empfindlichkeit der Benutzerkontensteuerung zu justieren, öffnen Sie das Wartungscenter und klicken auf der linken Seite auf den Eintrag *Einstellungen der Benutzerkontensteuerung anpassen* (alternativ gelangen Sie nach einem Klick auf Ihr Benutzerbild im Kopf des Startmenüs über die gleichnamige Option an dasselbe Ziel).

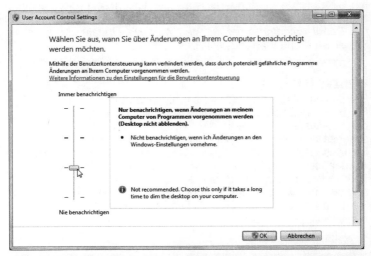

Die Empfindlichkeit der neuen *Benutzerkontensteuerung* lässt sich stufenweise anpassen.

In den Grundeinstellungen ist die Benutzerkontensteuerung auf die Stufe *Standard* justiert. Mithilfe des Schiebereglers können Sie die Einstellung aber bequem ändern und so selbst entscheiden, ob Sie immer benachrichtigt werden wollen (so wie es bei Windows Vista der Fall war), die Standardeinstellungen beibehalten, aber dabei auf die lästige Ausblendung des Desktops verzichten (Sie können dann auch während der Anzeige eines Warnfensters auf den Desktop und sonstige Elemente zugreifen) oder ob Sie die Benutzerkontensteuerung über die Option *Nie benachrichtigen* komplett deaktivieren.

WEITERE HINWEISE

Wenn Sie die *Benutzerkontensteuerung* deaktivieren, schalten Sie das Herz des neuen Sicherheitssystems von Windows 7 ab und werden vom *Wartungscenter* eine entsprechende Warnmeldung erhalten (die sich bei Bedarf über das Anpassen der Wartungscentereinstellungen deaktivieren lässt). Wirklich Sinn macht dies aber nur dann, wenn Sie eine Software auf dem System installieren müssen, die mit den Sicherheitsfeatures von Windows 7 partout nicht zurechtkommt. In diesem Fall sollten Sie die Benutzerkontensteuerung kurz deaktivieren, die Software installieren und die Benutzerkontensteuerung anschließend wieder aktivieren. Funktioniert die Software danach trotzdem nicht, ist es vielleicht besser, sich nach einer Alternative umzuschauen, als die Sicherheit des gesamten Systems auszuhebeln!

Geeignet für folgende Windows-7-Versionen

| ● Home Basic | ● Home Premium | ● Professional | ● Enterprise | ● Ultimate |

Windows Update – Mit Sicherheit auf dem neuesten Stand

Über das *Windows Update* erhalten Sie neben Detailverbesserungen des Betriebssystems auch immer wieder sicherheitsrelevante Updates, mit denen sich kritische Lücken im System schließen oder Tools wie z. B. den Windows-Defender auf den neuesten Stand bringen lassen. Aus diesem Grund ist es extrem wichtig, das *Windows Update* in regelmäßigen Abständen auszuführen, um dort nach neuen Aktualisierungen für Ihr System zu suchen.

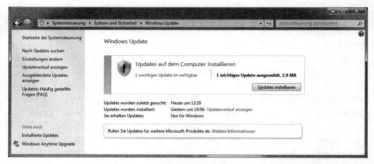

Das *Windows Update* hält Ihr System auch in puncto Sicherheit auf dem neuesten Stand.

In den folgenden Abschnitten erfahren Sie, wie Sie das Windows Update konfigurieren und optimal an Ihre Bedürfnisse anpassen, vor der Installation Details zu verfügbaren Updates abrufen, unerwünschte Updates gezielt aus- oder später auch wieder einblenden usw. Des Weiteren erfahren Sie, wie Sie statt des Windows Update Tools das Microsoft Update einrichten können, um so neben Aktualisierungen und Tools für Windows auch automatisch über die neuesten Updates für andere Microsoft Programme, wie z. B. Microsoft Office, informiert zu werden und diese wahlweise automatisch oder manuell installieren zu können.

Windows Update konfigurieren

DAS PROBLEM

Ob Windows 7 verfügbare Updates automatisch sucht und installiert oder nicht, haben Sie in der Regel bereits bei der Installation des Betriebssystems festgelegt. Bei Bedarf lassen sich diese Einstellungen natürlich auch nachträglich an Ihre Bedürfnisse anpassen.

DER TIPP

Um die Grundeinstellungen von *Windows Update* an Ihre Bedürfnisse anzupassen, öffnen Sie den Update-Manager über *Start > Alle Programme > Windows Update* und klicken im linken Teil des Fensters auf den Eintrag *Einstellungen ändern*. Sie können hier genau definieren, wann sich Windows auf die Suche nach neuen Updates begibt und ob diese automatisch heruntergeladen und installiert werden sollen, oder ob Sie wünschen, dass diese lediglich auf Ihrem PC gespeichert werden, damit Sie die einzelnen Updates dann später manuell überprüfen und gegebenenfalls gezielt installieren können. Lassen Sie Windows nur nach Updates suchen, werden Sie über das Symbol im Infobereich der Taskleiste informiert, sobald neue Updates verfügbar sind und können dann entscheiden, ob und welche dieser Updates Sie herunterladen und installieren wollen.

WEITERE HINWEISE

Von der Option, nie nach Updates zu suchen, ist auf jeden Fall abzuraten. Sie könnten das Windows Update danach zwar noch manuell starten, laufen so aber Gefahr, wichtige Updates erst zu spät zu entdecken und sind so ein gefundenes Fressen für etwaige Angriffsversuche, die bekannte Sicherheitslücken des Systems gezielt ausnutzen, um Ihnen zu schaden.

Geeignet für folgende Windows-7-Versionen

● Home Basic | ● Home Premium | ● Professional | ● Enterprise | ● Ultimate

Kapitel 12: Sicherheit

Microsoft Update einrichten

Das Problem
Verwenden Sie neben Windows 7 auch andere Microsoft-Produkte, sollten Sie statt des normalen Windows Update Tools zum Microsoft Update wechseln. Auf diese Weise lassen sich neben den Updates für Windows auch automatisch neue Updates für andere Microsoft Anwendungen bequem aufspüren und installieren.

Der Tipp
Wenn Sie das Windows Update über *Start > Windows Update* starten, finden Sie im unteren Bereich des Fensters einen Eintrag namens *Rufen Sie Updates für weitere Microsoft-Produkte ab*, über den Sie bei bestehender Internetverbindung das *Microsoft Update* installieren können. Nachdem Sie das Microsoft Update eingerichtet haben, können Sie über das Windows Update nicht nur Updates für Windows, sondern auch für Microsoft Office und MSN-Produkte beziehen. Ob bei Ihnen aktuell das Microsoft- oder das Windows Update aktiv ist, können Sie im unteren Teil des Windows Update-Fensters neben dem Eintrag *Sie erhalten Updates* ablesen.

Weitere Hinweise
Sollten mit dem Microsoft Update irgendwann Probleme auftreten, oder wollen Sie es aus anderen Gründen nicht mehr nutzen, können Sie dieses aus dem *Windows Update*-Fenster heraus über *Einstellungen ändern* im Bereich *Microsoft Update* durch das Entfernen des entsprechenden Häkchens deaktivieren und bei Bedarf dann später auf dem bekannten Weg erneut installieren und einrichten.

Geeignet für folgende Windows-7-Versionen

● Home Basic   ● Home Premium   ● Professional   ● Enterprise   ● Ultimate

Detailinformationen für neue Updates anzeigen

DAS PROBLEM
Wenn Windows neue Updates findet, wird Ihnen zunächst lediglich deren Anzahl und die Information, ob es sich um wichtige oder optionale Updates handelt angezeigt. Wollen Sie vor der Installation eines Updates prüfen, welchem Zweck es dient und ob Sie es überhaupt herunterladen wollen, können Sie jederzeit Detailinformationen zu den gefundenen Updates abrufen.

DER TIPP
Haben Sie die automatische Installation von Updates deaktiviert, können Sie sich vor dem Herunterladen bzw. vor der Installation aus dem *Windows Update*-Fenster heraus durch einen Klick auf den Eintrag *Wichtige bzw. optionale Updates verfügbar* eine Übersicht der gefundenen Updates aufrufen. Wenn Sie einen der Einträge mithilfe der Maus auswählen, werden Ihnen im rechten Teil des Fensters umgehend genauere Informationen zum Update und dessen Funktionen angezeigt. Ob ein Update installiert werden soll oder nicht, entscheiden Sie durch das Setzen bzw. Entfernen des dazugehörigen Häkchens.

WEITERE HINWEISE
Ansonsten können Sie natürlich auch Detailinformationen zu bereits installierten Updates abrufen. Lassen Sie sich dazu über den entsprechenden Eintrag den *Updateverlauf anzeigen*, wählen Sie ein Update mithilfe der rechten Maustaste aus und wählen Sie dann die Option *Details anzeigen*.

Geeignet für folgende Windows-7-Versionen				
● Home Basic	● Home Premium	● Professional	● Enterprise	● Ultimate

Unerwünschte Updates ausblenden

Das Problem
Haben Sie die automatische Installation von Windows Updates deaktiviert, können Sie unerwünschte Updates bei Bedarf gezielt ausblenden, um diese so aus der Übersicht der verfügbaren Updates verschwinden zu lassen und zu verhindern, dass Sie diese Updates später versehentlich doch noch installieren.

Der Tipp
Um ein Update auszublenden, öffnen Sie im *Windows Update*-Fenster über einen der *Wichtige/optionale Updates verfügbar*-Einträge die Übersicht der verfügbaren Updates, wählen den unerwünschten Eintrag mit der rechten Maustaste aus und klicken dann auf die Option *Update ausblenden*.

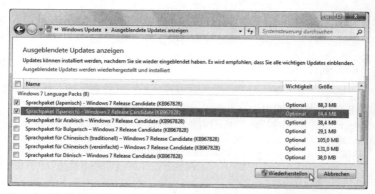

Unerwünschte Updates können Sie jederzeit ausblenden und bei Bedarf wiederherstellen.

Weitere Hinweise
Über den Eintrag *Ausgeblendete Updates anzeigen* können Sie jederzeit eine Liste aller bisher ausgeblendeten Updates aufrufen und diese dann nach ihrer Auswahl über die *Wiederherstellen*-Schaltfläche gezielt wieder zur Liste der verfügbaren Updates hinzufügen und dann installieren.

Updates nachträglich deinstallieren

DAS PROBLEM
Macht ein Update auf Ihrem PC Probleme, oder haben Sie ein Update installiert, welches Sie nun gerne wieder loswerden würden, können Sie dieses jederzeit wieder deinstallieren.

DER TIPP
Um installierte Updates nachträglich wieder vom System zu entfernen, öffnen Sie über *Start > Alle Programme > Windows Update* das Windows Update und klicken auf der linken Seite des Fensters auf den Eintrag *Installierte Updates*, um sich umgehend eine Liste aller bisher eingerichteten Updates anzeigen zu lassen. Wählen Sie das gewünschte Update einfach in der Liste aus und klicken Sie dann in der Menüleiste auf den Eintrag *Deinstallieren*, um das Update wieder zu deinstallieren.

Über die Liste installierter Updates lassen sich diese gezielt wieder deinstallieren.

WEITERE HINWEISE
Sind Sie nicht sicher, um welches Update es sich in der Liste handelt, finden Sie im unteren Bereich des Fensters zumeist genauere Informationen. Im Falle der Windows Updates beinhaltet der Infobereich zumeist auch noch einen Link, über den Sie eine wirklich detaillierte Beschreibung des Updates erhalten.

Windows-Firewall

Die Windows-Firewall wird bei der Grundeinrichtung des Systems automatisch installiert und dann dem von Ihnen gewählten Netzwerkstandort entsprechend vorkonfiguriert. In den Grundeinstellungen schützt Sie die Firewall zuverlässig vor unerwünschten Anfragen aus dem Internet, während die auf Ihrem Rechner installierten Programme ungehindert Kontakt mit der Außenwelt aufnehmen können. Wollen Sie selbst bestimmen, wer mit Ihrem Rechner Kontakt aufnehmen kann oder welche Programme ungestört 'nach Hause telefonieren' können, müssen Sie die Firewallregeln entsprechend anpassen.

Die *Windows-Firewall* schützt Sie vor unbefugten Zugriffen aus dem Netz.

In den folgenden Abschnitten erfahren Sie, wie Sie die Grundkonfiguration der Windows-Firewall an Ihre Bedürfnisse anpassen, wie Sie selbst bestimmen können, welche ein- oder ausgehenden Verbindungen die Firewall passieren dürfen, wie Sie die Einstellungen für unterschiedliche Netzwerkstandorte anpassen, wie Sie gezielt Ports für einzelne Dienste und Programme öffnen und festlegen, mit welchen Netzwerkteilnehmern oder Benutzern ein Programm durch die Firewall hindurch kommunizieren darf, wie Sie die Windows-Firewall bei Bedarf jederzeit komplett deaktivieren können, welche Optionen die erweiterten Firewallregeln zu bieten haben usw.

Netzwerkstandort für die Firewall anpassen

DAS PROBLEM

Findet der Computer auf Ihrem Rechner eine Netzwerkkarte, werden Sie nach der Installation umgehend aufgefordert einen Netzwerkstandort für Ihren Rechner anzugeben, für den Windows dann automatisch die Grundeinstellungen der Windows-Firewall anpasst. Sind Sie mit einem Notebook in unterschiedlichen Netzwerken unterwegs oder wollen Sie aus sonstigen Gründen den Netzwerkstandort ändern, lässt sich dies über das *Netzwerk- und Freigabecenter* jederzeit erledigen.

DER TIPP

Um den Netzwerkstandort und somit auch die grundlegenden Sicherheitseinstellungen der Windows-Firewall anzupassen, öffnen Sie über *Start > Systemsteuerung > Netzwerk und Internet* das *Netzwerk- und Freigabecenter* und klicken dort im oberen Teil des Fensters im Bereich *Aktive Netzwerke anzeigen* auf den Eintrag Ihres aktuellen Netzwerkstandorts. Die Windows-Firewall kennt dabei zwei Grundkonfigurationen. Wählen Sie als Standort den Typ *Öffentliches Netzwerk,* wird in den Grundeinstellungen unter anderem die Netzwerkerkennung von Windows 7 deaktiviert, was dafür gesorgt, dass Ihr Computer für andere Rechner in der Netzwerkumgebung unsichtbar bleibt und andere nicht auf Freigaben Ihres Systems zugreifen können. Die Einstellung *Heim- bzw. Arbeitsplatznetzwerk* ermöglicht hingegen, dass Sie im Netzwerk gefunden werden und dass Programme mit anderen Rechnern kommunizieren können.

WEITERE HINWEISE

Die Grundkonfiguration und generellen Freigabeoptionen für den Aufenthalt in öffentlichen bzw. privaten und Arbeitsplatznetzwerken können Sie mithilfe der *erweiterten Freigabeeinstellungen* aus dem *Netzwerk- und Freigabecenter* heraus an Ihre Bedürfnisse anpassen. Mithilfe der Windows-Firewall-Einstellungen, lassen sich für diese Standorttypen dann auch noch separate Regelwerke für Programme und deren Kommunikationsmöglichkeiten mit der Außenwelt definieren.

Geeignet für folgende Windows-7-Versionen				
● Home Basic	● Home Premium	● Professional	● Enterprise	● Ultimate

Windows-Firewall ein- oder ausschalten

Das Problem
Haben Sie eine alternative Firewall-Software installiert, wird die Windows-Firewall in der Regel automatisch deaktiviert, um so mögliche Kollisionen zwischen den beiden Tools von vornherein auszuschließen. Sollte dies nicht der Fall sein, oder wollen Sie die Windows-Firewall irgendwann einmal gezielt abschalten, um so Netzwerk- oder sonstigen Kommunikationsproblemen auf den Grund zu gehen, lässt sich dies mit ein paar Klicks erledigen.

Der Tipp
Um die Windows-Firewall zu deaktivieren, öffnen Sie über *Start > Systemsteuerung > System und Sicherheit* das Hauptfenster der *Windows-Firewall*. Neben einem Statusbericht der aktuellen Firewalleinstellungen finden Sie hier auf der linken Seite auch noch den Eintrag *Windows-Firewall ein- oder ausschalten* mit dem Sie die Firewall für beide Netzwerkstandorttypen getrennt voneinander bestimmen können, ob die Firewall in diesem aktiviert oder deaktiviert werden soll.

Weitere Hinweise
Befinden Sie sich in einem Netzwerk, dessen Teilnehmern Sie nicht wirklich vertrauen, sollten Sie bei aktivierter Firewall die Option *Alle eingehenden Verbindungen blocken* auswählen, um so dafür zu sorgen, dass vorübergehend niemand von außen auf Ihren Rechner zugreifen kann. Ansonsten können Sie hier auch bestimmen, ob Sie benachrichtigt werden wollen, wenn neue Programme das erste Mal versuchen, eine Verbindung mit der Außenwelt aufzunehmen.

Geeignet für folgende Windows-7-Versionen

● Home Basic ● Home Premium ● Professional ● Enterprise ● Ultimate

Firewallregeln für eingehende Verbindungen anpassen

Das Problem

In den Grundeinstellungen blockt die Windows-Firewall automatisch alle eingehenden Verbindungen, die für einen (Ihren Netzwerkeinstellungen entsprechenden) Austausch zwischen den im Netzwerk vorhandenen Computern und deren Freigaben nicht zwingend nötig sind. Wollen Sie ein Programm wie z. B. einen FTP-Server oder ein Computerspiel als Host betreiben, müssen Sie die Firewall für die von diesen Programmen benötigten Ports und Dienste öffnen, da sonst andere Netzwerkteilnehmer oder Personen aus dem Internet nicht darauf zugreifen könnten.

Der Tipp

Um Ausnahmeregeln für eingehende Verbindungen zu erstellen, öffnen Sie über *Start > Systemsteuerung > System und Sicherheit > Windows-Firewall > Ein Programm oder Feature durch die Windows Firewall zulassen* eine Liste aller Programme, die theoretisch für die Kommunikation im Netzwerk geeignet sind. Soll ein Programm Anfragen aus dem Netzwerk entgegennehmen, müssen Sie das entsprechende Häkchen setzen, wobei Sie hier genau definieren können, ob diese Regel lediglich in privaten oder auch in öffentlichen Netzwerken gelten soll. Ist das entsprechende Häkchen deaktiviert, werden alle Zugriffsversuche von außen geblockt. Sollte das gewünschte Programm noch nicht in der Liste verfügbar sein, können Sie es über die Option *Anderes Programm zulassen* manuell nachtragen.

Weitere Hinweise

Detaillierte Portfreigaben für die einzelnen Programme lassen sich nicht hier, sondern über die erweiterten Optionen der Windows-Firewall konfigurieren (siehe Tipp: *Windows-Firewall mit erweiterter Sicherheit*).

Geeignet für folgende Windows-7-Versionen

● Home Basic ● Home Premium ● Professional ● Enterprise ● Ultimate

Windows-Firewall mit erweiterter Sicherheit

DAS PROBLEM

Wollen Sie mithilfe der Windows-Firewall detailliert regeln, über welche Hintertüren auf Ihrem Rechner installierte Programme an den verschiedenen Netzwerkstandorten mit der Außenwelt kommunizieren dürfen und ob diese lediglich von sich aus Kontakt mit dem Außen herstellen können oder auch unaufgefordert Anfragen aus dem Netz entgegennehmen dürfen, lässt sich dies mithilfe der erweiterten Funktionen des Tools bewerkstelligen.

DER TIPP

Wenn Sie über *Start > Systemsteuerung > System und Sicherheit > Verwaltung* oder aus dem Hauptfenster der Windows-Firewall heraus über die Option *Erweiterte Einstellungen* das Fenster *Windows-Firewall mit erweiterter Sicherheit* aufrufen, stehen Ihnen dort deutlich mehr Optionen zur Auswahl, als in den normalen Windows-Firewalleinstellungen (siehe Tipp: *Firewallregeln für eingehende Verbindungen anpassen*). Während Sie im Bereich *Eingehende Regeln* den eingehenden Datenverkehr regulieren, können Sie hier über *Ausgehende Regeln* auch noch detailliert festlegen, ob und wenn ja, welche Programme und Dienste auf welchen Wegen mit der Außenwelt kommunizieren dürfen und ob diese Regeln für den Netzwerkstandort *Privat* oder z. B. auch bei Auswahl des Standorttyps *Öffentlich* gelten sollen. Um die Einstellungen bereits vorhandener Regeln anzupassen, können Sie per Rechtsklick deren *Eigenschaften* öffnen. Ansonsten lässt sich im Bereich *Aktionen* aber auch jederzeit eine neue Regel erstellen. Wollen Sie eine Regel kurzfristig außer Kraft setzen, genügt ein Klick auf den Eintrag *Regel deaktivieren*. Ansonsten können Sie nicht mehr benötigte Regeln natürlich auch jederzeit *Löschen*, um so wieder etwas Ordnung zu schaffen usw.

In den Eigenschaften einer Programmregel können Sie auf dem Register *Protokolle und Ports* gezielt Ports für bestimmte Kommunikationsprotokolle (z. B. TCP und UDP) öffnen und so dafür sorgen, dass diese von der Firewall nicht mehr blockiert werden, während Sie auf dem Register *Bereich* genau definieren, von welchen IP-Adressbereichen oder Computern die Firewall eingehende Verbindungen für dieses Programm zulassen soll. So lässt sich die Freigabe also z. B. für das interne Heimnetz oder auch einzelne Netzwerkteilnehmer gezielt erlauben, während Zugriffsversuche aus

Windows-Firewall

dem Internet oder anderen unerwünschten Computern weiterhin blockiert werden. Alternativ lassen sich über die Register *Computer* oder *Benutzer* aber auch bestimmte Netzwerkteilnehmer gezielt vom Zugriff ausschließen usw.

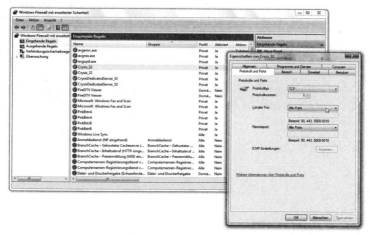

Passen Sie die Firewallregeln für ein- und ausgehende Verbindungen detailliert an Ihre Bedürfnisse an.

WEITERE HINWEISE

Über den auf der linken Seite in der Liste befindlichen Eintrag *Windows-Firewall mit erweiterter Sicherheit – Lokaler Computer* können Sie im Bereich *Aktionen* die *Eigenschaften* der erweiterten Firewall aufrufen und dort auch die Grundeinstellungen für *Private* und *Öffentliche* Netzwerkstandorte manuell anpassen oder die *Richtlinien* der aktuellen Einstellungen exportieren, um sie dann später auf einem anderen Computer mit der Option *Richtlinie importieren* übernehmen zu können.

Geeignet für folgende Windows-7-Versionen				
● Home Basic	● Home Premium	● Professional	● Enterprise	● Ultimate

Kapitel 12: Sicherheit

Schutz vor Viren und Spyware

Der in Windows 7 integrierte Windows-Defender durchsucht Ihren Rechner zwar in regelmäßigen Abständen nach Spyware und möglicherweise schädlicher Software und überwacht nebenbei auch noch alle ins System eingebundenen Autostartprogramme. Einen vollwertigen Virenscanner kann er aber nicht ersetzen, weshalb Sie ein solches Tool schnellstmöglich nachinstallieren sollten.

Der *Windows-Defender* bietet Schutz vor Spyware und schädlichen Programmen.

In den folgenden Abschnitten erfahren Sie, wie Sie mithilfe des Windows-Defenders auf die Suche nach schädlicher Software gehen und einzelne Programme gezielt auf schädlichen Code überprüfen können, wie Sie vom Windows-Defender blockierte Programme freischalten können, wie Sie den Windows-Defender dazu nutzen, unerwünschte Autostartprogramme vom Autostart auszuschließen, wo Sie einen Windows 7 kompatiblen Virenscanner beziehen und was Sie bei diesen Dingen beachten sollten.

Virenscanner installieren

Das Problem
In Windows 7 sind bereits von Grund auf eine ganze Reihe wichtiger Sicherheitsfeatures integriert. Das Einzige, was wirklich fehlt, ist ein eingebauter Virenschutz, der Ihren Computer vor Viren, Trojanern und anderen schadhaften Programmen schützt. Aus diesem Grund ist es also extrem wichtig, sich umgehend einen funktionstüchtigen Virenscanner zu besorgen.

Der Tipp
Wenn Sie über *Start > Systemsteuerung > System und Sicherheit* das *Wartungscenter* öffnen und noch keinen Virenscanner installiert haben, finden Sie dort im Bereich *Sicherheit > Virenschutz* die Schaltfläche *Programm online suchen*, über die Sie auf eine Internetseite gelangen, auf der Ihnen eine Auswahl Windows 7 kompatibler Virenscanner angezeigt wird. Alternativ können Sie sich die Virenscanner natürlich auch direkt von der Homepage Ihrer bevorzugten Anbieter besorgen. Neben Vollpreisprodukten von Symantec (*www.symantec.de*), Computer Assossiates (*www.ca.com*), Trend Micro (*www.trendmicro-europe.com*) usw. gibt es auch eine ganze Reihe Windows 7 kompatibler Virenscanner, die für die private Nutzung kostenlos angeboten werden – z. B. *AVG-AntiVirus* (*http://free.avg.com/*) oder AVIRA *AntiVir PersonalEdition* (*www.freeav.de*).

Haben Sie eine Windows 7 kompatible Antiviren-Software installiert, meldet sich diese automatisch am Wartungscenter an, sodass Sie diese von dort aus überwachen und in den meisten Fällen auch steuern können. Halten Sie den Virenscanner nicht stets mit neuen Updates und Virensignaturen zur Erkennung neuer Virencodes auf dem Laufenden, wird Ihnen dies vom Sicherheitscenter mitgeteilt und Sie können die Antivirus-Software gegebenenfalls auch von hier aus per Knopfdruck auf den neuesten Stand bringen.

Weitere Hinweise
Genau wie bei den Software-Firewalls, kommen auch eine ganze Reihe älterer Virenscanner nicht mit Windows 7 zurecht. Um Problemen vorzubeugen, sollten Sie also gezielt darauf achten, dass die von Ihnen ausgewählte Software auch wirklich Windows 7 tauglich ist.

Geeignet für folgende Windows-7-Versionen				
● Home Basic	● Home Premium	● Professional	● Enterprise	● Ultimate

Mit dem Windows-Defender schädliche Software suchen

DAS PROBLEM
Der Windows-Defender kann einen Virenscanner zwar nicht ersetzen, eignet sich aber trotzdem dazu, Spyware und möglicherweise schädliche Programme auf Ihrem Rechner aufzuspüren und diese dann gezielt in Quarantäne zu schicken, damit diese keinen Schaden anrichten können.

DER TIPP
In den Grundeinstellungen scannt der Windows-Defender in regelmäßigen Abständen das System. Wenn Sie wollen, können Sie die Suche nach Spyware und Schädlingen natürlich auch jederzeit manuell starten. Wenn Sie den Windows-Defender über *Start > Systemsteuerung > Anzeige nach: Kleine Symbole > Windows-Defender* aufrufen, stehen Ihnen dort mehrere Optionen zur Überprüfung Ihres Systems zur Auswahl. Die *Schnellüberprüfung* geht zwar recht flink vonstatten, scannt aber lediglich zum Betriebssystem gehörige Ordner und Elemente und tatsächlich installierte Programme nach schadhaftem Code. Bei der *Vollständigen Überprüfung* wird hingegen der gesamte Computer inklusive aller angeschlossenen Laufwerke, Festplatten und der darauf befindlichen Ordner intensiv nach schädlichem Code durchsucht, was zu deutlich sichereren Ergebnissen führt.

WEITERE HINWEISE
Mithilfe der *Benutzerdefinierten Überprüfung* können Sie gezielt auswählen, welche Dateien, Ordner oder Laufwerke nach schädlichem Code durchsucht werden sollen. So können Sie z. B. gezielt eine zuvor heruntergeladene Datei auf Gefahren überprüfen, ohne dazu erst einen zeitintensiven Komplettscan des Systems zu starten. Ansonsten können Sie über *Extras > Optionen* jederzeit die erweiterten Optionen des Programms konfigurieren, wo Sie den Windows-Defender, dessen Scanintervalle, zu überwachende Elemente usw. genau definieren können.

Geeignet für folgende Windows-7-Versionen

● Home Basic	● Home Premium	● Professional	● Enterprise	● Ultimate

Durch Windows-Defender geblockte Software und Autostart-Programme freischalten

DAS PROBLEM
Sollte Windows-Defender Programme als unsicher einstufen und blocken, die Sie trotzdem verwenden wollen, können Sie diese wahlweise über die entsprechende Option der daraufhin im Infobereich angezeigten Warnmeldung manuell starten, oder das Programm (bzw. dessen Ordner) gezielt von der Überwachung ausschließen.

DER TIPP
Wurde eines Ihrer Lieblingsprogramme vom Windows-Defender blockiert oder ein wichtiges Autostartprogramm beim Windows-Start an der automatischen Ausführung gehindert, öffnen Sie über *Start > Systemsteuerung > Anzeige nach: Kleine Symbole > Windows-Defender > Extras* die *Optionen* des Windows-Defenders, wo Sie das gewünschte Programm oder dessen Speicherordner im Bereich *Ausgeschlossene Dateien und Ordner* über die *Hinzufügen*-Schaltfläche gezielt von der Überwachung durch den Windows-Defender ausschließen können.

WEITERE HINWEISE
Im Bereich *Extras* des Windows-Defenders können Sie über den Eintrag *Zugelassene Elemente* eine Liste aller manuell zugelassenen Elemente aufrufen und verwalten. Der Bereich *Quarantäne* enthält hingegen als schädlich identifizierte und somit isolierte Elemente, die Sie hier bequem vom System löschen oder bei Bedarf auch wiederherstellen können. Lassen sich Autostartprogramme selbst nach Ausschluss durch die Überwachung nicht automatisch beim Systemstart ausführen, können Sie diese auch mithilfe der über *Start > Alle Programme > Zubehör > Systemprogramme* erreichbaren *Aufgabenplanung* anhand von Ihnen definierter Regeln automatisch aufrufen und ausführen.

Geeignet für folgende Windows-7-Versionen

● Home Basic	● Home Premium	● Professional	● Enterprise	● Ultimate

BitLocker – Sicherheitsrelevante Laufwerke verschlüsseln

Befinden sich auf Ihrem PC auch empfindliche Daten, die Sie sicher vor unerwünschtem Zugriff schützen wollen, sollten Sie diese vorsichtshalber verschlüsseln. Sollte es trotz aller Sicherheitsmaßnahmen irgendwann einmal jemandem gelingen, in Ihren PC einzudringen oder sich auf andere Weise Zugang zum Datenmaterial Ihrer Festplatte zu verschaffen, dürfte es ihm danach trotzdem schwer fallen, aus dem verschlüsselten Inhalt Ihrer Festplatte sinnvolle Informationen herauszuziehen. Besitzen Sie Windows 7 Ultimate oder Enterprise, benötigen Sie zu diesem Zweck noch nicht einmal Zusatzsoftware – mithilfe des von Haus aus in diese Systeme integrierten Tools namens BitLocker lassen sich neben internen Festplatten neuerdings auch externe USB-Datenträger im Handumdrehen verschlüsseln, wodurch sichergestellt wird, dass danach nur noch Personen darauf zugreifen können, die auch wirklich den passenden Schlüssel besitzen.

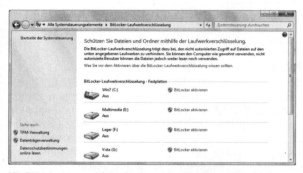

Mit *BitLocker* lassen sich Laufwerke spielend leicht verschlüsseln.

In den folgenden Abschnitten erfahren Sie, wie Sie interne Laufwerke mithilfe von BitLocker verschlüsseln und welche Verschlüsselungsmethoden Ihnen dabei zur Auswahl stehen, wie Sie das so genannte 'BitLocker To Go'-Feature zur Verschlüsselung externer Datenträger verwenden, wie Sie auch mit älteren Windows-Versionen auf verschlüsselte USB-Laufwerke zugreifen, wie Sie einen verschlüsselten Datenträger nachträglich wieder entschlüsseln und nachträglich verwalten und was Sie bei all diesen Dingen beachten sollten.

BitLocker – Interne Laufwerke verschlüsseln

DAS PROBLEM
Wollen Sie ein internes Laufwerk, sicher vor dem Zugriff durch unbefugte Personen schützen, macht es durchaus Sinn, das entsprechende Laufwerk mithilfe der in Windows 7 Ultimate und Enterprise integrierten BitLocker-Funktion zu verschlüsseln.

DER TIPP
Um ein Laufwerk mithilfe von BitLocker zu verschlüsseln, stehen Ihnen zwei Möglichkeiten zur Auswahl. Der einfachste Weg besteht darin, das gewünschte Laufwerk in der Computer-Übersicht mithilfe der rechten Maustaste auszuwählen und die Option *BitLocker aktivieren* zu wählen. Alternativ rufen Sie über *Start > Systemsteuerung > System und Sicherheit* die *BitLocker-Laufwerkverschlüsselung* auf, woraufhin Sie eine Übersicht aller an den PC angeschlossenen Laufwerke erhalten, auf der Sie auf einen Blick erkennen können, ob und wenn ja, welche Laufwerke bereits verschlüsselt wurden. Mit einem Klick auf den neben dem gewünschten Laufwerk befindlichen *BitLocker aktivieren*-Eintrag, starten Sie umgehend den Verschlüsselungsassistenten.

Anhand des Assistenten können Sie nun je nach PC-Ausstattung bestimmen, ob Sie den Zugriff auf die verschlüsselten Daten via Smartcardreader samt dazugehöriger Smartcard und deren PIN-Code oder durch Vergabe eines von Ihnen gewählten Kennworts schützen wollen. Aus Sicherheitsgründen sollte Ihr Kennwort nicht mit dem Ihres Benutzerkontos identisch sein und sich zumindest aus Buchstaben und Zahlen zusammensetzen. Ob Sie wünschen, dass das Laufwerk später nach Ihrem Login automatisch oder erst nach manueller Freischaltung entsperrt wird, können Sie im Falle interner Datenträger selbst entscheiden. Nachdem Sie Ihre Wahl getroffen und gegebenenfalls Ihr angegebenes Kennwort bestätigt haben, werden Sie aufgefordert, sich einen Wiederherstellungsschlüssel auszudrucken oder diesen kurzerhand an einem Ort Ihrer Wahl zu speichern. Sollte Ihre Smartcard bzw. Ihr Kennwort einmal verloren gehen, lässt sich der verschlüsselte Datenträger danach nur noch mithilfe dieses Notfallschlüssels wiederherstellen – achten Sie also darauf, diesen an einem sicheren Ort aufzubewahren!!!

Nachdem Sie alle Vorbereitungen getroffen haben, beginnt BitLocker umgehend damit, das ausgewählte Laufwerk zu verschlüsseln. In Ihrer *Computer*-Übersicht wird das Laufwerk danach mit einem

Kapitel 12: Sicherheit

Schloss-Symbol gekennzeichnet. Ein goldenes Schloss zeigt dabei an, dass das Laufwerk verschlüsselt und aktuell gesperrt wurde. Um es zu entsperren, versuchen Sie es per Doppelklick zu öffnen und geben im folgenden Fenster das dazugehörige Kennwort ein, um so wieder ungehindert auf die darauf gespeicherten Daten zugreifen zu können. Entsperrte Laufwerke werden dabei mit einem silbernen Schloss gekennzeichnet. Sollten Sie den Schlüssel einmal vergessen, bekommen Sie nach einem fehlerhaften Eingabeversuch die Möglichkeit, den Notfallschlüssel für das Laufwerk einzugeben und sich so wieder Zugang zu Ihren Daten zu verschaffen.

Nachdem Sie Ihr Laufwerk entsperrt haben, können Sie wie gewohnt darauf Dateien öffnen, verändern, löschen usw. Fügen Sie dem Laufwerk neue Daten hinzu, werden diese dabei natürlich automatisch mit der gleichen Verschlüsselung gesichert, wie die bereits vorhandenen Daten des Datenträgers.

Wollen Sie die Verschlüsselung komplett rückgängig machen, genügt es, über *Start > Systemsteuerung > System und Sicherheit > BitLocker-Laufwerkverschlüsselung* erneut die BitLocker-Laufwerksübersicht aufzurufen und dort die zum Laufwerk gehörige Option *BitLocker deaktivieren* auszuwählen.

WEITERE HINWEISE

Im Gegensatz zu 'normalen' Laufwerken lässt sich Ihre Systempartition nur dann verschlüsseln, wenn Ihr Mainboard über einen so genannten TPM-Chip (Trusted Plattform Modul) verfügt und die entsprechende Option im BIOS des Mainboards aktiviert wurde, wodurch sichergestellt ist, dass der Zugriff auf das Laufwerk an Ihre Hardware gebunden wird. Wollen Sie dieses Sicherheitsfeature umgehen, können Sie über den manuellen Aufruf des *Lokalen Gruppenrichtlinien-Editors* (im Suchfeld des Startmenüs *gpedit.msc* eingeben) über *Computerkonfiguration > Administrative Vorlagen > Windows-Komponenten > Bitlocker-Laufwerkverschlüselng > Operating System Drives* nach Aufruf der *Eigenschaften* der Richtlinie *Require aditional authentication at startup* durch das Aktivieren der Option *Allow BitLocker without a compatible TPM* festlegen, dass die zur Verschlüsselung benötigten Daten nicht im TPM-Chip, sondern auf einem externen USB-Stick hinterlegt werden und die BitLocker-Verschlüsselung somit auch ohne entsprechendes Mainboard zum Absichern Ihrer Systempartition nutzen können.

Geeignet für folgende Windows-7-Versionen				
○ Home Basic	○ Home Premium	○ Professional	● Enterprise	● Ultimate

BitLocker To Go – Externe Datenträger verschlüsseln

Das Problem

Windows 7 bietet nicht nur die Möglichkeit, interne Festplatten, sondern auch externe Datenträger (wie z. B. einen USB-Stick) zu verschlüsseln und somit sicherzustellen, dass die darauf befindlichen Daten bei einem eventuellen Verlust des guten Stücks nicht in falsche Hände geraten. Der Unterschied zwischen der Laufwerksverschlüsselung via BitLocker und BitLocker To Go besteht im Wesentlichen darin, dass bei der mobilen Variante sichergestellt ist, dass der Datenträger später auch auf anderen Windows-Rechnern verwendet bzw. zumindest ausgelesen werden kann.

Der Tipp

Im Prinzip lassen sich per USB an den Rechner angeschlossene Laufwerke unter Windows 7 Ultimate und Enterprise auf die gleiche Weise verschlüsseln wie fest eingebaute Festplatten. Wählen Sie den Datenträger einfach mithilfe der rechten Maustaste aus oder öffnen Sie über *Start > Systemsteuerung > System und Sicherheit > BitLocker-Laufwerkverschlüsselung* die BitLocker eigene Laufwerksübersicht (in der externe Datenträger im Bereich *BitLocker To Go* geführt werden) und klicken Sie auf die Option *BitLocker aktivieren*, um den Verschlüsselungsassistenten zu starten. Um das externe Speichermedium nicht nur an Ihrem PC, sondern überall nutzen zu können, sollten Sie sich hier in der Regel für die Verschlüsselungsmethode mit reinem Kennwortschutz entscheiden, bevor Sie sich im nächsten Schritt einen Notfallschlüssel ausdrucken oder speichern und dann mit der Verschlüsselung des Datenträgers beginnen.

Wünschen Sie, dass der Datenträger später nach dem Anstöpseln an Ihren eigenen PC nicht jedes Mal manuell entschlüsselt werden muss, sondern an diesem Gerät künftig automatisch entsperrt wird, können Sie dies nach einem Rechtsklick auf das verschlüsselte Laufwerk über die Option *BitLocker verwalten* bzw. nach einem Zugriffsversuch im Fenster für die Kennworteingabe durch das Setzen des entsprechenden Häkchens festlegen. Stöpseln Sie den Datenträger später an einen anderen Windows 7-PC, muss dort dann zunächst erst wieder das passende Kennwort eingegeben werden, bevor das Laufwerk entsperrt und Ihnen so der Vollzugriff auf die darauf gesicherten Daten gewährt wird.

Kapitel 12: Sicherheit

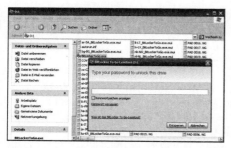

Mithilfe des hinterlegten *BitLocker To Go*-Lesetools erhalten Sie auch auf älteren Betriebssystemen Zugriff auf Ihre Daten.

Wollen Sie das Speichermedium auf älteren PCs nutzen, verhält sich die Sache etwas anders. Beim Verschlüsseln von externen USB-Laufwerken wird automatisch eine Datei namens *BitLockerToGo.exe* auf dem Datenträger hinterlegt. Schließen Sie das Speichermedium an einem Computer an, auf dem lediglich Windows XP oder Vista installiert ist, gilt es, diese Datei zunächst manuell per Doppelklick zu öffnen, um das *BitLocker To Go-Lesetool* zu starten und darin das Kennwort für den Zugriff auf das Speichermedium eingeben zu können. Bedenken Sie dabei aber, dass Sie hierbei (im Gegensatz zu Windows 7-Systemen) lediglich Leserechte erhalten – es lassen sich also weder vorhandene Dateien verändern oder gar löschen noch neue hinzufügen.

WEITERE HINWEISE

Wollen Sie den USB-Speicherstick später wieder normal nutzen, müssen Sie den Datenrträger dazu natürlich nicht zwangsläufig neu formatieren. Wollen Sie die darauf befindlichen Daten behalten und nur die Verschlüsselung rückgängig machen, öffnen Sie auf Ihrem Windows 7 Ultimate bzw. Enterprise PC über die Systemsteuerung erneut die BitLocker eigene Laufwerksübersicht und wählen dort die neben dem Laufwerk befindliche Option *BitLocker deaktivieren > Laufwerk entschlüsseln*. Auf Windows 7-Rechnern mit kleineren Versionen des Betriebssystems erhalten Sie zwar nach Eingabe des Kennworts Vollzugriff auf den Datenträger – dessen BitLocker-Einstellungen verwalten oder die Verschlüsselung entfernen, können Sie mit diesen Systemen aber nicht.

Geeignet für folgende Windows-7-Versionen				
⊙ Home Basic	⊙ Home Premium	⊙ Professional	● Enterprise	● Ultimate

Kapitel 13
Systemeinstellungen & Tuning

Windows 7 bietet von Haus aus eine Menge Werkzeuge, mit denen Sie die Einstellungen des Systems jederzeit überwachen und bis ins kleinste Detail an Ihre Bedürfnisse anpassen können. Wollen Sie den Rechner auf Leistung trimmen, lassen sich zwar eine ganze Reihe von leistungssteigernden Maßnahmen zwar auch mit Windows-Bordmitteln ergreifen, wirklich effektiv wird die Sache aber erst dann, wenn Sie ein paar Zusatztools zum Tunen der Systemeinstellungen und der in Ihrem System verbauten Hardware zur Hilfe nehmen.

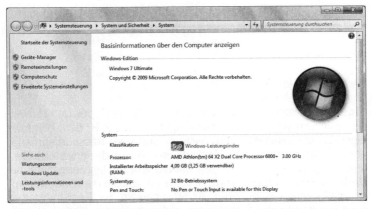

Die Grundeinstellungen und die Leistung Ihres Systems lassen sich bis ins kleinste Detail anpassen.

In diesem Kapitel erfahren Sie, wie Sie die Systemeinstellungen von Windows 7 mithilfe von internen Tools und kleinen Zusatzprogrammen optimal an Ihre Vorlieben anpassen und wie Sie mit nur wenigen Handgriffen das Optimum an Leistung aus Ihrem System herausholen können.

Kapitel 13: Systemeinstellungen & Tuning

Systemeinstellungen & Tools

Neben allgemeinen Einstellungen wie der Anpassung des Desktops, des Startmenüs, der Taskleiste und ähnlichen Dingen, bietet Windows 7 natürlich auch die Möglichkeit, eine ganze Reihe von systeminternen Funktionen und sonstigen Optionen an Ihre Bedürfnisse anzupassen.

Windows 7 bietet zahlreiche Tools zur Kontrolle und Anpassung des Systems.

In den folgenden Abschnitten erfahren Sie, wie Sie neben den Optionen für die Anzeige, den Sound, auch noch eine ganze Reihe erweiterter Systemoptionen konfigurieren. Neben Tipps und Hinweisen zum Umgang mit Überwachungstools, wie z. B. dem Windows eigenen Task-Manager, dem System- und dem Ressourcenmanager, erfahren Sie, welche Möglichkeiten Ihnen die erweiterte Systemkonfiguration zu bieten hat, wie Sie Ihre Auslagerungsdatei bei Bedarf auf ein anderes Laufwerk verlegen, wie Sie die Windows-Aufgabenplanung konfigurieren, Änderungen an der Registrierdatenbank von Windows 7 durchführen und diese für den Notfall sichern, wie Sie Zusatztools wie xp-AntiSpy dazu nutzen, Ihre Privatsphäre zu wahren und andere erweiterte Features von Windows 7 zu deaktivieren usw.

Anzeigeeinstellungen anpassen

DAS PROBLEM
Um Windows optimal auf dem Bildschirm genießen zu können, müssen Sie natürlich die Anzeigeoptionen passend zu den Fähigkeiten Ihres Monitors konfigurieren.

DER TIPP
Um die Anzeigeoptionen von Windows 7 konfigurieren zu können, öffnen Sie über *Start > Systemsteuerung > Darstellung und Anpassung > Anpassung > Anzeigeeinstellungen ändern* das Fenster *Bildschirmauflösung*, wo Sie nun zunächst festlegen können, mit welcher *Auflösung* und *Ausrichtung* (Hoch- oder Querformat) Windows auf dem Bildschirm erscheinen soll. Haben Sie mehrere Monitore an Ihrer Grafikkarte angeschlossen, können Sie für diese auch separate Einstellungen tätigen und dann entscheiden, welches der Geräte Sie als primären Monitor verwenden wollen. Über die Option *Erweiterte Einstellungen* gelangen Sie ins Fenster *Eigenschaften von Monitor und Grafikkarte*. Hier können Sie bei Bedarf noch überprüfen, welche Darstellungsmodi von Ihrer *Grafikkarte* unterstützt werden und auf dem Register *Monitor* anhand der *Bildschirmaktualisierungsrate* festlegen, mit wie viel *Hertz* und in welcher *Farbtiefe* (16 oder 32 Bit) die Bilder auf dem Monitor wiedergegebenen werden sollen. Über das Register *Farbverwaltung* können Sie Ihren Monitoren dann bei Bedarf sogar noch bestimmte Profile zuweisen oder den Assistenten zur Farbkalibrierung des Bildschirms aufrufen.

WEITERE HINWEISE
Welche Auflösung und Aktualisierungsrate für Ihren Monitor am besten geeignet sind, entnehmen Sie am besten dessen Handbuch. Bei TFT-Monitoren sollten Sie auf jeden Fall die native Auflösung des Gerätes auswählen, da Sie nur so ein wirklich klares Bild erhalten. Von der Möglichkeit nicht unterstützte Modi durch das Entfernen des entsprechenden Häkchens verfügbar zu machen oder diese gar auszuwählen ist eher abzuraten. Wählen Sie die Bildwiederholrate zu hoch, kann der Monitor dadurch beschädigt werden!

Geeignet für folgende Windows-7-Versionen				
● Home Basic	● Home Premium	● Professional	● Enterprise	● Ultimate

Anzeigeeinstellungen für mehrere Monitore anpassen

DAS PROBLEM

Haben Sie zwei Monitore (oder vielleicht auch ein geeignetes TV-Gerät) an den Computer angeschlossen, können Sie nicht nur für jeden Ihrer Monitore separate Anzeigeeinstellungen vornehmen, sondern den zweiten Bildschirm bei Bedarf auch dazu nutzen, den Desktop zu erweitern.

DER TIPP

Um die Einstellungen Ihrer Bildschirme anzupassen, öffnen Sie nach einem Rechtsklick auf eine freie Stelle des Desktops zunächst über die gleichnamige Option das Fenster *Bildschirmauflösung*. In der Vorschau im oberen Teil des Fensters werden Ihnen alle verfügbaren Monitore angezeigt. Um die Einstellungen für ein Gerät ändern zu können, müssen Sie dieses zunächst in der Vorschau anklicken, wodurch sich z. B. die Auflösung für jeden Monitor separat verändern lässt. Damit Sie mit Ihren Monitoren nicht durcheinanderkommen, können Sie über die *Identifizieren*-Schaltfläche ein Signal zum Monitor schicken – auf dem entsprechenden Bildschirm erscheint daraufhin eine Zahl anhand der Sie erkennen können, ob dieser momentan als Monitor 1 oder Monitor 2 behandelt wird.

Im Bereich *Mehrere Anzeigen* können Sie nun detailliert festlegen, welche Aufgaben Sie den Monitoren zuweisen wollen: die Anzeige duplizieren (beide zeigen das gleiche Bild), die Anzeige erweitern (der Desktop wird auf dem 2. Monitor erweitert) oder das Bild lediglich auf Monitor 1 oder Monitor 2 anzeigen.

Welcher der beiden Bildschirme bei zwei aktiven Monitoren prinzipiell als Hauptmonitor dienen soll, können Sie gegebenenfalls durch das Setzen des Häkchens vor der Option *Diesen Bildschirm als Hauptmonitor verwenden* bestimmen. Der Hauptmonitor ist derjenige, auf dem im erweiterten Modus das Startmenü und die Taskleiste zu sehen sind, während der andere schlicht als praktische Desktoperweiterung dient. Sollte die Bildschirmanordnung in der Vorschau nicht mit dem realen Monitoraufbau übereinstimmen, lässt sich dieses Problem schnell beheben, indem Sie sich einen der Monitore in der Vorschau greifen und ihn dann an die richtige Position verschieben.

Systemeinstellungen & Tools

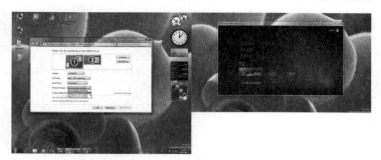

Wer einen zweiten Monitor besitzt, kann den Desktop damit erweitern.

WEITERE HINWEISE

Verwenden Sie den Zweitmonitor als Desktoperweiterung, können Sie Fenster komfortabel mit der Maus von einem Bildschirm auf den nächsten schieben. So können Sie z. B. auf einem Monitor im Internet surfen, während Sie auf dem zweiten einen Film im Media Center laufen lassen. Ansonsten lassen sich ausgewählte Fenster aber auch bequem mithilfe der Tastenkombination ⊞+↑+← bzw. → zwischen den Monitoren hin und her verschieben.

Geeignet für folgende Windows-7-Versionen				
● Home Basic	● Home Premium	● Professional	● Enterprise	● Ultimate

Systemsounds anpassen

DAS PROBLEM
Unter Windows 7 können Sie nicht nur das äußerliche Erscheinungsbild, sondern bei Bedarf auch die Sounds anpassen, mit denen Sie das System auf wichtige Ereignisse und sonstige Aktionen aufmerksam macht.

DER TIPP
Um selbst zu bestimmen, von welchen Tönen die unterschiedlichen Systemereignisse begleitet werden, öffnen Sie über *Start > Systemsteuerung > Darstellung und Anpassung > Anpassung > Sound* das Register *Sounds*. Im Bereich *Soundschema* ist in den Grundeinstellungen das Profil *Windows-Standard* aktiv. Wollen Sie die Sounds komplett abschalten, wählen Sie das Schema *Keine Sounds*. Alternativ können Sie im Bereich *Programmereignisse* aber auch gezielt einzelne Sounds auswählen und dann durch andere *.wav-Dateien ersetzen, um sich so ein komplett eigenes Soundschema zusammenzustellen, das Sie auch speichern können.

Die diversen Systemsounds lassen sich frei anpassen.

WEITERE HINWEISE
Den standardisierten *Windows-Startsound* können Sie zwar nicht austauschen, aber bei Bedarf durch das Entfernen des entsprechenden Häkchens abschalten.

Mauszeiger und Mausfunktionen anpassen

DAS PROBLEM
Wollen Sie selbst bestimmen, wie der Mauszeiger in bestimmten Situationen auf dem Bildschirm angezeigt wird, können Sie die Grundeinstellungen des Systems jederzeit entsprechend anpassen.

DER TIPP
Wenn Sie über *Start > Systemsteuerung > Darstellung und Anpassung > Anpassung > Mauszeiger ändern* das Fenster *Eigenschaften von Maus* aufrufen, können Sie dort neben den Grundfunktionen der Maus auch noch festlegen, wie der Mauszeiger in bestimmten Situationen auf dem Bildschirm erscheint. Auf dem Register *Zeiger* können Sie selbst wählen, welches Schema von Mauszeigern Sie nutzen wollen. Sollte Ihnen der *Windows-Aero Mauszeiger* nicht gefallen, können Sie auch die altbekannten *Windows-Standard*-Mauszeiger verwenden oder eines der anderen Schemata aus der umfangreichen Liste auswählen. Genau wie bei den Systemsounds, haben Sie ansonsten aber auch hier die Möglichkeit, jeder Mauszeigerfunktion ein frei gewähltes Symbol zuzuordnen und das Ergebnis dann als neues Schema abzuspeichern.

WEITERE HINWEISE
Über die Register *Tasten, Zeigeroptionen* und *Rad* können Sie dann weitere Einstellungen tätigen und so z. B. die Funktionen der einzelnen Maustasten ändern, die *Doppelklickgeschwindigkeit* entsprechend Ihrer Fingerfertigkeit anpassen, bestimmen, wie schnell sich der Mauszeiger beim Bewegen der Maus über den Bildschirm bewegt, wie weit eine Seite beim Drehen des Mausrades gescrollt wird, ob die Maus in Dialogfeldern automatisch zur Standardschaltfläche springen soll usw.

Geeignet für folgende Windows-7-Versionen

| ● Home Basic | ● Home Premium | ● Professional | ● Enterprise | ● Ultimate |

Bildschirmschoner einrichten und konfigurieren

DAS PROBLEM
Ob und wenn ja, welchen Bildschirmschoner Windows nach Untätigkeit des Nutzers auf den Bildschirm befördert, können Sie jederzeit selbst bestimmen. Einige der von Haus aus mitgelieferten Bildschirmschoner lassen sich sogar bis ins Detail konfigurieren.

DER TIPP
Über *Start > Systemsteuerung > Darstellung und Anpassung > Anpassung > Bildschirmschoner* können Sie eine Übersicht aller auf Ihrem System installierten Bildschirmschoner aufrufen. Nach der Anwahl eines Bildschirmschoners wird Ihnen dieser zunächst auf dem kleinen Monitor des Fensters angezeigt. Wollen Sie mehr sehen, können Sie sich den Bildschirmschoner über den Knopf *Vorschau* in voller Pracht auf dem Monitor anschauen. Über den Eintrag *Wartezeit* legen Sie fest, wie lange der Computer warten soll, bevor der ausgewählte Bildschirmschoner bei Untätigkeit des Benutzers aktiviert wird. Wollen Sie verhindern, dass jemand während Ihrer Abwesenheit auf Ihren Monitor schauen oder gar an Ihren Daten herumspielen kann, können Sie über die Option *Anmeldeseite bei Reaktivierung* dafür sorgen, dass der Computer beim Beenden des Bildschirmschoners nicht auf den Desktop, sondern zum Anmeldebildschirm wechselt, sodass Sie erst nach Eingabe Ihres Passworts zurück ins System gelangen.

WEITERE HINWEISE
Einige Bildschirmschoner lassen sich über den Knopf *Einstellungen* konfigurieren. Beim Bildschirmschoner *3D-Text* können Sie z.B. den angezeigten Text selbst vorgeben, sich anstatt eines gewöhnlichen Schriftzuges die aktuelle Uhrzeit anzeigen lassen usw.

Geeignet für folgende Windows-7-Versionen

● Home Basic | ● Home Premium | ● Professional | ● Enterprise | ● Ultimate

Systemeinstellungen & Tools

Systemzeit automatisch abgleichen

DAS PROBLEM
Damit auf Ihrem System immer die richtige Uhrzeit angezeigt wird, sollten Sie dafür sorgen, dass Windows die Systemzeit in regelmäßigen Abständen automatisch mit einem der im Internet verfügbaren Zeitserver abgleicht.

DER TIPP
Um zu den erweiterten Zeiteinstellungen zu gelangen, klicken Sie mit der linken Maustaste auf das Uhr-Symbol im Infobereich der Taskleiste, wählen die Option *Datum/Uhrzeit ändern* und wechseln dann zum Register *Internetzeit*. In den Grundeinstellungen gleicht Windows die Systemzeit mit dem Zeitserver *time.windows.com* ab, was aber nicht immer problemlos funktioniert. Kommt es bei Ihnen zu Problemen, können Sie über die Schaltfläche *Einstellungen ändern* einen anderen Zeitserver aus der Liste auswählen bzw. über *Jetzt aktualisieren* manuell einen Abgleich mit dem ausgewählten Server durchführen.

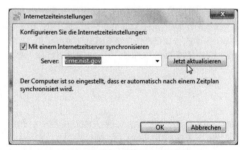

Bestimmen Sie, mit welchem Zeitserver Sie die Systemzeit abgleichen wollen.

WEITERE HINWEISE
Wollen Sie auf den automatischen Zeitabgleich verzichten, genügt es, die Option *Mit einem Internetzeitserver synchronisieren* zu deaktivieren. Weitere Informationen zum Anpassen der Uhr finden Sie in Kapitel 8: *Mein individueller Desktop*.

Geeignet für folgende Windows-7-Versionen				
● Home Basic	● Home Premium	● Professional	● Enterprise	● Ultimate

Kapitel 13: Systemeinstellungen & Tuning

Grundsätzliche Systemeigenschaften anpassen

DAS PROBLEM

Wollen Sie die grundsätzlichen Eigenschaften Ihres Systems (wie z. B. den Computernamen, die Leistungseinstellungen und die Einstellungen für den Computerschutz) anpassen, erreichen Sie die meisten dieser Optionen über das Fenster *Systemeigenschaften*.

DER TIPP

Wenn Sie über *Start > System und Sicherheit > System > Erweiterte Systemeinstellungen* das Fenster *Systemeigenschaften* aufrufen, bekommen Sie im Bereich *Computername* die Möglichkeit, den Computernamen und die Arbeitsgruppe anzupassen, während Sie auf dem Register *Hardware* auf den *Geräte-Manager* zugreifen oder die Grundeinstellungen für die automatische Treibersuche durch das Windows Update konfigurieren. Auf dem Register *Erweitert* können Sie die Leistungsoptionen des Systems anpassen (siehe auch *System- und Grafikkartentuning*) und die aktuellen Desktopeinstellungen für *Benutzerprofile* einsehen und ändern. Ansonsten lassen sich hier aber auch die *Starten und Wiederherstellen*-Optionen bearbeiten, über die Sie z. B. genau definieren, welches Betriebssystem beim Systemstart geladen werden soll, wie lange das Bootmenü beim Einsatz mehrerer Betriebssysteme angezeigt wird und ob beim Systemstart die *Wiederherstellungsoptionen* angezeigt werden sollen oder nicht.

WEITERE HINWEISE

Über das Register *Remote* können Sie die *Remoteunterstützung* des PCs aktivieren und im Bereich *Remotedesktop* festlegen, ob und wenn ja, welche Benutzer aus dem Netzwerk auf Ihren Desktop zugreifen dürfen, um so z. B. von einem anderen PC aus Wartungsarbeiten an Ihrem System durchzuführen, Programme aufzurufen usw. Im Bereich *Computerschutz* bekommen Sie dann noch die Möglichkeit, Wiederherstellungspunkte zu setzen, bzw. den ursprünglichen Zustand des Systems mithilfe dieser Sicherungen wiederherzustellen. Wie das Ganze funktioniert, erfahren Sie in Kapitel 14: *System- und Datenrettung*.

Systemeinstellungen & Tools

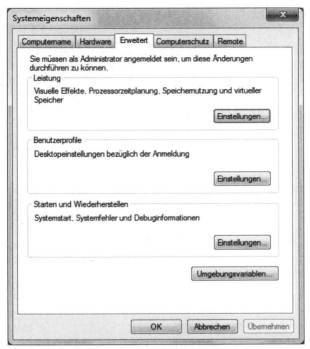

Passen Sie die *Systemeigenschaften* an Ihre Bedürfnisse an.

Kapitel 13: Systemeinstellungen & Tuning

Virtuellen Arbeitsspeicher verwalten

DAS PROBLEM

In den Grundeinstellungen legt Windows 7 seine Auslagerungsdatei automatisch auf dem Systemlaufwerk ab. Wollen Sie die Auslagerungsdatei an einen anderen Ort verschieben, um auf dem Systemlaufwerk mehr Platz zur Verfügung zu haben oder die Größe des virtuellen Speichers selbst bestimmen, können Sie dies über die erweiterten Systemeigenschaften jederzeit erledigen.

DER TIPP

Um den virtuellen Speicher von Windows 7 selbst konfigurieren zu können, öffnen Sie über *Start > Systemsteuerung > System und Sicherheit > System* die *Systemeigenschaften* und klicken auf dem Register *Erweitert* im Bereich *Leistung* auf die Option *Einstellungen*. Im Fenster *Leistungsoptionen* wechseln Sie zum Register *Erweitert* und öffnen im Abschnitt *Virtueller Arbeitsspeicher* über die *Ändern*-Schaltfläche die Optionen des virtuellen Arbeitsspeichers.

Konfigurieren Sie den Speicherort und die Größe des virtuellen Arbeitsspeichers.

Um die Einstellungen am virtuellen Arbeitsspeicher anpassen zu können, müssen Sie zunächst die Option *Auslagerungsdateigröße für alle Laufwerke automatisch verwalten* deaktivieren. Wollen Sie den virtuellen Arbeitsspeicher vom Systemlaufwerk entfernen, wählen Sie das Laufwerk in der Liste aus, aktivieren dann die Option *Keine Auslagerungsdatei* und klicken auf *Festlegen*, um die Änderungen in der Liste entsprechend zuzuweisen. Danach wählen Sie das Laufwerk aus, auf dem die Auslagerungsdatei zukünftig erstellt werden soll und können dann entscheiden, ob die Größe vom System verwaltet werden soll, oder ob Sie eine benutzerdefinierte Größe (*Anfangsgröße* und *Maximale Größe*) festlegen wollen. Vergessen Sie danach nicht, auch diese Einstellungen durch einen Klick auf *Festlegen* in die Liste einzutragen! Nachdem Sie die gewünschten Änderungen vorgenommen haben, klicken Sie auf *OK* und im nächsten Fenster auf *Übernehmen*. Die Änderungen werden dann nach einem Neustert des Systems umgehend durchgeführt.

WEITERE HINWEISE

Vorsicht! Wenn Sie den virtuellen Arbeitsspeicher komplett deaktivieren oder zu klein gestalten, kann es zu Problemen kommen. In der Regel erzielen Sie die besten Ergebnisse, wenn Sie Windows die Verwaltung der Größe des virtuellen Arbeitsspeichers überlassen.

Geeignet für folgende Windows-7-Versionen

● Home Basic ● Home Premium ● Professional ● Enterprise ● Ultimate

Erweiterte Systemkonfiguration mit MSCONFIG

Das Problem

Das aus älteren Windows-Versionen bekannte Programm MSCONFIG ist auch unter Windows 7 verfügbar. Über das kleine Tool lassen sich alle wichtigen System- und Starteinstellungen von Windows 7 bequem erreichen und konfigurieren.

Der Tipp

Um das Systemkonfigurationsprogramm von Windows 7 aufzurufen, geben Sie im Suchfeld der Startleiste den Befehl *msconfig.exe* ein. Alternativ lässt sich das Tool auch über *Start > Systemsteuerung > System und Sicherheit > Verwaltung > Systemkonfiguration* starten. Auf dem Register *Allgemein* können erfahrene Benutzer dafür sorgen, dass das System beim nächsten Start im Diagnosemodus oder nur mit wichtigen Diensten und Systemstartelementen geladen wird, um sich so bei Problemen trotzdem noch Zugang zum System zu verschaffen. Auf dem Register *Start* haben Sie die Möglichkeit, die Startoptionen des abgesicherten Modus anzupassen, den Systemstart zu Diagnosezwecken protokollieren und das Ergebnis in einer Textdatei namens *ntbtlog.txt* speichern zu lassen, den Begrüßungsbildschirm beim Windows-Start zu deaktivieren oder Einstellungen an den erweiterten Startoptionen der auf dem Rechner installierten Windows-Systeme vorzunehmen, was aber ebenfalls nur erfahrenen Anwendern anzuraten ist.

Wollen Sie unerwünschte Dienste oder Autostartprogramme vorübergehend deaktivieren, ohne diese wirklich deinstallieren zu müssen, können Sie dies über die Register *Dienste* und *Systemstart* schnell erledigen. Haben Sie z. B. den Windows Live Messenger installiert und finden es lästig, dass dieser immer automatisch startet, obwohl Sie ihn nur sporadisch nutzen, entfernen Sie hier einfach das Häkchen vor dem entsprechenden Eintrag. Haben Sie Änderungen an der Systemkonfiguration vorgenommen, müssen Sie nach dem nächsten Systemstart festlegen, ob Sie diese beibehalten wollen oder nicht. Sollte es beim Start zu schwer wiegenden Problemen kommen, werden die ursprünglichen Einstellungen automatisch wiederhergestellt.

Systemeinstellungen & Tools

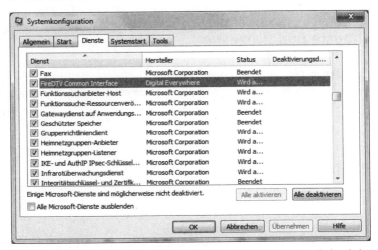

Legen Sie fest, welche Dienste und Programme beim Systemstart automatisch geladen werden dürfen.

Weitere Hinweise

Auf dem Register *Tools* erhalten Sie Zugriff auf alle wichtigen Werkzeuge zur Übersicht und Anpassung der Systemeigenschaften. Sie können von hier aus nicht nur auf direktem Weg den Konfigurationsbildschirm der Benutzerkontensteuerung aufrufen, sondern auch eine Leistungsüberwachung oder den Ressourcenmonitor starten, um herauszufinden, wo sich etwaige Leistungsfresser verbergen, bei Problemen die Windows-Problembehandlung samt der darin enthaltenen Tools und Assistenten aufrufen sowie die Ereignisanzeige und andere nützliche Funktionen starten.

Task-Manager – Kontrolle über Programme, Dienste und Prozesse

DAS PROBLEM
Wollen Sie kontrollieren, welche Anwendungen, Dienste, Protokolle oder Benutzer auf Ihrem System gerade aktiv sind, oder diese bei Problemen stoppen, lässt sich dies mithilfe des Task-Managers schnell bewerkstelligen.

DER TIPP
Um den *Windows Task-Manager* aufzurufen, klicken Sie mit der rechten Maustaste auf die Taskleiste und wählen dann die Option *Task-Manager*. Alternativ können Sie den *Task-Manager* auch jederzeit mit der Tastenkombination [Strg]+[⇧]+[Esc] oder [Strg]+[Alt]+[Entf] aufrufen. Auf dem Register *Anwendungen* finden Sie eine Übersicht aller aktuell geöffneten Fenster und Programme. Sollte ein Programm Probleme bereiten und nicht mehr auf normale Aktionen reagieren, können Sie es über die Schaltfläche *Task beenden* jederzeit schließen.

Die Register *Prozesse* und *Dienste* bieten eine Übersicht aller im Hintergrund geladenen Programme und Dienste. Wollen Sie einem Prozess eine höhere Priorität zuweisen, damit das Programm beim Zuweisen der verfügbaren Ressourcen vorrangig behandelt wird, können Sie dies bequem per Rechtsklick auf seinen Eintrag erledigen. Kommt das System einmal nicht mehr in Schwung, obwohl aktuell eigentlich keine auf dem Desktop sichtbare Anwendung ihre Dienste verrichtet, sollten Sie bei den Prozessen nach Einträgen suchen, die eine CPU-Nutzung nahe 99 Prozent beanspruchen. Bleibt dieser Status erhalten, hat sich das Programm vermutlich aufgehängt – anstatt den Rechner neu zu starten, können Sie den Übeltäter per Rechtsklick gezielt beenden.

Im Bereich *Leistung* können Sie in Echtzeit die Auslastung von CPU- und Arbeitsspeicher ablesen. Über die Schaltfläche *Ressourcenmonitor* bekommen Sie noch detailliertere Ergebnisse angezeigt, während Sie auf dem Register *Netzwerk* den ein- und ausgehenden Netzwerkverkehr beobachten. Welche Diagramme und Spalten hier zu sehen sein sollen, können Sie über *Ansicht > Spalten anpassen* definieren.

Systemeinstellungen & Tools

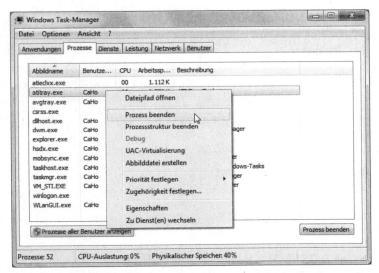

Laufende Anwendungen, Prozesse und Dienste lassen sich im *Task-Manager* verwalten und beenden.

WEITERE HINWEISE

Auf dem Register *Benutzer* können Sie auf einen Blick erkennen, welche Benutzer aktuell über das Netzwerk oder auch auf dem eigenen PC an Ihrem System angemeldet sind. Wollen Sie einen unliebsamen Benutzer loswerden, wählen Sie ihn einfach in der Liste aus und klicken dann auf *Nachricht senden*, um ihm eine entsprechende Botschaft zukommen zu lassen. Ansonsten können Sie ihn aber auch kurzerhand zwangsweise trennen oder vom System abmelden.

Systeminformationen abrufen

Das Problem

Um sich einen Überblick über Ihr System und die darauf eingerichteten Komponenten zu verschaffen, müssen Sie nicht zwangsläufig auf Zusatzsoftware zurückgreifen. Windows 7 verfügt über ein eigenes Tool, mit dem sich detaillierte Informationen zu Ihrer Hard- und Software sowie den installierten Windows-Komponenten abrufen lassen.

Der Tipp

Um eine detaillierte Übersicht über Ihr System zu erhalten, öffnen Sie über *Start > Alle Programme > Zubehör > Systemprogramme* die *Systeminformationen*. Im Bereich *Systemübersicht* können Sie zunächst präzise Informationen zur verwendeten Windows-Version, dem Hersteller und der Produktbezeichnung Ihres Mainboards und dessen BIOS-Version, dem Prozessor, dem verfügbaren Hauptspeicher, dem aktuellen Speicherort der Auslagerungsdatei und anderen Dingen ablesen. Im Bereich *Hardwareressourcen* überprüfen Sie unterdessen, ob auf Ihrem System installierte Geräte den gleichen IRQ oder Speicherbereich verwenden und ob es dabei zu Konflikten kommt, während Sie über *Komponenten* Detailinformationen zur restlichen Hardware, installierten Multimediacodecs und eventuellen Problemgeräten erhalten, und über *Softwareumgebung* präzise Informationen zu installierten Treibern, Autostartprogrammen, aktiven Tasks, Diensten und sonstigen Dingen wie z. B. eine Liste bisheriger Windows-Fehlerberichterstattungen abrufen.

Weitere Hinweise

Wünschen Sie noch detailliertere Angaben zur installierten Hardware, empfehlen sich Zusatzprogramme wie z. B. der *PC Wizard 2009* (*www.cpuid.com*) oder das Systeminformationsprogramm *SiSoft Sandra Lite* (*www.sisoftware.net*), die gleich auch noch ein paar nützliche Benchmark- und Monitoring-Tools in sich bergen.

Geeignet für folgende Windows-7-Versionen				
● Home Basic	● Home Premium	● Professional	● Enterprise	● Ultimate

Diagnosetools zur Überwachung der Zuverlässigkeit und Leistung Ihres Systems

DAS PROBLEM

Wollen Sie genau erfahren, ob und wenn ja, wann Ihr System an seine Leistungsgrenzen gelangt, wann die letzten Probleme auftraten usw., lässt sich dies mithilfe der in Windows 7 integrierten Zuverlässigkeits-, Ressourcen- und Leistungsüberwachungstools herausfinden.

DER TIPP

Über *Start > Systemsteuerung > System und Sicherheit > System > Leistungsinformationen und -tools > Weitere Tools* gelangen Sie zu einer Übersicht von nützlichen Programmen und Werkzeugen. Mithilfe der *Leistungsüberwachung* starten Sie ein Monitoring-Programm, mit dem sich die Auslastung Ihres Systems messen lässt, während Sie im *Ressourcenmonitor* genau ablesen können, welche Dienste aktuell wie viel Rechenpower für sich beanspruchen, wie es um die Auslastung Ihrer Festplattenlaufwerke, des Netzwerks und des Arbeitsspeichers steht, welche Bereiche Ihres Arbeitsspeichers für welche Zwecke genutzt oder reserviert wurden usw.

Ein mindestens ebenso nützliches Tool ist die zum Wartungscenter gehörige *Zuverlässigkeitsüberwachung*, die sich durch Eingabe des Begriffs *Zuverlässigkeitsverlauf anzeigen* über das Suchfeld des Startmenüs aufrufen lässt. Hier können Sie anhand des *Systemstabilitätsdiagramms* z. B. ganz genau ablesen, zu welchem Zeitpunkt Programme installiert wurden, wann eine Anwendung oder Hardwarekomponente einen Fehler verursacht hat, welche Programme daran beteiligt waren usw. Auf diese Weise lassen sich die für die Konflikte verantwortlichen Übeltäter gegebenenfalls schnell aufspüren.

WEITERE HINWEISE

Genauere Anweisungen zur *Microsoft Management Console* und zur Arbeit und Konfiguration der Leistungsüberwachung samt Einrichtung benutzerdefinierter Sammlungsansätze finden Sie nach einem Klick auf *? > Hilfe* bzw. *Hilfethemen* in der gut dokumentierten Hilfedatei.

Geeignet für folgende Windows-7-Versionen				
● Home Basic	● Home Premium	● Professional	● Enterprise	● Ultimate

Systemereignisse und Protokolle anzeigen

DAS PROBLEM
Wollen Sie genau wissen, was in letzter Zeit auf Ihrem System geschehen ist, können Sie jederzeit auf so genannte Ereignisprotokolle zurückgreifen, in denen Windows alle Systemereignisse nach Themen sortiert auf die Sekunde genau protokolliert.

DER TIPP
Wenn Sie über *Start > Systemsteuerung > System und Sicherheit > Verwaltung* die *Ereignisanzeige* aufrufen, finden Sie dort unter dem Punkt *Ereignisanzeige (Lokal)* eine Zusammenfassung, auf der Sie genau ablesen können, ob es in letzter Zeit zu kritischen Systemfehlern gekommen ist, wie viele Warnungen Windows in letzter Zeit ausgesprochen hat usw. Wenn Sie die Liste aufklappen, finden Sie darunter alle detaillierten Informationen zu den einzelnen Ereignissen und den ausschlaggebenden Elementen, über die sich mögliche Probleme schnell aufspüren und dann anhand der verfügbaren Detailinformationen gezielt analysieren lassen.

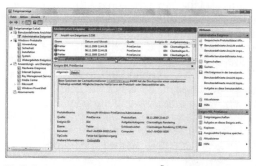

Die Ereignisprotokolle bieten eine gute Übersicht über die Geschehnisse auf dem System.

WEITERE HINWEISE
Genau wie die Leistungsüberwachung, ist auch die Ereignisanzeige Teil der *Microsoft Management Console*. Genauere Hinweise zum Einsatz des Tools finden Sie über *? > Hilfethemen*.

Aufgabenplanung konfigurieren

Das Problem

Wollen Sie herausfinden, welche Programme und Dienste von Windows in regelmäßigen Abständen automatisch gestartet werden, oder selbst bestimmen, wann dies geschehen soll, können Sie sich jederzeit eine Liste aller geplanten Aufgaben abrufen und diese dann bei Bedarf editieren oder durch neue ergänzen.

Der Tipp

Wenn Sie über *Start > Systemsteuerung > System und Sicherheit > Verwaltung* oder alternativ über *Start > Alle Programme > Zubehör > Systemprogramme* die *Aufgabenplanung* von Windows 7 aufrufen, bekommen Sie eine detaillierte Übersicht aller aktuell geplanten Aufgaben. Im Bereich *Aufgabenplanungsbibliothek > Microsoft > Windows > Defrag* können Sie z. B. selbst bestimmen, in welchen Intervallen Windows automatisch die Defragmentierung Ihrer Laufwerke durchführen soll und ob dies immer nur dann geschieht, wenn ein bestimmter Benutzer am System angemeldet ist. Im Bereich *Media Center* lassen sich auf die gleiche Weise die automatischen Aktualisierungen des TV-Programms konfigurieren, im Abschnitt *Windows Defender* den Zeitplan für dessen automatische Scanfunktion editieren usw. Um die Startzeiten und das Intervall einer Aufgabe anzupassen, wählen Sie diese mit der rechten Maustaste aus, öffnen die *Eigenschaften* und wechseln dann zum Register *Trigger*, wo Sie über die *Bearbeiten*-Schaltfläche auf die Einstellungen zugreifen können.

Weitere Hinweise

Wollen Sie eigene Aufgaben erstellen, um so z. B. an jedem Tag zu einer festgelegten Uhrzeit oder direkt beim Windows-Start ein ganz bestimmtes Programm auszuführen, können Sie über den im rechten Teil des Fensters befindlichen Eintrag *Einfache Aufgabe erstellen* jederzeit einen Assistenten aufrufen, der Sie dann gezielt durch die dazu nötigen Schritte führt. Ein ausführlicheres Beispiel zur manuellen Aufgabenplanung finden Sie in Tipp: *System- und Grafikkartentuning – Rightmark CPU Clock Utility*.

Geeignet für folgende Windows-7-Versionen				
● Home Basic	● Home Premium	● Professional	● Enterprise	● Ultimate

Registrierdatenbank bearbeiten

DAS PROBLEM
Die Registrierdatenbank ist im Prinzip das Herzstück von Windows 7. Neben den Windows eigenen Komponenten und Einstellungen werden hier auch alle installierten Hard- und Softwareelemente erfasst. Bei Bedarf lassen sich über die Registrierdatenbank auch Einstellungen ändern, für die im System normalerweise kein Schalter zu finden ist, wobei Sie allerdings höchste Vorsicht walten lassen sollten!

DER TIPP
Wenn Sie über *Start > Alle Programme > Zubehör > Ausführen* den *Ausführen*-Dialog öffnen und in der Eingabezeile (oder bei Bedarf auch direkt in der Suchleiste des Startmenüs) den Befehl *regedit.exe* eingeben, öffnet sich daraufhin der *Registrierungs-Editor* von Windows 7.

Mit dem *Registrierungs-Editor* können Sie Änderungen in der Registrierdatenbank von Windows 7 vornehmen.

Wollen Sie z. B. verhindern, dass Windows Verknüpfungen automatisch mit einem kleinen Pfeil am unteren Teil des Symbols kennzeichnet, öffnen Sie den Bereich *HKEY_CLASSES_ROOT > lnkfile*, klicken mit der rechten Maustaste auf den Eintrag *IsShortcut* und geben ihm dann mit der Option *Umbenennen* einen anderen Namen (z. B. *IsShortcut-original*). Nach dem nächsten Systemstart

Systemeinstellungen & Tools

sollten die Verknüpfungspfeile dann verschwunden sein. Ansonsten lassen sich die Schlüssel per Rechtsklick auch *Ändern*, um die darin enthaltenen Werte anzupassen oder über den *Löschen*-Befehl aus der Registrierdatenbank entfernen usw.

WEITERE HINWEISE

Verändern Sie in der Registrierdatenbank nichts, von dem Sie nicht wirklich sicher sind, was Sie mit der Änderung bewirken. Anderenfalls sind Probleme nahezu vorprogrammiert! Bevor Sie hier irgendwelche Änderungen vornehmen, sollten Sie über *Start > Systemsteuerung > System und Sicherheit > System* das Register *Computerschutz* der *Systemeigenschaften* öffnen und über die Schaltfläche *Erstellen* einen neuen Wiederherstellungspunkt für Ihr Systemlaufwerk erzeugen, mit dem sich das System samt der ursprünglichen Einstellungen der Registrierdatenbank im Notfall wiederherstellen lässt (siehe auch Kapitel 14: *System- und Datenrettung*).

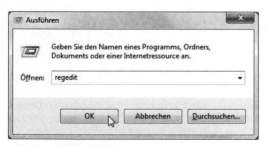

Registrierdatenbank bearbeiten

Geeignet für folgende Windows-7-Versionen

● Home Basic   ● Home Premium   ● Professional   ● Enterprise   ● Ultimate

xp-AntiSpy – Systemeinstellungen anpassen und Spionageoptionen abschalten

DAS PROBLEM

Mithilfe von xp-AntiSpy können Sie nicht nur auf Windows XP-Rechnern, sondern auch unter Windows 7 dafür sorgen, dass das Betriebssystem nicht ungefragt 'nach Hause telefonieren' kann. Davon abgesehen, birgt das Tool noch eine ganze Reihe von Optionen, mit denen sich auch noch andere, ansonsten schwer zugängliche Systemeinstellungen an Ihre Bedürfnisse anpassen lassen.

DER TIPP

Die deutschsprachige Version von *xp-AntiSpy* können Sie sich kostenlos von der Adresse *www.xp-antispy.org* herunterladen. Nachdem Sie das Programm gestartet haben, finden Sie eine nach Themen sortierte Auflistung von Systemeigenschaften, die sich durch das Setzen bzw. Entfernen der entsprechenden Häkchen jederzeit ein- oder ausschalten lassen. Sie können hier z. B. gezielt festlegen, ob der Media Player Lizenzen erwerben oder fehlende Codecs automatisch herunterladen darf und ob Sie zulassen wollen, dass dieser die Daten zur Playerverwendung automatisch an Microsoft sendet und von Internetseiten identifiziert werden kann oder nicht.

Neben Einstellungen zur Sicherung Ihrer Privatsphäre verbergen sich innerhalb des Tools aber auch noch eine ganze Reihe anderer nützlicher Optionen. Über *Schnelles Herunterfahren aktivieren* sorgen Sie z. B. dafür, dass aktive Tasks beim Herunterfahren schneller beendet werden, was das Herunterfahren des PCs etwas beschleunigt. Ansonsten können Sie auch von hier aus bequem per Knopfdruck bestimmen, ob Dateiendungen bei bekannten Dateitypen automatisch ausgeblendet werden sollen oder nicht usw. Wenn Sie mit der Maus über einen Eintrag fahren, erhalten Sie umgehend eine detaillierte Beschreibung, sodass sich die Funktionen der einzelnen Optionen schnell offenbaren.

Systemeinstellungen & Tools

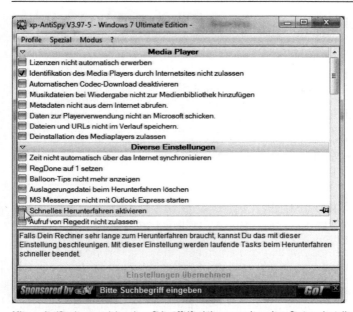

Mit *xp-AntiSpy* lassen sich neben Schnüffelfunktionen auch andere Systemeinstellungen an Ihre Bedürfnisse anpassen.

WEITERE HINWEISE

Wie bei allen Tools, die Eingriffe in die Registrierdatenbank von Windows 7 vornehmen, sollten Sie auch hier vor dem Tätigen etwaiger Änderungen einen Wiederherstellungspunkt setzen, um das System im Notfall schnell wiederherstellen zu können (siehe Tipp: *Registrierdatenbank anpassen* bzw. Kapitel 14: *System- und Datenrettung*). Ansonsten lassen sich mit xp-AntiSpy aber auch benutzerdefinierte *Profile* mit unterschiedlichen Einstellungen speichern und danach jederzeit aufrufen, sodass Sie bei Bedarf schnell zwischen diesen hin- und her schalten können.

Geeignet für folgende Windows-7-Versionen				
● Home Basic	● Home Premium	● Professional	● Enterprise	● Ultimate

Windows-Features aktivieren und deaktivieren

DAS PROBLEM

Windows 7 besitzt eine ganze Reihe von Features, die vielleicht nicht jeder nutzen will. Empfinden Sie z. B. die von Haus aus mitgebrachte Spielesammlung oder die Minianwendungen für den Desktop als unnötigen und eher störenden Ballast, oder haben Sie einen alternativen Browser installiert und würden gerne den Internet Explorer von der Bildfläche verschwinden lassen, können Sie Features wie diese jederzeit deaktivieren und später bei Bedarf auch wieder einschalten.

DER TIPP

Um Windows eigene Features vorübergehend zu deaktivieren, wählen Sie über *Start > Systemsteuerung > Programme* die im Abschnitt *Programme und Funktionen* aufgeführte Option *Windows-Features aktivieren und deaktivieren*. Im Fenster *Windows-Features* können Sie nun durch das Setzen bzw. Entfernen der Häkchen bestimmen, welche der dort aufgeführten Tools, Dienste und Programme Sie nutzen wollen und welche nicht. Entfernen Sie hier z. B. das Häkchen vor dem Eintrag *Plattform zu Windows-Minianwendungen*, verschwinden danach nicht nur die Minianwendungen vom Desktop, sondern es wird auch die normalerweise per Rechtsklick auf den Desktop auswählbare Option *Minianwendungen* aus dem Kontextmenü entfernt. Bei den Spielen können Sie unterdessen frei entscheiden, ob Sie alle, keine oder nur ausgewählte Games nutzen wollen, während der Rest der von Windows mitgebrachten Games vorerst von der Bildfläche verschwindet usw.

WEITERE HINWEISE

Welche Windows-Features in der Liste zu finden sind, hängt von Ihrer Windows-Version ab. Windows 7 Ultimate-Nutzern vorbehaltene Dienste lassen sich auf kleineren Windows 7-Versionen auf diesem Wege natürlich nicht freischalten. Die hier deaktivierten Windows-Features werden nicht deinstalliert und von der Festplatte verbannt, sondern tatsächlich nur abgeschaltet. Festplattenplatz lässt sich mit der Deaktivierung der Features also nicht freischaufeln. Das Abschalten unbenötigter Features sorgt lediglich für mehr Übersicht und je nach Feature vielleicht auch für einen kleinen Leistungsgewinn.

Systemeinstellungen & Tools

Unerwünschte Windows-Features lassen sich kurzerhand deaktivieren.

System- und Grafikkartentuning

Neben grundsätzlichen Systemeinstellungen, birgt Windows 7 auch noch eine ganze Reihe von mehr oder weniger versteckten Optionen und praktischen Tools, mit denen sich die Systemleistung testen und steigern lässt. Der tatsächliche Leistungsindex lässt sich damit zwar nicht beeinflussen, aber durch das Deaktivieren unnötiger Programme und optischer Spielereien sorgen Sie auf jeden Fall dafür, dass die Arbeit am PC selbst auf schwächeren Rechnern deutlich flüssiger vonstatten geht. Wollen Sie das Maximum aus Ihrer Hardware herauskitzeln, kommen Sie um den Einsatz zusätzlicher Software natürlich kaum herum.

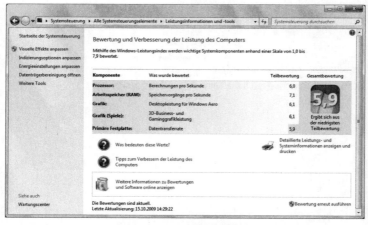

Der *Windows-Leistungsindex* bewertet die wichtigsten Systemkomponenten.

In den folgenden Abschnitten erfahren Sie, wie Sie unter Windows 7 detaillierte Informationen zur Leistung Ihres PCs abrufen, wie Sie den Systemstart beschleunigen, wie Sie unnötige Ressourcenfresser deaktivieren und wie Sie das System mithilfe der Energieoptionen je nach Bedarf auf Leistung trimmen oder in den Energiesparmodus versetzen, um so z. B. dafür zu sorgen, dass der Akku Ihres Notebooks möglichst lange durchhält. Des Weiteren finden Sie Tipps und Hinweise zu nützlichen Tools, mit denen Sie Ihre Grafikkarte oder auch gleich das gesamte System über- oder auch untertakten können, um so je nach Bedarf mehr Leistung oder Ruhe zu gewinnen, und erfahren, was Sie bei all diesen Dingen beachten sollten.

System- und Grafikkartentuning

Bootlogo abschalten und Systemstart beschleunigen

DAS PROBLEM

Beim Start von Windows 7 wird in den Grundeinstellungen automatisch das Bootlogo angezeigt. Wenn Sie das Bootlogo deaktivieren und die BIOS-Einstellungen Ihres Mainboards ein wenig optimieren, verläuft der Systemstart danach deutlich schneller.

DER TIPP

Um das Bootlogo zu deaktivieren, öffnen Sie über *Start > Systemsteuerung > System und Sicherheit > Verwaltung > Systemkonfiguration* das Systemkonfigurationsprogramm MSCONFIG und wechseln dort zum Register *Start*. Wenn Sie das Häkchen vor dem Eintrag *Kein GUI-Start* aktivieren, bleiben Sie in Zukunft vom Windows-Begrüßungsbildschirm verschont und können sich eines etwas flinkeren Systemstarts erfreuen. Um den Systemstart weiter zu beschleunigen, sollten Sie im BIOS Ihres Mainboards die Optionen zur automatischen Suche nach Diskettenlaufwerken und gegebenenfalls auch die intensive Überprüfung des Arbeitsspeichers deaktivieren, was Ihnen beim Start des Systems weitere Sekunden einbringt.

WEITERE HINWEISE

Besitzen Sie einen flinken USB-Stick, lässt sich der Systemstart durch die Aktivierung von ReadyBoost für dieses Gerät noch weiter beschleunigen (siehe auch Kapitel 2: *Hardware und Treiber – Systembeschleunigung mit ReadyBoost und ReadyDrive*). Ansonsten kann es sich natürlich auch lohnen im Fenster der *Systemkonfiguration* auf dem Register *Systemstart* alle nicht wirklich benötigten Autostartprogramme durch das Entfernen der dazugehörigen Häkchen zu deaktivieren.

Geeignet für folgende Windows-7-Versionen				
● Home Basic	● Home Premium	● Professional	● Enterprise	● Ultimate

Detaillierten Leistungsindex aufrufen und aktualisieren

DAS PROBLEM

Bei der Installation des Betriebssystems überprüft Windows 7 Ihre Hardwarekomponenten automatisch auf deren Leistungsfähigkeit und vergibt dann eine entsprechende Gesamtbewertung, die Ihnen sowohl in der Systemübersicht als auch im Spieleexplorer angezeigt wird. Wollen Sie detaillierte Informationen zur Bewertung der einzelnen Komponenten abrufen, lässt sich dies mit ein paar Klicks erledigen.

DER TIPP

Um detaillierte Informationen zum Leistungsindex Ihres PCs abzurufen, öffnen Sie über *Start > Systemsteuerung >System und Sicherheit > System > Leistungsinformationen und -tools* das Fenster *Bewertung und Verbesserung der Leistung des Computers*. Hier können Sie zunächst lediglich die Einzelbewertungen für Ihren Prozessor, den Arbeitsspeicher (RAM), die Grafikkarte und die Festplatte ablesen. Haben Sie neue Hardware in den Rechner eingebaut, können Sie die einzelnen Komponenten über die Option *Bewertung erneut ausführen* jederzeit erneut bewerten lassen. Über die Option *Detaillierte Leistungs- und Systeminformationen anzeigen und drucken* erhalten Sie dann noch ausführlichere Informationen zu den bewerteten Komponenten.

WEITERE HINWEISE

Neben Informationen zur Leistung Ihres PCs, bietet das Fenster *Bewertung und Verbesserung der Leistung des Computers* im Aufgabenbereich auf der linken Seite auch noch Zugriff auf eine ganze Reihe von Optionen, mit denen sich der Leistungsindex zwar nicht verbessern, aber das System trotzdem beschleunigen lässt.

Geeignet für folgende Windows-7-Versionen

| ● Home Basic | ● Home Premium | ● Professional | ● Enterprise | ● Ultimate |

Visuelle Effekte anpassen

DAS PROBLEM
Können Sie auf unnötige optische Spielereien von Windows 7 verzichten, lässt sich auf schwächeren Rechnern durch das Abschalten von visuellen Effekten ein deutlich schnelleres Arbeiten am System erzielen.

DER TIPP
Um die optischen Spielereien von Windows 7 anzupassen, öffnen Sie über *Start > Systemsteuerung > System und Sicherheit > System > Leistungsinformationen und -tools* das Fenster *Bewertung und Verbesserung der Leistung des Computers* und klicken dort auf der linken Seite auf den Eintrag *Visuelle Effekte anpassen*, um so auf direktem Wege zum Register *Visuelle Effekte* der *Leistungsoptionen* zu gelangen. Um alle Effekte auf einmal zu deaktivieren, genügt ein Klick auf die Option *Für optimale Leistung anpassen*. Alternativ können Sie durch das Entfernen der entsprechenden Häkchen aber auch gezielt die größten Ressourcenfresser abschalten (z. B. die diversen Schatten- und Transparenzeffekte und die Miniaturvorschauen der Fenster auf der Taskleiste).

WEITERE HINWEISE
Verwenden Sie ein Windows Aero-Design, können Sie dessen Transparenzeffekte auch über *Start > Systemsteuerung > Darstellung und Anpassung > Anpassung > Fensterfarbe* deaktivieren oder bei Bedarf auch gleich zum Windows 7-Basis Design wechseln. In Bezug auf die Spiele-Performance bringen diese Einstellungen jedoch kaum einen Vorteil, da die optischen Spielereien dort in den meisten Fällen nicht aktiv sind (zumindest solange die Spiele nicht als Fenster auf dem Desktop ausgeführt werden).

Geeignet für folgende Windows-7-Versionen				
● Home Basic	● Home Premium	● Professional	● Enterprise	● Ultimate

Kapitel 13: Systemeinstellungen & Tuning

Indizierungsoptionen anpassen

DAS PROBLEM

Wenn Sie die Suchoptionen von Windows 7 nicht oft nutzen, können Sie durch das Reduzieren der von der Suche indizierten Orte einen kleinen, aber spürbaren Leistungsschub erwirken.

DER TIPP

Wenn Sie über *Start > Systemsteuerung > Ansicht: Kleine Symbole* die *Indizierungsoptionen* von Windows 7 aufrufen, finden Sie dort eine Übersicht aller aktuell für die Suche indizierten Ordner. Wenn Sie hier auf die Schaltfläche *Ändern* klicken, und sich im nächsten Fenster *Alle Orte anzeigen* lassen, können Sie danach gezielt Ordner von der automatischen Indizierung ausschließen.

Reduzieren Sie die Anzahl von automatisch für die Suche indizierten Orten.

WEITERE HINWEISE

Weitere Informationen zu den Suchfunktionen von Windows 7 und der Anpassung des Suchindexes finden Sie in Kapitel 5: *Ordner, Dateien und Suchoptionen*.

Geeignet für folgende Windows-7-Versionen

● Home Basic ● Home Premium ● Professional ● Enterprise ● Ultimate

Schattenkopien für unwichtige Laufwerke deaktivieren

DAS PROBLEM
Beim Erstellen neuer Wiederherstellungspunkte werden unter Windows 7 in den Grundeinstellungen automatisch auch Schattenkopien von Dateien erstellt, die sich auf einem vom Computerschutz geschützten Laufwerk befinden. Um Ihre Systemressourcen zu schonen, sollten Sie die Computerschutzoptionen für unwichtige Laufwerke deaktivieren.

DER TIPP
Um die Computerschutzoptionen an Ihre Bedürfnisse anzupassen, öffnen Sie über *Start > Systemsteuerung > System und Sicherheit > System > Computerschutz* das Fenster *Systemeigenschaften*. Auf dem Register *Computerschutz* wählen Sie im Bereich *Schutzeinstellungen* der Reihe nach die Laufwerke aus, deren Einstellungen Sie verändern wollen und klicken dann jeweils auf *Konfigurieren*, um im Fenster *Systemschutz für Laufwerk* zu regeln, ob und wenn ja, auf welche Weise das Laufwerk und die darauf befindlichen Dateien geschützt werden sollen.

WEITERE HINWEISE
Deaktivieren Sie die Erstellung von Wiederherstellungspunkten für das Systemlaufwerk, lässt sich Windows im Notfall nicht mehr ohne weiteres wiederherstellen, weshalb Sie die Einstellungen für dieses Laufwerk besser aktiviert lassen sollten (siehe Kapitel 14: *System- und Datenrettung*). Bei allen anderen Laufwerken ist es Ihnen freigestellt, ob für diese Schattenkopien vorangegangener Dateiversionen angefertigt werden sollen, oder ob Sie den Computerschutz für diese Laufwerke lieber komplett deaktivieren möchten. Liegen auf dem Laufwerk wichtige Dokumente, macht das Erstellen von Schattenkopien durchaus Sinn (siehe auch Kapitel 5: *Ordner, Dateien und Suchoptionen-Schattenkopien – Die unsichtbare Sicherung*).

Geeignet für folgende Windows-7-Versionen				
● Home Basic	● Home Premium	● Professional	● Enterprise	● Ultimate

Energieeinstellungen auf Höchstleistung trimmen

DAS PROBLEM
Wie schnell Windows 7 auf Ihrem System von Haus aus läuft, hängt im Wesentlichen davon ab, ob Sie das System anhand des Energiesparplans auf Leistung oder Energiesparfunktionen trimmen.

DER TIPP
Um die Energieeinstellungen Ihres Systems anzupassen, öffnen Sie über *Start > Systemsteuerung > Hardware und Sound > Energieoptionen* das Fenster zur Auswahl eines von drei vorgefertigten Energiesparplänen. Wenn Sie statt des ausbalancierten Energiesparplans die Option *Höchstleistung* wählen, trimmen Sie alle Energieoptionen Ihres Systems auf Leistung und sorgen so dafür, dass Ihre CPU bei Untätigkeit nicht automatisch heruntergetaktet wird und auch die meisten anderen Geräte stets aktiv bleiben. Beim *Energiesparmodus* werden nicht verwendete Geräte hingegen bereits nach kurzer Zeit der Untätigkeit in den Ruhezustand versetzt und die CPU heruntergetaktet, um so für einen möglichst geringen Stromverbrauch zu sorgen.

WEITERE HINWEISE
Über die Option *Energiesparplaneinstellungen ändern* können Sie die einzelnen Optionen des ausgewählten Energiesparplans bis ins Detail an Ihre Bedürfnisse anpassen. Hier lässt sich dann z. B. gezielt die Leistung Ihres WLAN-Adapters konfigurieren, damit dieser an Ihrem Notebook nicht zu viel Energie verschlingt usw. Ansonsten können Sie über die Option *Energiesparplan erstellen* bei Bedarf auch einen eigenen Energiesparplan aufstellen, in dem Sie dann alle Energieoptionen von Grund auf manuell einrichten, bevor Sie ihn zur Liste der vorgefertigten Energiesparpläne hinzufügen.

Geeignet für folgende Windows-7-Versionen				
● Home Basic	● Home Premium	● Professional	● Enterprise	● Ultimate

Akkulaufzeit von Notebooks verlängern

DAS PROBLEM

Windows 7 bringt einige Features mit sich, die insbesondere auch dafür sorgen sollen, dass der Computer energieeffizienter arbeitet, sodass sich die Akkulaufzeit von Notebooks im täglichen Arbeitseinsatz eigentlich deutlich verlängern sollte. Haben Sie ein Aero-Design ausgewählt, werden die neuen Energiesparmaßnahmen dadurch aber schnell wieder zunichte gemacht, weshalb Sie sich für den mobilen Einsatz überlegen sollten, ob Sie nicht lieber auf dieses ansehnliche Feature verzichten wollen.

DER TIPP

Wer mit dem Notebook unterwegs ist und auf eine möglichst lange Akkulaufzeit angewiesen ist, kann durch das Deaktivieren der *Windows Aero*-Oberfläche mit ihren vielen grafischen Effekten wertvolle Arbeitsminuten gewinnen. Öffnen Sie nach einem Rechtsklick auf den Desktop über die Option *Anpassen* die Übersicht der verfügbaren Designs und wählen Sie dort das Windows 7-Basis bzw. bei Bedarf auch Windows 7 – klassisch Design aus, wodurch der Akku bei identischen Energieeinstellungen gleich ein gutes Stück länger durchhalten sollte. Sie sollten bei der Verwendung eines im Akkubetrieb befindlichen Notebooks zusätzlich darauf achten, dass dieses im *Energiesparmodus* betrieben wird (siehe Tipp: *Energieeinstellungen auf Höchstleistung trimmen*).

WEITERE HINWEISE

Anhand der erweiterten Einstellungen des gewählten Energiesparplans können Sie auch explizit bestimmen, nach welchem Zeitraum der Untätigkeit sich der Monitor automatisch abschaltet und ob der Rechner beim Drücken des Netzschalters oder beim Zuklappen des Notebookdeckels automatisch heruntergefahren, in den *Ruhezustand* oder lediglich in den *Energiesparmodus* versetzt werden soll. Alternativ lässt sich die Funktion des Netzschalters aber auch aus dem Hauptfenster der *Energieoptionen* heraus über den entsprechenden Eintrag im Aufgabenbereich auf der linken Seite konfigurieren.

Geeignet für folgende Windows-7-Versionen				
● Home Basic	● Home Premium	● Professional	● Enterprise	● Ultimate

Windows-Mobilitätscenter – Notebookfeatures auf einen Klick

Das Problem

Haben Sie Windows 7 (Home Basic oder höher) auf einem Notebook oder Tablet-PC installiert, müssen Sie sich erst gar nicht lange auf die Suche nach relevanten Einstellungen und Tools begeben. Die wichtigsten Funktionen für Notebooknutzer sind unter Windows 7 allesamt im Mobilitätscenter vereint, das sich jederzeit komfortabel aufrufen lässt.

Der Tipp

Das Mobilitätscenter können Sie wahlweise über *Start > Alle Programme > Zubehör > Windows-Mobilitätscenter* aufrufen oder es der Einfachheit halber mit der Tastenkombination ⊞+X auf den Bildschirm zaubern. Über das Mobilitätscenter lassen sich alle wichtigen Einstellungen in Bezug auf einen akkuschonenden Betrieb (z. B. Energieoptionen, Absenken der Bildschirmhelligkeit, Soundeinstellungen, WLAN Ein- u. Ausschalter), die Synchronisation der Notebookdaten mit denen Ihres Hauptrechners oder den ungetrübten Einsatz des tragbaren Rechenknechts für eine kleine Präsentation mit einem Klick erreichen.

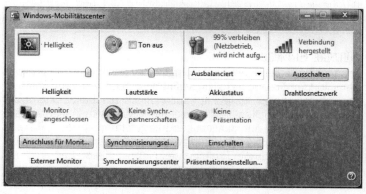

Das *Mobilitätscenter* bietet Zugriff auf die wichtigsten Tools für Notebooknutzer.

Weitere Hinweise

Das Windows-Mobilitätscenter lässt sich ausschließlich auf mobilen Computern verwenden. Haben Sie Windows 7 auf einem Desktop-PC installiert, ist dieses Feature von Haus aus deaktiviert und weder über das Startmenü noch via Tastenkombination verfügbar. Welche Optionen im Mobilitätscenter tatsächlich zu finden sind, hängt zum einen von Ihrer Hardware und zum anderen von Ihrer Windows-Version ab. Unter Windows 7 Home Basic und Premium arbeitet das Mobilitätscenter von Haus aus mit leicht eingeschränkten Funktionen – hier fehlt dann z. B. der Präsentationsmodus.

Geeignet für folgende Windows-7-Versionen

⊙ Home Basic	⊙ Home Premium	● Professional	● Enterprise	● Ultimate

Kapitel 13: Systemeinstellungen & Tuning

Registrierdatenbank mit Zusatztools aufräumen

DAS PROBLEM

Viele Programme hinterlassen nach ihrer Deinstallation noch eine ganze Reihe von Einträgen in der Registrierdatenbank von Windows. Je größer diese ist, desto länger benötigt Windows, um die darin enthaltenen Informationen einzulesen. Aus diesem Grunde ist es durchaus sinnvoll, die Registrierdatenbank in regelmäßigen Abständen aufzuräumen.

DER TIPP

Anstatt in der Registrierdatenbank manuell auf die Suche nach verwaisten Einträgen zu gehen, sollten Sie sich eines Tools wie dem *TweakNow RegCleaner* bedienen, das sich speziell auf das Aufräumen der Windows-Registry spezialisiert hat. Die abgespeckte Standardversion des praktischen Werkzeugs können Sie sich unter der Adresse *www.tweaknow.com* kostenlos herunterladen. Nachdem Sie das Tool installiert und gestartet haben, öffnen Sie den Bereich *Registry Cleaner* und wählen dort den Menüpunkt *Scan Registry*, woraufhin die Registrierdatenbank automatisch nach nicht mehr benötigten oder fehlerhaften Einträgen durchsucht wird. Die Ergebnisse können Sie danach noch einmal genau kontrollieren. Bevor Sie über die *Clean Registry*-Schaltfläche mit dem Löschen der verwaisten Einträge beginnen.

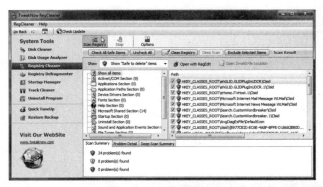

Mit Tools wie dem *TweakNow RegCleaner* entsorgen Sie verwaiste Einträge aus der Windows-Registrierdatenbank.

System- und Grafikkartentuning

WEITERE HINWEISE

Der *TweakNow RegCleaner* erstellt vor dem Löschen der Einträge automatisch eine Sicherungskopie der ausgeführten Aktionen. Sollte es nach dem nächsten Neustart des Systems zu Problemen kommen, oder ein Programm wider Erwarten seinen Dienst verweigern, können Sie den ursprünglichen Zustand der Registrierdatenbank im Bereich *Restore Backup* nach Auswahl der entsprechenden Sicherung über die *Restore*-Schaltfläche umgehend wiederherstellen. Abgesehen vom reinen Registrierdatenbank-Aufräumprogramm, birgt *RegCleaner* auch noch ein paar andere nützliche Funktionen und Tuning-Tools in sich. So lässt sich z. B. die Registry nicht nur aufräumen, sondern auch defragmentieren, Sie können von hier aus Autostartprogramme abschalten, beim Surfen mit dem Internet Explorer oder der Nutzung sonstiger Programme hinterlassene Spuren ausmerzen usw.

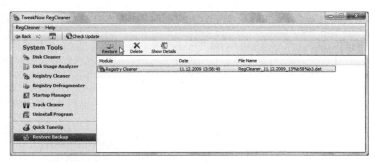

Der *RegCleaner* bei der Arbeit

Geeignet für folgende Windows-7-Versionen				
● Home Basic	● Home Premium	● Professional	● Enterprise	● Ultimate

Rightmark CPU Clock Utility – Prozessorleistung manuell anpassen

DAS PROBLEM
Anstatt Windows die Kontrolle über Ihre CPU zu überlassen, können Sie die Taktfrequenz Ihres Prozessors mithilfe eines kleinen Tools auch eigenständig steuern, um so für ein möglichst schnelles oder ein stromsparendes und leises System zu sorgen, was insbesondere auch für Benutzer von Notebooks interessant sein dürfte.

DER TIPP
Mithilfe des englischsprachigen Tools *Rightmark CPU Clock Utility* können Sie die Taktfrequenz Ihrer Intel- oder AMD-CPU jederzeit an Ihre Bedürfnisse anpassen. Nachdem Sie sich das kostenlose Programm von der Seite *www.rightmark.org* heruntergeladen und installiert haben, können Sie die CPU anhand der vorkonfigurierten Profile des im Infobereich der Taskleiste abgelegten Symbols jederzeit in den Stromsparmodus (*Power Saving*) schicken bzw. gezielt dafür sorgen, dass die CPU stets mit voller Kraft arbeitet (*Maximal Performance*). Im Profil *Performance on Demand* wird die CPU je nach Beanspruchung automatisch auf Maximalleistung bzw. in den Stromsparmodus versetzt.

Als kleinen Bonus legt das Tool im Infobereich der Taskleiste noch ein paar Symbole ab, über die Sie neben der aktuellen Taktfrequenz und der Temperatur des Prozessors auch noch die aktuelle CPU-Auslastung ablesen können. Per Rechtsklick greifen Sie danach auf die diversen Zusatzoptionen und Funktionen der Symbole zu. Sollten die Infobereichsymbole von Windows in den Bereich der ausgeblendeten InfoElemente verschoben werden, sodass Sie diese danach nicht mehr im Auge behalten können, lässt sich das Problem schnell lösen. Öffnen Sie einfach den Bereich der ausgeblendeten Infobereichsymbole, schnappen Sie sich das gewünschte Icon und ziehen es mit der Maus zurück auf den sichtbaren Teil des Infobereichs – ein äußerst praktisches neues Feature von Windows 7 ist, dass sich die Infobereichsymbole unter diesem Betriebssystem endlich frei verschieben und an einer beliebigen Position des Infobereichs platzieren lassen.

System- und Grafikkartentuning

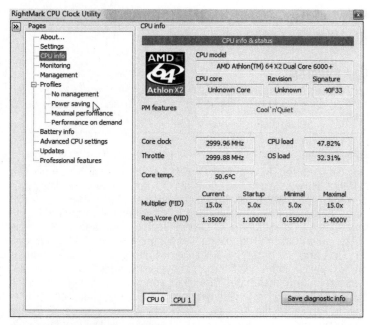

Mit dem *Rightmark CPU Clock Utility* können Sie die Taktfrequenz Ihres Prozessors gezielt anpassen.

WEITERE HINWEISE

An die erweiterten Optionen und das manuelle Erstellen eigener Profile sollten sich nur erfahrene Anwender heranwagen, da bei falschen Einstellungen Schäden an der Hardware nicht auszuschließen sind! Wer sich mit seinem Prozessor und den für dessen Taktung benötigten Werten auskennt, kann diese bei Bedarf aber jederzeit manuell anpassen und weiter optimieren – auf diese Weise lassen sich dann auch Prozessoren steuern, die vom RightMark CPU Utility von Haus aus noch nicht unterstützt werden.

Geeignet für folgende Windows-7-Versionen

● Home Basic ● Home Premium ● Professional ● Enterprise ● Ultimate

PowerStrip – Grafikkarten tunen und übertakten

Das Problem
Mit *PowerStrip* lassen sich die Einstellungen von Grafikkarten nahezu aller bekannten Hersteller bequem tunen und auch übertakten.

Der Tipp
Das Grafikkarten-Tuning-Tool *PowerStrip* können Sie sich unter der Adresse *www.entechtaiwan.com* als 30-Tage-Testversion kostenlos herunterladen. Wenn Sie das Programm installiert haben, überprüft es die aktuellen Einstellungen und Taktfrequenzen Ihrer Grafikkarte und speichert diese dann als Grundeinstellungen, sodass Sie diese später automatisch wiederherstellen lassen können. Nach dem ersten Start und der daraufhin folgenden Kontrolle der Schnellkonfigurationseinstellungen des Programms verschwindet *PowerStrip* automatisch im Infobereich der Taskleiste, von wo aus Sie per Mausklick auf die Optionen des Tools zugreifen und beliebig viele benutzerdefinierte Profile für die Anzeige- und Farbeinstellungen sowie Profile für bestimmte Anwendungen einrichten können, die sich dann später bequem über das Infobereichsymbol aktivieren lassen.

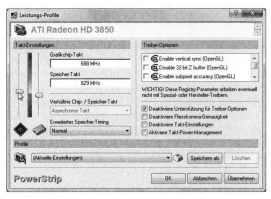

Mit *PowerStrip* können Sie Ihre Grafikkarte recht einfach übertakten.

Um Ihre Grafikkarte zu übertakten, klicken Sie das *PowerStrip*-Infobereichsymbol an und wählen die Option *Leistungs-Profile > Konfi-*

gurieren. Hier können Sie nun mithilfe der Schieberegler sowohl die Taktfrequenz des Grafikprozessors als auch die des Grafikkartenspeichers getrennt voneinander anheben oder senken. Am besten konzentrieren Sie sich dabei zunächst auf eine der beiden Optionen, erhöhen den Takt um ca. 10 MHz, übernehmen die Einstellungen und lassen anschließend ein grafikintensives Spiel oder Testprogramm wie z. B. den 3DMark06 oder dessen DirectX10 Nachfolger 3DMark Vanatage (*www.futuremark.com*) laufen, um zu überprüfen, ob dabei Bildfehler oder sonstige Anomalien auftauchen. Ist alles in Ordnung, können Sie den Takt anschließend schrittweise weiter erhöhen, neu testen usw.

Treiben Sie es bei Ihren Übertaktungsversuchen besser nicht auf die Spitze. Setzen Sie die Taktraten zu hoch, kann Ihre Grafikkarte Schaden nehmen! Sobald die ersten Fehler auftauchen oder das System einfriert, sollten Sie den Takt um mindestens 20 MHz zurückschalten und danach einen erneuten Stresstest durchführen. Ist alles OK, widmen Sie sich anschließend auf die gleiche Weise der Übertaktung des Speichers. Nachdem Sie schlussendlich das Limit der beiden Einheiten herausgefunden haben, speichern Sie das Profil als maximale Performance oder einem anderen Namen Ihrer Wahl, um später über die Liste der Leistungs-Profile jederzeit darauf zurückgreifen zu können.

Die Grafikkarte dauerhaft übertaktet laufen zu lassen, ist nicht sinnvoll und verschlingt unnötig viel Energie. Betreiben Sie das Gerät bei der normalen Arbeit lieber in den Standardeinstellungen oder vielleicht sogar untertaktet und schalten Sie nur dann auf maximale Performance, wenn Sie die volle Leistung zum Spielen wirklich benötigen. Ganz nebenbei bemerkt, bedeuten niedrige Taktraten gleichzeitig auch eine geringere Hitzeentwicklung, was wiederum zur Folge hat, dass der Grafikkartenlüfter nicht auf voller Kraft rotieren muss, sich langsamer dreht und Sie somit auch gleichzeitig einen etwas leiseren PC genießen können.

Weitere Hinweise

Alternativ können Sie mit kostenlosen Programmen, wie den *ATI Tray Tools* (*www.guru3d.com* bzw. *www.radeon.ru*) oder dem eher auf NVIDIA-Karten spezialisierten *RivaTuner* (*www.guru3d.com*) ähnlich komfortabel auf versteckte Einstellungen und die Übertaktungsoptionen Ihrer Grafikkarte zugreifen.

Geeignet für folgende Windows-7-Versionen				
● Home Basic	● Home Premium	● Professional	● Enterprise	● Ultimate

CPU-Auslastung auf dem Desktop anzeigen

Das Problem
Wollen Sie die Auslastung Ihrer CPU und des Arbeitsspeichers stets im Auge behalten, lässt sich dies mithilfe von Windows-Bordmitteln nicht nur komfortabel, sondern auch recht ansehnlich realisieren.

Der Tipp
Zu den von Windows mitgelieferten Minianwendungen für den Desktop zählt auch ein Tool namens *CPU-Nutzung*. Wenn Sie dieses nach einem Rechtsklick auf den Desktop über die Option *Minianwendungen* aus der Bibliothek der installierten Gadgets auswählen und auf dem Desktop platzieren, liefert es Ihnen von dort aus fortan eine stets aktuelle Übersicht über momentane CPU- und Arbeitsspeicherauslastung Ihres Systems. Auf diese Weise können Sie auf einen Blick erkennen, welche Programme Ihren Rechner in Sachen RAM oder Rechenpower bis ans Limit ausreizen und welche eher als ressourcenschonend einzuordnen sind. Sollte Ihnen die Anzeige zu klein sein, können Sie die Minianwendung bei Bedarf auch in doppelter Größe auf dem Bildschirm erscheinen lassen.

Das CPU-Gadget zeigt die aktuelle CPU- und RAM-Auslastung des PCs an.

Weitere Hinweise
Die auf dem Desktop platzierten Gadgets verbrauchen natürlich ebenfalls Speicher und Rechenkapazität. Ist Ihr Rechner schon stark ausgelastet, sollten Sie den Desktop also besser von unnötigen Minianwendungen befreien oder diese bei Leistungsbedarf via Rechtsklick auf den Desktop und das Deaktivieren der Option *Ansicht > Minianwendungen anzeigen* kurzerhand allesamt ausblenden. Der für die Minianwendungen zuständige Prozess (die Sidebar.exe) wird dabei automatisch beendet.

Geeignet für folgende Windows-7-Versionen				
● Home Basic	● Home Premium	● Professional	● Enterprise	● Ultimate

Kapitel 14
System- und Datenrettung

Windows 7 gilt zwar als enorm sicheres und stabiles Betriebssystem, was aber nicht heißt, dass es nach der Installation neuer Hard- und Software oder aus sonstigen Gründen nicht auch bei diesem System zu unerwarteten Problemen kommen könnte. Zum Glück wurden in Windows 7 aber bereits von Haus aus eine ganze Reihe von Werkzeugen integriert, mit denen Sie einem Datengau bereits im Vorfeld vorbeugen bzw. ein plötzlich instabil gewordenes System jederzeit in seinen ursprünglichen Zustand zurückversetzen können.

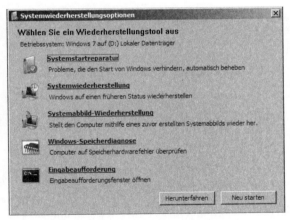

Im Ernstfall bieten sowohl die *Windows 7-Installations-DVD* als auch das *Win RE-Notfallsystem* Zugriff auf Daten- und Systemwiederherstellungswerkzeuge.

Sollte irgendwann nichts mehr gehen, können Sie das System in den meisten Fällen immer noch mithilfe der neuerdings auch im Startmanager verfügbaren Computerreparaturoptionen retten. Und sollte selbst das nicht mehr funktionieren, dann greifen Sie einfach zur Installations-DVD oder einem selbst erstellten Rettungsdatenträger. Was es mit diesen Werkzeugen auf sich hat und welche System- und Datenrettungstools Windows 7 sonst noch für Sie bereit hält, erfahren Sie in diesem Kapitel.

Wiederherstellungspunkte & Systemwiederherstellung

Es ist nie ganz auszuschließen, dass es nach einem fehlgeschlagenen Update, unüberlegten Änderungen von sensiblen Systemeinstellungen, dem Löschen oder Ändern von Einträgen der Windows-Registrierdatenbank oder auch einfach nach der Installation eines harmlos wirkenden Treibers oder einer noch so unscheinbaren Software plötzlich zu mehr oder weniger großen Problemen kommt. Lassen sich die Probleme durch das Deinstallieren der entsprechenden Elemente und das Rückgängigmachen der sensiblen Einstellungen nicht mehr beheben, ist bei Weitem noch nicht alles verloren. Unter Windows 7 haben Sie jederzeit die Möglichkeit, das System mithilfe eines der in letzter Zeit angelegten Wiederherstellungspunkte in einen Zustand zurückversetzen, in dem noch alles in Ordnung war.

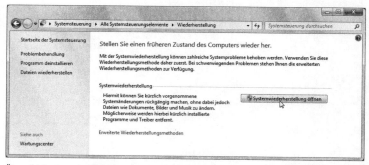

Über die *Systemwiederherstellung* lässt sich das System im Notfall zurücksetzen.

In den folgenden Abschnitten erfahren Sie, wie Sie sich mithilfe von Wiederherstellungspunkten vor dem Datengau wappnen und wie Sie diese dazu nutzen, das System im Ernstfall mit etwas Glück binnen weniger Minuten wieder in Schuss zu bringen.

Wiederherstellungspunkte erstellen

DAS PROBLEM
In den Grundeinstellungen erstellt Windows 7 automatisch einen Wiederherstellungspunkt, sobald systemkritische Aktionen, wie z. B. die Installation neuer Windows Updates durchgeführt werden. Bei Bedarf können Sie aber auch jederzeit manuell die Erstellung eines Wiederherstellungspunktes veranlassen, um sich so z. B. vor der Installation neuer Treiber oder eines möglicherweise nicht wirklich Windows 7 kompatiblen Programms abzusichern.

DER TIPP
Um manuell einen Systemwiederherstellungspunkt zu erzeugen, öffnen Sie über *Start > Systemsteuerung > System und Sicherheit > System > Computerschutz* das Fenster *Systemeigenschaften*. Auf dem Register *Computerschutz* können Sie nun genau festlegen, welche Laufwerke bei der Sicherung vom Computerschutz berücksichtigt werden. Hier sollte zumindest Ihre Systempartition aktiviert sein. Falls nicht, wählen Sie diese aus, klicken auf Konfigurieren und aktivieren im Fenster *Systemschutz für Laufwerk* die Option *Systemeinstellungen und vorherige Dateiversionen wiederherstellen*. Wieder auf dem *Computerschutz*-Register der Systemeigenschaften angelangt, können Sie nun über die *Erstellen*-Schaltfläche jederzeit die Erstellung eines neuen Wiederherstellungspunktes für die geschützten Laufwerke veranlassen.

WEITERE HINWEISE
Beim manuellen Erstellen eines Wiederherstellungspunktes müssen Sie diesem zunächst einen Namen geben. Achten Sie dabei nach Möglichkeit darauf, das Ereignis einleuchtend zu dokumentieren – z. B. mit einem Namen wie *091022-Vor_Treiberinstallation_DVB-T*. Auf diese Weise können Sie die von Ihnen erstellten Wiederherstellungspunkte später deutlich schneller aufspüren und zuordnen, wenn Sie im Fall der Fälle wirklich einmal die *Systemwiederherstellung* zur Rettung Ihres Systems zu Rate ziehen müssen.

Geeignet für folgende Windows-7-Versionen				
● Home Basic	● Home Premium	● Professional	● Enterprise	● Ultimate

Kapitel 14: System- und Datenrettung

Maximale Anzahl von Wiederherstellungspunkten

DAS PROBLEM

Wie viele Wiederherstellungspunkte auf Ihrem System gleichzeitig verfügbar sind, hängt im Wesentlichen von der Größe und dem verfügbaren Speicherplatz Ihrer Systempartition ab. Um stets auf der sicheren Seite zu sein, sollten Sie also dafür sorgen, dass auf dem Systemlaufwerk genug Platz verfügbar bleibt.

DER TIPP

In den Grundeinstellungen sorgt Windows 7 automatisch dafür, dass für Ihre Systempartition mindestens alle sieben Tage ein neuer Wiederherstellungspunkt gespeichert wird. Führen Sie ein Windows Update, ein sonstiges wichtiges Systemereignis oder eine von Windows als kritisch betrachtete Aktion, wie z. B. die Installation eines Treibers durch, wird dabei ebenfalls automatisch ein neuer Wiederherstellungspunkt erstellt.

Auf jedem für den Computerschutz aktivierten Datenträger werden dabei mindestens 300 MB Speicherplatz für Wiederherstellungspunkte reserviert. Wie groß der von Windows automatisch reservierte Wert in der Praxis ist, hängt von der Größe der jeweiligen Laufwerke ab. Öffnen Sie auf der Registerkarte *Computerschutz* über die *Konfigurieren*-Schaltfläche die Systemschutzeinstellungen eines ausgewählten Laufwerks, können Sie dort genau ablesen, wie viel Platz Windows für Wiederherstellungspunkte reserviert hat und wie viel Platz die bisher erstellten tatsächlich einnehmen.

Mithilfe des Schiebereglers lässt sich der für den Computerschutz reservierte Speicherplatz bei Bedarf Ihren Wünschen entsprechend anpassen. Dabei gilt natürlich die Regel: Je größer die Systempartition und der darauf reservierte Speicherplatz, desto mehr Systemwiederherstellungspunkte können auf dem Datenträger gesichert werden.

Ist das reservierte Limit irgendwann ausgeschöpft, werden beim Erstellen neuer Wiederherstellungspunkte automatisch alte gelöscht. Die Liste der auf Ihrem System verfügbaren Wiederherstellungspunkte können Sie bei Bedarf in der Systemwiederherstellung einsehen (siehe Tipp: *Systemwiederherstellung mithilfe der Computerreperaturoptionen*).

System- und Datenrettung

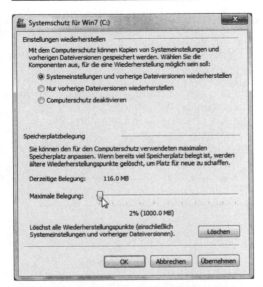

Bestimmen Sie selbst, wie viel Platz für Wiederherstellungspunkte reserviert wird.

Wenn Sie den Computerschutz eines überwachten Laufwerks deaktivieren, werden dabei automatisch alle bisher für dieses Medium erstellten Wiederherstellungspunkte gelöscht. Schalten Sie ihn anschließend wieder ein, beginnt die Erstellung der Wiederherstellungspunkten danach komplett von vorne.

WEITERE HINWEISE

Bei Bedarf lassen sich die Wiederherstellungspunkte eines geschützten Laufwerks im Systemschutz-Fenster auch gezielt mithilfe der *Löschen*-Schaltfläche vom Datenträger bannen. Bedenken Sie dabei aber, dass beim Löschen der Wiederherstellungspunkte eines Laufwerks auch die Schattenkopien der darauf gespeicherten Dokumente und Benutzerdateien unwiderruflich vom System entfernt werden, sodass sich danach die vorangegangenen Versionen dieser Elemente nicht mehr wiederherstellen lassen (siehe auch Kapitel 5: *Ordner, Dateien und Suchoptionen – Schattenkopien – Die unsichtbare Sicherung*).

Systemwiederherstellung aus dem laufenden System

DAS PROBLEM

Treten nach dem Einrichten neuer Software, Treiber oder dem Anpassen von Systemeinstellungen plötzlich Probleme auf, sollten Sie zunächst versuchen, die als Ursache vermuteten Komponenten wieder zu deinstallieren und die Änderungen der Systemeinstellungen rückgängig zu machen. Sollte dies nicht die gewünschte Besserung bringen, können Sie das System mithilfe eines der zuvor erstellten Wiederherstellungspunkte in seinen ursprünglichen Zustand zurückversetzen.

DER TIPP

Um das System mithilfe von Wiederherstellungspunkten wieder in einen vorangegangenen Zustand zurückzuversetzen, öffnen Sie über *Start > Systemsteuerung > System und Sicherheit > System* die Systemübersicht, wählen dort auf der linken Seite die Option *Computerschutz* und klicken im Fenster *Systemeigenschaften* auf dem Register *Computerschutz* auf die Schaltfläche *Systemwiederherstellung*.

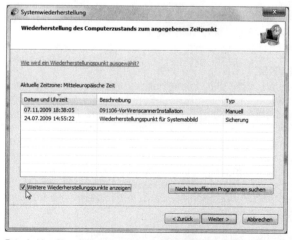

Entscheiden Sie selbst, anhand welchen Wiederherstellungspunkts Sie das System wiederherstellen wollen.

Im Fenster *Systemwiederherstellung* können Sie nun selbst entscheiden, ob Sie das System anhand des zuletzt angelegten Wiederherstellungspunkts wiederherstellen, oder sich noch andere anzeigen lassen wollen. Entscheiden Sie sich für Zweiteres, bekommen Sie im nächsten Schritt zunächst die aktuellsten Wiederherstellungspunkte zu sehen, können sich dort aber über die Option *Weitere Wiederherstellungspunkte anzeigen* die Liste aller verfügbaren Wiederherstellungspunkte anzeigen lassen.

Eigenständig erstellte Wiederherstellungspunkte erkennen Sie am Eintrag 'Manuell:'. Nachdem Sie einen Wiederherstellungspunkt ausgewählt haben, können Sie sich über die Schaltfläche *Nach betroffenen Programmen suchen* eine Übersicht darüber verschaffen, welche der zwischenzeitlich installierten Programme und Treiber beim Zurücksetzen auf diesen Wiederherstellungspunkt vom System entfernt und welche der zuvor gelöschten gegebenenfalls wiederhergestellt werden.

Nachdem Sie den gewünschten Wiederherstellungspunkt in der Liste ausgewählt haben, können Sie die Systemwiederherstellung starten und so dafür sorgen, dass alle Systemeinstellungen, Registrierdatenbankeinträge und Systemdateien automatisch wieder in den zum Zeitpunkt der Erstellung des Wiederherstellungspunktes vorhandenen Zustand zurückversetzt werden.

WEITERE HINWEISE

Das Wiederherstellen eines alten Systemwiederherstellungspunktes hat keinerlei Auswirkungen auf Ihre eigenen Dateien, E-Mails und sonstigen Dokumente. Es werden lediglich die alten Systemeinstellungen, Systemdateien, Einträge in der Registrierdatenbank sowie Programme und Treiber rekonstruiert bzw. wieder entfernt, wenn diese neuer sind als der Wiederherstellungspunkt. Beim Start der Systemwiederherstellungsprozedur wird automatisch ein neuer Wiederherstellungspunkt erstellt. Sollte die Systemwiederherstellung nicht den erhofften Erfolg bringen, können Sie das System also direkt im Anschluss wieder genau auf den Stand bringen, den es vor dem Versuch inne hatte und Ihr Glück dann bei Bedarf mit einem anderen Systemwiederherstellungspunkt aufs Neue versuchen.

Geeignet für folgende Windows-7-Versionen				
● Home Basic	● Home Premium	● Professional	● Enterprise	● Ultimate

Systemwiederherstellung mithilfe der Computerreparaturoptionen

DAS PROBLEM

Lässt sich Windows plötzlich nicht mehr komplett hochfahren, können Sie natürlich auch nicht mehr auf die Computerschutzoptionen der Systemeigenschaften zurückgreifen, um von dort aus die Systemwiederherstellung zu starten. In solchen Fällen lässt sich das Problem gegebenenfalls aber auch mithilfe des Windows 7 eigenen Notfallsystems oder alternativ auch über die Windows Installations-DVD lösen.

DER TIPP

Lässt sich Windows nicht mehr starten, sollten Sie zunächst versuchen, das Problem aus den erweiterten Startoptionen des Windows-Start-Managers heraus zu lösen. Während der Grundinstallation von Windows 7 wird neben dem eigentlichen Betriebssystem auch noch ein Notfallsystem auf Ihrem Rechner eingerichtet – dabei handelt es sich im Prinzip um ein Mini-Windows, über das Sie bei Problemen die darin integrierten Computerreparaturoptionen starten und dann versuchen können, Windows 7 mit deren Hilfe wieder in Schuss zu bringen.

In den *Erweiterten Startoptionen* verbergen sich die Computerreparaturoptionen.

Um die *Erweiterten Startoptionen* aufzurufen, müssen Sie nach dem Einschalten oder Neustart des Systems umgehend die [F8]-Taste

System- und Datenrettung

drücken (am besten ein paar Mal kurz nacheinander – wenn Sie das Windows 7-Logo zu sehen bekommen, ist es bereits zu spät). Nachdem Sie das *Erweiterte Startmenü* geöffnet haben, navigieren Sie mithilfe der Pfeiltasten der Tastatur zum Eintrag *Computer reparieren* und rufen diesen mithilfe der ⏎-Taste auf. Nachdem das auch als Win RE (Windows Recovery Environment) bekannte Notfallsystem geladen wurde, bekommen Sie auch schon den Startbildschirm der Reparaturoptionen zu Gesicht. Wählen Sie hier zunächst das zu reparierende Betriebssystem aus. Danach können Sie im Fenster *Systemwiederherstellungsoptionen* über den Eintrag *Systemwiederherstellung* gezielt einen der verfügbaren Wiederherstellungspunkte auswählen, auf den Sie das System danach auch umgehend zurücksetzen.

Sollte der Versuch, die Computerreparatur über die erweiterten Startoptionen aufzurufen, scheitern, gilt es, zur Windows Installations-DVD zu greifen. Um das System mithilfe der DVD wiederherstellen zu können, muss zunächst sichergestellt sein, dass im BIOS Ihres PCs das CD/DVD-Laufwerk als erste Bootoption angegeben wurde. Danach legen Sie die Windows-Installations-DVD ins Laufwerk ein, um den Rechner von dieser zu booten und ins Installationsmenü der DVD zu gelangen. Nachdem Sie die Installationssprache ausgewählt haben, klicken Sie im unteren Teil des *Jetzt installieren*-Fensters auf den Eintrag *Computerreparaturoptionen* und wählen anschließend das zu reparierende Betriebssystem aus. Danach gelangen Sie genau wie beim Notfallsystem auf die *Systemwiederherstellungsoptionen* und die darin verborgene *Systemwiederherstellung*, über die Sie einen Wiederherstellungspunkt auswählen und versuchen das System mit diesem wieder ans Laufen zu bekommen.

WEITERE HINWEISE

Neben der *Systemwiederherstellung* bekommen Sie im Fenster der *Systemwiederherstellungsoptionen* auch noch Zugriff auf die *Systemabbild-Wiederherstellung*, die *Systemreparatur* und die *Windows-Speicherdiagnose* (siehe Tipp: *Sonstige Diagnose- und Notfall-Tools*). Alternativ können Sie über den Eintrag *Eingabeaufforderung* auch umgehend zur Kommandozeilenkonsole von Windows 7 wechseln, um dort manuelle Befehle einzugeben.

Geeignet für folgende Windows-7-Versionen				
● Home Basic	● Home Premium	● Professional	● Enterprise	● Ultimate

Kapitel 14: System- und Datenrettung

Eigene Systemreparaturdatenträger erstellen

DAS PROBLEM

Windows 7 besitzt eine ganze Reihe von Möglichkeiten, mit denen sich das System im Notfall wieder reparieren lässt. Will Windows einmal nicht mehr komplett booten, schreiten Sie mit dem auf der Festplatte gesicherten Notfallsystem und dessen Computerreparatur-Tools zur Tat. Kann dieses nicht mehr gestartet werden, greifen Sie zur Windows-Installations-DVD. Aber was tun Sie, wenn die DVD kaputt geht, gerade nicht auffindbar ist oder Sie dank Ihres vorinstallierten Betriebssystems vielleicht nie ein solches Medium besessen haben? Nun, in diesem Fall sollten Sie vorbeugen und sich schnellstmöglich eigene Systemreparaturdatenträger anfertigen!

DER TIPP

Den Assistenten zur Erstellung eigener Notfalldatenträger können Sie über *Start > Alle Programme > Wartung > Systemreparaturdatenträger erstellen* aufrufen. Dank dieses praktischen Helfers lassen sich im Handumdrehen bootbare CD/DVDs samt Win RE System und den dazugehörigen Computerreparatur-Tools anfertigen. Sollte sich der Rechner irgendwann nach einem Totalcrash einmal überhaupt nicht mehr starten lassen, booten Sie ihn einfach von dieser Systemreparatur-CD/DVD und versuchen, Windows mithilfe der enthaltenen Werkzeuge zu reparieren.

WEITERE HINWEISE

Alternativ können Sie den Assistenten zum Erstellen eigener Systemreparaturdatenträger auch über *Start > Alle Programme > Wartung* bzw. *Start > Systemsteuerung > System und Sicherheit* aufrufen. Neben diesem Tool sind hier auch noch eine ganze Reihe von Werkzeugen versammelt, mit denen sich nicht nur Systemeinstellungen, sondern auch einzelne Dateien, komplette Ordner und bei Bedarf sogar ein komplettes Abbild des Systems mithilfe eines Backups sichern lassen.

Geeignet für folgende Windows-7-Versionen
● Home Basic　● Home Premium　● Professional　● Enterprise　● Ultimate

System- und Datensicherung

Da Vorsorge generell besser als Nachsicht ist, sollten Sie sich für den Fall der Fälle rüsten und in regelmäßigen Abständen ein Backup von wichtigen Dateien und Ordnern und zwischendurch auch immer wieder einmal eine Komplettsicherung des gesamten PCs durchführen. Die dafür benötigten Werkzeuge bringt Windows 7 von Haus aus mit – erstaunlicherweise sogar in allen Versionen des Betriebssystems. Sollte es später wirklich einmal zum totalen Systemcrash kommen, oder Windows aus sonstigen Gründen den Dienst verweigern, bleiben Ihre wichtigsten Dateien erhalten, während sich das System mit etwas Glück und der Hilfe einer zuvor erstellten Komplettsicherung Ihres PCs schnell wiederherstellen lässt.

Hier sind alle Tools zum Sichern Ihrer Systemeinstellungen und Dateien vereint.

In den folgenden Abschnitten erfahren Sie, wie Sie mithilfe von Windows-Bordmitteln ein Backup Ihres Systems erstellen, wie Sie die Windows-Sicherung einrichten und den Zeitplan für die Datensicherung konfigurieren, welche Möglichkeiten Ihnen zur Sicherung bestimmter Daten und Ordner zur Verfügung stehen und wie Sie Ihr Systembackup im Notfall wieder zurückspielen, um den PC so binnen kürzester Zeit wieder voll einsatzbereit zu machen.

Komplettes Systemabbild erstellen

DAS PROBLEM
Wollen Sie eine komplette Sicherung des Systemlaufwerks und aller wichtigen Daten des Systems erstellen, um im Notfall Ihren Rechner damit wiederherstellen zu können, lässt sich dies unter Windows 7 mit ein paar Mausklicks bequem erledigen.

DER TIPP
Wenn Sie über *Start > Alle Programme > Wartung* bzw. *Start > Systemsteuerung > System und Sicherheit* das Fenster *Sichern und Wiederherstellen* öffnen, finden Sie dort auf der linken Seite im Aufgabenbereich einen Eintrag namens *Systemabbild erstellen*. Mithilfe des dahinter verborgenen Werkzeugs können Sie umgehend und unabhängig vom Zeitplan der *Windows-Sicherung* eine komplette Systemsicherung veranlassen. Dabei wird dann grundsätzlich die gesamte Systempartition samt allen für diese Partition wichtigen Elemente (inkl. Programmen, Benutzerordner, Einstellungen usw.) gesichert – dazu zählen unter Umständen auch Objekte, die auf einem anderen Laufwerk liegen – z. B. wenn Sie Windows 7 als Zweitsystem nachträglich zu Windows Vista oder XP installiert haben, da dann auf deren Laufwerk auch der Bootmanager von Windows 7 zu finden ist.

Bestimmen Sie, wo das Systemabbild gesichert werden soll.

Nachdem Sie den Assistenten zur Erstellung eines neuen Systemabbilds aufgerufen haben, können Sie bestimmen, wo Sie das Systembackup gerne sichern würden: auf einer Festplatte, DVDs oder auf einem freigegebenen Ordner im Netzwerk. Die Datensicherung über das Netzwerk ist allerdings erst ab Windows 7 Professional (oder höher) möglich. Wählen Sie als Ziel eine Festplatte aus, sollten Sie dabei beachten, dass diese mit dem NTFS-Dateisystem formatiert sein muss und es sich dabei nicht um den Datenträger handeln sollte, auf dem auch Ihre Systempartition installiert wurde – bei einem Festplattencrash wäre sonst nicht nur Ihre Systempartition, sondern auch die Sicherung verloren, sodass Sie das System danach natürlich auch nicht mehr damit retten können. Nachdem Sie sich für ein Ziel entschieden haben, können Sie im nächsten Schritt noch bestimmen, ob neben den für das System essenziell wichtigen auch noch andere Laufwerke in die Erstellung des Systemabbilds aufgenommen und gesichert werden sollen. Ist dies erledigt, können Sie sich entspannt zurücklehnen, während der Rechner mit dem Sichern des Systemabbilds beginnt.

WEITERE HINWEISE

Wenn Sie als Speicherort eine Festplatte auswählen, wird die Sicherung des Systemabbilds, in komprimierter und verschlüsselter Form, automatisch in einem Ordner namens *X:\WindowsImageBackup\<Computername>\Backup<Jahr-Monat-Tag-Uhrzeit>* im Hauptverzeichnis des Zielmediums angelegt. Der Ordner lässt sich zwar von Administratoren einsehen, auf die im Systemabbild gesicherten Dateien und Ordner zuzugreifen, ist allerdings nicht ohne Weiteres möglich. Sie können die Sicherung über die *Systemabbild-Wiederherstellung* bzw. die Wiederherstellungsoptionen lediglich komplett wiederherstellen. Bei Bedarf lässt sich der Backup-Ordner samt Inhalt aber auch jederzeit auf eine externe Festplatte kopieren. Benötigen Sie irgendwann diese alte Sicherung, kopieren Sie sie kurzerhand zurück in den Backup-Ordner Ihres Systems. Alternativ, können Sie den *WindowsBackupImage*-Ordner auch umbenennen. Wird danach ein neues Backup erstellt, erkennt Windows den vorhandenen nicht, erstellt einen neuen und legt darin das neue Systemabbild ab – so haben Sie stets mehrere Systemabbilder auf der Festplatte verfügbar.

Geeignet für folgende Windows-7-Versionen				
⊙ Home Basic	⊙ Home Premium	● Professional	● Enterprise	● Ultimate

Systemabbild mithilfe der Computerreparaturoptionen wiederherstellen

DAS PROBLEM

Kommt es zum Totalcrash, sodass sich Windows nicht mehr vernünftig hochfahren lässt oder nur noch Fehlermeldungen produziert, die sich auch mithilfe der Systemwiederherstellung nicht beheben lassen, können Sie das System mithilfe der Computerreparaturoptionen und eines zuvor gesicherten Systemabbilds jederzeit auf den darin gespeicherten Stand zurücksetzen.

DER TIPP

Die einfachste Variante zum Zurückspielen eines gespeicherten Systemabbilds besteht darin, direkt nach dem Start des PCs [F8] zu drücken und anhand der *Erweiterten Startoptionen* den Eintrag *Computer reparieren* auszuwählen, um so zu den *Systemwiederherstellungsoptionen* zu gelangen.

Haben Sie einen zuvor erstellten Systemreparaturdatenträger oder die Windows Installations-DVD zur Hand, können Sie alternativ natürlich auch auf deren Computerreparaturoptionen zurückgreifen, nachdem Sie den PC über das entsprechende Medium gebootet haben (bedenken Sie dabei, dass dazu im BIOS des Mainboards das Booten von CD/DVD an die erste Stelle der Bootreihenfolge gesetzt werden muss). Im Falle der Windows-Installations-DVD bestätigen Sie zunächst die länderspezifischen Einstellungen und klicken dann im unteren Bereich des Fensters *Installation starten* auf den Eintrag *Computerreparaturoptionen,* um zu den *Systemwiederherstellungsoptionen* zu gelangen.

Nachdem Sie in den Systemwiederherstellungsoptionen der Computerreparatur das zu reparierende Betriebssystem ausgewählt und sich gegebenenfalls mithilfe passender Benutzerdaten authentifiziert haben, rufen Sie aus der Liste der verfügbaren Werkzeuge die *Systemabbild-Wiederherstellung* auf.

Haben Sie Ihr Systemabbild im dafür vorgesehenen Standardordner der Windows-Sicherung auf der Festplatte gespeichert, bekommen Sie es hier automatisch angezeigt. Wird kein Systemabbild gefunden, oder wollen Sie ein anderes Backup wiederherstellen, können Sie sich nach Aktivierung der Option *Systemabbild auswählen* eine Liste aller auf den aktuell an den PC angeschlossenen Laufwerken gefundenen Systemabbilder anzeigen lassen. Bedenken Sie dabei, dass die *Systemabbild-Wiederherstellung* ausschließlich

System- und Datensicherung

Backups erkennt, die in Ordnern namens *WindowsImageBackup* im Hauptpfad eines Laufwerks liegen. Befindet sich das gewünschte Systemabbild in einem Netzwerkordner, können Sie diesen über die erweiterten Einstellungen manuell als Ziel angeben. Nachdem Sie das passende Systemabbild gefunden und ausgewählt haben, folgen Sie den letzten Anweisungen des Assistenten und starten die Wiederherstellung des Systemabbilds.

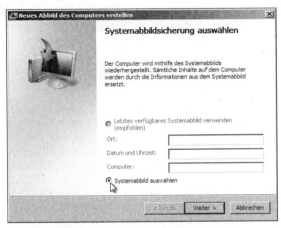

Öffnen Sie die Übersicht der auf den Datenträgern verfügbaren Systemabbilder.

Weitere Hinweise

Vorsicht! Während der *Systemabbild-Wiederherstellung* werden alle ins Systemabbild eingebundenen Laufwerke automatisch neu formatiert und dann mit den im Backup gesicherten Daten neu bespielt. Achten Sie also darauf, alle noch benötigten Dateien zu sichern, bevor Sie mit der Wiederherstellung eines Systemabbilds beginnen – nicht, dass Ihnen hinterher die komplette Musiksammlung oder sonstige wichtige Daten verloren gehen. Haben Sie Windows 7 nachträglich zu XP installiert, ist die XP-Partition aufgrund des dort befindlichen Windows 7-Bootmangers automatisch Teil des Systemabbilds – sprich: Stellen Sie Windows 7 wieder her, wird dabei automatisch auch die Windows XP-Partition auf den Zeitpunkt der Sicherung zurückgesetzt!

Geeignet für folgende Windows-7-Versionen				
◉ Home Basic	◉ Home Premium	● Professional	● Enterprise	● Ultimate

Windows-Sicherung – Backups wichtiger Laufwerke, Ordner und Daten anfertigen und wiederherstellen

DAS PROBLEM

Windows 7 birgt nicht nur Optionen zum Sichern der Systempartition und sonstiger Laufwerke, sondern bietet zusätzlich die Möglichkeit, Ihre Benutzerordner und sonstige Dateien in regelmäßigen Abständen zu sichern, damit Sie diese im Notfall jederzeit wiederherstellen können.

DER TIPP

Um Backups von wichtigen Dateien und Ordnern zu erstellen, öffnen Sie über *Start > Alle Programme > Wartung* das Fenster *Sichern und Wiederherstellen*. Falls noch nicht geschehen, können Sie im Bereich *Sichern* die *Windows-Sicherung* einrichten und konfigurieren. Sie haben hier sowohl die Möglichkeit, eine komplette Systemsicherung durchzuführen oder auch nur bestimmte Ordner auszuwählen, die dann in regelmäßigen Abständen automatisch als geschützte Sicherungskopie auf einem Laufwerk Ihrer Wahl in deutlich komprimierter Form gesichert werden. Das Intervall, in dem die Backups des Systems bzw. der ausgewählten Elemente erstellt werden sollen, können Sie natürlich frei anpassen oder bei Bedarf auch den Timer deaktivieren und dann in regelmäßigen Abständen manuell ein Backup starten.

Haben Sie mithilfe der *Windows-Sicherung* bereits eine Datensicherung durchgeführt, erscheinen im *Wiederherstellen*-Bereich des Fensters *Sichern und Wiederherstellen* automatisch neue Einträge, mit denen Sie jederzeit auf Ihre Backups zugreifen und bei Bedarf wahlweise alle oder auch nur bestimmte Elemente wiederherstellen können. Wenn Sie über die Option *Alle Benutzerdateien wiederherstellen* bzw. *Eigene Dateien wiederherstellen* das Fenster *Dateien wiederherstellen* aufrufen, können Sie dort im Kopf des Fensters bestimmen, auf welches Backup Sie zugreifen wollen, indem Sie dort das entsprechende Datum auswählen. Über die Schaltflächen auf der rechten Seite können Sie sich dann wahlweise die Übersicht gesicherter Ordner und Laufwerke anzeigen lassen, die gesicherten Laufwerke und Ordner nach bestimmten Dateien durchsuchen oder über die *Suchen*-Schaltfläche alle enthaltenen Laufwerke, Ordner und Dateien auf einmal nach einzelnen Elementen durchforsten, die

Ihrem Suchbegriff entsprechen. Haben Sie das gesuchte Element gefunden, fügen Sie es über die *Elemente hinzufügen*-Schaltfläche zum Listenbereich des Hauptfensters hinzu. Nachdem Sie mit der Zusammenstellung zufrieden sind, klicken Sie auf *Weiter* und legen im nächsten Fenster fest, ob die Elemente an ihrem ursprünglichen Speicherort oder an anderer Stelle wiederhergestellt werden sollen.

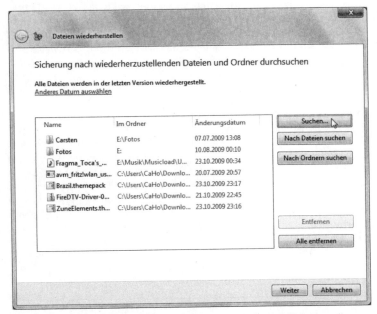

Entscheiden Sie selbst, welche Elemente des Backups wiederhergestellt werden sollen.

WEITERE HINWEISE

Wenn Sie im Fenster *Dateien wiederherstellen* auf *Suchen* klicken und dort als Suchbegriff *.* angeben, bekommen Sie daraufhin alle gesicherten Dateien und Ordner auf einmal angezeigt. Danach können Sie diese bequem durch das Setzen der dazugehörigen Häkchen auswählen und die Auswahl dann zur Wiederherstellungsliste des Hauptfensters hinzufügen.

Geeignet für folgende Windows-7-Versionen				
● Home Basic	● Home Premium	● Professional	● Enterprise	● Ultimate

Kapitel 14: System- und Datenrettung

Systemabbild aus dem laufenden System wiederherstellen

DAS PROBLEM

Läuft das System nicht mehr rund und zuverlässig oder wollen Sie Windows 7 von unnötigem Ballast befreien, indem Sie es kurzerhand mithilfe eines zuvor gesicherten Systemabbilds auf einen älteren Stand zurücksetzen, lässt sich dieses Vorhaben über die Windows-Sicherung aus dem laufenden System heraus realisieren.

DER TIPP

Um ein gespeichertes Systemabbild aus dem laufenden System heraus wiederherzustellen, öffnen Sie über *Start > Systemsteuerung > Ansicht: Kleine Symbole > Wiederherstellen* das Fenster der *Systemwiederherstellung*. Klicken Sie im unteren Abschnitt des Fensters auf den Eintrag namens *Erweiterte Wiederherstellungsmethoden* und bestätigen Sie, dass Sie ein zuvor gesichertes Systemabbild wiederherstellen wollen. Im nächsten Schritt können Sie dafür sorgen, dass die persönlichen Benutzerdaten und sonstige Ordner des Systems vor der Wiederherstellung noch einmal gesichert werden. Nachdem der Vorgang abgeschlossen ist, bestätigen Sie, dass Sie den Rechner neu starten und die Wiederherstellung durchführen wollen, um mit dem Zurückspielen des Systemabbilds zu beginnen (lesen Sie dazu auch die Hinweise in Tipp: *Systemabbild mithilfe der Computerreparaturoptionen wiederherstellen*).

WEITERE HINWEISE

Anhand der *Erweiterten Wiederherstellungsmethoden* lässt sich Windows 7 mithilfe der Windows-Installations-DVD komplett neu installieren, wobei dann allerdings alle Programme und Benutzerdaten verloren gehen und danach dann gegebenenfalls neu installiert und eingerichtet werden müssen. Haben Sie mithilfe der *Windows-Sicherung* Backups Ihrer Daten erstellt, können Sie diese dann dem Abschluss des Installationsvorgangs aus dem *Sichern und Wiederherstellen*-Fenster des frisch installierten Windows heraus wiederherstellen.

Geeignet für folgende Windows-7-Versionen				
● Home Basic	● Home Premium	● Professional	● Enterprise	● Ultimate

Sonstige Diagnose- und Notfall-Tools

Abgesehen von der Möglichkeit, das System mithilfe von Wiederherstellungspunkten oder eines zuvor angelegten Systemabbilds wiederherzustellen, bietet Windows 7 noch eine ganze Reihe weiterer Werkzeuge, mit denen sich Probleme schnell analysieren und bewältigen lassen.

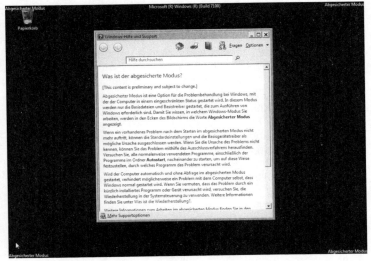

Lässt sich Windows nicht mehr normal starten, verschaffen Sie sich mit dem abgesicherten Modus Zugang zum System.

In den folgenden Abschnitten erfahren Sie, wie Sie Windows bei Problemen im abgesicherten Modus starten können, wie Sie mithilfe eines kleinen Tools Ihren Arbeitsspeicher auf Herz und Nieren überprüfen, um so herauszufinden, ob die Speicherriegel für ansonsten unerklärliche Fehlermeldungen verantwortlich sind, wie Sie die Windows-Startumgebung im Notfall jederzeit wiederherstellen können usw.

Windows im abgesicherten Modus starten

Das Problem
Wenn Windows aufgrund einer fehlgeschlagenen Treiberinstallation abstürzt, bevor Sie auf Ihren Desktop gelangen oder sich der Rechner bereits kurz nach der Anmeldung aufhängt, sodass Sie nicht dazu kommen, etwaige Problemsoftware oder Treiber zu deinstallieren, bzw. unglückliche Systemeinstellungen zurückzunehmen, können Sie sich in den meisten Fällen mithilfe des abgesicherten Modus von Windows 7 dennoch Zugang zum System verschaffen.

Der Tipp
Um Windows 7 im abgesicherten Modus ausführen zu können, müssen Sie sich Zugang zu den *Erweiterten Startoptionen* verschaffen, indem Sie nach dem Einschalten oder Neustart des Rechners umgehend die [F8]-Taste drücken. Im *Abgesicherten Modus* wird Windows auf das Nötigste zurechtgestutzt und nur die wirklich zum Betrieb benötigten Standardtreiber und Dienste geladen, wodurch Treiber- und Softwarekonflikte ausgeschlossen sind.

Sollte die Desktopanmeldung im abgesicherten Modus gelingen, lassen sich störrische Teiber, Dienste und Programme von hier aus auf die gewohnte Weise deinstallieren, Sie können kritische Einstellungen rückgängig machen, Werkzeuge und Assistenten zur Problembewältigung aufrufen usw. Sollte sich der abgesicherte Modus hingegen auch nicht mehr starten lassen, werden Sie kaum darum herumkommen, das System mithilfe der Systemwiederherstellung zu reparieren (siehe Tipp: *Systemwiederherstellung mithilfe der Computerreparaturoptionen*).

Weitere Hinweise
Benötigen Sie für Ihre Reparaturarbeiten Zugang zum Netzwerk, können Sie bei Bedarf auch den *Abgesicherten Modus mit Netzwerkunterstützung* starten. Im *Abgesicherten Modus mit Eingabeaufforderung* bekommen Sie nach dem Login nicht den Desktop, sondern die Kommandozeilen-Konsole für Administratoren und IT-Fachkräfte zu sehen, mit der normale Anwender in der Regel eher wenig anfangen können.

Geeignet für folgende Windows-7-Versionen				
● Home Basic	● Home Premium	● Professional	● Enterprise	● Ultimate

Startprobleme mithilfe der Systemstartreparatur beheben

DAS PROBLEM
Erhalten Sie beim Systemstart die Fehlermeldung, dass kein Betriebssystem gefunden wurde, liegt dies unter Umständen daran, dass die Bootdateien von Windows 7 nicht mehr funktionsfähig sind oder vielleicht sogar von irgendeinem Programm oder einem anderen Bootmanager überschrieben wurden. In diesem Fall lässt sich das Problem mithilfe der Systemstartreparatur schnell bewältigen.

DER TIPP
Um die Startumgebung von Windows 7 zu reparieren, booten Sie den Rechner wahlweise mithilfe eines selbst erstellten *Systemreparaturdatenträgers* oder der Windows-Installations-DVD und rufen über deren Computerreparaturoptionen die zu den *Systemwiederherstellungsoptionen* gehörige *Systemstartreparatur* auf. Findet das Programm bei der Überprüfung irgendwelche Fehler, bietet es Ihnen an, diese automatisch aus der Welt zu schaffen und die Bootumgebung samt dem Windows 7 eigenen Bootmanager wiederherzustellen. Danach sollte sich Windows in der Regel sofort wieder starten lassen.

WEITERE HINWEISE
Haben Sie mehrere Betriebssysteme auf dem PC eingerichtet, kann es sein, dass diese nach einer erfolgreichen Systemstartreparatur im Bootmenü nicht mehr angezeigt und somit auch nicht mehr gestartet werden können. Mithilfe von Bootkonfigurations-Tools wie *VistaBootPRO* lässt sich dieses Problem aber schnell beheben (siehe auch Kapitel 1: *Windows 7 installieren – Bootkonfiguration mit Zusatztool anpassen*).

Geeignet für folgende Windows-7-Versionen				
● Home Basic	● Home Premium	● Professional	● Enterprise	● Ultimate

Arbeitsspeicher mit Speicherdiagnosetool überprüfen

DAS PROBLEM

Nicht optimal konfigurierte, übertaktete oder auch einfach defekte RAM-Speicherbausteine können die seltsamsten Fehler hervorrufen – Programme gehen einfach aus, das System führt ohne Vorwarnung einen Neustart durch, Windows hängt sich komplett auf oder meldet Ihnen auf einem blauen Bildschirm immer wieder andere Fehlermeldungen usw. In diesen Fällen sollten Sie vorsorglich das Windows eigene Speicherdiagnosetool zu Rate ziehen.

DER TIPP

Um zu überprüfen, ob der in Ihrem System verbaute Hauptspeicher vielleicht die Wurzel allen Übels ist, verfügt Windows 7 über ein eigenes Werkzeug zur Speicherdiagnose, das Sie bei Bedarf über *Start > Systemsteuerung > System und Sicherheit > Verwaltung > Windows-Speicherdiagnose* aufrufen können. Bevor Sie das Programm starten, sollten Sie alle Anwendungen speichern und schließen, da der Speichertest erst nach einem Neustart des Systems ausgeführt werden kann. Das Ergebnis des Tests wird Ihnen dann nach dem erneuten Login automatisch mitgeteilt.

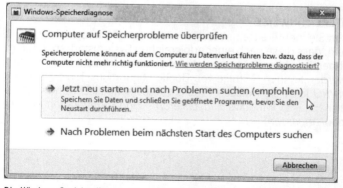

Die *Windows-Speicherdiagnose* überprüft die Stabilität Ihres Arbeitsspeichers.

Sollte das Speicherdiagnosetool den RAM als Übeltäter entlarven, muss dieser nicht zwangsläufig wirklich defekt sein. Versuchen Sie im BIOS Ihres Mainboards zunächst die Einstellungen für die Speichertimings auf die Standardwerte herunterzusetzen und führen Sie den Test dann erneut durch. Tauchen immer noch Probleme auf, sollten Sie die RAM-Bausteine ausbauen, diese dann schrittweise wieder einsetzen und jeweils einem neuen Testlauf unterziehen, um so den tatsächlichen Übeltäter bzw. einen mit anderen Riegeln inkompatiblen Speicherbaustein ausfindig zu machen.

Weitere Hinweise

Alternativ können Sie die *Windows-Speicherdiagnose* auch aufrufen, indem Sie beim Systemstart die [F8]-Taste drücken und sie aus den *Erweiterten Startoptionen* gezielt auswählen. Im Notfall lässt sich das Programm ansonsten aber auch nach dem Booten von der Windows-Installations-DVD über *Computerreparaturoptionen > Systemwiederherstellungsoptionen > Windows-Speicherdiagnose* bzw. die entsprechenden Optionen eines selbst erstellten *Systemreparaturdatenträgers* starten.

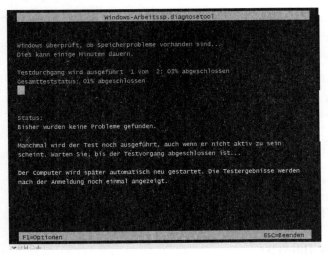

Die Speicherdiagnose kann ein Weilchen dauern.

Geeignet für folgende Windows-7-Versionen				
● Home Basic	● Home Premium	● Professional	● Enterprise	● Ultimate

575

MS-DOS-Startdiskette erstellen

Das Problem
Benötigen Sie eine Startdiskette, mit der sich Ihr PC im Notfall zumindest im DOS-Modus starten lässt, oder um damit das BIOS Ihres Mainboards aktualisieren zu können, lässt sich dies einfach erledigen – vorausgesetzt, Sie besitzen ein Diskettenlaufwerk.

Der Tipp
Um eine MS-DOS-Startdiskette zu erstellen, schieben Sie diese ins Diskettenlaufwerk Ihres PCs und öffnen über *Start > Computer* die Übersicht Ihrer angeschlossenen Laufwerke. Wählen Sie das Diskettenlaufwerk mit der rechten Maustaste aus und wählen Sie dann die Option *Formatieren*. Im Fenster *Diskettenlaufwerk (A:) formatieren* können Sie nun durch Auswahl der Option *MS-DOS-Startdiskette erstellen* dafür sorgen, dass bei der Formatierung des Datenträgers automatisch dessen Bootsektor angepasst und die wichtigsten MS-DOS-Dateien auf diesem hinterlegt werden.

Mithilfe der Formatierungsoptionen können Sie auch unter Windows 7 eine MS-DOS-Startdiskette erstellen.

Weitere Hinweise
Um Ihr System von einer MS-DOS-Startdiskette booten zu können, müssen Sie im BIOS des Mainboards das Diskettenlaufwerk als erste Bootoption einrichten.

Geeignet für folgende Windows-7-Versionen				
● Home Basic	● Home Premium	● Professional	● Enterprise	● Ultimate

Stichwortverzeichnis

*.doc 210
*.docx 210
*.jpg 211
*.mht Dateien 324
*.rtf 210
*.search-ms 234
*.tif 211
*.txt 210
*.wtv 212
*WTV-Dateien 295
3DMark Vanatage 551
3DMark06 551
3D-Text Bildschirmschoner 516
5.1
   Sound 144
   Surround-Sound 287
7.1 Sound 144

A

abgesicherter Modus 149, 522, 572
   mit Eingabeaufforderung 572
   mit Netzwerkunterstützung 572
about:blank 400
Abzüge von Fotos bestellen 261
ActiveX-Steuerelemente
   löschen 414
   verwalten 414
Add-Ons des Internet Explorers verwalten 414
Administrator 147, 152
Administratorkonto 148, 149, 150
   aktivieren 151
   deaktivieren 170
   mit Kennwort schützen 148
Administratorrechte
   im Kompatibilitätsmodus 109
   zuweisen 111
Adobe
   Flash Player 414

Adobe (Forts.)
   Reader 414
Aero
   Peek 363, 388
   Shake 392
   Snap 390
Aero-Design 112
Aero-Effekte verschwunden 114
AGP-Oberflächenbeschleunigung 143
Akkulaufzeit
   verlängern 101
   von Notebooks verlängern 543
Aktive Partition 85
Aktivitätsberichterstattung 182
Alchemie-Visualisierungen 276
alle Elemente wiederherstellen 198
allgemeine Dateieigenschaften 209
als Administrator ausführen 111
ältere Spiele 127, 131
Alternative Firewall-Software 496
Altersfreigabe
   für DVD-Filme 180
   für Spiele 126, 136, 137, 176
Amazon-Suchmaschine im Internet
   Explorer 405
andere
   Geräte 51
   Konten verwalten 154, 155, 172
Ändern der visuellen Effekte und
   Sounds auf dem Computer 343
Änderungen am Konto von Benutzer
   durchführen 172
Anmeldebildschirm 151, 170, 171
Anmeldeinformationsverwaltung 473
Anmeldeseite bei Reaktivierung 516
Anpassung 343
Ansicht
   ändern 129

Stichwortverzeichnis

Ansicht (Forts.)
  des Ordnerinhalts anpassen 215
  für alle Ordner übernehmen 218
AntiVir PersonalEdition 501
Anzeige auf zweitem Monitor
  duplizieren 512
  erweitern 512
Anzeigedauer der Betriebssystemliste anpassen 40
Anzeigeeinstellungen 550
  anpassen 511
  für mehrere Monitore anpassen 512
Anzeigemodus ändern 112
Anzeigesprache ändern 350
Arbeitsgruppe
  ablesen 464
  ändern 464, 518
  im Netzwerk einrichten 464
Arbeitsplatznetzwerk 495
Arbeitsspeicher
  (RAM) 538
  testen 574
Arbeitsspeicherauslastung ablesen 552
Art der Benutzeranmeldung ändern 168
ATI 66
  Catalyst Treiber modifizieren 68
  Tray Tools 551
Audio-CD
  brennen 273
  kopieren 269
  rippen 268
  zusammenstellen 271
Audiodateien von einer Audio-CD kopieren 268
Audio-Format festlegen 269
Audioqualität für gerippte Audio-CDs festlegen 269
Audiorecorder 311
Audiowiedergabegeräte konfigurieren 286
auf dem Computer nach Treibersoftware suchen 54, 57
Aufbewahrung von Originalbildern in Fotogalerie anpassen 257
Aufforderung zur Eingabe eines neuen Benutzerkennworts 159
Aufgabe erstellen 118, 529
Aufgabenplanung 118, 503
  konfigurieren 529
Aufgabenplanungsbibliothek 119, 529
Auflösung von
  Bildern anpassen 262
  Fotos 261
Aufnahmeformat des Windows Media Centers 212
Ausführen-Dialog 142, 530
  im Startmenü anzeigen 354
ausgeblendete
  Dateien, Ordner und Laufwerke anzeigen 194, 364
  Spiele wieder einblenden 132
  Updates anzeigen 492
ausgewählte Elemente wiederherstellen 198
Auslagerungsdatei 526
  deaktivieren 521
  des DVD Makers verlegen 315
  verschieben 520
Auslagerungsdateigröße verwalten 521
automatisch nach aktueller Treibersoftware suchen 52
automatische Kontosperrung 162
automatischer Codec Download 532
automatischer Lautstärkeausgleich 281
Autostart Ordner des Startmenüs 117
Autostart-Programme 116, 118, 500, 503, 522
  deaktivieren 114
  entfernen 117

Stichwortverzeichnis

Autostart-Programme (Forts.)
  hinzufügen 117
  konfigurieren 120
  mit höchsten Privilegien ausführen 118
AVG-AntiVirus 501
AVI-Dateien 212
AVIRA 501

B

Backup des Systems erstellen 565
Basisinformationen über
  den Computer anzeigen 135
Bässe und Stereoeffekte anpassen 279
Batterie-Visualisierungen 276
Bcc
  -Adressefeld von Windows Live Mail 427
BCDedit 41
  /enum all 41
  /timeout 20 41
bcdedit /import c
  VBP_backup.bcd 47
bcdedit -set loadoptions
  DDISABLE_INTEGRITY_CHECKS 59
  DENABLE_INTEGRITY_CHECKS 59
BDA-Treiber 290
Benchmark-Tools 526
Benutzer 157, 192
  auswählen und Jugendschutz einrichten 137
  bei der Anmeldung eine Nachricht zukommen lassen 171
  eine Nachricht senden 525
  kann Kennwort nicht ändern 161
  muss Kennwort bei der nächsten Anmeldung ändern 159
  per Eingabemaske anmelden 168
  verbieten, ihr Kennwort zu ändern 161

Benutzer (Forts.)
  vom System trennen 525
Benutzeranmeldung 168
  per STRG + ALT + ENTF 169
Benutzerdaten
  übertragen 32
  wiederherstellen 568
benutzerdefinierte Installation 26
Benutzergruppe 192
  zuordnen 157
Benutzerkontenschutz 148
Benutzerkontensteuerung 147, 189, 191, 483, 484, 485
  ein- oder ausschalten 523
  konfigurieren 486
  konfigurieren oder ausschalten 486
Benutzerkontentyp 147
  ändern 152
Benutzerkonto 146, 152, 473
  deaktivieren 170
  der Gruppe Gäste zuordnen 156
  einrichten 27, 153
  für Netzwerkzugriffe einrichten 472
  löschen 172
  übertragen 32
Benutzerordner 172, 186, 187, 195
  verschieben 190
  Vorlagen erstellen 194
Benutzersymbole 154
Benutzerverwaltung 152, 154, 157
Berechtigungen
  der Erweiterten Freigabe definieren 477
  für Netzwerkfreigaben definieren 477
Berechtigungsstufe anpassen 56
Beschreibungen zu Musikdateien hinzufügen 271
bestimmte Spiele zulassen oder blocken 136

Stichwortverzeichnis

Betriebssystem
  als virtuelle Maschinen einrichten 42
  auswählen 38
  beim Start auswählen 38
  parallel auf einem Rechner installieren 36
Betriebssystemeintrag aus Bootmenü löschen 48
betrügerische Webseite an Microsoft melden 413
Bewertung
  des Leistungsindexes aktualisieren 538
  und Verbesserung der Leistung des Computers 538
Bewertungssysteme für Spiele 137
Bibliothek 302
  erstellen und einrichten 226
Bild 195
  als Desktophintergrund verwenden 344
  als Diashow betrachten 254
  an Fotolabor versenden 261
  an Rahmen anpassen 260
  ändern 154
  automatisch anpassen 258
  betrachten 246
  bewerten 251
  drehen 370
  einem Thema zuordnen 211
  einer Kategorie zurordnen 211
  für Benutzer auswählen 153
  im Netzwerk freigeben 467
  in der Fotogalerie filtern 253
  in ein anderes Dateiformat konvertieren 371
  mit Personenbeschriftungen ausstatten 252
  nach Detailbeschreibungen sortieren 211
  nachbearbeiten 258, 370
  per E-Mail versenden 262
Bild (Forts.)
  und Fotos bewerten 211
  und Videos zur Video-DVD hinzufügen 315
  von externen Medien in die Fotogalerie importieren 256
Bildausschnitte ausschneiden 370
Bildbearbeitungsprogramm 370
Bildbetrachter der Fotogalerie 248
Bilder- und Videovorschau der Fotogalerie anpassen 257
Bilder-Bibliothek 224
Bildschirm als Hauptmonitor verwenden 512
Bildschirmaktualisierungsrate festlegen 511
Bildschirmanordnung anpassen 512
Bildschirmauflösung anpassen 143, 511, 512
Bildschirmausrichtung anpassen 511
Bildschirmregler anpassen 301
Bildschirmschoner einrichten und konfigurieren 516
Bildschirmtexte vom PC vorlesen lassen 376
Bing 396, 405
BIOS 575, 576
BIOS-Einstellungen 537
BIOS-Informationen 526
BitLocker 504, 508
  aktivieren 507
  deaktivieren 508
  Laufwerk entsperren 506, 507
  To Go 504, 507, 508
  Verschlüsselung für ein Laufwerk aktivieren 505
  verwalten 507
BitLocker-Laufwerkverschlüsselung 505, 507
Bitmap-Bilder 371
blockierte Autostartprogramme permanent freischalten 503

Stichwortverzeichnis

Boot Configuration Data 41
Boot.ini 41
Booten von Diskette 576
Bootkonfiguration
   anpassen 41, 46, 573
   sichern 46
   sichern und editieren 59
   wiederherstellen 47
Bootlogo abschalten 537
Bootmanager 85, 573
   wiederherstellen 573
Bootmenü 37, 38, 40
   anpassen 39
Bootumgebung reparieren 573
Brennen von Daten-CDs oder DVDs 274
Brenngeschwindigkeit
   des Media Players anpassen 274
   von Video-DVDs anpassen 315
Brennoptionen des
   DVD Makers anpassen 315
   Media Players anpassen 274
Browserverlauf des Internet Explorers löschen 416

C

Cc
   -Adressfeld von Windows Live Mail 427
CD
   brennen 274
   kopieren 268
CD-Cover 268
CD-Informationen 268
cmd.exe 41
Computer
   aus dem Ruhezustand zu erwecken 63
   reparieren 561, 566
   über das Netzwerk aufwachen lassen 63
Computer Assossiates 501
Computerbeschreibung 464
Computernamen ändern 518
Computernamen- bzw. -domänenänderungen 464
Computerreparaturoptionen 47, 85, 553, 561, 562, 566, 573, 575
Computerschutz 204, 518, 541, 556, 558
   Speicherplatz für Wiederherstellungspunkte anpassen 556
Computerschutzoptionen 541
   konfigurieren 205
Computer-Übersicht 91
Computerverwaltung 82, 156, 159
Contacts 105
convert x
   /fs:ntfs 88
CONVERT-Befehl 88
Cookies 407, 410
   löschen 416
Cookieverwaltung anpassen 410
CPU-Auslastung 552
   ablesen 552
CPU-Nutzung 524, 552
CPU-Takt 542
CPU-Taktfrequenz anpassen 548
CPU-Temperatur 548
create partition extended 86

D

Datei
   als detaillierte Liste anzeigen 215
   eines Benutzerkontos löschen 172
   für alle Benutzer verfügbar machen 196
   löschen 198
   öffnen mit 124
   per Rechtsklick mit einem beliebigen Programm öffnen 124
   sofort löschen (nicht in Papierkorb verschieben) 202
   über die Medienbibliothek löschen 267
   verstecken 209

Stichwortverzeichnis

Datei (Forts.)
  von Indizierung ausschließen 242
  wiederherstellen 203, 206, 568
Datei- und Druckerfreigabe 470
  abschalten 463
  deaktivieren 471
Dateiattribute 209
Dateibeschreibungen
  anpassen 211
  von Office-Dokumenten anpassen 210
  von Videos anpassen 212
Dateidetails einsehen 209
Dateieigenschaften und Details 208, 209
Dateieigenschaften und persönliche Details entfernen 210
Dateisystemfehler automatisch korrigieren 79
Dateityp 122, 124
  einem Programm zuzuweisen 123
  gezielt einem Programm zuweisen 123
  immer mit dem ausgewählten Programm öffnen 124
  oder Protokoll einem Programm zuordnen 123
Daten
  transferieren 33
  und Einstellungen aus einer älteren Windows-Version retten 27
Datenschutzbericht des Internet Explorers anzeigen 411
Datenschutzeinstellungen des Internet Explorers 410
Datenschutzrichtlinie einer Webseite anzeigen 411
Datensynchronisation 480
Datenträger
  analysieren 78
  auf Fehler überprüfen 72
  defragmentieren 78
  formatieren 80, 85

Datenträger (Forts.)
  komprimieren 72
Datenträgerbereinigung 31, 72, 76
Datenträgerdefragmentierung 72
Datenträgerprüfung planen 79
Datenträgertitel für Video DVDs anpassen 314
Datenträgerüberprüfung 79
Datenträgerverwaltung 29, 82, 86, 87, 89, 94
Datenverlust
  beim ändern fremder Kennwörter 158
  vorbeugen 563
Datum/Uhrzeit ändern 366, 517
Default-Benutzerordner 194
Defragmentierung 78
  konfigurieren 529
  Zeitplan konfigurieren 78
Deinstallationsroutine 115
Design
  der Diashow anpassen 254
  speichern 347
Desktop 195
  anpassen 342
  anzeigen 363, 387
  auf zweitem Monitor erweitern 512
Desktopdesign auswählen 343
Desktopdesigns
  online beziehen 347
  speichern 347
Desktopeinstellungen für Benutzerprofile verwalten 518
Desktopgestaltung deaktivieren 112
Desktophintergrund
  ändern 344
  ausrichten 345
  einfarbig gestalten 345
Desktopminianwendungen 379
Desktopsymbol
  ändern 348
  ein- oder ausblenden 348, 385

Stichwortverzeichnis

Desktopsymboleinstellungen 348
Desktopvorschau mit Aero Peek 387
Detailbeschreibungen
   von Musikdateien anpassen 213
   zu Bildern hinzufügen 251
Detailinformationen
   von Dateien 209
   von Dateien anzeigen 215
   zu Mediendateien hinzufügen 270
   zu Spielen 126
DH Mobility Modder.net 68
DHCP-Server 460, 461
Diagnose-Tools 527, 571
Diashow
   konfigurieren 255
   wiedergeben 254
Dienste 522, 524
dieses Spiel ausblenden 132
Digitalkamera 93
   als Wechseldatenträger 91
Direct3D 143
DirectDraw 143
DirectX Diagnoseprogramm 143
   starten 142
Diskettenlaufwerk formatieren 576
diskpart 86
DivX-Videos 212
   als Video-DVD brennen 314
DMA-Modus aktivieren 62
DNS-Server eintragen 460
Documents 105
Dokument 105, 195
   als Entwurf drucken 327, 330
   an Programmeinträge im Startmenü anheften 353
   an Programmschaltflächen der Taskleiste anheften 360
   drucken 322
   einem Thema zuordnen 210
   einer Kategorie zuordnen 210
   im Netzwerk freigeben 467
   scannen 372
   von Jumplisten lösen 353

Dokumente-Bibliothek 224
Download 195
Druckauftrag
   abbrechen 332
   anhalten 332
   anzeigen 332
   direkt zum Drucker leiten 335
   fortsetzen 332
   neu starten 332
   verwalten 332
Druckeinstellungen 320, 328
   anpassen 326, 327, 329
   aufrufen 323
   des XPS-Document Writers anpassen 337, 338
Drucken 260, 319
   Seitenlayout anpassen 326
Drucken-Menü 322
Drucker 334
   als Standarddrucker definieren 331
   anhalten 333
   auswählen 322
   bestimmten Benutzern zur Verfügung stellen 335
   entfernen 334
   hinzufügen 334
   im Netzwerk freigeben 335, 482
   überprüfen 334
   verwalten 334
   vom System entfernen 334
Druckeranschluss konfigurieren 335
Druckereigenschaften anpassen 334, 482
Druckerfreigabe
   anpassen 482
   konfigurieren 482
Druckerstatus ablesen 322
Druckersymbol im Infobereich der Taskleiste 332
Druckgröße
   dem Ausgabepapier anpassen 329
   im Internet Explorer ändern 325

Stichwortverzeichnis

Druckmanager 332
Druckoptionen 320, 328
  anpassen 322, 326
  dauerhaft anpassen 330
  Papiergröße auswählen 326
  Papiertyp auswählen 326
  Seiten spiegeln 326
  zurücksetzen 328
Druckqualität 326
  anpassen 326, 327
Druckseite
  einrichten 329
  im Internet Explorer einrichten 325
  sortieren 322
Druckvorschau
  aufrufen 321
  des Internet Explorers 324
Druckwarteschlange 332, 335
DVB-C 290
DVB-S 290
DVB-T 290
DVB-T-Sticks 290
DVD Maker 313
DVD-Audiospur 284
DVD-Bewertungen 184
DVD-Diashow
  anpassen 317
  mit Musik unterlegen 317
  zusammenstellen 314
DVD-Funktionen 284
DVD-Informationen
  bearbeiten 285
  suchen 285
DVD-Kapitelstruktur 284
DVD-Menü
  anpassen 317
  aufrufen 284
  erstellen 316
  Vorschau anzeigen 317
DVD-Menüstile speichern 317
DVD-Optionen 315
  des Media Players anpassen 288
DVD-Region bestimmen 62
DVD-Seitenverhältnis anpassen 315
DVD-Spracheinstellungen anpassen 288
DVD-Untertitel 284
DVD-Video 284
DVD-Video-Standard 314
DVD-Wiedergabebeschränkungen festlegen 180
DVD-Wiedergabeeinstellungen anpassen 315
dxdiag 142
dxdiag.exe 231

E

eBay-Suchmaschine im Interet Explorer 405
eBay-Suchtool für den Desktop 381
EFS-verschlüsselte Dateien 158
eigene
  Benutzerordner verlegen 190
  Bilder 224
  Dateien 186, 187, 195
  Dateien wiederherstellen 568
  Musik- und Videoarchive auslagern 188
  Netzwerkkennwörter und Anmeldeinformationen verwalten 473
eigenen Benutzerkontentyp ändern 152
eigenes
  Bild ändern 154
  Kennwort ändern 148
Eigenschaften
  des Gerätes 51
  von Administrator 151
  von Gerät 61
  von Monitor und Grafikkarte 511
  von Taskleiste und Startmenü anpassen 354, 362, 365
Eingabeaufforderung 561
  als Administrator öffnen 41

Stichwortverzeichnis

Eingabegeräte 139
  kalibrieren 141
  testen 140
eingeschränkte Sites 408
Einstellungen
  für private und öffentliche Netzwerkstandorte anpassen 499
  übertragen 32
Element
  aus der Medienbibliothek entfernen 267
  mit einfachem Mausklick öffnen 219
  wiederherstellen 198
E-Mail
  an Haupt-, Kopie- oder Blindkopieempfänger versenden 427
  an mehrere Empfänger gleichzeitig versenden 426
  einer Domäne sperren 433
  senden und empfangen 425
  Signaturen erstellen und einfügen 430
  übertragen 32
E-Mail-Account 418
E-Mail-Anhänge 435
E-Mail-Client 417, 418
E-Mail-Empfänger auswählen 426
E-Mail-Konte
  einrichten 424
  konfigurieren 420
E-Mail-Konto
  als Standardkonto festlegen 424
  bei Windows Live 419
  hinzufügen 424
empfohlene Spielebewertung 135
Energieoptionen 542
Energiesparmaßnahmen für Notebooks 543
Energiesparmodus 542, 543
Energiesparoptionen für Notebooks 544

Energiesparplan
  auswählen und konfigurieren 542
  Einstellungen ändern 542
  erstellen 542
Energieverwaltung 63
Energieverwaltungsoptionen für ein Gerät anpassen 63
Enhanced for ReadyBoost 102
Entwurf drucken 327, 330
Equalizer-Anzeige 276
Ereignisanzeige 528
  aufrufen 523
erforderliche Spielebewertung 135
erleichterte Bedienung 376
erweiterte
  Benutzerverwaltung 150, 151, 156, 159, 160, 161, 170
  Druckereigenschaften anpassen 334
  Druckoptionen 328
  Einstellungen für Festplatten 62
  Freigabe 476
  Freigabeeinstellungen 472
  Freigabeeinstellungen ändern 470
  Freigaben einrichten und konfigurieren 477
  Laufwerksoptionen 28
  Laufwerksoptionen anzeigen 72
  Optionen der Fotogalerie 257
  Ordner- und Dateiansicht konfigurieren 218
  Partition 84
  Partition anlegen 86
  Partition für mobile Festplatten 86
  Startoptionen 58, 522, 566, 572, 575
  Startoptionen aufrufen 560
  Systemeinstellungen 39, 40, 518
  Systemkonfiguration 522
  Wiederherstellungsmethoden 570
Erweiterungen
  bei bekannten Dateitypen ausblenden 219

Stichwortverzeichnis

Erweiterungen (Forts.)
  des Media Players 278, 279
Erzwingen der Treibersignatur deaktivieren 58
externe Festplatte 91

F

F8-Taste beim Systemstart 560
Farbeinstellungen 550
Farbgebung von Fenstern anpassen 346
Farbkalibrierung des Monitors 511
Farbtiefe anpassen 511
Farbverwaltung
  des Druckers anpassen 328
  für Monitore 511
FAT (Standard) 93
FAT16-Dateisystem 93
FAT32-Dateisystem 81, 88, 93
FAT32-Laufwerke ins NTFS-Format umwandeln 88
Favoriten 195, 222
  im Startmenü anzeigen 354
Favoritencenter 401, 402
Favoritenleiste 402
  anpassen 402
Faxe erstellen 372
Faxgeräte 334
Faxmodem 372
Feeds
  abonieren 383
  anzeigen 404
  im Favoritencenter verwalten 404
Feedschlagzeilen
  abonnieren 404
  in der Sidebar 383
Feedschlagzeilen-Minianwendung 382
fehlerhafte
  Anmeldeversuche 162
  Sektoren suchen/wiederherstellen 79
Fehlerüberprüfung der Laufwerke 79

Fenster
  mit Aero Snap am Bildschirmrand andocken 390
  über Tastenkombination minimieren 391
  und Desktop mit Aero Shake freischütteln 392
  zwischen zwei Monitoren verschieben 513
Fensterfarbe und -darstellung 539
  anpassen 346
Fensterverwaltung über die Vorschaubilder der Taskleiste 388
Fernsehnorm für Video-DVDs festlegen 315
Festplatte
  defragmentieren 78
  partitionieren 27, 84
  während der Installation partitionieren 28
Festplattenleistung 538
Filmblockierung aktivieren 184
Firewall 494
Firewallregeln
  anpassen 451, 494
  für eingehende Verbindungen 497
Flash-Medien formatieren 93
Flip-3D 343, 389
Formatieren 80, 93, 576
Fotoanzeige 244
Fotogalerie 211, 244, 370
Fotos 264
  als Benutzerbild verwenden 154
  betrachten 246
  drucken 260
  in ein anderes Dateiformat umwandeln 370
  nachbearbeiten 258
  zuschneiden 258
Freigabe
  Anzahl der Netzwerkbenutzer limitieren 477
  des öffentlichen Ordners 471

Stichwortverzeichnis

Freigabe (Forts.)
    eines kompletten Laufwerks 476
    für Benutzergruppen definieren 477
    für Ordner und Dateien erstellen 474
    für unterschiedliche Netzwerkprofile ändern 470
    Kommentar hinzufügen 477
    von Dateien ausschalten 479
    von Druckern 471
Freigaberegeln erstellen 477
Freigeben von Druckern 482
frühere Windows Version 38, 46
FTP-Server 497
für Systembeschleunigung zu reservierender Speicher 100

G

Gadgets 379
Gamecontroller
    einrichten 139
    kalibrieren 141
    konfigurieren 139
    testen 140
Games 105
Gäste 147, 156, 157
Gastkonto 180
    aktivieren 155
    Berechtigungen 155
geblockte
    Autostart-Programme zulassen 118
    Dateianhänge in E-Mails 435
geplante TV-Aufzeichnungen anzeigen 295
Gerät
    aktivieren 60
    deaktivieren 55, 60
    im Geräte-Manager manuell deaktivieren 60
    mit Wechselmedien 91

Gerät (Forts.)
    und Drucker im Startmenü anzeigen 354
Geräte-Manager 51, 54, 57, 60, 61, 63, 64, 65
Gerätestatus überprüfen 51
Gerätetypen auswählen 54
geschützte Systemdateien einblenden 199, 219
geschützten Modus des Internet Explorers aktivieren 408
Geschwindigkeit von Flash-Medien ermitteln 102
gespeicherte
    Formulardaten des Internet Explorers löschen 416
    Kennwörter 158
    Kennwörter des Internet Explorers löschen 416
    Spiele 133, 195
    Suche mit Markierung ergänzen 235
    Suche öffnen 235
gesperrtes Benutzerkonto freischalten 164
GIF-Dateien 371
Google-Toolbar 414
gpedit.msc 506
Grafikchips 66
Grafikequalizer
    ausschalten 278
    des Media Players 278
    zurücksetzen 278
Grafikequalizereinstellungen
    anpassen 278
    für bestimmte Musikrichtungen 278
Grafikkarte 143
    übertakten 550
Grafikkartenleistung 538
Grafikkartenlüfter 551
Grafikkartenspeicher 551

Stichwortverzeichnis

Grafikkartentreiber 66
  modden 68
Grafikkartentuning 536
Grafikprozessors 551
Größe
  der Dateisymbole und Vorschaubilder im Explorer anpassen 215
  des Papierkorbs anpassen 200
Grundeinstellungen für das Kopieren von Audio-CDs anpassen 269
Grundkonfiguration des Systems 27
Gruppen- und Benutzernamen 192
GUI-Start deaktivieren 537
Guru3D 67

H

Hardware 49, 142
  sicher entfernen 92, 99
  und Sound 286
Hardwarebeschleunigung für Anzeigegeräte aktivieren 143
Hardwareressourcen überprüfen 526
Hauptbenutzer 147
Heimnetz 470
Heimnetzgruppe 27, 471
  auf Freigaben zugreifen 468
  beitreten 468
  Elemente gezielt ausschließen 469
  erstellen 466
  Laufwerke, Ordner und Dateien gezielt freigeben 469
Heimnetzgruppenkennwort 467
  ändern 467
Heimnetzwerk 495
Herstellertreiber aus dem Internet laden 53
Herunterfahren-Schaltfläche im Startmenü anpassen 356
Hybrid-Festplatte 101

I

Indexeinstellungen 240
indizierte Orte anzeigen 540
Indizierungsoptionen 238, 240
  anpassen 540
INF-Datei 56, 57
Infobereich anpassen 357
Infobereichsymbole
  konfigurieren 365
  verschieben 548
Informationen über installierte Spiele herunterladen 128
Inhalt komprimieren 75
InPrivate-Browsen 406
installierte Updates anzeigen 493
interaktive Anmeldung 168, 171
Internet Explorer 395, 396
  Add-Ons 414
  Add-Ons aktivieren bzw. deaktivieren 414
  Adresszeile 396
  Alternative Suchanbieter ins Suchfeld einbinden 405
  Befehlsleiste ausblenden 403
  Browserverlauf löschen 416
  Menüleisten ein- und ausblenden 403
  Nützliche Add-Ons suchen und installieren 415
  Registerkarte kopieren 398
  Registerkarten sortieren 398
  Registerkartengruppe 399
  Registerkartengruppe schließen 399
  Schnellregisterkarten 397
  Sicherheitseinstellungen 408
  Speicherplatz für temporäre Internetdateien anpassen 416
  Startseiten-Symbol 400
  Suchfeld 396
Internetadresse über das Suchfeld des Startmenüs öffnen 231
Internetdateien löschen 416

Stichwortverzeichnis

Internetfavoriten
  in Registerkartengruppe öffnen 401
  speichern und verwalten 401
  übertragen 32
  zur Favoritenleiste hinzufügen 402
Internetoptionen 400, 408, 410, 416
Internetprotokoll Version 4 (TCP/IPv4) 460
Internetradio 298
Internetseite
  als Startseiten definieren 400
  aufrufen 396
  drucken 324
  im Kompatibilitätsmodus anzeigen 412
  mithilfe des Smartscreenfilters überprüfen 413
  nach Begriffen durchsuchen 405
  über das Suchfeld des Startmenüs aufrufen 396
  zu Favoriten hinzufügen 401
Internetsuche über Suchmaschinen 405
Internetzeitserver 517
IP-Adresse 456
  ablesen 459
  alternative Konfiguration 461
  automatisch beziehen 460
  manuell festlegen 460

J
JPEG-Dateien 371
Jugendschutz 173
  aktivieren 136
  einschalten 174
  für den Windows Media Player aktivieren 180
  für ein Benutzerkonto aktivieren 174
  für Gastkonto konfigurieren 157

Jugendschutz (Forts.)
  für Spiele aktivieren 136
  im Windows Media Center 184
Jugendschutzeinstellungen 175, 184
Jugendschutzfeatures 178
Jugendschutzfunktionen des Gastkontos 155
Jugendschutzregeln
  des Gastkontos 174
  für Gastkonten definieren 156
Jugendschutzrichtlinien 148
Jumplisten 353, 360
Junk-E-Mail
  Filter konfigurieren 432
  Markierungen hinzufügen oder aufheben 433
  Ordner leeren 432

K
Kalibrieren 141
Kennwort
  ändern 158, 159, 161, 165
  entfernen 158
  erstellen 158
  festlegen 150
  für andere Benutzerkonten ändern 158
  für andere Benutzerkonten erstellen 158
  für Benutzerkonto erstellen 153
  für das eigene Konto erstellen 148
  für das versteckte Administratorkonto vergeben 150
  für Gastkonto erstellen 157
  in regelmäßigen Abständen ändern 160
  läuft nie ab 159, 160
  löschen 161
  vergessen 158, 165, 166
  zurücksetzen 166
kennwortgeschütztes Freigeben ein- oder ausschalten 472

Stichwortverzeichnis

Kennworthinweis
  auf dem Anmeldebildschirm 165
  für Benutzerkonten angeben 165
Kennwortrücksetzdiskette 158
  erstellen 166
Kommandozeilen-Konsole für Administratoren und IT-Fachkräfte 572
Kommentar zu
  Bildern hinzufügen 211, 251
  Dokumenten hinzufügen 210
  Videodateien hinzufügen 212
Kompatibilitätsansicht des Internet Explorers 412
Kompatibilitätsmodus 108, 111, 112
  aktivieren 108
  Einstellungen 112
  Einstellungen für alle Benutzer ändern 109
  für Windows XP 56, 109
kompatiblen Treiber installieren 54
Komplettsicherung des PCs durchführen 563
Komprimierungsgrad von Bildern im XPS-Document Writer anpassen 338
Kontakte 105, 195
  in Windows Live Mail importieren 429
  übertragen 32
Kontensperrung nach fehlerhaften Anmeldeversuchen 162
Kontensperrungsrichtlinien 164
Kontensperrungsschwelle 162
Kontingenteinstellungen anzeigen 83
Kontingentverwaltung aktivieren 83
Konto
  ist deaktiviert 151, 170
  ist gesperrt 164
  löschen 172
Kontosperrdauer 162

Kontosperrungsrichtlinien 162
Kontosperrzähler 163

L

Ländereinstellungen 26
Länderspezifische Informationen anpassen 351
Laufwerk
  auf Fehler überprüfen 79
  defragmentieren 78
  entschlüsseln 508
  formatieren 28
  für schnellere Suche indizieren 242
  für Windows 7 Installation 27
  im Netzwerk freigeben 72, 476, 477
  komprimieren 74
  umbenennen 73
  verschlüsseln 504
Laufwerken eindeutige Namen zuweisen 73
Laufwerksbuchstaben
  für USB-Datenträger festlegen 94
  und -pfade ändern 89, 94
  zuweisen 85, 89
Lautsprecher 144
  testen 287
Lautsprechereinstellungen anpassen 279
Lautsprecher-Setup 144, 286
Lautstärke von Musikstücken beim Brennen von Audio-CDs anpassen 274
leere Seite als Startseite des Internet Explorers 400
Leistungsbewertung für Spiele 135
Leistungsdetails anzeigen und drucken 538
Leistungsindex 135, 538
Leistungsinformationen und -tools 527, 538, 539

Stichwortverzeichnis

Leistungsoptionen 520
    anpassen 518, 539
Leistungsüberwachung 523, 527
Lesebestätigung für E-Mails anfordern 434
letzten Benutzernamen nicht anzeigen 168
Linkfavoriten 221, 222
    erstellen 222
    in der Taskleiste platzieren 361
    löschen 222
    umbenennen 222
Links 195, 223
Listenbereich des Media Players 275, 284
Live ID 418, 439
Live-TV 293
logische Laufwerke 84
    einrichten 86
lokale
    Benutzer und Gruppen 156, 159
    Datenträger 73
    Gruppenrichtlinien-Editors 506
    Sicherheitsrichtlinien 162, 168, 171
lokales Intranet 408
löschen eines Administratorkontos 149

M

MAC-Adresse 456, 461
Markierungen zu Bildern hinzufügen 251
Mausfunktionen
    Doppelklickgeschwindigkeit anpassen 515
    In Dialogfeldern automatisch zur Standardschaltfläche springen 515
Mauszeiger und Mausfunktionen anpassen 515
Maximale Größe des Papierkorbs anpassen 200
Maximales Kennwortalter festlegen 160
MCE-Support-Tool 290
Media Center 529
Media Player 263
Medienbibliothek 267, 478
    des Windows Media Players 264
Mediendateien freigeben 478
Medieninformationen zum Anordnen von Dateien in Ordnern auf der CD verwenden 274
Medienstreaming 478
Medienstreamingfreigaben anpassen 478
Medienstreamingoptionen 457
    auswählen 478
Medienwiedergabegeschwindigkeit anpassen 280
MegaPixel 261
Menüstile des DVD Makers anpassen 316
Menütext des DVD-Menüs anpassen 316
Microsoft
    XPS-Document Writer 336
Microsoft Management Console 527, 528
Microsoft Update
    deaktivieren 490
    einrichten 490
Microsoft Windows Vista 46
Mikrofon einrichten 374
Mindestvoraussetzungen für Spiele 126
Minianwendung 366, 380, 552
    Anzeigeoptionen anpassen 384
    auf dem Desktop ein- oder ausblenden 384
    auf dem Desktop einrichten 383
    auf dem Desktop platzieren 380
    aus der Sidebar entfernen 382
    ausblenden 384, 552
    deinstallieren 381

Stichwortverzeichnis

Minianwendung (Forts.)
Feature komplett deaktivieren 534
herunterladen und installieren 381
immer im Vordergrund anzeigen 384
installieren 381
konfigurieren 382
online beziehen 381
Minianwendungsgröße ändern 382
Minianwendungsundurchsichtigkeit anpassen 384
Miniaturvorschaubilder entfernen 77
Miniaturvorschauen abschalten 539
Mitglied von 156
Mobilitätscenter 544
Mobility Modder 68
Monitor konfigurieren 511
Monitore Identifizieren 512
More Radio 298
Movie Maker 304
MP3-CD brennen 273
MP3-Dateien 213
MP3-Format 269
MP3-Musikdateien 123
MPG2-Format 314
MPG-Dateien 212
MSConfig 120, 522, 537
msconfig starten 120
msconfig.exe 231
MS-DOS-Startdiskette erstellen 576
MSN 400
Multibootsystem einrichten 36
Multimedia 243
Multimediacodecs 526
Musik 188, 195, 264
als Daten-CD oder DVD brennen 273
im Netzwerk freigeben 467
kopieren 269
und Videos bewerten 270
Musik-Bibliothek 224

Musikdateien
bewerten 213
einem Genre zuordnen 213
erweiterte Detailinformationen hinzufügen 271
Musikstücke überblenden 281
Musiktitel aus Wiedergabeliste entfernen 275
Musikzusammenstellungen auf CD brennen 273

N

Nachricht für Benutzer, die sich anmelden wollen 171
Nachrichtentitel für Benutzer, die sich anmelden wollen 171
Namen
der im Bootmenü aufgelisteten Betriebssysteme anpassen 46
der Standardordner 105
eines Laufwerks anpassen 73
NAT-Firewall konfigurieren 451
Navigationsbereich anpassen 219
Navigationsleiste des Media Players 264
Netzlaufwerk zuordnen/verbinden 33
Netzschalterverhalten anpassen 543
Netzwerk 453, 459
Erweiterte Freigabeeinstellungen ändern 463
Gesamtübersicht des Netzwerks anzeigen 456
Netzwerk- und Freigabecenter 454, 458, 459, 463, 470, 479, 482, 495
öffnen 455
Netzwerkadapter Übertragungsrate festlegen 62
Netzwerkanmeldung mit Benutzername und Kennwort 472
Netzwerkdateifreigabe erstellen 474
Netzwerkdienste ein- und ausschalten 459

Stichwortverzeichnis

Netzwerkeinstellungen 454
Netzwerkerkennung ein- oder ausschalten 463
Netzwerkfreigabeeinstellungen konfigurieren 470
Netzwerkfreigaben 465
   durch Kennwort schützen 472
   für den Media Player und das Media Center 478
   für Heimnetzgruppe einrichten 466
   mit Kennwortschutz 474
   zum Media Center hinzufügen 302
Netzwerkkarte 456
Netzwerkkennung 470
Netzwerkkennwörter speichern und verwalten 473
Netzwerkmonitor einsehen und konfigurieren 524
Netzwerkordner
   durchsuchen 238
   immer offline verfügbar machen 480
Netzwerk-Problembehandlung 455
Netzwerkprobleme 496
Netzwerkprotokolle 459
Netzwerkrechner Arbeitsgruppen zuordnen 464
Netzwerkspiele 497
Netzwerkstandort 27, 494, 498
   anpassen 495
Netzwerkstandort-Profileinstellungen 470
Netzwerk-Symbol im Infobereich der Taskleiste 455
Netzwerkübersicht 456
   Geräte können nicht platziert werden 457
Netzwerkverbindung
   aktivieren 462
   komplett deaktivieren 462, 463
   konfigurieren 459
Netzwerkverbindungen und Adaptereinstellungen verwalten 460, 462
Netzwerkverbindungsstatus
   anzeigen 459
   aufrufen 459
Netzwerkzugriffsberechtigungen für Freigaben definieren 474
neues Konto erstellen 153, 156
neues Volume erstellen 85
Newstickers einrichten 404
NGO 67
nicht zertifizierte Software 118
nicht zugewiesener Speicherplatz eines Datenträgers 84
Notebook 544
Notebookdeckelfunktion konfigurieren 543
Notfall-CD/DVD erstellen 562
Notfall-Tools 571
ntbtlog.txt 522
NTFS-Dateisystem 29, 81, 88, 93, 192
NTFS-Laufwerke ins FAT32-Dateisystem umwandeln 88
NVIDIA 66
   Forceware-Treiber modifizieren 70
NVIDIA-Treiber modden 70

O

Öffentlich (Ordner) 196
öffentliche
   Bilder 196, 224, 302
   Dokumente 196
   Musik 196, 302
   Ordner 196
   Ordner im Netzwerk freigeben 196
   Videos 196, 302
öffentliches Netzwerk 470, 495, 498
Offlinedateien 480
   deaktivieren und löschen 481
   öffnen 480

Stichwortverzeichnis

Offlinedateien (Forts.)
  synchronisieren 480
  verwalten 481
Offlinewebeseiten entfernen 77
Öffnen
  alle Benutzer 117
  mit 124
Omega-Treiber 67
Online-Games 446
Onlinespiele 497
optimale Größe des für ReadyBoost reservierten Speichers 100
optimiertes Foto drucken 260
Optionen des
  Media Players 269
  Spieleexplorers anpassen 128
Ordner
  als Symbolleiste in der Taskleiste anzeigen 227
  aus Bibliothek entfernen 225
  aus der Fotogalerie entfernen 250
  aus der Medienbibliothek entfernen 266
  einem Thema zuordnen 214
  im Netzwerk freigeben 477
  im Startmenü erstellen 107, 110
  in Bibliothek aufnehmen 225
  synchronisieren 480
  von Indizierung ausschließen 242
  zum Media Center hinzufügen 302
  zum Suchindex hinzufügen 229, 238
  zur Fotogalerie hinzufügen 249
  zur Medienbibliothek hinzufügen 266
Ordner- und Suchoptionen 218, 236
Ordnerbild auswählen 220
Ordnerbilder und Symbole anpassen 220
Ordnereigenschaften und Details anpassen 214, 216
Ordnerinhalt einem Thema zuordnen 216
Ordneroptionen 199
  anpassen 218
Ordnersymbol
  auswählen 220
  wiederherstellen 220
Ordnertyp anpassen 216
Originalinterpreten von Musikdateien 271

P

Paint 370
Pan European Game Information 137
Papierkorb 197, 198, 199, 202
  konfigurieren 200
  leeren 198
Partition 84
  erstellen 28
  erweitern 28
  löschen 28
  Magic 88
  vergrößern 28, 87
  verkleinern 87
Partitionierungstool 86
Partnerschaft mit Offlinedateien einrichten 480
PC Wizard 526
PEGI 137
persönliche Benutzerordner 187
Phishingfilter 413
PhotoEnhance 328
Physikalisches Laufwerk X verwenden 43
Picmaster 329
PNG-Dateien 371
Popupblocker
  ein- oder ausschalten 411
  konfigurieren 410
Portfreigaben einrichten 497
Postausgangsserver 424
  erfordert Authentifizierung 424
Posteingangsserver 424
Posterdruck 329

Stichwortverzeichnis

PowerStrip 550
primäre Partition 84
primären Monitor einrichten 511
Problembehandlung für Grafikkarten 143
Probleme mit Windows Aero-Effekten 114
Problemkomponenten 34
Problemsoftware 572
Problemtreiber 64
Produktschlüssel 35
Programm
   als Administrator ausführen 56
   als ein Administrator ausführen 109, 111
   als Standard festlegen 122
   an die Taskleiste anheften 360
   an Taskleiste anheften 134
   ans Startmenü anheften 134, 353
   aus dem Autostart Ordner entfernen 117
   deinstallieren 115
   deinstallieren und ändern 65
   für Benutzer zulassen oder blockieren 178
   im Windows XP Mode installieren 113
   mit 256 Farben ausführen 112
   mit Administratorrechten ausführen 111
   oder Program Files 105
   über das Suchfeld des Startmenüs starten 231
   und Funktionen 115
   und persönliche Dateien suchen 230
   vom Startmenü lösen 134, 353
   von der Taskleiste lösen 134
   zulassen oder blocken 177
   zum Autostart Ordner hinzufügen 117
   zum Öffnen von Dateitypen festlegen 122

Programmeinstellungen übertragen 32
Programmschaltflächen der Taskleiste 360
Prozesse überwachen 524
Prozessen Prioritäten zuweisen 524
Prozessor 538
Prozessorleistung manuell anpassen 548

Q

Quadrofonie 144
Qualitätsstufe von Audiodateien 269
Quellrechner 33

R

Radiosender per Internet empfangen 298
RAM-Auslastung ablesen 552
RAM-Bausteine testen 575
ReadyBoost 96, 537
   aktivieren 98
   Auslagerungsdatei 98
   Cachegröße 100
   Mindestanforderungen 97
   sfcache 98
ReadyDrive 96, 101
Rechner
   herunterfahren 356
   im abgesicherten Modus starten 67
   mit einer bestimmten Tastenkombination aufwachen lassen 63
Rechtschreibprüfung von Windows Live Mail 428
REC-Taste 294
RECYCLE.BIN 199
regedit.exe 530
Regions- und Spracheinstellungen anpassen 350
Registerkarten des Internet Explorers 398

Stichwortverzeichnis

Registrierdatenbank
  aufräumen 546
  bearbeiten 530
Registrierungs-Editor 530
Rekordereigenschaften 297
Rekordereinstellungen anpassen 296, 300
Rekorderspeicher
  ablesen 293, 300
  konfigurieren 300
Remotedesktop 518
Remoteunterstützung 518
Ressourcen von Geräten ablesen 62
Ressourcenkonflikte 60
Ressourcenmonitor 523, 524, 527
RGB-Farbausgleich 301
Rightmark CPU Clock Utility 548
RivaTuner 551
Rote Augen korrigieren 258, 370
Router 457, 460, 463
  konfigurieren 461
Routereinstellungen 451
RSS-Newsfeeds 404
Ruhezustand 63, 543

S

Scannen 372
Scanner WIA-Treiber 372
Scannertreiber 372
Schädliche Software 500
  suchen 502
Schattenkopie 72, 203, 541
  einer Datei wiederherstellen 206
  entfernen 77
  erstellen 204
  konfigurieren 204
  löschen 557
  wiederherstellen 206
schnelles Herunterfahren aktivieren 532
Schnellregisterkarten 397
Schnellstartleiste wieder zur Taskleiste hinzufügen 364
Schreibcache von Festplatten konfigurieren 62
Schreibschutz für eine Datei aktivieren 209
Schriftgrad des Desktops anpassen 349
Schutz vor Viren und Spyware 500
Screenshots
  erstellen 369
  per E-Mail weiterleiten 369
Seitenlayout von Ausdrucken anpassen 329
select disk 86
Sendetermine von TV-Sendungen 294
SHELL32.dll 220
Sicherheitseinstellungen
  des Internet Explorers 408
  von Windows Mail anpassen 435
Sicherheitsfeatures des Internet Explorers 406
Sicherheitsoptionen 171
Sicherheitsstufen des Internet Explorers konfigurieren 408
Sicherheitszonen des Internet Explorers 408
Sichern und Wiederherstellen 564, 568
Sidebar 380
Sidebar.exe 552
signierte Treiber 61
SiSoft Sandra Lite 526
SkyDrive 449
Smartscreenfilter
  ein- oder ausschalten 413
  komplett deaktivieren 413
  konfigurieren 413
Snipping Tool 369
  konfigurieren 369
Software
  deinstallieren 115
  im Kompatibilitätsmodus ausführen 108

Stichwortverzeichnis

Software (Forts.)
   im Kompatibilitätsmodus installieren 108
   installieren 104
Softwareumgebung 526
Soundeinstellungen 144, 286
   anpassen 514
   des Media Players anpassen 278
   optimieren 287
Soundschema erstellen 514
Sound-Wiedergabegeräte testen 144
Speicherauslastung 552
Speicherbereich anpassen 62
Speicherdiagnosetool 574
Speicherkarte 93
Speicherleistungsbewertung 102
Speicherort von Benutzerordnern 190
   Wiederherstellen 190
Speicherplatz für TV-Aufnahmen anpassen 295, 300
Speicherplatzkontingente für Benutzer festlegen 83
Spezialeffekte für Ausdrucke 328
Spiel aus Spieleexplorer-Liste entfernen 131
Spiele 105, 126, 446
   an Taskleiste anheften 134
   ans Startmenü anheften 134
   aus dem Spieleexplorer ausblenden 131
   deaktivieren 534
   im Spieleexplorer sortieren 130
   manuell zum Spieleexplorer hinzufügen 127
   ohne Freigabe blocken 136
   zulassen oder blockieren 176
Spieleexplorer 110, 125, 127, 128, 129, 130, 132, 134, 135, 139, 140, 176
   Ansicht anpassen 129
   öffnen 126
   Optionen anpassen 128

Spieleexplorer (Forts.)
   Symbole anpassen 129
   Verlauf löschen 128
Spielefreigabesysteme 176
Spielehardware 138
   überprüfen 142
Spieleordneroptionen einrichten 132
Spieleübersicht im Spieleexplorer 126
Spielfreigaben festlegen 176
Spielfreigabesystem auswählen 137
Spielspeicherstände ausfindig machen 133
Sprachausgabe 376
   konfigurieren 376
   Microsoft Anna – English (United States) 376
   ScanSoft Steffi als deutsche Stimme 376
   Tastaturbefehle 377
Spracherkennung 374
   Mikrofon-Schaltfläche 374
   verbessern 375
Sprachlernprogramm aufrufen 375
Sprachoptionen ändern 350
Sprachpakete installieren und einrichten 350
Sprachreferenzkarte anzeigen 375
Sprachwörterbuch der Spracherkennung erweitern 375
Spyware 483, 500, 502
SRS WOW-Effekte 279
SSID des WLANs ablesen 459
Standardaktion für Beenden anpassen 356
Standardbenutzer 147, 152, 156
Standardbetriebssystem
   auswählen 39
   festlegen 39, 46
   starten 40
Standard-Desktopsymbole 348
Standarddrucker festlegen 331

Stichwortverzeichnis

Standardeinstellungen
  des Startmenüs 355
  für TV-Aufnahmen anpassen 297
Standardgateway eintragen 460
Standard-Modemtreiber 54
Standardprogramm 121, 123, 124
  auswählen 124
  festlegen 122
Standards für Programme auswählen 122
Standard-SVGA
  Grafikkarte 67
  Treiber ersetzen 67
Standardwerte für
  Einzelaufzeichnungen 297
  Serienaufzeichnungen 297
Standort anpassen 351
Standorttypen 498
  anpassen 495
Startdiskette erstellen 576
Starten und Wiederherstellen 39, 40
  Optionen 518
Startmenü
  anpassen 352, 354
  Datenschutzoptionen 354
  konfigurieren 354
Startmenüeinträge
  anpassen 110
  nachträglich ändern 106
Startmenü-Elemente
  als Menü anzeigen 354
  deaktivieren 355
Startmenügröße anpassen 355
Startmenüordner 110
  Spiele 110
Startseiten des Internet Explorers
  definieren 400
Stereo-Sound 144
Stimmung von Musikdateien 271
Streifen und Wellen-Visualisierungen 276
Stromsparmodus der CPU aktivieren 548

Subnetzmaske 460
Suchbegriffe präzisieren 232
Suche
  Benutzerdefiniert 231
  Elemente von der Indizierung ausschließen 242
  immer Dateinamen und -inhalte durchsuchen 236
  Indexdatei aktualisieren 240
  Indexdatei auf schnelleres Laufwerk verschieben 241
  Indexeinstellungen 240
  Indizierung von Dateitypen anpassen 240
  Indizierungsoptionen anpassen 238
  Internet durchsuchen 231
  nicht indizierten Ordner durchsuchen 229
  speichern 234
  Syntax für präzise Suchanfragen 232
  Systemverzeichnisse durchsuchen 236
  Teiltreffer finden 236
  unter Verwendung natürlicher Sprache suchen 236
  Verschlüsselte Dateien indizieren 240
  Verzeichnispad durchsuchen 229
  Verzeichnispad zum Index hinzufügen 229
  Verzeichnispade zum Suchindex hinzufügen 238
  weitere Ergebnisse anzeigen 231
  ZIP-Archive und komprimierte Dateien durchsuchen 236
Suchergebnisse 230
Suchfunktionen
  des Internet Explorers anpassen 405
  und Optionen 228
Suchindex 239, 240

Stichwortverzeichnis

Suchleiste des
  Startmenüs 230
  Windows Explorers 229
Suchmaschine 396
Suchoptionen
  ändern 540
  anpassen 236
  auf Standardwerte zurücksetzen 237
Suchstandard des Internet Explorers ändern 405
Suchvorgänge 195, 234
Surfen mit
  erhöhter Sicherheit 406
  Registerkarten 397, 398, 399
Surround Sound aktivieren 144
Symantec 501
Symbolbild
  der Desktopsymbole anpassen 348
  für Benutzerkonten auswählen 154
Symbolleisten 221
  in der Taskleiste erstellen 227
Synchronisieren 480
Synchronisierung mit Netzwerkordner beenden 481
Synchronisierungscenter 480
Synchronisierungspartnerschaft 480
System beschleunigen 98
System- und Datenrettung 553
Systemabbild
  erstellen 564
  wiederherstellen 561, 565, 566, 570
Systembeschleunigung mit Ready-Drive 101
Systembewertung ablesen 135
Systembewertungstool 102
Systemeigenschaften 39, 204, 520, 541
  anpassen 518
  aufrufen 464

Systemeinstellungen 509, 510, 532
  und vorherige Dateiversionen wiederherstellen 555
Systemereignisse und Protokolle anzeigen 528
Systeminformationen abrufen 526
Systemkonfiguration 120, 522, 537
Systemkonfigurationstool 120
Systempartition 37
  sichern 565
Systemprogramme 526
Systemreparatur 561
Systemreparaturdatenträger 566, 573, 575
  erstellen 562
Systemschutz für
  Laufwerk konfigurieren 555
  Laufwerke konfigurieren 541
Systemschutzeinstellungen 556
Systemsounds anpassen 514
Systemstabilitätsdiagramm 527
Systemstart
  beschleunigen 537
  eines Multibootsystems 39
  protokollieren 522
Systemstartelemente anpassen 522
Systemstartreparatur durchführen 573
Systemsteuerungselemente als Liste anzeigen 238
Systemsymbole
  aktivieren oder deaktivieren 365
  im Infobereich ein- bzw. ausblenden 365
System-Tools 523
Systemtuning 509, 536
Systemübersicht 526
Systemwiederherstellung 554, 555, 558, 560, 561, 570
  betroffenen Programmen anzeigen 559
  starten 559

599

Stichwortverzeichnis

Systemwiederherstellungsoptionen 47, 561, 566, 573
Systemwiederherstellungspunkte 556
 entfernen 76
Systemzeit automatisch abgleichen 517

T

Tabbed-Browsing 398
Tablet PC 544
 Eingabebereich in der Taskleiste 361
Task beenden 524
Taskleiste 388
 anpassen 357
 automatisch ausblenden 362
 fixieren 358, 359, 362
 neue Symbolleiste hinzufügen 361
 Symbolleisten ein- oder ausblenden 361
 verschieben 358
Taskleistenbereiche anpassen 359
Taskleistendarstellung anpassen 362
Taskleistengröße anpassen 359
Task-Manager 524
 aufrufen 524
Tastaturlayout anpassen 351
Tastenbelegungen für Spiele programmieren 139
TCP 498
temporäre Dateien entfernen 76
Testseite drucken 334
Textdokumente per Sprachausgabe vorlesen lassen 376
Texte diktieren 374
Text-in-Sprache-Optionen 376
TFT-Monitor konfigurieren 511
TIFF-Dateien 371
Timeshift-Funktion 293
Tinte sparen 327, 330

Tintenpatronen 327
Titel
 für Dokumente angeben 210
 von Bildern anpassen 211
Toolbars im Internet Explorer ausblenden 403
topologische Netzwerkübersicht 456
TPM-Chip 506
Transparenzeffekte
 abschalten 539
 deaktivieren 346
 von Fenstern anpassen 346
Treiber 49
 aus der Windows-Treiberdatenbank auswählen 54
 aus einer Liste von Gerätetreibern auf dem Computer auswählen 54
 deinstallieren 65
 des Grafikchipherstellers installieren 66
 Drucker 326
 für Netzwerkdrucker hinterlegen 482
 für nicht unterstützte Systemkomponenten nachladen 30
 für Notebookgrafikchips 68
 für Notebooks mit NVIDIA-Grafikchip 70
 laden 30
 manuell installieren 57
 wiederherstellen 64
Treiberdateien modifizieren 68
Treiberdetails
 abrufen 61
 und Versionsinformationen abrufen 61
Treibereinstellungen anpassen 62
Treiberinstallation im Geräte-Manager überprüfen 51
Treiberkonflikten vorbeugen 60
Treiberprobleme 558, 572
Treiber-Projekte 67

Stichwortverzeichnis

Treibersignaturprüfung dauerhaft abschalten 59
Treibersignaturüberprüfung abschalten 59
Treibersoftware
 aktualisieren 52, 54, 56, 57
 des Geräteherstellers 53
Treibersuche konfigurieren 518
Treiberunterstützung 25
Trend Micro 501
Tresor 473
Trigger für Aufgaben festlegen 529
Trojaner 501
TruBass-Optionen 279
Trusted Plattform Modul 506
TV-Aufnahmen 196
 von Werbung befreien 306
TV-Aufzeichnung 264, 296, 300, 302
 beginnen 297
 beibehalten bis 296
 brennen 313
 hinzufügen 295
 timen 294
TV-Gerät oder Monitor konfigurieren 301
TV-Hardware im Media Center einrichten 290
TV-Kanallisten sortieren 292
TV-Karte 290
TV-Programm 294, 529
TV-Programmsuchlauf starten 291
TV-Programmzeitschrift 294
TV-Signal einrichten 291
TV-Speicherplatz 300
TweakNow RegCleaner 546

U

Überblendeffekte des Movie Makers 309
überblenden und automatischer Lautstärkeausgleich 281
UDP 498
Uhr
 anzeigen 366
 auf der Sidebar 383
 aus Infobereich entfernen 365
 im Infobereich einrichten 366
 in der Sidebar 382
Uhrzeit automatisch aktualisieren 517
Ungenutzter Speicherplatz eines Datenträgers 84
Universal Plug and Play 457
unsignierte Treiber 47
 installieren 58
Untergenre für Musikdateien 271
Unterhaltungssoftware Selbstkontrolle 137
Updates
 ausblenden 492
 deinstallieren 493
 für weitere Microsoft Produkte einrichten 490
 für Windows Live Essentials abrufen 305
Upgrade auf Windows 7 durchführen 35
UPnP-Funktion eines Routers 451
UPnP-Geräte 456
UPnP-Standard 457
USB drive letter manager 95
USB-Datenträger 91, 94
 formatieren 93
 sicher vom System trennen 92
USBDLM 95
USB-Laufwerk verschlüsseln 507
USB-Stick 537
USK 137

V

vCards 431
VCF-Dateien 431
Verbindungsprobleme analysieren 458

601

Stichwortverzeichnis

Verbindungsschicht-Topologieerkennungs-Antwortprogramm 457
Verbindungsübersicht im Netzwerk- und Freigabecenter 458
Verfallsdatum für Kennwörter festlegen 160
Verknüpfung 530
 erstellen 188
 im Autostart Ordner erstellen 117
 im persönlichen Benutzerordner 188
 im Spieleexplorer anlegen 127
 im Startmenü 110
Verknüpfungspfeile deaktivieren 531
Verschlüsselung 504
Versionsnummern für Dokumente angeben 210
versteckte Dateien und Ordner
 Anzeigen 194
 anzeigen 219, 364
verstecktes Administratorkonto 150
 aktivieren 151
 des Systems 149
vertrauenswürdige Sites 408
Verwaltung 528, 529
Video- und Bildmaterial für Video-DVD zusammenstellen 314
Video-Bibliothek 224
Videoclips
 ineinander überblenden 309
 mit Spezialeffekten belegen 310
 mit zusätzlicher Tonspur belegen 311
Videodateien bewerten 212
Video-DVD
 brennen 313, 315
 Speicherkapazität 314
 Szenenauswahl und Schaltflächenstile 317
Videoeinstellungen anpassen 282
Videos 188, 195, 264
 einer Kategorie zuordnen 212
 im Netzwerk freigeben 467
Videos (Forts.)
 ins WMV-Format konvertieren 308
 mit Vor- und Nachspann ausstatten 312
 schneiden 306
Videozoomeinstellungen auswählen 282
Virenscanner 45, 500
 aktualisieren 501
 installieren 501
Virenschutz 501
Virenschutzfunktionen von Windows Live Mail anpassen 435
Virenschutzprogramm suchen 501
Virtual Machine Additions installieren 43
Virtual PC 42
virtuellen Arbeitsspeicher verwalten 520
virtuellen Computer erstellen 43
virtueller Drucker 337
virtuelles System einrichten 42
Visitenkarte erstellen 431
VistaBootPRO 48, 59, 573
Visualisierungen
 abschalten 276
 beim Abspielen von Musik 276
 des Media Players 276
 im Media Center 299
 konfigurieren 277
visuelle Designs deaktivieren 112
visuelle Effekte
 anpassen 539
 des Movie Makers 310
Volume
 erweitern 87
 löschen 85
 verkleinern 87
Volumebezeichnung 88
vorangegangenen Windows-Version löschen 31
Vorgängerversion
 einer Datei wiederherstellen 206

Stichwortverzeichnis

Vorgängerversion (Forts.)
  eines Laufwerks wiederherstellen 207
Vorgängerversionen von Dateien
  anzeigen 206
  öffnen 206
vorheriger Treiber 64
Vorlage für alle Unterordner übernehmen 217
Vorschaubilder der Taskleiste 388
Vorschaufenster von Windows Mail deaktivieren 422

W

WakeOnLAN-Funktion 63
  aktivieren 62
Wartezeit bis zum automatischen Start des Standardbetriebssystems anpassen 46
Wartezeit bis zum automatischen Systemstart ändern 41
Wartungscenter 483, 484, 485, 501
Wartungscentereinstellungen ändern 485
WAV-Format 269
WDDM-Treiber 343
Webcam zum Videochat nutzen 446
Webfilter 182
Webradio-Player für den Desktop 381
Wechseldatenträger 91
Wetterbericht in der Sidebar 382, 383
Wiedergabebeschränkungen für DVD-Videos 288
Wiedergabecodecs 288
Wiedergabeeinstellungen von Videos anpassen 282
Wiedergabe-Fenster des Media Players anpassen 275
Wiedergabegeräte 144
Wiedergabegeschwindigkeit von Mediendateien anpassen 280

Wiedergabeliste 264
  bearbeiten 272
  des Media Players ein- oder ausblenden 275
  erstellen 272
  speichern 272
Wiederherstellungsoptionen beim Systemstart anzeigen 518
Wiederherstellungspunkte 204, 518, 531, 541, 554, 556, 561
  anzeigen 559
  erstellen 555
  löschen 557
  speichern 555
Win RE (Windows Recovery Environment) 561, 562
Windows
  im abgesicherten Modus starten 572
  Installations-DVD 561, 566, 573
  Kontakte 429
  Media Player 180, 212, 213, 263
  mithilfe der Windows Installations-DVD wiederherstellen 570
  per Sprache bedienen 374
Windows 2000 147
  Kompatibilität 112
Windows 7
  als Multibootsystem einrichten 37
  als Upgrade installieren 34
  Basis-Oberfläche 343
  Frischinstallation 26
  parallel zu einer vorhandenen Windows-Version installieren 37
  Sprachpakete 350
  taugliche Hard- und Software 25
  Upgrade 25
  Upgrade Advisor 25, 34
Windows 95 Kompatibilität 112
Windows 98 Kompatibilität 112
Windows Aero 543
  Design deaktivieren 539
  Effekte 114

Stichwortverzeichnis

Windows DVD Maker 313
Windows Fax und Scan, gesendete Elemente 372
Windows Firewall 497
Windows Live
  E-Mail-Konto einrichten 419
  Family Safety 182, 418
  Fotogalerie 244, 245, 260
  Fotogalerie herunterladen und installieren 245
  Konto einrichten 418
Windows Live Essentials 182, 245, 305, 418, 439
  herunterladen 245, 305
  Programmteile entfernen oder nachinstallieren 245, 305
Windows Live Mail 417, 437
  Absender zu Kontakten hinzufügen 429
  Authentifizierung 424
  automatisches Senden und Empfangen konfigurieren 425
  bereinigen 436
  Digitale Signaturen 421
  E-Mail-Adresse 419
  E-Mail-Anzeigename 419
  E-Mail-Kennwort 419
  E-Mails auf dem Server belassen 420
  erweiterte Optionen von anpassen 436
  HTML-Dokumente als Signatur verwenden 430
  installieren 418
  Junk-E-Mail Ordner 432
  Kalender Ansicht ändern 437
  Kalender Erinnerungen zustellen an 437
  Kontakte 426, 443
  Konto beim Empfangen oder Synchronisieren von E-Mails einbeziehen 420
  Layout anpassen 422
Windows Live Mail (Forts.)
  Lesebestätigung anfordern 434
  Liste blockierter Absender anpassen 432
  Liste Sicherer Absendern anpassen 432
  Nachrichteneingang alle 30 Minute(n) prüfen 425
  Optionen für Lesebestätigungen anpassen 434
  Rechtschreibprüfung Wörter zum Wörterbuch hinzufügen 428
  Rechtschreibprüfungsoptionen konfigurieren 428
  Servereinstellungen 420, 424
  Servereinstellungen für E-Mail-Konto manuell konfigurieren 424
  Sicherheitseinstellungen 421
  Sicherheitsoptionen 435
  Sicherheitszone für E-Mails konfigurieren 435
  Signatureinstellungen anpassen 430
  Speichern oder öffnen von Anlagen, die möglicherweise einen Virus enthalten könnten zulassen 435
  Speicherordner für Nachrichten verschieben 436
  Textposition beim Beantworten oder Weiterleiten einer Mail anpassen 436
  Umgang mit Phishing-Mails konfigurieren 432
  Verbindungseinstellungen 420
  Verschlüsselung 421
  Visitenkarte einfügen 431
  Wartungsoptionen konfigurieren 436
  Zertifikate 421
  Zustellungseinstellungen 420

Stichwortverzeichnis

Windows Live Messenger 418, 437, 438
  Audio- und Video-Setup 447
  Autostart unterbinden 522
  Benutzerbild ändern 440
  Blockierung eines Kontakts aufheben 450
  Chats und Videounterhaltungen 446
  Dateien an Kontakte versenden 448
  Dateien online verfügbar machen 449
  Datenschutz konfigurieren 450
  Erweiterte Optionen anpassen 441
  Fotos gemeinsam mit Kontakten betrachten 448
  Fotos und Dateien mit Kontakten austauschen 448
  Gelöschte Kontakte wieder zur Kontaktliste hinzufügen 450
  Gruppe erstellen 445
  installieren 439
  Kategorie bearbeiten 444
  Kategorie erstellen 444
  Kontakt bearbeiten 444
  Kontakt bestätigen 442
  Kontakt blockieren 450
  Kontakt einrichten und einladen 442
  Kontakt kategorisieren 444
  Kontaktinformationen bearbeiten 440
  Kontaktliste überprüfen 450
  nach Personen suchen 443
  öffentliches Profil bearbeiten 441
  Offline-Sofortnachrichten senden und empfangen 446
  Onlinedateien anzeigen 449
  PC-zu-PC Telefongespräche 446
  PC-zu-Telefon Gespräche 447
  Personen von anderen Diensten einladen 443

Windows Live Messenger (Forts.)
  persönliche Einladung versenden 442
  persönliche Einstellungen anpassen 440
  SMS an Mobiltelefonnummer versenden 447
  Spiele 446
  Statusanzeige 440
  Verbindungsprobleme diagnostizieren und beheben 451
  Videounterhaltung starten 446
  Visitenkarte 440
Windows Live Movie Maker 304
  herunterladen und installieren 305
Windows Live-Kontakte 429
Windows Media Audio 268
Windows Media Center 184, 289
  Medienbibliothek 302
  Setup 290
Windows Media Player
  Automatischen Codecdownload abschalten 532
  Automatischen Lizenzenerwerb unterbinden 532
  Optionen anpassen 288
  Visualisierungen auswählen 276
Windows Media Video 308
Windows Me-Kompatibilität 112
Windows Update 350, 485, 488, 490
  ausblenden 492
  Detailinformationen zu Updates abrufen 491
  konfigurieren 489, 518
  nachträglich deinstallieren 493
  Updateverlauf anzeigen 491
  verfügbare Updates anzeigen 491
Windows Virtual PC 44
Windows Vista
  Basis-Design 539
  Kompatibilität 112

Stichwortverzeichnis

Windows XP 45, 147
  Kompatibilität 112
  Mode 44
  nachträglich vom System entfernen 48
  Treiber unter Windows 7 installieren 56
Windows.old 31
Windows-Aero 343
  Design anpassen 346
  Mauszeiger 515
  Mindestanforderungen 343
Windows-Begrüßungsbildschirm deaktivieren 522, 537
Windows-Defender 483, 485, 500, 502
  aktualisieren 488
  benutzerdefinierte Überprüfung 502
  blockierte Software und Autostart-Programme freischalten 503
  Optionen anpassen 502
  Programme von der Überwachung ausschließen 503
  Quarantäne 503
  Schnellüberprüfung 502
  vollständige Überprüfung 502
  zugelassene Elemente anzeigen 503
Windows-EasyTransfer 27, 32
Windows-Fax und Scan 372
  Entwürfe 372
  Faxeinstellungen 373
  Postausgang 372
  Posteingang 372
Windows-Features aktivieren und deaktivieren 534
Windows-Fehlerberichterstattungen 526
Windows-Firewall 483, 485, 494, 495
  alle eingehenden Verbindungen blocken 496
  ausgehende Regeln 498
  ein- oder ausschalten 496
  eingehende Regeln 498
  Einstellungen 498
  konfigurieren 495
  mit erweiterter Sicherheit 498
  mit erweiterter Sicherheit auf lokaler Computer 499
  neue Regeln erstellen 498
  Portfreigaben hinzufügen 498
  Programm zulassen 497
  Regeln deaktivieren 498
  Richtlinien ex- oder importieren 499
Windows-Flip 343, 388
Windows-Fotoanzeige 244, 246, 260
  Bilder drehen 247
  Lupe 247
  Steuerkonsole 247
Windows-Hintergrundbilder auswählen 344
WindowsImageBackup 565
Windows-Leistungsindex 135
Windows-Live-ID 182
Windows-Mobilitätscenter 544
Windows-Netzwerkdiagnose 455
Windows-Problembehandlung 523
Windows-Registry 546
Windows-Schnüffelfunktionen abschalten 532
Windows-Sicherung 564, 568
  einrichten 568
Windows-Sounds anpassen 514
Windows-Speicherdiagnose 561, 574
Windows-Speicherdiagnosetool 575
Windows-Spracherkennung 374
  in Ruhezustand versetzen 374

Stichwortverzeichnis

Windows-Spracherkennung (Forts.)
  Lernprogramm 374
  Sprachbefehle 374
Windows-Sprachsteuerung Grundeinrichtung 374
Windows-Standard-Mauszeiger 515
Windows-Start-Manager 38, 39, 40
Windows-Startsound deaktivieren 514
Windows-Tools 368
Windows-Treiber aktualisieren 52
Windows-Treiberdatenbank 54
WinSAT 102
winsat.exe disk
  -read -ran -ransize 4096 -drive X 102
  -write -ran -ransize 524288 -drive X 102
WLAN
  Accesspoint 457
  Adapter Sendeleistung anpassen 542
  Signalstärke ablesen 459
  Verbindung trennen 462
WMA-Dateien 213
WMA-Format 268, 269
WMV-Filme als Video-DVD brennen 314
WMV-Format 212, 304, 308
WOW-Effekt anpassen 279
WTV-Dateien 314

X
Xbox 360 308, 457, 478
Xbox Live 418
xp-AntiSpy 532
XPS-Datei erstellen 322
XPS-Dateien 319
XPS-Document Writer 319, 322, 336
  als Standarddrucker verwenden 331
  als Zieldrucker auswählen 337

XPS-Document Writer (Forts.)
  konfigurieren 338
XPS-Dokumente 336
  automatisch im XPS-Anzeigeprogramm öffnen 338
  digital signieren 339
  erstellen 337
  lesen und drucken 339
  unter Windows XP betrachten 339
XPS-Plugin für Microsoft Office 339
XPS-Viewer
  Berechtigungen für XPS-Dokumente festlegen 339
  des .Net-Framework 3.0 339

Y
Yahoo-Toolbar 414
YouTube 304

Z
Zeit bis zum Start des automatischen Bootvorgangs anpassen 40
Zeitlimits für Benutzer einrichten 175
Zeitplan für Ordnersynchronisierung erstellen 480
Zeitserver auswählen 517
zeitversetztes Fernsehen 293
Zeitzone auswählen 366
Zertifikate 158
Zielrechner 33
Zugriff auf fremde Benutzerordner 187
Zugriffsberechtigungen für Ordner definieren 191, 192
zuletzt ausgeführte Programme im Startmenü 355
zuletzt gespielte Spiele 128
Zurücksetzungsdauer des Kontosperrungszählers 162
Zuverlässigkeitsüberwachung 527
Zuverlässigkeitsverlauf anzeigen 527

Fordern Sie ein Gesamtverzeichnis
unserer Verlagsproduktion an:
SYBEX-Verlags- und Vertriebs-GmbH
Postfach 50 12 53
D-50972 Köln
Tel.: 02236-3999200
Fax: 02236-3999229

 So erreichen Sie uns online:
Internet: www.sybex.de

Die SYBEX-Verlags- und Vertriebs-GmbH ist ein Unternehmen der VEMAG Verlags- und Medien AG, Köln. Sybex ist ein eingetragenes Markenzeichen der John Wiley and Sons Inc., USA